《中国社会科学》

创刊三十五周年论文选

（1980—2014）

卷二

主 编　张 江　高 翔

副主编　王利民　余新华　李红岩

　　　　孙 麾　李新烽

中国社会科学出版社

卷二目录

社 会 学

法　学

社 会 学

关于我国民族的识别问题

费孝通[*]

摘要 本文分析了我国民族情况的特点，以说明我国发生民族识别问题的背景；并用具体例子说明在民族识别的科研工作中怎样以马列主义为指导思想，对中国各民族的具体情况进行具体分析。我国民族识别研究还要继续进行。本文对当前有待研究的民族识别问题提出了意见，希望对这方面的研究工作有所推进。

我们中国是个多民族的国家，但是究竟有哪些民族，一共有多少民族，却是个不容易答复的问题。解放前，国民党反动派根本否认我国是个多民族国家，连孙中山先生提出的"五族共和"都被抹杀，他们把那些历来公认的许多民族都说成是汉族的宗支。这是赤裸裸的大汉族主义，目的是在压迫和消灭国内的少数民族。

解放后，在中国共产党领导下，中华人民共和国国内实现了民族平等。长期被压迫的许多少数民族纷纷公开他们的民族成分，提出自己的族名。这是党的民族政策的胜利，是少数民族自觉的表现。到1953年，汇总登记下来的民族名称据称有400多个。这400多个自报了民族名称的是否都是单一的民族呢？在这个民族名单上有许多是某些民族居住区的地名，有许多是某些民族内部分支的名称，有许多是同一民族的自称和他称，还有许多是不同的汉语译名。因此，要答复我国有哪些民族和有多少民族的问题，就得对这个民族名单进行一番甄别。我们称这项工作为民族识别，这是一项科学研究工作。

---

[*] 费孝通，1910年生，1938年英国伦敦大学哲学博士（社会人类学），现任中国社会科学院民族研究所副所长，中国社会学研究会会长。

一

解放以来，我们的党和政府十分重视民族识别工作。因为，要认真落实党的民族政策，有必要搞清楚我国有哪些民族。比如，在各级权力机关里要体现民族平等，就得决定在各级人民代表大会里，哪些民族应出多少代表；在实行民族区域自治建立民族自治地方时，就得搞清楚这些地方是哪些民族的聚居区。从 1953 年起，为了进一步开展民族工作，民族识别被提到了日程上，由中央及地方的民族事务机关组织了科研队伍，对新提出民族名称的单位，通过调查研究，进行识别。

民族识别的初步调查研究，要求能基本上划清哪些要识别的单位是汉族的一部分，哪些是少数民族；如果是少数民族，它们是单一民族还是某一民族的一部分。

当时需要进行识别的有下列这些情况：

（1）有些汉人迁居到了少数民族地区，保留着汉族的特点，但是并不知道自己是汉人，而以当地其他人称他们的名称作为自己的民族名称，报了上来，被列入少数民族行列中。例如云南的蔗园、广东的疍民等。

（2）迁居到少数民族地区去的汉人，前后有若干批。早去的汉人曾经长期和内地隔绝，和后去的汉人在语言、风俗习惯上有一定的区别，并且受到后去的汉人的歧视，因而自认和当地汉人有区别，解放后，有人要求承认是少数民族。例如贵州的穿青、广西的六甲等。

（3）有些少数民族在民族压迫时代曾经不愿表明和汉人有区别，其中又有一部分民族上层受反动统治阶级的利用，统治过当地的其他少数民族。在被他们统治过的少数民族看来，他们是和汉人一样的，新中国成立后不愿意承认他们是少数民族。例如湖南西部的土家等。

（4）历史上，有些少数民族曾经被分散，各自迁移。在迁移过程中，有些又和汉人接触，受到较深的影响，改变了语言，本民族的特点已不显著，经济上和汉人已分不开，但是受到歧视，居住上不和汉人相混，自认是少数民族。例如福建、浙江等省的畲民等。

（5）原来同是一个民族的各部分，迁移到了不同地区，基本上保持相同的语言、风俗习惯、历史传统，但长期隔离，又被其他民族用了不同的名称相称，报了不同的民族名称。例如广西的布壮、云南的布沙、布佧等。

（6）有些民族分布在不同地区，各部分分别接受了邻近民族的生活和文化特点，但仍保持共同的语言，并被别族用同一名称相称。如四川、云南旧称的"西番"等。

（7）有些民族集团分散在很广的地区，形成许多不相连接的聚居区，在语言、文化等方面都既有相似处又有较大的差别，长期以来被其他民族用同一名称相称，又自认是同一民族。如苗人等。

（8）有些民族内部对于该族是单一民族还是另一民族的一部分的问题有不同意见。如东北的达斡尔等。

上述这种复杂情况表明了我国民族情况的特点：

首先是历史长，渊源久。远的且不说，自从秦代建立了统一的多民族国家以来，各族在相互接触、交流中经历着兴衰、消长、流动、分合的复杂过程。满族的巨大变化是我们这几代人亲自看到的现实。故宫和颐和园匾额上的满文，现今满族的游客中已很少人能认识了。尽管满族的民族特征发生了这样大的变化，绝大多数依然很坚决地自认是满人。新中国成立初期自报满族的人全国有 240 万，比起满族进关时人口增加了几十倍。翻开历史，许多曾经盛极一时的民族，比如匈奴人、契丹人，很久以来连遗裔的着落都不清楚了。历史长，变化多，源流复杂，没有清理，许多疑难情况也就不易理解。

另一特点是幅员广大，民族众多。由于交流掺杂，你去我来，加上各区地形的特点，我国各民族分别形成了万花筒式的大大小小的聚居区，相互交叉穿插地分布在千山万水间。内蒙古、新疆那一片大草原，西通中亚细亚，历来是骑马民族奔驰的广场。草原东端兴起过多少震动过世界的民族，其后裔至今还远布东欧。长江、黄河流域这片广阔平原上，原来众多的民族集团在几千年里逐渐融合成为一个称过华族、后来又称为汉族的民族，像滚雪球那样越滚越大，已成了世界上人数最多的民族，它是长时期内许多民族混血形成的。青藏高原上历史悠久的藏族，高居世界屋脊，习惯于高原气候，遍布这超过祖国 1/4 的土地上。它也包罗了许多来源不同的民族成分，有些已经同化于藏族，有些迄今在一定程度上还保持一些原有的特点，而在这个地区边缘居住的藏族也曾不断被融入其他民族之中。民族情况最复杂的是我国西南角的云贵高原，这里高山深谷，纵横地分隔成为一块块、一层层不同民族的聚居区。过去，有些偏僻之区颇像陶渊明所描写的桃花源，那里的居民可以世世代代"不知有汉，无论魏晋"地过着与世隔绝的生活。上面提到的新中国成立初期400多个登记的名称中，云南一省就占了260多个。单位众多，支系复杂，莫过于此。

第三个特点是各民族社会经济发展不平衡，新中国成立初期可以说是一部活着的社会发展史。我国各族人民长期在封建统治下，近百年又在三座大山的高压下，社会发展受到阻碍。我国的少数民族中资本主义因素一般是很不发达的，绝大多数基本上处于前资本主义社会。新中国成立初期还滞留在初期封建的农奴制社会的有400万人，还是奴隶社会的有100万人，大约还有60万人阶级分化尚不明显，不同程度上保留着原始公社所有制。我们的政策是民族不分大小，文化不论高低，一律平等。我们所用"民族"一词历来不仅适用于发展水平不同的民族集团，而且适用于历史上不同时期的民族集团。这是一个含义广泛的名词。这一点和欧洲各国的传统是不同的。在欧洲各国，"民族"这个概念形成于资本主义上升时期，西欧民族国家的建立是欧洲近代史的特点。在东欧多民族国家里也存在着民族集团间发展不平衡的情况，因而在接受西欧的"民族"这个概念时不得不用另外一些名词来指称前资本主义的民族集团，如称原始社会的民族集团为"氏族"、"部落"，称奴隶制及封建制社会的民族集团为"部族"等等。由于我国和欧洲各国历史不同，民族一词的传统含义也有区别。我在这里提到这一点是要避免因中西文翻译而引起理论上不必要的混乱。我在这里所说的民族是按照我国自己的传统用法来说的。

面对中国民族情况的这些特点，用马列主义理论结合我国社会的实际，从1953年起到1957年初，对需要识别的各民族单位进行了实地调查。经过本民族代表人物及群众的同意，明确了11个少数民族的民族成分；其后又陆续明确了九个少数民族的民族成分，其中有一个民族是1979年才予以确认的，就是基诺族。到目前为止，加上蒙、回、藏等历来被公认的民族，经中央公布的，包括汉族在内，一共有56个民族。但是民族识别工作并没有结束，因为（1）台湾及西藏东南部珞瑜和察隅等一部分地区的少数民族尚有待将来实地调查后才能识别；（2）一些新中国成立初期已经提出的民族名称，如云南的苦聪人等，至今还没有作出识别的结论；（3）对过去决定的族别还有需要重新审定的如四川的"平武藏人"等。而且，还应当看到，民族这种人民共同体是历史的产物，虽然有它的稳定性，但也在历史过程中不断发展、变化；有些互相融合了，有些又发生了分化。所以民族这张名单不可能永远固定不变，民族识别工作也将继续下去。

二

为了说明怎样进行民族识别，我在下面举两个具体例子：第一个例子是识别汉族还是少数民族。第二个例子是识别是单一的民族还是其他民族的一部分。

先说第一个例子，贵州穿青人是不是汉族的识别经过。①

1950年中央派遣访问团到贵州，接触到的自报的民族单位有30多个，其中有十多个在语言和生活方式上和汉人基本相同，但受到当地汉人歧视，不愿和汉族合为一族，要求以少数民族待遇。其中人数最多的是居住在贵州西北部的穿青人，有20多万，其他大多在两三万人上下，也有只有几千人的。为了解决他们是不是汉人的问题，1955年进行了实地调查。

穿青人要求被认为少数民族的理由是：他们过去有一种和当地汉人不同的语言，称"老辈子话"；他们基本上都住在乡间，形成一大片村子，有自己的聚居区；他们有不同于当地汉人的信仰和风俗习惯的特点；他们妇女穿大袖缗花上衣、梳三把头，不裹脚，出嫁不坐轿，这些都和当地汉人不同。当地汉人称他们"穿青"，他们称当地汉人"穿蓝"，新中国成立前青蓝对立，青受歧视。解放后，穿蓝都登记是汉族，穿青就不愿意也登记汉族，怕吃亏。承认是少数民族可以受政府照顾，不会再受穿蓝的气。但是当地各少数民族并不称他们作"穿青"，而在称汉人的名称前加上形容词，翻译出来是"穷汉人"、"当里民的汉人"等。

初听来，穿青人在语言、地域、经济生活、心理素质这几方面似乎都有特点，可能有构成一个单一民族的条件。

我们的识别工作首先从语言入手。当前穿青人都说贵州通行的汉语，只有少数人会说"老辈子话"。分析"老辈子话"的结果，它完全是汉语，并没有其他民族语言的痕迹，但它和贵州通行的汉语确有区别，是一

---

① 详见费孝通、王静如等在1957年中央民族学院学术讨论会上提出的《贵州省穿青人的民族成份问题调查报告》。

种方言。这种方言又是从贵州通行的汉语演变来的，而和早期江西、湖北、湖南通行的汉语方言有渊源。看来，穿青人并不是在贵州学会这种方言，而可能是进入贵州时就说这种方言的，到了五六十年前才普遍学会现在贵州通行的汉语方言。

语言分析并不能得出穿青人是汉族一部分的结论，因为使用汉语并不一定是汉族。尽管如此，但语言分析毕竟提供了穿青人来历的线索，他们是早期从贵州以东诸邻省进入的移民，这是和地方志书、穿青人的家谱、墓地的碑记、文物上的记录、民间的传说相符合的。

要弄清穿青人是否已经形成单一民族，还必须研究他们在这地区的历史。

明初（1381 年）朱元璋派遣军队南征元朝在云南的残余势力，经过贵州，随后即在贵州的许多据点屯田驻军。从那时起就有许多从内地迁入贵州的移民，其中有一部分是从江西强迫随军服役而来的汉人。他们形成了一个具有地方性特点的移民集团，聚居在今贵州的清镇一带，正是当时彝族聚居的水西地区的边缘，也是汉人势力的前线。随军服役的人在明代称"民家"，有别于有军籍的"军家"。军家配给土地，而民家须向彝族讨地，当佃户，受剥削。他们的社会身份低。但是因为在汉人军队的左近，并没有淹没在彝族的势力之下；又因他们在经济文化上比当地彝族先进，也没有被彝族同化，保持了原有的民族特点。明末，彝族土司势力削弱后，他们向西深入水西腹地现织金、纳雍地方。清初改土归流，政治上汉族取得了这地方的统治权，移入的人更多，形成了汉族移民的聚居区。

和这批移民同时和以后，不断有许多外来的汉人，其中有做官的或经商的，在这地区落籍，大多住在城市和街场。因此，在这地区有来路不同的两部分汉人，各有其不同的地方性特点。早期移民的集团的后人被称为穿青，后来的其他汉人被称为穿蓝。后者住在城街，政治经济地位较优，看不起曾是彝族佃客、僻居乡间、从事农作的穿青人。

穿蓝、穿青在早期和彝族土司及改土归流后的残余土目势力作斗争时是联合的，青蓝矛盾不突出。在随后发展起来的封建经济中，蓝占优势。咸同年代农民运动中有穿青人的农民领袖，而地主阵营中却以穿蓝为主。清末民初，国内民族市场形成，破坏了这地区割据性经济，现代商业势力开始进入，而这新兴经济的领导势力几乎完全被穿蓝所独占，和外界缺乏联系的穿青人受到排斥。在地方经济中，人数较少、力量较弱的穿青地主不甘心在新兴的经济形势中被压倒和淘汰，青蓝上层之间发生了显著的矛盾。穿青上层利用移民集团内部传统的乡土感情，以及穿青农民对日益加深的剥削和压迫的反抗情绪，以反对受歧视为口号，鼓动起青蓝斗争。从那时起到新中国成立止这一段时间中，穿青聚居区的各街场上曾不断发生过大小规模的局部械斗。青蓝伤了感情，产生了隔阂。

但是这地区的经济发展使它和国内民族市场的联系日趋密切，穿青人在生活各方面也密切和其他汉人发生联系。他们传统的地方性特点逐渐消失。近五六十年来，在语言、服饰、风俗上已和其他汉人趋于一致。青蓝界限在交通发达地区，即聚居区的边缘，已经模糊，甚至消失。但在聚居区的腹地，尤其是偏僻山区，青蓝在政治、经济上差距显著，穿青人还是受到歧视。这时期的变化表明了包括青蓝双方在内的汉族在资本主义发展中进一步的统一化，反过来也表明了穿青人原是汉族的一部分。

这次调查所了解的历史事实证明：穿青人原是汉人中的一部分，自从进入贵州之后并没有和汉族隔离，并没有独立发展为一个民族。他们所提出的特点是汉族内部早期地方性的特点。青蓝矛盾是在汉族内部地方性差别的基础上在特定的历史条件下产生的矛盾。这些差别和矛盾在汉族向现代民族发展过程中已在逐步消失。

所以，我们认为穿青是汉人，是汉族中的一部分，并不是少数民族。但是为了加强地方上青蓝两部分汉人的团结，必须在政治、经济上对穿青人适当照顾，帮助他们更快地发展起来，逐步缩小青蓝的差距，从根本上消除青蓝在心理上的隔阂。

第二个例子是东北达斡尔族是不是单一民族的识别经过[①]。

达斡尔族1953年一共约5万人，主要分布在黑龙江省嫩江及其支流的两岸，少数分布在呼伦贝尔盟，还有1000多人在新疆塔城。

达斡尔人的族别问题很早就引起注意，而且有争论。争论的主题是：达斡尔人是不是蒙古人？早年一般多采用族源来决定族别，所以族别的争论也集中在族源问题。

我们对有关达斡尔人族源的各家说法都进行了分析，但认为都没有可以做出定论的充分根据。从这场争论所提出的资料中，只能看到达斡尔人

---

① 详见傅乐焕《关于达呼尔的民族成分识别问题》，《中国民族问题研究集刊》第1辑，中央民族学院研究部内部刊物，1955年，第1—32页。

在历史上同黑龙江地区先后出现过的属于蒙古语族的和属于通古斯—满语族的许多古代民族都发生过关系。但从有可靠的记载以来的450年中，他们主要接触的民族是些属于通古斯—满语族的索伦人（今称鄂温克人）和满人等。

尽管如此，现在达斡尔人所使用的语言却是蒙古语族的一支。它和现今的蒙古语是有区别的，语言学者认为它是一种独立的语言。从语言来推测，达斡尔人的祖先可能是古蒙古人的一部分，也可能另一种人在某一时期接受了古蒙古语的。这个族源问题不妨留着继续研究。和我们当前民族识别有关的是这些曾经说蒙古语的达斡尔人是怎样走上发展独立语言的道路的。

大约在16世纪初，有一部分达斡尔人聚居在黑龙江东边的支流精奇里江畔。17世纪初年最集中的聚居区还是在精奇里江中游以下，黑龙江自漠河县对岸以东的区域。明末清初，石勒克河向西南以至尼布楚一带还有达斡尔人，俄国对这地区的历史名称"达呼里亚"反映了这一史实。这时，达斡尔聚居区的东方是说通古斯—满语的各族，西方和布里雅特蒙古人为邻。帝俄势力从西伯利亚向东扩张，1643—1646年探查黑龙江的侦察队在精奇里江流域遇到了达斡尔人。达斡尔人跟帝俄的侵略者进行了40多年的斗争，直到1689年《尼布楚条约》的签订才告一段落。在反抗帝俄侵略的斗争中，达斡尔人索伦人一起被迫放弃了在黑龙江以北的原聚居区——一方面也由于清军采取坚壁清野的战略——南迁到嫩江西岸。300年前发生的这次迁移对达斡尔民族的形成是很重要的。嫩江聚居区的西南在明末清初是科尔沁部蒙古人的势力范围。他们同达斡尔人并不友好。达斡尔人南迁嫩江流域以后，清朝政府为了增加本区的兵力和军粮供应，把达斡尔人（和索伦人）编入八旗，强迫他们"披甲驻防"。他们和蒙古族分属不同的行政系统，关系更加疏远了。

这段历史说明，不论达斡尔人和蒙古人在族源上是否相同，至少在有史料可考的450年中达斡尔人是生活在和蒙古族分开的聚居区里，关系是疏远的。和他们密切相处的是说通古斯—满语的索伦人，在政治上控制他们的主要是说通古斯—满语的满人。这种历史条件使他们一方面分离于蒙古族，在语言上已产生了独立的特点；而另一方面尽管处在讲通古斯—满语的各民族的包围之中，却并没有同化于周围的民族。

从达斡尔人的历史分析，可以认为他们经过这段历史已形成一个单一的民族。但是为什么在东北的达斡尔人中出现达斡尔是蒙古族一部分的论调呢？这也应当从历史过程中去理解。清代，达斡尔人被编入八旗后，部分上层紧密依附于满族统治集团，又由于他们在八旗中文化较高，不少人取得了显赫的地位。辛亥革命后，这些达斡尔人失去了政治支持；在大汉族主义的压迫下自己又找不到出路，于是在民国初年开始有达蒙结合运动，不少关于达斡尔人是蒙古族的论调就是这时出现的。日伪时期，日本帝国主义为进一步入侵蒙古做准备，拉拢这些达斡尔上层，并在群众中散布这种论调，其影响一直到新中国成立后还没有完全消失。这次民族识别工作对达斡尔人的历史比较全面地、系统地进行了一番分析研究，在统一达斡尔人对自己民族的正确认识上起了积极作用。达斡尔是一个单一民族的结论得到了达斡尔广大人民的同意，它的族别问题得到了圆满解决。

我举出上面两个具体例子来说明在我国复杂的民族情况里怎样进行民族识别的方法，也就是怎样运用马列主义的历史唯物主义观点对具体情况进行具体分析。

三

在开始进行民族识别工作时，我们曾反复学习了马克思列宁主义有关民族问题的理论，特别着重学习了斯大林著名的有关民族的定义："民族是人们在历史上形成的一个有共同语言、共同地域、共同经济生活以及表现于共同文化上的共同心理素质的稳定的共同体。"[1] 我们认为这是对资本主义时期形成的西方民族的科学总结，应当作为我们进行民族识别的研究工作的指导思想。怎样运用这个理论来研究我国具体的民族情况是我们做好民族识别的关键。

我国曾经长期处在封建社会，直到新中国成立前还是一个半殖民地半封建的国家，各个民族的社会经济发展极不平衡，除少数几个民族已经初步具有资本主义因素之外，有许多民族还是处在前资本主义阶段，所以它们不具备近代民族的四个要素。但同时我们必须承认近代民族是历史的产物，它的特征也是从历史中发展出来的，前资本主义时期的民族共同体必然在不同程度上存在着这些要素的萌芽。正如斯大林所说的："当然，民

---

① 斯大林：《马克思主义和民族问题》，载《斯大林全集》第 2 卷，第 294 页。

族的要素——语言、地域、文化共同性等等——不是从天上掉下来的，而是还在资本主义以前的时期逐渐形成的。但是这些要素当时还处在萌芽状态，至多也不过是将来在一定的有利条件下使民族有可能形成的一种潜在因素。这种潜在因素只有在资本主义上升并有了民族市场、经济中心和文化中心的时期才变成了现实。"① 因此，在我国民族识别工作中既不能搬运资本主义时期所形成的民族特征来作为识别标准，又不应该不把这些特征作为研究的入门指导。

我们在上述的两个例子里从语言这个要素入手而取得了重要的线索。但是我们并没有把语言作为孤立的识别标准，单独根据语言系属来决定他们的族别。我们并没有因为穿青人说汉语就说他们是汉人，而进一步追问他们尽管在历史上是从邻省进入贵州的移民，在几百年里是否已与其他汉人隔离而形成了单独的民族。说同一语言的人分别形成不同民族的例子在世界上是很多的。我们并没有因达斡尔人曾经说蒙古语而认为他们是蒙古人的一部分，也不是仅仅根据他们所说的蒙古语族的语言是一种独立语言而得出他们是单一民族的结论。因为我们认为语言是变动的。说两种不同语言的人可以融合成一个民族，在融合过程中这一个民族可以存在着正在变动中的两种语言。所以我们既需要依靠语言分析但又不能单独依靠语言分析来识别民族。

我们在上述两个例子中都重视民族地区这个要素——民族聚居区的位置和他们同相邻民族的关系。中国民族情况的一个特点就是流动大，分布广；而且常常以大小聚居区交叉杂处。包括汉族聚居区在内，全国县一级的行政单位有70%，其居民包括两个及两个以上民族。因此，在民族识别中对于共同地域方面的研究不能单独从某一民族着眼，而应以某一民族所在地区为范围，进行各民族间关系的历史分析，正如我们在上面两个例子里所做的那样。这里也就牵涉共同经济生活这个要素。在这方面中国民族情况更为复杂。人口众多的汉族散布在全国各地，各少数民族聚居区里几乎都有汉族居民，在那些经济较不发达的民族地区，其中的汉族居民又常是这地区经济的主要联系者。这些地区以汉族居民为主的城镇常是这地区的经济中心，而这些地区又可以包括若干不同的民族聚居区在内。看来紧密联系的共同经济生活正是形成近代民族的一个重要动力；在前资本主

---

① 斯大林：《民族问题与列宁主义》，载《斯大林全集》第11卷，第289页。

义时期所形成的民族共同体，这个因素是相对不发达的。现在我国各民族正在社会主义道路上前进，在民族平等的条件下相互合作，共同地区的经济联系这个要素在今后民族发展上会起什么样的作用，正是值得我们注意研究的课题。

"表现于共同文化上的共同心理素质"这个民族要素在民族识别工作上是十分重要的。但是必须承认我们对这个特征的理解还不够深刻和全面，因而在我们的工作中也出现过追求各民族在风俗习惯、社会生活方式、宗教仪式上的所谓"特点"，脱离了该民族人民附着于这些"特点"上的民族意识和它们发展的历史条件，简单地把它们用来作为识别的标准，这种做法是不妥当的。

我们认为首先要认清这个要素的核心是民族的共同心理素质。用一句比较容易理解的话来说，是同一民族的人感觉到大家是属于一个人民共同体的自己人的这种心理。这种心理是客观存在的，而且我们每个人是可以用自己的经验体会到的。这个特征可能比其他的特征在形成和维持民族这个人民共同体上更见得重要。我们在上面已提到过满族的变化。就在我们这几代人中，绝大多数的满人在语言、生活方式上都和汉人相同了，但是依旧认为自己不是汉人而是满人。还可以提到我们在贵州和广西访问时见到的仡佬族。有很多迹象表明他们的祖先曾经是这个地方分布很广的一个相当重要的民族，但是以贵州境内来说，现在他们是人口稀少，居住分散，大多几家几户地居住在一起，混杂在其他民族的聚居区里。他们一般都已分别接受当地民族的语言和生活方式，一眼很难看出他们的民族特点。尽管这样，他们还是自己说是仡佬人，别人也说他们是仡佬人；不同地方的仡佬人见了面还是感觉是同一民族的自己人。类似的例子，但程度上有所不同的，还有畲族。畲族长期与汉族杂居，通用汉语汉文，文化生活也深受汉族影响，但是共同的心理维系着他们成为不同于汉族的一个共同体。更值得提到的是分布在整个云贵高原，甚至到东南亚各国的苗族。各地苗族说着不同方言，住在不相连接甚至相距千里的村里，但是自觉是一个民族的心理十分显著。新中国成立前，特别在清末，苗族起义时，鹅毛信所到之处，千里赴义的苗民经常有几万人，甚至十几万人。共同心理素质在构成民族共同体上的重要性是十分清楚的。

一个民族的共同心理，在不同时间、不同场合，可以有深浅强弱的不同。为了要加强团结，一个民族总是要设法巩固其共同心理。它总是要强调一些有别于其他民族的风俗习惯、生活方式上的特点，赋予强烈的感情，把它升华为代表这民族的标志；还常常把从长期共同生活中创造出来的喜闻乐见的风格，加以渲染宣扬，提高成为民族形式，并且进行艺术加工，使人一望而知这是某某民族的东西，也就是所谓民族风格。这些其实都是民族共同心理的表现，并且起着维持和巩固其成为一体的作用。我们认为，这就是上面所引斯大林的民族定义中关于这个要素上所说"表现于共同文化上"这几个字的意义。

我们的政策一贯强调尊重各民族的风俗习惯，就是因为有许多风俗习惯是被用来表现一个民族的共同心理的。不尊重这些风俗习惯就会被认为是对这些民族的不尊重，影响民族间的团结。风俗习惯和生活方式的改革由本民族自己进行也就不会发生影响民族间的团结问题了。必须指出，一般的风俗习惯不仅不一定牵涉民族的共同心理，而且是常有变动的，我们汉族的妇女时兴过满族的旗袍，也时兴过俄式的布拉其，这些显然和民族共同心理素质无关。这些决不能用来作为民族识别的标准。

总之，民族识别这项科学研究工作是必须在马列主义理论指导下，结合具体情况，实事求是，对民族要素的各方面综合起来进行历史的分析，摆事实、讲道理，才能有助于各民族人民解决他们究竟属于哪个民族的问题。

四

由于这 20 多年在党的领导下，许多民族科学工作者的努力，在民族识别的科研工作上已经做出了一定的成绩，并取得了一定的经验。除了下面要提出的一些余留的问题外，我国民族大家庭的构成基本上是搞清楚了的，各民族的广大人民对此是接受和满意的。

当前我国民族识别工作上的余留问题，如上所述，包括三个部分：（1）台湾和西藏东南部尚没有条件进行实地调查的地区的少数民族。（2）一些尚未作出结论的识别问题。（3）一些已经识别过而需要重新审定的问题。除第一部分外，所牵涉的人数并不多，总数不过几万人，占少数民族总人口的百分比是很小的。自从粉碎"四人帮"以来，党的民族政策的光辉又照到了少数民族地区，这些至今民族成分不明的少数民族人民纷纷要求早日解决他们的问题。

现在已经提出要求识别的有：四川"平武藏人"；西藏自治区东南部察隅县的僜人，及南部定结县及定日县的夏尔巴人；云南省红河哈尼族彝族自治州的苦聪人，以及这一带不大为外边人知道的本人、空格、三达、阿克、布夏、布果、岔满、等角、卡志、巴加、结多等人。

此外，在这20多年的民族调查中还发现了一些值得注意的有关民族识别的问题，比如新疆有一些"语言孤岛"，即保持着与周围居民语言不同的民族集团，如和田自称"艾依努"的人，他们操两种语言，他们内部说的语言可能是东伊朗语支中的一种古代语言。还有，阿尔泰地区说图瓦语的"乌梁海人"以及阿克陶县被柯尔克孜人称为"奥依塔克勒克"的人，过去曾被归入维吾尔族，后改属柯尔克孜族，老年人自己称过土尔克曼人，而语言近维吾尔语，又不同于苏联的土库曼人。又比如四川阿坝和甘孜地区的嘉戎"藏族"，他们的语言在结构上和藏语不同而接近于羌语、普米语，有"藏缅语言桥梁"之称；四川木里地区的"藏族"和云南宁蒗一带的普米族原本是一族，语言与藏语不同，近于羌语、嘉戎语。跨居四川盐源和云南宁蒗两县之泸沽湖两岸自称"纳西"的少数民族，在四川的现被称为蒙古族，在云南的现被称为纳西族，比邻而居，鸡犬相闻，成了两个民族。又比如海南岛自称为"苗族"的人，语言、生活方式不同于其他地区的苗族，而相同于广西自称"金门"的瑶族。由于我国幅员广大，民族众多，这类问题在我们对全国民族情况了解逐步深入的过程中必然会陆续发现，也正是促进我们调查研究工作的有益课题。

下面我们简单地介绍几个余留问题作为例子。

（一）关于"平武藏人"

在川甘边境，大熊猫的故乡周围，四川平武及甘肃文县境内居住着一种称为"平武藏人"或"白马藏族"的少数民族有几千人。新中国成立前受当地番官、土司、头人的奴役。1935年，红军长征经过该地；尔后，惨遭国民党的屠杀，仅存500余口，隐族埋名，依附于松潘藏族大部落，和附近的其他一些少数民族一起被称为"西番"。解放后，1951年原川北行署派民族工作队访问该地，听该地区的上层说，这部分少数民族也是藏人，因此暂定名为藏族。1964年，国庆15周年该族的尼苏同志受到毛主席接见，毛主席问她是哪个民族，她激动得说不出话来，别人代答："是四川白马藏族。"大型彩色纪录片《光辉的节日》有她两个特写镜头。喜讯传遍了尼苏的故乡，欢欣鼓舞之余，对这个族名却发生了怀疑，因为他们从祖辈传下来的史实和现实情况都说明他们既不同于阿坝州的藏族，又有别于茂汶的羌族。据最近调查，他们自称"贝"。他们的语言和藏语之间的差别超过了藏语各方言之间的差别，在语法范畴及表达语法范畴的手段上有类似于羌、普米等语的地方。他们的宗教信仰也较原始，崇拜日月山川，土坡岩石，而无主神，虽部分地区有喇嘛教的渗透，但不成体系。

从这些事实上不难看到，"平武藏人"在历史上并非藏族的可能性是存在的，但是他们原来究竟是什么民族呢？有些历史学者根据关于这地区的历史记载认为有可能是古代氐族的后裔。但是魏晋之后的史料就缺乏有关这地区氐族的记载，几百年的空白还不易填补。

要解决这个问题可能需要扩大研究面，把北自甘肃，南到西藏西南的察隅、珞瑜这一带地区全面联系起来，分析研究靠近藏族地区这个走廊的历史、地理、语言并和已经陆续暴露出来的民族识别问题结合起来。这个走廊正是汉藏、彝藏接触的边界，在不同历史时期出现过政治上拉锯的局面。而正是这个走廊在历史上是被称为羌、氐、戎等名称的民族活动的地区，并且出现过大小不等、久暂不同的地方政权。现在这个走廊东部已是汉族的聚居区，西部是藏族的聚居区。但是就是在这些藏族聚居区里发现了许多"藏人"所说的语言和现代西藏的藏语不完全相同的现象。四川西北部的嘉戎藏语和现代拉萨藏语存在着显著的区别。嘉戎地区向南，在这走廊中有迹象表明还存在着被某一通用语言所淹没而并没有完全消亡的基层语言。这类语言在家庭等亲密的群体里还在使用。中央民族学院曾有一位教授，贡嘎活佛，他的家乡在康定木雅乡，今属沙德区，藏语称该地为 mmyak。这地方的人对外一般使用藏语，但在家里还讲一种和藏语不同的土话。这种土话至今未经语言学者深入研究。从这地方的藏语地名上看，值得注意的是它和藏语称西夏的主体民族党项羌的名称相同的，也就是《唐书》党项传所说的"弭药"，古音 mjeiak，而党项羌的发祥地有人认为就在今甘孜藏族自治州境内的金沙江与大金川之间。《唐书》上有："地入吐蕃，其处昔皆吐蕃役属，更号弭药。"那是说，原来住在这地方的党项人一部分北迁后，留下的一部分受到了吐蕃的统治。现在还保持在这地区的那种"土话"是否和党项羌古语有关系是个值得研究的问题。

从康定向东，在岷江上游是有如孤岛般存在着的，现在已被承认是单一民族的羌族。再向东在涪江上游和嘉陵江上游就是有人要求重新审定族别的"平武藏人"。从康定向南往西,在雅砻江和金沙江之间还有一种过去和"平武藏人"一样被称作"西番"的少数民族。解放后,他们在四川境内的被称为藏族,而在云南境内的则被称为普米族。事实上,四川境内的这部分藏族所说的语言不同于藏语而同于云南的普米语,而普米语又接近于羌语和嘉戎语。从这里向西,越澜沧江到怒江,有现在已承认是单一民族的怒族,但是怒族人说着不同的语言,其中一部分和其西的独龙语相通,都接近于其南的景颇语。景颇语和羌语现在是被认为与彝语平行的藏缅语族中的两个语支。它们之间的历史关系是需要进一步研究的。从怒江西岸越过独龙河和其间的山脉就到了下一节我们要提到的需要识别的察隅的僜人。

我们以康定为中心向东和向南大体上划出了一条走廊。把这走廊中一向存在着的语言和历史上的疑难问题,一旦串联起来,有点像下围棋,一子相连,全盘皆活。这条走廊正处在彝藏之间,沉积着许多现在还活着的历史遗留,应当是历史与语言科学的一个宝贵的园地。

(二) 关于察隅的"僜人"

从怒江往西,越过伯舒拉岭就是西藏自治区东南角的察隅地区。这里住着有一两万人的一种少数民族,新中国成立以来被称为"僜人",他们究竟属于哪个民族,一直是个悬案。

察隅地区正处在非法的麦克马洪线的东端,所以僜人的聚居区只有一部分在1950年获得了解放。在察隅县范围之内,1976年的统计共有僜人977人,组成七个生产队,分属四个人民公社。这些公社除了这七个生产队外,都是藏族生产队。

被称为僜人的人中又分两部分,各有自己的语言和名称,而且据说是从不同地区进入察隅的。一部分自称达让,另一部分自称格曼。印度阿萨姆人称前者为"迪加罗"(Digaru),称后者为"米佐"(midźu)。英语统称他们(还包括丹巴江的义都人)作"米什米"(mishmi)。据他们的传说达让是从察隅之西丹巴江的义都人中分出来的,到这地方已有七至十一代。格曼进入较迟,来自缅甸,约九代;在今察隅县内的格曼人少于达让人,成一与三之比。他们分别使用两种不同的语言,但都与云南的独龙语、景颇语接近。达让人和格曼人则各有自己的语言,但是由于长期杂居,除大家都会说藏语外,格曼人已学会达让话,而且有些格曼儿童已不说格曼语。这两个集团在语言上正在统一起来。

还值得提到的就是据传说察隅地区原来还有一种称为"冏"的人，他们生产先进，所筑的梯田，遗迹尚在，大约在六代前被藏族打败，部分迁走，部分已藏化。这种人究竟属于什么民族现在还不清楚。另外还有一种人，藏族称他们"扎"，他们的语言据说是格曼语加藏语，尚未经语言学者的鉴定，有可能是格曼语的底子杂有藏语。他们的语言现在被说成是土话，表示与藏语不同。他们不信喇嘛教，不和藏人通婚，有送鬼的习俗，但怕受歧视，自认是藏人，或是"讲土话的藏人"，一共有五个村子，700多人。这种"讲土话的藏人"提示了在更早的时候已有说和独龙语相近的语言的人，可能就是早期的格曼人，居住在这个地区。

这个地区原本和怒江流域只有一山之隔，而且早在唐代，樊绰的《蛮书》里已提到过有条从云南向西的通道。现在正需要我们识别的居住在察隅和珞瑜的许多民族有可能就是早年从这条通道进入这些地区的说着和今独龙语相近语言的人的后裔。珞瑜各民族集团的语言据初步了解不属藏语支而与景颇语支相近。如果联系到上述甘南、川西的一些近于羌语和独龙语的民族集团来看，这一条夹在藏彝之间的走廊，其南端可能一直绕到察隅和珞瑜。上面提出族别问题的"平武藏人"和这里所说的"僜人"，可能就是在这走廊中在历史上存在着某种联系，受到藏族、彝族等不同程度的影响的两个民族集团的余留。它们共同向我们民族研究工作者提出了一个新的课题，我们应当进一步搞清楚这整个走廊的民族演变过程。

（三）关于云南红河的"苦聪人"

云南是全国民族情况最复杂的地区：单位众多、支系复杂，自称、他称尤其混乱。据1972年《云南少数民族族别称谓简介》（1978年3月云南省革委会重发）确定的21个少数民族的自称有138个，他称有157个。此外还有几十个名称没有经过族别调查，或暂时不能确定族别，共3万余人，暂称为"人"而不称为"族"。已经在报纸上露面的有"苦聪人"等。

被称为"苦聪人"的少数民族分布在礼社江—元江及把边江—墨江之间的哀牢山区。北从镇源之东、新平之西，南到绿春和靠近中越边境的金平，更向西南到西双版纳的勐腊。金平、绿春、勐腊的苦聪人聚居在深山丛林中，生产较为原始，1971 年约 3600 人。在北部新平、镇源一带的也有两三千人生产水平与邻近的彝族、哈尼族相似，过去也被称为"苦聪罗罗"，所以大多已归入彝族之中，不再强调是苦聪人。现在提出族别要求的是金平、勐腊一带生活比较原始的苦聪人。

"苦聪"是汉人对这部分少数民族的称呼。他们之中一部分自称"拉祜"，又分拉祜西（汉称黄拉祜），及拉祜普（汉称白拉祜），另一部分自称"郭抽"（汉称黑拉祜）。

1954 年云南民族识别研究总结在墨江哈尼族识别小结的附注中有这样一条："苦聪有两种：（一）自称'郭错'，据说近哈尼；（二）自称'拉父'，据说近'拉祜'，因材料不足尚待进一步研究。"1955 年云南民族识别研究组第二阶段工作报告中把"苦聪"列入了哈尼族系统，并说新平县的苦聪人"不能成为单一民族，他们都是哈尼族的支系"，主要根据是调查组向新平县需要识别的五个单位各收集了 837 个词，与当地哈尼语作了比较，在 610 个词中与"苦聪"话相同相近的有 363 个，占 59.51%。

这个结论是不够全面的。第一，没有答复 1954 年调查时提出的两种苦聪人的区别问题；第二，没有说明为什么自称"拉祜"的人不归入拉祜族而并入哈尼族。1961 年云南大学历史研究所调查了金平县的苦聪人，得出了不同的结论。据 1977 年的修改稿："苦聪人分成黄、白、黑三种。黄、白苦聪人都自称拉祜。经过对其语言初步的调查，似属澜沧拉祜语的一个方言。黑苦聪人自称'哥槎'，其语言亦与拉祜语近似，因此苦聪人似属尚停留在林中的拉祜族的较原始部落。但无论过去和现在都有人主张苦聪人属于哈尼族的一个支系。"

最近云南民族学院语文系寄来的研究报告中说："黑苦聪与黄苦聪两者语言无大差异，彼此可以互相通话。在语音、语法、词汇方面有着明显的彝语支语言的基本特点……"又从苦聪语与澜沧县拉祜语的比较得出结论："在基本词汇方面有 50% 完全相同，30% 相近似，完全不同的只有 20%；语法方面基本一致，语音方面略有差异。所以金平县苦聪语可以认为属于汉藏语系、藏缅语族，彝语支拉祜语的一个方言。"

在苦聪人族别问题上意见的分歧，可能是由于苦聪人本身客观存在的复杂性。"苦聪"这个族名原是汉族对他们的称呼，他们的自称就不一致。最早说苦聪人中一部分近于哈尼，另一部分近于拉祜，这是值得注意的。问题是在自称"郭抽"的那一部分和自称"拉祜"的那一部分存在着什么区别和有什么联系，把他们合并为"苦聪"有什么根据。还应当看到拉祜人本来存在着不同分支，各分支之间方言的区别相当大。据西方语言学者在靠近我国边界的泰国北部拉祜人的调查，这地区的黄拉祜和黑拉祜方言不同，不能互相通话。苦聪人中的"郭抽"汉称是黑拉祜。所以即使"郭抽"和黄拉祜语言有差别，这种差别也可能是方言的区别。于是引出了拉祜语和哈尼语的区别和联系的问题来了。有人反映云南同一语支的各民族之间语言上的差距可以小于各民族内部方言的差距。这本来是不足为奇的。首先是民族识别并不是单纯地以语言为依据，即以语言本身而言，也不能以其表面形态上的差距决定其亲属关系。语言的谱系分类主要还是要根据语言的历史分析。

拉祜语和哈尼语的分支问题，其实只是彝语支各语言的谱系分类中的一个问题。在云南的民族识别工作中最困难的莫过于彝语支各族的区别。从族名来说，据上引 1972 年的《简介》，彝语支各族的自称有 64 个，他称有 88 个，现在归并成彝、哈尼、傈僳、拉祜、纳西等族。至于它们怎样分离成各单一民族的历史过程，以及包括在这些被认定是单一民族里的许多各有名称的集团之间在语言上及历史上存在着什么关系——这些都还是需要进一步研究的问题。

至于苦聪人是不是一个单一民族的问题，我们不能只根据语言这个特征来决定。这一点在上面所列举的两个识别例子中已经说明过。苦聪人中那些曾在不同民族的土司下被统治过，社会经济发展又不平衡的各部分间有可能发生分化，部分同化于其他民族，部分又与其他民族结合而形成新的共同体。这些问题只有对这地区作深入全面的历史发展过程的分析才能解决。

民族识别是一项为具体民族工作服务的科研工作。它为决定某些民族集团能否认定为单一民族提供客观依据。但是具体的决定还必须尊重本民族的意愿和照顾到该民族发展上的利益和各民族之间的团结。

在族别问题上，民族的意愿就是指一个民族对于自己究竟是不是汉族或少数民族，是不是一个单一民族的主观愿望的表现。我们在对民族识别作出决定时必须尊重本民族的意愿，主要是从政策方面考虑的。根据民族平等政策，族别问题的解决不能由其他人包办代替，更不能有任何强迫或是勉强，最后必须取决于本族人民的意愿。但是，由于历史上反动统治长期的民族压迫、歧视造成的各民族的孤立和一个民族中各部分之间的隔阂，加上一些民族的广大群众还没有掌握对本民族历史及语言的科学知识，使得有些民族人民还缺乏充分条件正确地表达民族意愿。在这种情况下，我们一方面必须坚持自愿原则，另一方面必须耐心地帮助有关各民族人民及其代表性人物正确认识他们的历史发展过程，以便他们对自己的族别问题做出正确的决定。根据我们的经验，在进行民族识别的科研工作时应当尽量吸收本民族的代表人物参加，密切联系本民族群众，充分和他们商量和研究，把科研工作和群众性的教育结合起来。

我们已经指出，民族这个人民共同体是在历史过程中形成、变化、消亡的，各民族一直处在分化融合的过程中。当前我们极需处理的一些民族识别上的余留问题，大多是些"分而未化，融而未合"的疑难问题。在研究方法上必须着重于分析这个比较复杂的分化融合过程，在最后作出族别的决定时尤须考虑到这项决定对这些集团的发展前途是否有利，对于周围各民族的团结是否有利。同时还应当照顾到对类似情况的其他集团会引起的反应。所以，有关各族人民的族别问题必须严肃认真、实事求是地对待。

总的说来，自从新中国成立以来，在党的领导下，我国在民族方面的科学研究是有成绩的。它的特点是密切地与民族工作的实际需要相结合，在马列主义理论的指导下，运用历史唯物主义的观点与中国具体实际相结合。民族识别的研究不过是其中的一个项目。我国在这方面的科学工作者一面工作、一面学习，正在处理前人所没有处理过的问题。尽管出现过许多错误和缺点，我们的方向是明确的，我们是在以科学工作为人民的革命事业服务。

作者附言：本文是根据 1978 年 9 月在政协全国委员会民族组会议上的发言改写的。在准备这次发言时，中央民族学院和中国社会科学院民族研究所许多同志，提供了资料和意见。

《中国社会科学》1980 年第 1 期

略论心理学的科学体系

潘 菽*

摘要 本文就建立心理学科学体系所涉及的几个重大问题进行了理论上的探讨。对于心理学的体系结构,心理学界存在着三分法(知、情、意)和二分法(知、意)之争。作者认为,把情混同于知不符合事实,但把情看作意则颇有道理。因为情不仅构成为意向或行动的发端部分,还伴随着意的全过程,这是情可以归属于意的主要根据。此外,我国从古代到近、现代的许多思想家往往把人的整个心理活动划分为知和行两个部分,并进行过知行难易、先后轻重及其相互关系的长期讨论。在当代,人们又常常把心理活动的作用分为认识世界与改造世界两大类,这些都可以作为二分法优于三分法的佐证。对于静态的个性心理在心理学体系中的地位问题,作者认为只能在心理活动两大范畴的范围之内同动态的心理过程两两相对地加以解决。作者指出,正确认识和解决心理学研究领域同其他相邻科学研究领域之间的边界关系,也是关系到建立心理学科学体系的重要问题。心理学体系同生物学、生理学和哲学社会科学体系有着密切的联系,但不应抹杀它们之间的重要差别和界限,否则不利于心理学在科学道路上的发展。文章末尾,作者还评论了心理学史上主要学术派别各自建立心理学体系时的成败得失,强调指出了科学地解决心理学体系问题的重要意义。

---

* 潘菽,1897 年生,我国著名心理学家,中国科学院心理研究所名誉所长、中国心理学会名誉理事长。主要著作有《心理学概论》、《心理学简札》等。

略论心理学的科学体系

　　科学知识的一个特点就是它是成体系的。科学的体系由它所研究的领域的全部反映所构成。一方面，各门科学所研究的客观领域各不相同，这就决定了不同科学有不同的体系；另一方面，科学知识只能是人对某一客观领域中的事物的主观反映结果。不同的人，即使都是有训练的科学家，会由于反映的角度不同、观点不同、思想方法不同或知识背景不同等，而得到不同的反映结果。因此，同一门科学知识体系会因不同的科学家而有所不同。

　　科学是不断进步的。一门科学的客观领域内会不断发现新事实、新情况或受到其他科学领域内产生的变化的影响。因而这个领域会有所扩大或缩小或内容有所增加或减少。但这样的客观领域和它所决定的科学知识的体系一时之间不会改变太大，更不会有根本性的改变，所以它应该是相对稳定或基本稳定的。然而，一门科学知识的体系，由于科学家的主观因素可以有颇大甚至根本性的不同。这种大的以至根本性的不同，在科学来说是不应该有的。所以，有了这种不同，也就有了较大的是非争论问题。现在的心理学就是这样的情况。

　　以下拟就心理学的体系问题简略地作一些初步的考察并提出一些看法。

一

　　科学有分工是因为客观世界的事物或现象有不同的类别。这种类别有大小之分，大类别中又包含小类别。例如，生物是一个大类别，但它又包含动物、植物、微生物三个次大类别，每一次大类别又包含一些较小的类别，如此等等。而不同的科学是研究不同类别的事物或现象的。它所研究的事物或现象的全部就是它的领域。科学中的不同学科也因它们所研究的事物类别（即领域）有大小而有大小之分。例如，生物学就是一个大学科，其中的动物学就是次大的学科，如此等等。

　　心理学怎样呢？心理学是研究一个大类别事物或现象的一门大学科。心理学之下也有一些次大或较小的学科。心理学这个大学科所研究的大类别事物或现象是什么呢？那就是人们的心理活动这种事物或现象。这种事物或现象所构成的领域不同于物理科学的领域，是明白无疑的。它和生物科学的领域也有实质的不同，却为许多人所混淆。人固然有生命，但人之所以成为人，却主要在于他有能发展到最高度并还在继续发展的心理活动。而心理和生理（或生命）是有本质差别的东西。此外，心理学的领域和社会科学的领域也有实质的差别。所以心理学有它自己独特的、属于大类别之一的研究领域，因而也显然应有它自己的独立体系。

关于心理学的体系，有两个值得讨论的主要问题：一是它的体系有哪些部分，也就是它的领域有哪些方面；二是它的体系和别的科学的体系有怎样的关系，也就是它的领域和别的科学的领域有怎样的关系。把这两个问题搞明确了，也就是把心理学的体系问题基本上搞明确了。

就心理学体系有哪些不同的部分来说，需要探讨心理活动的范畴究竟是三分法好还是二分法好的问题。三分法（知、情、意）一直是普遍流行的分法，也是大家所熟悉的分法，不必去多加说明。二分法（知、意）和三分法的差别在于前者把后者的情归属于意。情不是知，这是大家很明白的，可以没有异议。然而，有一种说法是把情说成一种"体验"，这实际上是把情认作是一种知了。因为体验有感觉或觉察的性质，就说它有知的性质，这是不恰当的。有人把情包括在意识里面，这也不对。因为意识属于知的范畴，把情包括在意识中就是认为情是一种知了。不错，一个人在产生某种情的时候，他是感觉到或体验到这种情在自己身上产生了。但这是他对自己的某种情的觉察或体验而并不是那情本身。所以，把情混同于知，显然是不符合事实的。

至于把情看作是一种意，则有颇强的理由。我们在说话或写作中常把情和意连在一起，讲成情意。在日常生活实践中，我们常常是有了某种情也就同时有了某种意。反过来，有了某种意也常常就同时有了某种情。一个人有了一种情，必然要表现为相应的一种意向或意图或态度或行动。意向和意图都是意的一种形式，而态度和行动则都是意的外化表现。这时候，情就起了动机的作用，而动机则是意的发端部分。但情不仅构成意向或意图或态度或行动的发端部分，还常常伴随着意的全部过程并同它们难分彼此地融合在一起。有一句古话说："爱之欲其生，恶之欲其死。"这就是说，喜爱一样东西，就一定要去爱护它、保全它，想方设法使它存在下去。反过来，嫌恶一样东西，就要去排除它、破坏它甚至消灭它。这也说明，情必然会转为意或者就是意的开始阶段。当然，事实上有意不一定有情，但有意就常常有一定的情，即同或多或少或深或浅或显或隐的情结合在一起。所以，有意不一定就是有情，有情却一定就是有意。情是意的一种形式，是具有较广泛的机体变化的意。意可以统情，情却不能统意。这是情可以归属于意的主要理由。

我国历来关于情的种类有两种主要的说法。一种是六情说，认为情有喜、怒、哀、乐、爱、恶六种；另一种是七情说，认为情有喜、怒、哀、乐、爱、恶、欲七种，比六情说多了一个欲。欲就是现在所说的"要"，也就是意。每一种情都会转化为意（欲），所以意（欲）并不是一种特殊的情，把它同六情并列在一起并不妥当。这样看来，六情说是可取的，七情说多加一个欲是多余的。不过由此却可以看到，我国古代思想家颇多采用七情说，把"欲"和六情摆在一起，这说明他们理会到情和意（欲）是密切关联在一起的。虽然把欲看作一种情是错误的，但认为各种情都和欲（意）有性质上的密切关联却是不错的。这是情可以归属于意的一种佐证。

我国从古代一直到现代，几乎所有的思想家讲到人的整个心理的时候都把它分成两个方面，即知和行两个方面。据很早的历史传说，3000 多年前的伊尹就提出了知易行难的说法。后来人差不多一直在谈知和行的问题。除了知行难易之外还讨论到它们之间的先后轻重以及互相关系。知和行的问题就是知和意的问题，因为行就是意，是意的外化表现。也有人提出良知良能的问题，认为人有不学而知的知（良知）和不学而能的能（良能）。如果说后者还有一点可取，前者则是完全错误的。不过，知和能这种二分法却是可取的。能也就是行或意的意思。这些古代人都不知道有情吗？当然不是。他们之中也有重视情的。那么，他们在谈论知和行的时候为什么都不同时提到情呢？很可能他们不言而喻地认为知和行就包括情在内。但知包括情是说不过去的，只有行包括情是有理由的。这是二分法又一种较强的佐证。

现在大家承认人是能认识世界和改造世界的。但人为什么能那样高度有效地认识世界和改造世界而动物则远远不能如此呢？显然，这是因为人具有通过学习而发展到很高的水平并且还在继续这样发展的心理活动。人的心理活动的作用可以区分为两大类型：一大类型是起认识世界作用的类型，即人的认识心理活动；另一大类型则是起改造世界作用的类型，即人的意向心理活动。人改造世界要凭行动，而行动则是意向活动（包括意志、意图、计谋等）的客观表现。所谓改造世界不一定都是大的改造。可以是小小的变动，也可以包括对客观事物的驾驭和利用活动，总之，可以指一切施加影响于客观世界的心理活动。这里所说的被认识和被改造的世界，当然包括其他的人，其实也包括我们自己在内。这样看来，人的心理活动不外乎作为认识世界的知和作为改造或施加影响于世界的行（或意）两大端。这是人的心理活动可分为知和意两大方面的另一佐证。

人的心理活动范畴的二分法显然是优于三分法的。不过现在可以暂且不忙作结论，让心理学界议论议论，让主张三分法的同志也多摆摆理由以资比较，并看看实践的检验结果如何。过一段时间，相信对这个问题会取得比较一致的意见。

关于心理学组成部分的另一个重要问题是个性心理在心理学体系中究应处于怎样的地位。由于这个问题不明确，致使我们对个性问题的理解陷于混乱。而且参加研究讨论的人越多，不同的见解也越多，因而更增加了混乱。

确定个性问题在心理学体系中的地位，首先要明确人的个性同人的知行两大范畴的心理活动是怎样的关系。在这个问题上存在着两种主要的偏见：一种偏见认为，个性是独立于两大范畴的心理活动之外的另一种东西，两者之间没有什么共同的言语，另一种偏见则相反，认为个性和两大范畴的心理活动之间没有什么界限，如认为动机问题既可以摆在体系的后面部分，也可以摆在体系的前面部分。这两种偏见都同样无法说明个性。认为个性是独立于两大范畴之外的什么东西的看法是不可理解的，因为人的心理都已包括在两大范畴之中，此外还能有别的什么吗？如说包括在三大范畴之中，也是一样。认为个性和两大范畴（或三大范畴）之间没有界限的看法也说不通。因为，如果是这样，就没有个性问题的存在了。这样看来，个性和两大范畴（或三大范畴）的心理活动之间，必然只能是既有明确区别又有紧密联系的关系。

现在，问题的关键在于，个性心理问题同两大范畴（或三大范畴）的心理问题是怎样的既区别又联系着的？对于这个问题，传统心理学并不是完全没有想到。有些心理学者颇早就对这个问题有所觉察了，但似乎没有理解到这个问题的全部意义。例如，心理学上较早地就有心理过程和心理状态的说法。心理过程就是指心理的动态表现；心理状态则是指心理的静态或较稳定的状况。心理过程是指心理的一时动态表现；心理状态则是指心理的比较经久的静态存在。譬如认识或识知是指知的动态过程，而知识或"智"则是指知的静态状况。不过，一般说话或写作中往往不作这样的区分。譬如，情绪就兼有过程和状态两种意义。思想也是这样。但这种区分在作为科学的心理学上就有必要予以强调指出。这些实例说明，承认个性心理同两大范畴（或三大范畴）的心理活动既有联系又有区分，确实非常重要。因为个性指的就是一个人（或每个人）所有心理静态或较稳定的状况的全部内容。忽视了这一点，个性心理问题无论如何都说不清楚。这一点，我国心理学界已有人（主要是周冠生同志）初步看到了。这是我国具有自己特色的个性心理学发展的良好起点。

既然如此，个性心理的内容也就应该不超出两大范畴（或三大范畴）的心理之外。这样，传统心理学中的个性部分，有些概念虽是两大范畴所不能有，但如有可能用两大范畴的某一概念或某些概念去阐明的，就应该这样去阐明，如性格、倾向性等。如有不能这样阐明的，就应该抛弃，如气质等。既然两大范畴（或三大范畴）应该包括人的心理的一切类型，而两大范畴（或三大范畴）的心理同个性心理之间又只能有过程（或动态）和状态（或静态）的区别，那么这二者之间应该全部两两相对应。例如，一边有某种情绪，一边就应有相应的情操。当然也有两边共同的东西，如世界观、立场、地位性（包括阶级性）等。这种似乎两边共同的东西其实也是两两相对应的。例如，一个人对整个世界是怎样认识的，在他的个性方面就有怎样的世界观。先有动态才能有静态。动态方面改变了才有静态方面的相应改变。两方面的动态和静态还可以互相转化。动态转化为静态已如上述，不必多说了。也有静态转化为动态的情况，例如，"爱国心"是一种属于个性的静态心理状态，而一个有爱国心的人，他的爱国心（或爱国情操）在一定条件下就会转化为爱国的认识、激情、图谋或积极的行动。人的个性的所有成分都会产生这样的转化。当然，坏的个性成分也会转化为坏的意图或行动。这也正是个性心理学研究重要性之所在。

附带指出，一个人个性的种种成分也就是他的种种"性"。这种成分的全部也就是他整个的性。由此，可以顺便看到，"个性"这个词是十分恰当的，"人格"这个词则很欠恰当。

二

以上说明了心理学体系的内涵，现在略论一下它的外延，即它和其他相邻科学的体系的界限。显然，这也就是心理学领域和其他相邻科学领域的边界关系问题。

首先谈心理学和哲学的边界关系。心理学是不久前从哲学脱离出来而独立成为一门科学的。所以，现在心理学领域的大部分是原来哲学领域的一部分，尤其是关于认识的这部分。但心理学现在的体系和未脱离哲学时的体系在性质上有了颇大的改变，也应该有颇大的改变。主要原因是因为它要成为一门科学就必得有科学的体系。科学心理学和哲学体系的不同，体现在有不同的观点、不同的方法和不同的问题上。其中，不同的观点是主要的。哲学的观点中包含了唯心论，科学的心理学观点则不能容许唯心论。科学心理学只能建立在唯物论的基础之上。建立在唯心论基础之上的科学心理学是不可能有的。近代号称为一种科学的心理学是建立在心物二元论的基础之上的。因此它的科学性一直强不起来，不少根本问题一直在争论中而得不到科学的解决。在研究方法上，因为要保持科学的称号，近代的西方心理学不能不采用科学的实验方法。但这种实验方法却是从物理学和生理学那里借用来的，并不很适合于自己的需要。再加上指导思想还有一半是唯心论，所以它始终只能停留在半截科学的地位上。但有了这半截的科学化，也就使它同哲学在体系上有了可以明确划分的界限。现在的心理学虽然有比较明确的界限可以同哲学区分开来，但同它仍有特别密切的联系。一切科学研究都要有正确的哲学思想作指导，而心理学尤其如此。在哲学方面也有许多地方需要科学心理学知识的帮助。

其次谈心理学同生理学在体系上的关系。心理学和生理学有很密切的关系，然而又有本质的区别，二者不容混淆。在很多人看来，心理学就是一种生物学，因而把它归入生物学一类。也有一些心理学者自己就认为心理学是一种生理学，是高级的生理学。这种种看法都是很错误的。因为照着他们所说的去说去做，心理学这样一门十分重要的独立科学就要被抹杀被取消了。这当然在实际上是做不到的。然而，那种误解一定会对心理学起危害的作用以至破坏的作用，所以不能不予以辩驳或抵制。心理并不是一种生命，生命在植物也有，而心理只在人身上才有充分的表现，在很高级的动物身上也只有一点点萌芽。所以心理学决不是一种生命科学或生物学。生理现象也是动植物都有的，而具有完备的心理现象的只有人。心理的机能或作用和生理的机能或作用有本质的区别，不能把它们等同起来。所以心理学体系和生理学体系虽然有密切的联系，以至相互交叉，但同时也有不可抹杀的重要差别和界限。看不到这些，不注意辨别这些，误把生理的东西当作心理的东西或者反过来，就不能研究好心理学，不能科学地认识人的心理的实质，也就不能正确认识人的心理活动。这样，怎么能推动科学心理学的发展呢？正因为心理和生理的关系特别密切，心理学便很容易受到生理学的干扰，以致模糊了两者的界限。传统心理学的科学性不够也和这一点很有关系。为了心理学的进一步科学化，心理学就必须在领域上和体系上同生理学划清界限。绝对划清是有困难的，相对划清则是可以做到的，保持两者之间有一定的交叉联系也是必要的。这是我们研究心理学体系的时候必须予以明确的一个重要问题。

至于心理学和社会科学在领域上和体系上的关系问题则更错综复杂，不容易搞明确，但仍必须相对地搞明确。这同心理学的科学前途很有关系。有的人认为心理学纯然是一种社会科学，这是很不对的。这一错误看法的严重性在于，它会很有害于对心理学的领域和体系的正确认识，因而也就很有害于心理学在科学道路上的发展。心理学和社会科学一方面有很密切的联系，而另一方面也正因为如此，必须特别注意认清两者之间的界限。否则，心理学这样一门很重要的具有自己独立的特殊领域的科学也就会被淹没于社会科学之中，而得不到应有的重视和发展。

人和社会有错综复杂的密切关系。因而心理学和社会科学也在领域上和体系上有错综复杂的密切关系。正如心理学同生物学的密切关系不应使心理学在领域上和体系上丧失自己的特殊性和独立性一样，心理学同社会科学的密切关系也不应使心理学在领域上或体系上丧失自己的特殊性和独立性。对于心理学而言，这也是很重要并很值得辨认清楚的一点。就人和社会的关系说，一个简单明了的事实是，社会是由人构成的，没有人就不会有人类社会。所以解决社会的种种问题不参考人的因素是不行的。不错，人也不能脱离社会而存在。但两相比较起来，不能不承认人是更根本的。其实人不能离开社会而存在的意义就是人不能离开其他的人而存在。所以心理学同社会科学的关系问题归根到底还是一个人的问题。

三

以上说明了心理学的领域和因领域而产生的心理学体系的内涵和外延问题，并说明了这个问题的根本重要意义。对这个问题的明确认识和心理学的发展前途很有关系，而过去的心理学对这个问题是关心得很不够的。现在就来初步考察一下有关这方面的实际情况。

首先要提到的就是冯特的心理学。冯特心理学的一个严重缺点是它建立在唯心论的经验论基础之上。这样就很难谈到科学性。另一个大的缺点是它的体系也很残缺。经验论，即使是唯物论的，也偏于感知的方面。冯特的全部心理学就是这样。它在两大范畴的意的方面讲得很不够，在知的方面则限于感知，至多加上一个统觉，高级的思维则完全付之阙如。所以它在体系上是很不完整的，因而也有损于科学性。作为科学心理学的草创人，这种缺点也许是难于求全责备的。但感到遗憾的是，这样先天不足的心理学却给后来的研究者和心理学的发展带来了不小的不良影响，造成了不少困难。冯特也是一个当时颇有名望的哲学家。他对心理学的体系这样考虑欠周，也令人难解。

继承冯特的铁钦纳的意识构造心理学和冯特心理学有类似的情况，不过他对冯特心理学在体系上的缺点有所弥补。

主要是继承英国经验论心理学的詹姆士、昂吉尔以及后来的卡尔和吴伟士等的机能派意识心理学则在体系上较为完整。原出于铁钦纳门下而后来采取折中观点的波林的心理学在体系上也较完整。不过，波林的心理学仍主要是意识心理学。意识心理学一般都比较偏于两大范畴的知的方面，有以知统率意的偏向。

反对意识心理学的华生的行为论心理学则完全偏向于意的客观表现的行的方面，不但不要知，连意也不要了。不过不要知在讲心理学的人是做不到的。只好把知说成行的形式或企图把知融化于行或把知看作完全无关紧要的东西。这种种做法孰优孰劣，可以存而不论。但它们都同样地抹杀了知，使心理学成了半边瘫痪。行为论心理学的指导思想是心身二元论，但完全强调身的一边。它在体系方面的缺陷很大，心理学体系的核心部分都没有了，成为徒有其名的心理学。因此它的科学性也就很有问题，虽然从表面上看像是颇为科学的。

因反对冯特心理学过分强调分析方法转而强调综合方法的完形心理学也是一种意识心理学，并且也是建立在二元论的思想基础之上的。它对知觉心理学作出了重要的贡献，对思维心理学的研究也有值得称道的成果。但它在体系上是偏于知的方面的，因而在科学性上也有所欠缺。

较近出现的人本论心理学强调对人类潜能特别是动机的研究，这是很值得欢迎的。但它显得偏重于意的方面的研究，因而在体系方面也有不足之处。

也属较近出现的认知心理学则问题比较复杂而且多一些。认知心理学的主要特点是看到了行为心理学因抛弃意识所造成的缺陷并因而遇到的不可克服的困难，决定把意识再捡回来并重新重视内部活动。这样做的本身是很需要的，是同人本论心理学一起构成为西方心理学的发展中一个重要的转折。但它捡回来的意识是詹姆士的"意识流"说法。这就未免是新瓶装旧酒，是一种大的失策。因为意识流之说是对意识的表面现象的一种形容，一点也没有说明意识的实质和作用。这种旧酒会使认知心理学的革新意图一点也得不到帮助，甚至反而会被引入迷途。认知心理学最主要的问题在于把认知这个属于知的概念去概括人的全部心理活动。这的确像是把行为心理学反转了过来并走到另一个极端去了。这就具有和行为心理学同等的体系上的缺陷。至于认知心理学其他一些缺点，因和这里讨论的问题无直接关系，就不多谈。

以上是举大家比较熟悉的一些事例来说明心理学体系问题的重要性以及漠视心理学体系或缺乏对心理学的全局观点会导致怎样的错误或片面性。100多年来心理学上的众说纷纭，莫衷一是，也是和对心理学的体系问题没有受到足够的重视很有关系的。

以上都是个人的一些看法，未免还有失当之处。

《中国社会科学》1986年第4期

论教育的传统与变革

顾明远[*]

摘要 本文分析了我国教育传统形成的过程，并就如何科学地对待传统教育思想，树立新的教育观念，推进当前的教育改革，提出了探索性的见解。作者指出，在当代，教育改革已成为世界性的潮流；而阻碍着我国教育改革的是一切不适应社会主义现代化建设需要的教育思想、教育内容与教育方法，而不是教育发展史上某一个特定的流派。为此，需要对历史上流传下来而至今仍在起作用的教育传统进行具体分析。作者认为，我国有些优良的教育传统，如重视思想品德教育等，应很好地继承与发扬，而一些陈腐的传统教育思想，如狭隘的教育价值观、因循守旧的人才观、轻视实践和技术的观念以及僵化的教学模式的影响等，则应该加以摒弃。作者主张，在马克思主义的指导下，树立为社会主义现代化建设服务的教育价值观、全时空的教育观、正确的人才观、以学生为主体的观念以及新的教学观，并在此基础上，采取相应的措施，调整教育结构，改革考试制度，改革教学内容和教学方法，以便进一步提高民族素质，更好地培养有理想、有道德、有文化、守纪律的人才。

一

当前世界上的许多国家都在进行教育改革。1983 年 5 月美国发表了

* 顾明远，1929 年生，1956 年莫斯科列宁师范学院毕业。现为北京师范大学副校长，教授，国务院学位委员会学科评议组成员，撰有《教育学》、《比较教育》、《鲁迅的教育思想和实践》、《现代生产和现代教育》等著作。

全国教育质量委员会的公开信《处境危险的国家：迫切需要进行教育改革》；同年 6 月日本成立了"文化与教育恳谈会"，着手进行第三次教育改革①；苏联于 1984 年 4 月通过了《普通学校和职业学校改革的基本方针》的决定，1987 年 3 月 21 日又公布了《高等和中等专业教育改革的基本方针》；还有一些国家对教育也采取了或正酝酿着采取某些改革措施。这说明教育改革成了世界性的潮流。那么，促使这一潮流兴起的动因是什么呢？

简而言之，从教育外部来看，这是由于当代科学技术的进步使社会化大生产不断发生变革，加剧了国家间的经济竞争。在这种空前激烈的竞争中，科学技术人员、管理人员的科学创见，生产者的技术熟练程度和应变能力，对经济的发展起着比增加物的资本和劳动力的数量更为重要的作用。而培养能适应科技、经济发展需要的人才，不但有赖于教育的普及和发展，而且对教育本身也提出了比过去更高的、新的要求。此外，科学技术革命也在不同程度上改变了劳动的性质和内容，使社会劳动分工发生了新的变化。生产的集约化使体力劳动的比重减少，脑力劳动的比重增加；第一、第二产业的劳动力不断减少，第三产业的劳动力迅速增加。这些变化要求教育在培养目标、组织结构、教育内容和教育方法上都要作相应的调整。

从教育内部来看，战后 60 年代和 70 年代各国教育都有了较大的发展，但是质量却有所下降。因此，解决数量与质量之间的矛盾是当前教育改革的迫切任务。

在我国，"文化大革命"给教育带来了空前的灾难。"文化大革命"以后拨乱反正，恢复了高等学校统一考试、择优录取的招生制度，重新建立了学校正常的教学秩序；国家把教育列为经济建设的战略重点之一，增加了教育经费，教育有了较大的发展。但正如《中共中央关于教育体制改革的决定》中所指出的"轻视教育、轻视知识、轻视人才的错误思想仍然存在，教育工作方面的'左'的思想影响还没有完全克服，教育工作不适应社会主义现代化建设需要的局面还没有根本扭转。特别是面对着我国对外开放、对内搞活，经济体制改革全面展开的形势，面对着世界范

---

① 日本明治维新后进行了第一次教育改革，二战后进行了第二次教育改革，目前正在进行的是第三次教育改革。

围内的新技术革命正在兴起的形势，我国教育事业的落后和教育体制的弊端就更加突出了。"要从根本上改变这种状况，教育必须改革。要改革管理体制，调整教育结构，还要改革同社会主义现代化建设不相适应的教育思想、教育内容和教育方法。中共中央的决定拉开了教育改革的序幕。这次教育改革的根本目的是提高民族素质，多出人才，出好人才，即培养有理想、有道德、有文化、守纪律的社会主义公民。他们都应该具有为国家富强和人民富裕而艰苦奋斗的献身精神，有不断追求新知、实事求是、独立思考、勇于创新的科学态度。这次教育改革关系到我们能不能培养出符合时代要求的各类人才，从而也关系到我国社会主义现代化建设的成败，意义是十分重大的。

二

任何改革都要以一种思想为指导，教育改革也不能例外。我国当前的教育改革要在马克思主义的指导下，确立新的教育思想，改变旧的、陈腐的传统教育思想。为了达到这个目的，首先就要弄清楚什么是传统的教育思想，哪些是旧的、陈腐的传统教育思想。

关于传统教育，可以作两种不同的理解。一种理解是指从历史上承袭下来的教育思想、制度和方法，即在过去教育实践中形成并得以流传的具有一定特色的教育体系；另一种理解是指教育发展史上的一个特定的教育流派，其代表人物是德国教育家赫尔巴特（1776—1841）。第一种理解的范围比较广，它包含了历史上流传下来的一切教育传统。我们今天所要改变的陈腐的传统教育思想，当然不能只指特定的某一流派，不能只指赫尔巴特的教育思想，因为阻碍我们今天改革的是历史上流传下来的一切不适应现代社会发展需要的教育思想，赫尔巴特的教育思想只是其中之一。而且他的教育思想也不是都不可取，其中有许多合理的东西，需要作具体分析。因此，笔者觉得第一种理解较为合理。

传统教育（或者叫教育传统）是传统文化的组成部分。传统教育有一个形成发展的过程。一定的历史时期有一定的文化传统，也就有一定的教育传统。这种教育传统是受当时的政治经济以及文化的影响而形成的，同时也是对过去的教育传统的继承和发展。例如中国历史上长期存在的科举取士的传统是在封建制度发展中形成的。这种科举制度把学校教育和人才的选拔制度结合起来，相对于过去的世袭制或者推举制无疑是一种进步。但它本身也存在着许多弊端。清朝末年，帝国主义的侵略动摇了封建主义的统治基础，科举制度终于随着政治经济的剧烈变革而彻底破灭。科举制度的破灭是在受到了西方资本主义教育思想、制度的冲击以后发生的。也就是说，旧的制度破灭了，就有新的教育思想和制度来代替它，从而形成新的教育传统。

还应该看到，教育制度的改变比教育思想的改变要容易得多。我国科举制度作为一种制度早已消灭了，但是与科举制度相伴随的教育思想作为一种传统的教育思想仍有可能在人们的头脑中残存下来。这就说明，传统教育思想的改变要比传统教育制度的改变困难得多。这就是为什么在教育改革中要特别重视教育思想转变的原因所在。

传统教育本身是不能简单地一概加以肯定或者否定的。传统教育中有好的优秀的教育思想、制度和方法，也有不好的或者过时的教育思想、制度和方法。有些教育思想、制度和方法符合教育发展规律，符合人的认识发展规律，就是优秀的教育传统，就会世代流传下来。例如我国古代"因材施教"、"教学相长"等教育思想，至今仍然有强大的生命力。传统教育中有些教育思想、制度和方法在当时的历史条件下是进步的、可取的，但随着时代的变化和社会的进步，可能会变成落后的、腐朽的、不可取的。今天我们要改革的所谓陈腐的传统教育思想是指一切同社会主义现代化建设不相适应的教育思想，而不是指所有的传统教育思想。相反，对于传统教育中符合教育规律的优秀的思想、制度和方法，我们要继承，并且要在新的历史条件下加以发扬，赋予新的思想内容，成为新的教育传统。

正因为一定的历史时期有一定的教育传统，那么，在我们今天的历史条件下，就有今天的教育传统。这个传统是在新中国建立以来政治经济发展的条件下，继承过去的教育传统以及外来的教育传统的基础上形成的。我们继承了历史上优秀的教育传统，但由于种种原因，也继承了一些不好的教育传统，同时也有些优秀的传统没有被继承下来，半途丧失了；我们学习了外国的好经验，但由于我们没有经验，也吸收了一些不符合我国国情的教育经验。此外，时代的进步，社会的发展，使得我们建国以来形成的教育传统已有许多地方不适应社会主义现代化建设的要求，需要进行改革。所以，所谓改革陈腐的传统教育思想是针对着当前存在的教育传统而言的，不是无目的地去批判历史上曾经存在过而目前已不复存在的教育思想、制度和方法。因为我们今天存在的教育传统（主要指思想）已经不是过去存在的教育传统（思想）的简单重复，而是经过改造了的。今天我们要摒弃陈腐的传统教育思想，当然要追本溯源，才能了解陈腐的传统教育思想的由来及其危害；但是，着眼点在于说明它在今天能够得以存在的历史背景及其对当前教育改革的影响。

三

要改革陈腐的传统教育思想，就要分析我们现在的教育传统（即教育思想、制度和方法）是怎样形成的。也就是说要弄清我国的教育传统是怎样发展过来的，今天的教育传统从历代教育传统中继承了什么，形成了什么特点。

我国学校教育的发展经过了奴隶社会、封建社会、半殖民地半封建社会以及新中国成立以后社会主义社会几个阶段。每一个社会都有自己的不同的教育传统，但是它们之间又有继承关系。后一个社会的教育继承了前一个社会教育传统中适合于该社会的教育思想、制度和方法，扬弃了不适合于它的教育思想、制度和方法。但是，正如前面讲到的，教育思想不像教育制度和方法那样容易改变，所以有些虽然不适合时代要求的教育思想也会用某种新的形式残存下来。也就是说，后一个社会的教育思想不见得都适合于它自己的需要，其中也可能包含着旧的陈腐的教育思想。从这个观点出发，我们不能不看到，在我国，由于封建社会统治的时间比较长，因此，在我国的教育传统中，封建主义教育思想的影响很深。有些思想仍然可能在某些人的头脑中起作用。

封建主义教育思想在我国近代史上受过几次大的冲击：

第一次大冲击是清朝末年的洋务运动和变法维新。前者指封建统治阶级内部的洋务派提出的"中学为体、西学为用"的教育主张；后者指资产阶级改良派提出的所谓"新学"的主张。虽然这两次运动的背景、内容都不相同，但是都是对封建主义教育传统的一次冲击。洋务运动不愿意触及封建思想的核心，但它主张办洋学堂，采用西方的技术来改革我国的教育制度。戊戌变法的维新运动则从发展资本主义出发，要求改变封建专制政体、学习西方文化。他们努力输入西方资产阶级的伦理道德观念，以西方某些民主观点来反对封建专制思想。虽然这次运动失败了，但经过他们的斗争，封建伦理纲常开始发生动摇，封建主义教育思想受到批判，封建教育制度开始崩溃，废科举兴学堂就是这两次运动的结果，借此，西方的教育制度和先进的科学教育的内容才得以在中国建立和传播。

辛亥革命对封建教育传统也可以说是一次冲击。特别是蔡元培提出的教育方针，体现了资产阶级关于人的和谐发展的思想，对封建主义教育思想是一次有力的批判。但是，随着辛亥革命的失败，蔡元培的教育思想并未得到充分实现。

第二次大冲击是"五四"运动。这是旧中国文化教育发展的转折点。"五四"运动中，先进的知识分子对封建主义思想体系进行了有力的批判，提出了科学和民主的口号，沉重地打击了封建主义的教育传统。在学校里废除了尊孔读经的内容；在文学革命的推动下，学校采用白话文进行教学，使学校教育接近人民大众的生活实际，为教育的普及创造了条件；在科学和民主的口号下提倡男女受教育的权利平等；提倡科学的教育内容和方法等等。这一切都使我国的教育走入世界现代教育的行列，为我国新民主主义教育的建立奠定了基础。

第三次大的冲击是解放战争的胜利和中华人民共和国的建立。革命战争年代，老解放区在学校教育特别是干部教育方面取得了一些有益的新经验。解放战争的胜利，彻底推翻了封建主义和帝国主义的统治，封建主义教育传统失去了它的基础。《中国人民政治协商会议共同纲领》第四十一条提出要"肃清封建的、买办的、法西斯主义的思想"，建立民族的、科学的、大众的新民主主义教育。经过新中国成立初期的教育改革，封建主义教育思想作为一种体系已经彻底崩溃。但是，我们不能不认识到，思想体系的崩溃不等于这些思想从此绝迹；某些封建主义教育思想的残余仍会存留下来，至今还可能在一些人的头脑中起作用。此外，50年代我们不加分析地照搬苏联的教育经验，也给我国教育的发展带来了消极的影响。这一些因素的存在构成我国当前教育传统的组成部分，并在不同程度上障碍着教育改革的进行和深入发展。

从上述分析中可以看到，我国当前的教育思想、制度和方法（即当前的教育传统）不是孤立地产生的，而是在建国以来的政治经济发展条件下，继承和改造了历史上的教育传统并吸收外来教育传统的基础上形成的，它大致包含着以下几个因素：（1）几千年来封建社会的传统教育的影响，其中包含着优秀的教育思想和封建主义教育思想的残余；（2）"五四"运动以来的科学和民主的优秀教育思想；（3）老解放区干部教育的思想、制度和方法；（4）新中国成立以后学习苏联的教育思想、制度和方法；（5）若干年来，特别是近些年来西方教育思想的影响。当然不能说这些因素都是孤立的，互不联系的，相反，它们是互相联系、互相影响的。在这些因素中包含着优秀的教育思想，也都包含着陈旧的教育思想。这些因素在我国当前的教育传统中也不是等量地在起作用，而是有主有从的。应该说，建国以来，我们以马克思主义、毛泽东思想为指导，我国的教育思想、制度和方法在主导方面是先进的、优秀的。但是，毋庸讳言，我们的教育传统中还残存着不少落后、陈腐的东西。特别是经过"十年动乱"，我们曾经有过的某些优秀的传统也丧失了。例如，我国几千年中历来重视伦理道德教育，注重人品的教育；老解放区重视思想政治教育，这些都是优秀的教育传统。这些传统建国以后被继承下来，培养出了几代青年，但被"文化大革命"破坏了。现在学校的思想工作薄弱，效果不佳，原因当然很复杂，但不能说同这些优秀传统的丧失没有关系。建国以后我们学习马克思、列宁的教育思想，强调教育同生产劳动相结合，重视在学校中进行劳动教育。由于受到"左"的思想的干扰，劳动搞过了头，影响了学生的知识教育；现在则反过来，学校又产生了忽视劳动教育的倾向。因此，今天教育改革的任务，就是要很好地清理这些因素，分清哪些是优秀的教育思想，哪些是适应当前时代要求的教育制度和方法；哪些是陈腐的教育思想，哪些是不适应时代要求的教育制度和方法。对优秀的教育思想、制度和方法要加以继承和发扬；对陈腐的教育思想、制度和方法要加以改革；已经丧失的优秀的教育传统，要加以恢复。显然，这是一件十分复杂和困难的工作。

四

与我国社会主义现代化建设不相适应的陈腐的教育思想可以说是一种封闭式的教育思想，它是受我国封建社会自然经济的影响而形成的。这种封闭式的教育思想大致表现在以下几个方面：

（一）狭隘的教育价值观

学校教育为统治阶级服务，培养统治人才，这是古代教育的共同特征。那时教育是与生产劳动相脱离的，因为自然经济和手工劳动还没有摆脱对经验知识和手工技艺的依赖，还没有达到迫切需要利用科学技术的水平。这就形成了一种观念，似乎教育和社会物质生产是没有关系的，教育是一种消费性的投资。

我国封建社会的政治体制和以儒家伦理纲常为核心的思想体系使教育紧紧地依附于它并为它服务，使这种狭隘的教育价值观更加凝固，教育的目的是培养封建统治的官吏，教育的内容是维护封建统治的伦理道德，教育方法是呆读死记，完全排斥教育的生产性。

当然，任何一个社会，任何一个国家，教育都是不能脱离政治的，社会主义教育也不能例外，它必须为无产阶级政治服务。但是这只是它的一个社会职能。教育还应该有其他的社会职能，这就是为发展社会物质生产服务。这种社会职能随着现代生产的发展越来越显得重要，特别是在当代，科学技术渗透到生产的各个部门，已经成为直接的生产力；没有科学技术的参加，现代生产就难以发展。在这种情况下，一个人如果不掌握科学文化知识，就不能成为现代生产的合格劳动者。教育是培养具有一定科学文化水平和熟练劳动技能的劳动者的重要手段，如果今天还不认识到教育的这种社会职能，社会生产力就不能得到发展，社会主义制度也就不能得到巩固，为无产阶级政治服务的要求也会落空。

（二）因循守旧的人才观

在封建社会，自然经济占统治地位。这种封闭式的经济活动，只要求受教育者恪守传统的知识和技艺，守住祖宗家业，而不重视启迪受教育者去开辟新的知识领域，鼓励他们的创新精神。这种人才观和狭隘的教育价值观是相联系的。几千年来封建社会统治阶级需要培养的是听话的奴仆，要求他对主人的绝对驯服，不需要有自己的独立见解；而劳动人民在封建统治下和自然经济的条件下，也只知道教育自己的子女守家立业，把他们束缚在一块土地上，而不要求他们去开辟新的天地。

这种教育思想显然与现代社会是格格不入的。在现代社会，科学技术和生产的结合，使得现代生产的技术基础不断发生变革，这就造成了劳动的变换、职能的更动和工人的全面流动性。马克思早在 100 年以前就曾经指出："现代工业从来不把某一生产过程的现存形式看成和当作最后的形式。因此，现代工业的技术基础是革命的，而所有以往的生产方式的技术基础本质上是保守的。现代工业通过机器、化学过程和其他方法，使工人的职能和劳动过程的社会结合不断地随着生产的技术基础发生变革。"[①]当代科学技术的发展证明了马克思论断的正确性。

现代社会这种不断变革的特点要求教育培养出来的人才不仅有丰富的知识，而且要有独立思考的能力和不断追求新知、勇于创新的科学精神。如果没有这种精神，我们就会落在时代的后面，就会贻误社会主义现代化建设的大业。

（三）轻视实践，轻视技术的观念

在我国漫长的封建社会里，学校教育制度和人才选拔制度是紧密结合在一起的。学习是为了做官，要做官就要参加科举考试。学子们寒窗苦读，不接触社会，不接触生产，鄙视一切技艺性的职业和劳动。"万般皆下品，唯有读书高"就是这种状况的写照。读书之所以"高"，就是最后有可能做官。当然，选拔读书人做官，比起让不读书的人做官略胜一筹。但是问题在于当时读的书是宣扬三纲五常的封建伦理道德的书，很少读或者根本不读有益社会生产的科学技术方面的书；读书的目的不是为了发展社会生产，而是为了从政、入仕，即做官。这种思想在我国历史上有着广泛而深远的影响。

在解放战争与新中国建立以后的一段时间内，我们曾经批判过轻视实践、轻视劳动的思想。但由于我国教育不够普及，有文化的知识分子中有一些人当了国家干部，这就在社会上造成了一种错觉，似乎读书就是为了当干部。1957 年毛泽东同志针对当时中学毕业生不愿意参加体力劳动的状况，提出社会主义教育要培养有社会主义觉悟的有文化的劳动者，说明劳动者也需要有文化，有了知识不一定当干部，这在当时无疑是很及时、很正确的。但以后受到"左"的思想的干扰，把教育看作只培养劳动者，不培养干部，不培养科学技术人才，结果导致"读书无用论"的出现，这就走到了反面，造成了历史的倒退。

---

① 《马克思恩格斯全集》第 23 卷，人民出版社 1972 年版，第 533—534 页。

"十年动乱"以后，恢复高考制度，纠正了"读书无用论"的思想，恢复了教育的地位，强调了知识在社会主义现代化建设中的作用。这对于重建被"十年动乱"破坏的学校教育制度和恢复社会正常秩序、激发青年的求知欲望起了极大的作用，为我国社会主义现代化建设准备了智力条件。但是，在这一过程中，轻视实践、轻视劳动的思想又有所抬头。这种思想的一种表现是重视普通教育，轻视职业技术教育。职业技术教育在我国不发达，除有物质基础（生产力水平）方面的原因外，也有思想观念方面的原因。历来的观念是"学而优则仕"，没有说学而优则工、学而优则农、或者学而优则商。因此学习好的总要追求上普通中学、上大学，不愿意学习职业技术。这种观念不改变，职业技术教育很难在人们心目中占有重要的地位，职业技术教育很难发展，结果是劳动人民的文化素质和技术素质得不到提高。

科举考试制度的思想影响也不能低估。我国封建社会长期以来是用考试来选拔人才的。这对于世袭制无疑是一种进步。但是，学校教育围绕着考试转却成为我国教育的传统。特别是科举制度发展到以做八股文为考试内容，学校也以教做八股文为其主要任务，导致学校教育极度僵化，成为教育发展的严重阻力。这种以考试为学校教育的指挥棒的现象在我国当前教育中仍然存在，并严重地阻碍着当前的教育改革。要改变这种状况，一方面要改革考试制度，使指挥棒向着正确的方向指挥，另一方面就要改变传统的教育思想，把培养人才放到更广阔的视野里进行，跳出单纯追求升学率的狭隘的圈子。

（四）僵化的教学模式的影响

自从清朝末年废科举兴学堂以来，我国的学校教育制度几经变迁。新中国成立以前主要是沿用 1922 年国民政府制定的学制。这个学制是以美国学制为模式的。解放以后，我们向苏联学习，以苏联学校教育的模式对旧教育进行改造。虽然在学制的形式上仍保留着 1922 年学制的某些痕迹，但在教学内容上和教学的组织上都采用了苏联的一套做法，这对于改变旧教育脱离人民、脱离实际的状况，建立科学的、大众的新的教育制度起了重要的作用。在新的教育制度下，我们培养了数以百万计的专门人才，数以亿万计的劳动后备力量。但是苏联的教学模式有很大的缺点，就是强求一律，方法呆板，教师主宰一切，学生缺乏主动性。这种教学模式不仅不能适应我国这样一个经济和文化发展极不平衡的大国的实际情况，也对培养创造性人才极为不利。当然，对于苏联的教育经验也不能一概抹杀。苏联教育强调严格训练，掌握牢固的系统的科学知识，这个经验是可取的。近几十年来他们也在强调发展学生的能力。最近的教育改革提出要加强个别教学，注意发展每个人的个性特长。这些经验都值得我们吸取。过去我们在学习苏联教育经验时采取机械照搬的方式，使本来就死板的模式在我们的教育实践中更加僵化。此外，在新中国成立以来的长时间内，我们作茧自缚，闭目塞听，不了解世界教育发展的进程和趋势，也使僵化的教学模式越来越凝固，至今难以融化。

以上简要地分析了阻碍我国当前教育改革的陈腐的传统教育思想及其历史形成的过程。但要改变这种传统教育思想却不是一件易事。因为它不是孤立地存在的，它与当前的政治经济制度有密切关系，与我们的某些政策也有关系。所以说，教育的改革必须和我国政治体制改革、经济体制改革同步进行。随着改革的深入，上面讲到的陈腐的传统教育思想必将随着小农经济的崩溃而被逐步克服。

五

改革教育制度、教学内容和教学方法，要以新的教育思想为指导：那么，需要树立哪些新的教育思想和观念呢？

（一）树立为社会主义现代化建设服务的教育价值观

前面已经讲到，狭隘的教育价值观只看到教育为统治阶级培养人才的一面，完全排斥教育的生产性。《中共中央关于教育体制改革的决定》总结了历史的经验，明确指出："教育必须为社会主义建设服务，社会主义建设必须依靠教育。"这就是说，教育要适应社会主义建设的需要，而社会主义建设也必须以教育为条件，这是一条客观规律。遵循这条规律，社会主义建设事业和教育事业才能得到迅速发展；违背这条规律，教育事业得不到发展，社会主义建设也会受到损害。

树立了这样的教育价值观就不会把教育看作一种单纯的消费性投资，而是看作一种能够获得经济效益的生产性投资。当前我国教育遇到的最大困难是经费不足。要解决这个问题除了国家增加教育拨款之外，还需要各行各业都重视教育，都来支持教育。这种支持不只是经费上，也包括物质上和人力上的支援。例如，培养工程技术人才需要让学生到工厂企业去生产实习。过去工厂企业接受学生的生产实习被看作应尽的义务，而且投入一定的资金和人力。但是近几年来却倒过来，学生到工厂企业去实习，学校要向工厂企业交纳可观的费用。这种状况不改变，适应现代生产要求的人才就难以培养出来。

（二）树立全时空的教育观

过去我们对教育的理解主要限于学校教育，认为教育是给一定年龄阶段（六七岁至二十四五岁）的人们提供学习场所。他们从学校获得足够的知识，会终身受用不尽。现在这种理解已经不够了，教育的概念需要扩大。

从年龄上讲，教育不只应给儿童和青少年提供学习的机会，还应该为需要学习的所有年龄阶段的人们提供必要的学习机会。因为前面讲到的科学技术的进步和生产的不断变革，使得人们已经不能终身固定在一个工作岗位上。劳动的变换、职业的更动以及工作内容的变化要求他不断学习，不断更新自己的知识和技能。所以，学校教育已经不只是职业前的教育，而且担负着继续教育、转业教育甚至于闲暇教育的任务。现代教育已经把学校教育纳入到终身教育的轨道中，把教育扩大到所有年龄阶段，教育的时间延长了。

从教育活动的范围来讲，教育已经远远超出了学校的范围。过去，受教育必须进学校。现在，由于教育技术手段的进步，群众性媒介的广泛使用，获得知识不一定需要进学校。人们可以通过广播、电视、录像、书报杂志等多种渠道获得知识，教育的空间扩大了。

从教育的任务来讲，教育不只是给人们以职业训练，为社会的物质文明建设创造条件，而且要提高全民族的科学文化素质和思想道德素质，建设社会主义的精神文明。所以教育事业不只是学校师生员工的事业，不只是从事教育工作的人们的事业，应该是全社会的共同事业。

只有树立这种终身教育、全民教育、全时空教育的新观念才能摆脱小生产的观念，把教育放到社会发展的总系统中去考察，并使它受到社会的应有的重视，才能打破学校教育的封闭模式，使它与社会紧密联系。

（三）树立正确的人才观

在我国几千年的封建社会里，对人才的看法形成了一个极为狭窄的观念，以为只有出人头地、高官厚禄的人才是人才。在这种传统的人才观影响下，现在有一种看法，似乎只有上了大学，成了专家、学者、科学家、发明家，或者对社会做出特殊贡献的政治家才是人才。这种人才观是片面的，也是不科学的。什么是人才？凡是有高度社会责任感，勤奋工作，勇于创新，为社会做出一定贡献的都是人才。人才是有层次、有类别的。各行各业、各个层次中都有人才。不能把人才和天才的概念混淆起来。天才则是人才中的出众者，是有高度禀赋才能、在某个领域内做出卓越贡献的人。这种人是极少数。我们教育工作者当然希望，并且应该注意发现和培养出能够获得诺贝尔奖的、有创造发明的、蜚声世界的高级人才和天才。但是这种高层次的人才和天才毕竟是少数。如果教育工作者的着眼点只放在这些少数人身上，把它作为我们唯一的培养目标，势必忽视大多数，就不能为社会主义建设培养众多的各级各类人才，社会主义建设就会受到损失。

现代教育的人才观应该有以下一些特点：

（1）人才的广泛性。当教育还处于少数人享受的时代，人才只是少数人；现在中等教育普及率在逐步提高，高等教育也有发展，受过教育、训练的人才日益增多。但社会主义现代化建设是规模极为宏大的事业，需要造就数以亿计的工业、农业、商业等各行各业有文化、懂技术、业务熟练的劳动者；要造就数以千万计的具有现代科学技术和经营管理知识、具有开拓能力的厂长、经理、工程师、农艺师、经济师、会计师、统计师和其他经济、技术工作人员；还要造就数以千万计的能够适应现代科学文化发展和新技术革命要求的教育工作者、科学工作者、医务工作者、理论工作者、文化工作者、新闻和编辑出版工作者、法律工作者、外事工作者、军事工作者和党政工作者。这些人才都需要通过教育去悉心培养。

（2）人才的多样性和特殊性。人才的广泛性并不排除人才的多样性和特殊性。我们要改变用一个模式来培养人才的传统做法，要注意因材施教。因为人的个性存在着差异，用一个模式要求人才，就会压抑人的特殊才能和个性的充分发展，也就不能培养出高质量的人才。在学校教育中要废弃平均发展的思想。有人把培养学生全面发展理解为要求学生门门功课都达到优秀，这种要求是不切合实际的。正确的教育应该为不同的个性创造发展的条件，即按照各个学生不同的特长、不同的兴趣和爱好施以不同的教育，使他的个性得到充分的发展，成为出色的人才。

（3）人才的和谐性。所谓和谐性就是要使人才在德、智、体、美、劳诸方面和谐地全面发展。重视思想政治教育是我国教育的优良传统。这个传统不能丢失，应该保持和发扬。在现代化建设中强调智育是必要的，但是我们建设的现代化是社会主义的现代化，因此不能只重智育而忽视德育。我们培养的人才应能坚持社会主义方向，并有为社会主义献身的精神。此外，也不能忽视体育、美育和劳动教育，这些是不言自明的。

（4）人才的超前性。一方面，人才培养的周期很长；另一方面，人才为社会服务的年限也很长。这两个长期性需要我们用面向未来的眼光、用发展的眼光来看待人才的培养问题。不能只看到社会在一定发展阶段对人才的需求和规格要求，还要看到社会在未来发展阶段对人才的要求，看到人的潜在能力和他将来的发展。

（四）树立以学生为主体的观念

在教育发展史上，关于学生在教育过程中的地位问题历来是争论的焦点。一派意见认为在教育过程中，教师有绝对的权威，学生只是教育的对象，他们只有听从老师的教导，自己没有主动权。另一派意见认为学生是教育的中心，教师只处于辅助地位，在教育过程中教师要围着学生转。这两派意见都没有辩证地认识到师生在教育过程中的相对地位，只强调了一方面的作用，忽视了另一方面的作用，都是片面的，不科学的。我国长期以来的教育传统是把教师放在中心位置。虽然二三十年代杜威进步主义教育学派的儿童中心主义的教育思想曾经一度在我国流行过，但很快就烟消云散。新中国成立以后学习苏联教育经验，强调教师的主导作用和教师的权威，仍然是把教师放在教育的中心，把学生视作被动地接受教育的对象，看不到学生的主观能动性，也不注意培养学生的主动精神和独立能力。这种传统的教育观念也是不适应时代的要求的。现代科学技术发展迅速，如果人们习惯于被动地接受现存知识，缺乏积极主动性，缺乏开拓精神，他就会落在时代的后面。因此必须转变这种传统的教育思想，把学生看作教育的主体（即主人翁）。事实上，学生不是被动地接受教育，而是具有主观能动性。他对教师的讲课不是有言必录，而是有选择的。所以，只有把学生的主动性调动起来以后，教育才能取得成效。学生是教育过程的积极参加者，一切教育影响都要通过学生自身内部的矛盾运动才能被接受。在教育过程中教师要起主导作用，这种主导作用就体现在有组织有计划地启发学生的积极主动性上。学生的积极主动性越高，教育效果就越好，教育质量就越高。

有的同志不同意提学生的主体作用，认为它与教师的主导作用是矛盾的。他们还从哲学的观点来分析，认为在同一的过程中不可能有两个"主体"或者两个矛盾的主要方面。其实主导作用这个名词是从苏联教育学中翻译过来，原文为 вндущаь，意思是指引导、先导的作用，丝毫没有以教师为主的意思。在教学过程中只有一个主体，这就是学生。

什么是好学生？受陈腐的传统教育思想束缚的人认为，循规蹈矩，善于死记硬背，考试能得高分就是好学生。但是这种学生缺乏创造性和进取精神，将来在事业上难以有出色的成绩。教育学生呆读死记、因循守旧，还是培养学生生动活泼、勇于创新，这是两种对立的教育观。使学生生动活泼地主动地发展是时代的要求，也是社会主义建设的要求。社会主义建设需要有理想、有献身精神和创新精神的人才，而不是缺乏理想和抱负、无所作为的平庸之辈。

学生观实际上是人才观的一种表现形式。人才观表现在教育的最终目的上，学生观则表现在教育过程中对学生的认识上。有什么样的人才观就会有什么样的学生观。有什么样的学生观就会培养出什么样的人才。所以只有适合时代要求的正确的学生观，才能培养出适应社会主义现代化建设需要的人才。

（五）建立新的教学观

传统的教育把传授知识作为学校的唯一任务。但是，科学技术的进步带来的知识总量的迅速膨胀，使得学校教育不可能，也没有必要在学生短短十几年的学习时间内把人类积累起来的所有知识都传授给学生。要使学生跟上科技发展的步伐，除了教给学生最基本的知识外，主要是要发展学生的能力，使他们学会在已有知识的基础上去探索新的知识。正如美国教育家布鲁纳所说的："不仅要教育成绩优良的学生，而且也要帮助每个学生获得最好的智力发展。"（《教育过程》）近几十年来生理学、心理学对人脑的功能的研究，为发展学生的能力提供了科学的根据。生理学家和心理学家都认为，学龄初期儿童的大脑已经接近成人，儿童智力发展的潜力很大，教师不能低估儿童的潜力，要注意用启发的方法去发展他们的智力。

传授知识和发展能力不是矛盾的，而是相辅相成的；要把两者结合起来，而不是对立起来。不能因为强调了发展学生的能力就可以放松知识的传授。知识是发展能力的基础。没有知识就谈不上发展能力。如果离开掌握牢固的知识去发展能力，则能力就成为无源之水，无本之木。一般说来，能力的发展与知识的多少、深浅有着密切的关系。知识越丰富，理解得越深刻，越有利于能力的发展。反过来，能力的发展又是获得知识的重要条件；掌握知识的快慢、难易，理解的深浅，巩固的程度等都依赖于能力的高低。能力发展水平高，掌握知识就快，理解得就深，掌握得就牢固。所以，传授知识和发展能力是辩证统一的过程，两者不可偏废。更不能把两者等同起来，互相取而代之。传授了知识不等于就发展了能力。为了发展学生的能力，就必须对教学内容和方法加以改进。教学不能只是从概念到概念，理性知识要注意联系现代科学技术发展的实际和社会主义建设的实际；要删除陈旧的、烦琐的教学内容，加强基本知识的教学和基本技能的训练，使学生掌握知识的内在联系，能够举一反三；要减轻学生的学业负担，使学生减少心理压力并有余力去从事自己爱好的活动，培养自己的独立能力。教学方法要采取启发式，废止注入式，把学生的积极思维调动起来，才能促进学生能力的发展。

教学内容和教学方法的改革不只是单纯的技术、方法问题，同样涉及教育观念的转变。现代的教学观应该树立以下一些观念：

（1）教学不应是把现存的结论教给学生，而是要引导学生自己探索，寻求事物发生发展的起因，探讨它与其他事物的联系，从中找出规律，形成概念。经过自己努力探索到的知识，理解得深刻，记忆得牢固。当然这种探索不是让学生盲目重复科学发现的过程，而是在教师引导之下让学生自己动脑、动手。老教育家叶圣陶先生说的"教为了不教"就是讲的这个道理。也就是要注意培养学生自学的能力。

（2）提倡教师和学生之间、学生和学生之间双向或多向地交流信息。传统的教学方法是教师滔滔地讲，学生静静地听，学生在教学过程中处于被动状态，单向地接收信息。信息是否被接受和理解，没有反馈。教师得不到学生学习的信息，不能根据学生理解的程度来调节和改进教学。同时学生只接受单向的信息，由于信息源太少，无法对信息加以比较，思路就不开阔。如果师生互相讨论，学生的思维处于积极的状态，信息来自多方面，学生为了接受它就要加以分析和比较，这就发展了他的思维能力，同时对概念也会理解得更深刻、更全面。

（3）在发展学生求同思维的同时，注意发展求异思维。求同和求异是两种密切联系而又各有特点的思维方式。二者无论对于发展科学、文化还是寻求知识、解决问题都是不可缺少的。没有求同思维就不会有继承，没有求异思维就谈不到发展。传统的教学只求同，不求异。书上怎么写，教师怎么讲，学生就怎么答，不允许存在不同意见。这样的教育实践抑制学生的创造性思维，挫伤学生的积极主动性。现代教育必须重视启发学生的积极思维，鼓励学生提出不同见解，这样才有利于学生创造性才能的发展，有利于科学的发展。

（4）注意因材施教。结合每个学生不同的特点进行不同的教育，是现代教育发展的共同趋势。班级授课制是教育发展史上一大进步，它改变了教学的手工业方式，提高了教学的效率；但是它有不足之处，就是用一个标准要求全班学生，容易忽视学生的个性特点。现代教育要强调发展学生的个性，就要注意因材施教。现代科学技术手段在教学中的应用也为教师进行个别指导和学生独立自学创造了条件。

六

为了使我国的教育适应社会主义现代化建设的要求，必须有计划、有步骤、有系统地进行教育改革。笔者认为，当前需要改革的有以下数端：

（一）调整教育结构，使它更适应我国的实际需要

我国的实际是什么呢？（1）地域辽阔，经济和文化发展极不平衡，不能用一个标准要求全国各地；（2）人口众多，仅在校中小学生即达2亿3000万人。他们不可能都进入高一级学校学习，特别是中学毕业生，不可能都进高等学校学习；（3）我国属于发展中国家，经济还不够发达，国家的财力有限，教育经费的增加有一定的限度；（4）我国的社会主义现代化建设，需要各级各类各种层次的人才。根据上述现实情况，我国的教育结构需要认真调整。《中共中央关于教育体制改革的决定》把调整中

等教育结构，大力发展职业技术教育作为教育体制改革的重要内容。决定中确定，我国广大青少年一般应从中学阶段开始分流：初中毕业生一部分升入普通高中，一部分接受高中阶段的职业技术教育；高中毕业生一部分升入普通大学，一部分接受高等职业技术教育。

有人反对中学阶段的分流，认为现在世界教育发展的趋势是办综合中学，把普通教育和职业教育结合起来，过早地职业化不利于现代技术发展的要求和学生将来的发展。这当然不无道理。但是对于我国来说，目前中学阶段的分流是不可避免的。在较长的时期内，我国能进入高等学校学习的人为数毕竟有限，这就需要为受完义务教育后的中学生开辟一条通向职业教育的道路。世界各国教育发展的历史也都经历过分流的阶段。当19世纪工业发达国家刚刚普及小学教育的时候，它们在初中阶段就开始分流；20世纪前半叶普及初中教育的时候，在高中阶段开始分流。现在发达国家的中等教育所以趋向于办综合中学，是因为它们已基本上普及了高中教育。我国要达到这样的教育发展水平还需要许多年。当然，时代不同了，如何分流，分流以后采取什么样的结构、内容等，不应该简单地照搬其他国家的做法。值得注意的是，根据当代科学技术发展的需要，在分流以后的教育内容上，我们应该努力使普通教育和职业教育结合起来，而不应过分削弱普通教育的内容，以免学生将来不适应技术变化的要求。

教育结构的调整还应包括高等教育。现在高等教育中培养高级技术人才的本科生与培养中级技术人才的专科生的比例很不恰当。据统计，高等学校本科生和专科生的比例1978年为1：0.57，1982年为1：0.11，1985年为1：0.38（以上统计均不包括师范院校的学生）。这种比例显然不能适应工农业发展对中级技术人员的需求。因此要大力发展高等专科教育，增加专科生的比重。要达到这个目标，就需要采取适当措施，鼓励青年报考专科学校。

（二）进行考试制度的改革

重考试是我国教育的传统。这个传统不应一概抹杀。考试有积极的一面：可以检查教学效果，以便教师改进教学，对学生则是一种鼓励和督促；可以建立比较客观的学业成绩评定标准，避免高等学校入学走后门，确保高校新生的质量。但是考试也有消极的一面：（1）高考一次定终身，不考虑学生平时的学习情况，具有一定的偶然性；（2）容易使学校教学偏科，许多高中很早就按照高考的要求分文理科进行教学，不考的科目不学，使学生受不到完全的普通教育；（3）教师和学生疲于奔命，影响健康。因此考试制度必须改革。

首先要改革高考制度。可以朝两个方向改革：一是把高考和考查平时成绩结合起来，这样既可以避免偶然性，又可以鼓励学生平时努力，把知识学得更扎实；二是把考试科目减少，考试的内容加宽。例如把自然科学和社会科学综合起来考试，内容宽了，但深度和难度要降低。为了专业的需要可加试与专业相关的学科。这样可以减轻学生的负担，也可以避免偏科的现象。现在有的地区采用平时会考，学完一门会考一门，把高考的科目减少。这也是一种改革的尝试。但教师和学生都反映，过去是毕业班紧张，现在是年年紧张。可见这种制度也还需要进一步研究改进。高考内容应特别注意检查学生对于基础知识的掌握程度和能力的发展水平。这就与命题的要求有关。高考的命题不仅直接影响到能否录取真正优秀的学生，同时也间接地影响到中学的教学，是一根无形的指挥棒。因此应该把高考命题作为一项重大的科研项目进行认真的研究。

其次要改革学校日常的考试制度。最重要的是要减少考试次数，加强平时考查。考试虽然有检查教学效果和督促学生学习的积极作用，但它带给学生的心理压力很重。这种压力不利于学生的学习，特别是对低年级学生，不利于他们生动活泼地主动地发展。要鼓励、督促学生学习，不能单纯靠考试，而是要靠教师的教育艺术，靠启发学生的兴趣和求知欲。国外有的心理学家通过试验证明，在心理压力下学习的学生，学习效果不如没有心理压力的学生。

减少考试有利于减轻学生的负担，使他们能够全面发展，能够有时间学习他所喜爱的知识，从事他所喜爱的课外活动，有利于他的特殊才能的发展。

（三）改革教学内容

我国采取全国统一的教学计划，统一的教学大纲，统一的教科书（近几年中学改为两套教科书，即普通中学使用的乙种本，重点中学使用的甲种本）。这种统一性有利于全国统一标准，但不符合我国教育发展不平衡的国情，不利于对学生因材施教。去年国家教委决定把教材的编写与审定分开，鼓励在统一大纲的要求下编写多种教科书。这是一大进步，但是还不够，还需要对教学计划和教学大纲进行改革。应该根据不同地区的不同情况实行几套教学计划和教学大纲。全国可以有一个统一的最低要求，各地根据实际情况编制计划和大纲。

国外中学多采取综合课程，我国则学习苏联，采取分科课程。这两种课程各有优缺点。综合课程有利于各学科之间的联系，有利于学生对某一知识的综合理解，发展思维；但缺点是不利于学生掌握某一学科的系统知识。分科课程的优缺点刚好与此相反。因此我们在分科教学中要尽量吸收综合课程的优点，加强各学科教学之间的联系。在现代科学技术进步的条件下，需要适当增加一些新课程，如计算机应用、环境保护、人口学等。此外，在教学计划中还应设选修课，以利于学生特殊才能的发展。

（四）改革教学的组织，使学生更多地接触社会，接触实际

要改变封闭式的教学，就要组织学生走出课堂，走出校门，到社会中去，了解我国在党的十一届三中全会以后实行改革、开放、搞活的政策所带来的城乡经济的变化，在生气勃勃的现实生活中学到活的知识，同时通过调查研究，培养理论联系实际，运用所学知识分析问题和解决问题的能力。吸取以往的教训，要妥善处理好课堂教学和社会实践的关系。课堂教学仍然是学校教学的主要组织形式，不能因为参加社会实践而削弱课堂教学，而是通过社会实践促进课堂教学，补充课堂教学之不足，使学生在课堂上学到的知识更深刻，更丰富。

在中学里要加强劳动技术课的教学，在高等学校要加强生产实习，要和企业加强联系，认真贯彻教育同生产劳动相结合的原则，使教育为经济建设服务，也促进教育本身的改革与发展。要把课堂教学和课外活动结合起来。由于现代科学技术的发展，群众性媒介的广泛使用，学生获得知识已经不限于课堂，课外活动也是学生获得知识和提高能力的很好的场所。课外活动的特点是具有学生的自愿性和自主性，即学生自愿参加，在活动中自己作主，并独立进行有关的组织工作。它不受教学计划的限制，没有考试的心理压力。学生在课外活动中可以充分发挥自己的特长和创造才能。因此，无论是从丰富学生的知识来讲，还是从培养学生的开创精神和独立工作能力来讲，课外活动都是必不可少的途径。把课堂教学和课外活动结合起来，不是把课外活动作为课堂教学的补充，更不能把课外活动作为课堂教学的继续，把课堂教学中完不成的教学任务或作业转移到课外活动中；而是要把课外活动作为培养学生的重要途径，把它摆到和课堂教学同样重要的位置上，并使它们在德智体美劳全面发展的基础上有机地结合起来。

《中国社会科学》1987 年第 4 期

试论社会协商对话制度

郑杭生　　张建明[*]

摘要　本文从社会学的角度对社会协商制度作了初步探讨。作者认为，建立社会协商对话制度这一任务是在总结了新中国成立以来政治实践中的经验教训，并考虑到我国当前政治发展的实际需要而提出来的。社会协商对话制度从社会利益协调的侧面推进我国社会良性运行和协调发展，因而是我国社会主义民主制度体系中一个不可缺少的组成部分。作者概述了社会协商对话的内容和渠道以及建立这一制度的基本原则。最后，分析了在我国建立社会协商对话制度的艰巨性和长期性，说明这一制度的建立、发展和完善要有一个渐进的过程。

建立社会协商对话制度，是当前我国政治体制改革的重要内容之一。本文拟从社会学的角度对这一问题作些初步的探讨。

一　社会协商对话制度——我国社会主义民主制度体系中一个不可缺少的环节

党的"十三大"提出了在政治体制改革的进程中建立社会协商对话制度的任务。这一任务是我们党总结了建国以来政治实践中的经验教训，并考虑到我国当前政治发展的实际需要而提出来的。在民主革命阶段，我们党和党所领导的人民政权同人民群众有着紧密的血肉联系。这种联系是

　＊郑杭生，1936年生，中国人民大学副校长、社会学系主任、社会学研究所所长、教授，著有《社会学对象问题新探》等；张建明，1957年生，中国人民大学社会学研究所理论社会学专业硕士研究生。

党的力量之所在，是党得以领导人民群众克服无数艰难险阻，战胜强大敌人的根本保证。新中国建立以后，先后建立了共产党领导下的多党合作和政治协商体制和人民代表大会制度，在发扬人民民主的道路上迈出了可喜的步伐。然而，随着"以阶级斗争为纲"的口号的提出，在有关民主政治建设的一系列问题上发生了"左"的偏差。例如，在对国家职能的理解上，强调了对敌镇压和专政的一面，忽视了发扬人民民主的一面；在党和国家事务的处理中，强调了对党负责的一面，忽视了对人民群众负责的一面；在民主集中制原则的贯彻上，强调了集中统一的一面，忽视了群众意志民主表达的一面；在各部分人民群众关系问题上，强调了根本利益一致的一面，忽视了利益差异和矛盾的一面；等等。这种种片面性的存在，导致党和国家机关同人民群众联系的削弱、民主法制建设的削弱、协商对话渠道的堵塞和民主集中制的破坏。在"十年动乱"中，这种种弊端进一步恶性发展，演变成林彪、"四人帮"的封建法西斯专政，整个社会都处于万马齐喑、恶性运行的极不正常的状态之中，给党和人民带来了深重的灾难。

党的十一届三中全会开始了社会、政治生活正常化、民主化的历史进程，建立社会协商对话制度的条件也渐趋成熟。一方面，党中央经过拨乱反正，开始注意到在我国政治经济生活中发扬社会主义民主，协调各种社会利益的重要性，因此逐步采取了一些实际步骤和措施。例如：党中央和国务院的一些活动逐步公开化；有关国家的重大事项征求各方意见；关系到国计民生的城市经济改革、价格改革广泛征求方案；逐渐完善人民代表大会制度，完善法制；注意发挥大众传播工具在揭露社会弊端、舆论监督方面的作用等。另一方面，随着改革、开放、搞活的各项政策的深入推行，人民群众的社会积极性与主体意识日益加强，思想日益活跃。这样，从领导与群众两方面都形成了有利于社会协商的民主意识。对领导来说，这种民主意识表现为对实行民主政治的较高程度的自觉；对广大群众来说，则表现为对自己的民主权利和义务的一定程度的自觉。没有这两方面的自觉，社会协商对话制度不可能提出和建立起来，即使建立了这种制度，也会走样变形，徒具形式。所以，民主意识是社会协商对话制度深层的东西。从社会学的角度看，凡社会制度都有主导观念，主导观念是制度诸因素中的主要因素。可以说，民主意识就是社会协商对话制度的主导观念，是这一制度实质的所在。

试论社会协商对话制度

从制度相关性的角度来看，社会协商对话制度在我国社会主义民主制度体系中应占什么地位？它的独特作用是什么？所谓社会制度的相关性，是指社会的各种制度既有相互促进的一面，又有相互制约的一面。有这种相关性，各种制度才能构成体系。就我国民主制度体系来说，各种形式的民主制度，也同样具有这种相关性。

如前所述，我国在建国之初，即建立了人民代表大会制度，通过所选出的人民代表，组成国家的各级权力机构，代表全体人民实现对国家的领导；建立了中国共产党领导下的多党合作和政治协商的制度，尽可能团结各界人士，汇集他们的聪明才智；近些年来，在基层单位逐步建立了职工代表大会制度，使本单位的群众能够行使当家作主的权利；等等。这样，在我们国家形成了以人民代表大会制度为主干的社会主义民主制度体系。

人民代表大会制度，是我国的基本制度，是最主要的民主形式，它在我国社会政治生活中的作用是其他民主形式不可替代的。但是它和上述所说的一些民主形式并没有覆盖整个社会生活。而且根据制度相关性的原理，制度不是孤立的，一种制度再好，如果没有其他制度配合，也很难发挥应有的作用。

社会协商对话制度，作为协调各种社会利益、发扬社会主义民主的一种形式，尽管在重要性上不能与人民代表大会制度同日而语，但它具有人民代表大会制度没有的特点，因而在我国社会主义民主制度体系中占有其他民主形式不能代替的地位。

首先，社会协商对话制度具有广泛、迅速、准确、简便等特点。广泛是指协商对话的内容可以无所不包，参加协商对话的人数可以不拘多少。迅速是指协商对话的进行不需要什么繁文缛节，有问题随时可以协商。准确是指面对面地进行协商对话，信息的传递多用直接的方式，能够较有效地防止信息失真。简便是指手续简单，举行方便，形式不拘，从小型座谈会到大型协商会均可。

其次，社会协商对话制度，作为人民代表大会的重要补充，能弥补主要民主形式的不足。例如，当人民代表大会或它的常设机构人大常委会要通过一项重要法律，在此之前，可以把这项法律的草案分发给有关人士进行协商或到人民群众中征求意见，广泛收集不同看法，以利于该项法律的完备。在这种情况下，社会协商对话就为人民代表大会的民主决策做了准备。又如一项重大决策的确定除可通过人民代表大会议决外，也可在更大范围内进行民主协商，直至诉诸人民公决。如波兰已就改革问题进行了公民投票，苏联也准备就物价问题进行投票。这种在广泛范围内决断重大事项的做法，也不失为社会协商对话制度的一种形式。

总之，作为补充形式的社会协商对话制度和作为主要形式的人民代表大会制度，是相辅相成的，又是相互制约的。我们应当正确处理好它们的关系，而不能片面地强调一个方面而忽视另一个方面。这样，我们的社会主义民主制度体系才能更加健全。

二 社会协商对话制度与社会的良性运行和协调发展

在社会主义初级阶段，我国人民面临的历史性任务就是要在发展生产力的基础上，促进我国社会的良性运行和协调发展。社会协商对话制度主要是从个人、集体、国家三者利益的协调方面，从个人、集体的情绪、心态与整个社会的发展相和谐方面，来推进社会的良性运行的。它的作用主要表现在以下几个方面：

（一）从宏观的角度看，社会协商对话制度有助于维护社会的安定团结和社会秩序，有助于促进社会的发展

我们的社会正在经历着一场深刻的革命。在这场激烈的巨变中，社会的主体——工人、农民、知识分子等一方面是改革的主导力量，另一方面也不可避免地受到改革的震动，对某些问题的看法也会出现差异。由于社会生活的各个领域——政治、经济、文化等发展变化的不平衡性的存在，各部分社会成员之间有时会产生利益上的矛盾与冲突。不仅如此，国际经济竞争对国内经济建设的影响，国内传统文化与外来西方文化的撞击等等都会冲击现有的社会秩序，造成程度不同的社会震荡，在这种情况下，充分发挥社会协商对话制度在促进社会从无序向有序转化、维护社会安定团结方面的作用尤其有不可忽视的重要意义。

在社会协商对话中，无论是提出批评意见，抨击社会弊病，还是提出建设性意见，都有利于造成一种和谐的社会气氛，减少社会的紧张度和混乱度，有利于理顺社会关系，改善社会结构，从而促进社会发展。从这个意义上可以说，社会协商对话是与一个国家的开放程度，与一个社会的进步发展联系在一起的。

（二）从中观的角度看，社会协商对话制度有利于促进社会各阶层、集团之间的联系和了解，加强个人、团体、社会三者之间的认同感

社会主义社会内部各阶层、集团之间的差异，我们过去不承认，更谈不上研究，其结果是社会缺乏竞争的机制，产生了严重的社会惰性。表面上看社会矛盾少了，认同感强了，实际上各种矛盾依然存在。因此，在社会主义初级阶段，应当承认社会阶层、集团之间的差异。既然差异是客观存在的，那么，在这些阶层、集团之间必然要出现价值观、行为方式的不同。为了在这种差异的基础上达到社会的谅解，就必须提供协商对话的机会。例如，如果广大人民群众没有渠道了解党和国家的决策过程及领导工作中的困难，那领导和群众之间便可能产生某种程度的隔阂。再如，如果没有渠道对各阶层人们的情绪反应作出合理疏解，而其他非正式渠道、小道消息、流言蜚语、国外电台的广播等又依然存在，那么，各阶层的人们便可能对现实产生不信任感，各阶层之间也可能引起误解与隔阂。只有通过推心置腹的对话，把我们社会的现状、困难和发展前景告诉大家，在社会各阶层之间达成社会谅解，才会形成一种社会认同感。

（三）从微观的角度看，社会协商对话制度有利于社会心理的平衡，可以协调个人的社会行为

社会是由个体组成的，个人的心理和行为对整个社会的运行具有相当的影响力；尤其是当个体的心理行为趋向与社会倡导的价值取向发生冲突甚至背道而驰时，就会形成一股强大的心理压力。它所导致的社会行为更多地基于压抑的情绪，往往产生负社会效益。当一个人具有良好的心理平衡机制时，这种情绪就不会变成危害社会的行为；当一个人无法摆脱压抑情绪的控制时，就需要外界为其创造一定的排解和宣泄的环境和条件。社会协商对话制度就为那些内心不平衡、急需与外界交流的人们提供对话的场所，使得那些受到压抑情绪影响的人们在心理上得到一些缓冲。尤其是在社会改革中，随着一系列利益冲突和矛盾的出现，人们所承受的心理冲击比过去增大。为此，更需要有交流感受、诉说委屈、提出建议的渠道。此外，作为社会的主人，人们的自主意识、参与意识、关心社会的态度也应该在社会生活中得到体现。否则，个人总觉得与社会的主体格格不入，与社会的决策无缘，久而久之，就会逐渐削弱自己的主体意识、民主意识，使自己游离于社会主体趋向之外。社会协商对话提供了这样可能性，它使一个普通公民的呼声，能够在社会上产生回响，从而提高人们的社会积极性和对社会的关心程度，促进社会的公正与进步。

社会协商对话制度所具有的疏导社会情绪、增强社会心理承受力的功能，使得人们常常把它与西方的社会安全阀机制相比较。社会安全阀理论认为，群体和社会结构的维护，是以允许敌对行为的释放为代价的。确实，这两种机制在消除社会不满情绪的爆发点上比较一致。但是社会协商对话制度比起社会安全阀机制具有更广泛的含义和更为积极的意义。

社会协商对话制度突破了社会安全阀机制注重社会情绪在感性上宣泄的局限性，在感性和理性两个层次上开展活动。在西方社会，工业和科技的高度发展存在着扭曲人性正常发展的一面，人被机械所包围，自我逐渐丧失，内心深处极不平衡。相当多的人感到自己无法改变这种趋势，只能通过对本能的满足、感情的宣泄来平衡自己的心态。社会协商对话制度在一定程度上允许感情的宣泄，同时它更多的作用是集思广益，在对话中引导人们进行理性的思考。社会协商对话制度还超越了社会安全阀机制只从消极方面防范的局限性，把自己的活动扩大到积极建议、共商大计的范围，从而增强人们的主体意识，也增进了社会的活力。

总之，无论从宏观、中观还是微观的角度看，社会协商对话制度本质上是促进社会良性运行、协调发展的内在机制之一。应该估计到，在协商对话过程中可能出现一些偏颇的言行，但这不应被视为社会正常运行的障碍。如果让社会问题隐藏起来。不为社会所察觉，那才是对社会正常发展的真正威胁。

三 社会协商对话的内容和渠道

社会协商对话制度是人与人之间、集团与集团之间的社会互动的一部分。它既体现了制度的规范性，又具有形式的多样化，可以说，它是人际互动中比较自由活泼的形式。过去，我们不太注意人际交流，无论是领导还是群众，都具有相当的封闭性。想交流但无渠道，或有渠道又不畅通。社会协商对话制度的提出，就是要打破这种封闭性，促进社会互动和人际交流。

试论社会协商对话制度

　　就我国现状而言，社会协商对话总的内容范围大致包括下述三方面：第一，互通情况，即上情下达，下情上达；第二，领导部门在决策之前向有关方面和有关人员进行咨询；第三，重大事项的决策。指在局部范围内有群众参加决策或人民公决。

　　互通情况，是社会协商对话中最普通、最广泛、最持久的一项活动。社会是人群的组合。每一群人都有自己的价值观和活动范围，并且随着社会生活的变化而波动。如果不能互通情况，人们之间就会互相封闭起来，妨碍社会各阶层、各集团之间的了解。因此，互通情况是社会生活正常运行的基本活动，也可以说是检验社会主义民主实行程度的一个重要标志。如果，领导听不见群众的呼声，群众也不知领导的所作所为，那就谈不上协商对话，更谈不到发扬社会主义民主。因此，互通情况应该有一定的制度规范来保证，使领导机关的活动和面临的困难为群众所了解，使群众的要求和呼声能经常顺畅地反映上来，做到彼此沟通，相互理解。

　　决策前的咨询，是提高领导工作水平，避免不该出现的失误的重要环节。咨询也是决策者与被决策者之间的互动，是为了打破决策的封闭性，提高决策的正确度。过去我们常持有一种形而上学的观念，认为领导机关代表人民，其决策自然是维护人民的利益的，因此，常常忽视决策所涉及对象的意见。其实这是把领导机关和群众利益本质上的一致性和具体事务上领导和群众看法的差异性这两件事混淆了起来。把将要决策的内容向有关专家、有关决策所涉及的人们公开，征求他们的意见，就能纠正领导机关的某些偏差，缩小领导和群众看法的差距，同时还能提高人民对此项决策的理解程度，增强人们的心理承受能力。

　　在局部范围内有群众参加决策或实行人民公决，指在广泛征求人民意见的基础上所作出的决定或人民直接参与的决策。当前我国政治经济重大事项的决策职能主要由人民代表大会执行，但是如遇有特殊情况，运用人民决策的办法可以起到特殊的作用，有利于增强人民的责任感，有利于全民一致完成某项任务，等等。由于我国各地政治经济发展不平衡，必须谨慎使用这种形式。

　　从理论上讲，人际互动、集团互动的渠道是多种多样的，无数的互动就有无数的渠道。择其要者，大致可以有以下四种：

　　第一，从上到下的渠道。这里指的是领导机关作为社会互动的动力源和信息源，定期或不定期地组织活动，向基层组织发送信息。从领导机关传送出来的信息包括通过大众传播媒介公布会议情况和决策过程，定期举行新闻记者招待会，由领导人答复记者的提问等。一定范围内的传达会、报告会等，是过去长期使用并行之有效的办法，可以继续采用。

领导者直接走向基层，是这条渠道最富有特色的形式。面对人民阐述党的方针政策，倾听人民的意见建议，能够在人民中间造成一种融洽和谐的气氛，有助于克服官僚主义的倾向。由于社会对来自领导机关的信息的需求量相当大，而领导者与群众的接触面毕竟有限，可以考虑由领导者的助手与智囊人物代其阐述政策，了解民意。如建立报告员制度，让智囊团成员宣传领导机关作出的决策；召开新闻发布会，帮助领导者传递信息；建立巡视员制度，协助领导者监督有关工作的实施等。

第二，从下到上的渠道。这里指的是基层单位或群众在社会互动中作为信息的发送者发出信息，由一些相应的机构把它们收集起来，传送到有关领导部门。这里的重点是信息的收集、整理。目前，我国这方面的工作还相当薄弱。为此，各级领导机关应该设立效率较高的信息接收点。例如，领导干部接待日、市长电话等。社会问题是多种多样的。那些事情虽小但涉及面广、易于解决但需领导出面干预的问题如不及时处理，往往会影响社会生活的正常进行。设立这类信息接收点，领导者可以越过层层机构，直接获得第一手资料，迅速作出决策，避免了层层汇报、逐级请示的弊端，有利于对问题的直接处理。此外，有必要建立民意测验、社会调查系统。社会生活是复杂的，从了解社会生活的现象到把握社会生活的本质和规律，并不是轻而易举的。过去我们总以为领导机关代表人民也一定了解人民，我们生活在社会之中也必然懂得社会。然而，"熟知并非真知"，个人的粗略印象同科学的调查统计往往相去甚远。在当今世界，无论东方和西方，都十分重视社会信息的反馈。东欧国家设有"社会情报中心"，西方国家拥有大量的民意测验机构，我们也应该尽快建立各级民意测验、社会调查系统，形成一个科学的社会信息网络，为人民了解国情，为领导机关决策提供服务。

从上到下和从下到上的渠道，有时能分别发挥各自的作用，更多的是组成一个双向交流系统，起到综合的效应。

第三，人民团体、专业协会的渠道。我国的经济建设、文化事业的发展和对外开放政策的实施，必将带来社会生活的空前活跃。适应各种社会需要的人民团体和专业协会必将日益增多。这些人民团体和专业协会具有相当的社会凝聚力，能够在一定的范围内代表一部分群众的意见。为此，应该通过一定的法律形式，确立它们在社会生活中应有的地位，重视它们的意见、建议，注意从那里收集民意，并把有关的方针政策信息传播到那里，通过密切的相互作用，以提高社会的整合度。

第四，大众传播媒介的渠道。大众传播媒介已经渗透到现代社会生活的各个领域，它对人们的价值观念和行为方式有不可低估的影响。通过大众传播媒介开展社会协商对话，有着其他渠道所不可替代的独特效果。大众传播媒介把党和政府活动的有关信息和领导者的言行直接置于广大人民的面前，提高了政治生活的透明度，使领导和群众之间产生了"面对面"的效应，有利于群众对领导者的监督。大众传播媒介对社会各界情况的报道，可促进社会的谅解，推进社会的整合。强大的社会舆论也是揭露社会问题、遏制社会弊端、提倡社会正义的有效工具。因此，充分而又正确地运用大众传播媒介开展社会协商对话，是十分必要的。

四 建立社会协商对话制度的基本原则

为了使社会协商对话制度能够顺利地建立起来，正常地坚持下去，应该遵循以下基本原则：

（一）社会协商对话活动，必须在我国宪法的范围之内进行

在我国社会主义的条件下，建立社会协商对话制度的根本目的是发扬社会主义民主，密切党和国家机关同人民群众的联系，正确处理和协调各种不同的社会利益和矛盾。在协商对话中，人们尽可以反映各种各样的意见和要求，提出各种各样的批评和建议，诉说自己的委屈和不满，但这一切都必须在宪法和法律的范围内进行，而不能把社会协商对话制度变成一种想说什么就说什么的"自由论坛"。坚持这一原则，我们就有了一条衡量僵化与自由化观点的准绳，就可以维护社会的安定团结，把社会协商对话活动引向正确的轨道。

（二）社会协商对话应该体现各方面平等的原则

社会协商对话是主人与主人之间的对话，而不是主人对仆人的训话，也不是领导对群众作指示。所有参加对话的人们，不管其身份和职位如

何，都是平等的，不应有人高出别人之上。只有在这样的气氛中，人们才敢大胆地发表意见。在协商对话过程中，要避免搞一言堂，要广开言路，博采众议，用集体的智慧来补充少数人决策的不足。在平等的环境里，人们才不会因为自己人微言轻而放弃独立的见解，去迎合权威的意见。平等地对话，从某种意义上来说，也是对领导干部民主作风的一种锻炼。习惯于发号施令，用指示替代一切的干部并不少见。他们长期脱离群众，已经不习惯于在平等对话的气氛中工作。大量社会协商对话活动的展开，就要求他们转变工作作风，作为社会的普通一员到群众中去，学会与群众平等交往的艺术，这也是克服官僚主义，提高领导水平的一个重要方面。

（三）社会协商对话过程中必须始终贯穿实事求是的精神

无论是沟通人际关系、重建相互信任，还是揭露社会问题、促进社会进步，都离不开实事求是这条原则。贯彻实事求是的原则，要求我们在社会协商对话中间敢于面对现实，敢于讲真话。既报喜，又报忧。既讲成绩又讲困难。既不夸大，又不缩小。在社会处于新旧体制交替的时候涌现出大量的矛盾是不足为奇的。为了更好地解决这些矛盾，应把事实的真相告诉人民，让大家一起来献计献策、共渡难关。如果为了求得暂时的稳定，把大事化小，小事化了，粉饰现实，掩盖缺点，一旦露出真相，就会失信于民，造成不可弥补的损失。贯彻实事求是的原则，还要求在提出解决问题的措施时，不要空许愿，唱高调，说不切实际的话，做实际办不到的事。在对话中提出的解决问题的措施和办法应该是切实可行的。为了追求现场效果，为了博得人们的一时掌声而夸夸其谈，不但会造成工作中的被动局面，而且最终将会使人们对社会协商对话这种形式失去信心。对于有些暂时解决不了的问题，需要花相当的精力去做解释工作；有些问题可能涉及自己的缺点和个人利益，需要有勇气去面对批评和作出牺牲。

（四）建立社会协商对话制度要求提高领导机关活动的开放程度

提高领导机关活动的开放程度，是扩大社会主义民主在协商对话制度中的必然要求。列宁说，"这个政权对大家都是公开的，它当着群众的面办理一切事情"[①]。人民只有了解到国家政治、经济、文化诸方面的大量

[①] 《列宁全集》第10卷，人民出版社1958年版，第215页。

信息，才能为参加社会协商对话、参政议政创造良好的条件。如果人民对国家的事务不甚了了，那么协商对话就成了无源之水、无本之木。

提高领导机关活动的开放程度是党、政府与人民建立相互信任的需要，也是同某些干部的不正之风作斗争的有力武器。至于在社会协商对话过程中，究竟如何把握领导机关活动开放的程度，还须有一个法律规范。有些涉及国家机密的东西不能随意公开，同时，又要明确规定保密和非保密的界限，防止那种以保密为名掩饰真相、逃避监督的情况发生。

此外，事无分巨细大小，动辄要求将其纳入协商对话的范围，不仅使领导机关陷入琐碎事务的泥坑，分散解决重要问题的精力，而且有使协商对话庸俗化的危险，因而也是不可取的。

五 社会协商对话制度的建立、发展、完善是一个渐进的过程

对待社会协商对话制度这一新事物，我们既要充满信心，看到它的作用和发展前景，又要认识到它的建立、发展和完善是一个渐进的过程。首先，作为这一制度主导观念的高度民主意识不是一朝一夕就能树立的，而是在相应的社会实践中逐渐获得的。我国国民的文化水平相对较低，封建主义的影响既深又广，传统的文化心理结构深深地影响着人们的思维习惯和行为方式。因而在开展社会协商对话活动的过程中往往容易变形走样，成为讲形式走过场的空架子。因此，建立社会协商对话制度确实有其艰巨性和长期性。

其次，建立社会协商对话制度的过程也是一个把这个制度真正植根于中国大地的社会适应过程。一个新的制度的出现必然伴随着一个从不适应到适应的往复运动。一方面，我国的社会体制中存在着许多与时代的发展不相适应的因素，它们在社会生活中时时发挥作用，阻碍着协商对话活动的深入展开。为此，需要进行政治、经济、文化诸方面体制的改革，为社会协商对话创造一个良好的社会条件。但这并不是在短时期里就能一蹴而就的。另一方面，刚刚建立的社会协商对话制度，其本身也不完全成熟，需要有一定的时间积累经验教训，使之逐渐臻于完善。有时候，人们确实具有通过社会协商对话来推动工作的良好愿望，但是在采用哪种对话方式时，没有考虑到当地当时的具体条件，所用的形式不为当地人民所接受，

不但没能起到促进作用，反而导致对话的失败。这就提醒我们，发展和完善社会协商对话制度，关键是要体现社会主义民主的精神，而不必去固守某一种协商对话的模式。我们既要在思想上鼓励人们去大胆实践，大胆探索，建立各种对话渠道，以适应各地多种不同的情况，又要仔细考虑研究各地的条件，研究对话形式与当地情况的适应性。我国幅员辽阔，各地情况差别很大，特别是文化教育水平参差不齐，不能将外国的办法照搬到中国，也不能用城市的做法去套乡村。生搬硬套的结果只能是适得其反。

建立社会协商对话制度是推进社会主义民主政治建设的重要措施。但我们应当清醒地认识到，不应把制度看成是解决棘手问题的灵丹妙药。实际上，协商对话并不等于解决问题，它只是为解决问题提供了一个良好的环境和参考意见。很可能出现这样的情况，协商之后各方意见仍然分歧很大，决策之后仍然有一部分人对决策不表赞同。因此，对社会协商对话制度的期望值不能过高。这也从一个侧面表明，在错综复杂的社会里，协调千百万人的思想和行为是一件多么不容易的事情。从这个角度来看，建立社会协商对话制度也是一项长期的任务，需要我们作出坚韧不拔的努力。

《中国社会科学》1988 年第 2 期

摩尔根模式与中国的
原始社会史研究

童恩正[*]

摘要 在我国原始社会史研究中，摩尔根理论居于指导地位。本文认为，摩尔根之后的 100 多年来，原始社会史的研究有了很大的发展，因而，当前需要对摩尔根的理论体系进行科学的清理。作者举出大量的实证材料说明，由于历史条件的局限，摩尔根用以复原原始社会的资料和理论都是存在问题的，因而他所得出的若干结论偏离了事实。

作者认为，教条主义地对待摩尔根学说已经成为我们进一步研究原始社会的障碍。解放思想，坚持科学精神，是当前我国原始社会史研究实现突破的关键。

在我国原始社会史研究中，居于指导地位的理论是摩尔根的理论。他提出的原始社会史发展序列，他对原始社会各种现象的解释，他所创造的名词术语，以及他所遵循的推理方法，至今为我国原始社会史学家所广泛沿用。由于马克思恩格斯对于摩尔根学说的推重，特别是由于恩格斯在他的《家庭、私有制和国家的起源》（以下简称《起源》）中肯定了摩尔根的许多观点，有的学者误认为摩尔根的具体观点即等于马克思和恩格斯的具体观点，而马克思和恩格斯的具体观点即等于马克思主义的基本原理，故而将摩尔根的代表作《古代社会》奉为圭臬，30 年来不敢越雷池一步。

从摩尔根提出他的有关原始社会史的模式到现在，已经有一个多世纪了，100 多年来，在亚洲、非洲、大洋洲和南美洲，出现了大量的新的民

---

* 童恩正，1935 年生，四川大学博物馆馆长，教授。主要著作有《古代的巴蜀》、《西南民族考古论文集》、《文化人类学》，译著有《我们当代的原始民族》。

族志资料，民族学、史前考古学、文化人类学有了长足的发展。新的实证材料和研究成果不断地向摩尔根体系提出各种问题。因此，对摩尔根的理论体系进行一次科学的清理，探索这一体系与马克思主义理论的关系，分辨马克思主义的基本原理与个别结论的区别，阐明对待马克思主义理论应该采取的正确态度，已经是亟待解决的问题；而它的正确解决，对于改变我国原始社会史理论长期封闭、停滞的现状，促进我国有关学科研究工作的进一步繁荣，又具有重要的现实意义。

一 当代人类学资料对于摩尔根某些观点的修正

与有文字记载的历史相比较，原始社会史研究最大的特点在于其时代久远，缥缈洪荒，既乏口碑，又无文字。所有的结论，全靠推理而得。在这种情况下，有两点是极端重要的。一是资料的可靠性和代表性，二是方法论的科学性。如果依据的资料不可靠，或者虽可靠而并不具备普遍意义，那么由此作出的结论自然不可能正确。另外，即使资料本身是可靠的，如果方法论上出了问题，也足以造成差之毫厘，谬以千里的结果。而恰好就是在这两个关键问题上，摩尔根的模式都是存在缺陷的。

下面，我们就从这两方面讨论一下摩尔根理论存在的一些问题。

首先，看一看资料可靠性的问题。我们知道，在摩尔根所处的时代，史前考古学和民族学尚处于萌芽的阶段。在史前考古方面，除了欧洲有些零星的发现以外，非洲、亚洲、南美洲、大洋洲的史前文化研究还是一片空白；在民族志方面，所有有关原始民族的资料，基本上都是由未经人类学专门训练的传教士、旅行家、外交官、商人、军人记载的，他们的目的不一，主观偏见很强，所以资料的可靠性并不强。事实上，真正对于全世界残存的原始民族进行科学而系统的调查，是摩尔根去世以后的事。这样，摩尔根在掌握资料和判断资料方面，不能不受到历史条件很大的限制。关于这方面的具体例子，将在下文中详述。

其次，让我们看看摩尔根理论上存在的问题。

（1）技术决定论。摩尔根在理论上最大的弱点，就是他的机械唯物主义的观点和历史原因单一化的倾向，这集中表现在他的"技术决定论"。摩尔根将婚姻、家庭、亲属称谓等社会现象均与一定的生产技术相联系，指出一定的时代有一定的与之相适应的社会结构。这在原则上是正确的，比之于在他以前的各种唯心主义的解释，也是一大进步。但是，同19世纪其他进化论者一样，他把这个问题看得过于简单，过于绝对化，忽视了影响婚姻、家庭、亲属称谓制的尚有多种历史的、社会的、意识形态方面的非经济原因（在某些特定的历史条件下，这些原因甚至可能是决定性的），因而导致了理论上的"技术决定论"。这种"技术决定论"在19世纪后期欧美的社会科学领域中相当流行。需要指出的是，技术决定论和唯物史观是两回事。唯物史观认为，一般来说，以劳动工具为标志的生产力和技术发展水平是认识社会发展水平的指示器，决定着社会发展的程度。但是，社会是由一定的生产力、技术、生产关系、上层建筑等基本要素构成的有机体，生产力和技术只能经过生产关系、上层建筑这些环节引起社会结构的变化。所以，不能简单地以某一社会使用什么工具来划分社会发展的阶段。技术决定论把劳动工具作为划分社会发展阶段的根本依据，这是一种机械唯物论，它与唯物史观有根本的区别。1890年，恩格斯在致约·布洛赫的信中曾经针对当时风行的这种机械唯物论的观点尖锐地指出："根据唯物史观，历史过程中的决定性因素归根到底是现实生活的生产和再生产。无论马克思或我都从来没有肯定过比这更多的东西。如果有人在这里加以歪曲，说经济因素是唯一决定性的因素，那末他就是把这个命题变成毫无内容的、抽象的、荒诞无稽的空话。"[1] 恩格斯在这里明确划分了历史唯物论和机械唯物论的界限，至今我们读来还感到十分亲切。

（2）技术发展序列不正确。试图将社会结构的发展与生产技术的发展结合起来考察，这一方向诚然正确，但要做到这一点，首先需要建立一个正确的技术发展序列。关于技术发展序列，19世纪考古学界已有公认的分期法。早在1813年，丹麦历史学家维德尔—西门逊（Vedel-Simonsen）已经最早采用了石器时代、铜器时代和铁器时代的三分法。到1836年，丹麦考古学家汤姆逊（C. J. Thomsen）著书正式确立了这一至今尚为世界考古学界所沿用的分期法[2]。摩尔根认为考古学的分期法不能充分反映文化特征，因而另外提出一套文化分期法，作为原始社会史的分期标

---

① 《马克思恩格斯选集》第4卷，人民出版社1972年版，第477页。

② Daniel, C., *A Hundred and Fifty Years Of Archaeology*, Harvard University Press, Cambridge, 1976, p. 41.

准，这自然也是十分必要的。遗憾的是，他"根据生活资料生产的进步"所定出的断代标准，即从采集到铁器使用的进化过程，乃是19世纪人类学处于萌芽状态时的流行观点，是从斯宾塞到泰勒一脉相承的，它并不具有典型的断代意义①。当代的考古学发现已经证明，采集、捕鱼、狩猎并不如摩尔根所说，是分开的三个阶段，而是基本上同时的人类在特定生态环境下互为补充的谋生手段；畜牧业的产生不是在农业之前，而是在其后，即使在东半球，情况也是如此；陶器的发明大致与农业同时，不足以单独代表一个时代。由于摩尔根所概括的技术发展序列难以成立，所以根据这一序列而划分的时代，如蒙昧、野蛮及其各自的低级、中级、高级阶段，外加相应的婚姻、家庭形式等能否继续成立，就需要重新论证。

（3）关于"比较历史研究法"的使用。摩尔根以当代原始部落的社会制度作为推测古代部落社会制度的依据，这在方法论上是受了"比较历史研究法"的影响。最早使用这一方法的是法国的耶稣会传教士约瑟夫—弗朗索瓦·拉菲托。他在18世纪上半叶的著作中将美洲印第安人的习俗与原始社会的习俗联系起来进行研究。这一方法是将当代原始部落社会当成"活化石"看待。就现代人类学的研究而言，这种类比虽然有一定的参考价值，但是在运用时却需极度慎重。因为当代的原始民族，与当代任何其他的民族一样，已经经历了几千年发展的历史，其间的沧桑变化，即使最富有想象力的人也难以推测。再者，他们所处的生态环境以及与相邻的人群集团的关系，也早已不是数千年前的原始形态，所以在缺乏旁证的情况下将时代相差数千年、地区相隔数万里的技术水平相同的民族作简单的类比，是一件很危险的事。

（4）关于亲属称谓制与婚姻制度的关系。摩尔根认为，亲属称谓可以准确无误地反映婚姻制度及家庭形式，这是他推理绝对化的又一错误。应当承认，婚姻与家庭形式对于决定亲属称谓是有重要作用的，但并非在任何情况下都是唯一的决定因素。当代人类学家的研究证明，居住模式、继嗣规则等同样也可以对亲属称谓产生影响②。况且，在某些情况下，人们用同一名称来称呼不同种类的亲属，这并不表明他们事实上不能分辨这

---

① Fagan, B. M. , *People of the Earth Fifth Edition*, Little Brown and Company, Boston, 1986, p. 34.

② Alland, A. Jr. , *To be Human*, John Wiley and Sons, 1980, p. 398.

些亲属。例如，英语民族用 uncle 一词概括父亲的兄弟和母亲的兄弟，但这并不意味着他们认为这两类亲属毫无区别。在需要时，人们随时可以用"父方的 uncle"或"母方的 uncle"以示分辨。在摩尔根所列举的证明血缘家庭存在的波利尼西亚人实行的亲属称谓制中，情况就是如此。人们虽然习惯称上一辈的男性亲属为父，但也能用"生父"一词来区别其他诸父。这种称呼绝不意味着所有被称为父的人均是他母亲的丈夫或均可以与其母亲发生性关系。如果忽略了这些，仅仅根据亲属称谓来推测实际存在的婚姻关系，所得结论就会偏离事实。总之，亲属称谓和婚姻制度、家庭形式的关系并不如摩尔根所说的那么简单，依照这种简单化的理解去复原婚姻制度、家庭形式的方法是不可靠的。

摩尔根更进一步认为，语言的变化要比社会结构的变化慢，所以亲属称谓制所反映的，乃是上一历史阶段的家庭形式。这种推理，仍然过于绝对。不错，亲属称谓与家庭形式不相适应是民族调查中较常见的现象，亲属称谓的变化落后于家庭形式的变化，确是产生这种不适应情况的重要原因。但需要提请注意的是，这并不是唯一的原因。某种亲属称谓制之所以能在社会上流传，其主要原因还在于它具有某种为社会所需要的功能，能起到规范人们的行为、调整人们之间的关系的作用。如果人们称所有的长辈男子为父，那往往意味着他应该用尊敬父亲的态度去尊敬这些人，而被称为父者对他也享有父亲的权威和责任[1]。举例来说，在特罗布里恩人（Trobriand）中，惯于用"塔布"（Tabu）一词来称呼祖父母一代及其以前各代的男女性亲戚，它同时也概括了父亲、父亲的父亲以及母亲的父亲的氏族中所有的女性。"塔布"的称呼是相互的，凡称别人为"塔布"者，别人也称他为"塔布"。基辛（R. M. Keesing）认为，特罗布里恩人将如此种类不同的亲属作为一类看待，意味着他（她）们是一类疏远的和不重要的亲属。这一称谓的社会功能在于：男子可以从其中选择妻子。因为对于实行母系继嗣的特罗布里恩人而言，凡被称为"塔布"的妇女，一定是在本人的母系之外，根据外婚制的规定，均可以成为其妻子的候选人[2]。所以这种亲属称谓并不表明特罗布里恩人过去不能分辨年龄、性

---

① Mair, L., *An introduction to Social Anthropology*, Second Edition, Oxford University Press, 1972, p. 105.

② Keesing, R. M., *Cultural Anthology—A Contemporary Perspective*, Holt, Rinohectend Winston, 1976, pp. 268 - 269.

别、辈分，也不是前一历史阶段家庭形式的残迹。这个例子告诉我们，当我们遇到亲属称谓与家庭形式不相适应的情况时，应当结合全部社会结构作具体的分析，而不能一概以亲属称谓的变迁落后于家庭形式来解释，要估计到多种可能性，而不能只归结为一种可能性。

由于摩尔根在上述几个具有方法论意义的理论上存在着问题，所以他的若干结论就偏离了事实。这一点，不断地为在他以后发现的客观资料所证实。下面择其要者作简单评述。

第一，关于亲属称谓制与社会发展的关系。摩尔根将类分式亲属称谓制与原始社会联系、描述式亲属称谓制与文明社会联系的观点，很早就受到了怀疑。因为进一步的研究证明，这两大类的划分并没有穷尽人类社会的称谓制，有的社会的称谓制是介乎这两大类之间的。不但如此，亲属称谓制与社会发展的关系也并非如摩尔根所概括的那样简单。例如，北极的因纽特人，靠捕鱼狩猎为生，技术水平属于摩尔根分类的蒙昧时代，但是其亲属称谓制却与当代欧美工业社会相似。与此相反，马来亚人长期从事灌溉农业，技术水平属于文明时代，但其亲属称谓制仅相当于摩尔根分类的早期阶段①。更有甚者，根据美国芝加哥大学伊根（Fred Eggan）在菲律宾的调查，旁托克（Bontok）、堪卡纳（Kamkanay）、卡林加（Kalinga）、依洛克鲁（Hosno）等部落的成员在向旁人介绍亲属关系时用的是与欧美相同的关系，但在其内部，却采用"夏威夷式亲属称谓制"。这是最简单的一种类分式亲属制，对所有的亲属只有辈分和性别的区别。② 这就是说，摩尔根分类的最先进的系统与最原始的系统，竟同时并存于同一社会之中。③ 他的亲属称谓分类说之不完善，也就十分清楚了。

尽管摩尔根所规定的关于亲属称谓制具体的进化序列不能成立，但是他所提出的基本原理，即亲属称谓反映社会结构并随社会结构的进化而进化的思想，至今还是得到大多数人类学家的同意的，有人还力求以自己的

① Bloch, M., *Marxism and Anthropology*, Oxford University Press, 1985, p. 70. 以下有关民族志的实例，除特别注明者外，均引自该书。

② 摩尔根的两大分类法，由于过于笼统，在国外目前已不再使用。在一般人类学著作中采用得比较普遍的，是美国人类学家默多克（G. P. Murdock）在 1949 年归纳的六型分类法，夏威夷式即为其中之一种，摩尔根误称之为马来亚式。参考 Mtrdock, G. P., *Social Struture*, Macmillan, New York, 1949。

③ Eggan, F., "Lewis Henry Morgan's Systems: A Reeviluation, Kinship Studies in the Morgan Centennial Year", 1949, *the Anthropological Society of Washington*, 1971, pp. 1 – 16.

研究成果使其趋于完善。例如，多尔（Certrude E. Dole）认为，亲属称谓与族群的大小、亲属集团的类型、居住习惯（从夫居或从妻居）、外婚单位的类型、优先婚配的实行、继嗣规律以及财产继承方式等社会因素有紧密的联系。他将亲属称谓分成交叉合并（Bifureatc Merging）、交叉世代（Cross Generation）、世系群（Lineage）和近代隔离群（Modern Isolating）四大类型，并以之与不同发展水平的家庭婚姻形式、社会组织及生产力性质相配合，其说虽未成定论，但可视为对摩尔根思想有益的补充和发展的尝试①。

第二，关于男女杂交阶段。摩尔根所推测的婚姻系列的第一阶段——男女杂交，迄今为止找不到任何生物学上的或考古学上的证据。摩尔根本人也承认，"这种现象已湮没于实证的知识所不能达到的人类的迷茫的远古之中了"②。值得注意的是，近百年来世界各国的人类学家已经在南美、亚洲、非洲和大洋洲发现了不少处于狩猎采集阶段的原始民族，相当一部分还是处于石器时代，但却没有一例可以证明无限制的杂交的存在。与此相反，随着人类学家对于"乱伦禁忌"（1ncest Taboo，亦即禁止某些亲属，特别是近亲之间发生性行为）的研究的深入，正说明了人类出于社会学上的、心理学上的和生物学上的种种原因，似乎是从其形成过程的开始，就力图避免近亲婚配③。这种"乱伦禁忌"有效地防止了杂交作为一种普遍的社会现象而存在。

第三，关于母系氏族社会。在摩尔根的进化模式中，继杂交阶段之后，就是母系氏族社会的阶段。关于母系的问题，乃是世界学术界争论最

① Dole, G. E. , *Developmental Sequence Of Kinship Patterns*, Kinship Studies in the Morgan Centennial Year, 1971, pp. 134 – 166.

② 《古代社会》，商务印书馆 1977 年版，第 508 页。

③ 根据阿伯尔等人在 1963 年的统计，人类学家对于"乱伦禁忌"的解释有六种之多。其中除了摩尔根主张的"近亲婚配论"（即近亲婚配在生理上对产生的后代不利）以外，尚有马利诺夫斯基的"家庭瓦解论"（即如不防止近亲婚配，同性家庭成员之间由于性竞争和嫉妒足以导致家庭瓦解）、泰勒的"社会合作论"（即家庭之外的婚姻能加强社会联系和合作）、韦斯特马克的"儿童时代亲怩论"（即幼儿时代一起生活的男女成年以后彼此缺乏性的吸引力）、弗洛伊德的"精神分析论"（即乱伦禁忌乃是对人类潜意识中乱伦欲望的一种抑制）、斯莱特的"人口统计论"（即原始社会高的婴儿死亡率使兄弟姊妹间年龄差距增加，以致家庭内部的婚姻成为不可能之事）。对于这种现象的起源的真正原因虽然尚有争论，但是它的出现与人类社会同样古老，却是没有问题的。参见 Aberle, D. F. , "The Intest Taboo and the Mating Patterns Of Animals", David W. Meeurdyed, in *Cultural Anthropology*, Little, Brown and Company, Boston, 1963, pp. 111 – 122.

多的一个议题。首先遇到的问题是，母系制在原始社会史的纵轴上处于什么位置。摩尔根认为，母系氏族社会上接杂交阶段，下启父系氏族社会；当代大多数人类学家均承认母系社会的存在，并发现这种继嗣方式多与一定的居住习惯（从妻方居住）及一定的生产方式（经营锄耕农业的初期农业社会）相联系，但却不认为母系与父系有前后继承关系[①]。再者，摩尔根认为母系氏族社会是从蒙昧时代中期一直延续到野蛮时代的中期，从生产技术来看包括了全部狩猎采集社会到农业和畜牧业的出现。但是民族志的资料不能支持这一观点。在当代仍处于狩猎采集生产力水平的民族中，有母系，有父系，也有两可继嗣（Ambilineal Descent）或两边继嗣（Bilateral Descent），甚至无系。例如，在西非，在生产技术相同的部落中，母系氏族和父系氏族并存；另有很多亚洲和非洲的狩猎和采集民族，根本就没有形成过任何形式的继嗣集团。尽管我们还难以断定古代民族的情况就是如此，但这些实例至少证明摩尔根认为的生产技术与母系制的对应关系是需要进一步讨论的。

摩尔根在母系问题上的另一处错误，是他将母系和母权等同起来，认为在母系社会中，权力是掌握在妇女手中。从《古代社会》的字里行间，我们可以看出摩尔根对此的解释是，在狩猎采集社会中，妇女在生产中占主导地位，所以社会地位也高；当畜牧业出现以后，牲畜是男子的财产，为了能将财产传给自己的子女，要求改变继嗣制度，所以导致了母权制的覆灭。让我们来讨论一下这种解释能否成立。首先，前已述及，这一技术发展的序列是排错了的，不论是东半球或西半球，狩猎采集经济之后，在一般情况下继之而起的是农业，畜牧业的出现晚于农业，而且，其专业化的结果还取决于是否具有特殊的生态环境。即以我国而言，凡是断代确切的最早的新石器时代文化，如河姆渡文化、磁山文化、裴李岗文化等，无一不是以经营农业为主的文化。其次，妇女地位的高低并不绝对地与生产技术的发展水平相对应。这里面还有其他的因素在起作用。即以同属狩猎采集民族的各民族体而言，妇女地位有高的，如非洲的标梯人（Mbuti）；但也有低的，如澳洲土人。再次，即使妇女在生产中有重要作用，这也并不等于她们在社会上必然占有重要地位。如我国云南德宏地区的傣族，妇

---

① Harrell, S., "Mother-Right and the Explanatory Persistence Of Anthropologists", *Personal Corres Pondece*, 1986.

女担任了全部生产劳动的 2/3 的工时，但是过去社会地位仍很低下①。明钱古训《百夷传》记 500 多年前该地傣族："其俗贱妇人，贵男子，耕织徭役担负之类，虽老妇亦不得少休。"② 在东非的某些游牧民族中，妇女经营的农业提供了食物的大部，但是在这种社会中，只有男性饲养的牛群，由于具有宗教的意义，才被认为是高贵的产品，因而妇女地位较男子为低。又如在新几内亚的高地民族中，妇女是农业、养猪的承担者，但是当地的概念是：重要的不是生产，而是大规模的仪式性的财物交换，而这却是由男子进行的，所以妇女在生产中的重要性并没有给她们带来较高的社会地位。

摩尔根还把母系社会中妇女享受到较大的性自由看作她们社会地位高的一种表现。当写到希腊社会中对女子的贞操进行严格防范时，他以为"这也许是把这一部分人类从对偶婚家族引至一夫一妻制家族时要求妇女作出的牺牲之一"③。其实这一点也不能绝对化。以性自由作为社会地位的指标，有时是足以将人引入歧途的。最明显的例子就是印度南部的图达人（Toda），妇女享有很大的性自由，但在社会上却绝对处于男子的附属地位④。类似的情况亦见于西马达加斯加的部落社会。就是在我国的某些少数民族中，这种实例也并不少见。

摩尔根关于母系即等于母权的最有力的证明，乃是他在易洛魁部落中的亲身调查。在易洛魁的母系社会中，妇女确实占有重要地位，但是当代有些美国人类学家新的研究证明，这并不一定是易洛魁社会的原始形态。在易洛魁见于记载的大部分历史中，他们都在与欧洲殖民者作战或与其他的印第安部落作战。频繁的战争使易洛魁部落中的男性人口急骤下降，以致经常要靠从战俘中收继家庭成员的办法来补充，这就迫使妇女不得不逐渐承担起生产和家务的重担，在社会上起重要作用，使男子得以专门从事

---

① 《民族问题五种丛书》，载云南省编辑委员会《德宏傣族社会历史调查》，云南人民出版1984 年版，第 81 页。

② 江应樑：《百夷传校注》，云南人民出版社 1980 年版，第 95 页。同书又谓："其俗，不祀先，不奉佛，亦无僧道。"（第 98 页）足见重男轻女乃是傣族传统习惯，而与小乘佛教的传入无关。

③ 《古代社会》，商务印书馆 1977 年版，第 478 页。

④ Murdock, C. P., *Our Primitive Contemporaries*, The Macmillan Company, New York, 1938, p. 122.

军事活动①。所以如果从历史的角度来看，易洛魁社会的妇女地位是一种特殊形态，以这种特殊形态来概括普遍规律，显然也是不恰当的。

大量民族志的材料证明，在母系制社会中，权力这一概念的内涵还是比较丰富的，即使妇女在某些方面具有某种权力，但也不像摩尔根所说的那样，社会的权力笼而统之地都归于妇女。在很多母系社会中，尽管继嗣按母方计算，亲属关系、婚姻制度以及居住习惯均以母方为准，妇女在社会上也受到尊重，在社会生活的某些领域具有一定的权力，但是在经济、宗教、军事等领域内的真正的权力，却归于男性，特别是母亲的年龄最大的兄弟。如印度马拉巴尔海岸（Malabar Coast）的纳亚尔人（Nayar）、特罗布里恩岛的土著居民、北美的纳瓦霍印第安人（Navaho）② 以及加纳的阿散蒂人（Ashanti）③ 等，都是母系而由男子掌权。所以至少根据目前的资料，我们还难以断定历史上有一个完全由妇女掌权的阶段存在。

摩尔根还对于母系制产生的必然性作出了解释。他认为，在群婚的情况下，人只知有母而不知有父，所以人类最早的社会只能是母系社会。"当子女的父方尚无从确定而只有母方才能作为识别世系的标准时，这就是氏族的最古老形式。"④ 当代很多人类学家都认为，有关群婚的问题，在早期传教士和旅行家的记载中，有很多表面现象和本质问题是被混淆起来了。其实，群婚的情况是很复杂的。在某一个民族中，一个继嗣集团（Desent Group）的女子集体嫁给另一个集团的男子，就外人看来即是群婚，但是这并非一定意味着大家共同享有妻子或丈夫，如东非之山布鲁人（Samburu）就是如此。他们举行集体婚礼，但每一个人均有其固定配偶。在另外一些民族中，也许有这种习惯，即某一个妇女的丈夫死了，那么这个妇女就将转成丈夫所在的继嗣集团的另一个男人之妻，但这并不意味着她同时就是该集团所有男人的妻子。"只知有母不知有父"的现象在古代或者当代的原始民族中确实是普遍的，群婚固然提供了一种解释，但笔者认为这里也存在另外一种解释的可能性，即在古代缺乏科学知识的情况

---

① Eggan, F., *Lewis Henr Morgan's Systems*: *A Reevaluation*, *Kinship Studies in the Morgan Centennial*, Year, 1971, p. 6.

② Miller, E. S., *Introduction to Culturai Anthropology*, Prentice-Hall, Inc., New Jersey, 1979, pp. 115 – 116.

③ Mair, I., *An Introduction to Social Anthropology*, Second edition, Oxford University Press, 1972, p. 72.

④ 《古代社会》，商务印书馆 1977 年版，第 66 页。

下，人们根本不知道男性在生殖后代中的作用。这种例子不但在当代原始民族中随处可见，在我国古代传说中，所谓女娲抟黄土作人①，姜嫄践巨人迹而生后稷②，简狄吞玄鸟卵而生殷契③等记载，都可以作为这种推测的旁证。所以光凭"只知有母不知有父"这一点，并不能证明母系社会或群婚的必然性。

第四，关于原始社会的家庭形式问题。如果我们认为乱伦禁忌从人类形成之初开始就限制了杂交，包括同一辈亲兄弟姊妹之间的杂交，即所谓的"血缘家庭"，如果我们认为母系社会先于父系社会的假设难以成立，那么我们就势必牵涉到另外一个敏感的问题，即原始社会的家庭形式问题。

"家庭"一词，根据默多克的定义，乃是"一种社会集团，它以共同的住处，经济合作及繁殖后代为其特征"。④ 这一定义虽然由于其简略而不一定很全面，但大致还是正确的，符合恩格斯"两种生产"的思想。由于孕期和哺乳期很长，妇女在此过程中获取生活资料和防御的能力都很低，天然地需要男性的照顾和进行必要的劳动分工，所以当代很多人类学家都推测，从人类社会形成之初开始，最基层的生产和生活单位很可能就是由一对临时或长期结合的男女及其后代组成的家庭，而不问其是属于母系继嗣或父系继嗣。从理论和实践来看，这种相对稳定的小单位与氏族组织是可以并存而不矛盾的。在古代，我们虽然缺乏直接的证据以肯定这一点，但是从考古学资料看来，我国被公认为是属于氏族社会的仰韶文化、龙山文化的房屋遗址，绝大多数是 10 余平方米至 30 平方米的小住宅，只能适应一夫一妻的小家庭居住。这些小住宅再组成村社，恰如家庭组成了氏族⑤。至于当代的比较材料，则更加丰富。近 100 年以来，各国人类学家在大洋洲、亚洲、非洲和美洲，详细考察了 175 种狩猎和采集民族，其中包括北极的因纽特，加拿大和南美的印第安人、印度南部的卡达尔人（Kadar）、锡兰的维达人（Veddah），以及印度洋安达曼群岛的土著人。尽管这些狩猎采集部落所处的生态环境各不相同，但其社会组织却大致相

---

① 《太平御览》卷七八引《风俗通》。
② 《史记·周本纪》。
③ 《史记·殷本纪》。
④ Murdock，G. P.，*ocial Struture*，1949，p. 1.
⑤ 中国社会科学院考古研究所编：《新中国的考古发现和研究》，文物出版社 1984 年版。

似，即一般以"群"为单位活动，每"群"有20余人至200人不等，而大部分均在50人以下。群之下有家庭。半数以上的属于核心家庭，约1/3属于主干家庭（Stem Family，即由父母、祖父母及儿女组成的家庭）。在这些家庭中，一夫一妻乃是最普遍的形式①。如果狩猎采集社会的家庭均是如此，则较之更进步的农业社会或游牧社会的家庭更可想而知。所以国外有的人类学家认为，核心家庭的普遍性的发现，乃是20世纪人类学所取得的最大成就之一。

应当指出的是，尽管我们认为由"成对配偶"（恩格斯语）及其子女组成的家庭可能存在于人类社会的最初阶段，但是原始社会的这种家庭单位，其稳固程度、财产占有方式和社会职能等方面，可能都和后代有别，这方面还需进行大量的研究工作，方能作出结论，不过我们却不可因此就否定原始社会早期一对夫妻相对稳定的同居、共同抚养后代的可能性。

第五，关于原始社会的进化程序。摩尔根为原始社会制定了一个进化的程序，即从杂交（原始群）经氏族至部落联盟的发展，这是典型的19世纪生物界单线进化的思想在历史科学中的反映。其实，这一程序即使具有某些经验材料的支持，也难以概括全世界几大洲成千上万民族集团复杂多变的情况。杂交在历史上或当代民族志中找不到根据，理由已如前述。母系和父系可能是并存的现象而不一定是前后继承的关系。至于部落联盟，在易洛魁社会中虽然存在，但在世界其他的民族中却并不常见，以之作为人类历史发展的一个独立的阶段，就现有资料而言还欠说服力。当然，我们这样讲并不意味着否认原始社会有其发展的规律，但是100余年来的研究成果已经显示，摩尔根总结的规律所依赖的经验材料是不充分的，有些也不可靠，因而它的科学性是需要讨论的。这些研究成果还向我们显示，地球上各个地方的生态环境千差万别，而越是在遥远的古代，不同的生态环境对人类的生产、生活以及社会结构所产生的影响也就越大，因而我们在概括一般性规律时要十分谨慎，切忌以偏概全。

第六，关于原始社会的自由、平等、博爱。原始社会乃是人类刚刚从野兽状态脱离出来的一个社会阶段，是文明最不发达的一个社会阶段，用摩尔根本人的话来说，是一个野蛮的阶段。在这一阶段中，人与人之间在

---

① Gough, K., "The Origin Of the Family", in D. H. Spained, *The Human Experienoe*, The Dorsey Press, 1971, pp. 181 - 191.

生产中的合作或生活中的互助，乃是求生的必要手段，是被迫的，而非自觉的，是愚昧的象征，而非高尚的表现。这种表面上看来是无私的关系，乃是建立在"互惠"（reciprocity）的基础上的。一项帮助必然要求另一项类似的帮助作为回报；这一次吃了邻人的兽肉，应该在下一次狩猎的收获中偿还，而其必要的保证就是古老的风俗习惯，这种互助不但不是我们将要建立的共产主义精神文明，就是与资产阶级启蒙思想家所追求的人类的自由、平等、博爱，也是迥然不同的两回事。正如马克思所言："这种原始类型的合作生产或集体生产显然是单个人的力量太小的结果，而不是生产资料公有化的结果。"① 摩尔根过分强调原始社会自由、平等、博爱的一面，将之美化成了一种无差别、无矛盾的和谐的境界，这不但在理论上是站不住脚的，而且也与事实不符。根据当代很多人类学家研究的结果，在部落社会中，差别和不平等是存在的，尽管其性质与后世的阶级矛盾有所不同。部落社会中在性别之间、年龄级别之间、某一特定集团与其他集团之间的不平等，是经常可以发现的。在所有制方面，虽然不存在后世概念中的私有财产，但是却有多种层次不同的占有方式和使用方式，如对生产资料（土地、森林、水源等）的优先使用权，排斥外族人的使用权以及要求特殊需要的东西的权利等。这些权利集中表现为：某种财产或某块土地可能经常被某一个人或某一集团所占有。虽然这种占有体系的性质和适用的科学名词尚有待进一步研究，但是它的存在却是不容否认的事实。

第七，关于家庭演化的原因。由于摩尔根抹杀了原始社会的一切矛盾，这就使马克思主义关于社会进化的最本质的解释——社会本身的矛盾发展（生产力与生产关系之间的矛盾，上层建筑与经济基础之间的矛盾），不能适用于原始社会。于是在解释由杂交到对偶家庭的转变原因时，摩尔根就只有照搬进化论中"自然选择"的原理。他写道：

> 把没有血缘关系的人带入婚姻关系之中，这种新的做法的影响必然给社会带来巨大的冲击。它有利于创造一种在体力和智力两个方面都更为强健的种族。不同种族的结合所带来的利益，给人类的发展带

---

① 马克思：《给维·伊·查苏利奇的复信草稿——初稿》，载《马克思恩格斯全集》第19卷，人民出版社 1963 年版，第434 页。

来了巨大的影响。当两个具有强健的体力与智力的、处于开化中的部落，因为野蛮生活中的偶然事件而结合在一起并混为一个民族的时候，新生一代的颅骨和脑髓将扩大到相当于两个部落才能的总和。这样的种族当然是以这两个种族为基础的一种改良种族，其优越性可以通过智力与人口的增加而表现出来。[1]

这种理论在优生学中也许是有道理的，恩格斯在《起源》中也曾加以沿用。但是从总体而言，这种将适用于自然界的进化论直接应用于社会领域的做法，却正是马克思和恩格斯在其他地方坚决反对的。

在家庭的功能中，尽管有生物学的作用（繁殖后代），但归根结底，家庭乃是一种社会的产物，而非纯生物学作用的结果；它是属于人类文化的创造，而不是出自动物的本能。所以促使家庭发展的最根本的动力应该还是社会的原因，而不是自然的原因（虽然我们并不否认其中有自然的原因）。事实上，在很多原始民族的婚姻规则中，着眼点似乎更多的是从文化上考虑，而不是从生物学上考虑的。例如，限制平表兄妹结婚，而鼓励交表兄妹结婚；限制堂兄妹结婚，而鼓励表兄妹结婚等，均是常见的例子。其实如果从血缘的关系来看，这些亲属的亲疏程度都是相同的。[2] 况且，在人们对男女性行为和繁殖后代之间的因果关系毫无所知的原始时代，怎么能看出血亲婚配的危害（这种危害有时要通过若干世代才能显示出来）而不断用婚姻制度加以限制，从而推动了家庭的发展，这是一件令人难以想象的事。鉴于家庭功能的复杂性，从审慎的态度出发，笔者认为对家庭的演化而言，自然选择虽不失为一种解释，但以之作为唯一的解释，至少也是不够全面的。而且，即使是接受这种解释，那么自然选择在此处是如何通过文化调整而起作用，这其中值得研究的问题仍然很多。所以笔者认为，在这一方面，最多只能说摩尔根提出了问题，而不能说他已最终地解决了问题。

摩尔根的上述失误和不足之处，如果将之放在 19 世纪的历史背景中考察，是完全可以理解的，作为一个早期进化论学派的代表人物，当新出

---

① 《古代社会》，商务印书馆 1977 年版，第 464 页。

② White, Leslie A., *The Definition and Prohibition Of lncest lssus in Cultura Anthrlplogy*, 1949, pp. 95 – 111.

现的资料证明其谬误以后，应该也是易于纠正的。只是由于他的某些观点或资料曾经被《起源》所同意和引用，当理论界存在着教条主义的迷雾时，纠正这些谬误就变得异常复杂和困难。近半个世纪以来，当苏联、美国、英国、法国的很多马克思主义的学者已经在这些方面提出质疑，并且做了大量的研究工作的时候，我国由于众所周知的历史原因，还很少有人对此提出公开的、系统的讨论。笔者认为，为了全面贯彻"百家争鸣"的方针，为了中国原始社会史研究工作的进一步繁荣和发展，是正视这些问题、探讨这些问题的时候了。

二　马克思主义原始社会史的理论与摩尔根的模式

长期以来，摩尔根的模式之所以被奉为经典，是因为在某些学术工作者的头脑中存在一种误解，以为这种模式就是马克思主义理论的具体化，对这种模式提出的任何怀疑，都是对马克思主义理论的怀疑。为了将问题的讨论深入一步，我们有必要在此对马克思主义原始社会史理论的形成过程和其实质，作一简单的研讨。

马克思主义有关原始社会史的理论，是作为历史唯物主义的一个重要组成部分，因服务于批判资本主义的政治斗争的需要，而在19世纪后半期形成的。

关于马克思为什么要研究原始社会，以及他的原始社会史观的形成过程，《中国社会科学》1987年第5期所载《马克思和文化人类学》（作者陈胜华、刘鸿辉）一文已有详细论述，笔者基本同意该文意见，兹不赘述。这里想要强调的是，马克思主义创始人首先是为了批判资本主义而研究原始社会的，而且，这一研究在他们对于资本主义的批判中确实起到了有力的作用。为了与为资本主义制度作辩护的学术思想作斗争，其有力的武器之一，就是从人类历史上找到一种距离资本主义最遥远的社会，它在一切主要方面，都和现存的资本主义社会形成尖锐的对比。而当时所了解的原始社会的情况，正好为这种论战提供了必要的证据。在马克思恩格斯的后期著作中，特别是在《起源》中，此种对比经常出现。例如，资产阶级认为一夫一妻制家庭是《圣经》中规定的，是古已有之；但原始社会却没有个体家庭（当时认为如此）。资产阶级认为人与人之间主要是金钱关系，而原始社会主要是亲属关系。资产阶级认为私有制是永恒的，而原始社会却以公有制为基础。资产阶级认为妇女应当从属于男子，而原始社会妇女在社会中占主导地位（当时认为如此）。资产阶级认为人压迫人的现象是永远不会改变的，而原始社会人与人之间却只有平等关系。资产阶级认为人的权利和义务分离是正常的，而原始社会人的权利和义务却是一致的。最后，资产阶级认为国家是维持社会所必需的，但原始社会的历史却证明，社会没有国家照样可以维持秩序。可以说，马克思和恩格斯论证原始社会存在的本身，就戳穿了资本主义社会永存的神话。①

这里还要强调的是，不仅是摩尔根，孟德斯鸠、达尔文、斯宾塞（H. Spencer）、梅因（Henrg Maine）、巴霍芬以至泰勒等人的著作，都曾对马克思主义原始社会史的理论产生过影响。

早在 1846 年发表的《德意志意识形态》中，马克思和恩格斯已经设想了人类的"第一种所有制是部落所有制。它是与生产的不发达阶段相适应的，当时人们是靠狩猎、捕鱼、牧畜，或者最多是靠耕作生活的"。②尽管当时他们对原始社会的认识还不十分充分，但是这本著作仍然涉及一些根本性的理论问题，如私有财产与国家的关系、意识与存在的关系、物质环境产生观念的方式等。就是恩格斯以后在《起源》中方详细加以阐述的"两种生产"的理论，也是在这里初次提出的。所以这本书所涉及的一些概念，可以视为马克思主义有关原始社会史的思想的萌芽。特别是其中谈到部落社会的"社会结构只局限于家庭的扩大：父权制的酋长，他们所管辖的部落成员以及奴隶"，这里所写的虽然仅仅是原始社会晚期的现象，但是却提出了一个重要的思想，即家庭单位是可以与氏族组织并存的，而不是互相排斥的，这一点也许更容易为当代民族学的资料所证实。

1859 年，在研究了东方农村公社之后，马克思在《〈政治经济学批判〉序言》中提出了对人类社会发展序列的论断："大体说来，亚细亚的、古代的、封建的和现代资产阶级的生产方式可以看做是社会经济形态演进的几个时代。"③而在他的《〈政治经济学批判〉（1857—1858 年草

---

① Bloch, M. , *Marxism and Anthropology*, 1985.
② 《马克思恩格斯选集》第 1 卷，人民出版社 1972 年版，第 26 页。
③ 《马克思恩格斯选集》第 2 卷，人民出版社 1972 年版，第 83 页。

稿)》① 中，还对亚细亚生产方式作了论述，这对于解开亚洲、非洲、南美的古代公社之谜，提供了钥匙，至今仍有现实意义。在《资本论》中，当问题涉及所有制形式、私有财产的产生、土地关系的历史、交换和商品的渊源以及宗教、家庭、国家、法、道德、科学、艺术等概念的实质时，马克思都是以历史唯物主义作为指导，阐明了与原始社会史有关的很多重要原理。在马克思生命的最后几年中，似乎集中精力于原始社会史的研究。他留下的几十万字文化人类学笔记为我们探索他思想最成熟的阶段对于原始社会史理论的贡献，提供了十分宝贵的资料。从这些读书笔记可以看到，最受马克思重视的是摩尔根的《古代社会》。他是以基本肯定的态度做这本书的笔记的。摩尔根学说对于马克思原始社会史理论的影响最为深刻。

可以看出，马克思准备写一部巨著来阐述他对于原始社会和历史唯物主义的新的想法。惜乎天不假年，他的未能完成的工作部分地由恩格斯继续完成，这就是《起源》的撰写出版。《起源》全面系统地阐述了马克思主义创始人有关原始社会史的理论。它虽然采用了摩尔根有关原始社会的进化模式，但是其主题却与《古代社会》截然不同。通过《起源》，恩格斯阐明了摩尔根发现氏族社会的重大意义；回顾了家庭、私有制和国家的起源和发展的过程；指出婚姻和家庭形式并非是永恒的、独立于社会之外的，而是与经济有关、与政治体制有关的；妇女的地位，也并非固定不变，它从属于劳动的性质，所有制的性质，甚至是继嗣的性质。恩格斯通过对国家本质的分析，指出了国家与私有制、与阶级分化之间的关系，并且从历史规律的分析中，预言一个阶级和国家消亡的更高级的社会，终将在资本主义的废墟上出现。在这些方面，也就是《起源》的主要方面，恩格斯的论断始终是科学的、正确的，至今仍有重大的意义。在方法论上，即将原始社会的各个方面，如宗教、婚姻、亲属制、政治、经济等，作为一个总体来考察，并且从物质资料的生产和再生产中，找到它们发展变化的最终原因的方法，经过 100 余年来的激烈争论以及各种学派互相比较的严格考验，也已经得到全世界愈来愈多的学者的同意。

当我们对马克思主义有关原始社会史理论产生的历史背景作一简单的回顾以后，就可以发现两点重要的事实。

---

① 《马克思恩格斯全集》第 46 卷上册，人民出版社 1979 年版，第 472 页。

第一，对于原始社会，马克思恩格斯从一开始就是把它和唯物史观联系起来去认识的。在这一点上，他们与摩尔根及其他人类学家有根本的不同。例如，对于摩尔根学说，他们就是在唯物史观的指导下去进行研究的。这是马克思主义创始人原始社会史理论与摩尔根学说的根本区别。正由于有历史唯物主义的指导，我们在《起源》中到处可以看到唯物史观的思想光辉，这不仅表现在两种生产理论的提出，经济结构问题受到应有的重视，前阶级社会向阶级社会过渡的历史分界的阐述，还表现在对未来消灭了阶级和国家的更高级社会的预言。

如果进一步细究马克思恩格斯研究摩尔根学说的过程，可以发现这是一个双向交流的认识过程。一方面，他们从摩尔根学说中汲取营养，丰富并校正自己的历史唯物主义理论；另一方面，又从历史唯物主义理论出发，对摩尔根学说进行批判的探讨。这一点在恩格斯 1884 年 4 月 25 日写作《起源》期间写给卡尔·考茨基的信中有明确的表述："如果只是'客观地'叙述摩尔根著作，对它不作批判的探讨，不利用新得出的成果，不同我们的观点和已经得出的结论联系起来阐述，那就没有意义了。……这篇东西（按指《起源》——引者注）对于我们共同的观点，将有特殊的重要性。摩尔根使我们能够树立崭新的观点，因为他通过史前史为我们提供了前所未有的事实根据。"[①] 这里，根据摩尔根提供的事实而树立了"崭新的观点"，这是前述的第一方面；联系已有的马克思主义理论（当然包括历史唯物论）来"批判地探讨"摩尔根学说，这是前述的第二方面。由此，我们可以进一步看到马克思恩格斯原始社会理论决不是摩尔根学说的简单照搬，它与摩尔根学说是大有区别的。

明乎此，一些理论上的迷雾就不难驱散。这里主要指把摩尔根学说当作"准马克思主义"看待这种误解。首先，摩尔根学说不等于马克思主义的原始社会史理论，讨论摩尔根的失误和局限同对待马克思主义的态度是两回事。其次，马克思主义是科学，科学是要随着实践的发展和认识的深化而发展的，作为马克思主义的后人，如果将马克思主义当作教条来信奉而不是当作科学来学习、运用和发展，这种态度本身就是违反马克思主义的基本原则的。

第二，虽然马克思主义创始人充分看到了摩尔根学说的合理性，但从

[①] 《马克思恩格斯全集》第 36 卷，人民出版社 1974 年版，第 144 页。

不认为这一体系是终极真理。他们并不认为摩尔根完成了人类对于原始社会的认识。恩格斯在《起源》第四版序言中说:"自从摩尔根的主要著作出版以来已经十四年了,这十四年间,关于原始人类社会历史的材料,已经大大丰富起来;除了人类学家、旅行家及专门的原始社会历史学家以外,比较法律学家也参加进来了,他们有的提供了新的材料,有的提出了新的见解。结果,摩尔根的某些假说便被动摇,或甚至被推翻了。不过,新搜集的资料,不论在什么地方,都没有导致必须用其他的原理来代替他的基本观点。他给原始历史研究所建立的系统,在基本的要点上,迄今仍是有效的。"① 我们从这里可以看到两点。首先,恩格斯充分肯定了摩尔根学说的合理性;其次,在方法论上,恩格斯明白地表示,摩尔根学说也要接受经验材料的检验,已有一些假说被新涌现的材料所推翻。就是说,恩格斯并没有把摩尔根学说看成终极真理。

再者,马克思主义创始人在晚年还多次强调原始社会发展的复杂性多样性。这就是说,他们认为,并不是所有原始社会的组织都是按照摩尔根的模式发展的。例如,马克思在阅读《古代社会》时写道:"有一些(部落)在地理上是如此隔绝,以致独自经历了不同的发展阶段;另外一些则受到外部的影响。"② 由此可见,以一个固定的模式来套世界各民族的原始社会,这一做法本身就是不符合马克思的本意的。

我们可以得出下面的结论:马克思主义创始人把原始社会史的学说看作是一个开放体系。把摩尔根学说经典化,当作不可移易的教条,是完全不符合辩证唯物主义认识论的基本原则,也不符合马克思主义创始人自己对待摩尔根学说的原则的。

三 摩尔根的模式对中国原始社会史 研究的影响

用僵化的、教条的眼光去看待马克思主义有关原始社会史的理论,把摩尔根的《古代社会》奉为经典的结果,使我们有的学术工作者丧失了探索的主动性和思维的敏感性,没有具体分析在当前指导我们研究的理论

① 《马克思恩格斯选集》第4卷,人民出版社1972年版,第16页。
② [德]马克思:《摩尔根〈古代社会〉一书摘要》,人民出版社1965年版,第4页。

体系之中，有哪些是马克思主义的基本观点和方法，哪些是摩尔根本人的假设，哪些是普遍的原则，哪些是过了时的论证，而是将摩尔根的整套模式全盘接受，陈陈相因，把生动活泼的马克思主义理论变成了若干现成的答案和教条。这种情况已经成为我们进一步研究原始社会史的障碍。这在史前考古学和民族学的领域表现得最为突出。

就史前考古学而言，我们可以举出对仰韶文化性质的研究作为例子，说明僵化、教条地对待摩尔根理论如何导致我们为适应摩尔根模式而有意无意地剪裁事实。由于仰韶文化属于新石器（磨制石器）时代，使用陶器，经营锄耕农业，根据摩尔根的社会发展顺序，无疑应该属于母系氏族社会的阶段。30 余年来，这似乎已成定论。但只要详加考察，就可以发现真正足以支持这一结论的考古学证据可以说是寥寥无几。在一般研究者常引用的资料中，一条是在西安半坡、临潼姜寨等地发现的几座大房子，有的研究者即以之与易洛魁人的长屋作比较，认为这是母系氏族社会居住的特征①。其次是仰韶文化埋葬制度中有多人合葬墓的葬俗，于是有的研究者就引用《古代社会》中的一句话，"凡是亲骨肉，彼此的骨肉就应当永远不分离"②，推测这是母系氏族社会葬俗的反映。此外还有小孩与母亲的合葬墓，也被视为是母系的特征。下面我们来看看这两种根据是否真能支持他们的观点。先来看看关于大房子的问题。近来我国已有学者撰文，说明根据世界民族志的资料，在原始社会中大型房屋有多种用途，如公共活动场所、首领住宅或男子公所之类，所以并非所有的大型房屋都是供许多家庭集体居住的公共住宅。即便是属于公共住宅，其内部组织也是千变万化，共居者可能是一个氏族（可能是母系，但也可能是父系），还可能是一个大家族或一种地域性组织，不能说凡大型住宅即足以代表母系氏族的存在和集体劳动、平均分配的制度。至于远古居民的婚姻制度、世系传递等，更与房屋大小没有必然联系。如我国保存母系的永宁纳西族，其住宅就是四合院式，与近代很多其他民族的院落并无不同。易洛魁的长

---

① 摩尔根曾经这样描绘过易洛魁人的居住形式："他们建造长形的群居宅院，其大足可住下五家、十家，乃至二十家，每一座宅院过着共产主义的生活。"（《古代社会》第68页）尽管摩尔根本人并未肯定全世界母系氏族社会的居住形式都应该如此，但我国有的研究者至今还认为这是母系氏族社会唯一典型的居住形式。

② 应当指出的是，这句在我国如此广泛引用的话，甚至还不是摩尔根的原文，而仅仅是摩尔根转引艾德尔所著《美洲印第安人史》中的一句。艾德尔的原意也并非以此来概括普遍规律，他仅仅是说明印第安人的一个部落（切罗基部落）有此宗教观念。参考《古代社会》，第80页。

屋，其实并不具有世界性的意义①。

其次，再来看看葬俗问题。有人认为，仰韶文化时期，"当时的血缘关系、婚姻家庭形态及财产状况等问题，从埋葬制度中得到了集中的反映"。② 其实情况恰好与此相反。从方法论来看，当代考古学的理论已经基本证明，用葬俗去复原婚姻家庭形态等社会制度是有很大的局限性的，应当审慎使用。因为葬俗绝非活人生活的镜子，它还深受宗教信仰与风俗传统的影响。再从事实本身来看，多人合葬墓乃是原始社会常见的一种现象，如以世界各地的情况作类比，则可发现埋葬在一起的人关系是很复杂的，这其中有地域集团，有亲属集团；即使是亲属集团，其种类也各不相同，并不一定就是母系氏族。即以仰韶文化而言，多人合葬墓并非其唯一的葬俗，此现象仅见于该文化的一个发展阶段（半坡类型后期）。在此之前、之后，主要还是单人葬，而研究者却没有对此作出满意的解释。至于小孩与母亲合葬的问题，在仰韶文化半坡类型近千座墓葬中仅见三座，在绝大多数情况下，仰韶文化的小孩死后都是单独用瓮棺葬，或与男女成年人在一起合葬。以极个别的事例来概括全面，其缺乏科学性是很明显的。③

限于本文的主题，笔者无意在此对仰韶文化的社会性质作更进一步的探讨或提出具体意见。举出这个例子的目的仅仅在于说明，在科学研究中，一切从客观事实出发的原则是何等的重要。可以想象，如果不是受到摩尔根的模式的束缚，我国某些研究者想必不会只抓住个别现象而下结论，却忽视了大量存在的、更为普遍的现象，也不会只考虑仰韶文化是母系氏族社会的一种可能性（当然，这种可能性也是存在的），而会考虑到更多的可能性。如果是这样，我们对仰韶文化的认识无疑会更深入一些，也更全面一些。④

在民族学领域之中，僵化的摩尔根模式更是在研究工作的各个方面

---

① 汪宁生：《中国考古发现中的"大房子"》，《考古学报》1983 年第 3 期，第 271—294 页。

② 郭沫若主编：《中国史稿》第 1 册，人民出版社 1962 年版，第 26 页。

③ 汪宁生：《仰韶文化葬俗和社会组织的研究——对仰韶母系社会说及其方法论的商榷》，《文物》1987 年第 4 期，第 36—43 页。

④ 本文脱稿在 1987 年 9 月，最近读 1988 年 1 月 17 日《光明日报》的报道：《六千年前中原地区已进入父系氏族社会》，得知河南濮阳西水坡遗址的"华夏第一龙"的发掘情况，它又可作为仰韶文化母系说主观性的一个有力的证明。

都打下了深深的烙印。首先，它大大影响了民族调查的客观性、科学性。由于将摩尔根的模式看成放之四海而皆准的真理，因此，从某种意义上说，调查不过是用一点新的资料再一次证明这种模式的正确，于是，在材料的取舍中，倾向性很大，合则留，不合则去。这种依照一个原则去抓材料的做法，与马克思主义的科学调查方法可以说是背道而驰的。这种主观先验地取舍材料的倾向表现在民族调查的各个方面。有的研究者深受摩尔根的一切社会制度都可以和生产技术直接挂钩的观点的影响，在调查和研究工作中，只重视所谓社会生产和经济，而相对忽视社会生活的其他方面例如文化方面，以及这些方面的相互制约和促进的关系。由于少数民族地区谙知传统文化的老人现已大多去世，这种忽视已造成无法弥补的损失。有的研究者过分强调了原始社会每一发展阶段的共性（这是早期进化论的重大缺陷之一），相对忽视了具体研究对象的个性、特殊性，于是，少数民族的具体历史进程模糊了，社会、经济、文化上的特征被抹杀了，细节被忽略了。研究的结果只剩下几条千篇一律的摩尔根的概念的翻版，显得苍白而贫乏。于是，理论的生机被扼杀了。

其次，由于僵化教条地对待摩尔根学说，导致我们在学术思想上采取封闭政策，造成了民族学理论的贫乏。50 年代以来，理论上的教条主义倾向使人们误以为，吸收西方学术成果的合理成分和坚持马克思主义是不相容的，而我们对待摩尔根理论的态度又近乎对待马克思主义的态度，于是，天下定于一尊，摩尔根学说在民族学领域被奉为具有排他性的指导理论。实际上，摩尔根学说是早期资产阶级的优秀学术流派之一，100 余年来在世界各国有重大影响的其他民族学学派，如历史特殊论学派、传播论学派、功能主义学派、结构主义学派、新进化论学派等，都有可观的建树，其学说都不乏合理成分。但是，我们对这些理论都采取了简单排斥的态度。其实，这些学派，包括摩尔根的早期进化论学派，尽管在整体上存在着这样那样的缺陷，但在局部问题的解决上，在注意社会细节复杂性的研究及其相互关系的研究上，在综合各有关学科的成果上，还是有很多地方值得我们借鉴的。布洛克（M. Bloch）在分析了英国、法国、美国流行的各种人类学理论流派以后，曾经公平地指出，这些学派中很多科学的合理的部分，往往都可以看出马克思主义的影响，尽管研究者本人有时是不自觉的，因而常常不承认这一点。①

最后，僵化教条地对待摩尔根体系还导致了我们研究方法的单一。有的研究者把摩尔根的研究方法误认为是唯一正确的马克思主义的方法，并且满足于对这种方法的仿效，这就必然带来在田野工作方法和研究手段上的因循和封闭倾向。实际上，摩尔根所采用的"参与观察"法固然至今仍不失为田野工作的基本方法之一，但是随着当代科学的发展，民族学的调查对象、调查理论、调查方法和调查手段都产生了巨大的革新和变化，系统论中的功能分析、要素分析、结构分析的方法，信息论中的信息收集、加工、反馈的方法等，都是民族学调查中可以采用的。

总之，马克思主义民族学的根本任务并非证明摩尔根模式的正确，而是要在马克思主义的指导之下，在近 100 年以来职业人类学家所积累的大量新资料的基础上，建立起新的理论体系；不是重申马克思和恩格斯囿于时代的局限性而作出的个别不甚准确的结论，而是将他们研究资本主义社会的基本观点和方法，运用于前资本主义诸社会形态的研究之中。

四 结语

伊根在谈到摩尔根关于家庭、婚姻学说的学术贡献时曾经指出："尽管他的很多结论都是错误的，但是他确实指出了一种广阔的、统一的研究途径的可能性。比之于他为我们提出的，吸引了我们的注意力达一个世纪之久的一系列问题，他的失误是微不足道的。所有的有关亲属制度与社会和文化其他因素之间的关系——或没有关系——的讨论，实可视为摩尔根重大贡献的指标。"② 所以尽管本文指出了摩尔根理论框架的某些错误，并不等于说笔者认为已经有一套成熟的新理论可以代替它。但是无论如何，在马克思主义的指引之下，我们将在实践中逐步开辟一条通向真理的道路。本文无意也不可能对于种种问题给出答案。本文的目的仅仅想说明，摩尔根和马克思主义的奠基人并没有结束对真理的认识，他们所论及的全部内容都是可以进一步讨论的。

---

① Bloch, M., *Marxism and Anthropolosy*, 1985.

② Eggan. F., *Lewis Henry Morgan's systems: A Reevaluation*, kinship studies in the Morgan Centennial Year, 1971, p. 15.

马克思主义的原始社会史理论体系是一个开放的和动态的系统，它不应当长期停滞于 19 世纪的科学水平之上，而需不停顿地吸收各个时代的崭新的思想文化成果，使它的各个组成部分，包括个别的原理在内，都能随着实践的发展而发展，正如同马克思、恩格斯本人在创造这一体系时，就曾经不断地吸收新营养，不断地修改自己已经作出的，但又被新资料的发现所否定的结论一样。这是我们应持的正确态度。

中国是一个具有 50 多个民族的文明古国，这些民族多姿多彩的历史发展，蕴含有多种道理，体现了多种类型，其内容之丰富，世界上其他国家罕有其匹。新中国成立以来，我们在史前考古学、历史学、民族学、语言学诸方面，已经收集了大量的有关原始社会史的资料，而且随着科学的发展，这些资料还在与日俱增。这样，怎样在正确理论的指导下，对已经获得的资料进行分析和研究，就成了当前中国原始社会史研究中的关键。全部人类科学发展的历史都证明了这样一条原理，即当资料量的积累到达一定的程度时，某项学科取得新的进展，往往是从理论的突破开始的。中国原始社会史的研究，正处于这种突破的前夜，面临着广泛发展的前景。因此，进一步解放思想，加强对理论的探索，乃是历史赋予中国学术工作者的重任。

19 世纪 70 年代末期，当法国有的人以"马克思主义者"自居，将唯物史观绝对化、公式化、简单化、标签化，"把它当作不研究历史的借口"时，马克思为了与他们划清界限，曾经讲过一句很沉痛的话："我只知道我自己不是马克思主义者。"① 愿这位先哲的科学精神能激励我们在原始社会史的理论探索中作出一个无愧于真正的马克思主义者的创造。

《中国社会科学》1988 年第 3 期

---

① 恩格斯：《致康·施米特》，载《马克思恩格斯选集》第 4 卷，人民出版社 1972 年版，第 474 页。

单位：一种特殊的社会组织形式

路　风[*]

摘要　本文对我国社会基本组织的成因、特性和运行方式进行了深入探讨。作者认为：单位的雏形产生于革命根据地最初的经济、社会和文教组织，并在新中国成立之初，随着党的组织系统向一切社会组织的延伸而被最后确立起来。从社会组织的角度出发，作者将这种组织形式的结构定义为"单位体制"，其基本内涵是：一切微观社会组织都是单位，控制和调节整个社会运转的中枢系统由与党的组织系统密切结合的行政组织构成。作者以改革前的一个国营工厂为例，深入揭示了单位组织形式的基本特性，进一步指出，尽管单位是以现代产业为主的国营经济的基本组织形式，但其多功能、非契约关系和资源的不流动等特性，却使单位逐渐形成了与生产社会化性质相悖的封闭结构。作者极有见地地指出：对于中国这样一个发展中国家来说，实现经济和社会结构的现代化不可避免地要依赖强大政府的推动。国家通过功能式集权行政组织对社会的理性管理，是形成非人格化市场机制的必要条件。因此，改变国家通过单位对社会的直接行政管理方式，使行政组织在民主与法制的基础上合理化，而非在沿袭旧组织结构的基础上撤并政府机构和以财政包干等形式向部门和地方分权，才是我国政治体制改革的要义。

在我国社会生活中，人们把自己所就业于其中的社会组织或机构——工厂、商店、学校、医院、研究所、文化团体、党政机关等——统称为

---

[*]　路风，1955年生，1982年毕业于中央民族学院政治系，现任国家计划委员会消费市场司主任科员。

"单位"。这种现象说明，我国的各种社会组织都具有一种超出其各自社会分工性质之上的共同性质——"单位性质"。

单位是我国各种社会组织所普遍采取的一种特殊的组织形式，是我国政治、经济和社会体制的基础。不理解单位的组织特性以及由此所决定的单位的行为倾向，就不能理解我国现行体制的特点及其运行机制。认识和分析单位这种组织形式，评价其历史得失，对于我国当代改革实践具有重要的理论意义。

一　单位组织形式的成因

单位对于我国每一个就业公民（农村居民除外）具有异乎寻常的重要意义：不仅工资收入来自单位，而且诸如住房、副食补贴、退休金等社会福利保障也来自单位；单位中的就业者不会失业，但也不能随意流动，他们的生老病死都仰赖单位的照料；人们的社会活动也离不开单位，登记结婚、住宿旅店或购买飞机票都要出示单位工作证或介绍信，这是对个人身份和行动合法性的证明，而且出具证明的单位像家长一样对被证明人负有连带责任。总之，个人"归属于"单位。单位还是国家对社会进行直接行政管理的组织手段和基本环节。无论其社会分工性质和专业功能是什么，每一个作为单位的社会组织都具有行政血缘关系和行政等级，并按这种关系分别隶属于政府的行政机构。同时，党的组织系统沿着这种行政组织系统延伸到一切社会基层组织，构成事实上的最终权力系统。党和国家的政策规定、计划指标以及行政命令按照行政隶属关系下达到各个单位，再通过各单位的具体执行而贯彻于全社会。离开单位，我国社会就无法正常运转。

单位这种独具特色的社会组织形式是由我国基本的体制因素在特定的社会历史条件下所形成的。

几千年来，中国始终是一个官与民的社会。在以宗法血缘关系作为基本社会联系方式的农业组织（家族、村庄）之上，耸立着以皇权为顶巅的庞大的官僚组织，而建立在个人权利能力平等基础上并以契约方式结合起来的组织则从未见诸历史。官府控制着社会生活的一切方面，学术思想、教育和法律统统成为封建统治者的政治工具。这种社会组织结构扼杀了能够引起社会变化的积极因素，甚至在现代化的挑战甚至民族危亡的形式降临时也仍然表现出极端的僵化和无力。

清王朝被推翻以后，深刻的社会矛盾依然存在，软弱的民族资产阶级无力推动社会革命，国民党虽然凭借武力完成了形式上的统一，但统治者依然是独裁和专制，封建地主制度未受触动，现代工商业不仅比重很小，而且大部分被外国资本和官僚资本所操纵；社会在外部压力和内部冲突下分裂，人民因缺乏组织而像一盘散沙。在这种历史条件下，中国共产党领导人民进行了一场巨大的社会革命，它奠定了现代中国社会体制的基础。

在长期的夺取政权的革命斗争中，党把农民当作革命的主力军，并把在农村建立根据地以进行武装斗争当作夺取政权的主要手段。为了发动群众，党深入基层并在根据地建立起各种群众组织，领导群众进行阶级斗争、土地改革和支援战争。随着根据地的扩大和人员的增加，各种公有的经济、社会服务和文化教育等机构被建立起来，它们隶属于党政机关和军队，其组织目标完全服从于革命战争的需要，其人员属于革命队伍的成员。由于物质上的困难，革命队伍中的全体成员实行军事共产主义的供给制，根据地包括党政机关和军队在内的各种组织机构还不得不经常从事自给自足的生产活动，以弥补战时给养的不足。产生于革命根据地的这些组织，实际上就是单位的雏形。根据地的经验对后来党在全国的领导方式和组织方式产生了深刻的影响，随着党在夺取政权道路上的节节胜利，形成于根据地时期的许多组织制度也被推广到了全国。新中国成立之初，各级政权组织实际上是随着军事接管而从党的组织系统中直接派生出来的，新的社会秩序在党的组织系统向一切社会组织延伸的过程中确立起来，各级党组织不仅在强调党的一元化领导的条件下直接行使行政管理权，并且通过组织群众而成为使社会凝聚起来的政治黏合剂。

从一定意义上说，共产党领导的社会主义革命是中国对现代化挑战的政治反应。在国民经济得到恢复以后，党提出了从新民主主义到社会主义过渡时期的总路线，这是一个双重的政治目标：完成生产资料的社会主义改造并实现国家的工业化。但新政权所面临的却是一个以传统农业和手工业为主、人口负担过重的社会经济，这个社会曾因缺乏现代生产方式和组织形式以及近代民族主义精神而异常涣散。社会主义宏伟目标与中国社会落后状态之间的落差，导致了党和政权组织所直接推动的对社会的大规模重新组织过程。正如毛泽东所说："……我们应当进一步组织起来。我们应当将全中国绝大多数人组织在政治、军事、经济、文化及其他各种组织里，克服旧中国散漫无组织的状态……"① 这一宣言表明了领导人要以现代形式将人民组织起来的愿望，在生产和交换的社会化程度极低的条件下，迅速实现这种愿望只能依靠自上而下的行政手段和党所熟悉的群众运动方式。当时人们所理解的社会主义典范就是苏联模式。商品经济、市场关系、自由劳动、契约合意以及社会机构自治不仅为中国社会所缺乏，而且因其与资本主义的联系而在意识形态上丧失了合法性。尽管马克思曾经认为以资本主义形式表现出来的市民经济关系和社会化大生产是共产主义的历史前提②，但掌握了国家机器的党却把自上而下的行政权力、军事化组织方法和向往平均主义大同世界的群众激情当作克服理想与现实矛盾的手段。在这样一个对社会的重新组织过程中，单位遂成为现代中国一切社会组织的基本形式。

从社会组织的角度出发，可以将整个社会的运转不得不依靠单位组织形式的结构定义为"单位体制"。这个体制的基本内容是：一切微观社会组织都是单位，控制和调节整个社会运转的中枢系统由与党的组织系统密切结合的行政组织构成。为了从极低的经济水平上推进高速工业化，国家不得不实行强制积累。这个目标导致国家对主要农产品实行统购统销，切断了城乡之间的市场联系，并通过户籍制度将城乡人口截然分开。尽管农民的经济活动受到越来越多的行政干预，但农民因国家始终无力将其包下来而一直享有自负盈亏的"自由"，所以即使是农村人民公社组织也没有成为完全意义上的单位。被以人民公社形式（不完全单位）组织起来的集体化农业构成单位体制的基座，在此之上则是以单位形式组织起来的城市公有制经济和国家的上层建筑。生产资料公有制分为全民所有和劳动群众集体所有两种形式，而其中占绝对优势的全民所有制是以国有制为其实现形式的。国家也是一种组织，执行国家意志的政府在行政管理上是分层次和分部门的，于是一切全民所有制企事业组织就分别隶属于各级政权组织。行政管理权限的划分使这些组织不仅都具有行政血缘关系，而且也有了行政等级，"处级工厂"、"局级公司"的概念便由此而生。在这个基础上，各种社会组织的领导职务成为

---

① 毛泽东：《中国人民大团结万岁》，载《毛泽东选集》第 5 卷，人民出版社 1977 年版，第 9—10 页。

② 参见沈越《马克思市民经济思想初探》，《经济研究》1988 年第 2 期。

单位：一种特殊的社会组织形式

国家行政职务序列中的公职。① 在国家政权直接组织的大规模经济建设开始以后，以现代工业为主要内容的国营经济迅速扩大，并形成了高度集中的计划管理体制。计划管理的特点是，计划的决策是政治性的，计划的制订、下达、执行和监督按行政程序进行。因此，一个等级森严、金字塔形的行政组织体系是中央集权计划管理的必然配合物。不仅国营组织成为行政组织的附属单位，就连城镇集体组织也随着计划范围的扩大而被"归口"管理，成了单位。单位以及单位体制是中国从落后状态中推进社会主义工业化在组织上的反映。

当私人经济被消灭、市场活动被极度压抑以后，安排城镇居民的就业就成为国家不可推卸的责任。根据对社会主义原则的传统理解，在国营经济中就业的劳动者是社会财富的直接主人而不是雇员，因此人们一进入国营单位就业，便享受到工资、福利和保险等一整套囊括生老病死全部内容的保障。这种就业模式使本来就不堪承受的就业压力更加严重，因而国家不得不通过劳动工资计划对包括城镇集体单位在内的职工人数和工资总额加以严格的控制。国家计划通过行政程序下达到各单位执行，已就业职工因占用了计划编制指标而成为计划基数的组成部分，他们因而从自己所占用的计划指标上获得了固定不变的身份。于是，在个人不能自由择业的条件下，农民与城镇居民、全民所有制与集体所有制职工、干部与工人等户籍和计划管理的分类，便转化成个人的先赋性身份差异。由身份而来的权利和待遇使个人生活被纳入以单位为组织中介的国家行政控制之中。

在单位体制下，个人首创精神、社会组织自治权和市场机制销声匿迹；自上而下的国家行政权力控制着每一个单位，又通过单位控制着每一个个人。这种社会组织结构曾在我国历史上产生过巨大的作用：高度集中统一的政权体系被建立起来，几亿人民被组织起来改造社会，一切资源被动员起来投入工业化，在行政权力决定分配的基础上实现了空前的社会平等，等等。但随着时间的推移，单位体制的基本缺陷日益暴露：它无法避免宏观上的决策失误，也不能带来微观上的高效率。为理解这些问题的产生，必须对单位组织形式作深入的微观分析。

---

① 关于这种分类方法的争议，参见张尚鷟《行政法基本知识讲话》，群众出版社 1986 年版，第 60—62 页。

二 单位的内在性质

单位体制中有两种基本组织：以自身专业分工为基本组织目标的社会基层组织和执行国家意志的行政组织①。社会基层组织的普遍形式是单位，因而这些组织极不同于在市场环境中成长起来的、具有自治权的组织。为了便于分析，本节以 80 年代改革以前的一个国营工厂为例，揭示单位组织形式的基本特性。

（一）从现象上看，单位的第一个基本特点都是功能合一性，即任何单位都同时具有政治的、社会的以及自身专业分工的多种功能

工厂作为一个生产组织，其首要的功能当然是经济功能。但作为单位，这种功能是以特殊方式执行的。工厂的国有权以其直接隶属于国家行政组织系统中的某个机构并接受它的管理来实现，工厂的全部经济活动——原材料供应、生产、销售、劳动力的使用和报酬的支付、利润分配等——由上级行政机构根据计划控制。因此，工厂作为一个微观组织的效率活动必须服从于国家对宏观目标的追求，个别工厂表现为国家行政机器上的一个生产器官，从而失去了作为一个按照合理的会计制度来确定收益能力的经济组织的意义。由于工厂的盈亏与工人没有直接的利益联系（工资标准由国家统一规定），所以工厂为维持劳动效率所采取的激励方式就不得不在经济手段以外去寻找。

工厂的政治功能由我国政权经济的特点和单位性质所决定。政治功能主要由工厂内部的党组织执行：（1）对工厂的行政管理进行监督，但实际上是直接行使行政管理权；（2）通过政治思想工作和党员先锋模范作用来动员全体职工的积极性。单位政治功能的最大效应，是在党占据了绝对领导地位的社会背景下，在工厂中建立起一种使工人具有向心力的权威关系，这种权威在强调阶级斗争和思想改造的政治运动中得到了最大的强化。思想号召通过权威关系转化为道德准则，这是在缺乏利益动机条件下保持劳动热情所不可缺少的手段。但是，政治功能的膨胀经常会干扰工厂的基本组织目标，而这种功能的弱化又容易导致劳动纪律的

---

① 限于篇幅，本文不讨论农村组织。

涣散。

有所不同的是，工厂的社会功能似乎是在自发的过程中生成的。由国家安排就业的个人进入单位后，便获得一种几乎终生不变的身份，并且难以流动。就业者的权利要在单位中实现，而单位则代表国家对其负起生老病死的无限义务，这种劳动组织方式使单位逐渐演化成家长制的福利共同体。低工资政策、平均主义分配原则和对日用消费品以外的个人财产权利的否定，不能不使个人在生活的重要方面依赖于由单位提供的国家福利，如住房。对市场活动的压抑阻碍了社会分工的发展，独立的服务行业萎缩，而对服务的实际需求使服务机构（食堂、浴室、幼儿园、商店、理发店、学校、医院、电影院等）内在化于单位之中。这种内部服务机构的财务收支纳入单位的预算，并不自负盈亏，实际上是以社会福利的形式向单位成员提供服务。国家对社会的直接行政管理以单位为组织手段，诸如退休、户口、治安、婚姻、卫生等社会事务要求单位承担或多或少的责任。

（二）单位功能合一性所反映出来的本质关系，就是单位的第二个基本特点：生产要素主体之间的非契约关系

如果从绝对的意义上来理解国有制，那么在工厂与国家的财产关系上就不存在"有偿"或"无偿"的债权关系。但单位作为个体组织确实与国家之间存在着利益差别，所以不妨引入债权概念。把工厂看成一个独立的组织，其全部资产就是由国家无偿垫付的。在"统收统支"的财务制度下，无论是利润的上缴还是资金的下拨，对于工厂来说都是无偿的。因此，资产的使用效率主要取决于行政组织系统的权威和资产使用者对这种权威的服从程度。

工厂的领导人是上级行政机构任命的国家干部，他们的首要职责是完成上级党政机关下达的各项任务。作为国家行政官员，工厂领导人的自身利益不是与利润率而是与行政职务的级别联系在一起的。单位是国家行政组织的延伸，单位领导人的任职与晋升服从于行政组织的规则和程序。在正常情况下，一位工厂领导人得到提升，便离开工厂而到上级行政机构或其他单位去担任级别更高的职务。但这种晋升途径至少会受到职位数量的限制，于是产生出另一种非正式的途径：由于规模是决定一个单位行政等级的重要因素，所以不断扩大规模就有可能使本单位的行政等级升格，从而导致领导人的职务等级相应升格。扩大规模的捷径是尽可能多地获得国家分配的资源，因为投资和劳动力使用对工厂来说都是无偿的。相反，工厂的盈利即使增加也不能直接用来投资，而必须全额上缴。而且，利润一般与生产率有关，而规模却可以与生产率无关，即使是一个规模较大的亏损单位的行政等级也比一个规模较小的盈利单位的高。对领导人来说，通过行政程序争取国家的无偿资源以扩大规模，远比通过高效率的管理活动以创造较高的利润率来得容易。在这种情况下，干部行为与国家利益间的关系平衡只能取决于本人的责任感和行政纪律。

工厂的工人不是单位从劳动力市场上以契约形式雇来的，而是由政府的劳动部门按国家计划分配来的。由于在作为社会主人的全体职工中，个人利益与集体利益、局部利益与整体利益、短期利益与长期利益之间也总是存在着矛盾，因而只有通过一个总代理人（国家）才能协调这些矛盾。工人的直接利益是工资利益，为了保证全体职工作为主人翁群体的利益协调，就要使他们的个人工资收入保持在大体平均的水平上，这个原则是通过由国家统一规定工人的工资标准、劳动保险和福利待遇来实现的。对于国家的这些一般性制度规定，单位无权更改或拒不执行，这当然是主人的权利。但是，第一，在这种条件下，工厂是否盈利或盈利多少与该厂工人的工资收入水平没有直接的关系；第二，国家的原则性政策规定要由单位具体执行，因此单位有权代理主人们的权利，这种代理权由单位领导人向行政上级负责；第三，单位本身就是个小社会，单位之外没有完整的社会，个人离开单位不仅寸步难行，而且还会丧失主人的身份。因此，职工与单位的关系必然表现出控制与依附的特征。

（三）要素主体间非契约关系的根本表现，就是单位的第三个基本特点：资源的不可流动性

工厂的全部资产由国家投入后，就被单位永久占用。这首先是由国有制决定的。工厂与国家的财产关系是一种行政关系，工厂本身并没有独立的财产权，而国家行政管理的组织方式（如条块结构）又不可能使资产流动。其次，工厂劳动者作为社会主人的权利恰恰体现在他们与生产资料的这种由国家行政权力所规定的直接结合方式上，由资产流动所引起的失业（哪怕是间歇的）会造成政治问题。特别是工人的社会福利和退休后的社会保障是由单位承担的，是与本单位的资产历史性地联系在一起的，即使资产是在国有制单位之间转移，这些利益也会受到影响。此外，单位体制中没有完整的市场，工厂资产的实际价格无法准确评估，而这是任何资产交易的前提。

干部（包括专业技术人员）和工人都是被国家计划和行政管理规定了固定身份的单位工作人员。行政干部的流动取决于上级行政机构对其任职的调动，但这种调动并不多见。事实上的干部任职终身制和只能上不能下的惯例，使干部的职务也身份化了，从而使管理要素不可流动。造成身份关系的计划是通过单位执行的，计划基数在国家计划部门的账户上只是数字，它的真实内容是各单位所实际占用的人力资源。因此，身份实际上是"单位身份"。单位身份使工人不能仅凭自愿而流动，因为未经许可的流动会使个人失去身份（工资、编制等关系）及其权利，这无异使个人面临绝境。因此，单位工作人员流动的唯一途径是需要办理各种手续的正式调动，它取决于两个关键因素：（1）本单位领导的批准。由于个人编制关系的管理是单位行政管理的内容之一，所以批准调动也是单位领导人的合法权力，这种权力能够以"组织"的名义而不受约束。（2）调动者能否找到接收的单位。由于我国就业人口始终供过于求，各单位普遍人浮于事，同时又不存在公有制以外的经济实体，因此除了少数有技术专长的（他们又往往不会被本单位放行）和有"关系"的人以外，大多数人难以做到这一点。此外，调动还必须在同一地区（受户籍制度制约）和同一所有制形式（受计划分类的制约）的单位之间进行。因此，单位中的人员很难流动。

不可流动性使资源一旦由国家配置，就在单位中沉淀下来，这不仅使个人作为社会成员的权利过分依赖于家长式的单位，而且对国家与单位的关系也具有特殊意义，因为单位由此获得了与国家讨价还价的力量。无论使用效率如何，单位都不会丧失对所获资源的占用权。如果工厂发生亏损，国家就会被迫采取给予补贴、增加投入或允许产品提价等办法来解决。这并非出自"国家父爱主义"的温情，实乃因为国家无法承受单位破产（资源转移也能导致单位的解体）所带来的政治和社会问题。不可流动性使资源不能得到有效配置，并使国有制在某种意义上转化为单位所有制，而且还产生了国有制所没有的内容——（单位对其成员的）人身所有权。另一方面，这也使国家行政组织对基层单位的控制日益微观化，因为解决由这种资源组织方式所积累下来的矛盾只能依赖行政组织的调节。但行政组织越是直接参与基层单位的微观活动，资源配置中的矛盾就越多越复杂，基层单位也就越依赖于国家行政组织。因此，国家与单位的关系总是表现出控制与依附的特征。

上述以一家国营工厂为例所描述的单位基本特性，从本质上也适用于非经济单位，如医院、学校、研究机构等事业单位。事业单位没有庞大的生产性资产，工作人员多是专业技术人员，经费来源主要靠国家财政拨款，但这些区别并不影响这些组织的单位性质，有些方面反而表现尤甚。

三　单位的家族化和行为准则

在我国以政权力量推进的工业化过程中，工厂、矿山、电站、交通运输设施、学校、医院、研究所等纷纷被建立起来，国营经济的规模迅速扩大。从技术性内容上说，这些机构都是现代组织，但它们所采取的单位形式却使这些组织的成员所应遵循的合理行为规范遭到侵蚀，从而影响组织的合理性。

新中国成立以后的急剧社会变革，使个人的社会关系发生了根本变化。但历史却带来了一个矛盾：私人不能利用资本剥削他人，人人按劳分配（后来实际上蜕化成平均主义）的新的社会公平原则的实现却是以牺牲个人的人身自由和财产权利为前提的。国家政权组织在贯彻新社会原则方面的主导地位，使一切社会组织行政化或单位化。社会组织的普遍行政化使个人在家庭以外发生的社会联系和行动必然被限制在行政化的互动结构中，因而作为国家行政管理基本环节的单位就获得了对个人的合法权威，在这种条件下，虽然社会利益差别并未消失，但却不存在个人和个别单位以合理形式追求自身利益的余地，个人对单位、单位对国家的依附成为社会关系中的普遍状态。

单位作为依靠国家直接行政管理的劳动组织或工作组织，其行为的合理规范完全取决于国家及其行政机构制定的各种规章制度。这种管理方式由于缺乏个人和基层组织的自主精神而具有先天的缺陷，更为严重的是，就连这些规章制度也在50年代后期以后一系列反复无常的政治运动中被日益瓦解，最后在"文化大革命"的动乱中几乎荡然无存。这个过程的后果是：一方面国家对单位、单位对个人仍然具有无限的权威；另一方面在这种关系的链条中又缺乏日常管理的合理规范。于是，躲在"左"倾专制主义背后悄悄回来的传统文化因素，就逐渐填补了单位组织秩序中的真空。

尽管单位是以现代产业为主的国营经济的基本组织形式，但多功能、非契约关系和资源不流动的基本特性，却使单位逐渐形成了与生产社会化性质相反的封闭结构。对于劳动者个人来说，单位作为其成员的社会生活场所的意义，日益超过了它作为劳动组织或工作组织的意义；单位为其成员提供福利的意义，日益超过了它为社会提供产品和服务的意义。对于政府来说，单位为国家政治生活提供秩序和为社会承担义务的意义，① 也日益超过了它的社会专业分工的意义。

在我国特定的社会环境中，单位逐渐演化成为家族式的团体。传统意义上的中国家族作为社会基本组织具有许多社会功能，而当代的中国家庭特别是城市中的家庭已很少有这些功能了。但是，这些家族原有功能的消失不是由社会化的活动所代替，而是被单位以另一种团体本位的形式所吸收。从形式上看，单位与传统式家族有许多相通之处：它们对自己的成员都具有家长式的权威；个人对团体的义务比个人的权利更加受到强调，而团体本身也必须负起照料其成员的无限责任。这种演化过程是在国家正式制度中发生的，国家行政组织同个人之间的控制与依附关系成为单位家族式治理的力量源泉。于是，在这种过程中逐渐发展起来的单位团体行为准则，就成为以惯例形式来维持单位组织秩序的规范，并影响单位与国家的关系。

第一，重视人际关系。单位是一个其成员因长期共事而彼此熟识的共同体，仅此一点就决定了单位成员之间人际关系的重要性。单位成员的组织纽带是建立在国家行政权力基础上的身份关系，这种关系有三层含义：(1) 单位领导人（国家资产的代理人）与一般工作人员之间仍然存在着命令—服从的权威关系；(2) 但领导者的权威是有限的，因为他们无权以任何理由剥夺被领导者的身份（除非他们犯了罪），而被领导者也不能为所欲为，因为他们的身份权利要在单位中实现；(3) 对于单位个别成

---

① 1982—1986 年实行的子女可以顶替退休父母原工作岗位的政策是这方面的一个典型事例。

员来说，其他成员对组织的不合理行为（如偷懒）与自己没有利害关系，因为他的个人利益同组织的效率没有直接的联系。单位内的这种制衡关系发展成为一种关系性的交换：领导与被领导以及同事之间的互动要服从互利或"面子"原则，彼此要过得去，否则就会出现消极怠工、暗中拆台甚至人身侵犯的行为①。这种性质的关系十分容易流于消极，因为被领导者的力量不是来自法律的保护和他们对自己权利的自觉捍卫，而是来自对国家的依附；另外，领导者也并不掌握克服懒惰的最终武器。单位的特性和决定了单位这种组织形式的体制因素，使国家与单位之间的关系缺乏合理规范，经济合理性也并非评价单位的根本标准（单位本来就是多目标组织）。在这种条件下，关系性交换的发展后果就是使感性而非理性成为单位中评价个人的标准。一个人的能力和成就并不重要，他与上、下、左、右的关系却很重要，否则他会在单位中处于尴尬的境地。

第二，平均主义。对于以身份关系而非契约关系联结起来的单位组织来说，建立在个人能力和成就基础上的内部竞争对团体的亲和力是绝对有害的，因为它会破坏团体成员间的感情和谐，从而破坏对单位平稳运行至关重要的关系性交换原则。团体成员间的感情和谐是以物质上的平均主义分配为基础的。只有这样，才不致引起诸如嫉妒、造谣中伤、消极怠工等等之类的破坏性行为。单位平均主义的限度是国家规定的一般性制度（其实这些分配制度也具有明显的平均主义倾向），如工资标准、行政职务级别和学历等级的待遇等，这当然是由国家的正式权威结构所决定。但除此之外，凡是在单位有权决定的问题上，团体平均主义原则就会得到不折不扣的贯彻。事实上，单位领导人在某种意义上对单位成员负有道义上的责任，如果他的政策有碍多数团体成员的利益，他就会遭到内部舆论的强大压力而不得不迎合这些要求，哪怕这些要求与国家利益并不相符。

第三，服从权威。单位中始终存在着权威关系，而且具有正式和非正式的两种形式。正式权威关系的实质是党和国家的直接行政管理，这种权威的结构就是延伸到单位中的党和国家行政的组织结构。正式权威关系首

---

① 1988年1月28日《北京日报》第2版刊登北京暖通器材厂厂长张康安的来信，信中反映：该厂根据国家政策规定，对病休后又搞个体经商的工人唐××不再报销医药费，唐和其妻便不断到工厂当众辱骂厂长，并阻挠厂长的正常工作。

单位：一种特殊的社会组织形式

先表现在单位对其成员权利的代理权上，即国家对所有就业者规定的权利由单位予以实现；其次表现在单位对其成员的社会活动负有连带责任上，这种连带责任的存在实际上是否定个人具有完全的权利能力和行为能力；最后表现在单位对其成员的人身所有权上，即单位能够否决个人的调动申请。在过去多次经历过的政治运动中，这种权威对个人的命运是决定性的。因此，个人必须经常顺从单位的意志，除非关系性交换原则遭到彻底破坏。但这种权威在政治空气宽松时却有一个漏洞，即它对付不了那些消极怠工和调皮捣蛋的人，尤其是那些对领导进行人身威胁而又不触犯法律的人。如果这种人要求调走，单位定会大开绿灯。在近年来的改革中，单位的正式权威关系有所弱化。非正式权威关系主要是以内部行为准则为内容的单位伦理关系，这种关系通过舆论和道德谴责迫使个人服从团体的行为规范。可以预料，随着单位自主权的扩大，单位中的非正式权威关系将日益重要。但这种关系是以合理的形式还是以非合理的形式表现出来，则取决于一系列的体制因素。

我国的文化传统中具有强烈的集体主义倾向，这并非坏事。实践证明，集体主义的团队合作精神和行为能够在现代经济的发展中表现出高度的合理性和难以替代的价值（如日本）。但从上述对单位内部行为准则的描述来看，单位成员的行为和劳动组织不可能合理化，这是由单位组织形式的基本缺陷所决定的①。不合理的组织行为导致低效率，而低效率的组织会在市场或其他形式的竞争中被淘汰，低效率的单位之所以能够继续安然存在，不仅是因为单位体制中没有竞争，而且也是因为低效率的代价由国家承担了，这是双方之间控制与依附关系的必然结果。

国家同单位之间的控制与依附关系决定了单位最主要的外部行为准则：尽量享受国家的照顾。这种行为的动机来自主动性的和被动性的两个

---

① 中日两国的经济学家在一次讨论会上，曾对日本的论资辈制度（年功序列制和终身雇佣制）与中国的"大锅饭"制度作了比较。双方基本同意这两种制度有这样几个主要区别：（1）日本的终身雇佣制不包括退休以后的工作保障问题，能否重新就业要看个人能力。（2）日本的年功序列和终身雇佣制实行的是定期的升级晋级，对个人的工作和表现不断地进行全面的评价，主要标志是看是否委以重任。中国的"大锅饭"制度则几乎没有升级晋级，没有全面的不断评价。（3）日本的终身雇佣制是从企业的角度给予职工以终身工作的保障，但个人拥有择业的充分自由。中国的"大锅饭"则没有个人择业的自由。（4）日本的终身雇佣制是从企业的经营战略出发，目的在于保证企业的战斗力和生产力，中国的"大锅饭"制度则是采取全部包下来的办法（张曙光：《中日经济学家思考和研究的几个重要问题》，《经济学动态》1988 年第 2 期）。

方面。从主动的方面讲，单位出于扩大规模、改善生产和福利条件等原因，要尽力争取得到更多的国家资源。从被动的方面讲，单位自觉或不自觉地都要把由其固有缺陷所造成的低效率负担向国家转嫁，这种转嫁主要是通过国家补贴、减免上缴利税和产品涨价等途径。这种行为倾向所导致的宏观后果——用经济学的语言来描述——就是需求扩张和供给不足，从而导致这种体制下的一个普遍的经济现象：短缺。

我国近年来的改革，已经使单位的外部运行环境和内部组织方式有了变化。从外部环境看，农村人民公社组织被取消，一个多种成分的经济在单位体制之外发展起来，市场机制扩大，就业渠道增多，单位也随着计划范围的缩小而更加依靠市场；从内部组织方式看，国家对企业实行了利润留成制度，对职工恢复了奖金制度，单位自主权扩大，其政治功能随着党的工作重心的转移和法制建设的进展也弱化了。但单位作为我国各种社会组织基本形式的状况并没有根本改变，因而占优势地位的国营组织所表现出来的行为仍然是单位的行为。

这方面的一个典型例子是奖金的发放。恢复奖金制度的本来目的是增强劳动者积极工作的利益动机，但人们后来发现，奖金在单位中基本上是按人头平均发放的。这使奖金的发放不仅没有起到鼓励先进的原定的作用，反而引发出消费需求膨胀的问题。尽管政府领导人一再强调奖金发放要拉开档次奖优罚劣，但这种普遍倾向并未被根本扭转。问题的关键在于，少数人得到较高的奖金（尽管是因为工作成绩突出），会因破坏团体平均主义而伤害单位中多数人的感情，由此而产生的不满情绪或消极怠工会造成强大的压力，足以使那些对单位正常运转负责而又不掌握对付怠工最有效武器（例如开除）的单位领导人恢复平均主义的做法。这种平均主义还会通过一种"攀比"机制进一步在全社会范围内得到贯彻。内部压力使各单位将国家放权所给予的利润留成越来越多地转化为职工消费收入，从而部分抵销了扩大基层单位自主权所带来的积极成果。

目前正在推行的企业承包经营责任制，无疑是一个重大的改革步骤，其关键是在国家与企业之间引入契约关系。承包经营的主要内容是，企业的厂长或经理与代表国家的政府机构签订包含一定目标的合同，然后将合同指标在企业内层层分解到车间、班组和岗位。但承包制的最大局限在于它仍然不能将契约关系引入企业内部（这意味着彻底取消包下来的固定工制），这不仅使管理权威不能真正确立，而且也在国家与企业之间的契约关系中留下了缺口。如果企业最终不能履行合同义务，唯一的解决办法就是撤换企业领导人或修改合同，因而企业作为一个整体仍然不能对它的行为负完全的责任，它也就仍然是单位。实践证明，只要企业仍旧是由具有固定身份的成员所组成的福利共同体，那么国家与企业之间的财产关系就不可能以任何形式界定。

四　行政组织的功能和单位体制的运行

在单位体制下，所有的基层单位都表现为国家行政组织的延伸，整个社会的运转依靠自上而下的行政权力。在这种结构中，单位也成为行政机构（甚至党的机构）的内部组织形式。由于行政机构对其他单位具有权力关系，因而可将其称之为"权力单位"。一般来说，政府机构的主要功能是执行国家的意志，即行政的功能。但在单位体制中，作为权力单位的政府机构的行政功能却是非同寻常的。

首先，我国的行政管理系统与党的系统过于紧密地混合在一起，在权力的行使过程中长期存在着党政不分的状况①。在强调党的一元化的领导的条件下，党对国家的领导不仅体现在使党的主张经过法定程序变成国家意志上，而且也体现在各级党组织直接行使行政权力上。党的政治权力的这种实现方式，事实上使党的领导可以不经过正式的和公开的法定程序，而通过自己的组织系统直接参与行政管理来进行。在这种情况下，国家的立法活动显得有些多余，党的政策实施起来更便当，也更有权威。由于党政不分，政府机构的许多行政行为实际上是由党组织决定的，有时甚至直接以行政机构内的党组织名义实施（如党组文件），这就使行政机构在行使职权时获得了一种政治上的权威。在实际过程中，这种政治权威使行政机构的活动有可能脱离国家立法活动和司法活动的控制，从而使其具有一种超行政权力。

其次，由于单位体制将一切社会活动限制在行政化的组织结构中，因而许多组织社会活动的重要功能便由行政组织承担了。例如，我国的企业没有投资权（近年来稍有变化），企业作为经济组织的这项重要功能实际

---

① 参见庞松、韩钢《党和国家领导体制的历史考察与改革展望》，《中国社会科学》1987年第6期。

上是由政府机构承担了①。事实上，在单位体制下，以自身专业分工为基本目标的社会组织或机构得以存在的合法性，是以向行政组织出让其大部分专业组织功能（如企业的投资决策、学校的专业设置、研究机构的科研项目安排等）为前提的，这些组织因而成为缺乏自主权的基层单位。这些组织功能由政府机构以行政的形式执行，成为政府机构行政功能的重要组成部分。

最后，政府机构一般是以对下属单位直接行使管理权的方式来执行其行政功能的。任何单位都隶属于行政机构，这种关系包括了几层含义：（1）国家对基层单位的所有权是通过行政组织行使的，但这里存在着行政分工（按部门、地区划分，即条块结构），某一行政机构仅对自己的直属单位行使这种权力；（2）行政机构对下属单位行使体现所有权的直接行政管理权，这种权力既包括使下属单位执行国家政策和计划的政府授权，也包括行政机构本身的自由量裁权；（3）党的组织系统按照单位的行政隶属关系设置，因而党的政治领导权也按照这种程序贯彻，并同行政管理权混合在一起，行使贯彻党的政策并加以监督、批准重大决策和任免下属单位领导人等职能。

因此，从所行使权力的性质、范围和方式来看，行政组织在单位体制中的功能并非一般的行政功能，它还包括了本应由其他社会组织以法人形式而承担的组织功能。行政机构将其他社会组织的许多重要功能纳入自己的行政功能之中，必然意味着行政机构要以行政的形式直接参与这些组织的经营管理活动，因而行政机构是以直接行政管理的方式执行其功能的。行政机构对下属单位的直接行政管理，建立在它们具有超行政权力并能够部分行使国家所有权的基础上，这种能力可以被定义为"行政主权"。与单位能够设定其成员的权利能力和行为能力相一致，行政主权使行政机构能够设定其下属单位的权利能力和行为能力。因此，行政组织所执行的功能是能够直接推动、控制和调节整个社会运转的功能，它不仅包括了一般意义上的行政功能和直接组织社会活动的功能，而且也在相当大的程度上替代了法律的功能。

---

① 日本东京大学教授小宫隆太郎认为，从企业的功能来看，中国的工厂仅相当于日本企业中的每个事业部所管辖的几个工场中的一个工场而已（［日］小宫隆太郎：《竞争的市场机制和企业的作用——日中比较研究》，载吴家骏、汪海波编《经济理论与经济政策》，经济管理出版社1986年版）。

单位体制的运行完全依赖于自上而下的行政权力，这种权力和信息的传导凭借按条块分工的庞大的行政组织。鉴于行政组织在单位体制中的重要性，它的活动和效率在相当大的程度上决定了整个体制的运转效率。但独立的行政机构同样具有单位的形式和性质，这不能不影响到行政机构的行为倾向。

由于行政组织的运转缺乏形式化的法律基础，干部任职中缺乏建立在理性评价基础上的竞争淘汰机制，特别是干部职务的身份化（只能上不能下），不仅使干部的职务利益过于紧密地与本单位的规模、等级联系在一起，而且使论资排辈成为提拔干部的重要因素。这种状况使作为权力单位的行政机构产生出一种扩张的机制（权力的扩张—机构规模的扩张—职务数量的扩张），因为只有扩张才能满足机构内部的利益要求。

行政机构的扩张方式与其功能的执行方式直接相关。一个行政机构和其下属单位共同组成的行政管理系统，不仅是这个行政机构的行政主权范围，而且也是它的利益基础。一般来说，一个行政机构的下属单位越多、规模越大，这个机构的扩张需求就越容易得到满足。同时，由于我国长期实行外延式扩大再生产的工业化战略，国家往往把产值、速度等数量指标作为考核行政领导人政绩的主要标准，这也从外部增加了行政机构扩张本系统的压力。同基层单位一样，行政机构扩张本系统的捷径是尽量争取更多的国家资源，在这方面，行政机构同其下属单位具有共同利益：第一，它们都有扩张的需求，这种需求都以争取到国家资源为满足；第二，它们在这个过程中要互相依赖，因为配置资源是政府的职能，只有行政机构才能参与政府内部的分配过程，而行政机构争取到的资源只有被其下属单位所实际占用才有意义。

行政机构的扩张行为在现实中表现为争夺基层单位的隶属权、为本系统争取国家资源等行为，另外也表现为尽量参与下属单位的微观活动的行为（行政干预）。虽然行政机构与其下属单位之间也会存在着管理者与被管理者的矛盾，但它们却因为更重要的共同利益而互相依赖。在单位体制下，只有行政机构的恶性膨胀，没有企业组织的不断创新。

行政机构执行功能的方式和利益基础经常使它们不是站在国家或政府的立场上行事，而是维护本系统的利益。这种状况对我国政府特别是地方政府的组织形式具有重要的影响：政府实际上成为工交、财贸、农林、文教、基建等几大部门的联席会议，分管各口的政府副职领导人也因部门利益的牵制而倾向于从局部立场来说话，只有政府首脑才可能摆脱出来，但不免势单力薄。由于部门能够影响政府决策，所以哪个部门在政府内部的势力大，政府的决策就会有利于哪个部门，这使资源配置往往不是服从于对经济和社会效益的合理预期，而是服从于行政部门间讨价还价的力量对比，因此政府综合协调能力较差。于是出现了与理论逻辑相反的实际运动：作为国家资产代理人的基层单位领导人，由于内部压力往往成了职工消费利益的代表；作为政府机构的权力单位，由于部门利益往往成了其下属单位在政府中的代表。因此，作为集权产物的单位体制实际上非常容易造成权力分散，但决不是建立在合理合法基础上的正式分权。单位体制的这种缺陷造成了对政治运动的需求，因为只有政治运动才能恢复集中统一的局面。

单位体制的运行逻辑对改革中行政分权的实际效果产生了影响。当企业仍然是依附于行政组织的基层单位，政府机构的内部组织方式和利益基础仍然未变时，中央政府沿着原有条块结构下放的权力被地方行政组织以更粗鄙的形式吸收了。其结果，作为单位的企业并未表现出追求效率的合理行为，而权力迅速膨胀的地方行政组织又使中央政府失去了驾驭全局的能力，1984 年第四季度的经济失控已经对这种格局作了一个深刻的注脚。在单位体制的组织结构基本未变的条件下，行政组织仍然将其他社会组织的专业组织功能囊括在自己的行政功能中，仅仅下放权力不仅没有改变这种状况，反而使资源配置更加不合理（例如全国各地分头引进的 100 多条开工不足的彩电装配线）。同时，中央政府下放的企业又成了地方行政组织的基层单位，仍然没有组织创新的条件。

实际上，现代集权国家的形成是市场经济发展的一个必要条件。只要设想一下任何一个现代发达国家丧失掉统一的货币发行权会出现什么后果，我们就不难理解这一点。我国传统政治经济体制的弊病并不在于集权本身，而在于通过单位组织结构所反映出来的集权性质和形式。国家对单位以及单位对个人的直接控制，为权力的一元化（如立法、司法、行政等权力的混淆）和绝对化（对行使权力者不能监督）提供了组织条件，易于使国家权力通过下级对上级的人身依附而屈从于个人权威。今天，在单位组织基础未变的条件下，把中央政府的权力像切蛋糕一样分解下放，导致了行政系统向"封藩"或"采邑"的退化，于是产生了令人尴尬的局面：一方面我们仍然苦于"微观不活"，另一方面我们又苦于权力分散

（"宏观失控"）。对于中国这样一个发展中国家来说，实现经济和社会结构的现代化不可避免地有赖于强大政府的推动；国家通过功能式集权行政组织对社会的理性管理，对于中国这样一个过分重视血缘关系、裙带风盛行和自然经济关系占优势的社会来说，始终是一个进步的因素，并且是形成非人格化市场机制的必要条件。因此，改变国家通过单位对社会的直接行政管理方式，使行政组织在民主与法制的基础上合理化，而非在沿袭旧组织结构的基础上撤并政府机构并以财政包干等形式向部门和地方分权，才是我国政治体制改革的要义。

现代经济的发展史就是一部制度创新和组织创新的历史，从工场手工业到工厂机器生产，从采用流水线作业方式的大批量生产体制到正在兴起的计算机控制的柔性加工系统，生产力的每一次革命无不伴随着组织的创新和成长。

单位是新中国依靠政权力量从极端落后的状态中推进社会主义工业化在组织上的反映。在早期的黄金岁月里（例如第一个五年计划期间），作为集中计划经济的组织体现的单位体制，曾经在大规模经济建设中表现出较高的整体效率。但是，这种因过分依赖国家行政力量而日益僵化的组织形式越来越无法使经济获得持续的内在活力。单位不能使劳动组织合理化，也不能导致适应生产力发展的组织创新。单位组织结构的封闭性，曾经使党和国家的权力通过组织中下级对上级的人身依附而屈从于个人的权威。

70 年代末以来的改革和开放，是党领导人民为使我国实现现代化所做的又一次巨大努力。当政治运动的硝烟散去之后，人们终于明白：缺乏个人主动性和社会基层组织自主权的经济必然效率低下，不受监督和约束的权力必定导致腐化。在这个历史关头，仍然忍受着贫困的人民和饱经磨难的领导人看到，只有彻底改革旧的政治经济体制，我国才能摆脱长期落后的状态。

但时至今日，人们对适应于新体制的组织变革的认识仍然远远不够。当始终未被单位化的农村在改革取得初步成功后，以下放权力和引入市场机制为主要方向的改革被扩展到城市经济。人们曾经以为，只要沿着原有的行政管理结构层层放权并放开价格管制，一个理想的有计划的社会主义商品经济就会应运而生。然而事实并非如此，我们看到的是单位组织形式对改革的限制和抵消。新中国早期工业化的成就，在人民付出巨大牺牲的基础上，建立起了以现代大工业为主要内容的国营经济。无论私人、集体和农民的家庭经济在目前具有什么样的意义，这个庞大的国营经济都是建立有计划的商品经济的真正起点。现代大生产的规模性和社会利益的继承性，使我们无法想象能够通过向少数私人出售国营企业的产权而找到改革的出路。因此，在改革只能进不能退的今天，全面的组织变革已是绝对必要的了。

我国以城市为重点的经济体制改革的中心环节即增强企业的活力，就是要把单位变成真正意义上的企业。这个过程必然包括以下内容。

第一，功能分化。所谓功能分化，就是使企业组织和其他组织的功能与目标单一化。现代组织的一个基本特点，就是以满足外部的需求为组织存在的目的。企业必须满足市场的需要，医院必须满足病人的需要，否则就丧失了组织存在的意义。企业以及其他社会基层组织，既不应该是政治斗争的舞台，也不应该成为社会福利院。单位的功能分化过程，同时就是这种组织的社会化过程。这个过程首先要求重新界定党政组织对其他社会组织的权力范围，使作为国家直接行政管理基本环节的单位转变成为享有充分自主权的法人组织；其次要求通过政府的力量建立起独立于单位之外的社会保障体系，并通过市场的力量使单位的内部服务功能彻底社会化。

第二，引入契约关系。组织的社会化以组织成员的社会化为前提，只有将契约关系彻底代替单位的身份关系，进行社会化生产活动的劳动组织才可能合理化，建立在这个基础上的企业行为也才能合理化。我国的社会主义制度决定了全体劳动者是国家的主人，但主人权利的传统实现形式却是单位身份。身份制的缺陷首先在于它并不公平，因为劳动者不可改变的身份差别是由强制性的行政权力所赋予；其次，个人对单位的依附使宪法规定的公民权利容易遭到行政组织的侵犯；最后，它使一些人躺在国家身上吃"大锅饭"，使劳动者丧失对自己行为负责的自主精神。实际上，我国现阶段的社会性质一方面决定了全体劳动者是社会财富的主人，另一方面又决定了个别劳动者是为满足自己生活需要而工作的"经济人"。因此，从意识形态引申出来的"主人翁"概念应该落实在公民的权利和义务上，这不仅意味着把个人从对行政组织的依附中解放出来，而且也意味着个人必须对自己的行为负责。劳动者的主人权利体现在公民参政、职工参加民主管理、个人财产和人身权利不受侵犯等方面，而不体现在对某一具体的非个人财产或福利的无限要求权上，作为个人，劳动者与社会的交换必须遵循劳动等量交换的原则，这一原则只能以契约形式加以保证。

第三，资源流动。资源能够从使用效率低的组织向使用效率高的组织流动，是使劳动组织合理化和提高生产率的必要条件。这种流动需要以法律形式界定国家与企业的财产关系，实行产权有偿转让和企业兼并制度。因此，在引入契约关系的同时，还必须改变公有制的实现形式。传统的国有制受制于政府的组织结构，这不仅使企业依附于行政组织，而且还使国家资产实际上转化为单位、部门或地区所有。在单位体制下，国有制形式上的一致性，与其说是由产权性质决定的，不如说是由行政权力和行政纪律所维系的。因此，国有制是权力过分集中和政企不分等弊病的重要根源之一。进一步的改革需要建立起使企业具有独立利益的财产关系，其关键应是在公有财产的最终所有者（全体人民）和使用者（企业）之间建立起一种非人格化的法人所有权关系①。

第四，组织成长。我国以工厂或商店为独立核算单位的企业，远不具备现代企业组织的全部功能，这是因为许多重要的组织功能被国家行政组织承担了。没有这些功能，企业只能处于一种原始的组织水平，不可能取得规模效益，不可能冲破条块分割，更不可能参与国际竞争。因此，增强企业的活力离不开企业组织的成长。以改变国家对社会直接管理方式为前提的行政组织的合理化，是同一个问题的另一方面。这种合理化，要求党的领导方式实现以党政分开为主要内容的转变，要求政府机构的组织方式和利益基础实现以斩断与基层单位的行政血缘关系和实行公务员制度为关键步骤的转变。在这个基础上，各行为主体之间的关系以法律形式规定，国家对社会的控制从以行政为主转向以法律为主。以此为条件，在公共利益得到集权的功能式行政组织的协调和保护下，从行政等级结构中独立出来的企业通过市场竞争、自身积累、横向联合以及兼并实现组织的成长。

正如单位组织形式是历史地形成的那样，改革中的组织变换也是一个历史的过程。作为传统政治经济体制的组织基础，单位组织形式的任何实质性变化都将引起整个社会结构的变动。从组织变换的复杂性来看，改革决不是一个技术性操作的问题。市场机制形成的关键，与其说是计算出合理的比价关系，不如说是培育出能够对价格变化作出积极反应的市场主

① 值得指出的是，将国有企业的产权（部分）转为本企业职工所有的设想是不可取的，因为这将是单位形式最坏的变种，进一步强化单位反社会化的缺陷。

体；政治决策科学化的关键，与其说是怎样设立政府机构，不如说是建立起使任何个人专断丧失合法性的社会基础并使行政组织合理化。因此，由搞活经济所引发的改革是一场深刻的革命，它不仅包括政治经济体制的改革，而且还包括社会关系的革命和民族文化传统的创新。这场革命的核心内容之一，就是将个人和社会从单位以及任何具有人身依附和封闭特征的组织结构中解放出来，并创造出新的社会组织体系。

以扬弃单位形式为内容的组织变换，其根本意义是在承认商品经济关系和市场机制历史作用的前提下，为我国的社会主义公有制经济创造出新的社会化的组织形式，并由此而为政治民主奠定社会基础。这是困难之所在，也是希望之所在。一旦联结并规制（governing）着各种社会关系的组织结构被赋予社会化的合理形式，我们民族文化传统中的优秀品质就会似新的形式重新表现出它们的价值，以每一个人都能充分发挥自己能力并得到正确评价为前提的集体主义精神就会创造出新的管理模式，从而最终创造出超越西方的文明形态。因此，只有当通过组织的力量动员起蕴藏在全体人民中的能量的时候，当代中国的改革才会真正奏出撼人心魄的乐章。

《中国社会科学》1989 年第 1 期

另一只看不见的手：社会结构转型

李培林[*]

摘要 本文对中国目前社会结构转型的特点作了比较深入的探讨。作者认为，社会转型是一种整体性发展，也是一种特殊的结构性变动，有必要把数量分析引入对结构性变动的考察。作者指出，中国目前社会结构转型的特点是：结构转换与体制转型同步进行，政府和市场的双重启动，城市化过程的双向运动，转型过程中发展的非平衡。作者认为，除国家干预与市场调节之外，社会结构转型是影响资源配置与经济发展的另一只看不见的手。它既是经济增长的结果，也是社会变革的推动力量。它使改革开放中出现的种种结构性发展不可逆转。认真研究中国社会结构转型的特点和规律性，对于深入理解建设有中国特色的社会主义的理论，指导改革开放和现代化建设的实践，都有重要的意义。

经过十几年的改革开放，中国已进入一个新的社会转型时期。转型的主体是社会结构，转型的标志是：中国社会正在从自给半自给的产品经济社会向有计划的商品经济社会转型；从农业社会向工业社会转型；从乡村社会向城镇社会转型，从封闭半封闭社会向开放社会转型；等等[①]。本文试图对这一问题从理论上作进一步的阐述。

人们一般认为，就影响中国资源配置和经济发展的力量而言，存在着两只手：一只是有形的手——国家干预，一只是无形的手——市场调节。实际上，由于中国社会目前正处在一个结构转型时期，并且中国经济处于含义更加广泛的非平衡状态，因而对于中国来说，还存在着第三只手即另

---

[*] 李培林，1955 年生，法国巴黎第一大学博士，中国社会科学院社会学研究所副研究员。

[①] 参见陆学艺、李培林主编《中国社会发展报告》，辽宁人民出版社 1991 年版。

一只看不见的手，这就是社会结构转型。从一定意义上说，在整个社会转型时期，结构转型作为一种无形的巨大力量，将以它特有的方式规定着社会发展的趋势和资源配置的方向，这种力量用国家干预和市场调节都是无法概括的。在一般的发展过程中，这种力量只是一种潜在的推动力，而在新旧两种体制的转换过程中，这种力量的作用日趋明显。

一　社会转型的概念界定

（一）社会转型是一种整体性发展

在描述一个国家的现代化过程时，"增长"和"发展"这两个概念常常被交替使用。在很多场合，它们是可以互相替代的。然而，这两个概念之间存在着一些基本的区别，代表着两种发展观。

经济增长指的是国民生产总值或国民收入的提高。只要一个国家的商品产量和劳务员相对于人口增长来说提高了，就可以把它看作经济增长了。第二次世界大战结束后，世界进入一个相对和平的发展阶段，大多数国家的发展重点转移到经济建设方面来，在理论上也形成了以经济增长为核心的发展观，这就是我们现在常说的"传统发展战略"，这一战略的主旨就是以国民生产总值或国民收入的数量增长为目标。这个时期在理论上出现了较有影响的哈罗德—罗马增长模型、罗宾逊增长模型、贫困恶性循环论、大推进理论，等等。联合国在第一个发展十年（1960—1970）中，也规定了不发达国家的基本发展目标是国民生产总值增长率不低于6%。1969年应世界银行的要求提出的皮尔逊报告以及1970年联合国第二个发展十年所提出的廷伯根报告，也都代表了这种传统发展观，即认为经济的增长是发展的捷径，只要把蛋糕做得大一点，就可以有更多的剩余分配，从而最终消除贫困现象。此外，西方发达国家为了在殖民体系崩溃以后继续享有传统的原料供应基地和商品销售市场，也运用各种手段把第三世界纳入发展资本主义经济的轨道，并希望西方发达国家的经济增长效果能够有"示范效应"。基于这种背景，在整个50年代和60年代，西方理论界存在着普遍的"增长热"，报纸、广播和政治演讲中充满了各种关于经济增长的词汇。

但是，到70年代初，资本主义国家开始出现"滞胀"的困难局面。不可再生的资源大量消耗，片面增长带来环境的日趋恶化，受害更多的是发展中国家。战后几十年的实践表明，单纯的经济增长并没有真正消除贫困，而且由于发展的畸形，造成贫富悬殊、利润外流、债台高筑、资源短缺、环境污染严重、城乡差别进一步拉大，等等。平民教育、社会福利、医疗保健、生态环境、社会公平等社会进步因素都被当作经济增长的代价牺牲掉了。在此情况下，曾经一度在欢快的气氛中十分响亮和时髦的"增长"一词，似乎突然蒙上了悲观的色彩。

"无发展的增长"这句名言大概是对以上状况的精辟概括。它表明，社会发展是一个整体的概念，应该包括经济增长在内的人民生活、科技教育、社会保障、医疗保健、社会秩序等各个方面，其中经济社会结构的转型是发展的最本质内容。

（二）社会转型是一种特殊的结构性变动

在描述社会转型的理论中，"传统"是一个被用滥了的术语。它往往被作为一种社会结构的类型，与落后的、不发达的、静止的状态相联系，从而带有贬义。与传统相对应的另一端是现代社会，一切先进的、发达的、动态的特征都被归于这种类型。所以说，在西方古典的现代化理论中，把社会结构的类型分成对应的两极是一种"通病"，如梅约的身份社会和契约社会，斯宾塞的军事社会和工业社会，迪尔凯姆的"机械团结"社会和"有机团结"社会，莱德弗尔德的民俗社会和都市社会，韦伯的前现代社会和现代社会，贝克的宗教社会和世俗社会，等等。所有这些社会类型二分法学说最终得到一种经典的概括，社会被归结为"传统"与"现代"两种基本类型，二者之间似乎存在着一条难以逾越的门槛，只有一朝跨过才能进入现代社会。

事实上，在所有这些理论中，人们对"传统"的界定往往是十分含混的。西方现代化理论家们习惯于把西方发达国家作为现代社会的理想类型，然后从这种类型的反面去推导传统社会的特征，似乎传统与现代之间是泾渭分明的，而在所有那些被称为"传统"的东西中，最具有传统特征的又是价值观、行为规范、心理状态、信仰等非经济因素或非物质文化。近30年来，东方一些国家的现代化道路对这种"思维定式"提出了严峻挑战，如东亚和南亚的一些国家和地区虽然已经达到发达或较发达的水平，但他们的民族精神、人际关系、组织管理方式和文化氛围等都还是很"传统"的，被称之为"东方特色"。与此同时，一些拉美国家和中东石油输出国，虽然建起了外观非常现代化的城市，有豪华的宾馆和出售高级奢侈品的商店，甚至人均收入也比较高，但人们仍普遍认为他们并不属于现代化国家。

由此我们可以看出，真正决定一个国家是否实现现代化的因素并非是与自身文化传统的完全决裂，而是社会结构的转型，因为如果从深层意义上来理解，传统本身就是一个蕴含着过去、现在和未来的动态积淀过程。古典现代化理论家由于在理解社会结构的含义时偏重于狭义的文化和囿于西方的发展模式，所以他们的某些结论往往背离了他们的初衷。

我们说社会转型是一种特殊的结构性变动，这有三层含义：一是指它不仅意味着经济结构的转换，同时也意味着其他社会结构层面的转换，是一种全面的结构性过渡；二是指它是持续发展中的一种阶段性特征，是在持续的结构性变动中从一种状态过渡到另一种状态，正如美国哈佛大学教授、世界银行顾问钱纳里在提出结构转换概念时所说的，"在描述经济发展的过程时，我们试图用从一种状态到另一种状态的转换这个概念，取代欠发达国家与发达国家之间的二分法概念"；① 三是指它是一个数量关系的分析概念，是由一组结构变化的参数来说明的，而不仅仅是一般的宏观描述和抽象分析，关于这一点，笔者在下面将作更加深入的探讨。

（三）社会转型是一个数量关系的分析概念

事实上，把数量分析引入对结构性变动的考察，这标志着人们对结构问题的一种重新发现。

注重社会结构和事物的空间安排，这是人类的一种古老的兴趣。但直到进化论出现以前，在社会科学领域，人们对社会结构的探索仍主要是一种静态研究。社会学的创立使人们把对社会结构的研究与社会过程联系起来，即在研究社会运行过程中考察社会结构的变动。但是，那时人们的主要关注点是探索历史表象背后的统一规律。亚当·斯密在经济领域发现的那只"看不见的手"，无疑是这种努力的重要结果，同时也为推动这种努力打了一针兴奋剂。但自此以后，人们对"统一规律"（如结构变动的三段式逻辑）的探索都没有超出抽象分析和经验观察的局限性。

直到 20 世纪 60 年代末 70 年代初，人们才在社会领域对结构问题重

---

① ［美］钱纳里等：《发展的格局》，李小青等译，中国财政经济 1989 年版，第 147 页。

新有所发现。这种重新发现的标志之一，就是把数量分析引入对经济社会结构的考察。诺贝尔经济学奖获得者西蒙·库兹涅茨在 1966 年推出《现代经济增长》一书。他通过对大量历史统计数据的模型分析，对经济增长中的产值结构、产业结构、收入分配结构、消费结构、国际依赖关系等诸方面的变动，都进行了多国之间的比较研究。特别难能可贵的是，作为一个经济学家，他还对与社会结构的经济特征相联系的非经济特征（如人口格局、政治结构、文化特征、社会整合程度等）尽可能地进行了数量分析[1]。另一位诺贝尔经济学奖获得者阿瑟·刘易斯提出的二元经济论，从另一个方面引起人们对结构问题的重新关注，他从研究"劳动力剩余经济"入手，考察了"传统经济部门"和"现代经济部门"的相互联系[2]。他用结构分析方法建立的二元经济模型，已成为人们分析发展中国家结构变迁和转型的重要理论框架之一，这种理论框架对于研究发展中国家的城乡关系、劳动力转移、收入分配结构等具有特殊的意义。

事实上，把数量分析引入对经济社会结构的考察是对传统—现代二分法的一个有益补缺，因为它可以使我们更清晰地看到经济社会结构不同层面的变动时序和具体的变动轨迹。在这方面的研究中，更具代表性的是钱纳里的研究。他正是通过经济增长长周期的数量分析在理论上把结构转变和工业化过程紧密地联系起来。早在 70 年代初，钱纳里根据掌握的统计资料，对 100 个经济发展程度不同的国家在战后 20 年中（1950—1970）的经济结构变动趋势进行了数量分析。他以人均国民生产总值为标准，把发展过程分为从人均 100 美元到人均 1000 美元九个阶段，然后考察每一阶段上经济社会的 10 个方面共 27 个相关变量的变动趋势，以期了解处于不同发展阶段的国家所具有的结构变动特征。这 10 个方面被分成三大类：一是积累过程，包括投资、政府收入和教育；二是资源配置过程，包括国内需求构成、生产结构和外贸结构；三是人口变化及分配过程，包括劳动力构成、城市化、人口变化和收入分配[3]。

---

① 参见［美］西蒙·库兹涅茨编《现代经济增长》，藏睿、易诚译，北京经济学院出版社 1989 年版。

② 参见［美］阿瑟·刘易斯《二元经济论》，施炜等译，北京经济学院出版社 1989 年版，第 150 页。

③ 参见［美］钱纳里和塞乐昆《发展的格局》，李小青等译，中国财政经济出版社 1989 年版，第 9 页。

从 60 年代初开始，社会学家也在探索以数量指标考察社会结构的变动。那些描述现代化社会结构特征的数量指标，一般被称为社会结构转型的"临界点"。美国斯坦福大学社会学教授 A. 英克尔斯在对亚洲、非洲和拉丁美洲六个不同类型发展中国家进行大量抽样调查后，提出了现代化国家结构特征的 10 项指标。这个指标体系除选用了一些主要经济指标外，还包括了成人识字率、大学生占人口比重、人口净增率、平均预期寿命等一些公认的重要社会指标，从而反映了社会发展观在近几十年中发生的深刻变化①。

从以上笔者对社会转型的概念界定中可以看到，社会转型的主体是社会结构，它是指一种整体的和全面的结构状态过渡，而不仅仅是某些单项发展指标的实现。社会转型的具体内容是结构转换、机制转轨、利益调整和观念转变。在社会转型时期，人们的行为方式、生活方式、价值体系都会发生明显的变化。

二 中国社会结构转型的特点

社会结构转型并非社会主义社会发展中的特有现象，而是现代化过程中的一个过渡性阶段。但是由于中国社会在历史背景、文化背景、资源背景等方面的特殊性，使中国社会结构的转型表现出若干不同于一般发展进程的特点。

（一）结构转型与体制转轨同步进行

社会结构转型和经济体制改革如此密切地联系在一起，这在其他国家的现代化过程中是很少见的。中国目前的社会结构转型，原因是多方面的，但最直接的动因是经济改革，这是确定无疑的。

首先，经济改革和对外开放促成各种新要素的产生和导入。在体制要素方面，建立起以公有制为主、多种经济成分并存的新所有制结构，改革了原有的高度集权的组织体制，使生产管理体制、流通体制、金融体制、财税体制、价格体制、分配体制、外贸体制等都发生了深刻的变化。在规范要素方面，初步建立起与商品经济相适应的规范体系。这特别是指引入

---

① 参见 Inkeles and Smith, *Becoming Modern*, Harvard University Press, 1974。

了市场竞争机制，市场的扩大使资源的流动性显著增强，以职业分化为主体的各种社会分化成为必然趋势，并随之产生各种新型经济—社会组织和职业群体。新的规范体系已不再是以管严管死为内在要求，而是以资源的合理流动为前提。在技术要素方面，改革开放以来，我国已引进各种先进技术 2 万多项。在社会变迁中，技术是一切新要素中的主导要素。因为技术的发明创造所改变的，并不仅仅是生产能力，它会使人们的整个生活方式和行为方式都发生变化。关于这点，只要看看近十几年来家用电器的迅速普及给人们的生活带来的变化就会一目了然。在观念要素方面，商品观念、效益观念、时间观念、法制观念和社会参与等观念的形成，使人们的总体价值观念迅速变动，极大地改变了人们的思维方式。

在拥有广播、电视、电影、广告、报纸、书刊、电话、传真、电脑网络等现代信息传载手段的社会中，这些新要素的产生和导入得到迅速的传播、扩散和生长，从而使社会结构在各个层面都发生或快或慢的变化。

然而，这还只是问题的一面。从另一面来看，在体制转轨过程中，由于旧的传统体制已被打破，社会现实在一些深层次上发生变化，过去的某些社会整合方式已不再适应现实的要求，而新的社会体制尚未完全建立起来，新旧两种社会体制、秩序规范和机制的并存交替局面将会持续一个较长时期，由此而产生的各种摩擦、矛盾和冲突会在一定时期内表现得异常激烈。另外，体制改革的过程从根本上说也是利益格局调整的过程。在这种调整过程中，多数人会从改革中获益，但也有一部分人会暂时失去一些利益：放权分权的过程会使一些组织和个人失去原有的权力；在收入水平普遍提高的情况下，由于一部分人通过劳动先富裕起来，会使另一部分人的相对收入地位下移。加之在利益格局调整过程中由于体制不完善而产生的利益分配不公等现象，都会使利益差距拉大的同时伴随着各种利益摩擦和冲突。与此同时，在结构转型时期，各种结构性要素都处于变化之中，具有极大的流动性、过渡性和不稳定性。城乡之间、地域之间、行业之间、经济层面与社会层面之间、物质层面与精神层面之间，都会出现发展的不平衡和不协调。最后，功能分化的加强和持续，社会流动的增加，社会晋升渠道的多样化，这些都使人们的身份和角色处在一种变动的状态，从各个层面上表现出一种"模糊性"。这种"模糊性"往往使个人和组织丧失对自身角色及其角色规范的认同，陷入经常性的角色冲突中，如企业所陷入的作为行政主管部门下属和市场竞争主体的矛盾，乡镇企业工人所呈现的农民户籍身份和工人职业身份的矛盾，等等。

总之，在结构转型和体制转轨同步进行的情况下，结构冲突、角色冲突与体制摩擦、机制摩擦、利益摩擦等互相交织在一起，互相牵制，增加了结构转型的难度，也使情况更加复杂化。人们在处理各种冲突中往往顾此失彼，投鼠又忌器。

（二）政府和市场的双重启动

在中国社会结构的转型过程中，政府和市场表现为两种不同的推动力量，但是这两种力量的巧妙结合，的确是世界现代化过程中的一个范例。笔者在前面已指出，经济改革和对外开放是中国社会结构转型的最直接动因，由于改革开放极大地促进了生产力的发展，所以也可以说它是最根本的动因。从政府的作用来看，经济体制改革是由党和政府发动的。1978年党的十一届三中全会确定将工作重点转移到经济建设的轨道上来，并随之颁布了一系列的改革措施。1987年党的"十三大"提出建立有计划商品经济新秩序，制订了一整套的改革方案，改革开放始终表现为一个倡导、宣传、试点、推广的过程。另外，从市场作用来看，由于改革是以市场为取向的，改革直接表现为市场作用的扩大。在调节供求关系和资源配置方面，市场已逐步成为主要的力量，而且市场已不是作为个别、单一的因素介入经济社会生活，而是逐步发育成一个完整的体系。在消费品、中间产品和基础产品方面建立的商品市场以及在资金、劳动力、土地、技术、信息等方面建立的生产要素市场，已经使市场的作用扩展到整个经济领域。市场机制一旦导入，市场体系一经建立，就成为一种不可抗拒的外在力量，不以人们的主观意志和愿望为转移，从而使结构转型成为一种不可逆趋势。

我们发现，在中国社会转型的过程中，政府力量和市场力量的巧妙结合，得益于三方面的条件：一是顺乎民心民意。改革开放从根本上说是反映了广大人民群众的实际要求，而且"包产到户"、"家庭联产承包责任制"、"乡镇企业"这些改革中出现的新生事物都是人民群众在求生存、求发展过程中的伟大创造。二是坚持使大多数人获益的原则。尽管改革是复杂的利益格局的调整过程，很多方面的利益差距会拉大，但由于坚持使大多数人从直接的经济增长中获益，普遍地改善和提高人民的生活水平，从而使经济改革获得广泛的支持，也大大增强了人们对结构转型和体制变动的经济承受能力和心理承受能力。三是顺应结构转型的历史潮流，坚持在实践中探索和不断总结经验，调整政策。政府主动地不断"纠偏"，取消那些与市场机制的作用相抵触的做法，政府干预不再作为一种超经济的强制力量，而是作为对市场的有效补缺。

在目前世界各国的发展中，政府与市场的相互作用已越来越成为人们谈论的主题①。在这些谈论中有两种较为流行的观点：一是政府干预和市场调节的二分法。这实际上是把二者有形或无形地对立起来，看成两种相互背离的力量，主张市场决定论的一方往往把政府干预斥为国家强制，而主张政府干预的一方又把完全的市场竞争斥为放任主义；另一种与此相联系的流行观点认为，发达国家的现代化经验表明，市场是经济持续发展唯一可依靠的力量，政府的干预越少越好，政府只应当管理那些在市场之外或市场无法决定的事情。

毋庸否认，竞争性的市场是迄今为止人类发现的有效地进行资源配置和从事生产的合理方式。但是，市场不能在真空中运转，它需要只有政府才能提供的法律和规章制度体系。另外，任何市场都是有缺陷的，市场不可能在一切领域的一切方面都起到自发调节作用。政府的很多作用是市场无法替代的，如基础设施和教育投资、减少贫困、控制人口、保护生态环境等，这在几乎所有的国家都是由政府主要负责的。在中国，政府干预的必要性除了因为市场的不完善和法律体系、体制的不完善，还因为一些特殊的情况：一是非均衡的经济和不平衡发展同时并存，矛盾交织在一起，不能单靠市场协调；二是社会关系中血缘、地缘、宗族等情感因素仍起重要的联结作用，尚未建立商品经济所要求的以"事由"为根据的普遍契约关系；三是中国实行的是渐进式的改革，在探索过程中政策调整始终是必要的力量，法律和体制的完善也要有一个过程。

重新考虑国家的作用是发展理论的新课题。这里的关键是国家如何干预，也就是说什么是"有效干预"。从中国改革的经验来看，有效干预的前提是有利于充分发挥市场的调节作用，换句话说，要求企业转换机制，政府要首先转换职能。国家干预应主要体现在利用税收、信贷、利率、汇

---

① 世界银行的专家们在1991年《世界发展报告》的绪论中说："发展的核心问题也是本报告的主题，是政府与市场的相互作用。"《世界发展报告》，中国财政经济出版社1991年版，第1页。

率等经济杠杆进行宏观调控，而不是直接干预微观经济活动。此外，在不应当由企业负责和不能完全依靠市场的领域，如福利事业、社会保障、教育、科研、医疗保健、环境保护、消除地区贸易壁垒、控制收入差距等方面，政府应发挥更大的作用。最后，在维持社会秩序稳定、打击犯罪、搞好精神文明建设、铲除公平竞争的障碍和建立社会主义商品经济新秩序等方面，也应主要依靠政府和法制的力量。

（三）城市化过程的双向运动

根据中国第四次人口普查的统计数据，1990 年全国市镇人口占总人口的比重是 26.23%，这个比重水平不但远远低于高收入国家（75% 以上）和中等收入国家（50%—60%），也低于低收入国家的平均水平（1988 年为 35%）。从表面上看，这个比重水平与改革以来大大加速的职业分化和城市化进程是不相符的。但实际上，它反映了中国城市化道路的一个独有特点，即城市的扩展辐射与农村自身城市化的双向运动。

按照世界各国城市化的一般规律，城市化过程一般分成三个阶段：第一个阶段表现为农村人口的大量外流，向城市集中，城市数量、城市人口和城市地域规模都迅速扩大，城市成为国家整个经济发展的主体，城市聚集效益明显。第二个阶段表现为城市郊区化和城市群区的形成。在这个阶段，富人和中产阶级为了躲避城市中心拥挤、嘈杂、污染和昂贵的地价，纷纷把住宅迁往郊区，使郊区生活繁荣起来，一些原来毗邻的城市也随之连成一片，形成城市群区，如美国洛杉矶城市群区、日本东京—横滨城市群区等。第三个阶段表现为所谓的"逆城市化"趋势，这个阶段城市人为追求乡村的恬静生活和清新空气，纷纷在乡村建立第二住宅，乡村生活获得惊人的复兴，但乡村中的大多数人都已不是以农业为职业[1]。这三个阶段的一个共同特点，就是城市的扩大和向乡村的辐射。

但在中国，城市化过程却表现出它的特殊性。城市化不仅表现在城市的扩大和向乡村的辐射，更主要的趋势是乡村自身的城镇化，形象一点说，城市化趋势具有"农村包围城市"的特点。一方面，改革以来乡镇企业迅猛发展，农村的剩余劳动力绝大多数都靠乡镇企业吸收，劳动力的

---

[1] 参见孟德拉斯《农民的终结》中关于乡村生活复兴的描述。［法］孟德拉斯：《农民的终结》，李培林译，中国社会科学出版社 1991 年版，第 301—308 页。

转移主要表现为农业人口外流，而不是农村人口外流，即所谓"离土不离乡，进厂不进城"。这就使农业劳动者比重的减少和城市人口比重的增加并非是同步的。统计上的"农业人口"更主要的是一个户籍概念，而不是一个职业概念。在一些经济较发达的地区，很多名义上的"村"甚至"乡"都不再是以农业为主，80%以上的劳动力都是从事非农产业，生活也已十分城镇化，但他们仍然属于"乡村"。另一方面，改革以来在各类规模的城市中，乡村中的镇发展得最快，"镇"人口在全国城镇人口中的比重已由80年代初的30%上升到目前的50%左右，而镇的发展主要是依靠乡镇企业的经济支持和乡村中各种非农产业的专业化、社会化和集中化。总之，镇是被纳入乡村社会并作为乡村社会的网络中心而存在的，因而从一般意义上说，镇的发展首先属于乡村的发展。此外，中国有相当多的城市往往本身就是城乡结合体，特别是那些近若干年来由县升格为市的地方。在那儿，乡村区域并不表现为城市郊区，而是城市被纳入乡村社会网络并成为乡村发展的中心。就是农村中"离土又离乡"的那一部分人口，他们季节性地或全年到城市从事建筑业和各种第三产业，但他们的"根"，也就是中国传统意义上的"家"仍在农村，在统计上和户籍上，他们的身份仍是"农民"。

中国城市化过程之所以形成双向运动的特点，主要有三个方面的原因：一是中国的改革是从农村开始的。改革以来最巨大、最显著的社会结构转变发生在农村，农村的发展快于城市，而且更加灵活、更加多样。二是事实上的城乡壁垒（如限制人口流动的户籍制度、城市居民的粮食和副食供应制度、住宅制度、教育制度、医疗制度、就业制度、社会保障制度、劳动保护制度等）依然存在，从而使乡村地区的城市化更多地表现为自身的结构转变。三是由于中国人口负担过重，在城市基础设施（如交通、水、能源、住宅等）和生活服务设施尚不完善的情况下，大城市的人口承载能力不高，极大地限制了城市的拓展和辐射能力。

中国城市化双向拓展的特点为存在着二元结构的发展中国家提供了另一种城市化道路的类型。它使中国避免了因农村人口在短时期内大量外流而带来的乡村荒芜、社会震荡和种种由此引发的社会问题，减少了城市的人口压力，促进了乡村生活的繁荣，但城市化中心的分散和城乡的相对分离也造成环境污染在乡村地区的扩散和城市聚集经济效益的受影响,特别是农村剩余劳动力的转移受到极大限制。

(四) 转型进程中发展的非平衡

发展的非平衡与经济的非均衡是完全不同的两个概念,前者是指发展过程中各地区各领域之间的不平衡状态,尤其是指结构转型过程中的失衡状态;后者则是经济学中的专门概念,是相对于瓦尔拉均衡而言的,特指在市场不完善和价格不能自行调节供求关系的情况下达到的经济均衡。这两种情况在中国都表现得比较突出,并相互交织在一起,但比较起来,发展的不平衡对中国结构性转型的制约更大。

中国发展的不平衡首先表现在地域上。中国地域辽阔,自然条件相差很大,长期以来在发展水平上就存在东部、中部、西部之间的"梯度发展格局",富庶地区多在东部,而贫困地区多集中在西部。改革以后,东南沿海地区率先对外开放,建立经济特区、沿海开放城市和经济技术开发区,对外开放分成不同层次的格局与原有的梯度发展格局大致吻合。由于近十几年来沿海地带的发展速度明显高于内地,特别是大大高于西部,从而拉大了东部和西部的差距,从某种意义上说,更加强化了原有的梯度发展格局。

发展的不平衡更表现在城乡之间。城乡壁垒的存在和城乡相对隔离的状态明显地反映了中国的城乡二元结构。虽然改革开放以来农村发生巨大变化,农民生活水平显著提高,农民向非农产业的转移和向城市的流动冲击着原有的城乡二元结构,但城乡二元格局依然存在,而且城乡差距在某些方面有进一步拉大的趋势。随着各种非农产业的迅速发展,农业本身越来越成为最不经济的产业,城镇居民家庭人均生活费收入与农民家庭人均纯收入之间的差距越来越大,农业份额比重越大的区域往往也就是经济越不发展的区域。加之贫困落后的农业区域对劳动力的依赖和社会保障的欠缺,人口的增长往往更快,从而进一步加剧了发展的不平衡。

发展的不平衡还表现在产业结构方面。从 80 年代初开始,发达国家已出现明显的从资本密集型产业向技术密集型产业转移的趋势,因为技术密集型产业的利润率一般都大大高于平均利润率。我国虽然在许多领域拥有高新技术并处于领先地位,但在总体应用领域,仍以劳动密集型产业为主,少数高精技术部门和绝大多数技术落后、劳动密集部门的并存,是反映发展不平衡的一个重要方面。我国每年研究出 1 万多项科技成果，但能得到应用的只占 20%—30%。

发展的不平衡也表现为经济发展与社会发展的不平衡。由于改革主要是在经济领域进行的，社会改革相对滞后。较之经济的发展，科技、教育和社会保障等方面的发展远远不能满足结构转型的需要。这种滞后的影响在改革初期并不明显，随着改革的深入，社会发展滞后造成的一些深层次问题逐步暴露出来。

最后，中国作为一个人口大国，人均自然资源会始终处于相对短缺的状态，结构转型也会受到某些不可超越的条件限制，从而使转型时期持续得更长一些。特别是人口的重负，将越来越成为结构转型的巨大障碍，在许多方面会改变常规的转型过程。研究和分析中国社会发展的任何问题，都不能忽视人口重负的影响。

三　结构转型的力量所在

在整个社会转型时期，结构性变动会成为不同于政府干预和市场调节的第三种力量。事实上，人们已经越来越清醒地认识到，所谓发展，就是社会结构的成功转变，而这种转变一经启动，由于它所带来的明显利益和效果巨大的推动力量，同时也形成一种无形的压力。

（一）结构转型形成的不可逆趋势

乡镇企业近十几年来的发展，是说明结构转型形成的不可逆趋势的一个很好的例证。乡镇企业是在中国城乡相对分离的环境中顺应工业化的潮流而成长起来的特殊产物。它在发展的初期，就被人们称为"野孩子"。一个"野"字，体现出它的强大生命力。这种生命力之强大，习惯中被描述为"异军突起"。十几年前还无足轻重的乡镇企业，现在不仅成为农村经济的主要支柱，而且也成为国民经济的主要支柱之一。但是，对于乡镇企业，长期以来一直有不同的认识，特别是前一个时期曾刮起一阵贬低乡镇企业的风，一时间乡镇企业似乎成为万恶之源："与国营企业争原料"，"造成社会总供给与总需求的失衡"，"挖社会主义的墙角"，"腐蚀党政干部"，"败坏社会风气"，等等。很多地方出现了砍乡镇企业和拿乡镇企业"开刀"的现象。但是，在 1990 年，乡镇企业在市场疲软、经济效益普遍下降和自身有所压缩的情况下（据估计，实际从业人员比上年减少约1000万人），总产值仍达到8461.6亿元，上交国家税金410亿元，分别比上年增长13.9%和19.0%。1991年，全国乡镇企业产值突破了10000亿元大关，达到11611.8亿元，连续数年以每年增长1000多亿元产值的速度发展。这种发展势头是难以逆转的，因为乡镇企业已成为振兴农村经济的必由之路（占农村社会总产值的59.2%），是发展农业的重要经济支柱（用于以工补农建农资金86.5亿元，用于支援农村各项建设资金162.8亿元），是农村剩余劳动力转移的主要渠道（吸纳22.3%的农村劳动力），是增加国家财政收入的重要来源（上交税金占国家税收的15.2%），是提高农村家庭生活水平的可靠保证，是出口创汇的一支生力军（占我国创汇约1/5），同时也是城市工业配套产品和社会消费品的主要供应者之一[①]。总之，乡镇企业的发展业已成为整个社会结构转型中不可或缺的一环。

另一个很好的例证是第三产业的发展。第三产业比重的大幅度提高是结构转型的基本要求之一。现在，发达国家第三产业占国民生产总值的比重在60%以上，中等收入国家在50%左右，低收入国家平均在35%—40%，而我国还不到30%（1991年为26.8%）。在80年代末期，很多人把当时出现抢购风和高通货膨胀归咎于所谓的"经商热"或"全民经商"，甚至至今仍有不少人认为，第三产业不创造价值，发展第三产业只是把工业利润转移到流通领域和其他方面，让个体户和"倒爷"们发了横财。这实际上是一种非常偏执的看法。首先，第三产业是一个非常宽泛的概念，它主要包括三大类行业：一是金融、保险、邮电、外贸、航空、铁路等经济要害部门；二是直接与生活消费有关的商业、饮食业、服务业、住宅、公共交通、文化娱乐、教育、医疗卫生、广播电视、新闻出版等行业；三是咨询、信息、技术服务、旅游等新兴服务行业。这些行业有些虽然不直接创造价值，却参与了价值的实现，是价值创造中不可缺少的一环。其次，在目前的发达国家和大多数发展中国家，第三产业就业人数占社会就业人数的比重一般是高于或相当于其产值占国民生产总值的比重，而我国第三产业是以18.8%的就业人数实现了26.8%的国民生产总值（均为1991年数字），第三产业的就业人数比重大大低于其产值比重；

---

① 本文中凡未注明出处的数据均来自《中国统计年鉴》。

与此同时，我国有 1 亿多农村剩余劳动力和几百万城镇待业人员在寻找就业出路，发展第三产业实在是既利国又利民。可"八五"计划第一年，第三产业增长速度只有 5.3%，既低于计划要求（"十年规划"和"八五"计划要求，平均每年第三产业增长 9%，农业增长 3.5%，工业增长 6.5%），也低于当年国民生产总值实际增长 7% 和工业实际增长 14.2% 的速度。最后，我国正在从温饱走向小康，消费结构发生显著变化，消费取向呈多样化。此外，随着从产品经济向商品经济的转变和市场力量的显著增强，金融、保险、信息、房地产、技术服务等行业变得更为重要，第三产业急需有更快的发展。总之，第三产业的发展也是一种结构转型的大势所趋。

与第三产业的发展相关的另一个有争议的问题是农民的进城谋生。据比较保守的估计，全国进城谋生的农民有上千万人，在农闲季节，人数还要更多。在很多报刊甚至研究专著中，他们都被冠以一个带有贬义的称号——"盲流"，因为他们造成"交通拥挤"、"城市超载"甚至"犯罪率较高"。其实"盲流"不盲，他们完全是顺应乡村社会向城镇社会、农业社会向工业社会的转型趋势作有目的、有方向的流动。他们承担起很多城市人不屑于做的脏、累、重的工作，促进了市场的繁荣。对他们要加强管理、引导和制定行为规范是一回事，对这种流动趋势的判断则是另一回事，二者不可混为一谈。

总之，乡镇企业和第三产业的发展，农民进城以经济手段谋生，如此等等，都是结构转型形成的不可逆趋势，不管人们的主观意志和看法如何，它们必然会冲破各种框框的限制，为自身的发展开辟道路。顺应这种趋势、把这种发展纳入正常轨道并积极地加以促进的地区，就会从中获得更多的利益；反之，如果只是一味地"堵"，就会在这种发展的冲击下不知所措，从而加剧结构性冲突甚至引发社会震荡。

（二）结构转型造成的变革压力

我们知道，国营企业的改革目前呼声很高，在体制上有了新的突破。一些地区的国营商业企业实行了"四放开"（即放开价格、工资、经营范围和用人制度的管制），国营工业企业正在被推向市场，并在积极筹划、试点股份制，即以改革产权制度、组织人事制度、劳动就业制度和工资分配制度作为转变企业机制的突破口。国营企业在经过几年的改革探索之后能够迈出这具有决定意义的一步，显然是由于变革压力的存在。

然而，变革的压力来自哪里呢？比较明显的答案是来自政府干预：党和国家领导人一再强调要搞活大中型企业，邓小平同志南巡之际再三督促加快改革开放的步伐，国务院布置一系列深化企业改革的措施，国家体改委发布企业改革的重点方面，等等。看来，能够把企业"推向市场"的似乎首先是政府。另一种答案是变革的压力来源于市场：近几年我国的消费市场、生产要素市场和劳务市场都已基本形成并更加完善，国家牌价和市场价的差距大大缩小，有效供给能力显著增强，短缺经济下国有企业的垄断优势丧失，市场已逐步从卖方市场转向买方市场，特别是在市场疲软和国家信贷紧缩的情况下，国营企业经济效益的持续下降，迫使企业除改革之外已没有其他退路。这两种答案看来都是很有道理的。然而，也应当看到，一方面，国营企业转换机制与政府转换职能是同一个过程，因为这实际上是要求把不应当由政府来管的事情交给企业自主决定，同时把不应当由企业承担的事情交给政府和社会来管，所以说，政府和企业一样，也面临着变革的压力；另一方面，市场体系也是企业的行动系统，没有企业的积极参与，市场本身是很难充分地发挥自发调节作用的。此外，即使是那些产品适销对路和经济效益较好的国营企业，也仍然强烈地感受到变革的压力。由此可见，变革的压力还有另外的一个来源，这就是经济社会结构的转型。

我国从乡村社会向城镇社会的转变中，农村存在着的大量富余劳动力顺应这一趋势，迂回地绕过城乡壁垒的阻隔，投入乡镇企业和小城镇的建设。乡镇企业借助农村低价劳动力的优势和从夹缝中生长的应变能力，迅速壮大起来，成为强大的竞争力量，使国营企业明显地感受到这种潜在的压力。而国营企业尽管有较好的设备和较高的技术水平，但在劳动密集型企业仍占主体的情况下，劳动力的管理费用却并不像人们想象的那么便宜。如果考虑到各种福利费用、非生产性开支以及就业不足和劳动效率低下等因素，这种判断的理由就更加充分。国营企业在劳动就业制度方面的最先突破，即对来自农村的临时工的大量雇用。这实际上已经反映了结构转变的压力。

在我国从封闭半封闭社会向开放社会的转变中，利用这一趋势而迅速兴起的"三资"企业也很快显示出实力，成为国营企业又一个有力的潜在竞争对手，也再一次使国营企业感受到变革的压力。这次，竞争对手主要凭借的不再是低价劳动力和夹缝中生长的应变能力，而是技术实力、产品质量和出口导向。它们一只眼盯着国际市场，另一只眼也盯着国内巨大的潜在市场，在中国最有利的经济地带站稳了脚跟。那种国营企业一经"合资"便"模样"大变的现象不能不令中国企业界人士"痛定思痛"。

以上所分析的现象都还属于那种明显的事实，似乎还不足以显示结构性压力的潜在特性。我们可以把目光从企业改革的热点转向静悄悄的农村改革。在建立农业生产服务化体系的过程中，一些地方又试图把这一体系纳入行政轨道。它们以社会统筹的方式向农民征集资金，用于建立和资助农业服务组织，然后以无偿和低偿的形式向农民提供服务。但这并没有受到农民的欢迎，因为农民觉得他们被"统筹"的费用高于他们受到的"照顾"。相反，在那些农业服务组织比较健全、受到农民欢迎并发展迅速的地区，都是使农业服务组织成为经济实体。这些经济实体与农业经营者及其家庭的主要关系是商品交换。它们以农业服务规模操作的优势减轻了分散经营的劳务和费用负担。这两种做法表面看起来只是资金流动渠道的不同，实际上却有本质的区别，后者顺应了结构转型要求的社会组织从伦理化到契约化的转变和经济组织从行政化到市场化的转变，因而必然具有更广阔的发展前景。

（三）结构转型对中国的特殊意义

在以往人们对于结构转型的分析中，尽管人们注重的是收入增长和结构变动的相关关系，也就是随着经济增长和收入水平的提高，经济社会结构究竟发生了哪些本质性的变化，而且出于慎重，一般都尽量避免在经济增长和结构转换之间作因果判断。但是，这些研究实际上仍有意无意地隐含着一个基本假设，即经济增长是结构变动的真正原因，结构转换只是被当作经济增长的一种自然结果来看待。我们从前面的分析中可以看到，结构转变决不仅仅表现为经济增长的结果。它本身就是一种社会变革的推动力量。它使结构性发展成为一种不可逆趋势，而且在体制改革时期，结构转换会成为一种无形的变革压力，影响微观经济领域中行为模式的变动。此外，我们对结构转型的关注，除了它本身所具有的力量外，还因为它对于中国这样的发展中国家来说，具有特殊的意义。

（1）如果把发达国家和发展中国家作一个比较，我们就会看到，在目前发达国家的经济增长中，主要的贡献来源于科学技术水平的提高，而不是资本、原材料和劳动力的投入。在发达国家经济增长的诸因素中，科技进步所占的比重在 20 世纪初为 5% 左右，到 20 世纪中叶上升到 40%，70 年代进一步上升到 60% 以上，目前某些发达国家已高达 70%—80%；而我国 1952—1982 年的 30 年间，技术进步对经济增长的贡献率仅为 19%，近若干年，这一比例有较大提高，但也只达到约 30%。虽然尽快提高科技水平是迅速发展生产力的关键之一，但就目前的情况来看，相对于发达国家来说，在中国这样的发展中国家中，生产要素的流动、劳动力转移和资源再配置是更重要的增长因素，因而结构性变动的意义更为突出。

（2）与上面的分析相联系，我们可以看到，结构转变对于经济和社会发展的重要性在不同的国家中是不一样的，一般来说，这种重要性是随发展水平而变动的，这已为近年来许多著名经济学家对现代化过程中结构变动的长周期数量分析所证明。换句话说，在现代化的过程中可以划分出一些不同的阶段，在各个阶段都有特定的具有特殊重要性的增长要素。越是发展水平较低的国家，结构变动的重要性越大，而处在结构转型期的国家，结构变动的力量和成效就更为明显。

（3）在经济发达的国家中，由于早已完成现代化过程中的结构转型期，市场也比较完善，资源再配置和结构变动的余地相对来说都较小。而我国正处于结构转型时期和体制转轨时期，虽然旧的体制已被打破，但新的体制并未完全建立起来，结构的非平衡和要素市场的非均衡现象都非常突出，然而，这正说明结构变动的余地更大。在这种双重的非平衡中，结构转变对经济增长将起到更大的推动作用。

（4）发展中国家都面临着发展战略转变或发展战略调整的问题，即从追求单纯的产值增长转向追求全面的社会结构转变，从单纯追求经济增长的速度转向同时追求经济增长的效益和关切增长的结果，从内向型经济（进口替代）转向外向型经济（出口导向）。在这个时期，实行不同发展战略的国家，结构转变的时间、顺序和速度也不同。从一些新兴工业国的经验看，结构转变和利用先进科学技术是经济加速发展的两个主要因素。目前中国的产业结构、就业结构、城乡结构这三个基本的结构层面都处于快速的变动时期，发展战略的调整如果能优先考虑这种结构变动的需要，那么结构转变形成的加速力量就会更加明显。

从以上分析中可以看出，深入探讨中国社会结构转型的特点与规律性，并把经济和社会发展中出现的种种问题、矛盾、冲突和摩擦放在社会结构转型这个大背景中加以考察，不仅可以使我们获得一个新的研究视角，提高工作的自觉性，克服盲目性，避免一切可以避免的失误，而且，对于我们深入理解邓小平同志提出的建设有中国特色的社会主义的理论，指导改革开放与现代化建设的实践，都有重要的意义。

《中国社会科学》1992 年第 5 期

改革以来中国社会结构的变迁

孙立平　王汉生　王思斌　林　彬　杨善华[*]

摘要　本文对我国改革开放 15 年来的社会结构变迁作了总体描述和概括性分析。文章认为，改革前重国家、轻社会的模式已经改变，一个相对独立的社会开始形成；社会结构由总体性社会向分化性社会转变；社会整合由行政性整合向契约性整合转变；国家与组织（单位）的关系由总体生存模式向独立生存模式转变；原有的城乡各种身份系列为一种新的、以职业身份为标志的身份系列所取代；全国一盘棋的区域格局被打破，地方社区开始成为利益主体。文章还指出，社会整合明显滞后所导致的分化与整合过程的不同步，是现阶段社会运行的一对基本矛盾。

15 年来的改革开放已经引起中国社会一系列重要变迁。将这一变迁视为总体性的结构转型或结构变迁过程，是社会学独具特色的研究角度。本文在对国内外大量文献进行研究的基础上，试图对这一总体性结构变迁过程作出准确的描述和概括性分析。

一　中国国家^①与社会

在改革之前我国的总体性社会结构中，国家几乎垄断着全部重要资源。这种资源不仅包括物质财富，也包括人们生存和发展的机会（其中最重要的是就业机会）及信息资源。以这种垄断为基础，国家对几乎全

＊ 孙立平，1955 年生，北京大学社会学系教师；王汉生，女，1948 年生，北京大学社会学系教师；王思斌，1949 年生，北京大学社会学系教授；林彬，1952 年生，北京大学社会学系副教授；杨善华，1947 年生，北京大学社会学系副教授。

① 这里的国家特指国家机构。

部的社会生活实行着严格而全面的控制。同时，对任何相对独立于国家之外的社会力量，要么予以抑制，要么使之成为国家机构的一部分。可以说，到 50 年代中后期，一个相对独立的、带有一定程度自治性的社会已不复存在。

这意味着国家与社会间关系的根本性重组，其最直接的目的是增强国家的能力，从而有助于解决当时中国社会面临的两个最急迫的问题，即结束自清中期以后逐步形成的、最后以军阀混战形式表现出来的总体性危机；在总体性危机基本结束之后，加速进行工业化，以富国强兵。应当说，强国家、弱社会模式的建立，对这两个问题的解决起了非常重要的作用。在这种模式之中，政治解体和社会解组迅速地结束，社会恢复了稳定与秩序。在国家的有效动员和组织之下，工业化迅速推进。1956 年，中国的工业产值第一次超过了农业产值。但是，从 50 年代末 60 年代初开始，随着工业化超过简单资本动员阶段以及工业化和现代化的不断深入，这种体制与社会发展的关系也在发生变化，即从有力的推动逐步变为不适应，最后，两者的矛盾日益尖锐化。矛盾焦点集中地表现为动力与秩序的无法兼容。在此期间，虽然也在中央和地方以及条块之间多次进行权力关系的调整，但问题始终未得到解决。

在改革开放 15 年中，国家与社会的关系再一次发生了根本性的变化。虽然很难说从改革一开始人们就已明确地将调整国家与社会的关系作为改革的目标之一，但许多具体的改革措施却实际上导致了国家与社会间的结构分化。这种变化首先始于改革初期对"文革"的拨乱反正以及为重建党和政府的权威基础而进行的一系列努力。在这个过程中，党和政府与社会关系的调整具体包括如下三个方面：第一，控制范围的缩小。这明显地表现在人们的日常生活、文学艺术和科学研究等方面。在此期间，虽然也发生过或小或大的反复，但总的说来，在这些领域中，党和政府的直接控制和干预已经越来越少，自主性在明显增强。生活方式的变换则更多地与市场或自发的时尚相联系，而不是由于党和政府的推动。在科学研究领域，真正的禁区已极为有限。第二，在仍然保持控制的领域中，控制的力度在减弱，控制的方式在变化。即由一种比较"实在的"对实际过程的控制，转变为一种比较"虚的"原则性控制。第三，控制手段的规范化在加强。改革之前，国家对社会生活的控制具有相当任意的特点，"文革"则将这种任意性推到了极端。在当时的情况下，控制的范围可以延伸到任一领域，任一角落；为了达到控制的目的，可以采取任何手段。改革以来，由于法制建设的加强以及政府行为逐步走向规范化，这种任意的控制开始向一种较有规则的控制转变。

上述变化造成了自由空间的出现和不断扩大，这种自由空间的形成是导致国家与社会间结构分化的最重要的前提之一。而以产权的多元化和经济运作市场化为基本内容的经济体制改革则直接促进了一个具有相对自主性的社会的形成。这突出地表现在如下几个方面：

（1）社会成为一个相对独立的提供资源和机会的源泉。如前所述，改革前国家是社会中所有重要资源和机会的垄断者，个人生存所必需的基本条件，都必须从国家那里得到。在这种情况下，个人对国家不能不有一种极强的依赖性。反过来看，这对国家也是一个沉重的负担。而经过十几年的改革，社会已逐步成为一个相对独立的、与国家相并列的提供资源和机会的源泉。这些资源和机会的提供与交换，主要是通过市场实现的。在这种情况下，个人对国家的依附性明显降低。

（2）相对独立的社会力量的形成。据最新数字，现在中国个人的储蓄、债券、股票及手持现金，已达 18000 亿元，相当于国有资产的一倍半。1989 年底，中国城镇的个体劳动者为 648 万人，如果加上农村的个体农民以及其他非公有制企业中的从业人员，这个数量是十分庞大的。从拥有的经济力量来看，乡镇企业、三资企业、私营企业，已有相当发展。据国家信息中心的预测，到 2000 年，中国所有制产值结构将形成"三分天下"的格局，即在工业总产值中，全民工业产值的比重将下降到27.2%，集体工业的产值将上升到 47.7%，城乡个体企业和私营企业的比重将分别达到 13.4% 和 11.7%。在此前提下，较为独立的企业家阶层、个体户阶层以及知识阶层，都有了明显的发展。在社区的层次上，这部分人对经济社会生活的参与在明显增加。

（3）民间社会组织化程度的增强。在改革前的国家极强、社会极弱的总体性社会体制下，既然没有相对独立自主的社会，当然也就谈不到民间社会的组织化，在十几年的改革开放过程中，由于社会力量的发育与生长，组织化的需求已经出现。这种需求的实质在于，用民间社会自己的力量来协调自己的行为。从我国目前的情况看，这样的民间组织（在社会学中称为中间组织，即介乎于国家与家庭之间）主要包括：行业协会、商会、文化体育协会、学术性的学会或协会、基金会、联谊会以及各种名目的俱乐部等。组织化是实现民间社会活动有序化的重要保障之一，也是在基层社会生活中具备自我形成秩序的能力的不可缺少的形式。在市场化改革推进速度较快的地区，商会等中间组织已开始在经济活动中发挥越来越重要的作用。

从以上方面可以看出，由于社会中自由流动资源的出现，一个相对独立的社会正在开始形成。虽然这个过程还刚刚开始，但随着市场取向的经济体制改革的不断深入，国家与社会间的结构分化将会更加深化。这种变化正在并将继续对整个社会结构产生深远的影响。

二 中国社会结构的分化

改革以来，中国的社会变迁其意义最重大、最引人关注之处就是结构的剧烈、持续、深刻的分化。结构分化是指在发展过程中结构要素产生新的差异的过程，它有两种基本形式：一种是社会异质性增加，即结构要素（如位置、群体、阶层、组织）的类别增多；另一种是社会不平等程度的变化，即结构要素之间差距的拉大。

结构分化作为社会变迁的主要形式之一，其对现代化的影响主要通过两个机制，即由异质性所体现的社会分工和专业化组织对生产效率的促进作用，以及角色多元化和职业等级差异对阶层多元化、社会流动和教育普及的引发及促进作用，这两者都有助于消除封建的"先赋"特权，增加个人"自致"地位的比重。因此，许多社会学家将社会结构的分化程度作为衡量一个国家现代化水平的主要指标之一，将结构分化的形态作为观察和描述现代化过程的一个重要方面。

总的来说，改革前中国社会是一个分化程度较低、分化速度缓慢、具较强同质性的社会，其主要表现是：

第一，社会的政治中心、意识形态中心、经济中心重合为一，国家与社会合为一体以及资源和权力的高度集中，使国家具有很强的动员与组织能力，但结构较为僵硬、凝滞。这种结构形态可称为"总体性社会"。

第二，社会的组织类型和组织方式简单划一，都是按相同的模式建构和按统一的方式运行，所有的社会组织，不管是行政的、事业的或经济的、政治的，均由政府控制和管理，均有一定的行政隶属关系和行政级别，并依此从政府那里获得按计划分配的资源。同一类、同一级组织在内部结构、社会地位，以及行为方式上没有什么不同；不同类别、不同等级的组织之间虽然在资源获取多少、权力大小、专业职能等方面存在着一定的差异，但在行为方式和制度框架上没有什么显著的不同。在与国家的关系上，所有社会组织都缺乏独立利益和自主权。

整个国家和社会资源高度集中使得每一组织除从国家获取所需资源外，没有任何获取资源的渠道。另外，除了国家统一调拨、统一分配外，组织之间缺乏横向联系，要素和资源很难横向流动，这就使各类组织一方面高度依赖于国家，另一方面由于条块体制的分割而成为某种"自足"的、功能齐全的"单位"。

第三，改革前中国社会结构的明显分化是城乡两大社会群体和城市内部干部、知识分子和工人群体间的划分。这种分化不仅是职业和阶层的差异，更是一种身份等级的差异，其最主要的特征是身份等级间界限分明、进出规则清晰、一旦具有某种身份就很难改变。与身份之间较强异质性和不平等相反，身份内各社会成员间具有很高的同质性和平等性。因此，社会成员间有限的分化不是所谓的"自致性"分化，而带有很强的"先赋性"色彩。对个人位置具有决定性意义的不是职业、地域、所属组织或群体，而主要是身份。个人位置在各方面是高度整合的，即身份的差异与收入、声望、权力上的差异同构。

上述特征是1949年以来一系列改造过程的结果，这种改造的实质可以用抑制分化来概括，即除国家规定的身份和等级（包括行政、工资、待遇、权力）的差异外，人为地限制个人位置的分化，以及限制各种社会要素（如经济成分、政治组织、文化、思想）的分化。这种限制和改造是通过大规模政治运动（如农业集体化、工商业改造、"反右"运动等）和各种制度、政策（如统购统销政策、户籍制、劳动工资制度）来实现的。

改革以来，中国社会结构的最根本的变化是由总体性社会向分化性社会的转变，这一变化的根本动因是体制改革。改革对我国社会分化的影响大致是这样一个过程：（1）农村经济体制改革和对国营企业的"分权让利"使社会产生了自由流动资源，即不受国家统一控制和分配的劳动力、资金、产品、原材料、技术，等等。这些资源随改革的深入而不断增加。（2）自由流动资源的出现与增加导致整个社会资源的组织与分配方式的变革，即由单纯地依靠计划体制和行政手段转变为计划与市场、行政手段与经济手段相结合。（3）多种利益主体和权力主体的发育，如各种地方和社区政府、政府各部门、民间组织、农村各类企业、城乡个体工商户，等等。（4）功能专一的组织和角色群体的出现与增加逐渐导致了国家与社会、政治与经济、经济与行政、行政与法律及意识形态之间的初步分离。改革以来，这一由总体性社会向分化性社会转变的结构变迁过程作为一种历史的必然，表明中国的现代化进程进入了一个新的历史时期。

现阶段中国社会结构的分化过程中最值得关注之处是：

第一，体制改革始于农村，其对农村社会结构变迁的最大贡献是推动了农村工业化的迅速兴起和蓬勃发展，这一农村工业化进程导致农村原同质均等的社会结构发生剧烈的分化，新的角色群体和组织大量涌现，如乡镇企业家、近1亿的乡镇企业工人和新的合作企业、私营企业，等等。

城乡原社会结构的二元特征决定了城市社会结构的分化过程不同于农村，城市社会分化主要是体制内外的分化。改革后城市社会分化首先发生在原体制的最边缘部分，其结果之一是一部分处于体制边缘的社会力量率先从体制内分化出来，如个体工商业者、民营企业、三资企业等。随着分化从体制边缘向体制中心部分的不断推进，体制外力量亦不断增强，它们以不同于体制内的规则和方式组织与运行，这一过程一方面不断地受到体制内社会分化的影响，另一方面也不断地受到农村社会分化的影响。一些横跨两个体制和城乡两大社会系统的交叉性群体和边缘性群体开始出现，如个体户、进城做工的农民工等等。上述各种新的结构要素的出现和增加，有力地推动了民间社会的发育。

第二，改革后随着各类社会主体（个人、组织、政府）自主权的扩大和利益的明确化，原由行政级别和身份等级决定的等级式社会分化逐渐转变成一种由类属和单位边界决定的团块式分化，决定社会成员地位与利益差异的原等级要素，如所有制类型、家庭阶级出身、政治身份、行政级别等的作用大大削弱，而个人所在单位和社区的发展状况、个人所属职业类别和部门（如汽车司机、税务部门）等集团性要素的作用增加。社会结构从等级性分化到团块式分化的转变意味着中国社会的阶层化过程将是缓慢的。

第三，与改革前相比，现阶段中国社会的分化速度大大加快，分化程度大大加深，但不同地区、不同社会系统、不同社会群体间在分化速度和分化程度上有着很大的差异，例如沿海地区分化速度快于中西部地区，同处东部的温州地区分化程度大于苏南地区。又如经济系统的分化快于权力结构的分化，农民群体的分化大于城市居民群体的分化，狭义社会结构的分化深于广义社会结构的分化，等等。这种不平衡分化导致整个社会原相似同构的社会结构多样化，以及原高度整合的三大结构，即收入、权力与职业声望结构的错位，社会成员的各类社会位置间的整合程度也因而大大降低。社会结构形态的多样化和各类社会结构的错位增加了社会结构的张力并因而增加了结构整合的难度。

第四，在大多数市场国家，社会成员按劳动分工的需求在市场的作用下分化与组合，社会结构的分化主要体现为一种功能分化。随着劳动分工的不断深化所发生的这种功能—结构的分化是实现社会现代化的条件和必然过程。改革后我国社会结构的分化一方面体现了这种功能分化的过程，如国家与社会职能的分化，党政、政企职能的分化，以及职能单一化、专门化组织的发展等。但另一方面由于现阶段我国的社会分化主要是体制变革的结果，而体制改革的核心内容之一是利益的重新分配与调整，从而结构分化在很大程度上体现为一种利益分化，政策因素在其中起着重要作用。因此，现阶段中国社会结构的变迁出现一种矛盾的现象，即社会结构在改革后发生了剧烈深刻的分化，但各类社会组织不但没有随着分化程度的加深和速度的加快使其功能更加专门化、单一化，反而出现了全面"经济化"或"企业化"的趋势。功能分化对社会结构的影响主要是增加异质性，而利益分化则主要是扩大不平等，改革后中国社会结构分化中利益作用使得结构的纵向分化快于横向分化。

社会结构的不断分化伴之以不断整合，是社会健康发展的重要保障。改革后我国社会结构的分化大大加深加快，但新的结构整合机制发育缓慢，分化与整合过程的不同步构成我国现阶段社会运行与社会发展的一对基本矛盾。

三 行政性整合与契约性整合

社会的整合一般是通过两个层次实现的：一是全国层次上的政治整合，二是地方层次的社会整合。前者的目的主要是确保民族国家的主权，实施行政控制与管理，以行政和法律的手段建立和维持社会秩序；后者主要是以民间的、非政治性的手段在社区层次上发挥作用，以维持基本的社会活动秩序，使承担不同功能的角色、组织、制度能建立起和谐与配合的关系。

在中国传统社会中，整合机制的突出特点之一是社会整合较强，而政治整合较弱；在两个层次的整合之间，缺乏组织形式的联结，而主要依赖于"士绅—地主"集团的私人关系起联系两个层次的整合机制的作用，并部分地用价值整合替代组织的整合。这种整合体系一方面赋予整个社会以灵活性和稳固的基础，使之能维持2000多年；另一方面也造成这种社会体系的一个致命弱点，即整合的层次较低。其结果之一，是在近代受到西方列强的侵略时，无法作为一个整体作出强有力的反应。孙中山先生痛心疾首的"一盘散沙现象"，就是这种整合机制的必然结果。特别是在现代因素的冲击之下，社会整合的机制不断弱化，中国陷入政治与社会的双重危机之中。1949年以后形成的新的整合机制，即是为解决当时中国政治与社会的双重危机所做的努力。

1949年以后中国整合模式的突出特征之一是政治整合极为强有力，即使是在基层社会中，其整合也主要是以行政性整合手段实现的。从这种意义上说，这种整合体系在很大程度上是以政治整合替代社会整合为特征的。其原因不难理解，在政治整合机制与社会整合机制全面失效的情况下，政治整合机制的重建不仅成为当务之急，而且从当时国家和政府所拥有的资源来看，政治整合机制的重建也较为容易。而社会整合机制的重建在很大程度上则是一种自然演进的过程，需要花费相当长的时间。因此，通过重建政治整合来实现社会整合的重建，成为一种必然的选择。这样，到50年代中后期，这种以政治整合替代社会整合的模式便已基本形成。在农村，典型的形式是人民公社（先是农业生产合作社）；在城市中，则是以单位为主干，附之以街道委员会系统。无论是农村的人民公社还是城市中的单位，都是集各种职能于一身的总体性组织，在其中起核心作用的都是政治与行政权力。具体说来，党的组织系统、行政权力系统、工青妇等群众团体，是在这种整合机制中起作用的三支重要力量。这种整合模式的明显优越性之一是消除了社会整合与政治整合之间的紧张状态，使两者高度一致起来，并使地方层次上的社会整合从属于国家层次上的政治整合。在中国传统社会中，社会整合与政治整合之间的摩擦是经常发生的。但也必须看到，由于民间性的社会整合实际上不存在，结果使政治整合的负担大为加重。同时，这种整合模式是相当僵硬的，必须以不断抑制社会的分化为前提，而社会分化恰恰是社会发展的动力之一。

在改革开放的 15 年中，这种持续了 30 多年的整合模式开始受到冲击。其表现主要在两个方面。

第一，原有整合模式存在的前提条件不断丧失。原有的整合模式是以两个基本条件为前提的。一是国家对资源的全面垄断，二是自上而下的总体性组织系统的存在及其有效运转。但在改革开放的过程中，这两个条件都在发生变化。由于非公有制经济的发展，国家对资源的垄断已经明显弱化；由于人民公社制度的解体，农村中的总体性组织已不复存在；而城市中的企业改革也在使企业逐渐成为一种纯经济性的组织，总体性组织的特征明显减少。这样，就使得国家通过其总体性组织实现基层社会整合的能力大为下降。

第二，新的社会分化和社会生活复杂化对社会整合不断提出新的要求。在农村，农业生产的分散经营、农村中经济活动的专门化及职业和社会阶层的不断分化，都需要在新的基础上重新进行整合。城市中，在单位制不断弱化的同时，所谓的体制外的活动大量出现，原有的户籍制和人事制度已明显松弛，跨地区的社会流动使城市中的移民大量出现。且不说原有的整合机制正在弱化，即使其能有效发挥作用，也不足以应付这不断复杂化的社会生活。

因此，从一定意义上说，十几年的改革开放过程，也是一个不断寻求新的社会整合机制的过程，而这种新的社会整合机制的基本特点就是以契约性的社会整合为主导。换言之，中国的社会整合经历了一个从传统社会的先赋性整合（以血缘、地缘为基础），到改革前的行政性社会整合，再到契约性社会整合的历史性变革。在经济活动领域中，这种趋向已经明显地表现出来。除了国家层面上的宏观调控之外，市场中的契约性关系，以及建立在契约性关系基础上的商会、行业协会等中间组织，都在整合经济活动方面发挥着越来越重要的作用。但在更为广阔的社会生活领域中，情况要更为复杂，而且在城乡之间存在着明显的差别。在农村，相当一部分地区中的家族这种先赋性整合形式正在复活，在另一些地区原有的村一级准行政组织（或自治性组织）仍在发挥强有力的作用，还有的地区则是"能人"在基层社会整合中发挥着重要作用。在城市中，新的社会整合机制的框架则更为模糊，除了市场的整合作用之外，中间组织和社区自治似乎在开始发挥作用。总起来说，契约性社会整合虽然将成为今后中国社会整合的基本方向，但对其目前发挥作用的程度决不能估计过高。就社会整合而言，中国现仍处于一个过渡性的阶段。在这个阶段中，存在着一个先赋性、行政性、契约性以及其他整合形式共存的局面。在这一时期，有三个问题需要密切予以关注：第一，目前的社会整合明显滞后于社会分化过程，这将导致社会生活的种种紊乱；第二，不同性质社会整合形式之间既存在互补的关系，也存在着矛盾；第三，新的社会整合形式与国家层次的政治整合之间如何接轨，仍是一个有待探讨的问题。

四 组织与单位制

社会组织是现代社会的构成要素，它直接反映了社会结构的形式及变化。

改革前中国的社会体制和社会结构格局是在实现社会主义工业化的思想指导下形成的。1949 年后经过几年的短暂过渡，形成了中央集中计划管理的社会体制，在组织方面它有如下一些特征。

第一，整个国家按照统一计划、集中管理、总体动员的原则被组织起来。在这种格局下，几乎所有社会成员都被纳入各种组织之中。这些形形色色的组织——主要是在城市中的组织，被称为单位。

第二，单位根据人们的工作、按照职能团块将他们组织在一起。单位普遍按行政组织模式构造。同时，党、群组织贯穿其中。这样，各级各类组织的同质性极高，全国形成一个庞大的行政性组织体系。

第三，国家通过行政组织体系，并借助于政治运动对社会成员进行动员和管理。组织（单位）成为国家与社会成员之间的必不可少的中介，处于社会生活的中心位置，整个社会的运转表现为各种组织（单位）的运行。这种社会结构体制被称为"单位制"[①]。

作为社会结构和社会运行意义上的"单位制"具有如下一些基本特点。

在组织与国家的关系上，国家是一个整体，组织是这个整体的"部件"。组织的"部件"特征表现为：第一，各种组织只是社会整体中承担

---

① 参见路风《单位：一种特殊的社会组织形式》，《中国社会科学》1989 年第 1 期，第 71 页。

某一部分职能的"团块"，其职能是为了实现国家的整体目标，完成国家"交办"的某些任务。因此它们只是国家某部分任务的承担者。第二，国家根据组织的等级、性质及分派给它们的任务，向其分配资源，并对资源供应负责。组织的职能只是运用这些资源，进行"生产"，并向国家交回"产品"，组织（单位）很像国家这个大工厂中的车间、班组。第三，国家还将组织社会生活、进行社会管理的职能交给组织（单位）代办。一句话，国家通过组织或单位来组织社会生活、进行社会管理、推动社会运行。这样，国家是权力主体，组织（单位）则在一定程度上成为责任主体，成为国家责任的代理人。

在职能与运行方面，组织则表现出向上负责的特征。任何社会组织都有完成社会职能、满足成员需要及组织自身发展三项目标。中国组织（单位）的目标实现方式反映出自身的特点：第一，由于各种组织（单位）没有自有资源（自有资源如"小金库"是被严令禁止的），所以它们只能代替国家按照统一的既定标准向其成员分配资源，组织（单位）缺乏自我发展和满足成员需要的特殊能力。为了达到发展的目的，唯一手段是出色地完成上级下达的任务，提高自己在社会行政等级中的地位，获得奖励。第二，组织（单位）借助于党、群组织并通过增加对国家总体目标和组织荣誉的认同对其成员进行思想政治动员。第三，组织（单位）借助国家赋予的单一的与行政管理体系相重合的资源分配渠道、封闭的人事制度实现对其成员的管理。

在成员对组织的关系上，表现为成员对组织的高度依赖。社会成员在劳动报酬、生活条件、社会福利与保障等方面资源获取渠道的唯一性，使得他们离不开组织或单位，从而表现出成员对组织的高度依赖性。然而由于组织并不是真正的利益主体和资源主体，而是国家分配资源、管理社会的代理人，因此，成员对组织的依赖只是形式，对国家的依赖才是实质。人们通过组织高度依赖政府或国家。

中国社会组织的这种"部件"性质，表明改革以前的单位基本是"管理型单位"。这使得组织基本上靠外在力量即行政管理力量推动运行，内在发展动力不足。而国家用于维护社会运行的成本巨大，但收益不高。

近15年来的改革使我国社会组织的运行机制乃至性质发生了变化。

在农村，随着家庭联产承包责任制的实行和撤社建乡，原来的准行政组织——生产队被取消，但新建村民委员会自治地位的确立及其在握资源的缺乏，使得许多不发达农村处于无组织状态。集体经济发达的农村村级组织运行比较正常，也有极少数农村的独立利益膨胀，甚至同国家分庭抗礼。

处于原集中管理体制中心的行政组织变化缓慢，仍然承担着"部件"职能。成员对组织的依赖性很强，但人事制度有所松动，单位自谋福利的冲动大大增强，许多单位通过组建"翻牌"公司等措施开发计划外自有资源，从而使这些单位的性质开始变得复杂。

在计划体制之外成长起来的私营企业，在资源获取方面得不到国家的优惠，也不受国家的行政性约束。其成员的人事关系或挂在人才交流中心，或放在街道办事处，不归属原来的行政管理体制。企业与国家的关系受市场规则支配，企业内部则以高工资来对抗各种风险和弥补不足。在组织结构上，它们常常缺乏国有企业普遍存在的党、群组织，从而表现出明显的异质性。

受上述因素的影响，作为原来"单位制"主体的企事业单位也在发生变化。

第一，单位角色职能化。随着国家工作重心向经济建设转向，企事业单位的政治职能在减弱，其专业职能在加强。企业不再是承担国家指定任务的"部件"，事业单位也不再是过去那样的国家的"代理人"，它们在不同程度上成为功能性整体。

第二，单位利益独立化。政企分开使企业逐步脱离政府的监护与干预，企业自主经营、自负盈亏则使其成为相对独立的利益主体。政府对企业不予投资、利税包干及让企业自行消化由改革带来的矛盾等一系列措施，使企业的独立利益进一步明显化。与此相应，事业单位因定岗定编、财政包干也不得不逐渐改变它们对于政府的过分依赖，而谋求自我改善的能力，从而利益也相对独立化。

第三，单位责任具体化和内向化。由于企业成为利益主体，并同国家建立契约关系，这使企业承担的社会责任具体化。同时，企业对提高其成员收入及生活水平的责任无处推卸以及国家对企业约束的弱化，使企业由外向性责任向内向性责任变化，即由完全对国家负责，向主要对企业职工负责转变，甚至内向性责任的承担重于外向性责任的承担。这也使得企业正成为真正的职工利益共同体，事业单位的上述特征也日渐明显。

第四，单位的"家长"角色强化。单位成员利益共同体的形成加强了成员的同舟共济意识及企业对其成员的保障意识，这些责任的不可推卸性和社会比较机制使单位的"家长"角色普遍强化。

这样，改革以来国家与组织的关系就由总体生存模式逐渐变为独立生存模式。组织不再是国家的"部件"，而是具有一定独立性的"整体"。除了农村之外，我国社会以组织为单位的外部特征没有改变，但组织的职能却正在发生实质性变化。它们虽然承担着社会管理的职能，但其中心任务则是满足成员需要及谋求组织自我发展。即正在由"管理型单位"变为"利益型单位"。我国的社会结构体制也因此正由"管理型单位制"向"利益型单位制"转化，"单位制"特征没有减弱，在一定范围内反而加强。不论组织的单位意识，它们对自身利益的计较与争取，还是职工对组织（单位）的认同与关心的增加，都反映出它们正在形成对外相对独立、内部紧密相依的社会共同体，甚至可以说，现在的组织正在成为真正的单位。在国家、组织、成员的关系上，"慈母式国家"正在被"严父式单位"所取代。单位不像改革前的国家那样对组织和社会成员不计贡献地给予普遍关怀，而是在契约的基础上对其成员给予更多的关怀。

上述变化趋势已成为一种定势，并将随着改革的推进而增强。已经、正在和将要发生的这些重大变化，将给社会的管理与整合以及国家总体利益的实现带来挑战。

五　身份类别划分与社会流动

身份，是指社会赋予个人、与职业及其他社会角色相联系、标明人的社会地位的类别标志。

1949 年后的中国社会确立了阶级、城乡、干部与工人，及不同所有制等身份系列。这几种身份系列的存在是中国社会结构上的重要特点。

（1）阶级身份系列。解放前，社会成员的阶级身份是一种客观存在。新中国成立后，新建立的人民共和国是无产阶级（通过共产党）领导的，以工农联盟为基础的人民民主专政的国家。专政的对象是被推翻的地主和官僚买办资产阶级。因此，农村在土地改革时，按照占有生产资料的状况、有无剥削及剥削的程度划分了地主、富农、中农、贫农、雇农等家庭与个人成分。城市则在 1954—1956 年期间同样比照此标准并参考个人职业划定了城市中的阶级成分：革命干部、革命军人、工人、店员、资产阶级、工商业兼地主、小业主、手工业者、职员、自由职业者、高级职员、城市贫民、摊贩等。城市中的这些阶级成分还可参照毛泽东《中国社会各阶级的分析》一文中对城市阶级的分析分别归入无产阶级、半无产阶级、小资产阶级、资产阶级与大资产阶级等类。这样就分别在城乡解决了依靠谁、团结谁、打击谁的问题，并在此基础上形成了中国城乡社会的政治与阶级结构。这种阶级身份（"家庭出身"）曾被规定为应当几代承袭，并在城乡的"四清"运动与"文化大革命"中被复查与再确认，通过权威的政审制度与人事档案制度记录在个人档案中。阶级身份系列具有一定的先赋性及难以改变性；在 1978 年以前，它对就业、通婚、招生、招工、提干、入党、晋升等有着很大影响。

阶级身份的划定强化了工农阶级当家做主的意识，导致了他们对各种社会事务的参与，因此有很强的动员力量。在阶级斗争理论的指导下，它还起着凝聚内部的作用。中国共产党作为无产阶级先锋队与执政党，集中了权力、声望与各种资源，从而使社会精英向中国共产党内流动成为当时社会流动的一大特色。剥削阶级家庭出身者则由此看到了通过入党改变阶级身份进而改变自己社会地位的可能。

（2）城乡居民身份系列。确立城乡居民身份系列的主观原因在于当时选择了完全向自身寻求工业积累的工业化道路。这条道路要农民为工业发展提供积累，当然不可能解决农村剩余劳动力在城市就业的问题。区分城乡居民身份并使之保持不变则只有控制了对生活资源的分配才有可能。在农业、手工业及私营工商业实行社会主义改造，国家的行政干预力量在城乡的各个角落发生作用后，这种可能变成了现实。

1958 年后实行的户籍制度将城镇人口与农村人口明确区分开，农村人口不经政府有关部门许可不得变更农村户籍，与之配套的则是在全国普遍实行的生活资源按户籍定量、用票证供应的制度，计划性极强的人事与档案制度及劳动用工制度，这些互相联系的制度在农村与"公社制"紧密结合，在城市与"单位制"紧密结合，把所有社会成员都置于强有力的行政控制之下，通过控制生活资源实现了控制城乡社会流动。其后国家安排的几次大的社会流动均未构成对城乡身份壁垒的冲击，因此，城乡居民身份系列亦带有强烈的先赋性，难以改变性与职业范围的有限性。

划分城乡居民身份的最大作用是控制了农村人口向城市的流动，从而使城乡社会成为互相封闭的二元结构。

（3）城市中"干部"与"工人"身份系列。"干部"身份与"工人"身份主要是对城镇中的在业者而言的。"干部"可分为"行政干部"与"技术干部"，技术干部一般由具有中专以上学历的知识分子组成，不参与行政领导；行政干部则能担负各级领导责任。1949 年后行政干部的主要来源是军队和地下党干部，也包括当时被提拔为行政领导的工人与知识分子。因此，这两类干部在来源、权力、声望与可取得的资源方面有很大差别。

1949 年后建立的人事管理制度与劳动用工制度既把招工与招干分开，也把工人的管理与调动和干部的管理与调动分开，并通过固定干部来源确立了这两种身份系列。1955—1956 年期间对城市手工业与私营工商业实行社会主义改造的结果，是简化和归并了城市居民的职业身份。这样，原来仅在政府部门与国营企事业单位中存在的"干部"身份系列和"工人"身份系列就推广到所有非国营企事业中，使城市中所有在业者取得了"干部"与"工人"的身份，从而最终形成了这两种身份系列。

"干部"与"工人"这两种身份系列一般不具有先赋性，但同样具有难以改变性。

这样的身份类别划分和与它紧密相联的等级工资制构建了城市社会中的社会等级并形成了按等级分配资源的制度。在某种意义上说，资源有限导致了这样的身份类别的出现，而这两种身份系列的存在也大大简化了城市中的行政管理。

（4）所有制身份系列。所有制身份系列是在 50 年代中期对城市手工业及私营工商业实行社会主义改造后形成的又一种身份系列。起先是国营工商业及私营工商业（后变为国营工商业）与合作个体手工业、合作个体工商业的差别。由于这些企业生产方式较落后且国家无足够财力都包下来，所以将其变为集体所有制性质的企业（1958 年后还有街道企业，但所有制层次更低）。集体企业的职工与国营企事业职工在工资、劳保福利待遇上都有性质的差别。分属两类所有制的职工，其"所有制"身份一般也具有不可改变性。

所有制身份类别形成的原因是当时国家对所有制形式进行社会主义改造的结果（全民所有制与集体所有制并存）；同时，也是"资源有限"的必然结果。国家通过控制生活资源的分配，从而控制集体所有制职工变为全民所有制职工，进而有效地维持这种身份类别划分。所有制身份类别形成之后，则从经济结构上反映和维护着城市社会中的社会等级。

综上所述，1949年后的四大身份类别具有以下几个特征：第一，它们的形成都是一个渐进的过程。第二，这几种身份类别在一种强有力的行政控制下形成，也靠强有力的行政控制来维持。第三，它们的存在基本上切断或大大减弱了城市中及城乡间的社会流动，从而使当时的城乡人口的空间与社会位置分布都具有很高的稳定性。因此，它们就如从纵向和横向维系与固定中国社会结构的几根绳索。

城乡经济体制改革后，以上这几种身份类别都出现了松动与弱化，尽管松动与弱化的程度不同。

由于经济建设成了各项工作的中心，社会生活中的政治色彩开始淡化。70年代末80年代初为地主、富农分子摘帽，为错划的"右派"平反及为"文化大革命"中的冤假错案受害者落实政策、平反昭雪无疑纠正了阶级斗争扩大化的错误倾向。与此相连，政审制度虽然还存在，但范围缩小了，且更注重人们的现实表现。这意味着阶级身份系列已丧失了它赖以维系的条件。社会的评价标准也发生了很大变化。人们评价一个人不再将其家庭出身放在首要位置，而是着眼于他的能力和成就。因此，原有的阶级身份系列在城乡都日益弱化并趋于消失。

以"大包干"为主要内容的农村经济体制改革使农民有了生产与分配的自主权。这首先导致了国家对生活资源控制的松动。城乡市场经济的发展，导致了在城乡都出现了可以自由流动的资源。这就导致了与生活资源的分配密切相连的户籍制度与票证制度的日益松动。经济体制改革以来城市中计划体制外经济的发展，则使大批农民有了进城改变自己农民身份的机会。大量农村剩余劳动力流向城市、流向乡镇，出现了一支规模巨大的异地流动大军。维系城乡居民身份系列的前提条件的日益减弱，势必导致这一身份界限本身的模糊和松动。

城市中多种经济成分的存在与发展，创造了大量体制外的新的就业位置。这些就业位置也意味着多种新的职业身份，而这些身份是原有的干部与工人两大身份系列都无法涵盖的。体制内的干部与工人在利益驱使下流向体制外这些新的就业位置的结果，是模糊了原有的"干部"与"工人"的身份界限，并发展出一种用体制外的职业身份系列来包容体制内的"干部"与"工人"身份系列的趋势。

体制外经济的迅速成长，其经营与分配的灵活（使国营企业处于劣势）及人们评价企业日益趋向经济效益，这就逐渐模糊了原有的所有制身份界限，使所有制身份存在的意义减弱。

当前，中国社会的身份类别划分标准正在发生剧变。一种新的、具有自致性和可变性的、以职业身份为标志的身份系列正在逐渐取代以往的城乡各种身份系列。在这一过渡时期我们看到的是一幅新旧身份系列并存、交融与交叉错位的复杂图景。原有的身份系列及评价标准仍在起作用，人们可以利用凭借原有身份已经取得的资源，在新的职业身份系列中谋得一个能有更多收益的职业身份。政治评价体系与利益评价体系的并存，导致了人们身份系列与社会地位的多面性，也决定着人们在新的职业身份系列中的取向。在城乡流动中，原有身份与新职业及新居住地的矛盾，则导致了大批边缘人及大量边缘群体的产生。

伴随着这几种身份系列的松动的，是社会流动的三大趋势。即社会精英流向的多样化、八千万农村剩余劳动力向城市流动及体制内的工人与干部向体制外流动。这三大流动趋势正改变着中国社会的精英结构，改变着社会位置与人口的空间分布，改变着体制内外经济、社会位置的比例关系。

因此，身份类别的松动对中国现时社会结构的最大影响是，它为社会结构的变迁松了绑。

六　区域格局与区域关系

区域是指"由社会关系和组织原则所组成的社区"[①]。在一个社会中，区域间的关系及其由此所形成的基本区域格局，是社会结构的一个重要方面。在改革开放的 15 年中，中国的区域关系和区域格局发生了一系列重要的变化。分析这些变化及其过程，可以使我们从一个方面深化对中国社会结构及其变迁的理解。

1949 年中华人民共和国建立之后，有两个因素对区域关系与区域格局产生了十分重要的影响。其一，面对旧中国政治解体、社会解组的严重危机，集中经济与政治资源，强化经济和政治的统一，以提高国家的治理能力，确保社会的统一与稳定，是当时压倒一切的任务。其二，在国家统

---

① 参见《社会学百科全书》"区域分析"条，上海译文出版社 1989 年版，第 639 页。

一和新政权巩固的任务基本完成之后，实施赶超型的工业化战略以富国强兵被立即提上日程。由于在一个起步较晚、资源又较为稀缺的国度中实施赶超型的工业化战略，资源的动员与集中是一个极为重要的前提，所以这两个因素对全国统一的严密政治控制和中央集权的计划经济体制的形成起了重要作用，同时也直接影响到当时区域格局的形成以及中央政府与地方的关系。在这种格局中，全国一盘棋是构造中央与地方以及不同区域间关系的基本原则。每一个地区都是国家这个整部机器中的一个部件，局部必须服从全局，各个地区存在的价值取决于其对整体所做的贡献。按照这种原则，牺牲局部的利益以服从于整体的发展，是理所当然的。地方也因此很难成为独立的利益与权力主体。政治与行政权力的集中，以及中央政府对各种资源的全面垄断则是使这种关系能够正常运转的基本前提。在不同的地区之间，形成的不是建立在区域分化基础上的交换关系，而是在国家行政权力支配下的调拨关系。只要中央政府认为这种调拨对整体的发展是有益的，即使地方的利益受到损害，也必须服从。这种做法一方面有效地抑制了地方主义的发展，保证了将有限的资源有效地动员起来，以集中于整体发展的某些关键环节；另一方面也抑制了地方自我发展的冲动。当时虽然一再强调要有中央和地方两个积极性，但地方的积极性却一直缺乏内在的基础与动力。

但同时也必须看到，这样用行政力量建立起来的"全国一盘棋"的区域模式，即使是在当时的情况下也受到种种客观条件的限制。国家在人口和疆域上的巨大规模，各个地区在自然条件和发展水平上的巨大差距，缺乏有效率的组织系统和沟通手段等，都是妨碍这种模式有效运作的重要客观因素。因此，在这种模式中，虽然强调的是集中和统一，强调的是"全国一盘棋"，但在实际上却不能不赋予地方一定的自主权。而且，由于相当集中的中央权力无力处理日益庞杂的管理事务，为了简化集中统一管理的复杂性程度，形成的是同质同构的地区模式。其基本的经济结构、运行机制都是大体相同的。这就为全国性的统一政策和统一领导，为一刀切的领导模式提供了基础。

同样是由于上述的种种限制，以及由当时对国际形式的判断而作出的"备战"战略设想，在各个地区内部则强调大而全、小而全，强调各个地区的自力更生和自我生存能力。当时曾采取种种措施，鼓励这种自我生存能力的形成，如在工业地区发展农业，特别是粮食生产；在农业地区发展工业；提倡牧区粮食自足等。这种措施既促进了地区间在经济结构上的同构性，也简化了集中统一管理的任务量。

在 15 年改革开放过程中，中国社会中这种以"全国一盘棋"、地区间同质同构、强调地方的自我生存能力的区域格局发生了一系列重要变化。其中最明显地表现为：

第一，利益的分化，地方开始成为利益主体。如前所述，在改革前的"全国一盘棋"的总体性体制中，地方的利益在很大程度上处于被抑制的状态。在改革开放的过程中，随着中央的权力不断向地方下放，"全国一盘棋"的模式开始被打破，以地方行政机构为代表的地方社区开始成为利益主体，财政地方化的趋势日益明显。在这种情况下，不同地区的关系已不再是靠中央行政权力联结的关系，利益关系和市场经济中的交换和契约原则开始成为联结不同地区的新的纽带。过去的那种地区间无偿调拨的状况已经不复存在。在地方利益动机驱动下，地方保护主义日益明显。

第二，地区间的异质性明显增强。在改革开放之前，不同地区之间的差异仅表现为发展程度的差异。但在今天，地区间的同构性在很大程度上被打破，不同地区间的异质性大为增强。其原因在于，随着权力下放，地方制定政策的能力加强；中央政府对部分地区给予特殊的政策；由于不同地区的自然条件和发展程度不同，使得不同地区对市场经济体制的适应能力表现出明显的差异。由于区位条件和历史遗产的差异，目前地区间的异质性突出表现在所有制结构、经济结构、经济运行机制、经济发展的程度等方面。其结果是使全国性的统一政策失去基础。

第三，市场原则支配下的区域关系形成了一种"差距扩大动力系统"。由于改革开放深化程度的不同、经济遗产的差异，以及在区位方面的差别，地区之间的发展呈现出明显的梯度状态。在这种梯度格局之中，已经形成了一种近似于较发达、中等程度发达、不发达地区的格局。大量的统计资料可以表明，在 15 年改革开放的过程中，这些地区间的发展差距不是缩小了，而是扩大了，而且还有进一步扩大的趋势。同时，我们还可以看到的是，一种类似于国际分工格局的地区分工格局已开始形成，如广东、上海、江苏等发达地区，开始成为加工区；而内地的许多地区，包括像辽宁这样的老工业区，则正在成为原材料的提供者和商品销售的市场。

第四，不同地区的发展机制出现了差异。这种差异突出表现在以沿海地区为代表的发达地区和内地落后地区的不同发展机制上。以行政调拨为手段的"全国一盘棋"的区域格局的解体，全国性市场的初步形成，将各个地区的发展置于这种正在形成中的市场环境之中。但由于不同地区在发展的时间和水平上存在着巨大的差异，其在这个市场中的竞争能力便表现出明显的差别。比如，早发展的发达地区，由于在技术和经济实力上的巨大优势，具有很强的市场扩张能力，其企业本身也具有很强的发展动力与潜力，从一定意义上说，这些地区的发展更需要的是市场条件和自由的经济政策。而落后地区的情况却恰好相反，其在技术和经济实力上的明显劣势、资本的缺乏、企业家阶层的欠成熟等种种条件，使其在与发达地区企业的竞争中，处于明显的不利地位。在这样的地区，如果没有能有效地促进经济发展的行政力量的介入，要想获得经济的顺利发展，并缩小与发达地区的差距，是很困难的。

综上所述，在短短的 15 年中，中国社会结构已经和还在发生重大变迁，这是本质性的总体变迁。这种变迁是积累性的，也是革命性的。虽然新结构的具体细节尚难勾画，但其轮廓是确定了的：它将沿着上面描述的方向继续深化与发展。

《中国社会科学》1994 年第 2 期

村庄边界的多元化

——经济边界开放与社会边界封闭的冲突与共生

折晓叶*

摘要 本文通过对中国东部和南部超级村庄的个案研究，描述了在这类村庄中出现的经济边界开放与社会边界封闭同时并存的现象，指出现阶段的超级村庄正是在二者的冲突与共生中得以发展的。文章强调，超级村庄已经成为一种新的社区形态。在乡村工业化和城市化的过程中，这种社区形态及其文化有没有持续发展的根基，仍有待时间的验证和理论上的探讨。

一 研究的问题和村庄

谈到中国村庄的功能和农民生活的基本范围，有三位学者的研究是不能不提及的，这就是费孝通先生和黄宗智先生对"村庄共同体"的研究，以及施坚雅先生①关于"基层市场共同体"的研究。费和黄视村庄为中国社会最基本的功能单位、在经济和社会生活层面都属功能完整的单位②；施坚雅则断定，中国农民生活最基本的功能单位不是村庄而是包括数个村庄在内的市场共同体。两种研究的共同之处是都涉及了中国农民经济生活和社会生活的基本范围和组织，施氏的研究走出了村庄，关注到基层市场对农民生活的重要性，涉及了村庄经济和社会生活开放的一面，令人耳目一新，但其否定村庄对中国农民生活的基本意义却有待商榷。费和黄的研

---

* 折晓叶，女，1950年生，中国社会科学院社会学研究所副研究员。

① ［美］施坚雅：《市场与中国农村的社会结构》（Skinner, G. William, 1964 – 1965, "Marketing and Social Structure in Rural China", 3 parts, *Journal of Asian Studies*, 24. 1：3 – 44；24.2：195 – 228；24. 3：363 – 399。

② 费孝通：《江村经济》，戴可景译，江苏人民出版社1985年版；［美］黄宗智：《华北的小农经济与社会变迁》，中华书局1986年版。

究则重视外来力量与村庄内在的经济社会结构的相互作用，强调传统力量与新的动力具有同等重要性，为我们提供了一些研究中国村庄的基本的出发点。但是，以上两种研究各自概括的都只是中国农民在不同时期和不同地区生活的一部分事实，而目前在乡村工业化过程中涌现出的相当数量的超级村庄，则为我们提出了新的研究课题。本文拟在前人研究的基础上，采用"村庄边界"的概念和村庄边界多元化的分析框架，对超级村庄中出现的经济边界开放与社会边界封闭同时存在，二者既相互冲突、又共生共荣的现象进行讨论，进而探讨中国基层社会经济发展与社会结构变迁之间的内在关系。

本文是从如下两个意义上使用"村庄边界"这个概念的：一是村庄与外界之间的疆域性界线，如以亲缘和地缘关系为基础的地域共同体的范围，以土地所属为依据的村界，以及行政关系制约下的村组织行政的界限等；二是村庄主要事物和活动的非疆域性边缘，如村庄的经济组织、市场经济网络、人际关系网络和社会生活圈子所涉及的范围等。边界的多元化，则指村庄是由多种独立的、不完全互相依存的边界构成，它们反映出村庄经济和社会生活的基本范围分化的程度。采取这种分析方法，可以使我们更清楚地看到，在不同定义的边界内，"村庄"代表着不同的事物[1]，根据不同的目的执行着不同的任务，并且受到不同社会规范的制约。在进行分析时，本文将说明市场环境、村社区文化和社会关系的重要性并提供事实的例子。

本文研究的是那些在乡村工业化过程中率先发展的"超级村庄"，它们大都是近十余年在原来贫困的、传统的甚至闭塞的基础上发展起来的，已经具有与传统村庄完全不同的特征[2]。根据一项关于"中国亿元村"的

---

[1] 斯蒂芬·福伊希特万：《村庄在国家组织与个人利益之间扮演什么角色》（Feuchtwang, Stephan, "What is a Village, Between State Organization and Private Interest?" Paper for the international Conference on "Chinese rural collectives and voluntary organizations: Between state organization and private interest", Leiden University, 1995）。

[2] 笔者和陈婴婴将"超级村庄"的基本特征归纳为：（1）已经形成以乡镇企业为主体的经济结构，工业产值和非农产值已占村庄全部产值的绝大多数，成为产值过亿的发达村庄；（2）已经形成稳定的可用于村政和公益事业的"村财"收入，具有初步的"准政府"的村政结构和职能，如经济的、仲裁的、村政的、福利保障的结构和职能；（3）村社区的经济组织开始采用现代公司的模式，迅速向村庄以外扩展，经济的触角已经伸向城市、海外，甚至以参股的方式渗透到大中型国营企业；（4）村社区的人口成倍增长，聚集有大量的、有的已超过村民人口总数几倍乃至几十倍的外来劳动力；（5）社区内部已经形成以职业多元化为基本特征的社会分层结构；（6）村政设施和建设发展迅速，村民的生活方式和文化价值观念已经发生了变化，新的生活方式和价值观念正在形成。在一些地方，这类村庄的发展已经有超过乡镇的趋势，正在成为周边地区新的经济和社会文化中心，等等。

研究①，这类村庄主要集中在长江三角洲和珠江三角洲，本文涉及的八个村庄②也主要分布在这两个地区。选择这两个地区，除去"超级村庄"多集中于此而外，还考虑到它们恰恰代表着中国农村发展的两种不同模式——东部长江三角洲的村庄始终"坚持集体经济"，保留着集体组织的完整性；而南部珠江三角洲的村庄，则大都经历了集体经济彻底分散化、村组织解体，而后又重新组织起来的过程。并且，这些村庄的自然结构也大致代表了东部村庄多以杂姓聚居，而南部村庄则多以单姓为主聚居的社会状况。此外，中国目前的村庄一般具有双层结构，即由数个较小的自然村或单个的大自然村组成行政村，本文涉及的"超级村庄"发生在行政村这个层级上。

这些村庄的资料是笔者在 1993 年和 1995 年经过实地调查取得的。调查主要采取个案研究的方法，通过收集档案资料（村史、经济统计报表、工作总结、成文的和不成文的村规民约、制度章程等）、实地观察和访问完成。访谈的对象有村组织和村企业负责人、会计、文秘、村民和外来人等。作为观察者深入其中的个案研究，本文所提供的资料对定性的理论研究是必要的，但是并不能够成为推论超级村庄总体的依据。在言及超级村庄总体时，还应注意到中国区域和发展模式之间的巨大差异，特别是注意到中部和西部，虽然乡镇企业并不发达，但是也造就了数量不多却实力强大的超级村庄的事实；注意到一些经济发达地方的村庄，虽然企业私营化和分散经营的程度很高，但是村庄作为整体仍然有可能聚集"村财"，发展村政事业，成为超级村庄的事实。

二 村社会的再组织与村庄边界的分化

农村实行家庭联产承包责任制后，分散化的农民开始直接进入村域外的市场环境。随之，在大多数的中国村庄里，村社会的组织也发生了重大变化。家庭作为生产单位的功能被强化，村集体经济组织则趋于解体。此外，由于政策上放开，一些村庄还因大量村民外出谋职而成为"空壳

---

① 高俊良、宗泉超：《中国亿元村》，今日中国出版社 1994 年版。
② 本研究涉及的八个村庄是江苏省太仓市的马北村、王秀村、香塘村，张家港市的闸上村、永联村、巨桥村、长江村和广东省深圳市的万丰村。

村"。这样的村庄已是一个自然的地域空间和松散的社会空间,在改革初期的珠江三角洲到处可见。长江三角洲的情形与此有所不同。许多村庄在公社时期就开始办社队企业,到实行家庭联产承包责任制时,村庄已有相当的集体积累,村组织也实力在握,因此只将土地分田到户,农业实行分散经营,集体积累仍然聚而不散,从而成为以后发展村办工业的基础。但此时"集体"的内涵已经发生了变化。虽然地方行政对村庄事务的干预仍然存在,但从总体上来说,集体已经由公社时期主要对上级行政负责,转变为主要对村民负责;集体所有权归于村民所有,上级行政组织并不能决定村内事务,也不能在村庄之间实行平调。此外,由于村办工业的需要,村民也在工业化的方式下重新组织起来。农业经营也由大户承包,或以集体办"农业车间"的方式再集中起来,实现了新的规模经营。

80 年代初期和中期以后,在乡村工业化的推动下,珠江三角洲的村庄也发生了令人惊异的变化。农民经过数年的分散经营之后,又重新在村域内组织起来,以股份合作制的方式举办工业,发展协作和合作组织,形成新的联合趋势。与之相伴随的是,村社会特别是以后发展成为超级村庄的村社会也发生了再组织的过程。首先,参与市场经济活动的主体已经不再是单个的小农,而是以"村集体"为内核和主导的股份合作组织。其次,村庄经济开放的范围(与施氏所研究的时代即 20 世纪 40 年代末相比,村庄经济的开放程度要大得多)并不囿于基层市场,而是扩展到区域的、全国的乃至国际的市场。而另一方面,农民的实际生活仍然在村庄的小范围内,工业化和大市场并没有促使那里的农民"离村"。最后,村庄经济上的开放性不但没有摧毁村庄,反而突出了村庄的整体利益,强化了村庄的内聚力,而这种内向的聚合与外向的扩张又促使了村庄边界的分化。

村庄的边界原本就是多元的,只不过各种边界原来重合的程度很高,并不具有分化的意义。比如公社时期实行"三级所有,队为基础"的行政管理模式,这使村庄的村界(土地)、行政边界(村组织)、人口边界(户籍)和经济边界(集体)具有高度的重合性。而一当村社会再组织之后,这种高度重合的格局便被打破了。由于在超级村庄和其周边相对落后的村庄之间发生了土地兼并和租赁,土地开始向超级村庄集中。虽然土地所有权没有转让,但使用周期较长,原来的村界实际上变成了一个模糊的边界,超出了原来土地和行政规划的范围。而在村庄内部,则由于办工业的需要，土地越来越向行政村集中，自然村界的作用也在逐渐丧失。另外，村庄行政的范围随着外来人口的剧增、村政建设任务的繁重和村政职能的丰富，也大大地扩张了，涉及聚居在村内的全部人口和单位。如果说以上两种边界还须以地域为基础，那么，村庄经济实体的成员活动的边界就远远超出了村庄，范围扩大到地区、全国乃至国际市场。与村庄原来的边界保持一致的，只有在分化中顽强存在的、由"村籍"制度加强的人口控制的范围，即村民身份的边界。如果我们用土地、村政组织、公司和村籍人口几个实体概念来分别表示村界、行政边界、经济边界和社会边界，那么，以公司成员身分划分的经济边界的范围是最大的，其次是以土地关系（包括租赁和兼并的土地）划分的村界和以人口（包括外来打工者）及村政管理权限划分的行政边界，最小最核心的则是以村籍划分的社会边界，它只覆盖具有村民身份的人，但却是其他边界扩展的基础。

村庄的多元边界代表着村庄的经济和社会生活的不同组织和范围，它们相互重叠的程度有限，其间必定存在整合上的真空区。不过，中国村庄在工业化的过程中，传统组织与现代产业组织却有很高的整合性，村庄中出现的新的社会分类角色——"党委或支部书记—董事长"、"村长—总经理"（在单一家族的村庄中他们还可能是族家长），便成了联结和协调各系统的平衡点。他们是村庄里的精英人物，既是村庄"党政企"权力的执掌者，也是协调各系统的中间人。在村庄中可以看到，村政组织者的角色使他们在领导企业时，不至于使企业的经济行为只遵循经济的原则而偏离社区利益太远；而企业家的角色又使他们不至于完全为了政治的或社区的利益，而使企业在经济上损失太大。同时，因为他们既是党政组织在村庄的代表，掌握着村庄与外界的各种关系，又是村民降任于斯的村庄带头人，这种双重的角色还使他们实际地维系着村庄各类组织之间，以及村庄与村民、村民与外来人、村庄与外部市场体系和地方行政体系之间的关系①。

---

① 黄树民：《林村的故事》，台湾张老师出版社 1994 年版（Huang, Shu-min, *The Spiral Road-Change in a Chinese Village Through the Eyes of a Communist Party Leader*, Taipei: Teacher Zhang Press, 1994）。

三　市场原则与经济边界的开放性

作为一个经济共同体，超级村庄的经济活动不再受行政边界的制约，而是以独立的商品生产者的身份，遵循市场的原则，通过契约来建立新的经济关系。这种经济关系的结构像一个网络，以村办公司（在长江三角洲多冠以"集团总公司"，在珠江三角洲则多称作"股份总公司"）为中心，与其他各类有关的市场主体建立平等竞争和合作的关系，就像蜘蛛结网一样一圈圈地扩展开去，被圈子交织住的就发生联系。这种圈子能伸缩自如，在不同的问题和不同的利益上，所涉及的关系不一定是相同的。虽然现阶段的超级村庄在某些经济行为上，如投资和就业，仍带有发展初期那种"孤立封闭的社区发展模式"①的某些特征，但是，超级村庄的村办公司已经不是一个以本社区为边界的封闭型的经济组织，而往往包括了村域外的经济合作伙伴或投资入股者，同时，它自己也往往是其他公司的合作者或投资者，它的经济网络的边界已经是开放的。具体来说，其开放性表现在如下几个方面。

（一）资本和所有权的扩展

经过再组的村庄，成为一个吸纳和接受外来资金和工业的开放地区。在调查所及的村庄，都发生了"请"工业和资本进村的情况。在南部的珠江三角洲，村庄主要引进从香港转往内地的劳动密集型企业，由港商投入资本和技术，村庄投入人力和基础设施，产品直接进入国际市场。长江三角洲的村庄面临的是另外一种机遇。它们利用靠近大城市（上海）的地理优势，"请"工业下乡，由此与城市工业发生着多种形式的联系。请工业和资金入村，打破了村庄以往自给经济和公社体制下"计划经济"的封闭性，村庄经济开始按照市场的原则运行。

当村庄的经济实力足以使自有资本向外输出时，村办公司便大跨步地走出村域，向一切可以进入的经济领域扩展。这时，它作为一个投资者的欲望已不再局限于本社区内，如实行股份合作制的万丰村在资产超过数亿元后，便开始向村外发展。该村在村域外办有多个公司和企业，其中三家

---

① 何道峰：《从封闭走向开放的历史抉择》，载《乡村变革》，人民出版社 1995 年版。

为合资企业，对象是在深圳的效益不佳的国有企业，万丰村成为它们的控股公司。另外，在广东省的惠州市、东莞市、中山市和海南省的海口市还设有房地产公司和科技园区，在北京市和深圳市各设有一个联络办事处，负责收集经济信息和公共关系事务。这种经济上的扩展不仅是跨地域的，而且是跨行政边界、城乡边界和所有制边界的。目前在北京和其他大城市都可以看到各种外地的常驻公司和机构，其中有相当数量是超级村庄所办，我们不但难以从名称上而且也难以从实力上将它们与其他类型的公司区别开来。不仅如此，这种经济上的扩展也促使村庄股份公司的产权开始向多元化的结构变革，具有了更大的包容性和开放性。在万丰村这类实行股份合作制的村庄，公司内部即有多种产权主体存在。除去占主导地位的村集体股权外，还包括村民及社会个人股权、村内外乡镇企业股权、外资股权甚至国营企业股权。这种多元化的混合的产权结构无疑使村庄经济具有了包容不同地区、不同行业、不同所有制的资金、技术和资源的能力，有利于促进产权的合理流动和组合，实现资源配置的社会化。

在没有普遍实行股份合作制的长江三角洲，村庄的向外扩展则主要采取了以超级村庄为中心，向周边村庄和乡镇扩展的方式。这种扩展与地方市场和社区有着更密切的联系，一般由超级村庄出资金、设备和技术，周边的村庄出土地和人力，或者以联合的方式，或者由超级村庄一次性将土地租定，建立与超级村庄的主导产业相关联的配套企业，形成有市场竞争力的地域经济共同体。比如，香塘村的支柱产业是制鞋业，这种劳动密集型的、生产周转较快的产业，需要就近寻找加工点和廉价劳动力，于是，村总公司凭借自己比邻近村庄和所属镇强大的经济实力，开始向周边的村庄和乡镇发展制鞋分厂和加工点。先后买下两家濒临倒闭的镇办企业，转产改制鞋类辅件，成为总公司的分厂。另有八家鞋类配套厂，分别办在周围的村庄和邻近的其他镇上。同时村总公司还在上海设有一家办事处，它既为总公司办理业务，又是一个相对独立的经营公司。这样，香塘村以自己为中心，在周边地区形成了初级的生产加工网络和劳动力市场，这不仅使本村的产业有了长足的发展，而且带动了周边地区的发展。当然，这种网络与产业类型有着直接的关系。例如，同处一个地区的永联村的主导产业是冶金，它的触角则直接伸向了国内市场和国际市场。目前，它在香港设有两家冶金产品贸易公司，在荷兰设有一家合资贸易公司。

此外，长江三角洲的村庄兴办乡镇企业已有十余年的历史，目前已进入企业技术改造和扩大高科技产品的阶段。调查所及的一些超级村庄正在考虑将劳动密集的产业转移到内地或经济落后地区的农村。转移的方式恰如当年大城市将劳动密集型产业转移到周边的乡村一样,一方面扶助落后地区发展乡镇企业,另一方面利用那里劳动力廉价的优势,发展这些仍然有利可图的产业。目前,农业部正在推行的"乡镇企业西进计划"鼓励东南部实力强大的乡镇企业与中西部落后的农村地区发展经济合作关系,已经引起这些超级村庄的关注。可以想见,一旦条件成熟,这些超级村庄经济网络的扩展,将因为纳入这一计划而更具有合法性。

(二)土地租赁和村庄承包与兼并

以往村庄最清晰的边界是土地。土地不仅是地域边界,也是土地所有权支配下的经济关系的边界。调查所及的村庄举办工业之后,大部分仍是工农副三业相辅,不过经济的发展增加了对土地的需求,土地短缺成为进一步发展的严重障碍。而在周边相对落后的村庄里,却存在着土地撂荒和收益低微的问题。村庄发展水平上的差异,使土地的合理流转成为必然。

土地租赁是其中最为普遍的形式。王秀村是远近闻名的富村,邻村则是人人知晓的穷村。富村的发展需要土地,穷村则希望富村帮助村民解决就业问题。于是,两村协商由王秀村租赁邻村88亩撂荒了的土地,租期50年,土地的全部收益归王秀村。王秀村应负的责任和义务则是:将这片土地应承担的农业税和各种摊款按时上交邻村所属的镇政府,吸收邻村一部分劳动力进入王秀村的企业工作。由于租赁土地并没有出让所有权,也没有破坏原有的社会结构,并且经济上的责权利明确,较易为双方所接受。但这已不仅仅是一个简单的经济互利行为,实际上也使两个村庄在一定程度上打破了地域的和行政管理的界限。

较之租赁土地进一步的是"承包"村庄。一般是两村在自愿联合的基础上,由富村出资承包穷村的全部土地、劳力和产业,承包期数年,此间负责支付土地税款,解决村民就业等问题。但两村的行政范围和村界仍然具有法定的界限。而更进一步的方式即村庄兼并则使这种法定的界限失去了意义。马北村的工商旅游业发达,总产值是邻村的近千倍,但人口和土地均不如后者多,并村可以互补优势。于是两村协商并经镇政府同意,决定由马北村兼并邻村。邻村的土地、人口和产业全部归入马北村,由马北村统一规划管理,村民则享有与马北村村民同样的权利。目前马北村是所属镇的首富村，其经济实力比镇强大，故今后仍有兼并周边村庄的可能。这种情形在超级村庄发达的长江三角洲已经多有发生，一些全国闻名的村庄如丘二村等，都在兼并邻近村庄的基础上成为周边地区新的经济和社会发展中心①。

土地租赁和村庄承包，无疑使村庄传统的边界开始变得模糊起来。虽然它并没有在法律上改变村庄行政和土地的归属权利，但土地转让期少则几年，多则半个世纪，实际上已经深刻地影响到村庄之间的经济的和社会的关系。因为伴随土地流转的是劳力、人才和资金向超级村庄的集中，因而人们的谋生、乐生和发展亦随之向超级村庄集中。

村庄兼并则使这种新型的关系进一步合法化和固定化。不过，村庄兼并毕竟是一个极其复杂的社会过程，涉及农民和村庄的"根基"。而村庄对农民不仅是一个世代繁衍生息的生活空间，也是土地所有权的归属所在。并村对被兼并者来说，首先意味着放弃原有的生活秩序和社会地位，进入他村的社会。对于兼并者来说，则意味着要让出相当一部分既得利益给穷村，甚至背上穷村负债的"包袱"。因此，一开始往往遭到双方村民的激烈反对，两个村庄都会经历情感撕裂和利益分割的剧痛。但由于对村庄持续发展的渴求毕竟是理性的，为了优势互补，村民最终能够接受并村的现实。不过，我们至今看到的自愿并村的事实还只发生在两个发展水平十分悬殊的村庄之间。在发展落差较小的两个村庄之间，并村的方式很难为双方所接受。加之在现阶段，土地和与之相关的资源仍然固定在村庄，尚没有形成合理流转的制度，因此，并村的可能性是有限的。从这个意义上来说，村庄经济边界开放的程度也是有限的。

（三）人力资源的流入和流出

伴随村庄经济扩张的另外一个过程，是人力资源向超级村庄的集中。进入这类村庄的主要有进厂做工的工人和进入公司企业的科技管理人员，他们都与村庄建有劳动契约关系，进入的数量则因村庄的经济发展水平和产业类型而异。长江三角洲村庄的产业已开始从劳动密集型向技术密集型转变，所需要的外来劳力逐渐减少，一般不超过本村人口，他们大多来自周边地区或一些相对固定的外省农村。珠江三角洲村庄的主业仍然是劳动

---

① 孟晓云：《做土地文章的高手》，《光明日报》1995 年 7 月 26 日。

密集型的，需要大量外来劳动力，其数量都超过本村人口的数倍或几十倍，这些人近则来自本省腹地山区贫困县，远则来自中部、东部、西部乃至北部的边远省区。外来人口的流动性很大，除去雇佣关系和他们在村庄中的亲友关系网络外，他们与村庄之间再没有其他的关联。不过他们每年都往返于这些村庄和家乡之间，定期将打工赚得的钱寄回家乡，或者回去举办小企业。随着超级村庄的经济网络向内地和边远地区的深入，他们很可能成为家乡和这些村庄之间扩展经济联系的牵线人。

外来人口向超级村庄的集中，并不意味着这些村庄自己的人口便绝对固定于村庄。一般来说，超级村庄村民的收入大多高于城市，但这些利益是不能随着村民的流动而带出村庄的，因此，外出谋生的人很少。只在两种情况下，村民会在村庄以外从事经济活动。一种情况是村里有传统手艺的能工巧匠，他们一般不愿意在收入不一定比特长手艺更多的工厂工作，因而举家外出，常年在城市从事个体服务业。另一种情况发生在主导产业已经转为技术密集型的村庄，由于对劳动力的需求减少，这些村庄一般只从外地招收廉价劳力，村民则利用自己已经积累的数量可观的资金，在周边地区从事个体经营。他们的经济活动一般不会远离村庄，与地方市场体系的关系极为密切，而且生活的基本范围仍然在村庄里，与村庄的内在联系并没有改变。如果说村民的经济生活走出村庄是经济理性和市场原则作用的结果，那么把社会生活仍然保留在村庄，则是村社区文化和整体利益使然。

四　村社区文化与社会边界的封闭性

经济边界的开放无疑会使村庄与更大范围的社会大体系发生密切的关系，因此超级村庄已越来越成为这个大体系至少是经济体系的次级结构。但是，在上述情形加剧的同时，我们却没有看到过去人们一般描述的那种村庄解体的情形：一方面村社区与外部社会诸体系的联系日益加强，另一方面村庄的内聚力和自主性逐渐下降。恰恰与之相反，中国乡村工业化和超级村庄发展的现实，向我们提供了另外一种事实和发展模式：村庄经济的高度开放性与村庄内向聚合力和自主性的加强同时并存，且互为因果和补充。伴随乡村工业化的不是所有村庄的萎缩和消亡，而是相当数量的村社区超前发展，它们的社区结构不断膨胀和完善，村政功能更加强化。其结果是村庄之间的差距拉大，利益问题突出，因而村庄的自我发展和自我保护成为一对同时并存的相关问题。在这种情形下，虽然村社会由于经济边界的开放和社会流动的加剧，已经不是传统意义上的封闭社会，但原本就在村落文化作用下即已存在的社会边界的封闭性却仍然存在，甚至更形加剧，而且具有了新的适应力和两面性。

在这里，村社区文化是一种扩大了的村落文化。在乡村工业化的冲击下，"自然"村落结构已经或者正在发生深刻的变化。村落文化的作用范围随着村民工作范围的扩大和居住地域的集中而有所减小，而"行政"村社区作为工业经济共同体的地位上升，村社区文化在村域里起着越来越重要的作用。村社区文化，在这里以社区资源和利益的共享为主要特征，超出了以信息共享为主要特征的村落文化[①]，同时还包括了对社区资源和利益共享的行为规范和价值观念。这种文化既是传统的又因乡村工业化而被赋予了新的内容，因而在村庄社会结构发生变化时，它显现得尤为充分。

（一）村庄的合作主义

村庄的合作主义包括两个层面：它既是村民在经济上和保障上联合与互益的一种行为规范，又是一种强调社区内部的社会关系、情感和长期利益的价值取向。这种文化所强调的关系和利益往往是与市场原则相悖的，其目的是在村庄经济发展的过程中，通过村政功能的作用，使村民人人都能分享到村庄繁荣的果实。

其中，最彻底的莫过于对村民就业权利加以保护的意识。早在公社时期，就出现过为保护村民劳动权利而导致的农业"过密化"现象。因为"集体单位犹如大家庭，不能解雇其过剩劳力"。"不容忍部分人失业，哪怕这意味着对其他劳动力更有效地使用。"[②] 这种情形不仅在农业经营方式下和公社体制内存在，而且一直延续到今天乡村工业化过程中的新的合作体制内。我们在两个三角洲的村庄都看到了这种现象。如村庄在工业化初期，绝不为了获取最大利润而首先雇用价格较便宜的内地劳动力，而是必须首先满足本村村民的就业要求，并支付较高的工资（实际是从事收

---

① 李银河：《生育与村落文化》，中国社会科学出版社 1994 年版。

② ［美］黄宗智：《长江三角洲小农家庭与乡村发展》，中华书局 1992 年版。

入较高的管理工作）。只不过后来因村内的劳力不足以满足大工业的需求，大批外来工的流入才淡化了这个事实。不过，现在村庄对村内劳力的保护造成的并不是"有增长而无发展"的农业"过密化"，而是村庄社会的相对封闭性。当村民劳动权的保护成为特权时，便在村域内形成了相对封闭的职业圈子。在许多村庄都可以看到村民专事管理，而外来人（除去村庄特聘的技术或管理人才）则大多数专事体力劳动的现象。

在调查所及的村庄，合作主义还是一种以"村集体"为合作轴心的文化。在实行股份合作制的村庄里，虽然可以找到许多由家族、亲朋、自然村落形成的初级合作组织，但它们最终都以投资入股的方式与大村集体建立了合作关系。这种由村集体为主导的合作体系，使村庄的整体利益神圣不可侵犯，在村民的意识中也再次确立了没有村庄的整体繁荣，就没有农户个体的长远利益的观念。但与传统"集体制"时代不同的是，新的合作主义既承认村民个人所有权，同时又强调村民共同占有的合作精神。

以村集体为主导的合作主义，还与"共同富裕"的社会意识有一定的关联。调查所及的村庄，都推行让村民"人人都富起来"的社区政策，通过集体的人均分配和福利等社区收益再分配的形式，保障村民的基本生活水平。由于共享社区资源和利益是村庄合作主义的基本目的，因此合作又具有强烈的排他性。

显然，村庄的合作主义在经济上追求的不是绝对利润的最大化，也不是单纯的经济目标，而是以保障村民利益为前提的相对利润的最大化以及让村民"共同富裕"的社会目标。虽然这种合作主义带有相当的封闭性，但却使村庄在工业化过程中的举措得到村民的认同，从而吸引了村民的资金和劳力，迅速地实现了土地、资金、劳力和其他社区资源向大村的集中，并确有成效地保留了村财，完成了村庄的原始积累和扩大再生产，建设了村政设施，发展了福利事业。

（二）社会关系与合作圈子

在超级村庄里，传统的家族共同体几经削弱，已经不是一个明确的合作集团①。但村民们在利益关系重大的问题上，仍然首先求助于亲缘的圈

---

① 王沪宁：《当代中国村落家族文化——对中国社会现代化的一项探索》，上海人民出版社1991年版。

子。亲缘关系与初级合作组织之间的联系最能说明问题，如万丰村在实行股份合作制时，最初级的合作是发生在农户之间的资金和劳动组合，而这种组合又多发生在亲朋和近族之间，因为他们被认为是可靠从而可以首先合作的对象。在亲缘圈子的意识中，远离亲人是不安全的，而与他人合作远不如与亲族合作。这种传统的意识在农民重新组织起来时，不但没有淡化反而被加强了。

不过，在调查所及的超级村庄里，亲族之间的合作仍然是有限度的。当它有碍于村庄的整体利益，不适应大工业和经济管理的要求时，就有了相当的弹性。可以看到，基于亲缘关系而建立的合作圈子并不是封闭的，它在村庄内部具有相当的开放性，任何一个村民，只要愿意合作，就可以平等地参与其中。而在村庄的再合作过程中，地缘的关系反倒显得更为重要，更具有相对的封闭性。这种以地缘关系为基础的合作，范围无疑比亲缘合作圈子大，因为它以村集体组织为核心，合作的对象是全体村民，因而受益和承担风险的也是全体村民。在实行股份合作制的村庄里，村集体合作体系的内部产权，是以不同层次的合作对象所拥有的股份份额来确定的。在实行集体制的村庄里，内部产权虽不像前者那样明确，但外部产权与之相同，都具有强烈的排他性，因为这是以全体村民为法人成员的共同所有权，是以村民身份为边界的。此外，在村域内还可以发现各种以社会关系为基础的生活圈子，如工作圈子、居住圈子、交往圈子甚至婚姻圈子等，也都是以亲缘或地缘特别是地缘关系来划分的，"村里人"和"村外人"或"本地人"与"外地人"的分野，处处都很明确。这种相互间的排斥，不仅是村庄意识中的也已经是制度化了的。

（三）"村籍"制度与村庄利益的排他性

村籍制度是经济发达地区村庄工业化过程中出现的一种独特现象，是单个村庄超前发展，与其他村庄之间形成巨大差别后进行自我保护和加强利益控制的一种制度，也是巩固地缘关系的制度化形式。作为一种社区身份，它仍以户籍为其基础。从调查所及的村庄来看，都存在这种成文或不成文的制度，只不过被强化的程度有所不同。

村籍制度的核心是控制外来人口流入和防止村庄利益外流。在村籍制度严格的村庄，还形成了一整套规范体系，这包括：（1）保留村籍的限度。例如，规定出嫁者在三年内仍可保留村籍，有权参加村内的分配，三年后村籍失效。而由外村嫁入或入赘者，则需在三年后才能正式拥有村籍并参加分配。（2）再入村籍的限制。例如，原籍村民由于职业变动从农业户籍转为非农户籍者，再入村籍则要受到限制。（3）违籍的处置。例如，严重违反村规民约者（如吸毒等），取消在村内的一切分配和福利待遇甚至开除村籍。

不仅如是，这套制度实际上已经演变成一种与工资、福利、就业、教育等相关联的制度综合体系，拥有村籍，就具有了优先选择职业，享受村民福利、补贴或集体分配，以及在村内批地建房办厂、入股投资分红等权利。另外，村民也必须与村庄共担经济风险，遵守村规民约，承担村民应尽的各种义务，如合作互助、辅助病残、尊老爱幼等。失去村籍，村民就失去了在村中的一切利益，而新加入者则有权分享其中的一部分。因此，村籍制度控制下的村庄利益分配带有强烈的排他性。在一些村庄可以看到，出嫁女不愿离开村庄，村民不愿接受婚姻以外试图加入村庄的人，也拒绝当年跳出农村转为城市户籍，而今又想再入村籍的人。所以，即使那些靠专门手艺长期在外谋生者，也都保留着村民身份，为的是一旦再回到村庄，仍可成为村庄利益的当然享有者。

当然，村籍制度并不是一个单纯的文化现象，它也是村庄产权的社区所有制和由此产生的福利制度的伴生物。由于村庄是通过增加社区内的公共福利开支使村民分享社区财产收益的（有人称之为"隐含财产收入"），因此，移入一个居民，就会分走一份隐含财产收入，也就意味着其他村民的收入会减少，因此会遭到村民的激烈反对；而即使不反对恐怕也不行，因为这种分配方式将使更多的人力图获得村民身份，以至村庄无法承受。这样，村庄最好的选择就是不允许外来劳力移入，但同时又利用外来劳力[1]。不过值得注意的是，村庄的产权制度和分配体制，也是在村庄文化的反作用下被强化了的。因此，我们才可以看到，在一些已经实行股份合作制的超级村庄中，仍然保留着产权的社区所有制形式和村民的隐含财产收入；而在一些已经有条件吸收部分有贡献的外来人才加入村籍，或者将他们已有的管理权限加以扩大的村庄，也由于村民对"外村人"的强烈排斥而无法实现。

由于村籍涉及村庄利益的分配，因此村籍形成的社会界限，也成为村

---

① 何道峰：《从封闭走向开放的历史抉择》，载《乡村变革》，人民出版社1995年版。

社区的基本分层结构的基础。在村籍制度严格的村庄，一般存在五种身份群体：一是具有村籍身份的村民，他们拥有最优越的职业位置和最高的社会身份。二是"空挂户"，即那些户口已入村册，但不享有与村民同等经济和社会待遇的人。他们与村庄有各种特殊的关系，其中一部分是为村庄的发展作出过特殊贡献的人，实际上在村内已经担任管理类的职务，有条件在村内置办房产、自办商业等；另一部分是因为婚姻关系应该迁出而不愿迁出，或应该迁入而未能迁入的人及其子女。三是外来商户，虽无村籍，但长年在村中经营商业，有定居的趋势，也是一些希望拥有村籍的人。四是外聘人员，主要是村庄聘请来的高级技术人员和管理人员。他们的职业位置较高，但身份低于具有村籍的同职人员，一般不准备长期在村中落户。五是打工者，职业多为体力工人或在生产线上的初级管理人员，流动性很大，虽然其中许多人希望有机会在村庄落户，但可能性很小。他们与村民之间的社会距离最大，是村社区中社会地位最低的群体。

以地缘关系为基础的合作圈子和村籍制度，在保护村民利益、防止利益"平调"及强化村庄整体利益等方面有着积极的作用，但却在"村里人"和"村外人"之间挖了一道难以逾越的鸿沟。虽然在村社区文化中对此有着十分合理的解释，如村民享有的优惠是对他们在创业初期共同付出的艰辛和所投入的土地分期支付的报酬，"村外人"不能享有是因为他们没有付出，等等，但这道鸿沟的存在也使大部分超级村庄面临人才无法合理流动的难题。一方面，外来的人才无论怎样努力，都有可能永远处于"打工者"的地位，村庄不接纳他们，他们也不认同村庄。这样，村庄既不可能拥有稳定的技术人员、管理人员和工人队伍，也不可能保持稳定的人口聚集规模。同时，也限制了村民向村域外的合理的职业流动。村民因利益所在固着在村庄，也是以牺牲个人日益多元化的需求为代价的。在有的村庄，村民为了保住既得利益，甚至不愿意外出上大学。另一方面，村民特权的强化，已经使一些村庄出现了管理人才在村域内"近亲繁殖"及权力结构家族化等倾向。这些在村庄中产生的社会关系，在现阶段与乡村企业组织之间仍然有着高度的融合性，运用得当，仍然非常有效。但它们对村庄的持续发展和社会转型将产生怎样的影响，还是有待深入研究的问题。

综上所述，在这些经济高度发展的村庄中，虽然工业化的冲击和经济边界的开放性使其经济结构、人口结构和生活方式都发生了向"准城镇"

类型的转化，但村庄的传统文化仍然在顽强而有效地起作用，没有彻底让位于工业和城市文明。可以看到，在村社区文化作用下产生的社会边界的相对封闭性具有双重的影响。一方面，它与市场原则作用下的开放的村庄经济时常发生着冲突，要求经济发展为村庄利益做出必要的让步，经济理性必须依据村社区文化进行某些修正，因而正在成为村庄经济持续发展中的难题。而另一方面，这种封闭性与村庄经济的开放性之间又是共生共荣的。村庄的内向聚合力和合作精神、自我利益的保护机制，以及传统组织资源和社会关系在现代产业组织中的有效应用等，又是村庄在缺乏外援的自我发展中，能够在经济和社会两个方面都获得巨大成功的保障。因而，即使是超级村庄，也仍然保留着村社会的规范和乡村生活秩序，目前在社区形态上也只完成了向"工业村"的转型。也正是在这个意义上，我们说它具有"中间社区"的特征，正在完成"自然城镇化"的过程①。而这种"中间性"究竟只是一种暂时的过渡形态，还是一种有着生存根基的可持续发展的新的社区形态，仍有待时间的验证和理论上的探讨。总之，在超级村庄发展的现实中，我们似乎可以找到某些乡村传统文化再获新生的契机。因此，在乡村工业化和城市化的过程中，村社区结构和文化究竟有没有存在的根基，它将以怎样的方式合理地存在，同样是有关中国乡村工业化和城市化道路的重大理论和实践问题。

（本文的写作在相当程度上得益于笔者与陈婴婴博士共同进行的有关"超级村庄"的专题研究，陈博士的诸多观点、建议和评论，使笔者受益颇多，特致谢意。）

《中国社会科学》1996 年第 3 期

---

① "社会发展"课题组：《当代中国社会结构的变化》，《管理世界》1991 年第 1 期。

"健康老龄化"战略刍议

邬沧萍　姜向群*

　　摘要　本文认为，我国自 70 年代中期开始的人口老龄化的特点是：老龄化的速度快，老年人口的增量巨大，人口老龄化的地区和时间分布不平衡；在未来二三十年后我国进入老龄化高峰期时，老龄问题将集中表现出来，可能与人口问题具有同等的严重性。为此，从现在开始就要进行各种必要的准备，而"健康老龄化"将是对付人口老龄化所应采取的一项明智、乐观和有效的战略选择。文章就健康老龄化的内涵、将健康老龄化战略纳入我国社会发展目标的必要性以及在我国实施健康老龄化战略的基本对策阐述了自己的看法。

　　在人类社会中，人口老龄化[①]出现的历史还十分短暂。19 世纪 50 年代，法国刚刚出现人口老龄化的特征，其 60 岁以上老年人口的比重达到了 10%。19 世纪下半叶，瑞典的老年人口也达到了相应的标准[②]。由于发达国家人口老龄化是一个缓慢的发展过程，是一场"静悄悄的人口革命"，所以其前期对社会和人口自身的影响并不明显，也没有引起更多的关注。到 20 世纪二三十年代，特别是第二次世界大战之后，伴随着社会性经济危机的震荡，再加之社会保障制度和福利国家政策的推行，人口老龄化和老年人问题在西方国家开始引起重视。人们迫切感到需要认识人口老龄化的

---

　　* 邬沧萍，1923 年生，中国人民大学人口研究所教授；姜向群，1955 年生，中国人民大学人口研究所讲师、在职博士生。
　　① 人口老龄化是指总人口中老年人口比重不断提高的过程。
　　② 联合国于 1956 年提出 65 岁以上老年人占总人口的 7% 作为老龄社会的标准；1982 年世界老龄大会将 60 岁以上作为划分老年人的界限，此后多数学者以 60 岁以上人口占总人口 10% 作为老龄社会的标准。我国近年来多沿用此标准。

社会经济影响，需要国家和政府出面制定切实可行的对策。到现阶段，世界范围内的人口老龄化已成为大趋势，人们对它的认识也逐渐深化。例如，国际老年学学会为1997年世界老龄大会制定的口号是："全球只有一个老龄化的前途"；1995年美国白宫全美老年会议则提出了"从现在起到下一个世纪，几代美国人将一起老龄化"的警告。

大略说来，人口老龄化所带来的老年人问题主要集中在两个方面：一是老年经济问题，二是老年健康问题。在发达国家，前一个问题已通过老年社会保障的发展和完善基本上得到了解决（当然仍存在危机），而后一个问题正日益成为老年人和社会所面临的主要威胁。发展中国家的老年人问题则二者皆有，而且互为因果，即老年人经济保障不足会加剧健康的恶化，健康的恶化又会导致经济收入的降低和经济地位的下降。总之，不论是发达国家还是发展中国家，老年人的健康问题已成为一个社会问题。有鉴于此，世界卫生组织近年提出的"健康老龄化"不失为解决老龄问题的一条重要而有效的途径。下面，本文将围绕这一问题展开讨论。

一　中国人口老龄化的基本特点和严重性

一般而言，人口老龄化是社会生产力和科学技术发展的必然结果。在18世纪以前的整个历史阶段，60岁以上人口在总人口中的比重还不过4%左右，任何社会都未曾出现过老年人口过多的现象。造成这种情况的主要原因是人口死亡率过高。[①] 虽然历史上人口出生率也很高[②]，但由于死亡率的抵消作用，能够存活到老年阶段的人口总体说来比重很小。如封建社会中人口的平均寿命不过30岁左右，而包括西欧、北欧、北美和大洋洲在内的大部分西方国家，18世纪和19世纪人口的预期寿命也只有40—50岁。工业革命后，死亡率大幅度下降，人类的寿命不断延长。另外，随着生育率的快速下降[③]，青少年人口的比重大幅度下降，老年人口的比重则

---

　　① 目前发达国家总和生育率已经降到2.1的更替水平以下，东南亚和拉美国家的总和生育率也由60年代的6—7降到现在的2.5以下。

　　② 20世纪70年代之前世界人口平均出生率保持在30‰以上，发展中国家至80年代出生率仍保持高水平。邬沧萍：《世界人口》，中国人民大学出版社1983年版，第62—73页。

　　③ 原始社会中的尼安德特人死亡率不低于40‰。参见梁中堂《人口学》，山西人民出版社1983年版，第278页。

相应大幅度提高，老龄化问题才凸显了出来。我国自70年代大力推行计划生育政策，使0—14岁青少年人口的比重从1964年的40.70%，下降到1982年的33.59%，并进一步下降到1990年的27.69%。与此同时，60岁以上老年人口的比重则从1964年的6.10%上升到1982年的7.60%，并进一步上升到1990年的8.59%，从而形成了近年来明显的人口老龄化趋势。

已有不少学者指出，与发达国家相比，中国人口老龄化所经历的时间更为短暂。如中国60岁以上老年人口比重由7%提高到14%只需25年或26年，而英国、美国、瑞典和法国则分别要经历45年、65年、85年和115年[①]。其速度之快，甚至超过了我国学术界原来的预测。从第三次人口普查至第四次人口普查及其之后的一段时间，所有的预测结果都认为我国将于2000年稍后一两年进入老年型社会，即老年人口比重达到10%。而按国家统计局资料，我国已于90年代中期接近了老年型社会的标准，截止到1994年底，老年人口数已达1.17亿，占总人口的9.76%。

进一步看，我国人口老龄化还有以下三个突出特点。

第一，人口老龄化在短时间内形成加速发展的势头，而这种快速人口老龄化的过程又是在较低经济发展水平下发生的，故对社会经济的影响将是世界上最严重的。人口年龄结构变化的一般规律表明，生育率的下降必然使人口年龄结构趋向老龄化，但生育率下降对老年人口比重的提高有一个滞后作用，即生育率持续下降十几年之后，分年龄死亡率大致保持不变，必然导致总人口中青少年比重大幅度下降和老年人口比重的大幅度提高。其后人口老龄化过程将持续四五十年进入高峰期[②]。如果从70年代中期中国老龄化开始发端算起，至21世纪四五十年代老龄化高峰时，中国将经历70年的老龄化时间。其中，速度最快的时期将发生在2020—2040年代。现阶段中国老年人口正以3%—4%的年平均增长率增长，21世纪上半叶的增长速度将更快。中国无疑属于快速老龄化类型（西欧、北欧和北美等国家属于慢速人口老龄化地区），而中国的经济实力和社会保障水平却相对低下，这与人口老龄化加速发展的势头形成了巨大的反差。同属快速老龄化类型的日本[③]在70年代初进入人口老龄化时，其经济发展水

---

① *An Aging World*, U. S. Bureau of the Census, New York, 1989, p. 7.

② 根据目前我国人口学界的预测，我国人口老龄化将持续出现在未来四五十年内，其后将步入人口年龄结构的稳定发展阶段。

③ *An Aging World*, U. S. Bureau of the Census, pp. 7, 35.

平已经达到发达国家的标准,社会经济的承受力很强,因此人口老龄化未对社会产生过度的震荡。而中国到 21 世纪初经济发展也只相当于发展中国家的较低水平。由此可见,中国人口老龄化的客观压力将是十分巨大的。

第二,与上一个特点相关,从历时性角度看,中国人口老龄化的发展过程是不平衡的,巨量老年人口的增加带有突发性。统计和预测表明,在今后相当长的一段时期内,老龄人口的增长势头将越来越强,且某些阶段带有明显的爆发性。如 1982—1990 年我国每年平均增加 60 岁以上老年人口 300 多万,[1] 进入 90 年代以来,则每年平均增加近 400 万[2],21 世纪前 10 年每年将平均增加 400—500 万,2010—2020 年最高年份将增加 900 万。2020—2030 年每年将增加 1000 万以上,直到 2030 年以后,每年的增量才逐渐减少[3]。我国老年人口原有的基数本来就很大,90 年代初即已达到 1 亿人,每年进入老年人口行列的人数也十分庞大,老年人口的规模在世界上是最大的。不仅如此,本世纪五六十年代生育高峰期出生的巨大规模的人口将于 2010 年开始进入老年行列,他们必然在一定时期内形成前所未有的庞大的老年人口群体。这种形势将对中国社会发展造成极大的影响。

第三,从共时性的角度看,我国人口老龄化在地区间的发展极不平衡。我国地域辽阔,省区之间、城乡之间在社会经济文化发展上差异很大,历史上形成的人口年龄结构差别也很大。特别是改革开放以来,东南沿海和大城市人们的生育观念急剧转变,生育率在很短的时间内下降到更替水平或更替水平以下,人口老龄化的速度亦急剧加快。如北京、上海、天津、江苏、浙江等省市已于 80 年代末期进入老年型地区。而贵州、新疆、西藏等省区的生育率在 1990 年仍保持在较高水平上,其老龄化指标亦很低,人口年龄结构尚属成年型发展阶段[4]。从地域差异看,我国人口老龄化程度可分为三大类。第一类是东部沿海地区,包括上海、北京、天津、江苏、浙江,1990 年 60 岁以上老年人口比重都超过了 10%,已成为老年型地区,其中上海、北京、天津三市的人口老龄化程度在不远的将来将进入世界高水平老龄化之列。第二类是内陆平原地区,包括河北、河

---

① 根据第三、第四次人口普查资料计算。

② 根据国家统计局人口统计资料推算。

③ 参见杜鹏《中国人口老龄化过程研究》,中国人民大学出版社 1994 年版,第 49—50 页。

④ 参见中国 1990 年第四次人口普查数据。

南、湖北、湖南、黑龙江、吉林、辽宁、广东、四川、安徽、甘肃和内蒙古，老龄化程度居于我国中等水平，即将进入老年型行列。第三类是西北、西南及边陲地区，1990 年 60 岁以上老年人口比重均低于 8%，属老龄化的后进地区。因此，从全国来看，不同地区进入老年型地区的时间间隔较大。根据中国人民大学人口研究所关于"中国人口发展前景与对策课题"的研究预测结果，我国 30 个省区进入老年人口时间的均值为 2005年，标准差为 9.36 年，先后相差最大值为 36 年[①]。由于各地区社会经济发展水平、居民生活水平及老年人普遍需求的差异，不同地区老龄化所引发的问题也将有程度上和时间先后的不同。在城乡差异上，我国人口老龄化的不平衡性具有"两头突出"的特点，即一方面表现为大城市人口超前老龄化；另一方面又表现为近年来农村地区由于青壮年劳动力人口大量外流而使人口老龄化程度迅速提高。农村老年人口数量庞大，已占全国老年人口总数的 74.9%。而多数农村地区经济条件落后，社会保障缺乏，解决老年人口问题难度会更大[②]。

如前所述，我国将在较低的经济发展水平和保障水平的背景下，以世界上最快的速度进入老龄化时代。如果我们现在仍不进行实质性的准备工作，那么人口老龄化和老年人口膨胀所造成的社会问题可能会与我国的人口问题具有同等的严重性；如果对老年人问题处理不当，则可能付出与人口问题同等的代价。

二 人口老龄化对老年人口总体健康水平的不利影响

老年人渴望健康，这是常识。研究结果也证明了这一点。据国外有关资料，在众多愿望的排列上，75% 以上的老年人把健康列在第一位[③]。同样，在权衡影响个人幸福感的诸多相关因素时，绝大多数老年人也将健康排在第一位。

[①] 参见林富德、刘金塘《走向 21 世纪：中国人口发展的地区差异》，《人口研究》1996 年第 2 期。

[②] 农村老年人面临的主要问题是经济保障缺乏和空巢家庭增多所产生的老人供养服务不足，而城市老人则更多地受到物价波动和医疗保障不足的影响。

[③] 参见王梅《活得长≠活得健康》，中国经济出版社 1993 年版，第 1 页。

老年人对健康的渴望是他们健康水平逐渐下降的反映。从横向对比看，老年人口患病率明显高于其他年龄组人口；老年人口中，年龄组越高，患病率也就越高。据 80 年代末我国九大城市老年人口抽样调查结果，老年人总体患病率为 63.5%，而 75 岁以上年龄组的患病率则在 70% 以上[①]。另据美国 80 年代末期对美国老年人的专项调查，65 岁以上的老年人因健康问题而卧床不起的是 17—44 岁年龄组的 3 倍；老年人比年轻人更易于患慢性病，65 岁以上的老年人中大约有 80% 至少患有一种慢性病[②]。

从纵向发展看，人口老龄化过程中必然出现高龄化趋势，即 75 岁或 80 岁以上老年人口比重的增加要高于全部老年人口比重增加的速度。根据现在的一般研究结论，在医学取得重大突破之前，人口高龄化的发展将使老年人整体健康水平下降。我国老年人口高龄化的趋势已经开始出现并逐渐突出，80 岁以上老年人口占全体老年人口的比重不断增加，至 21 世纪 30 年代以后，增加的幅度将相当惊人（见表 1）。

表 1　　　　　　　　　中国 60 岁以上老年人口变动趋势

年份	60—69 岁		70—79 岁		80 岁以上	
	人数（万人）	比重（%）	人数（万人）	比重（%）	人数（万人）	比重（%）
1964	2930.66	71.04	1113.56	26.99	81.26	1.97
1982	4862.26	63.43	2296.50	29.97	505.02	6.60
1990	6043.88	62.2	2905.32	29.9	769.89	7.9
2000	7551.13	58.9	4039.21	31.5	1235.91	9.6
2010	9587.74	58.2	5129.47	31.1	1764.72	10.7
2020	13883.10	60.2	6840.66	29.7	2337.33	10.1
2030	20079.51	59.8	10087.84	30.1	3371.24	10.1
2040	18053.41	47.1	15305.86	39.9	4974.89	13.0
2050	18919.97	49.5	14021.90	36.7	8246.42	21.6

预测参数：TFR 2000 年降至 2.1，2010 年降至 1.8，此后保持不变至 2050 年；e^0（M）2000 年增至 70，2050 年增至 76，e^0（F）2000 年为 74，2050 年为 80。

资料来源：《中国人口年鉴（1985）》，中国社会科学出版社 1986 年版；《中国 1990 年第四次全国人口普查 10% 抽样汇总数据》，中国统计出版社 1991 年版。

---

① 参见《老年人状况抽样调查》，天津教育出版社 1991 年版。

② 参见［美］N. R. 霍曼和 H. A. 基亚克《社会老年学——多学科展望》，社会科学文献出版社 1992 年版，第 150 页。

　　研究结果还表明，老年人寿命的延长并不等于健康寿命的延长，即长寿不等于健康。很多情况是，伴随着老年人口寿命的延长，其带病期也在延长。按 1990 年资料计算，我国 60 岁以上老年人口平均有 17 年的预期寿命，而其中有 2 /3 的时间是带病期。[①] 如果医疗手段和保健政策不能获得重大改善，那么随着老年人口寿命的进一步延长，其带病期也必将随之进一步延长。

　　老年人健康水平下降的另一个重要因素是其经济地位相对低下。老年人在社会分配中往往处于不利地位，加之在经济发展和社会保障水平均较低且医疗资源相对不足的情况下，老年人对医疗资源的利用率尤其低下，使社会上多数老年人不能得到及时足够的医疗保障[②]，这些都会导致老年人健康水平的下降。同时应该看到，老年人口高龄化的发展还将进一步相对或绝对降低老年人口的收入水平，因而会对老年人口的健康产生更加不利的影响。

　　老年人健康水平的下降对于社会分配和医疗保障提出了突出的要求，而另一方面，不同社会在满足这些要求上又存在着不同的困难。在发达国家，由于社会保障负担的加重，一些国家曾试图削减社会保障特别是医疗保障的开支，但总是难于下手。因为社会保障既取决于社会经济发展水平，又取决于已有的管理体制和总人口的社会需求。同时，社会保障具有刚性的特点，即上去了就难以降下来。在我国，一方面是老龄人口迅速增加，对保障健康水平的需求剧增。另一方面，我们还缺乏必要的经济积累和制度准备，因而问题就显得更加突出。总之，无论是在发达国家，还是在像我国这样的发展中国家，都存在着这种老年人健康保障需求增加与资源短缺的矛盾。正是在这一背景下，一些学者从提高人口素质和社会适应能力的角度，提出了健康老龄化的理论和对策。

三　健康老龄化对策的社会学意义

　　从字面上看，健康老龄化很容易被理解为仅是一种医疗保健目标，实

---

　　① 参见王梅《活得长≠活得健康》，中国经济出版社 1993 年版，第 47 页。
　　② 根据第四次人口普查资料推算，我国 1990 年仅有 8% 的老年人具备享受公费医疗的条件。

际上，它有丰富的社会文化内涵，因而应当从社会学的角度去予以诠释。

　　所谓健康老龄化，是指在老龄化社会中，多数老年人处于生理、心理和社会功能的健康状态，同时也指社会发展不受过度人口老龄化的影响。这一理论的提出有一个过程。其大背景是在对待人口老龄化的态度和如何看待人口老龄化前景的问题上，在世界范围内形成了两种观点，即悲观论和乐观论。前者强调老龄化不可抗拒的消极后果，认为老龄化必然导致社会负担加重，群体和个体的老龄化必然导致老年人口总体发病率的提高和不能自理期的延长，进而导致社会活力的下降，科学技术更新和生产力发展受到不利影响等。后者则把老龄化看成是现代人口转变过程必然经历的人口现象，认为人类可以通过自身的努力克服老龄化的不良影响，或者建立各种有效机制，将老龄化的不良影响降低到最小的程度。为此，国外学者曾提出过"成功的老龄化"（Seccesful Aging）和"生产型老龄化"（Productive Aging）的概念和理论，作为可供选择的、比较乐观的老龄化发展模式。近一个时期，由世界卫生组织首倡的"健康老龄化"（Healthy Aging）更为引人瞩目，其原因首先在于健康老龄化口号的提出具有一定的权威性。1987年，世界卫生大会决定将"健康老龄化的决定因素"作为主要研究课题；1990年，世界卫生组织在哥本哈根世界老龄大会上把"健康老龄化"作为对付人口老龄化的一项发展战略；1993年，第15届国际老年学学会布达佩斯大会把"科学要为健康的老龄化服务"作为会议的主题，在此之后，各国在这方面的研究更加活跃。其次，健康老龄化理论具有合理性，它从医疗保健和老龄化过程中的老年人健康问题着眼，将重点放在提高大多数老年人生命质量，缩短生命带病期，使老年人以正常的功能健康地存活到生命的终点上。这样的提法无疑更具有号召力，在实践上也更具现实意义，更容易为大多数老年人和社会各个年龄组的人群所接受。

　　当然，我们也应该看到，健康老龄化的提法更符合发达国家的实际。因为发达国家的大多数老年人已经解决了物质生活问题①，老年人特别是高龄老年人的健康问题便被提上了议事日程。但是，能否就此便认为健康老龄化战略不适用于我国呢？回答当然是否定的。因为不论从内涵还是外

---

　　① 根据美国1990年人口现状调查资料，美国当时60岁以上老年人口的贫困人口比重，城市为10%，农村为15%。参见 Rural Sociolog, Summer 1995。

延或者其引申含义来看，健康老龄化都不仅仅是一个医疗保健目标，更是一项社会战略。对于像我国这样的老龄化问题尖锐的发展中国家，及早将这一社会战略纳入社会发展的总体框架之中无疑是十分必要的。为此，就需要从社会学意义上来理解和把握健康老龄化。

第一，老年人的健康明显地受到社会因素的影响，社会生活的完善状态对老年人的生活具有重要意义，因此实现健康老龄化是一项社会工程。

现代医学发展成果拓宽了健康的内涵，人的健康不再局限于传统医学含义。传统意义上的健康主要强调生理功能的健全和生理机能的正常发展。而现代意义上的健康则从生理、心理和社会多角度、综合性地探讨健康的机制，认为"健康是一种生理、心理和社会的完全的安宁状态"[1]，并以此作为衡量健康状态的一般标准。现代老年学的大量研究表明，影响老年人健康的因素是多方面的，由于老年人在社会群体中所处的特殊地位，例如退休、经济收入较低、所掌握的知识日益陈旧、与青年人的代际差异日益扩大，等等，他们的社会关系更为脆弱和不稳定，他们的生活更难于与社会发展保持同步和协调，某些老年人被排斥于社会生活之外，成为社会学家伯吉斯所说的"非角色的角色"[2]。这就必然导致他们心理上进而是生理上的不安宁状态，损害他们的健康。进而言之，作为日益庞大的老年社会群体，如果其中多数人出现角色失调或角色紊乱，则这个群体的社会生活以及群体本身就是不健康的。

具体而言，社会因素对健康的两个基本指标——生理、心理的影响是十分明显的。就心理健康而言，除了先天遗传因素等生理状态的影响之外，还更主要、更直接地受到社会生活的影响。例如，老年人的文化程度与其健康明显相关。1992 年"中国老年人供养体系调查"提供的数据表明，文化程度较高的老年人的心理素质较好，各项心理健康指标较高。如在北京市城区，有大学本科文化程度的老年人中心理上有孤独感的占10%，而不识字或识字很少的老年人中有孤独感的占24%，后者比前者高出一倍还多。同时，老年人的孤独感与原职业有密切关系，在不同职业中，军人有孤独感的占38%，专业技术人员占18%，农民占14%。就老年

---

① 参见［美］N. R. 霍曼和 H. A. 基亚克《老年社会学——多学科展望》，社会科学文献出版社 1992 年版。

② ［美］戴维·L. 德克尔：《老年社会学》，天津人民出版社 1986 年版，第 162—163 页。

人自感满意程度观察，未退休和已退休但继续工作的老年人幸福感最强，达到90%以上。另外，老年人的经济条件与幸福感呈明显的正相关。[1]

老年人的经济条件对其身体健康的影响也是十分明显的。这是因为老年人个人经济收入水平直接决定了他们营养的摄取和改善。据前述北京市的调查资料，在经济困难的老年人中，身体健康的占22.6%，较健康的占44.7%，不健康的占32.0%；城市经济困难的老年人不健康者占34.3%，农村经济困难的老年人不健康者高达50.4%[2]。此外，国家在老年人医疗保障上的经济投入也是影响老年人整体健康水平的至关重要的因素。可以说，这方面的经济投入越大，老年人的整体健康水平也就越高，反之就越低。当然，经济条件对健康水平的影响还取决于医疗资源分配和利用的情况以及老年人口的年龄结构状况。但就一般规律而言，两个方面呈正相关关系。

由此可见，在实施健康老龄化战略时，既要发展老年医疗保健，也要加强老年人的社会保障，如完善退休制度、医疗保险及社会服务体系，制定老年人保护法，提高老年人的社会经济地位。与此同时，还要重视老年人的精神文化生活，减少对老年人身心健康不利的社会影响等。

健康老龄化还是全民健康的题中应有之义。我国目前开展的建立城乡三级医疗保健网，以预防为主，进行全民健康教育，提倡科学营养、饮食保健等全民健康活动，其最终效果都将在人口老龄化阶段老年人的健康质量上体现出来。健康老龄化还要求发展全民体育，没有全民体育健身的普及，就没有今后老龄化阶段全体老年人的健康。此外，教育、科学、文化等精神文明的发展对健康老龄化也是必不可少的。因为精神文明水平的提高有利于改善各年龄人口的生活方式和生活习惯，从根本上促进身心健康，保证中华民族健康地进入21世纪。

第二，健康老龄化关注老年人口中大多数人的健康长寿，强调总人口中健康老年人比重的不断提高，因此是一项社会发展对策。

健康老龄化的着眼点是社会群体的健康长寿，而不局限于少数长寿老年人的增加，例如百岁老人的多少。当然，群体的健康是建立在个体健康

---

[1] 参见张一华、郭平《北京市老年人心理健康状况及相关因素的分析》，载《实现健康老龄化》，中国劳动出版社1995年版，第196—199页。

[2] 参见王树新《中国老年人口的经济状况及对健康质量的影响》，载《实现健康老龄化》，中国劳动出版社1995年版，第158页。

的基础之上的。个体在进入老年期以后表现出的老化差异很大，其生理和心理的衰老并不与增龄同步，而群体的老化是与群体平均年龄的提高同步的。具体而言，健康老龄化应该随着老年人平均寿命的延长，平均预期带病期不断缩短；老年人带病期占老年期的比重越来越小，亦即带病期被压缩到生命最后阶段的极短时间内。当然，具体指标需要通过研究各国老年人健康和寿命的具体情况才能确定。目前我国老年人口平均预期带病期比平均预期健康期要长得多。如 1990 年城市老年男性平均预期带病期为 12.25 年，占余寿的 75.2%；女性为 15.11 年，占余寿的 62.4%。可见，我国老年人的余寿期有一多半的时间是在患病状态下度过的[1]。这显然不是一种健康的老龄化。不管从什么意义上说，我们离健康老龄化还相距甚远。但从历史发展过程来考察，一方面总人口的平均寿命在不断延长，另一方面老年人口本身的健康水平也在不断提高。从平均水平看，今天 70 岁年龄组的人口要比一个世纪前 50 岁年龄组的人口更健康。我国老年人口死亡率的下降也说明了这一点。表 2 表明，按年龄组由低到高观察，我国老年人口死亡率下降的幅度越来越大，可间接地说明老年人口的健康水平在不断提高[2]。

表 2　　　　中国 1975—1987 年老年人口分年龄组死亡率下降幅度　　　单位：‰

年龄组	60—64 岁	65—69 岁	70—74 岁	75—79 岁	80—84 岁	85—89 岁	90 岁以上
死亡率下降	5.88	7.10	13.14	16.18	31.23	42.0	26.81

资料来源：根据《中国人口总论》（中国财经出版社 1991 年版）中国 1989 年人口变动情况抽样调查样本资料计算得到。

从表 2 可以看出，我国老年人口中高龄老年人口的死亡率下降的幅度较大，存活率在不断提高，平均寿命在不断延长。这可以说明老年人口中致命疾病的比率在不断下降（但慢性病的变化却不能由此而得知）。

健康老龄化着眼于人口群体的健康长寿，其必要性包含在人类社会的发展目标之中。而另一方面，人类也在创造实现这一目标的条件。强调群体健康老龄化的社会意义就在于，这一发展战略着眼于大多数人口健康质

---

[1]　参见王梅《活得长 ≠ 活得健康》，中国经济出版社 1993 年版，第 216—217 页。
[2]　这一点还需要医学研究资料的精确实证才能得出更科学的结论。

量的提高，并且必须从人的一生健康的培养着手，在进入老龄阶段之前即奠定健康的基础。这一战略还要求政府所提供的医疗保健资源必须面向全社会，从整体上提高人口的医疗保障水平，注重预防性的医疗保健以及人口整体素质的改善。

第三，健康老龄化是老龄化时代社会良性运行的标志，也是人类对付过度老龄化的一项有效、乐观的对策。

人口老龄化是一种必然趋势，是任何一个国家都不能回避和改变的人口发展过程。对此，人类只能因势利导，从经济发展、社会政策和分配制度等方面作出相应的调整，使其不利影响降低到最小限度。中国的老龄化速度是世界上最快的国家之一，同时，中国又是发展中国家。很多学者据此指出，我国人口老龄化是超前于社会经济发展水平的。我们认为，与发达国家相比，就人口老龄化的速度相对于社会经济发展水平来说，我国人口老龄化属于世界上过度人口老龄化类型。在这种形势下，健康老龄化意味着将老龄化对社会发展的负面影响降到最低限度之内。

老龄化的负面影响在发达国家已表现得很突出。美欧等发达国家的老龄化目前已达到了很高的程度①。在这种情况下，它们的社会活力、经济和科学技术的发展速度是否受到了人口老龄化的严重影响，由于其历史较短，尚无定论②，但在社会保障方面的影响已经是很明显的了。如英、美、法等国对老年医疗保险和退休金支出已感到难以承担，几届政府都试图削减或已经削减这方面的财政预算，因此引起很多社会矛盾。可以说，这些由老龄化引起的社会问题当然不是健康老龄化的状态。

老龄化的负面影响在我国也有表现。我国老年人口数量多、老龄化速度快是世界上公认的。更值得注意的是，我国退休职工的增长速度快于老年人口增长速度的一倍。据国家统计局公布的数据，1986—1992年退休职工年平均增长率为6.8%，同期老年人口的年平均增长率为3.7%。职工队伍的人口老龄化使退休人口急剧增加，对我国退休金的供给产生了极大的压力。特别是企业在参与市场竞争过程中，经济效益出现波动，退休金的提供也随之受到很大影响，某些企业不能保证全额支付退休金和医疗

---

① 根据联合国文献，1995年世界上发达国家60岁以上老年人口比重为20%，其中瑞典25%，英国24%，法国23%，美国19%。

② 参见 United Nations *Economic and Social Implications of Population Aging*, New York, 1988, pp. 71–13。

费,致使老年人的经济、医疗保障得不到落实。凡此种种老龄化导致的社会问题以及代际矛盾问题都说明我们现在还远未达到一种健康老龄化的境界。因此,需要加大改革力度,充分发挥政府职能,保证老龄化过程中社会的良性运行。

我国将在未来三十几年快速达到极高的老龄化程度。在这种情况下,要实现社会协调意义上的健康老龄化,一方面要依靠经济的快速、高效发展,提高综合国力,为解决人口老龄化问题奠定坚实的物质基础。另一方面,也要调整、改革和完善社会分配制度,建立合理、有效的再分配体制,从而保证我国顺利、平稳地度过人口老龄化高峰期。

健康老龄化是一条对付人口过度老龄化的有效途径。在健康老龄化过程中,绝大多数老年人保持身心健康,余寿中的带病期大大缩短,继续工作的年限延长,其智力和技术释放期也随之延长,由于衰老而造成的老年人社会功能的衰退减缓,老年人在更大程度上实现自强自立,实现老年群体自助。这样,由于老年人口健康水平的提高和参与社会能力的增强,将使"老有所为"获得更广泛的含义和更新的内容,进而使老年人的生活摆脱目前的消极沉闷状态,实现其生命力的第二次释放而步入人生的第二个黄金时代。同时我们还应该看到,实现健康老龄化可以最大限度地补充由于老龄化造成的劳动力不足,使社会劳动生产率和经济发展速度以及技术更新不受影响,或将这种影响减小到最低限度。这也正是我们大力提倡健康老龄化战略的根本意义之所在。

四 健康老龄化的基本对策

推行健康老龄化战略的直接目标是实现一个健康老龄化的社会。从这一目标的基本要求看,健康老龄化社会的主要特征是:(1)社会成员中庞大老年群体的绝大多数人是健康长寿的,并过着有尊严、有保障的物质和精神生活;(2)社会发展不受人口老龄化的影响,实现社会经济的持续、快速和健康的发展,并使社会生活充满活力;(3)社会和家庭的代际关系和谐,各年龄群体的人口协调发展,公平地享受社会发展的一切成果。

为此,就目前我国的情况而言,除了加快经济发展之外,我们至少应在发展对策上突出以下三点。

第一,转变政府管理职能,建立适应快速人口老龄化和社会主义市场经济的老年保障和服务管理体制。近年来,我国政府管理社会的职能有了一定的转变,但在新形势下,老年社会保障还缺乏实质性的措施出台。应该看到,人口老龄化是一个社会问题,人口老龄化所引发的老年人问题更具有社会性;与其他年龄群体相比,老年人属于社会的弱者群体,需要由政府给予保护。这就决定了由政府承担老年社会保障职能的必要性。同时还应看到,在企业走向市场化的过程中,老年人保障是不能走向市场化的,而主要应由政府来承担责任。

第二,建立适应社会发展需要的、公平的再分配体制。老年人需要获得满足的程度取决于社会再分配制度合理的程度。而社会再分配在老年人身上的体现必须通过社会保障制度来实现。我国目前的社会保障制度亟待健全和完善,特别是社会发展成果中老年人应享受的份额还没有完全得到社会的承认。从国内外的实践看,老年人问题的解决除了要具备足够的经济条件以外,更重要的是取决于合理、有效的再分配体制。否则,即使经济再发达,如果社会再分配体制不合理,那么社会弱者也不能得到有效的保护,社会发展成果就不能最大限度地满足社会的需求,社会也不能实现良性运行。只有经济的增长而缺乏合理的社会分配制度和有效的社会保障机制并不是我们所追求的目标。有中国特色的社会主义要求经济的发展必须与社会的发展同步。而社会发展的重要标志之一就是要有实现社会利益最大化的再分配制度。就医疗资源的分配而言,医疗保障的目标是全体人民的医疗保健,老年人是医疗保健需求的最大群体。因此,通过社会再分配的合理化途径实现有效的老年医疗保健,是健康老龄化的必然要求。

第三,提高人口素质,为实现健康老龄化创造有利的人口条件。健康老龄化的直接目标是实现社会大多数人的健康长寿,并进而实现社会的健康、良性运行。如果整体的人口素质不高,就不能在进入老龄化社会后实现健康老龄化。因此,必须在人的整个生命周期中注重人口素质的提高,特别是在进入老年期之前的人生各个阶段都注重培养其健康素质。这与我们"提高人口素质"的基本国策亦完全吻合。

《中国社会科学》1996 年第 5 期

单位组织中的资源获得

李路路　李汉林[*]

摘要　本文主要讨论了在体制改革的背景下，单位组织中影响人们资源获得的若干因素，并以此透视单位组织的性质和社会结构特征。文章认为，由于国家行政权力和财产权力的紧密结合，在单位组织中，权力和非制度化的行动方式对人们的资源获得具有重要作用；同时，单位组织中的权力更多地受到国家制度因素和体制因素的影响。

在再分配的经济体制下，国家是将行政权力和财产权力集于一身的。这样，韦伯所论述的两种基本的统治形式——基于行政权力的权威（命令）统治和基于财产垄断的交易性统治①也就合为一体了。"统治"，在这里作为社会学意义上的一个概念，主要是指一种权力的制度化形式。由于在这种体制下国家权力的特点，使得国家所建立的各种社会组织独具特色。中国城市社会中的单位组织即是其典型。国家及其单位组织借助于在资源占有上的垄断地位，构建了一个"单向依赖性结构"②。改革开放以来"自由流动资源"和"自由流动空间"的发展③，在一定程度上削弱了原有高度集中的统治结构，但还未改变这种结构的本质，单位组织也并未真正转变为具有相对独立性、执行单一功能的社会组织。本文将在实证调查材料的基础上，通过对单位组织中资源分配状况的分析，对城市社会

＊　李路路，1954 年生，中国人民大学社会学系教授；李汉林，1955 年生，中国社会科学院社会学研究所研究员。

①　Weber, Max, *Wirtschaft und Gesellschaft*, Tuebingen, 1980.

②　［波］W. 布鲁斯：《社会主义的所有制和政治体制》，华夏出版社 1989 年版；［美］华尔德（Andrew Walder）：《共产党社会的新传统主义》，牛津大学出版社（香港）1996 年版。

③　孙立平等：《改革以来中国社会结构的变迁》，《中国社会科学》1994 年第 2 期。

中单位组织的这一特征进行讨论。

一 理论背景和假设

由于中国城市社会中的单位组织通过将经济控制权力和国家行政权力结合在一起，像国家对单位组织的控制那样，实现对个人的控制，单位组织对个人的权力，在很大程度上乃是国家权力的表现。个人对单位组织的服从，同时即是对国家的服从。单位组织可以在一个广泛的范围内，给那些利益追求者以单位成员的资格，并规定"回报"的形式和"价格"，使社会中的个人采取所期望的态度。

在我国的再分配经济体制下，国家的统治制度和各种政治制度，以及国家在资源分配上所形成的各种制度和标准，对人们在单位组织中的资源获得和行为方式具有重要意义，使之深深打上特定社会结构的烙印。在这个意义上，单位组织的基本结构和资源分配，不同于那些生存于财产权和国家行政权相对分离的社会中的社会组织。

因此，当分析个人在单位中的资源获得和行为方式时，除了通常的年龄、工龄、性别、受教育水平等因素外，还应考察在单位组织中的权力与资源分配中，那些与我国基本制度结构相联系，并由这些制度背景所影响的个人社会特征或个人制度性特征的作用。对此，我们主要选择了个人的政治党派身分和个人在国家行政体系中的权力地位、工龄和行动方式等指标。下面对于这些因素做进一步的解释和定义。

（一）政治面貌

指个人的政治党派身分，特别是是否为"中共党员"。在再分配经济体制下，只有具有这一政治身分的人，才有可能在国家统治体制中占据较高位置，从而掌握分配社会资源的权力。但问题在于，在中国经济体制开始向市场经济转型以来，国家分配社会资源的范围和方式都发生了很大的变化，这种"政治身分"在单位组织中是否还会对资源获得以及行为方式具有影响？我们的基本判断是，由于整个社会的统治体制没有发生根本的变化，人们的政治身份仍然会在单位组织中成为影响其资源获得和社会地位的重要因素。

（二）个人行政级别

指单位中的个人，特别是那些在单位组织中拥有一定权力的成员在国家行政序列中的地位。在中国，由于许多短缺资源的分配不是通过社会而主要是通过单位来实现的，因而在单位组织中，个人是依靠国家赋予一定的地位，从而在实际上获得一定的支配或处置资源的权力。其中，个人在国家行政序列中的特定位置（行政级别）是这种权力的重要来源之一。对于单位组织中的领导人和管理人员来说，他们的权力和权威，取决于国家的认可和赋予的合法性，其行政地位等级和在单位组织中的行政地位等级具有同等重要性。个人行政级别地位是国家赋予的、在国家统治体系里的一个等级位置，单位组织中的"职位"是个人在单位组织中的实际地位。

（三）工龄

主要指人们在单位组织中工作年限的长短。将其纳入分析模型中，是因为在传统体制下，对于几乎所有单位组织中的成员来说，工龄都是一个获得国家资源的重要因素。当国家在单位体制内统一进行资源分配，并且不存在其他资源分配的机制（例如根据财产占有关系）时，除去个人行政级别、单位内权力地位等制度化标准外，工龄以及教育水平等就有可能成为最具操作化的个人标准。

在讨论上述个人特征的影响时，都隐含了一个理论上的预设，即主要是个人的那些"客观的"、"外在的"社会因素决定了某种社会地位以及资源获得。其实，这仅仅是地位获得的一个方面，人们的社会行动方式或过程同样具有重要的作用。

（四）行动方式

在单位组织中，单位成员不仅通过正式地位和正式结构获得一定的资源，还往往通过各种人际关系等社会支持手段，获得各种社会资源[①]。这样，单位组织资源或权力分配的结果，不但是正式规则和制度的产物，在相当程度上还是组织成员各种非正式互动的结果，因而是人们"建构"的

---

① ［美］华尔德（Andrew Walder）：《共产党社会的新传统主义》，牛津大学出版社（香港）1996 年版。

产物。这种"建构"行动不仅会影响组织内资源的分配，而且会给组织的制度安排和权力关系以极大影响①。单位成员为获取资源的基本行动模式可以区分为两种：一种是尽可能按照组织规范的要求去获取组织内的资源，另一种则是不按照组织规范的要求去获取资源。前者是一种制度化的方式，单位成员的行动在实质上是被动的，资源实质上是"分配"的；后者是一种非制度化的方式，单位成员在资源获取上有很大的行动主动性。非制度化的资源获取方式，其主要形式被界定为那些特殊主义性质的社会关系。在我们的研究中，两种不同行动方式的区分是：前者是以专业能力、学历、经验、努力等为特征；后者是以与单位领导和单位的上级领导搞好关系，在单位中拥有有影响、有权势的朋友以及家庭背景等为特征，实质上是通过"关系网"内的人际互动获取资源②。

在上述讨论的基础上，我们可以建立起对单位内资源分配状况的基本假设：人们在单位组织中所获得的资源是影响人们服从和依赖单位组织的基本变量；影响人们在单位组织中获得资源的因素主要有三组，即个人人口统计学特征、个人社会特征或制度性特征以及人们获得资源的行动方式特征。考虑到单位组织生存的制度背景和单位组织的结构特征及功能特征，后两组因素将对个人在单位组织中的资源获得具有更为重要的影响。

二 样本与量表

（一）调查样本

本文所使用的数据，来自 1993 年下半年关于单位组织的一次问卷调查。虽然从那时起，中国社会又发生了很大变化，但我们认为，由于中国社会转型的连续性，本文所提供的分析视角和主要结论，对于理解中国社会目前的结构特征和变化过程仍然具有基本的意义。此次调查采用多阶段整群与简单随机的抽样方法，在全国抽取了 10 个"样本城市"、100 个"样本单位"和 4000 个"样本个体"，并对这些样本个体进行了问卷调查。③

---

① 李猛、周飞舟、李康：《单位：制度化组织的内部机制》，《中国社会科学季刊》（香港）1996 年秋季卷。

② Granovetter, 1973, 1974; Nan Lin, Paul Dayton and Peter Greenwald, 1981.

③ 有关这次调查的抽样方法、调查实施和样本误差检验的详细情况，可参见李汉林、李路路、王奋宇《中国单位现象研究资料集》，中央文献出版社 1995 年版。

（二）量表制作

为了检验理论假设，我们主要制作了权力、资源、依赖、获取资源的制度化方式和非制度化方式五个方面的量表。

1. 资源

吉登斯（Giddens）将资源定义为"改变事物的一种能力"[①]。科尔曼（J. Coleman）对资源作了更宽泛的理解，他认为资源是那些能满足人们需要和利益的物品、非物品（例如信息）以及事件（例如选举）。本文基本上采用科尔曼对资源的定义，即资源是那些可使人们满足必要且重要的经济、政治、社会以及与此相关的各种需要的东西。

前已述及，国家是通过单位向个人分配各种各样的所需资源，并要求个人给予回报。为了将这种特征凸显出来，探究单位成员对单位的依赖关系以及决定这种依赖关系的因素，我们将收入和资源作为两个独立变量区分开来。资源在我们研究中的操作化形式是人们在单位中已经获得的各种东西。调查问卷中设计了以下问题："在下列项目中，您认为单位目前实际在何种程度上对您负责？"该问题列举了23类项目：退休养老、医疗卫生、因公伤残、文化补习、技术培训、调解纠纷、子女上学、子女就业、住房、文体活动、政治思想状况、计划生育、党团组织生活、离婚、婚姻恋爱、工作正常调动、休假旅游、子女入托、食堂、澡堂、小卖部、理发室、上下班交通。

我们希望通过上列与人们需要和利益直接相关的23类项目，对单位成员在单位中的资源获得或占有状况做出基本评判。对资源量表的集中趋势的分析主要是观察均值、众数和中位数；对离散趋势的分析主要是观察standard deviation、minimum、maximum 和 range；对资源量表值分布状况的分析主要是从 skewness 和 kurtosis 的角度来观察其量表的值在多大的程度上处于一种正态分布的状态。通过 Alpha 的检验和计算，资源量表的 Alpha 值和标准 Alpha 值分别为 0.9078 和 0.9087。

2. 依赖

依赖主要是指一种特定的社会情境，在这种社会情境中，人们的社会行为由于需要获取特定的资源以及实现特定的期望而不得不受制于某一特

---

① Giddens, A., *Contemporary Critique of Historical Materialism*, Berkeley；Uni. Of California Press, 1981, p. 170.

定的社会群体或个人。判断一个人、一个社会群体或阶层的行为是否处于一种依赖的社会情境之中的一个主要依据是，人们在实现其目标和满足不同层次需求的过程中，在多大程度上无可奈何地受制于某一个特定的社会群体或个人的行为取向，或者说在多大程度上能够摆脱这种社会行为过程中的制约。

为了测量人们在单位中的依赖状况，调查问卷设计的问题是："在下列项目中，您认为单位将来应该在何种程度上对您负责？"同样列举了和资源量表中完全相同的 23 类项目，分别让受访者判断在这些项目中单位对其负责的程度。我们的判断是，单位人对单位的依赖性行为可以通过单位成员对单位的期望表现出来，那些将自己的资源获得在更大程度上交付给单位的人，意味着对单位更大程度的依赖。我们希望通过这 23 项与人们需要和利益直接相关的项目，能够对单位成员在获取资源过程中的依赖状况做出基本评判。在依赖的量表中可以看到，skewness 和 kurtosis 值分别为 -0.254 和 -0.203，表示出无论从对称性还是从值的分布高度来看，依赖这个量表的值的分布都有所偏左，处于一种略为偏左的正态分布状态。通过 Alpha 的检验和计算，依赖量表的 Alpha 值和标准 Alpha 值分别为 0.9368 和 0.9361。

3. 权力

按照韦伯的理解，"权力意味着在一种社会关系之中，人们在具有反抗的情况下，仍然能够贯彻自己意志的任何一种机会，而不管这种机会是建立在什么样的基础之上"[1]。权力在社会学中被认为是社会地位的主要标志之一。根据韦伯的定义以及研究的需要，我们在这里把权力主要理解为在占有、分配单位中各种机会和资源的过程中，能够顺利地贯彻自己意志的能力。权力具有多方面的社会基础，科层制、财产以及其他社会因素，如教育、声望、政治身份等，都构成了权力的基础。我们的研究一方面要分析权力与资源的关系，另一方面将探讨影响权力大小的因素。为了制作权力量表，在调查问卷中设计了下列两个问题："对单位内部以下各项事务，您的参与程度如何？"以及"对单位内部以下各项事务，您期望如何地参与？"我们列举了九类相同的项目，分别让受访者判断在这些项目决定的过程中，自己拥有或期望拥有决定权或发言权的程度。这九类项目分别是：单位发展的重大决策、管理上的合理化建议、单位规章制度的建立、各种福利奖金的分

---

① Weber, Max, *Wirtschaft und Gesellschaft*, Tuebingen, 1980, p. 28.

配、单位内的干部选举、工会工作、分房子、涨工资、提职称。

我们的设想是：第一个问题反映出人们在上述项目中具有的决定权愈多，其在单位中的权力就会愈大；反之，在单位中的权力就会愈小。第二个问题则反映出人们在多大的程度上期望着参与和决策。人们对这些项目希望参与的程度愈深，希望决策的面愈广，那么，人们对权力的期望就愈高。通过 Alpha 的检验和计算，权力量表的 Alpha 值和标准 Alpha 值分别为 0.8936 和 0.8949；对权力的期望量表的 Alpha 值和标准 Alpha 值分别为 0.9380 和 0.9383。

4. 资源获取方式

人们对某些价值观念、行为规范以及行为方式的承认或反对，能在一定程度上反映出人们的行为取向。基于这样一种判断，问卷中设计了"您认为您单位里，一个人要想得到提升和重用，以下各项的重要程度如何"的问题。我们列举了九类项目，分别让受访者判断在下列项目中，自己感到哪些项目很重要、比较重要、一般、不太重要或者是不重要。这九类项目分别是：跟本单位领导关系好，与单位的上级领导关系好，专业能力强，群众关系好，任劳任怨，家庭背景好，学历高，资历老、经验丰富，在单位中有一批有影响和有权势的朋友为他说话。

我们的设想是，上述这些问题能够从不同角度反映和测量人们对不同行为方式的取向。如果把那些具有特殊主义性质的关系认定为是一个人在单位中能够得以提升和重用的重要条件，那么，这些人在其行为及行为互动过程中具有很大的可能性会倾向于或者认可乃至选择那些非制度化的行为方式；反之，如果人们把任劳任怨、专业能力强、群众关系好、资历老、经验丰富和学历高等认定为是一个人在单位中能得以提升和重用的重要条件，那么，这些人在其行为及行为互动过程中则具有很大的可能性会倾向于或者选择那些制度化的行为方式。最后，通过 Alpha 的检验和计算，资源获取的制度化方式量表的 Alpha 值和标准 Alpha 值分别为 0.8438 和 0.8442；资源获取的非制度化方式量表的 Alpha 值和标准 Alpha 值则分别为 0.6599 和 0.6840。

三　假设检验：基本模型

在量表制作的基础上，以人们在单位组织中所采取的两种不同的资源获取方式为基础，我们分别建立了相应的路径分析模型，就前述因素对人们在单位组织中资源获得以及依赖性的影响进行了分析和检验，结果见图1、表1、表2。

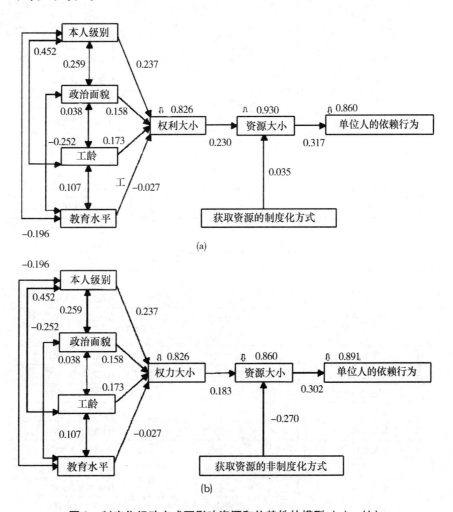

图1　制度化行动方式下影响资源和依赖性的模型（a）、（b）

表1　　　　　　　　　　　模型 a 中各变量之间的统计值

X	Y	Beta（Sig.）
本人级别	权力大小	0.237（0.000）
政治面貌	权力大小	0.158（0.000）

续表

X	Y	Beta（Sig.）
工龄	权力大小	0.173（0.000）
教育水平	权力大小	−0.027（0.252）
制度化方式	资源大小	0.035（0.218）
权力大小	资源大小	0.230（0.000）
资源大小	依赖	0.317（0.000）
本人级别	政治面貌	0.259（0.000）
本人级别	工龄	0.452（0.000）
本人级别	教育水平	−0.196（0.000）
政治面貌	工龄	0.038（0.034）
政治面貌	教育水平	−0.252（0.000）
工龄	教育水平	0.107（0.000）

表2　　　　　　　　　　　**模型 b 中各变量之间的统计值**

X	Y	Beta（Sig.）
本人级别	权力大小	0.237（0.000）
政治面貌	权力大小	0.158（0.000）
工龄	权力大小	0.173（0.000）
教育水平	权力大小	−0.027（0.252）
非制度化方式	资源大小	−0.270（0.000）
权力大小	资源大小	0.183（0.000）
资源大小	依赖	0.302（0.000）
本人级别	政治面貌	0.259（0.000）
本人级别	工龄	0.452（0.000）
本人级别	教育水平	−0.196（0.000）
政治面貌	工龄	0.038（0.034）
政治面貌	教育水平	−0.252（0.000）
工龄	教育水平	0.107（0.000）

　　在模型（a）中，可以看到三组路径关系。首先，当以受访者本人级别、政治面貌、工龄为自变量，以人们在单位中权力大小为因变量时，这四个变量可以解释17.4%的差异。其次，当以受访者本人级别、政治面貌、工龄、权力大小和获取资源的制度化方式为自变量，以人们在单位中

获取资源的大小为因变量时，这六个变量仅能解释7%的差异。再次，当以受访者本人级别、政治面貌、工龄、权力大小、资源大小和获取资源的方式为自变量，以单位人的依赖性为因变量时，这七个变量可以解释14%的差异。

在模型（b）中，同样可以看到三组路径关系。首先，当以受访者本人级别、政治面貌、工龄为自变量，以人们在单位中权力大小为因变量时，这四个变量可以解释17.4%的差异，其结果和模型（a）一样。值得注意的是，当以受访者本人级别、政治面貌、工龄、权力大小和获取资源的非制度化方式为自变量，以人们在单位中获取资源的大小为因变量时，这六个变量则可以解释14%的差异，高于模型（a）中相同路径解释力的一倍。再次，当以受访者本人级别、政治面貌、工龄、权力大小、资源大小和获取资源的方式为自变量，以单位人的依赖性为因变量时，这七个变量可以解释10.9%的差异，略低于模型（a）中相同路径的解释力。下面，再对模型进行一些深入讨论。

（一）影响资源分配的基本因素

在模型（a）、（b）中，可以清楚地看到在单位组织中存在着一个基本的依赖性结构，即人们在单位组织中获取和支配的资源愈多，其对单位组织的依赖程度就愈高。但本项研究建立模型（a）、（b）更为重要的目的之一是试图解释在单位组织中，如果资源大小与单位人的依赖行为有紧密关系，那么人们获取和支配资源的多少又是由什么因素决定的？从模型（a）、（b）中可以看出明显的结果，即受访者权力、本人级别、政治面貌、工龄和获取资源的方式与人们获取和支配的资源大小之间存在着一定关系，人们可以在一定程度上用上述这些变量对资源量大小的变化进行有效的解释或预测。其中，权力和获取资源的方式，是影响获取和支配资源大小的直接因素。

1. 权力与资源

模型（a）、（b）显示出，权力与获取和支配资源之间具有显著的直接相关关系，人们在单位组织中的权力越大，其获取和支配更多资源的可能性就越大（见表3）。在这组数据中，资源在不同的权力等级上均值差异达到8.48，超出其他很多变量之间关系的差异，而且由低到高呈有规律的递增。这符合常识和普遍的理论判断。同时，表中的F-ratio为33.15，远大于在 Sig. 为 0.001 的 F-ratio 4.62。F-ratio 的检验从一个侧面充分肯定了关于权力愈大，获取和支配资源愈多的基本判断。

表3   权力与资源

权力	很少	较少	中等	较多	很多
资源（n）	660	260	376	367	427
均值	49.82	51.47	53.89	53.24	58.30
标准差	13.19	9.80	11.09	11.44	13.21
95%的均值置信区间					
下限	48.42	50.27	52.76	52.06	57.05
上限	50.83	52.67	55.01	54.41	59.56

注：F-ratio = 33.15，df = 4，Sig. = 0.000。

应该指出的是，权力与资源的相关关系具有普遍性，但科层制中的地位仅仅是权力的一种形式。在通常的情况下，其他地位要素也有可能成为支配资源的重要因素[1]。因此，哪些地位要素能使得人们支配资源，从而具有社会权力，显示出不同的社会结构状况，也许是更为重要的。我们在下面还要对此进行专门分析，以揭示单位组织的特殊结构和性质。

2. 获取资源的方式与资源

直接影响到人们在单位组织中资源获取量的另一个因素，是资源获取的方式。这种行动方式对资源获取的影响，在模型（a）和（b）中是不同的。对比模型（a）、（b）两个路径模型，可以发现两点明显的差别。

第一，当资源大小被作为因变量时，包含获取资源的制度化方式的模型（a）中，自变量的变化能够解释资源大小变化的 R 的平方值仅为 0.007（1 - 0.930），表示只能解释7%的差异；而在包含获取资源的非制度化方式的模型（b）中，R 的平方值则为 0.14（1 - 0.860），表示可以解释14%的差异，比前一个模型中所能解释的差异多了一倍。

这就是说，当人们以带有制度化的资源获取方式这一变量所构成的模型去解释人们获取资源的大小时，其解释力远低于以带有非制度化资源获取方式变量所构成的模型。

第二，模型（a）表明，获取资源的制度化方式与资源大小之间没有

① ［美］G. 伦斯基：《权力与特权——社会分层的理论》，浙江人民出版社1988年版。

显著的相关关系（beta = 0.035）；模型（b）表明，愈是采用非制度化方式的资源获取方式，获取更多资源的可能性就愈大（beta = -0.270）。

　　资源获取方式与获取资源大小之间的关系，基本上证明了我们有关的假设及其他相关研究，揭示出非制度化资源获取方式在资源获取中的显著意义，明显地从一个侧面将中国单位组织的特征之一凸显出来。在法权的意义上，单位组织的资源在权利上不属于任何个人或自然人所有。因此，正如许多研究已经指出的，国家（政府）对单位组织的所有权和控制权在操作化的层面上常常处于"虚置"的状态，单位组织中的规范执行更多地成为一种"仪式"而丧失了内在的实质①。因此，单位资源的实际控制或处置权力，一方面掌握在那些在单位科层系统中居于有利地位的人手中；另一方面，人们即使没有占据单位中科层组织意义上的特定位置，但与那些占有该位置的人形成了某种特殊的关系，也有可能在资源分配中占据优势地位。华尔德曾经讨论过的"有原则的特殊主义"，在国家统一规范松动的情况下，已经在很大程度上转变为"无原则或弱原则的特殊主义"。在缺乏统一规范制约时，仅仅是两种方式在成本收益上的比较，也会驱使人们更多地选择非制度化的方式。

　　3. 其他地位要素与资源获取

　　权力大小和不同的资源获取方式与人们获取资源的大小有显著的直接相关关系。但其他一些因素对人们获取资源的大小也具有间接关系，而且与上述权力与资源获得的关系相互印证，从另一个方面证明了我们的基本假设，揭示了单位组织的本质。

　　（1）教育水平与资源

　　数据分析表明，人们在单位组织中获取资源的多少，与人们不同的教育水平并没有显著性的关系（见表4）。F检验的结果（F-ratio = 1.49, Sig. = 0.203），表明了通常关于教育水平越高、资源获取可能越多的假设在这里不能成立。事实上，在单位组织中单位成员的教育水平并没有在总体上成为影响资源分配的因素。从模型（a）、（b）的路径模型中可以清楚地看到，资源与教育水平的这种关系受到了其他因素例如权力大小因素的影响。

---

　　① 李猛、周飞舟、李康：《单位：制度化组织的内部机制》，《中国社会科学季刊》（香港）1996年秋季卷。

表4 　　　　　　　　　　　　　教育水平与资源

教育水平	本科	大专	高中	初中	小学
资源（n）	34	322	778	655	522
均值	54.56	51.86	53.43	53.82	53.3
标准差	17.71	14.37	13.09	11.71	11.23
95%的均值置信区间					
下限	48.38	50.29	52.51	52.93	52.07
上限	60.74	53.44	53.36	54.72	54.00

注：F-ratio = 1.49, df = 4, Sig. = 0.203。

（2）政治面貌与资源

在总体上，资源在不同政治面貌成员之间具有显著的差异性，党团员等比非党团员更有可能获得较多的资源，而且党员的均值明显高于其他人（均值 = 55.81）。F 检定的结果，也从一个侧面证明了我们的研究假设（F-ratio = 14.37, Sig. = 0.000，见表5）。但是，考虑到不同的资源与政治面貌的关系，我们发现，单位福利、文化生活与个人生活资源的分配在不同政治面貌成员之间则没有显著差异（F-ratio 分别为 0.689 和 2.21；Sig. 为 0.559 与 0.085）。这一 F 检定的结果同时也说明，政治面貌对资源获取的影响不是全面的，其显著性关系主要是因为政治面貌对权力大小有显著的差异性。

表5 　　　　　　　　　　　　　政治面貌与资源

政治面貌	党员	团员	民主党派	群众
资源（n）	753	733	23	805
均值	55.81	52.11	52.04	52.20
标准差	12.09	12.11	16.13	13.26
95%的均值置信区间				
下限	54.95	51.23	45.07	51.28
上限	56.68	52.98	59.12	53.12

注：F-ratio = 14.37, df = 3, Sig. = 0.000。

（3）本人行政级别与资源

模型（a）、（b）表明，在个人行政级别与资源获取之间存在显著的

相关关系，行政级别愈高的人，获取更多资源的可能性就愈大（均值 =
63.47，见表6）。单位组织中有人具有按照国家标准制定的行政级别，这
本身就是单位体制的特殊产物。在传统的再分配经济体制下，单位和个人
的行政级别都是国家分配资源的主要依据。而在改革开放的今天，行政级
别仍然是单位组织中资源分配的重要因素之一。

表6 本人行政级别与资源

本人行政级别	高级别	中等级别	低级别	无级别
资源（n）	17	126	431	950
均值	63.47	57.69	54.99	53.24
标准差	14.21	13.63	11.02	12.59
95%的均值置信区间				
下限	56.16	55.29	53.95	52.44
上限	70.78	60.09	56.03	54.04

注：F-ratio = 9.16, df = 3, Sig. = 0.000。

（4）工龄与资源

资源与工龄之间有显著关系，无论是哪方面的资源，都表现为工龄越
长，人们获取和支配的资源就有可能越多（均值 = 55.68）。因而工龄也
是影响资源分配的因素之一（见表7）。F检定的结果也表明，表中的 F-
ratio 为 12.08，远大于在 Sig. 为 0.001 的 F-ratio 5.42。这也从另一个侧面
肯定了关于工龄愈长，获取的资源愈多的研究假设。

表7 工龄与资源

工龄	1—5 年	6—12 年	13—21 年	22 年以上
资源（n）	603	643	511	547
均值	51.23	53.40	53.43	55.68
标准差	12.49	12.23	13.03	12.37
95%的均值置信区间				
下限	50.23	52.45	52.30	54.64
上限	52.23	54.34	54.57	56.71

注：F-ratio = 12.08, df = 3, Sig. = 0.000。

（二）政治身分与权力

既然在单位组织中的权力是影响人们资源获取的重要因素，那么这种权力的大小又与什么样的因素有关呢？

组织结构中的位置构成了权力的重要来源。但在中国的单位组织中，人们在单位组织中的权力，却在很大程度上取决于在国家行政体制中的位置。单位组织中权力的这一意义，使得单位组织和其他社会中的社会组织明显地区分开来。

在模型（a）、（b）中都显示出，单位成员本人的行政级别、政治面貌、工龄，对人们在单位组织中的权力有较强的解释力。本人的行政级别越高，人们获得较大权力的可能性就越大；党员比其他人更有可能获得较大的权力；人们的工龄愈长，获得更多权力的可能性就愈大；但是，单位人的教育水平高低和权力大小之间，不存在显著的相关关系。无论在模型（a）还是在模型（b）中，都是如此。

单位人本人的行政级别和政治面貌与权力的关系，充分体现了单位组织的政治性功能。单位组织的基本性质决定了它实质上是国家行政机构的延长，或者说就是国家行政机构的一个组成部分。在这样的体系中，人们据有的实际支配和处置资源的权力和获取资源的权力，都和人们在这一体系中的位置相联系，而教育水平和工龄等因素则没有影响或影响较小。就政治面貌和行政级别与权力的关系来说，在模型（a）、（b）中，行政级别与权力的 beta 值高于政治面貌与权力的 beta 值，行政级别显示出更为重要的意义，本人行政级别在涉及权力大小的四个自变量中，其 beta 值也是最高的。

同时应该注意到的是，模型（a）、（b）中四个自变量对权力大小的影响，在模型（a）和模型（b）中完全一样，各个路径的 beta 值也完全一样。说明这种关系是一种稳定的结果。

我们可分别看看行政级别和政治面貌与权力的关系。

1. 权力大小与行政级别

单位组织的性质决定了那些具有较高行政级别的人在单位中具有较高的权力，而且均值的差异最大达到 7.9，这在所有差异性分析中属于较大的（见表 8），行政级别对人们权力的获得具有强烈的影响（F-ratio = 88.80，Sig = 0.000）。这反映了单位组织中的科层制权力与国家的行政权力的联系。而这正是单位组织的一个突出特征。

表8 行政级别与权力

本人行政级别	高级别	中等级别	低级别	无级别
权力（n）	20	144	483	1108
均值	29.40	31.03	26.99	23.13
标准差	13.08	8.54	7.06	5.81
95%的均值置信区间				
下限	23.28	29.62	26.36	22.78
上限	35.52	32.44	27.63	23.47

注：F-ratio = 88.80，df = 3，Sig. = 0.000。

2. 政治面貌与权力大小

对权力大小与政治面貌关系的分析，清楚显示出两者之间的关系（见表9）。党员在单位组织中的权力明显高于其他政治身分的成员（均值 = 27.23）。在这里，F-ratio 高达 93.54，远大于在 Sig. 为 0.001 情况下的 F-ratio 5.42。F 检定的结果强烈地支持着我们上述的研究假设。

表9 政治面貌与权力

政治面貌	党员	团员	民主党派	群众
权力（n）	813	866	25	968
均值	27.23	22.55	23.12	22.88
标准差	7.49	5.85	6.41	5.84
95%的均值置信区间				
下限	26.71	22.16	20.48	22.51
上限	27.74	22.95	25.76	23.25

注：F-ratio = 93.54，df = 3，Sig. = 0.000。

3. 教育水平、工龄与权力

在讨论有关模型的假设时曾指出，工龄可能是影响人们在单位中资源分配和依赖行为的一个重要因素。

如果说行政级别和政治面貌对人们在单位中的权力有很大的影响作

用，是单位组织特征的极好反映的话，那么，教育水平高低与权力大小没有显著性关系，则是对单位组织特征的一个极好旁注。单位组织的基本性质和功能，只能使得那些与此相关的因素，如行政级别和政治面貌等因素对处置国家资源的权力产生作用，而其他的因素，则无法直接参与到单位中的权力分配中来。

当教育水平对权力不具有影响时，在政治面貌和行政级别之外，工龄就有可能成为影响人们在单位组织中权力的一个因素，工龄愈长，人们就愈有可能获得较高的权力（均值 = 26.89，见表10）。

表10   工龄与权力

工龄	1—5 年	6—12 年	13—21 年	22 年以上
权力（n）	703	745	575	635
均值	22.11	23.79	24.09	26.89
标准差	5.45	6.38	6.34	7.76
95% 的均值置信区间				
下限	21.71	23.33	23.57	26.28
上限	22.52	24.24	24.61	27.49

注：F-ratio = 61.24, df = 3, Sig. = 0.000。

4. 各自变量之间的关系

不同因素对权力大小的影响，也可以通过它们之间的关系表现出来。模型（a）、（b）表明，在单位组织中，党员获得较高行政级别的可能性要大于非党员的单位成员；政治面貌和工龄长短之间没有显著的相关关系；而教育水平与行政级别、政治面貌呈负相关关系（见表1、表2）。

各自变量之间的关系，同样表明了单位组织的基本性质和功能。20年来中国的改革，使得整个社会包括单位组织都发生了很大变革。例如，收入在社会分层、社会流动中的意义，以至对单位中行为的影响，都有了上升，但我们必须看到，这种变革仍然是有限度的。收入在社会地位获得中的重要意义，在大多数社会中都是一样的，即无论是在前现代社会还是在现代社会中，也无论是在市场经济社会还是在再分配经济社会中。但是，教育在社会中特别是在社会地位获得中所具有的普遍意义，则一般只有在工业化社会中和市场体制下才是如此。

在上述意义上可以说，单位组织的特殊性主要不在于它向单位成员提供了多少资源，或者，主要不在于这种资源对依赖行为的影响有多大，在这两方面，单位组织与其他社会中的社会组织相比较，无疑有其特殊性；而最为根本的一点是，这种资源和依赖关系是建立在各种国家行政关系和政治关系基础之上的。

四　简短的结论

在本文所建立的路径分析模型中，我们看到了一个基本的依赖性结构，即权力、资源获取方式与资源和依赖之间的关系。人们在单位组织中权力大小和非制度化的资源获取方式，对获取资源的大小具有直接的影响；行政级别、政治面貌和工龄等因素，对人们在单位组织中的权力具有显著性的相关关系，教育水平则对权力乃至资源获得没有显著的相关关系；倾向于非制度化资源获取方式的人更有可能获得更多的权力和资源。

单位人的政治身份与权力大小在单位资源占有和支配中具有重要意义，这从国家和个人两个方面揭示了单位组织的特征。

首先，人们在单位组织中的权力是由国家赋予的，或者与国家的政治体制有密切关系。由于单位组织实际上是国家的一个部分，单位中的资源根本上属国家所有，因而是由国家来决定由什么人管理和实际处置国家资源，而国家选择的标准首先是与对国家"忠诚"有关的因素。在单位组织的权力与国家权力有相当的重合后，单位组织中的权力就同时具有了国家权力所赋予的特性，而不仅仅意味着组织结构中的一个"位置"。这种权力无论在组织内部还是组织外部，更多的是受到授予权力一方的制约。

其次，正如"委托人"和"代理人"之间存在利益分化的情况一样，国家对单位组织的控制也是建立在国家和单位之间存在利益分化的基础之上的。经济体制改革，使得原有的国家和单位组织的利益分化逐渐"制度化"、"显现化"和"正常化"。这时，单位组织内的资源分配就成为一个新的问题逐渐显露出来。单位组织所拥有的资源，无论是"存量"还是"增量"，便在很大程度上为单位本身所支配或为单位"所有"，在国家控制弱化及个人利益驱动下，争夺单位内部资源的斗争将变得激烈起来。而这种争夺，将主要受到两个方面因素的影响：第一，国家所建立和维持的单位组织中的资源分配制度，对此，我们在上面已经有所讨论。需要指出的是，在社会转型的历史时期，国家已经很难完全有效地维持制度化的方式。因此，第二，在国家能力和原有制度化方式对单位的约束力弱化、新的市场性规则又没有建立起来的情况下，各种非制度化的方式就更可能成为人们获取资源、维持利益的一种选择。而就权力和非制度化方式在单位组织中资源分配的作用来说，权力占据主导位置。单位组织作为正式组织，权力始终是组织结构的核心。国家对单位组织的权力授予，赋予这种权力以合法性，随着改革带来的这种权力在单位组织内制度化的弱化，各种非制度化关系就围绕单位中的权力位置"组织"起来。归根结底，非制度化关系的取向是要控制单位组织中资源分配的权力位置。

《中国社会科学》1999 年第 6 期

台湾的"族群"与"族群政治"析论

郝时远[*]

摘要 在台湾,"族群"一词初用于民族学界对少数民族(山胞)的研究。20世纪70年代后期台湾出现"反对运动"以后,随着台湾政治格局的变化和民进党的建立,"族群"一词进入政治生活领域,并在后现代"差异政治"和"认同政治"的交互作用下,成为构建"政治族群"的"文化"工具,在"国家认同"层面和"统独争议"之中发挥着"族群政治"的分化作用,是"台独"势力挑起"省籍矛盾"着力制用的工具。这是大陆学界在应用"族群"概念和认识族群理论时所不应忽视的政治向度。

关键词 族群 政治族群 族群政治 国家认同

1950年代初,对应西方学界 ethnic group 的中文"族群"一词开始为台湾民族学界使用。进入1970年代后,族群(ethnic group)和族群性(ethnicity)理论日益为台湾相关学科所关注和借鉴,进而为"台独"势力所利用,成为依托于"省籍矛盾"构建"政治族群"和操控"族群政治"的基本话语,由此挑起"国家认同"层面的"统独争议",彰显了分化民众、分裂祖国的作用。在这方面,大陆学者曾就"省籍族群"的结构功能和"省籍—族群—本土化"模式进行了研究[①],本文拟从后现代政治理论的"差异政治"和"认同政治"交互影响的角度,就台湾的"四大族群"说及其"族群政治"问题做一分析,以揭示其"文化"外衣包装下的政治目的。

---

[*] 郝时远,1952年生,中国社会科学院民族学与人类学研究所研究员。

[①] 参见刘国深《台湾"省籍族群"的结构功能分析》、陈孔立《台湾政治的"省籍—族群—本土化"研究模式》,《台湾研究集刊》1999年第3期、2002年第2期。

一　台湾民族学界早期对"族群"
概念的理解与应用

　　1949 年以后，台湾的民族学、人类学研究失去了大陆的田野资源，逐步形成了对台湾少数民族（山胞）和汉族民系、东南亚华人社会和其他国家或地区少数民族为主的研究格局。其中，对台湾少数民族的研究成为学界相关学科的基础，也是台湾民族学、人类学等学科的基本田野依托。台湾民族学界在接续日本殖民占领时期日本学者大量调查资料的基础上，对台湾少数民族进行了长期、深入的研究，成果卓著。[①]

　　台湾民族学界对少数民族的研究是通过史料梳理和田野求证展开的。其间，对少数民族群体称谓在剔除古代历史文献中的"土民"、"番"、"夷"、"生番"、"熟番"、"高山番"、"平埔番"和日本殖民统治时期的"蕃族"、"高砂族"等后，经历了高山族、土著、山地民族、山胞（含山地和平地）、少数民族、族群、原住民、原住民族等统称的变化过程。目前，原住民一词使用最为普遍，原住民族次之，少数民族再次之。"族群"一词由于广泛应用于"社群"和自然科学领域，以致失去了最初的确指性而成为相当泛化的概念。[②]需要指出的是，"族群"一词不仅因应用泛化而为学术界所困扰，更重要的是它在当代台湾政治生活中扮演着十分重要的角色。

　　族群一词是对应英文 ethnic group 的中文翻译，台湾民族学界使用族群并将其对应 ethnic group 一词的历史至少可以追溯到 1950 年。当时，卫惠林在《曹族三族群的氏族组织》一文中指出："关于曹族（tsao）系统现有之三族群"，即阿里山曹族、沙阿鲁阿族及卡那布族间之分类问题，至今尚无定论。[③] 因此，就笔者目前所见资料，这应该是台湾学术界最早

---

　　① 根据台湾 1945—1999 年有关族群研究目录的统计，直接研究台湾少数民族（高山族）的著作多达 400 余种，学术期刊论文 700 多篇，报纸论文近 800 篇。参见黄士賗编《台湾族群研究目录》（1945—1999）（台北捷幼出版社 2000 年版）。

　　② 在台湾的生物学研究中，"族群"一词用于包括人类在内的自然万物的种群分类，其释义为"生活在一特定区域内，所有同种生物个体所组成的群体"（参见 http://www.zo.ntuedu.tw.）。其对应的英文是 population 而非 ethnic group。在社会生活领域，"族群"一词泛用于各种社会角色、社会行为、生活偏好的类别群体。

　　③ 卫惠林：《曹族三族群的氏族组织》，《文献专刊》第 1 卷第 4 期，台湾省文献委员会，1950 年。

使用族群一词的例证。在这篇文章中,作者对曹族内部的三个族群的氏族组织进行了比较研究,其族群概念的使用具有确指对象,即曹族内部的三个分支。1962 年,卫惠林发表了《台湾土著族群研究的趋向及其问题》的主题演讲。在这篇演讲中,他回顾日本人对台湾土著的研究情况时指出:"对于每一族的一群一社很少做过深入的继续的研究;对于每一专题,每一种单独现象,很少做过系统的比较分析。因此像欧洲学者对于非洲、澳洲、大洋洲、南北美洲诸土著民族社会所做的学术贡献日本人没有做到,这不仅是由于他们发表的语文的隔阂,而是由于他们深入的程度不够。"① 所谓"深入的程度"当然是指对"每一族的一群一社"的精细研究,也就是类似于对曹族内部支系进行氏族组织研究和比较那样。他所倡导的"弃博而求精、舍约而求详"的研究取向,实际上也反映了当时西方民族学、人类学研究的微观化走向。虽然在这些文章中尚未涉及"认同"之类的族群理论要素,但是作者用族群这一概念的目的是很清楚的,即对台湾"土著民族"进行"一群一社"更加细微的群体性研究。由于西方族群理论研究在 60 年代中期才形成气候,所以当时台湾民族学界并没有就此进行理论方面的探讨。

在台湾,族群作为专业术语于 1971 年收入了《云五社会科学大辞典》第 10 册《人类学》,其释文列举了当时西方学术界出现的诸多定义、理解和观点,如具有"文化丛"(cultural complex)或民族特质(ethnic traits)的社会群体;从前或现在仍然有一种个别的政治和民族渊源的群体;在美国指黑人,有时也指犹太人或者人口少于白人的"民族的、国籍的、人种的及文化的"少数民族;不同于人种概念的文化群体;城市中的少数民族及其政治行为;具有宗教、文化及共同的生物学来源的群体;民主社会中之真正的民族或文化(包括宗教)多元论所涉及的群体;等等。② 台湾学界开始较广泛地应用这一概念应该是 20 世纪 70 年代后期③,而且主要是用于对台湾少数民族的研究,限定在"族裔"(ethnic)

---

① 卫惠林:《台湾土著族群研究的趋向及其问题》,《台湾文献》第 13 卷第 2 期,台湾省文献委员会,1962 年。

② 参见《云五社会科学大辞典》第 10 册《人类学》,台北商务印书馆股份有限公司 1971 年版,第 212—213 页。

③ 从台湾学界有关民族学、人类学研究的著述中可以看出 70 年代末族群概念的应用明显呈增多之势。

的范围。需要注意的是，这一时期不仅是美国等西方国家有关 ethnicity 和 ethnic group 研究进入高潮之际，同时也是台湾社会政治形势中"反对运动"高涨之时。因此，台湾的族群研究和"族群化"过程不仅直接受到西方后现代理论的影响，而且也同台湾的政治格局演变紧密联系在了一起，开启了台湾社会的"族群化"过程，族群概念也因此成为台湾政治生活中的权力话语。

二 台湾"族群化"的社会政治背景

从台湾发展的历史和人口结构来看，台湾是一个移民社会。从明朝开始，大陆移住或暂住台湾的人口就有一定数量。荷兰殖民统治势力占领台湾后，也招募了一些大陆劳力在台为其种植、捕鹿等。郑成功收复台湾之后，大陆移民台湾的规模渐大，及至清季进一步发展为大规模移民，大陆汉族移民很快构成了台湾人口的主体。此前居住在台湾的居民，学术界的研究证明主要也是远古时期从大陆移居过去的[①]，其中亦包括少部分来自太平洋的移民。[②] 清朝统治台湾期间，对这些先住居民按照中原王朝对边地少数民族的传统称谓有"生番"、"熟番"之分。前者指未归化且多居于山地的部落（"番社"），后者为纳入清廷统治范围、剃发归顺、输饷纳税、在平原地区与汉族乡间杂处并逐步融散于汉族中的群体。此外，主要来自大陆广东、福建地区的汉族移民，也因来源地、方言、习俗等方面的不同和宗族因素而形成闽南、客家两大汉族民系群体。因此，台湾地方的族际关系主要是汉族移民与少数民族之间的关系，而"闽"、"客"之间的矛盾和冲突（如械斗之类）则不属于族际关系之列。所以，包括日本统治时期对台湾居民进行的民族学调查分类，也以"汉民"、"蕃人"划分，只是在对"汉民"来源与分布的统计中进行"福建人"、"广东人"或"闽"、"客"的汉族民系区别。

1945 年日本帝国主义战败投降，台湾重新回归祖国。在国民党政府接管台湾期间，由于国民党大员专权腐败、聚敛资产、排斥当地人士，进一步加剧了战后台湾经济社会的困境，以致造成 1947 年的"二·二八事

---

① 参见田珏主编《台湾史纲要》，福建人民出版社 2000 年版，第 6 页。
② 参见林仁川《大陆与台湾的历史渊源》，文汇出版社 1991 年版，第 21 页。

件"。这一事件产生的重要影响之一，是使"省籍矛盾"成为后来影响台湾政治格局的"阿里亚斯之踵"。所谓"省籍矛盾"，是指1945年以前移居台湾的大陆居民（也包括当地少数民族）与1945年国民党政府接管台湾、1949年随国民党政权败退台湾的"大陆籍人士"（即通常所说的"外省人"）之间的矛盾。前者通常称为"本省人"，后者一般称为"外省人"。蒋介石败退台湾后，念念不忘"反攻大陆"，并把台湾作为其"光复"中华民国的基地实行威权统治。同时，为了消除日本帝国主义长期对台湾进行"皇民化"统治的影响，通过"中国民族主义"的构建对"本省人"进行"中华民国"的"国民化"塑造，并突出地表现在推行"国语"、认同中华文化、维护"党国"权威和灌输"反攻大陆"的"神圣民族使命"意识等方面。这也是"国民党政府用来合理化大陆撤退后台湾政治权力安排的主要依据"。[1] 因此，作为实施这种目标的统治力量和民众基础，当然是随国民党政权迁转台湾的"外省人"，也就是所谓在台湾社会权力结构中表现出的"支配者常常为外省人、而台湾人处于被支配的现象。"[2] 从政治层面而言，"外省人"统治力量对"本省人"的压制和排斥，其中也包括了对日本帝国主义势力离开台湾时策划"台湾独立"而罗织的"台独"势力的清肃和打击。而理论上归属于"本省人"范畴的少数民族由于一直处于台湾社会的边缘，在国民党政府的"国民化"塑造中则加快了"汉化"的进程。从民族问题的视角看，台湾的民族关系是汉族与少数民族的族际关系，民族问题主要是少数民族的经济、文化和社会生活发展困境问题，通常被称为"山地问题"。属于民族分裂范畴的"台独"势力，因难以在台湾容身纷纷转向海外发展。至于"省籍矛盾"，则在高压的"中华民国"认同氛围中转为台湾社会的政治潜流。

根据亨廷顿的研究，1974年葡萄牙废黜独裁者的政变开启了现代世界的"第三波民主化浪潮"，台湾的政治民主化也随波逐流于其中。[3] 这

① 王甫昌：《台湾反对运动的共识动员：一九七九——一九八九年两次挑战高峰的比较》，台湾政治学会《台湾政治学刊》创刊号，1996年7月，第145页。

② 张茂桂：《台湾的歧治转型与政治的"族群化"过程》，载施正锋编《族群政治与政策》，台北：前卫出版社1997年版，第48页。

③ 参见［美］塞缪尔·亨廷顿《第三波——20世纪末的民主化浪潮》，刘军宁译，上海三联书店1998年版，第23页。

固然同台湾经济社会发展相关，但是两岸在国际社会中的地位变化也是重要因素。1971 年中美关系解冻和恢复中华人民共和国在联合国的合法席位，1972 年尼克松访华并签署《上海公报》和中日建交以及 20 世纪 70 年代末中美建交等一系列外部环境的变化，都是对国民党台湾政权最沉重的打击。国际社会对中国合法政府的普遍承认，使国民党台湾政权所代表的中国"法统"地位从根本上失去了基础，同时也使国民党在台湾的威权统治和强制认同"中华民国"的民族主义失去了权威。在此期间，以台湾"本省人"为主的"反对运动"形成了高潮，先后发生了"中坜事件"和"《美丽岛》事件"①，各类要求自主性的"自力救济式抗议"活动也层出不穷。据统计，1980—1986 年，共有 18 种类型的社会运动和 3000 余次抗议或请愿活动。② 这些"反对运动"不仅对国民党政权的合法性构成了挑战，而且使"民主化"成为台湾社会普遍的政治诉求。在这一过程中，由于"反对运动"所反映的"省籍矛盾"趋于尖锐，蒋经国时期曾通过大量吸纳"本省人"精英加入国民党等"亲民"方式缓和社会矛盾和扩大国民党在台湾民众中的基础，这类缓解"省籍矛盾"的措施虽然使国民党政权渡过了国际形势变化带来的内外交困危机，但是也开启了国民党的"本土化"过程。

在台湾社会"反对运动"高涨、"民主化"诉求逐步突破国民党专制威权的形势下，特别是 1986 年第一个本土性反对党——民主进步党（以下简称民进党）成立后，"一场以'本土化'、'台湾化'为主题的政治运动，夹杂着民主意识与分离主义意识席卷台湾社会"③，对国民党专制的政治"戒严"条件下的"动员戡乱"权力体制形成了前所未有的冲击。国民党政府在采取容忍政治异己、取消"戒严法"、同意大陆籍人士省亲和开放报禁等措施的同时，也加快了自身的"本土化"过程，以期通过

---

① "中坜事件"指 1977 年台湾地方选举过程中"党外势力"指称国民党作弊引发的民众骚乱；"《美丽岛》事件"是指由台湾"反对运动"激进势力于 1979 年创办的《美丽岛》杂志与国民党政府发生的政治冲突。因该事件发生在高雄，也称"高雄事件"。这些事件对 1980 年代以后台湾的政治社会形势变化产生了重要影响。参见刘红、郑庆勇《国民党在台 50 年》，九州出版社 2001 年版，第 91—95 页。

② 参见王甫昌《台湾反对运动的共识动员：一九七九——一九八九年两次挑战高峰的比较》，台湾政治学会《台湾政治学刊》创刊号，1996 年 7 月，第 173 页。

③ 刘国深：《台湾"省籍族群"的结构功能分析》，《台湾研究集刊》1999 年第 3 期。

提高党内"本省人"精英的地位来维护其政权的合法性。① 为此，其内部的"本省人"精英由于能够淡化国民党的所谓"外来属性"而受到重用，李登辉正是在这种"本土化"政治取向中掌握"党国"权力的。李登辉执政后通过构建"本省人"的权力结构和迎合"反对运动"的政治诉求，最终在 1993 年任命"本省人"为"行政院院长"而"完成了所谓中国国民党以及中华民国的'本土化、在地化'的基础工作"。在此期间，海外"台独"势力也纷纷潜回台湾，助长了民进党分裂中国的活动。② 在此期间"台独"势力的嚣张和政党化的发展以及造成的"国家认同"危机，从另一个向度加剧了"省籍矛盾"，而这一矛盾在国民党内部的浮现乃至形成诸种矛盾的旋涡中心，使过去依托于"省籍"的政治分化由于国民党本身的"本土化"权力结构重组和内部分裂，以及台湾社会政治民主化、多元化而出现了从"差异政治"（politics of difference）到"认同政治"（politics of identity）的转型。

三　后现代政治导引的"省籍矛盾"和"族群"分化

从 20 世纪 70 年代中期以前台湾政治中的"省籍"问题可以看出，所谓"外省人"与"本省人"之间的差异，既不是民族差异③，也不是阶级差异④，而是国民党政权接管和据守台湾后在权力结构方面的制度安排所造成的一种"差异政治"。这种差异在对"党国"、"中国民族主义"、"神圣民族使命"的中华民国认同层面，形成了以掌握政权的国民党为代表的"外省人"统治势力对曾遭受日本殖民统治的"本省人"之

---

① 参见田珏主编《台湾史纲要》，福建人民出版社 2000 年版，第 243 页。

② 张茂桂：《台湾的政治转型与政治的"族群化"过程》，载施正锋编《族群政治与政策》，台北：前卫出版社 1997 年版，第 53 页。

③ 虽然台湾少数民族同汉族存在民族性的差异，但是台湾少数民族相对于"外省人"来说也属于"本省人"范畴，只是因其在"本省人"中也属于边缘群体而无法进入台湾政治的视野，所以在台湾的"省籍矛盾"中通常是不包括少数民族的，因此"省籍矛盾"不体现民族差异，也不属于族际关系范畴。

④ 虽然"外省人"构成台湾政权体系的主体力量，但是"外省人"并不是一个阶级，"外省人"是由不同阶级地位的人组成的，"本省人"也是一样。但是，在"省籍"对立的二元结构中，"外省人"整体上是国民党政权依靠和信赖的力量，由此而形成的对"本省人"整体性的排拒也表现出社会政治地位方面的差异。

间的支配关系。这种支配关系突出地表现为"外省人"把持"中央"一级的党、政、军主要职权，"本省人只在省以下地方政权和民意机构中占有多数席位。"① 权力结构的这种安排，强化了依托于"省籍"的二元对立结构。只是在国民党"动员戡乱"的威权体制下，"外省人"的政治诉求处于被压抑状态而已。

如果说国民党在台湾的统治权力是其政权体系的延续，那么这种"差异政治"的形成则是为了确立其政权败退台湾后的合法地位，其中也包括了消除日本帝国主义对台湾长期统治的"皇民化"影响，剪除"台独"势力，平息"本省人"对国民党统治的抗拒等统治需要。因此，这种"差异政治"是指通过利用差异形成的支配关系来实行"同一生"的统治，是国民党政权以"党国"为中心对所有异己因素在政治上的排除。对这种现象的后现代政治解释，即"差异本身常常是支配与反支配的权力关系的一种呈现，从支配者的角度言，差异政治常常透过所谓的排除作用来巩固和强化它的统治地位，而这一点正是后现代的认同政治所要挞伐的。"② 事实上，1970 年代中后期出现的"反对运动"正是对这种专制统治的挞伐，取而代之的则是对包括国民党的"中国民族主义"、"反攻大陆"等"神圣民族使命"在内的"宏大叙事结构"的解构。

后现代政治理论的重要特征之一就是政治的微观化，这种"微观政治"所召唤的是一种在"社会的所有微观层面上"发展起来的"多元的自主斗争"。③ 它拒斥的是"中心化"的权力结构，崇尚的是"分散的"、"非中心化"的权力形式。如果说在后现代理论批判的宏观政治中所包含的"差异政治"是通过支配、排除而"求同于己"，那么"微观政治"则是基于承认差异甚至崇尚差异的"存异于己"也"存异于他"的相对主义和多元主义政治理念，认同（identity）成为承认差异的核心。因此，针对那种"求同于己"的"差异政治"权力结构，"从被支配者或反支配者的角度来看，在差异关系中它强调的是处在边缘或弱势的地位（被排除）的他者的重要，他者不仅不应被漠视，而且还要主动发声，这一点

---

① 陈孔立：《台湾政治的"省籍—族群—本土化"研究模式》，《台湾研究集刊》2002 年第 2 期。
② 孟樊：《后现代的认同政治》，台北：扬智文化事业股份有限公司 2001 年版，第 166 页。
③ ［美］道格拉斯·凯尔纳、斯蒂文·贝斯特：《后现代理论：批判性的质疑》，张志斌译，中央编译出版社 2001 年版，第 72 页。

恰是后现代认同政治所要鼓吹的。"① 在具有后现代主义意味的族群理论中,"自我认同"与"他者认定"构成了确定"族群边界"的基本原理,而这种似乎表现出主观与客观的双重性承认,实质上只反映了后现代理论所强调的自我"主体性",也就是排他的"自我认同"。因此,所谓"认同政治"也可以理解为另一种面向的"差异政治",相对于前述支配、排除性的"差异政治"而言是一种"主体立场"的置换,只是这种"发展新主体性的首要条件就是要消解旧的主体性。"②

早在1983年,作为建立民进党的"反对运动"激进势力,就在其政治宣示中提出:"台湾的前途,应由台湾全体住民共同决定",即"住民自决"原则。而"住民自决"口号的提出,也反映了台湾"反对运动"从"民主化"诉求转向"本土化"的政治走向。所谓"本土化"、"地方性"都是后现代主义"非中心化"理论所崇尚的权力话语,对台湾社会而言"本土化"即是"台湾化",③ 也就是"去中国化"。这种政治"本土化"的要求,"一开始就是以'省籍符号'为工具,以民间政治亚文化对抗官方的主流政治文化。"④ 在张扬更改"国号"、"国歌"、"国旗"、历史教科书和强化使用"台语"(闽南话)等"台湾人"的认同理念中,形成了对抗国民党"中国民族主义"的"台湾民族主义"构建,他们"所要形塑的民族是'台湾人';而造成目前台湾民族沉沦的敌人,则是外来政权'国民党';只有让国民党下台,台湾人才能恢复民族的光荣('台湾人出头天')。"⑤ 这种"本土化"、"台湾化"对国民党政权的排拒,反映在"省籍矛盾"上则是对"外省人"的排斥。

台湾岛内外"台独"势力的公开活动及其鼓噪的"台湾民族"、"台湾国"和"住民自决"之类的"话语政治",由于突出了闽南人中"福佬中心主义"的强势声音及其构建新"主体性"的政治规则,不仅使"外省人"群体从过去的中心地位转向边缘化,而且使致力于洗刷历史"污名"、争取平等权利的少数民族运动和复兴文化及维护传统的客家人

---

① 孟樊:《后现代的认同政治》,台北:扬智文化事业股份有限公司2001年版,第166页。

② [美]道格拉斯·凯尔纳、斯蒂文·贝斯特:《后现代理论:批判性的质疑》,张志斌译,中央编译出版社2001年版,第76页。

③ 参见许介鳞《李登辉与台湾政治》,社会科学文献出版社2002年版,第42页。

④ 刘国深:《台湾"省籍族群"的结构功能分析》,《台湾研究集刊》1999年第3期。

⑤ 王甫昌:《台湾反对运动的共识动员:一九七九——一九八九年两次挑战高峰的比较》,台湾政治学会《台湾政治学刊》创刊号,1996年7月,第183页。

运动也处于"站在这些规则之外发言，就要冒被边缘化和被排斥的危险"之中。① 因此这种以闽南人激进势力为代表的"主体性"的置换，虽然表现为"省籍矛盾"二元结构中支配与被支配角色的转变过程，但是民主化、多元主义和"认同政治"等理念所激发的差异群体权力话语，却又在少数民族运动的高涨和客家人运动的兴起中形成多"主体性"的"自我认同"。从而使原有的"外省人"和"本省人"二元对立结构出现了群体的结构性分化，"族群"这一词语正是在这种"自识"与"排他"的分化认同中从学术领域进入台湾的政治生活，有人认为其时间"大约不会比 1989 年更早，而把台湾的省籍问题，界定为'族群'也差不多在同样的时代。"② 无论如何，有关"为了使这些群体确信共同的民族主义事业和赢得他们（全体选民），民进党在 1989 年提出了'台湾的四大族群'概念"的说法③，虽然未必是台湾"族群"政治化的缘起，但却是对"台独"势力制造"族群政治"过程的时段记录。

四 台湾的"族群"分化与"族群认同"

按照西方族群的划分标准，台湾"应该只有汉民族和台湾原住民两大族群。"④ 但是，由于台湾政治多元化和"台独"势力利用"省籍"、方言（如闽南话、客家话）等因素对汉族群体进行的"认同政治"分化，台湾的"族群认同"又表现出社会学、政治学意义上的群体分化。这种以所谓"族群性"分化的"族群"，形成了所谓"四大族群"格局。

（一）原住民族群

原住民一词是对应英文 indigenous people 或 aborigines 的日文汉字⑤，

---

① ［美］道格拉斯·凯尔纳、斯蒂文·贝斯特：《后现代理论：批判性的质疑》，张志斌译，中央编译出版社 2001 年版，第 75 页。

② 张茂桂：《台湾的政治转型与政治的"族群化"过程》，载施正锋编《族群政治与政策》，台北：前卫出版社 1997 年版，第 41 页。

③ Michael Rudolph, *The Emergence ofthe Concept of "Ethnic Group" in Taiwan and the Role of Taiwan's Auatronesiana in the Construction of Taiwanese Identity*, http://www. taiwanfirstnations. org/mem. html.

④ 杨仁煌：《谈文化与族群关系》，载洪泉湖等编《族群教育与族群关系》，台北：时英出版社 1997 年版，第 337 页。

⑤ 参见拙文《当代台湾的"原住民"与民族问题》，《民族研究》2003 年第 4 期。

按照中文的传统通常称为土著或土著人。台湾少数民族选择原住民作为其群体的统一称谓，同联合国土著人事务的开展和台湾"反对运动"的高涨直接相关。① 1982 年，联合国经社理事会通过决议，授权防止歧视和保护少数小组委员会建立土著人工作组，每年举行一次会议讨论全球范围内的土著人问题及其权益。国际社会对土著人问题的关注，尤其是有关土著人自决权、发展权、土地使用权和文化遗产保护等议题的国际性传播，对台湾少数民族运动的政治诉求产生了直接影响。1983 年台湾"党外运动"激进势力的政纲中提出"住民自决"口号，使正在兴起的少数民族运动受到了启发。谁是台湾的"住民"？对于一直处于被挤压、被奴役、被同化状态的少数民族来说，他们认为自己是台湾最早的"住民"，相对于那些以"本省人"自居的"住民"而言他们是原住民。在"正名"运动的同时，少数民族提出了以"归还土地"、"实行自治"、"恢复语言和文化"等一系列关系原住民权利与地位的政治诉求②，构成了台湾当代"族群政治"中最具民族性的"泛族群运动"或"泛原住民族主义"运动。③ 台湾原住民的"泛族群运动"是相对意义上的"族群认同"整合运动。在历史上，他们并没有一种统一称谓的认同归属。在把原住民作为自我选择的"族群认同"统一称谓之前的所有统称，都是外部力量给予的"他者认定"。"正名"运动阶段出现的"高山九族"和"隐身"于汉族中的"平埔十族"一定程度上合一的原住民运动，虽然形成了台湾"弱势群体"的主体性"族群认同"，但是其内部各族的认同也持续发展，特别是"高山九族"由于尚保留程度不同的传统文化和历史记忆，各族的"族群"构建运动十分高涨，除了进一步"正名"（包括"复名"）外④，"族

① 参见夷将·拔路儿《我们为什么选择"台湾原住民"这个称呼》，载张茂桂等《族群关系与国家认同》，台北：业强出版社 1993 年版，第 187—189 页。
② 1983 年台湾大学的高山族学生创立了校园刊物《高山青》，被认为是台湾少数民族运动的开端，1984 年成立了"原住民权利促进会"，使台湾的少数民族运动进入了有组织并提出政治宣言的阶段。参见林淑雅《第一民族——台湾原住民族运动的宪法意义》，台北前卫出版社 2000 年版，第 74、397 页。
③ 参见汪明辉《台湾原件民族运动的回顾与展望》，台湾师范大学地理系区域研究中心《地友》第 52 期（http//www. geo. ntnu. edu. tw/magazine/vol. 52）。
④ 近年来，台湾少数民族的"正名"运动进一步发展为各族自身的"正名"，如"曹族"更名为"邹族"，"雅美"更名为"达悟"等。参见《复名运动延烧各原住民族》，《台湾日报》2002 年 11 月 1 日。

群分化"的走向也在发展。① 这种分化导致各族对"我群"历史、语言、文化和祖先认同的构拟和在"回归部落"过程中对自我权利的维护与要求，从而使"泛原住民运动"走向分化。

历史上"平埔族"大都属于"熟番"，国民党统治时期的"山地"或山胞政策并不包括已经"汉化"的"平埔族"。但是，在原住民运动兴起以后，"平埔族"的原住民意识和恢复原住民身份的政治诉求也显著发展。② 已为台湾官方确认的邵族、噶玛兰族即被认为属于"平埔十族"。③ 由于"平埔族"文化特征在普遍意义上的丧失，按照族群认同理论进行识别和划分缺乏足够的资源，但是无论是出于学术"创造"还是出于"政治需要"，重新识别和构建"平埔十族"已成为台湾"族群化"的重要方面。因此，通过 DNA 检测寻求"平埔十族"的"原生"血统，并以此证明"本省人"中或多或少都存在早期汉人移民同"平埔族"融血所传承的"血缘关系"，即"盛行的说法是台湾的垦殖者后代都有平埔族的血统"之类④，其目的无非是从血缘关系上割断台湾"本省人"同大陆的族裔联系，建立"本省人"的"草根社会"血缘基础——原住民"血统祖先论"。⑤ 据统计，截止到 2003 年 6 月底，台湾地区原住民人口为 438658 人，占台湾总人口的 1.94%。⑥ 对"平埔族"人口的估计，一说为 15 万左右⑦，一说为数以百万计。⑧ 目前，台湾原住民的"族群"分化或"民族认定"仍在继续，甚至有方兴未艾之势。这种识别是否会从所谓"隐身"于"本省人"范围的汉族中分离出"平埔十族"的后裔？他们"重新作番"的认同，如果不去模仿"高山九族"尚存的"文化符号"，是否接受"他者"为其构建的

---

① 如泰雅族要分化为"泰雅尔"、"赛德克"和"太鲁阁"族之类。甚至按照"原住民"各族语言重新识别、划分出更多的"族群"也有可能。

② 参见尤哈尼·依斯卡卡夫特《从原住民的观点来看平埔族》，载施正锋编《族群政治与政策》，台北：前卫出版社 1997 年版，第 1 页。

③ 邵族由邹族中分出，噶玛兰族由阿美族中分出。

④ 施正锋：《平埔身份认同》（http://mail. tku. edu. tw/cfshih/def 5—2—020615. htm）。

⑤ 参见拙文《伪造的证言——所谓原住民"血统祖先论"剖析》，《台湾研究集刊》2003 年第 3 期。

⑥ 参见台湾"内政部统计处"《内政统计通报》，2003 年 7 月 17 日。

⑦ 参见《政府再不保护平埔族人将消失》，《台湾日报》2002 年 11 月 1 日。

⑧ 尤哈尼·依斯卡卡夫特：《从原住民的观点来看平埔族》，载施正锋编《族群政治与政策》，台北：前卫出版社 1997 年版，第 9 页。

"族群特征"？正所谓"自许为平埔族后裔者，究竟要如何来与高山族做共同的想象"？如不然是否会在台湾"四大族群"格局中再创造出一个亦"番"亦"汉"的"第五族群"？①

（二）"闽南人族群"

台湾的闽南人占全省人口的70%以上，是台湾民众中人口规模最大的一个群体，当代自称为闽南语发音的"daiwanglang"，即普通话的"台湾人"，通常在区别客家人、"外省人"时也称为"福佬人"、"鹤佬人"或"河洛人"。由于原住民获得了作为台湾"原住"居民的"优先"称谓，并形成对"本省人"、"外省人"都是"外来者"的排拒心态，因此也出现了将以闽南人为主体的"本省人"称为"早住民"、"外省人"称为"新住民"的说法。② 民进党执政以后，使人口最多的"闽南人族群"成为台湾社会中的"强势族群"。在台湾"反对运动"初始阶段，闽南人的激进势力就表现出构建"台湾民族主义"的政治取向。这些"反对运动"的发动者、组织者是"政治工匠，他们把难懂的、技术性的、而且常常是朦胧混乱的神话般的哲学转变为明白易懂的语言，最终简化为口号。"③ 通过"族群政治"的权力话语、象征符号、代表人物等来煽动民众和强化认同，甚至在集会、演讲中必须讲"台语"（闽南话）而不讲"北京话"（"国语"），如果闽南人不能用"台语"演讲，唯有向听众道歉并对国民党政府推行"国语"的"同化"政策进行控诉方能得到理解。相应地，"在这些群众活动的场合中，根据台湾民族主义的论述而产生的特定口号、词汇、意象及事件一再被宣扬、强调及使用。"④ 这种集中体现"福佬中心主义"的"认同政治"外溢及其"台独"走向，在加剧"省籍矛盾"的同时，也对原住民和客家人群体形成了新的"中心—边缘"关系的支配性压力，从而进一步强化了这些群体的"族群性"自我认同和"主体性"维护。

---

① 施正锋：《平埔身份认同》（http://mail. tku. edu. tw/cfshih/def 5 - 2 - 020615. htm）。

② 参见戴宝村《原住民、早住民与新住民》（http://www. twhistory. org. tw/index. html）。

③ ［美］菲利克斯·格罗斯：《公民与国家——民族、部族和族属身份》，王建娥、魏强译，新华出版社2003年版，第102页。

④ 王甫昌：《台湾反对运动的共识动员：一九七九——九八九年两次挑战高峰的比较》，台湾政治学会《台湾政治学刊》创刊号，1996年7月，第185页。

（三）"客家人族群"

台湾的客家人主要来自广东、福建，人口占台湾总人口的15%左右。在中国近代历史中，有关客家人的民族归属问题曾引起中外学者的关注，并因此形成了"客家学"。以罗香林为代表的"客家学"研究把客家人定位为汉族的正统，使客家人的身份问题得以确定。台湾的客家人作为大陆移住台湾的移民，其民族归属并未因移民过程而改变。只是在国民党政权接管和退据台湾后，他们在"省籍矛盾"中被纳入"本省人"范围，唯一的区别是在官方支持下成立了"世界客属总会"，以作为台湾当局"四海归心侨务工作之一环，也给予了台湾客家系属为'中国客家之一支'的族界图像。"① 当然，这一"族界图像"维系了台湾客家人认同汉族的自我意识并在国民党"中国民族主义"意识形态中找到了汉族是构成"中华民族"主体的"民族地位"，但并没有改变他们相对于"外省人"而言的"本省人"归属感。只是历史上的"闽客矛盾"、"分类械斗"、"义民"等问题仍在"闽客"民系关系中或隐或现。

在台湾"反对运动"兴起以后，特别是"台独"势力鼓吹"台湾民族主义"造成的"国家认同"危机，对"客家人"的"族界图像"形成了破坏性的冲击。其间，所谓"台湾人"对历史上所有"外来政权"的控诉，也包括对历史上"义民"这种被视为"外来统治"势力帮凶的揭露，形成对客家人的排斥。因此，在原住民洗刷历史"污名"和恢复权利地位的"泛族群运动"兴起之后，20世纪80年代后期客家人运动也以"新的客家人"面貌加入了"反对运动"，其运动的指向之一是"福佬中心主义"，"普遍的现象是抗议福佬人族群历史的约定俗成：台湾人即福佬人，台湾话即福佬话"等②，同时出现了以强调客家人也是"台湾人"、"客家语"也是"台湾语"的台湾"客家人族群"认同，甚至也出现了"客家族群组党"的舆论。③ 这也促使台湾当局于2001年设立了"客家委

---

① 杨长镇：《民族工程学中的客家论述》，施正锋编《族群政治与政策》，台北：前卫出版社1997年版，第23页。

② 同上书，第27页。

③ 施正锋：《客家族群组党的政治分析》，施正锋编《族群政治与政策》，台北：前卫出版社1997年版，"代编者序"。

员会",以挽救客家"族群文化快速消失的危机";等等。①

(四)"外省人族群"

台湾的"外省人"约占台湾总人口的13%。这些随国民党政权迁转于台湾的大陆人,基本上都是国民党政府体系中的"党、政、军、警、文教"等系统的人员,而且大都是没有带家眷或未婚的男性。这些"外省人"祖籍天南地北,族裔背景多样,除了对国民党政治的认同外并没有所谓"族群"认同的基础。但是,由于这些"外省人"属于追随或被迫跟随国民党政权败退台湾的"政治移民",他们到达台湾后并没有发生身份的变化,仍旧供职和认同国民党政权在台湾的体制,属于统治势力的组成部分和民众基础,且对国民党政权所要统治的曾被"皇民化"的台湾民众而言,更具有了政治地位上的"正统性"和社会阶层地位上的优越性。一般而言,"外省人"在政府公务部门就职的比重远远大于其人口在台湾总人口中的比例②,如果加上在军队服役的人数,这个比例会更高。而"本省人"主要集中在私营部门。这种社会角色和阶层的政治安排,使支配性的"差异政治"也影响到社会生活领域。

然而,蒋介石"反攻大陆"遥遥无期的"神圣民族使命"无法解决"外省人"中普遍的"家庭团聚"和"成家立业"问题,所以"外省人"与"本省人"之间的"家庭重组"和通婚现象也自然发生。因此,从民间层面讲,"外省人"的"本省化"或"本省人"的"外省化"的"省籍融合"现象也具有一定普遍性。③ 但就总体而言,国民党政府在台湾半个世纪的统治对"外省人"群体的倚重,不仅造成了"外省人"在政治权力结构中的优势地位,而且这种优势也被认为影响到社会生活层面,即所谓"外省人"的后代在教育、职业和所处的社会阶层等方面也处于优越地位。④ 因此,在"反对运动"兴起和民进党等"党外势力"的"台独"主张陡然上升并改变了原有的政治权力结构的形势下,这些因素都

① 参见"客委会介绍",台湾"行政院客家委员会"网站,http://www.hakka.gov.tw。
② 参见林忠正、林鹤玲《台湾地区各族群的经济差异》,载张茂桂等《族群关系与国家认同》,台北:业强出版社1993年版,第109页。
③ 参见王甫昌《省籍融合的本质——一个理论与经验的探讨》,载张茂桂等《族群关系与国家认同》,台北:业强出版社1993年版,第78—93页。
④ 参见吴乃德《槟榔和拖鞋、西装及皮鞋:台湾阶级流动的族群差异及原因》,《台湾社会学研究》1997年第1期。

成为挑起"省籍矛盾"的造势理由。对所谓"外省人"而言，其民族认同除了"中华民族"或"中国人"外，其整体意识并不属于"族群认同"范畴，只是在国民党本身的"本土化"及其在多党政治角逐中的"失利"和"台独"势力制造的"国家认同"的危机形势下，"外省人"因受到排拒而产生了群体边缘化和危机感，亦被迫卷入了"族群认同"的政治旋涡。

从台湾所谓"四大族群"的分类来看，并不是人类学、民族学意义上的"族群"划分，即便从移民的角度去认识台湾的族群，除了原住民移住台湾的历史长久外，其他来自大陆的移民无论是400年还是50年，都属于大陆移民、中国人。正如中国的海外移民一样，无论是数百年前的移民还是当代的新移民都属于"海外华人"一样，他们在所在国的"族群"分类中也只有"亚裔"、"华人"这样的称谓而并没有划分出"广东人"、"福建人"或"闽"、"客"之类的"族群"。所以，从台湾原住民的视角看，所谓"外省、闽、客，其实都是汉人"。因为"无论我们怎样论述他们彼此间内部的许多差异性，相对于原住民来说，他们的同质性远高过他们彼此间的差异"。而汉人也认为原住民内部的"九族"、"十族"，甚至"十一族"之分也很牵强附会。① 因此，台湾的"四大族群"说，从本质上讲并不是学术界"诗学化"理解的"文化族群"，而是"政治族群"。这种"族群认同"的形成，"不但需要长远的历史作为素材，而且需要政治动员的社会工程。"② 以民进党为代表的"台独"势力正是这种"社会工程"的操纵者，其目的是为了通过多元政治消解国民党的一党专制，进而将民主化、多元化导引为"去中国化"的"台湾国"认同，构建对"弱势族群"新的"差异政治"支配关系，它彰显了"闽南人族群"的中心地位。因此，非"闽南人族群"的"自我认同"强化，是对"大族群主义"及其关涉"统独争议"权力话语的回应。因为就认同而言，"自我在确定自己特定身份的同时，也确定了他者相应的反角色。"③ 从这个意义上说，台湾社会的"族群

---

① 孙大川：《泛原住民意识与台湾族群问题的互动》，载洪泉湖等编《族群教育与族群关系》，台北：时英出版社1997年版，第54页。

② 吴乃德：《搜寻台湾民族主义的意识形态基础》，台湾政治学会《台湾政治学刊》创刊号，1996年7月，第36页。

③ ［美］亚历山大·温特：《国际政治的社会理论》，秦亚青译，上海世纪出版集团2000年版，第415页。

化"是表现在国家认同层面的分裂政治产物。

五 台湾的"族群政治"与"国家认同"

从台湾的"四大族群"分类中可以看出，属于民族问题的"原、汉矛盾"、属于政治结构问题的"省籍矛盾"和属于民间冲突的"闽、客矛盾"构成了台湾族群分化的基本对应关系。① 同时，这三对关系又存在着一些交错因素，"原、汉矛盾"包括了原住民同"本省人"、"外省人"的族际关系问题；"省籍矛盾"中包括了"外省人"同闽南、客家和原住民之间过去的所谓支配与被支配关系问题；"本省人"中存在诸如"台语"（闽南话）与"客家话"这类具有"文化台独"和"文化民族主义"特征造成的冲突等问题。这些问题由于或明或暗地涉及民族国家（nation-state）层面的"中国"、"中国人"、"中华民族"与"台湾"、"台湾人"、"台湾民族"认同方面的政治歧义所体现的民族问题（national question），而增强了台湾"四大族群"的"族群性"表象。不过这种"族群性"特征并不主要表现为"民族文化"层面上的差异②，而表现为主要是人为操控的"族群政治"特征。

事实上，台湾的"四大族群"之分主要是"台独"势力利用多党政治操弄台湾民众的产物。所谓"四大族群"说，在政治层面炒作的目的是为了通过对差异政治"存异于他"的肯认来加剧"统独争议"，以期分化瓦解台湾民众的中国、中华民族意识，在"去中国化"、"污名化"中国的氛围中构建"台独"势力鼓噪的所谓"台湾国"、"台湾民族"的"认同政治"。通过所谓文化差异来放大台湾民众中的"省籍"背景和强化"族群认同"的边界，实际上就是为了证明"族群现象是台湾政治过程中的重要变数。它是政党支持的重要基础，也是国家认同的重要分野。"③ 因此，台湾"族群"分化和"族群政治"，是"台独"势力着力

---

① 参见施正锋《台湾的族群政治》一文中有关"三大轴线"说，载施正锋编《族群政治与政策》，台北：前卫出版社1997年版，第73页。

② 从文化角度讲，台湾的"四大族群"中除了"原住民"文化同汉族文化之间存在"原生性"差异外，其他所谓"三个族群"只是在方言、习俗上存在差异，而非"民族文化"的差异。

③ 吴乃德：《省籍意识、政治支持和国家认同》，载张茂桂等《族群关系与国家认同》，台北：业强出版社1993年版，第48页。

利用的工具。正如有人指出的：李登辉"划分台湾居民为'四大族群'后，更让笔者感到'分而斗之'的野心，恐将遗患深远。"[①] 事实也是如此，今天在台湾无论是讲"省籍"问题还是讲"族群"问题都不可避免地要涉及"国家认同"和"统独争议"。因此，对这种"政治族群"的认识，正所谓"只能从它们被建构成为'族群'的过程来理解，而不是从它们的'族群特质'、'族群来源'来理解。"[②] 这一构建的过程，就是台湾政治民主化、多党制依托于"省籍矛盾"造成"族群"分化进而形成"族群政治"的过程，是一个为了进行政治动员、分配社会权力的人为安排，只是通过各个"族群"的所谓"文化差异"的塑造、"共同记忆"的召唤来制造并区隔族群意识而已。

由于台湾原住民族群的政治诉求主要集中在"正名运动"、"还我土地"、"实行自治"和"文化复兴"等方面，较少卷入"省籍矛盾"，而且在台湾政治斗争中往往处于边缘，这也使表现在"闽南"、"客家"和"外省"所谓三个"族群"之间的"差异"更加政治化。因为这三个"族群"并非是人类学、民族学意义上的"族群"或"民族"（ethnos），而"是十分人为的、有特殊时空、特定政治含义的"族群分类。[③] 从表面上来看，这种"族群"划分似乎反映了台湾社会多元化的"承认政治"，但其实质是通过"族群化"和利用"族群政治"工具对"差异政治"的承认来消蚀台湾民众对中国、中国人的认同，从而在"统独争议"中实现"去中国化"的分裂。然而，"撕裂族群"并不是"台独"势力的目的，构建"台湾民族"（Taiwan natio）的"集体认同"才是其最终目标。只是现阶段"它的任务之一主要是在脱离中国，至少脱离中国民族主义。"[④] 因此，在表现为"存异于他"的"差异政治"的分化过程中，"台独"势力却在不失时机地鼓噪"台湾正名"、"公投"、在教科书中将清季统治台湾的历史纳入世界史等，通过推动"渐进台独"不断引发"台湾危机感"来迫使各个"族群"认同于"台湾民族主义"，以实现台

---

① 《编辑室手记》，《科学月刊》（台北）2000 年第 11 期（http：//www. scimonth. com. tw）。

② 张茂桂：《台湾的政治转型与政治的"族群化"过程》，载施正锋编《族群政治与政策》，台北：前卫出版社 1997 年版，第 41 页。

③ 同上。

④ 吴乃德：《搜寻台湾民族主义的意识形态基础》，台湾政治学会《台湾政治学刊》创刊号，1996 年 7 月，第 36 页。

湾民众对"台湾国"的政治认同。"后现代政治可以看成是聚集在'认同政治'和差异政治两面大旗之下。差异政治试图用被从前的现代政治所忽略的那些范畴（如种族、性别、性偏好等）来建立新的政治团体；认同政治则试图通过政治斗争和政治信仰来建立政治和文化认同，以此作为政治动员的基础。"① 台湾的"族群政治"正是在这两个看似矛盾但却相互交织的层面展开的。

1990 年代以来，在台湾的政治民主化、多元化竞争中政党蜂起（最新统计为 101 个政党），各政党的"政治分歧相当程度决定了政党竞争的基础，也相当程度决定了政党的成败"。其中，"省籍因素仍旧是影响台湾政党竞争的最重要政治分歧"，而这种"政治分歧"的焦点正是由于1991 年民进党抛出"台独党纲"所造成的，它"使统独议题在 1990 年代相当程度影响政治精英的政治辩论和选民的政治讨论，也相当程度地决定了选民的政党认同与投票对象。"② 台湾的民主化和多党制起源于"省籍矛盾"形成的"反对运动"，这一"反对运动"的发展导致的"族群化"过程经过"文化"外衣包装和"族群特质"构建后，形成了"族群政治"格局。"族群化"的分化表现在政治生活层面与政党化在相当程度融为一体或相互作用，显现了台湾政党政治中的所谓"族群性"。在政治学研究中，有关"族群政治"的分析工具是"族群投票"（ethnic voting）③，所以揭示台湾"族群政治"中的"族群性"通过选民群体对不同政党的支持可见一斑。在台湾政坛中，虽然没有哪一个政党宣称自己是"族群政党"，但是其构成和支持者的"族群归属"却表现出台湾民众政党支持模式中显而易见的"族群性"。当然，这里所说的"族群性"是台湾所谓"四大族群"意义上的政治"族群性"，事实上仍旧是"省籍矛盾"在政党分歧上的体现。因为"相当多的学术研究显示，闽南籍与外省籍有明显的统独立场差异"④，这种差异使各政党政治精英进行的选民动员和获

---

① ［美］道格拉斯·凯尔纳、斯蒂文·贝斯特：《后现代理论：批判性的质疑》，张志斌译，中央编译出版社 2001 年版，第 267 页。

② 盛杏湲：《政治分歧与政党竞争》，财团法人国家政策研究基金会《国政评论·宪政（评）091—416 号》，2002 年 10 月 24 日（http://www.npf.org.tw/PUBLICATION）。

③ 参见王甫昌《族群意识、民族主义与政党支持：1990 年代台湾的族群政治》，《台湾社会学研究》1998 年第 2 期。

④ 盛杏湲：《政治分歧与政党竞争》，财团法人国家政策研究基金会《国政评论·宪政（评）091—416 号》，2002 年 10 月 24 日（http://www.npf.org.tw/PUBLICATION）。

得的选民支持往往造成"民进党最强烈的支持者主要仍是本省籍民众，特别是闽南人，新党的强力支持者则是外省籍民众"的现象。[1] 而这种现象正是由于民进党等"台独"势力利用"省籍"分化"族群"，制造"国家认同"危机的结果。

台湾社会围绕"统独"问题这一政治焦点表现出来的"族群认同"表象，实质上是"国家认同"的"统独争议"。在这方面，原住民是台湾的"弱势群体"，在台湾的政治格局中也处于边缘，但是原住民政治力量在关涉"国家认同"的"统独争议"中也有鲜明的立场。在台湾多党制和"族群政治"的操演中，唯一的原住民政党，在政治上明确主张"结合两岸少数民族各阶层领导人士，促进政治、经济、文化交流，实现和平统一之大业，共同为此目标奋斗。"[2] 因此，虽然"从血缘的因素而论，'台湾人'、'客家人'与'外省人'严格说来，并非属于不同的族群。但是吊诡的是，在血统、语言及文化上与汉民族为不同族群的原住民族，却反而不会被占绝大多数人口的族群视为'外人'，且原住民族也并没有发生国家认同上的疑义。由此可见，血缘、语言、宗教或地缘等因素，虽然可以强化族群的凝聚力，但它们并非构成族群的必要条件，而构成'族群感'的必要条件，则是在于主观的情感认知"。然而，这种"主观的情感认知"对于非原住民"族群"而言又是政治操作的结果，尤其是"台独"势力通过"不断提醒民众'我们'与'他们'是不同的族群，从而使族群关系又遭到了撕裂。并且，族群关系也因此而转变成为'台湾'与'中国'之间的国家认同问题。"[3] 所以，如果说台湾的"四大族群"是"省籍矛盾"的人为放大和在"汉、原"族际关系基础上的扩展，那么业已形成的"族群政治"格局无论反映出何种政治、经济、文化和社会生活方面的种种诉求但都无法回避"国家认同"这一实质问题，而这一点恰恰是"四大族群"制造者极力操弄"族群政治"的目的。

对台湾民众来说，在民族与国家（state）的认同问题上面临的形势是国民党威权统治下"中国民族主义"意识形态的式微和"台湾民族主义"

---

[1] 王甫昌：《族群意识、民族主义与政党支持：1990 年代台湾的族群政治》，《台湾社会学研究》1998 年第 2 期。

[2] 参见《中国台湾原住民党·党章》（http://www.tapt. , org.tw/about/about.htm）。

[3] 桂宏诚：《国家认同问题的根源与依归》，财团法人国家政策研究基金会《国政评论·内政（评）09—120 号》，2003 年 7 月 15 日（http://www.npf.org.tw/PUBLICATION）。

意识形态的张扬，但是鼓吹"台湾民族主义"的势力又是依托于"省籍矛盾"中以"本省人"为主体的政治力量，其"去中国化"的"台独"主张并不为台湾民众所普遍认同，尤其是"台独"势力构建所谓台湾"生命共同体"、"命运共同体"的"民族主义"同质化政治压力所产生的"支配性"并没有反映各差异群体在民主化、多元化进程中表现出的不同"主体立场"，而是体现出"中国人"还是"台湾人"非此即彼的民族主义"国家认同"的政治抉择，台湾社会政治因此也出现了"差异分裂"和"团结重组"的双重走向。在这种情况下，"族群"问题虽然不是引起台湾政治变局的动因，但却是台湾政治冲突在社会层面的"延伸"，"也就是说，'族群'是政治冲突过程中的一个创造，是用来进行政治权力支配、不同社会组织方式与意识形态系统抗争时利用的一个文化发明。"① 这种以"文化认同"为表象构建的"族群认同"，突出地表现了后现代的特征。"族群认同之所以会变成后现代的形态，主要原因来自于认同的分裂与歧义，并从统合走向多元化及分散，族群认同的分化如果加上语言、宗教信仰不同的交叉因素（如同族群却有不同的宗教信仰），将使认同的本质更具不确定性，而这更加助长后现代认同的形成。"② 这一点在台湾的"族群"构建中也十分显著。然而，认同本身产生的"自识"与"排他"作用，也迫使闽南人政治势力在代表和张扬"台湾认同"的同时，由于其他"族群"的"自我认同"形成的排拒作用而不得不回归和固化"闽南人"的"族群认同"，从而使其"四大族群"的"认同政治"构建，重蹈了支配性而非多元主义的"差异政治"覆辙。

台湾的"四大族群"说是"族群"概念应用于政治领域的产物，也是台湾"选举政治"中的斗争焦点之一。"这样的'族群'分类政治，虽然看起来最能够解释人们的政治倾向，获得经验资料的支持，但它仍然只是社会歧异、社会组织的方式之一，而非最终决定性的、或者惟一的方式。其他的社会分歧与分类，关于所得高低、阶级、性别、年龄代间、职业（专业）团体等，虽然经常被'族群'分类政治所掩盖，无法充分突显，但是进入1990年代中期之后，我们可以预期族群之外的其他社会冲

---

① 张茂桂：《台湾的政治转型与政治的"族群化"过程》，载施正锋编《族群政治与政策》，台北：前卫出版社1997年版，第42页。

② 孟樊：《后现代的认同政治》，台北：扬智文化事业股份有限公司2001年版，第79页。

突关系、其他类属，将取得更大的自主性。"① 然而，这一所谓可预见的而且事实上也已经出现的多元化利益群体，却由于"族群"概念在台湾政治领域的广泛应用及其超越了"族裔"（ethnic）的范畴，而使"其他的社会分歧与分类"也纳入了"族群化"的轨道，形形色色的"族群"纷纷出现，造成"族群"概念在台湾的社会化泛用。② 这种泛"族群"的社会分化现象，虽然反映了台湾社会各种利益群体谋求多元承认的诉求，但"族群"外衣的包装、"文化认同"的导引和"差异政治"的左右，也势必出现类似于西方国家后现代社会裂变中那些非族裔群体借助于民族主义式的话语来强调自我地位的现象。③在这种情势下，属于民族主义范畴的"族群主义"（ethnicism）④ 也因"族群化"边界的无限放大而与民粹主义（populism）交织在一起。台湾政治"民主化"与"本土化"的互渗作用，一方面"让台湾的民粹力量，不仅是理性的诉求，更多的是情感的号召"；⑤ 另一方面这种"情感的号召"往往借助于"族裔背景"、"草根社会"、"历史想象"等"族群话语"来进行认同政治的社会动员。因此，"台独"势力操弄的"族群政治"也突出地表现出"族裔民粹主义"运动的共同逻辑，即"本土化动员、文化政治化以及共同体纯洁化"⑥，其目标是构建一个"台湾民族"。

"台独"势力通过"族群分化"来抵消国民党威权统治下的"中国民族主义"意识形态，在制造"存异于他"的差异政治的同时又企图构建起"求同于己"的"台湾民族主义"认同政治，然而"族群"认同的"自识"与"排他"特性在"族群政治"中发挥的"双刃剑"作用，不仅为台湾社会埋下了"国家认同"的深刻危机，而且也已经不是民进党

---

① 张茂桂：《台湾的政治转型与政治的"族群化"过程》，载施正锋编《族群政治与政策》，台北：前卫出版社 1997 年版，第 67 页。

② 参见拙文《中文语境中的"族群"及其应用泛化的检讨》，《思想战线》2002 年第 5 期。

③ 参见拙文《西方国家社会裂变中的"认同群体"与 ethnic group》，《世界民族》2002 年第 4 期。

④ 参见［日］三好将夫《没有边界的世界？从殖民主义到跨国主义及民族国家的衰落》，陈燕谷译，载汪晖、陈燕谷主编《文化与公共性》，生活·读书·新知三联书店 1998 年版，第 501 页。

⑤ 胡全威：《民粹主义 两岸关系》，财团法人国家政策研究基金会《国政分析·国安（析）092—009 号》，2003 年 8 月 25 日（http://www.npf.org.tw/PUBLICATION）。

⑥ 参见［英］安东尼·D. 史密斯《全球化时代的民族与民族主义》，龚维斌、良警宁译，中央编译出版社 2002 年版，第 78、80 页。

等"台独"势力所能掌控驾驭的形势。那种试图"使族群间的冲突能有起码的节制（conflict regulation），在相互信任与了解的条件下，族群间能建立制度化的协商机制，并在这个过程中逐渐建立彼此可以接受的价值观"的"政治整合"愿望①，惟有放弃"台独"主张才能实现，因为台湾的"四大族群"分裂和"族群政治"冲突焦点是"国家认同"，挑起"族群"纷争的始作俑者是"台独"势力。

总之，正如西方学者所言："'族群'一词已进入了台湾的日常话语。当台湾人试图建构自身的认同以区别于中华民族这一认同时，'族群'是一个有助于排外的语汇。"② 20世纪80年代中后期，大陆学界从台湾引进了"族群"话语，并在强调其"文化本质"的理解与应用中展开了"族群研究"及其"本土化"的讨论。但是，在利用"族群工具"进行"本土化"的实践中，却忽视了台湾的"族群"分化背景和"族群政治"的特征与本质。当代台湾的"族群"话语和应用的范围，已经漫散于早年的学术范畴之外。因此，大陆学界理解和应用"族群"概念及其相关理论时，关注和审视台湾的"族群"和"族群政治"无疑是全面认识和借鉴族群理论不可忽视的一个政治向度。

《中国社会科学》2004 年第 2 期

---

① 施正锋：《族群与民族主义——集体认同的政治分析》，台北：前卫出版社 2001 年版，第 216 页。

② ［美］斯蒂文·郝瑞：《田野中的族群关系与民族认同》，巴莫阿依、曲木铁西译，广西人民出版社 2000 年版，第 262 页注①。

从总体支配到技术治理

——基于中国30年改革经验的社会学分析

渠敬东　周飞舟　应　星[*]

摘要　借由政治经济学所生发出来的社会学视角，中国30年改革历程可以分为三个阶段：改革最初的十年形成的是以双轨制为核心机制的二元社会结构；1990年代开始的全面市场化及分税制改革确立了市场与权力、中央与地方以及社会分配的新格局；进入新世纪后，行政科层化的治理改革得以实行，并成为推动社会建设的根本机制。由此，改革前的总体性支配权力为一种技术化的治理权力所替代，从中可以理解"中国经验"的独特意味，并洞悉中国社会转型所面临的挑战与机遇。

关键词　总体支配　双轨制　分税制　科层制　技术治理

改革30年，中国取得了世界瞩目的伟大成就。而30年沧桑巨变，30年循序渐进，30年曲折前行，不仅融入了我们每个中国人的生命记忆，也要求我们运用历史理性去摸索和把握这30年中国社会结构的变迁及其运行的机制。改革以来中国社会结构的一个重大变化，即是不再像前30年那样沿循着某种总体性支配的方式，[①]或者通过群众性的规训、动员和运

---

　　* 渠敬东，社会学博士，中国社会科学院社会学研究所研究员；周飞舟，社会学博士，北京大学社会学系副教授；应星，社会学博士，中国政法大学社会学院教授。

　　① 本文所谓"总体性支配"主要是指中国改革前的社会结构的一个基本特征，即国家几乎垄断着全部重要资源，这种资源不仅包括物质财富，也包括人们生存和发展的机会及信息资源。参见孙立平、王汉生、王思斌、林彬、杨善华《改革以来中国社会结构的变迁》，《中国社会科学》1994年第2期。

动来调动政治和社会经济诸领域的各种力量，而是为诸领域赋予一定程度的自主权，来释放基层社会的活力。当然，改革的不同阶段中蕴含着不同的矛盾和困境，中央政府采取了不同的策略，地方政府也相应地改变自身的运作模式，社会经济诸领域呈现出了不同的样态和节奏，并反过来成为改变社会结构的重要力量。

本文围绕一种由政治经济学生发而成的社会学视角，来考察改革 30 年来中央、地方政府及社会经济诸领域之间在不同阶段所形成的结构关系，以及彼此间相互激发、促生甚至形成矛盾的复杂机制，着重从"双轨制"、"分税制"和"科层制"出发来讨论改革不同阶段的主要形态及其运行逻辑，以呈现出权力与市场、资本与劳动、支配与治理交互连带、限制和转化的关系，从而摸索出具有中国特色的社会主义形成、运行和发展的辩证规律。

一　双轨制下的二元社会结构：
1978—1989 年

1978 年，是现代中国历史上一个具有决定意义的转折点，中央的改革方针一改通过总体性支配来实现工业化积累或通过群众动员来克服该体制之缺陷的思路，而是通过调动、激发基层民众的活力来塑造新型的社会主义政治经济体制。在改革最初的十年间，这套办法的核心机制，即是在农村家庭、国有企业和地方财政诸领域普遍推行承包制。

（一）计划体制的突破：承包制的广泛推行
1. 农村与城市的承包改革

这场改革的起点，是从改造农村基层组织的生产关系入手，打破原有的人民公社体制。改革通过建立农村家庭联产承包责任制，不仅拉近了农民与土地的关系，使农民的生产积极性和农业的生产效率大大提高，更为关键的是，它重新使农民回到家庭经营的结构中来，使家庭代替了生产队而重新成为生产和社会活动的基本单位。"包产到户"虽没有改变城乡分割的二元结构，却恢复了农村基层的生产关系，使农村社会生活乃至伦理关系回归到常规的形态中。

"包产到户"改变了新中国建立后前 30 年通过工农业产品价格"剪

刀差"从农村征收"暗税"来加快工业化原始积累的方式。① 农业生产的复苏不仅一举解决了农民的温饱问题,而且使农副产品有所剩余,小型交易集市得到恢复,农民手中也有了小额储蓄,促使国家自1985年起以"合同订购"和下达"订购任务"的方式取代了原来的粮棉油等重要农产品的统购统销体制。在这种农产品价格双轨制下,农村市场开始发展起来,农业生产力得到了进一步的激励。农村社会结构的这种变化,也为乡镇企业的崛起和繁荣提供了必要的条件。乡镇企业的蓬勃发展在就地吸纳农村剩余劳动力、增加农民收入、打破农村的单一所有制结构和产业结构、促进小城镇建设等方面发挥了重要的历史作用。到了1987年,乡镇企业总产值首次超过了农业总产值。

可以说在改革初期,无论是包产到户,还是农村集市的恢复、家庭工副业的兴起,都源于社会结构调整所促发的基层经济活力,其中,土地产权调整所带来的土地经营空间,以及农村生产关系和社会关系重新落实在家庭基础上,是农村社会经济结构拨乱反正的首要条件。

与广大农村依靠家庭生产所激发出来的活力相比,城市中"文革"的遗留问题对于社会稳定运行的消极影响尚未消除,各级政府依然忙于拨乱反正,重整从中央到地方政府再到国有企业等各级行政秩序,通过重建单位体制,使各项社会生产和生活秩序得到有效恢复。

在单位制的重建过程中,行政秩序在总体上恢复以中央权力为核心的纵向体制,恢复行政科层权力的有效性;与此同时,国有企业在总体上也维持着单位制结构,服从国家指令性计划,企业中人事、资源和经营等一切活动均按行政等级来管理和配置,成为行政体制链条的一个终端环节。② 坦言之,依靠单位制,将国有企事业纳入行政支配体系中,将城市的生产生活纳入到合法秩序的轨道上,乃是拨乱反正的题中之义。然而,随着城市改革的逐步展开,单位制的弊病开始显露出来。城市生活依然处于总体支配的格局中,行政上条块分割、机构臃肿、派系层叠,企业行政化致使

---

① 这种"暗税"征收总6000亿—8000亿元人民币。参见陈锡文《中国经济转轨二十年:中国农村的经济改革》,外文出版社1999年版。

② 关于单位制的研究,参见路风《中国单位体制的起源和形成》,《中国社会科学季刊》1993年总第4卷;李汉林、李路路:《资源与交换——中国单位组织中的依赖性结构》,《社会学研究》1999年第4期;李猛、周飞舟、李康:《单位:制度化组织的内部机制》,《中国社会科学季刊》1996年总第3卷。

人员冗杂且效率低下，职工的收入和待遇始终维持在较低的水平。

因而与农村改革相比，城市体制改革的难度大得多。家庭是农村改革得以落实的结构基础，而城市改革则落实在单位组织上；企事业性的单位组织，不仅嵌生在行政权力自上而下的纵向计划体制中，也在横向上承担着社会福利的所有职能，牵涉城市社会结构的所有方面。农村改革似乎通过"无为"治理留出了经济自然发育的空间；而城市改革则牵一发动全身，影响到所有利害关系。

在城市体制改革中，中央政府采取了更为稳妥的渐进策略。1979 年初，国务院做出了扩大国有企业经营自主权的决策，允许企业按照"议价"的形式自销超计划产品，物资流通和产品定价的"第二轨道"开始合法化。1983 年，中央政府效仿农村改革的经验对国有企业试行承包制，但随后物价迅速上涨，无法得到控制，致使中央不得不转而通过"利改税"改革来解决上述难题。两步"利改税"改革，表明国家在经济手段上试图改变政府与企业的直接控制关系，对国有企业实现利润分别征收所得税和调节税，调节税后的剩余利润作为企业留存。但由于当时的财税管理体制仍留给了企业管理者很大的做账空间，企业开始为留存更大的利润而减小自己的利润数额，致使国有企业利润出现了连续 22 个月的下滑。[①]经过数次反复，1986 年末，城市体制改革重新回到以企业改革为中心的轨道上来，从而再次掀起了全面推广企业承包的高潮。

2. 财政包干制与地方分权

中央政府在实施基层农村和企业改革的同时，也试图在中央与地方的权力关系上打破原有计划体制的僵硬格局。在实行计划体制的国家，多级政府的存在使中央政府必须通过地方政府推行政令来实现社会经济发展规划，因而中央政府必须高度集权。在集权框架下，经济和社会发展表现为两种模式的周期性循环，即中央集权的集中模式和中央放权的竞赛模式。[②]在集中模式下，中央政府收紧了地方政府的大部分经济计划和管理权限；在竞赛模式中，则将一些计划和若干经济管理权限放权给地方。面对软预算约束[③]和竞赛环境，地方政府的行为往往导致地方重复建设和经济过热，

---

① 张卓元、郑海航编：《中国国有企业改革 30 年回顾与展望》，人民出版社 2008 年版，第33—34 页。

② 周飞舟：《锦标赛体制》，《社会学研究》2009 年第 3 期。

③ [匈牙利] 科尔奈：《短缺经济学》，张晓光等译，经济科学出版社 1986 年版。

最终使中央政府收紧权限，回到集中模式。人们常说的"一放就乱、一收就死"，便是对这两种模式的概括。

从政府的角度来看，改革的当务之急，是使市场逐渐成为配置和分配社会经济资源的主要方式。因此政府干预经济的办法，应从直接控制国民经济的大部分资源转变为依靠财政、税收和金融政策进行间接调节。20世纪80年代中期，中央—地方的财政关系开始了重大调整，实施了长达近十年之久的财政包干制。这种类似于承包制的财政包干使地方政府的收入出现了快速增长。[①] 与此同时，中央和地方政府在财政上的承包关系日益明确。这种关系是一种很独特的关系，是一揽子包干制，既不同于平等的市场关系，又不同于计划体制下以上级指挥为主的命令关系，其实质是允许地方政府有自由活动权限，中央政府只对最后的经济总量和财政收入做出要求。

包干制的最大意义，是将地方政府变成了有明确的自身利益的行动主体。地方政府通过努力"做大蛋糕"来留下超收分成部分的财政收入，也通过与中央政府讨价还价来力争低包干基数和高超收分成比例。中国的财政体制是典型的"下管一级"的体制。中央与省级政府实行财政包干制后，省与地市、地市与县、县与乡镇也依次广泛采用财政包干制，虽然在具体的分成办法上各不相同，但上下级的讨价还价却成了相当普遍的现象。[②]

在这个时期，中国乡镇企业的发展和繁荣虽有其各种社会历史条件，[③] 却也离不开因财政包干而形成的地方政府尤其是县乡政府的强力推动。这是因为，包干制期间的税制以产品税为主，不管企业效益好坏，只要企业运转，税收便以产值或增加值为基数来计算。在定额包干的财政体制下，利用贷款兴办大规模的乡镇企业，无疑对地方财政收入的增长和剩余劳动力的就业大有好处，但却不能建立起地方经济可持续性发展的模式。同样，国有企业改革与财政包干制也有着密切的联系。

---

① 1984—1993年，地方政府收入占财政总收入的比重由59.5%上升到78%，其支出比重也由47.5%上升到71.7%。中国经济景气月报杂志社编：《数字中国三十年：改革开放30年统计资料汇编》，《中国经济景气月报增刊》，2008年。

② 张闫龙：《财政分权与省以下政府关系的演变》，《社会学研究》2006年第3期。

③ 如农村改革成功带来了农村剩余劳动力的解放，改革前重工业至上的发展战略为从事轻工产品生产的乡镇企业带来了广阔的销售市场和高额利润。参见海闻主编《中国乡镇企业研究》，中华工商联合出版社1997年版。

这些改革形式虽然比较复杂，但依然以定额包干为中心的承包制为改革的主要内容。① 通过承包制及相应措施，地方政府与地方企业开始成为有着共同利益的行动主体。就与地方政府的关系而言，乡镇企业与国有企业并无多大区别，只是对于国有企业，地方政府的"软预算约束"机制更为明显些。

基于上述分析可看出，中央对地方的放权极大程度地改变了地方政府的行为模式。地方政府逐渐形成了"公司化"的利益主体，追求地方经济增长和财政收入的增加成为其行动的主要动机和目标。② 为了实现这个目标，地方政府以"放水养鱼"的办法，通过兴办企业迅速扩大地方信贷和投资规模，而地方企业规模越大，能够创造的税收和预算外的财政收入就越多。所谓"银行放款、企业用款、财政还款"的模式，即是对这一时期地方政府行为的概括。

（二）双轨制的运行：嵌入集体制中的乡镇企业和国有企业③

无论是在乡村、城市还是在中央—地方之间普遍推行的承包制，都离不开社会运行的一个重要逻辑，即"双轨制"。一般而言，经济学家将以价格双轨制为主的制度安排理解为中国渐进式改革的典型特征：在计划经济还占统治地位的情况下，国家既保护和封闭存量（保护既得利益者），又培育和发展增量（促生市场和新生力量），从而依靠后一种力量的持续发育来渐进推展市场化改革。④ 在这个意义上，双轨制确立了一种分割式的经济结构，一方面，作为计划经济基础的国有经济依然对所谓的存量部

---

① 韩英杰、夏清成主编：《国有企业利润分配制度新探》，中国经济出版社1995年版。

② Jean Oi, "Fiscal Reform and the Economic Foundations of Local State Corporatism in China", *World Politics*, Vol. 45, No. 1, Oct. 1992, pp. 96 – 126. 刘世定：《嵌入性关系合同》，《社会学研究》1999年第4期。

③ 经济界和学术界一般将1994年前的全民所有制企业称为"国营企业"，"国营"即为"国家经营"，国家所有权和经营权未实现法律意义上的分离。1993年3月，八届全国人大一次会议通过了第二个宪法修正案。将"国营企业"修改为"国有企业"，更加突出了国企独立进行经济活动的自主权，体现了全民所有制经济的所有权和经营权的区别，为我国国有企业改革提供了宪法依据。同年11月中共十四届三中全会通过《中共中央关于建立社会主义市场经济体制若干问题的决议》，年底《中华人民共和国公司法》颁布实施，在法理和制度上规定了国有企业所有权和经营权的关系。本文参照了经济学界目前通用的概念使用方法，将改革30年来的"国营企业"和"国有企业"通称为"国有企业"，参见张卓元、郑海航编《中国国有企业改革30年回顾与展望》。

④ 参见张军《双轨制经济学：中国的经济改革（1978—1992）》，上海三联书店2006年版。

分，通过行政体制加以指令管理和资源调拨；另一方面，新成长起来的非国有经济在地方政府的管辖下，从生产、销售和定价等方面开始寻求市场规律，建立起一种完全不同的增量逻辑。[①]

本文对双轨制的考察，试图以价格双轨和权力双轨的结构分析为基础，对这种双轨制得以运行的内部机制加以探讨。换言之，这里所说的双轨制，不仅是指制度安排所具有的二元结构特性，也是指制度运行过程本身的双重机制。自20世纪80年代中期开始，乡镇企业和国有企业事实上是通过一种双重机制的运行来搭建沟通存量经济和增量经济的桥梁。

1. 集体所有制下的乡镇企业

由于集体生产的解体和家庭经营的自由化，农村在改革前积累的大量剩余劳动力由隐而显，急需寻求新的就业机会。土地调整、剩余劳力、家庭经营，再加上改革前的社队企业的组织形态以及外来资本等几个基本因素，构成了乡镇企业兴起的背景和条件。而促发乡镇企业形成的更重要的因素，乃是经过财政包干制调整的中央—地方关系，使得基层行政权力具备了发展地方经济和增加财政收入的激励；而城市计划体制和交易市场的相对封闭，轻工日用品的供应严重不足，以及城乡二元分割所造成的双轨价格，也形成了乡镇企业的初级产品"农村包围城市"的局面。

乡镇企业的集体所有制是一种极具中国特色的产权形式，这不仅表现在其带有模糊性的产权结构上，也表现在这种集体制独特的运作和经营方式上。[②] 改革前的"集体"是指生产大队、生产队一级的农业生产、分配组织，这种集体实际上是总体性支配权力在农村社会的基础单位和分支，生产队干部实际上被看作是国家权力在农村社会的代理人。[③] 从社会结构的意义上说，也是传统士绅或地方精英消失后农民直接面对国家权力的状态。因此，改革后具有实质含义的"集体所有制"的回归和复兴，可以在一定程度上看作是一种不同于国家组织和个体农户的社会力量的兴起。

---

① 近来，一些经济学家又提出"新双轨制"的概念，即以公共权力为背景，自下而上地寻找和套取尚未市场化的要素价格与已经市场化的商品和服务价格两大体系之间的巨额租金，使中国市场经济改革逐渐脱离了轨道而变得永远都无法"并轨"。参见钟伟《解读"新双轨制"》，《中国改革》（综合版）2005年第1期。

② 李稻葵：《转型经济中的模糊产权论》，《经济研究》1995年第4期。

③ 罗泽尔、李建光：《中国经济改革中村干部的经济行为》，经济管理出版社1992年版。

　　乡镇企业的集体所有制与城市中的厂办或社办集体所有制不同，其结构性的基础首先是建立在集体土地所有制上的，亦有自然村落共同体的边界，有该共同体成员资格所享有的自然分配权利。① 因此，若从乡镇企业的总体社会结构因素来看，首先，土地的集体所有确实赋予农民一种所谓的"类所有权"，即在明确的边界内行使集体土地的使用权，②这也是在改革初期乡镇企业获得意识形态的合法性和社会结构的现实基础的原因所在。也正是在这个意义上，集体制首先并不是一种市场性合约下的产权结构，而首先具有社会性合约的权利结构。不过，乡镇企业与纯粹的土地集体使用有所不同，它在土地集体制外又添加了一层资本持有者和企业创业者的特殊资格。但在集体制的条件下，资本持有者并不能在产权上将企业转化为私有，而那些依靠特有的政治或社会身份而筹集各类资源的创业者（多为基层行政官员），也无法将企业完全纳入国家行政体制之中。因此，乡镇企业的集体制中的土地、资本、权力三者之间的交易是靠熟人社会中的人际信任网络和特定文化下的默会知识来实现的，是一种地方社会性的"隐性合约"。③

　　就此而言，虽然集体制下的乡镇企业具有模糊的产权形态，但这种产权从结构上依然由两个部分构成：一是由自然成员资格确定的集体"共有权"和"平均权"，体现在由土地权利向就业权利的转化，以及提供公共福利、调节收入甚至利润分红等"成员权利"形态；后来发展出来的合作制经济，也基于这样的权利结构。④ 二是由集体所有与承包经营之间"委托—代理"而形成的权利结构。苏南模式中的乡镇企业，往往将集体

---

　　① 有学者指出，村办企业和镇办企业在集体产权上有实质的差别，因为它们所嵌入的社会关系的性质不同。村办企业建立在自然村落及其成员资格的基础上，其收益分配则与村民的共同体资格权利密切相关；而镇办企业并不带有社区母体的社会关系之典型特征，其收益与区域内的农民无直接关联，农民对于利益分配难以形成明确的预期。参见折晓叶、陈婴婴《产权怎样界定：一份集体产权私化的社会文本》，《社会学研究》2005 年第 4 期。

　　② 参见王汉生、申静《集体产权在中国乡村生活中的实践逻辑：社会学视角下的产权建构过程》，《社会学研究》2005 年第 1 期。

　　③ 参见折晓叶、陈婴婴《产权怎样界定：一份集体产权私化的社会文本》，《社会学研究》2005 年第 4 期。

　　④ 通过村办企业来全面建设村落共同体并为所有成员提供福利和分红的典型，要数华西村，尽管市场化带来了共同体内部的阶层分化，但该村依然坚持以"共有权"为主体的分配结构，借此维系社区整合和团结。参见周怡《寻求整合的分化：来自 H 村的一项经验研究》，《社会学研究》2006 年第 5 期。

产权的"委托人"与从事实际企业经营的"代理人"两位一体，即由作为乡镇党政官员的"制度企业家"①双肩挑，而温州模式中的乡镇企业则往往赋予具体的资本持有者或投资人以更大的权利，而淡化政治约束的作用。上述两种模式的差别，恰恰反映了另一种隐性产权持有形态的差别，就温州的情形来说，乡镇企业已经悄然按着资本化的方向发展，距离"集体共有权"的逻辑越来越远。而苏南地区则将地方行政代理人作为当然的企业代理，不仅政企不分、家企不分、公私不分，而且通过企业经营的市场增量来确立自身的隐性产权的合法性。

这是因为，集体制产权实际上是一种将基层社会、经济、政治乃至伦理关系融汇起来的复合产权。在现实的企业经营形态中，除集体承诺的就业意义上的稳定收入和福利外，"共有权"的象征意义远大于现实意义。乡镇企业发展初期，集体制除提供土地和劳力外，无法提供任何资金、技术、人才等市场竞争中的硬实力，企业经营必须尽可能集中当地的各种优势；而在双轨制的前提下，能够充分调动和配置各种资源的只有政府权力而非资本。在这个意义上，地方政府不仅因财政分权而逐渐掌握有越来越大的权力，也以此为中心搭建行政管理、银行借贷和民间融资等各种隐性的交易和庇护关系，通过集约各种社会资本来降低交易成本，②在市场增量的部分将"委托"和"代理"并置起来，建立隐性产权的合法权利。

因此，地方政府的行为并非完全体现为一种具有公共目标的长期战略，更类似于费孝通所说的"差序格局"，即以各类资源配置的精英主体为核心，搭建起排他性占有的社会网络，形成一种"圈内归属"。③资本持有者可以适度地让渡自己的一部分剩余权，民间能人可以有效地结成人际信任和交易纽带，乡镇企业的实际操作者则可通过对企业收入享有的部分支配权加以适当的补偿调节，根据具体政策和条件的变化来调整集体产权的公私边界。

总之，乡镇企业的双轨制体现为集体制存量上的"共有产权"和实际

---

① 参见周其仁《产权与制度变迁：中国改革的经验研究》，社会科学文献出版社 2002 年版。

② 参见 Victor Nee, "Organizational Dynamics of Market Transition: Hybrid Forms, Property Rights, and Mixed Economy in China", *Administrative Science Quarterly*, Vol. 37, 1992, pp. 1 – 27。

③ 参见周雪光《"关系产权"：产权制度的一个社会学解释》，《社会学研究》2005 年第 2 期。

经营增量上的"隐性产权"之复合体,前者是农村共同体得以维系的基础,而后者则具有市场增量改革意义上的占有合法性,虽然它更具有默会的性质,却是改革的前十年激励地方经济发展的重要动力。这种双轨制意义上的双重占有逻辑,直到 1990 年代企业改制才彻底地暴露出来。[①] 显然,双轨制的运行机制与市场化的抽象逻辑相比,更具有地方社会关系的属性,更具有随机应变的博弈能力,更带有地方保护主义的性质。而所有这些特点,虽易于获得生产要素、塑造初级产品生产和销售竞争的技巧,但对于规范的市场运作来说却是很不利的。更重要的是,借此机制运行的乡镇企业也越来越易于偏离集体制的实质理念,转而成为地方政府用来表现政绩和增加收入的工具,或成为集体资产私人化的平台。

2. 国有企业内的集体制

1980 年代中期,在乡镇企业迅猛发展的同时,中央在国有企业也开始实行大范围的改革,因循了"一包就灵"的承包制思路。1987 年后,承包制采取放权让利的办法在国有企业全面铺开。从国家政策来看,企业承包制改革显然贯彻了计划与市场的双轨逻辑:在存量上"包死基数、确保上缴",在增量上"超收多留、欠收自补",既通过"上缴利润定额包干和递增包干"来完成行政指令任务,又通过"利润比例分成"赋予企业一定的自主性,将工资总额与实现了的税利挂钩。[②]

事实上,企业承包制改革并没有完全实现同一时期中央所强调的"政企分开"的改革目标,而产生了双重效果。为国有企业放权让利,一方面将企业活动落实到经营核心上来,并通过适当的收入调节实现了一定程度上的管理和劳动激励;但另一方面,这一改革并没有改变国有企业以单位制为基础的行政构架,反而因为有了一定的自主经营和利润空间而成为权力干预的场所。因此,以单位制为基础的行政体制和以集体制为平台而运行的模拟市场,[③]成为企业承包制运行的两个基本机制。

中国城市社区中的集体制企业,主要有厂办集体企业和社办集体企

---

① 参见张建君《政府权力、精英关系和乡镇企业改制——比较苏南和温州的不同实践》,《社会学研究》2005 年第 5 期。

② 张卓元、郑海航编:《中国国有企业改革 30 年回顾与展望》,第 34—35 页。

③ 有关有计划的社会主义商品经济中"模拟市场"的讨论,参见徐桂华《兰格"模拟市场"模式评析》,《世界经济文汇》1990 年第 2 期;罗卫东、蒋自强:《兰格模式与社会主义市场经济理论——社会主义市场经济理论的历史渊源》,《学术月刊》1994 年第 5 期。

业。70 年代末，大批知青返城，国有企业和社区街道为解决本单位或本区域职工家属及子女就业问题，扶持开办了一批"安置型"的集体所有制企业。改革初期，集体制企业多少具有一种"养子"的身份，国有企业既对集体企业提供了一些行政性的扶持，如办理集体企业开办及投资项目和经营手续等；也提供一些经济性的扶持，如出垫底资金，出旧设备、厂房、场地，派管理和技术人员，或为集体企业担保贷款等，[1] 成为企业"办社会"或"福利化"的又一种形式。

但从产权的角度看，集体制可看作单位制国有企业的"二级产权"；企业职工在身份上也有差别，被明确区分为"全民职工"和"集体职工"。与乡镇企业具有村落共同体意义的集体制相比，国有企业厂办集体制不具有任何自然权利的性质，亦非真正意义上的集体所有权，更类似于国有企业的下级行政所属单位。集体企业始终处于一种悖谬的处境：它在产权和经营上具有极强的行政依附性，属于国家单位支配下的企业组织，但职工在身份上却不属于国家职工，因而在实质上不具有"公有权利"的意涵，在产权和身份上都是极其模糊的。

随着企业承包制的运行，特别是厂长经理负责制的实行，国有企业事实上开始按照计划经济的存量逻辑和市场经济的增量逻辑来运转，虽然在单位制内企业管理层的人事任免权、资源配置权、价格议定权都依然受到行政指令性的制约，但在负责承包经营的厂长经理的行政权限内，特别是像集体企业这样的"二级产权单位"内，厂长经理则具有充分的控制权。企业承包在集体制内并没有彻底实现集体所有的共有权利结构，与此同时，厂长经理作为行政委托的"代理人"，其权利也不是独立的：一方面他的任免和任期皆由上级部门决定，另一方面他也不享有任何剩余权，因而承包制下的合同并不具有完整的约束效力。[2]

在单位制委托—代理不充分、集体制产权模糊不清晰的条件下，企业代理人很易于为了摆脱计划经济的重重束缚，通过加大对下属集体企业的控制和操作来实施模拟市场运营。80 年代后半期，集体企业，特别是厂办集体企业在城市经济体制改革中发挥了潜在的巨大作用。在价格双轨的条

---

① 廉莉：《关于厂办集体企业研究》，《上海集体经济》2004 年第 5 期。

② Yang Xiaokai & Ng Yew-Kwang, "Theory of the Firm and Structure of Residual Rights", *Journal of Economic Behavior & Organization*, Vol. 26, No. 1, Jan. 1995, pp. 107 – 128.

件下，国有企业在存量逻辑上可利用单位体制中的行政优势协同权力或利益的相关行政部门与主管上级乃至中央政府讨价还价，争取在生产额度、生产资料价格、行业垄断和财政补贴等国家资源上尽可能获得指令经济中的政策性利润，同时也可利用增量上的准市场原则，与企业内外的各种经营性单位形成各种交易活动。而这其中，那些国有企业具有绝对控制权的厂办集体企业，便成为滋养此类活动的最便利的交易平台。

这一时期，国有企业与乡镇企业等非公经营性组织建立起了广泛密切的联系，特别是在相关产业领域，国有企业往往采取外包制，将一些初级产品的加工发包给乡镇企业，并在生产资料计划价格、生产工艺和技术人员上提供支持，以尽可能换取乡镇企业市场经营所得的利润。相比而言，在国有大中型企业占绝对地位的地区，集体企业则发挥了模拟市场运作的强大功能。这一时期的集体制与70年代末期有所不同，自国有企业施行承包制后，厂办集体企业成为被所属国有企业牢牢控制、并将触角伸向各种交易领域的重要载体。由于缺乏有效的法律和民主监管渠道，企业代理人往往在"二级产权"的集体企业安插自己的亲属和朋友，将这些生产和销售实体作为与非公经济单位私下接触、秘密约会的据点，通过计划价格和市场价格间的差价来直接赚取利润，或将有价值的资产转移到集体企业来暗箱操作。① 由于集体企业创办初期，没有与兴办单位、投资单位、主管部门及出资职工明确投资、借贷或扶持关系，因而与所属国有企业之间并无规范清晰的权利关系。正是在这个意义上，集体企业成为所属国有企业盘整、优化、隐匿和转移资产的首选场所。

事实上，虽然乡镇企业和国有企业的集体制在产权结构和组织形态上有所不同，但在改革的前十年的双轨制运行中都起到了极其关键的作用，乡镇企业内生的共有产权和隐性产权，既保证了农村共同体内部的部分收益分享，也是激励基层社会活力和促进地方经济迅猛增长的基础；而国有企业基于单位制和集体制之组织形态的双轨运行，也为计划体制改革寻找到了突破口，为国有企业拓展了一定的市场空间。但由于双轨制并没有确立明晰的产权结构，使规范的合约无法得到有效执行，故而很容易使权力寻租成为此阶段最大收益的支点，使市场的统一配置遭遇到根本的威胁，

---

① Jeffrey D. Sachs, Wing Thye Woo & Yang Xiaokai, "Economic Reforms and Constitutional Transition", CID Working Papers 43, Center for International Development at Harvard University, 2000.

不利于促进社会经济的进一步发展。

（三） 双轨制的终结：市场化改革的先声

虽然双轨制运行并没有妨碍资本积累和经济总量的增长，但模糊的产权制度却加剧了社会经济各个层面上的危机。首先，以集体制为核心的双轨制，其运行机制和经营目的都与共有分配体制有实质的不同。其次，双轨制条件下由于地方社会的利益化成为经济发展的动力，很容易形成地方保护主义的倾向。乡镇企业的资源获得和产品销售不完全遵循市场的规则，而当国有企业的放权让利改革将企业的一部分控制权和剩余索取权交给内部管理人后，也强化了自身价格垄断的势力，并将国有企业转包和分解经营，造成国有资产的流失。所有这些因素都促成了资产的"部门私有化"，权力利用价格"剪刀差"介入到倒买倒卖的灰色区域，从而产生了如"官倒"这种权钱转换的现象，付出了社会公平的昂贵代价。同时，模糊产权中的权力运作，也强化了企业经营的短视效果，使合约丧失了规范效应，迫使国家不得不通过财政补贴来弥补由此形成的市场漏洞。

从全国范围来看，在渐进改革的要求和短缺经济的条件下，无论是在农村土地的所有权和使用权之间，在乡镇企业和国有企业的产品价格之间，或是经济特区与内地城市之间，都形成了二元社会结构。建立在双轨制上的非生产性的商品买卖市场，形成了国有企业与集体企业、国有企业与乡镇企业的灰色交易地带，各种交易或显或隐地进行，均以合法或非法、或介于合法与非法间的方式，构成了中国改革主流之外不和谐的间奏。

可以说，双轨制在市场意义上所产生的负面社会经济效应，一则表现为信息不对称的委托—代理循环恶性发展，二则表现为各种权力的寻租活动。由于统一市场无法确立，政府为维持生活必需品价格的稳定，必须进行巨额补贴，结果不仅使中央政府财政吃紧，甚至出现了批发价高于零售价的畸形现象。更致命的是，权力强行进入交易活动，致使"官倒"盛行。[1] 1988 年，宏观经济再度吃紧，三年多的高速成长让中国的经济发展再次驶入经济周期的敏感地带。随着轻工产业的发展加快，企业数目剧

---

① 参见《经济社会体制比较》编辑部编《腐败寻根：中国会成为寻租社会吗》，中国经济出版社 1999 年版。

增，物资供应的紧张更趋激烈，中国社会经济发展面临的风险也越来越大。从 1988 年 3 月起，中央决定放开管制，取消物价双轨制，进行"物价闯关"。这一政策的强令出台，即刻使各类商品价格在全国范围内迅猛上涨，由此引起公众的恐慌心理，造成全国性的抢购风潮。

事实上，试图通过一步到位的价格闯关来解决通货膨胀和价格双轨制的问题，显然是脱离实际的。1988—1989 年的危机充分说明，改革十年后中国社会经济所遇到的突出矛盾，根本不是价格问题，也不是单纯的宏观经济问题。当双轨制所造成的二元结构矛盾凸显出来，社会经济结构必须加以重组，才能使中国的体制改革稳健地迈入新阶段。

二　市场与权力：社会分配新格局的确立：1990—2000 年

1980 年代末价格闯关失败等诸多因素使中国的社会经济发展进入到三年的沉寂期。1992 年邓小平南方谈话，开启了深化改革的方向：以一体化的市场体制来替代双轨制，以更为明晰的产权制度来改革乡镇企业和国有企业。由政府推动、进而全方位展开的市场化改革，一方面极大地解放了社会生产力，另一方面也使社会公平在 1990 年代中后期陷入危机之中。

（一）"经济增长至上"和市场化改革的启动

如果说 1980 年代是改革在各个领域全面铺开的阶段，1990 年代则是改革在经济领域进一步深化的阶段。在这个阶段，全面的市场化进程创造了大量体制外的"自由流动资源"，[①]面对这些新的资源，政府逐步调整、适应和市场的关系，权力和市场由分离到以新的方式结合，形成了影响经济利益再分配的新格局。

1992 年邓小平南方谈话，基本确立了"稳定"和"发展"的意识形态，社会稳定被看作是经济发展的根本保障，而"经济增长至上"则构成了社会稳定的必要前提。从政府到民间逐步形成了这样的共识，即社会稳

---

① 所谓"自由流动资源"是指从改革前的国家垄断中游离出来，进入社会或市场，具有一定独立性的资源。参见孙立平《"自由流动资源"与自由流动空间》，载《现代化与社会转型》，北京大学出版社 2005 年版，第 177 页。

定不能通过政治和意识形态领域的变化实现，而是需要通过经济的快速增长和人民生活水平的提高来保障。1980 年代试图在各领域进行全面改革的努力被终止，人们所说的"渐进式"改革策略被确立起来。与苏联东欧在 1990 年初的"休克式"改革模式相比，中国的改革策略更强调诸改革领域的先后次序，更强调经济改革相对于其他改革的优先性。

随后，全国掀起了新一轮的经济建设热潮。在 1992 年 10 月召开的中共十四大上，提出了建设社会主义市场经济的目标。在地方政府的主导下，投资规模迅速扩大，各地大办乡镇企业，加快实行国有企业的承包制、股份制改革。1989—1991 年这三年的经济增长率分别只有 4.1%、3.8% 和 9.2%，而 1992 年和 1993 年的经济增长率迅速上升到 14.2% 和14%。[①] 这不但为整个 90 年代各年之最，也是整个改革开放 30 年经济增长速度最快的两年。

这个时期的经济增长仍然延续了以政府主导扩大地方投资规模来带动增长的模式。各地政府大办企业，追求 GDP 的增长速度，以此作为对南方谈话精神的响应。在财政包干制下，地方政府努力兴办"自己的企业"，即利用各种行政、准行政手段，从银行贷款投资兴办企业。甚至在农村地区，许多地方政府也要求做到所谓"村村冒烟、户户上班"，各种乡镇企业、小型国有企业蜂拥而起。这不但在短时期内能够迅速促进地方 GDP的增长，而且还能够迅速扩大地方政府的财政收入规模。[②] 这种政府主导的经济增长模式在很大程度上还是政府计划管理模式的翻版，所以很快就带来了地方投资过热导致的各种问题，包括重复建设、地方保护主义，等等。同时，企业规模的增长并没有带来企业经营效益的提高。与 1984 年相比，1991 年全国工业企业的利润总额下降了一半以上。由于企业固定资产值增长迅速，利润率下降得更为迅速。[③]

邓小平南方谈话之后中央政府加大了放权的力度。1992 年 9 月，国家将 571 种生产资料和产品的定价权交给企业，同时将 22 种产品价格的定

---

① 中国经济景气月报杂志社编：《数字中国三十年：改革开放 30 年统计资料汇编》，《中国经济景气月报增刊》，2008 年。

② 全国的固定资产投资 1992 年比 1991 年增长了 44%，1993 年又比 1992 年增长了 62%，其中投资来源主要为国内贷款，这两个年度国内贷款用于固定资产投资的增长率分别为 68%、39%，增幅之大为改革以来所罕见。数据来源见中国经济景气月报杂志社编《数字中国三十年：改革开放 30 年统计资料汇编》，《中国经济景气月报增刊》，2008 年。

③ 财政部综合计划司编：《中国财政统计（1950—1991）》，科学出版社 1992 年版。

价权下放给省级物价部门，至此，由国家管理的物价品种只剩下 89 种。随着价格管制逐步放开，改革开始迈入由双轨制向市场经济并轨的阶段。全国产品市场的形成和价格机制的转换，削弱了行政特权，促使企业必须依照市场原则，以生产效率为核心来调整企业的结构布局。国有企业的承包制以及"税前还贷"、"含税承包"等制度设计的弊端也导致国有企业内部的经营机制并不能适应市场经济的形势。[①] 而此时的国有企业一方面依然维持着"企业办社会"的福利制结构，另一方面则通过集体制的方式继续转化国有资产；一方面依靠行政补贴和政府租金来维持经济增长，另一方面将企业负债的相当部分交由国有银行来承担。[②] 有意思的是，在财政包干的体制下，国有企业的这种状况不但没有直接推动地方政府深化改革的努力，反而强化了国有企业与地方政府、[③] 地方政府与中央政府、地方政府与银行之间的讨价还价能力。中央—地方关系在地方政府与企业的复杂关系下发生了根本性的变化。

如何在市场经济体制中处理政府与市场、政府与企业的关系，是这段时期改革的关键问题。1989—1993 年自经济衰退到经济繁荣的巨大变化，在一定程度上仍然是"收放模式"的延续。不改变这种收放模式，就难以摆脱地方经济过热、中央不得不重新收权的局面，也难以改变由地方政府主导来干预地方经济发展的模式，从而也就难以建立起真正的社会主义市场经济。

从中央和地方关系来看，地方的区域竞争和投资规模的扩大以及地方政府和企业之间的紧密联系使得反映中央—地方关系的"两个比重"（即中央财政收入占财政总收入的比重和财政收入占 GDP 的比重）在财政包干制期间迅速下降。随着地方政府超收留成数量的迅速增加，中央财政收入的比重越来越小，由 1984 年的 44% 下降到了 1993 年的 22%；同时，大量的地方企业收入被当作地方政府的经营收入或者作为上缴利润而避开了

---

① 韩英杰、夏清成主编：《国有企业利润分配制度新探》，中国经济出版社 1995 年版。

② 汪海波：《新中国工业经济史：1979—2000》，经济管理出版社 2001 年版。

③ 地方政府通过"税前还贷"和减免税、税收优惠政策"藏富于企业"。根据国家审计署对 10 个省市工商税收减免的调查，1990 年共减免流转税 97 亿元，占当年流转税入库数的 20.7%；1991 年 19 个省级财政越权违规减免税收额占违纪金额的 22.7%。除了减免税之外，地方企业偷税漏税的现象也非常严重。根据某省的调查，国有企业的偷税、漏税面达 70%，集体企业为 72%，个体经济和私营企业达 85.5%。参见项怀诚主编《中国财政体制改革》，中国财政经济出版社 1994 年版。

税收，财政收入占 GDP 的比重也迅速下降，由 1984 年度的 22.8% 下降到 1993 年的 12.3%。[①] 有学者认为，这种局面已经到了所谓的"分权的底线"，发展下去将会出现"诸侯割据"的危险。[②] 这构成了 1994 年分税制改革出台的直接原因。

（二）分税制改革：中央与地方关系的重构

1. 从财政分权到集权

1994 年，中央进行了税收和财政体制的改革，取消了财政包干制，开始实行分税制。分税制是一项典型的将财政收入重新集权的改革，其基本内容是中央和地方的预算收入（税收）采用相对固定的分税种划分收入的办法，避免了无休止的谈判和讨价还价。诸税种中规模最大的一种，即增值税被划为中央地方共享税，其中中央占 75%，地方占 25%。对于集中到中央的大量收入，采用税收返还和转移支付制度仍将收入转移到地方支出。同时改变过去按企业隶属关系上缴税收的办法，所有企业的主体税种（主要是增值税、消费税和企业所得税）都要纳入分税制的划分办法进行分配。2002 年开始的所得税分享改革，更是将企业所得税和个人所得税由地方税变为中央—地方共享税种。

分设中央、地方两套税务机构，实行分别征税，对税务系统实行垂直管理，不但能够保证中央财政收入随着地方财政收入的增长而增长，而且能够保证财政收入在 GDP 中的比重随着地方经济的发展而不断提高。分税制在收入集权的制度设计方面堪称完备。在此制度设计之下，中央政府试图重新掌控地方政府的行为并调节地方经济发展的方向。[③]

通过增值税和消费税的集中，中央占总财政收入的比重由 1993 年的 22% 迅速上升到 1994 年的 55.7%，同时由于税收体系和征税体系的改革，财政收入占 GDP 的比重也止住了迅速下降的趋势，自 1996 年开始逐步

---

① 中国经济景气月报杂志社编：《数字中国三十年：改革开放 30 年统计资料汇编》，《中国经济景气月报增刊》，2008 年。
② 王绍光：《分权的底线》，中国计划出版社 1997 年版。
③ 分税制改革的设计是中央—地方博弈和妥协的结果，制度设计虽然有利于中央，但是也做出了照顾地方既得利益的一些妥协。例如，按照 1993 年增值税和消费税基数进行税收返还和按增值税增量 1:0.3 的比例进行增量返还。参见刘克崮、贾康主编《中国财税改革三十年亲历与回顾》，经济科学出版社 2008 年版；翁礼华：《共赢的博弈：纵观中国财税改革》，经济科学出版社 2008 年版。

上升。

分税制改革在改变中央—地方收入格局的同时，并没有从根本上改变双方的支出格局。中央和地方的财政支出比重仍然维持着改革前"三七开"的关系。所以中央集中的收入仍然需要通过转移支付由地方政府进行支出。经过这种"一上一下"的过程，中央政府不但可以财政支出均等化的原则对地区间的差异通过再分配进行平衡，还可以对转移支付资金做出各种各样的规定，体现自己在财政资金支出方面的意图。也就是说，分税制以前"分灶吃饭"、"自收自支"的局面被彻底改变，所有的省级财政都变成了"支大于收"、需要依赖中央转移支付资金来弥补财政开支的单位。1994年，转移支付在地方本级支出中的比重为12.6%，到2004年上升到30%，中、西部地区更高达45.2%和52.9%，变成了高度依赖中央财政的局面。① 所以说，分税制改革是一次从财政分权转向集权的改革。

2. 政府和企业的关系

分税制在转变中央—地方关系的同时，也从根本上改变了政府和企业的关系。首先，在分税制下，分享所有工业企业75%的增值税，但是并不分担企业经营和破产的风险，这与包干制下地方政府独享"自己的企业"增值税的模式完全不同。对于地方政府而言，兴办和经营企业的收益减小，而风险却转而加大了。其次，增值税属于流转税类，按照发票征收，无论企业实际上盈利与否，只要企业有进项和销项，就要进行征收。规模越大、设备投资成本和工资成本越高的企业，增值税也越高。因此，对于利润微薄、经营成本高的企业，增值税由过去地方政府的主项税收变成了需要上缴中央的沉重负担。再次，增值税由完全垂直管理的国税系统进行征收，这使得地方政府为保护地方企业而制定的各种优惠政策统统失效。② 在这种形势下，虽然增值税的税收返还政策对于增值税贡献大的地区有激励作用，但地方政府对于兴办企业的积极性无疑遭受了打击。③

在中国改革的背景下，政府主导的行为取向是我们理解1990年代企业转制的一条重要线索。分税制之后，地方政府大规模地将乡镇企业和一

---

① 李萍主编：《中国政府间财政关系图解》，中国财政经济出版社2006年版。

② 项怀诚主编：《中国财政体制改革》。

③ 1∶0.3的增值税增量返还设计方案被地方政府看作是中央政府的"阴谋"。因为按照这个方案，增值税在增量逐步变大之后，税收返还的增长越来越慢。参见刘克崮、贾康主编《中国财税改革三十年亲历与回顾》。

些国有企业转变为私有企业，各地"卖企业"成风，政府不再主导企业的日常管理和基本运营，而是通过征税和收费的方式和企业发生关系。以企业利润为税基的企业所得税（此为地方税种）成为地方政府能够从工业企业获得的最大的财政收入，而此项税收取决于企业的经营效益。这进一步推动了企业从转换经营机制到产权制度的改革。

1993 年末《中华人民共和国公司法》的颁布改变了承包制时代企业产权和经营无理可据、无法可依的局面，由此，企业的治理结构可完全依照合法的模式来实现现代企业制度意义上的公司化改造。企业公司化，即首先明确企业的法人性质，使企业成为独立的经济实体，并独立承担民事责任；同时企业也必须按照规范的成本会计和财务会计制度来运营。更重要的是，《公司法》严格界定了产权关系，即股权结构及所有者与执行部门之间的权利关系。[1] 企业的公司化不仅强化了非国有企业的政治地位，实现了最利于资本经营的产权形态，同时也有利于企业发挥各种学习能力，在技术模仿与革新、管理与激励、人才引进与培育以及劳动力供给等方面进行现代意义上的经营性重组，使企业的核心竞争力迅速增强，这为此后拓展外向型产品竞争市场打下了坚实基础。国有企业的产权改革正是在地方政府推动和市场化、公司化几种力量的共同作用下展开的。原来那些嵌生在国有企业身上的集体制企业，也终于完成了其在双轨制时期的使命，其中资产结构较好、市场潜力较大的集体企业，很多也通过或明或暗的办法实现了产权转化。[2]

对于乡镇企业而言，分税制之后全国各地出现了转制的高潮。乡镇企业的转制是通过产权转化来提高企业竞争力和企业经营效益的必然举措，这是因为乡镇企业一方面受到来自国有企业产权改革和私营企业兴起的竞争压力，另一方面也是因为乡镇企业的模糊产权结构对企业的经营和运作效率产生了负面的影响。[3] 但是学术界普遍忽视了分税制改革对乡镇企业转制的巨大影响。对于基层的县乡镇政府而言，乡镇企业不再是可以依赖

---

① 钱颖一：《现代经济学与中国经济改革》，中国人民大学出版社 2003 年版。

② 参见折晓叶、陈婴婴《产权怎样界定：一份集体产权私化的社会文本》，《社会学研究》2005 年第 4 期。

③ James Kung, "The Evolution of Property Rights in Village Enterprises: The Case of Wuxi County", in Jean Oi & Andrew Walder, eds., *Property Rights and China's Economic Reform*, Stanford: Stanford University Press, 1999.

的税收来源，乡镇企业经营不佳导致的不断增长的银行呆坏账正在变成自己的沉重负担。在这种局面下，最好的策略就是将企业关闭或者卖掉。从地方政府的债务结构来看，因兴办乡镇企业而导致的历史银行负债即使在2000年以后仍然在基层政府的债务中占了相当大的比例。①

从政府方面来看，虽然分税制使得地方政府和地方企业开始"脱钩"，但是并没有改变地方政府的利益主体性质。相反，地方政府的利益主体意识在支出压力下被大大加强了。对于地方政府而言，急迫的问题是如何寻求新的、可以自主支配的财政收入来缓解支出的压力。与此同时，市场化和企业改制带来了大量的体制外"自由流动资源"。在这种局面下，政府权力虽然退出了直接的企业运作，却开始成为攫取市场经济所带来的规模巨大的"自由流动资源"的主要力量。②

（三）全面市场化的社会影响

1990年代以来的市场化和分税制改革，使社会结构发生了深刻的变化。在分权转向集权的同时，企业的产权变革和公司化改造开始使社会经济遵循资本化的逻辑来运行，确立了成为社会共识的市场意识形态。企业转制促进了民营企业的蓬勃发展，这是90年代中国社会最具活力的发展力量。

国有和集体企业转制有力促进了市场化的进程，也带来了民营经济的繁荣。城乡个体工业在工业总产值的比重，在1994年第一次达到10%，此后迅速增长，到1997年产值增加了0.8倍，占到工业总产值的18%。同时其他各种形式的企业如股份制企业、外资企业、合伙联营企业等也迅速增长，到1997年也占到工业总产值的18%。③民营经济的兴起，反过来

① 根据2004年左右的一项乡镇债务的案例研究，尽管这些乡镇的乡镇企业早已转制，但是在湖南、重庆、吉林三省的被调查乡镇中因乡镇企业所积累的历史债务仍然占23%—48%之多。参见周飞舟《从汲取型政权到"悬浮型"政权：税费改革对国家与农民关系之影响》，《社会学研究》2006年第3期。另外根据对湖北、湖南、河南的乡镇债务研究发现，乡镇负债中乡镇企业债务的比重平均为27%。参见谭秋成《制度考核、制度租金榨取与乡镇债务》，《中国农村观察》2004年第6期。

② 关于政府行为在这个时期变化的定量研究，参见陈抗、希尔曼和顾清扬《财政集权与地方政府行为变化——从援助之手到攫取之手》，载张军、周黎安编《为增长而竞争：中国增长的政治经济学》，上海人民出版社2008年版。

③ 国家统计局编：《中国统计年鉴1998》，中国统计出版社1998年版。

又对国有企业的改革和市场化进程起了有力的推动作用。至此，改革初期的双轨制经济基本上为市场经济所代替，全社会也形成了对市场经济的基本共识。

但是，民营经济的繁荣并没有改变地方政府主导地方经济发展的基本格局。虽然地方政府兴办企业的激励被减弱，但是其行为模式的变化仍然是我们理解这个时期改革的社会影响的重要线索。

在中西部地区，随着分税制后大量的乡镇企业转制或倒闭，地方政府尤其是县乡政府的财政开始出现危机，由此带来了日益严重的农民负担问题。很多经验研究都表明，自1990年代中期起，农民负担便成为中西部地区农村的主要社会问题，甚至在某些地区出现了严重影响社会稳定的情况。[1] 农民负担的加重，其中最主要的原因是分税制改革以后，财权层层上收，最基层的县乡政府入不敷出，将危机转嫁到农民身上所致。[2] 据统计，2000年，农民承担税费总额1359亿元，比1990年的469亿元增长了1.89倍，农民人均负担增长了2.01倍，农民税费负担占农民收入的比例在7%—12%。而且，教育的产业化、医疗的市场化都使农民的支出大幅增加。所有这些因素，都造成了农民增收的下滑。[3] 农村在此前一直是改革最为成功的领域，90年代中期以后，"三农"问题却开始变成改革的又一难点。

在东部地区，企业转制产生了大批下岗工人，而城市私有企业、第三产业的兴盛又吸引来大批农民工，这都对城市的稳定和进一步发展提出了新的要求。随着1990年代后期城镇住房制度改革的展开、私有企业的园区化、各地纷纷兴建开发区以及外资的逐渐涌入，城市建设用地成为日益稀缺的资源。1998年修订出台的《土地管理法》为将农村土地转为城市建设用地提供了法律依据。自1990年代末开始，城市化浪潮正式展开，这为东部地区的地方政府开辟了新的生财之道，也成为延续至今的新发展模式。这种以城市化为核心动力带动的增长模式，为新世纪中国经济和社会的发展开辟了崭新的发展道路，带来了规模巨大的财富，使东部地区的城市生活进入了与一些发达国家相媲美的阶段。但是与改革初期的工业化浪

---

① 参见 T. Bernstein & Xiaobo Lü, *Taxation without Rep resentation in Contemporary Rural China*, Cambridge：Harvard University Press, 2000。

② 陈锡文主编：《中国县乡财政与农民增收问题研究》，山西经济出版社2002年版。

③ 1996年，农民人均收入增长9%，1997年增长4.6%，此后一直下滑，到2000年时，增长率仅为2.1%。参见陈锡文等编《中国农村公共财政制度》，中国发展出版社2005年版。

潮相比，这也是通过以制度手段使农民失去土地为代价而实现的。在新一轮以市场、土地和城市化为核心的经济增长中，社会财富的分配模式也发生了根本性的变化。改革初期几方"共赢"的社会财富分配机制趋于式微，权力和市场结合而形成的分配机制成为主导，区域间、区域内的收入差距迅速加大，在改革中利益受损的大量的"弱势群体"开始出现并日益增多。[①]

与此同时，市场化改革进一步使生产资料和劳动力的配置都遵循着资本的逻辑而展开。中西部地区的地方国有企业和乡镇企业纷纷转制和解体，致使将农村劳动力维系在农村社区的各种纽带大为减弱。大量农村剩余劳动力的流动开始超出原有经济特区的流向范围，以成本最低的形态向所有资本所在地流动。由此出现的农村剩余劳动力所汇集的洪流，在中国的大地上由西至东、由北向南流动，成为中国现代化进程中一种前所未有的现象。

农村劳动力外出具有双重的效应。一方面，这种流动促进了城乡劳动力市场的一体化，在更大范围实现了劳动和资本的重新配置。但另一方面，进城农民工在政治、经济和社会福利等各方面普遍受到不平等的待遇，成为典型的"弱势群体"，而且这又使城乡差距在城市内部被不断再生产出来。从流出地来看，劳动力外流极大地改变了1980年代通过实行土地承包制而恢复的农村社会结构基础，青壮劳动力的大量外出，使广大农村因家庭单位的主体成员缺失而再度发生本质意义上的解体，使农村社会结构的家庭基础再次面临着瓦解的危险，也产生了如农村留守儿童等带来的一系列社会问题。[②]

分税制和市场化进程导致的企业与政府关系的变化，在强化了企业独立经营的主体性的同时，也使地方企业失去了政府保护，被纳入到适者生存的市场竞争之中。沿海地区的中小城市纷纷推行企业转制，而内地大中

---

① 据赵人伟和李实的研究结果，1988年城乡居民家庭人均收入的基尼系数是0.382。参见赵人伟、格里芬编《中国居民收入分配研究》，中国社会科学出版社1994年版。根据李强的研究，1994年城乡居民家庭人均收入的基尼系数已经上升到0.434的水平，1996—1997年则攀升到0.4577。据估算，2000年以后的基尼系数一直维持在不低于0.5的水平。参见李强《改革30年来中国社会分层结构的变迁》，载李强主编《中国社会变迁30年》，社会科学文献出版社2008年版。

② 国务院农民工课题组：《中国农民工问题前瞻性研究》，中国劳动社会保障出版社2009年版。

型企业则积重难返，不仅拖家带口，担负着企业职工及其亲属乃至周边社区之社会福利的巨大压力，而且人员冗杂、效率低下、财务恶化，因其负担过重、欠账太多而等待中央政府推动的激进式改制措施。实际的结果是相当惨烈的：一些企业被迫破产倒闭，而一些企业则通过较少的一次性支付补偿强行使大量职工下岗，强行使原有单位体制中职工的身份制转为契约合同制，这造就了另外一大批的"弱势群体"。①

在社会的公共服务领域，全面市场化的改革也在传统计划经济中关乎国计民生的社会保障和福利领域顺次展开，住房、医疗、社保、教育领域都被纳入全面市场化改革的议题之中，与城镇居民相关的主要福利，都由"政府埋单"逐渐转向在市场价格下由居民"自己埋单"。虽然从长远的角度看，福利市场化彻底克服了单位制的种种弊端，通过消费结构的转变强化了市场化改革的深度，但由于这种突如其来的全面市场化改革涉及国计民生的方方面面，加之企业转制和职工下岗的连带效应，确实对普通百姓的生活预期产生了强烈影响。更重要的是，居民消费的心理预期失调，以及居民收入的提高幅度有限和贫富差距持续扩大等因素，在内需结构上共同形成了制约经济增长的负面因素。面对内需严重不足的处境，中央政府势必再次寻找经济发展的突破口，实现社会经济结构的重大转变。

三　治理问题与行政科层化的
双重效应：2001—2008 年

2001 年底，中国加入世界贸易组织（WTO），这一事件具有重大的历史意义。中国的经济增长模式由此发生重大转变：通过融入全球性的经济秩序，外向型加工制造业、海外投资与国际贸易成为拉动 GDP 总量增长的重要力量。而中国在参与全球性资本和市场分配体系中，社会经济结构也开始依循资本的逻辑重新组建，从而使资源和收入分配的差距进一步拉大，产生了许多新的社会矛盾焦点。尽管政治体制和权力格局没有发生根本性的变化，但是在与国际接轨的过程中，中国在企业的经营及其社会责

---

① 参见孙立平《20 世纪 90 年代中期以来中国社会的结构演变》，载《现代化与社会转型》。

任、法治建设、行政治理上面临着向规范化和技术化方向转变的压力。因此，调整治理方式、改善民生水平、平衡利益格局，成为改革第三阶段的焦点问题。

（一）与国际接轨："世界工厂"及劳动关系的紧张

1990 年代末，中国经济增长遭遇到两大挑战：一是亚洲金融危机的影响，二是企业转制和住房、教育、医疗以及养老等全面市场化改革带来的压力。前一种影响虽未造成直接的金融冲击，却在投资、贸易、消费和就业等方面对中国经济成长构成了巨大压力，而激进的市场化改革，虽然切中肯綮，却在一定程度上将政府和企业的社会责任转嫁给个人，对民生产生了震荡效应，并形成了内需严重不足的后果。由于中国的市场化改革最初采用的是政府推动、资本优先的战略，因而经济发展的成效突出反映在资本积累上，并未在很大程度上惠及普通民众，再加上生产结构主要以劳动密集型产业为主，雇佣结构中农村剩余劳动力所占的比重较大，因而民众的收入水平并未随经济增长得到相应提高，综合性收入预期不升反降，在这个意义上，经济增长无法依靠内需形成持续的推动。

自中国加入 WTO 以来，外资拉动中国经济增长的势头甚为猛烈，市场开放度大大提高，开始成为国际资本的首选之地，其中的独特之处在于政府成为吸引外资和开放市场的核心推动力。而中国的廉价劳动力在参与国际生产分工的过程中，又发挥了极强大的比较优势。在 1990 年代市场化的过度竞争中，转制后存活下来的大量企业也迅速建立了适应残酷市场竞争的企业治理结构，直接转化成为全球价值链上的终端车间。更为关键的是，中国政府的强大行政能力有助于控制国际资本运行所形成的体制矛盾，通过集权的办法转换和调整整个经济结构。

中国成为"世界工厂"，也依靠了国际金融和政治秩序所提供的条件。国际资本、国际消费市场以及中国政府强势干预所形成的内部市场化，以及 1990 年代分配差距所形成的低成本劳动力，构成了中国这个"世界工厂"的前提条件和核心竞争力。[①] 尽管中国的"世界工厂"基本上处于全球价值链的低端，企业技术积累和技术创新的能力很低，企业经营管理的

---

① 参见高柏《金融秩序与国内经济社会》，《社会学研究》2009 年第 2 期；高柏：《中国经济发展模式转型与经济社会学制度学派》，《社会学研究》2008 年第 4 期。

水平不高，但无论如何，中国经济增长模式的战略转变，确实在宏观上带来了极其显著的效果：中国人均 GDP 从 2001 年不足 1000 美元提高到了 2005 年的 1700 美元。

虽然中国的 GDP 和人均 GDP 在新世纪保持了高位增长，但由于中国经济结构中资本化的作用增强，权力也改变了其寻租模式，使得全社会分配领域内的经济利益与社会公平之间形成了越来越突出的新矛盾。在分配格局上地区差距逐渐拉大，贫富分化不仅大幅度加深，[1]而且还出现了分层结构的定型化趋势：社会阶层之间开始确立较明显的边界，流动性减少，形成了社会阶层再生产的机制。[2]

虽然市场经济的发育将资本和资产配置进一步合理化，但波兰尼所说的"社会的反向性保护运动"[3] 则始终没有成型，从而给全社会的稳定和安全造成了不小的威胁：原本水平就较低的社会保障体系因 1990 年代末民生领域的全面市场化改革而有所恶化；此外，工业生产的安全隐患很大，矿难频发；制造业能耗过高，环境代价极大；商品质量监管乏力，食品安全事故屡禁不止。这些都反映出第三阶段前期种种社会矛盾不断加深的趋势。

在上述矛盾中，劳动关系矛盾处在核心的位置上。从社会经济的总体结构看，造成这一时期劳动关系紧张的因素有很多。首先，国企改革使劳动关系全面市场化：一方面，国有企业向现代企业制度改制和转轨，在用工制度上实行全员劳动合同制；另一方面，转制过程中出现的大量下岗和转岗职工，由于没有健全的社会保障体系维持，其权益和生活没有得到合理保护和安排，"断保"现象严重。[4] 其次，由于各类非公有经济已成为推

① 改革初，省际人均 GDP 基尼系数曾快速下降。但进入 1990 年后，基尼系数开始重新扩大，到 2003 年，基尼系数已经恢复到了改革前的 0.35。基尼系数在改革开放前为 0.16，2002 年已经达到 0.46，超过了国际公认的警戒线 0.4。参见赵人伟、格里芬编《中国居民收入分配研究》；李实等主编：《中国居民收入分配研究 III》，北京师范大学出版社 2008 年版。

② 参见孙立平《20 世纪 90 年代中期以来中国社会的结构演变》，载《现代化与社会转型》。

③ ［英］波兰尼：《大转型：我们时代的政治与经济起源》，冯钢等译，浙江人民出版社 2007 年版。

④ 2002 年国有企业下岗职工的再就业率为 26%。下岗职工再就业的主要渠道集中在非正规就业领域。根据劳动和社会保障部 2002 年在全国 66 个城市的抽样调查，85.4% 的再就业下岗职工从事临时性工作，只有 9.4% 成为正式职工。参见劳动与社会保障部劳动科学所"转型时期中国劳动关系问题研究"课题组：《消除原始式的劳动关系是当前刻不容缓的任务——中国劳动关系现状与调节模式选择》，《经济要参》2004 年第 15 期。

动中国经济发展的重要力量和就业主体，而非国有企业的劳动力市场在组成要素、行业规范、法律规制、安全保障等诸多方面都发育得极不成熟，使劳动关系得不到有效调节。更重要的是，作为农村劳动力转移的主体部分，广大农民工因城乡差别和户籍制度的限制，不可能享受到城镇社会保障体系和劳动管理制度的保护，更容易形成难以调节的劳资矛盾。

国有企业转制的历史遗留问题，以及非公有经济领域中存在着的大量劳资矛盾，诸如拖欠和压低工人工资、劳动强度过大、生产安全缺乏保障，这些问题使劳动争议案件在 2000 年后直线上升，其中不少问题由于缺乏充分而有效的利益诉求和调节机制，还演化成群体性事件。不仅如此，从经济发展的角度看，随着经济全球化水平的提高，以外向型经济为基础的企业不断面临着更残酷的竞争压力。产业结构、企业管理、人力成本等诸因素使中国的外向型经济早在 2008 年出现全球金融危机前就已面临着许多的困难。

（二）从工业化到城市化：中央与地方关系的新格局

1. 城市化：土地开发与土地经营

在新世纪，随着大批境外投资的涌入和中西部劳动力的大规模迁移，沿海地区的工业化和城市化带来了城市建设用地的短缺，城市用地制度和农地征用制度的改革为地方政府大规模征用、开发和出让土地提供了经济需求和制度保障。

按照现行法律，只有地方政府有权征收、开发和出让农业用地，其征收费用远低于城市建设用地出让价格。地方政府低价征收农业用地，进行平整、开发后，以招、拍、挂等形式在土地二级市场上出让。在东部沿海地区，地方政府通过这个过程迅速积累了规模巨大的土地出让收入，有些县市的土地收入规模甚至大于当地财政预算收入的规模。而大规模的土地出让又使地方政府可以通过财政担保和土地抵押的方式取得更大规模的金融贷款来投入城市建设。这样一来，土地收入—银行贷款—城市建设—征地之间形成了一个滚动增长的循环过程。[①] 这个过程不但塑造了东部地区

---

① 刘守英等：《城市化、土地制度与经济可持续发展：以土地为依托的城市化到底能持续多久？》，世界银行研究报告，2005 年，也可见 http://www.usc.cuhk.edu.hk/webmanager/wkfiles/6263 - 1 - paper. pdf（2009 年 8 月 17 日访问）；周飞舟：《生财有道：土地开发和转让中的政府和农民》，《社会学研究》2007 年第 1 期。

繁荣的工业化和城市景象，也为地方政府带来了滚滚财源，还为地方政府领导人赢得了政绩。① 此外，地方政府的财源还包括城市化中迅速增长的以建筑业、房地产业等营业税（地方税种）为主的预算财政收入。由此，地方政府的预算收入和非预算资金呈现出平行增长的态势。因此，新世纪的快速城市化过程是与地方政府"经营城市"、"经营土地"的行为取向密不可分的。这也成为我们理解此时地方政府行为和中央—地方关系的关键所在。

地方政府作为利益主体的角色和追求独立利益的行为非但没有减弱，反而随着经济的迅速发展而日益增强。在这种以"土地财政"为中心的发展模式下，整个国民经济和财政收入的要害集中在城市化和土地开发上，这个过程一旦停滞，不仅直接威胁到地方经济和地方财政收入的增长，也威胁到整个国家 GDP 和财政收入的增长。在当前金融和经济危机遍及全球的情况下，地方的城市建设和房地产业对整个中国的经济来说性命攸关。

由于土地收入属于非预算范畴，而营业税属于地方财政收入，中央政府通过财政手段调控地方政府行为的努力见效甚微。一方面，由于土地收入存在高昂的信息成本，而且是地方政府的财源所在，中央政府的行政干预困难重重。另一方面，由于土地财政和城市建设投资是经济增长的关键，经济增长又被认为是社会稳定的保障，在"保增长、保稳定"的战略目标之下，强力遏制土地开发的政策往往得不到有效的落实。所以说，中央对地方的干涉既有能力上的限制，又有意图上的顾忌。

此外，这种以地方竞争模式为基本形式、以土地开发和城市建设为中心的发展战略实际上存在极大的风险，不但威胁到经济增长的可持续性，而且还严重威胁到社会稳定。因为这种发展模式是以损害耕地和农民利益为代价的。在近年的"上访潮"中，由征地引发的案例占了相当数量。从地区上看，东部地区的迅速工业化和城市化使区域之间的差异迅速加大，中央政府力图通过转移支付来平衡区域差距的努力随着这种发展模式的推进也收效甚微。从政府和社会的关系上看，"经营城市、经营土地"的发

---

① 自 1991 年开始的全国百强县市评比，尽管指标体系几经调整，但 GDP 始终是县域经济排名中最核心的指标。参见刘福刚等主编《中国县域经济年鉴》2004、2005、2006—2007 年卷，社会科学文献出版社 2005、2006、2007 年版。

展模式使得政府的公共服务职能得不到发展，社会保障滞后，贫富差距迅速拉大。

2. 城市反哺农村的努力及其问题

进入新世纪后，随着"三农"问题的日益突出，国家的政策重心开始重新转向农村，城市反哺农村的一系列措施开始实行：其一，鼓励农民种粮积极性。到 2007 年国家对农民的种粮直接补贴已经达到了 427 亿元。其二，切实减轻农民负担。国家先进行了税费改革，而后又于 2006 年彻底取消了农业税。其三，加大对农村公共事业和社会保障事业的扶持。2007年国家全面减免了农村义务教育期间的学杂费，在西部贫困地区还免除了书本费。国家还推进了新型农村合作医疗，加大了国家财政对合作医疗的支持，并建立农村最低生活保障制度。这一系列旨在建设新农村的政策使国家对农村的投入从 2000 年的 1.3 万亿元加大到了 2007 年的 5.1 万亿元，这对于缩小城乡差距起到了积极的作用。①

然而，"三农"问题是长久以来中国城乡二元分割结构以及中国特有的中央—地方关系的格局确立的，其实质乃是一种结构矛盾，而无法单纯依靠加大农业投入这种经济措施来解决。

缩小城乡差距一直面临着两种制度困境：一种是户籍制度。自 1980年代以来，一波又一波的民工流动使农民工早已成为中国城市建设的重要力量。中国入世后，外向型经济格局的形成带来了新一波的民工潮。据国家统计局的统计，我国进城农民工数量当前已超过 2 亿人。然而，户籍制度的改革始终没有根本的突破，从制度上对劳动力进行城乡分割的局面依旧，在用工制度上仍是身份制和市场制并存的局面：在福利和保障方面，以户籍制度为基础的身份歧视依然存在；而在劳动力成本方面，广大的农民工群体则成为被剥夺得最为严重的底层群体。另一种制度困境来源于土地制度。自 1978 年开始农村改革以来，农地基本上是由农户分散经营的，这种小规模的经营显然制约着农业生产率的突破。然而，土地制度的改革面临着两难局面：如果基本维持农地现有的小规模经营，会直接影响到农业的长远发展；然而，农地的集约经营又存在着权力和资本双重侵夺的危险。如果农地大规模地向城市建设用地转化，大量失地农民的利益得不到

----

① 参见黄季焜《制度变迁和可持续发展：30 年中国农业和农村》，上海人民出版社 2008 年版。

保障，那么，社会稳定可能会受到根本的威胁。

总的说来，进入新世纪后，"三农"问题得到了全社会的高度重视，国家确定的建设社会主义新农村发展战略初见成效。但是，由于受制于种种因素，农民从中的实际受益还相当有限，农村与城市的巨大差距仍然是一个严峻的现实问题。

（三）从经营到治理：行政科层化与社会建设

为了从根本上解决社会经济诸领域内出现的种种社会矛盾，2004 年以来中央政府逐步形成了以"科学发展观"为核心的治国新理念，将经营性的政府行为转变为以公共服务为本的治理体系，[①]并将法治化、规范化、技术化和标准化作为行政建设和监督的核心议题。从经营到治理的转变，既反映了这个阶段依靠"行政吸纳政治"的逻辑来进行社会建设的基本思路，同时也改变了行政体系结构、政府行为模式及其与社会经济诸领域的内在关系。

1. 考核的过程化与多重化：行政科层化的形式效果

中国参与到全球化市场中确为经济发展注入了强心剂，但也在很大程度上形成了国际市场对中国经济活动的反向规制：不仅中国的产品进入国际市场，而且中国市场的法规环境、政府涉入市场的行为方式以及企业的内部技术、质量和管理标准及社会责任，都需要全面与国际接轨。国际市场的这种影响，进一步强化了政府与企业的技术化、理性化的意识形态。2001 年前后，中国大幅度修订了包括《外资法》、《外贸法》等在内的2000 余件法律、法规和规章及 10 万余件地方性法规和规章。在加大行政法治化、规范化的同时，各级政府也开始建立各类行政服务中心，积极推行政务公开化和透明化的政策，来推动与国际接轨的进程。不过，科学发展之治理理念的提出，更源于中国此前资本化的经济发展模式及其所引发的诸多社会问题的凸显，这其中，与 1990 年代以来地方政府过于偏重经济增长和市场经营的倾向不无关系。

---

① "治理"（governance）概念原是指在公共事务的管理上并非政府之专责，公民社会也参与其中，并与政府密切合作（参见［英］斯托克《作为理论的治理：五个论点》，华夏风译，载俞可平编《治理与善治》，社会科学文献出版社 2000 年版）。在本文中，"治理"指的是政府除了促进经济建设的职责外，更要承担对社会公平的保护和对公共事务的管理。在这个过程中，政府职能的发挥不仅依赖其已获授权的权威，而且也依赖其不断改进的程序和技术。

中国的行政体制在改革之初就已经具有韦伯所谓"科层制"（bureaucracy）的某些基本特征：行政官员均受过严格的专业训练并具有丰富的行政经验，任期固定，职责明确；行政机构设计合理、分工明确、具有严格的职位等级结构和服从关系；行政机构强调技术化、形式化规则的约束和严格按照程序办事的规范，以行政效率和程序公正为行政之基本准则。① 科层制的这几个特征可以从 1980 年代中央确定的选拔干部的"四化"（革命化、专业化、知识化和年轻化）标准、1990 年代初中期开始在全国逐步推行的干部交流制度和公务员制度看出雏形。但是，分税制改革前的行政体制在以经济增长为中心的前提下仍然具有为鼓励地方积极性而容许分权的色彩。直到分税制改革后，中央政府才开始下决心削弱那种治理模式中的分权倾向，试图通过垂直管理的办法来解决地方行政中的软预算约束、公权私用、地方保护、市场分割等问题。②

众所周知，中国政府自上而下层级间的行政管理体制，一直实行的是上级政府向下级政府下达指标、分解任务、量化考核的目标责任制，虽然在不同时期下级政府关于目标责任的具体制定具有某种程度的讨价还价的余地，但基本上是所谓"压力型体制"。③ 在分税制改革前这种压力型体制对地方政府而言具有某种分权色彩，因为那时上级考核的量化指标比较单一（主要是 GDP 和财政收入），考核的手段较为粗疏。只要下级政府能够如期或超额完成这些经济指标，至于它们究竟用哪些办法去完成、这些办法会带来什么样的代价，上级政府一般并不会深究。因此，地方政府行为在发展经济的前提下就具有相当的随意性、短期性和变通性。④

新世纪以来，行政体制的"压力型体制"并没有发生根本的变化，不过，其作用的机制产生了一些重要的变化。

首先，加强了对指标完成手段的管理，将指标管理和技术治理结合在一起。这种对指标完成手段的强调主要体现在全面强化了政府的依法行

---

① 参见［德］韦伯《支配社会学 I》，康乐等译，台北：远流出版公司 1993 年版；［德］韦伯：《支配的类型》，康乐等译，台北：远流出版公司 1989 年版。
② 周黎安：《转型中的地方政府》，上海人民出版社 2008 年版。
③ 荣敬本、崔之元等：《从压力型体制向民主合作制的转变：县乡两级政治体制改革》，中央编译出版社 1998 年版。
④ 马斌：《政府间关系：权力配置与地方治理——基于省、市、县政府间关系的研究》，浙江大学出版社 2009 年版。

政，确保行政符合规范和公平的原则。国务院 1999 年颁布了《关于全面推进依法行政的决定》，2004 年又颁布了《全面推进依法行政实施纲要》，即是明证。

其次，加强了行政问责制，将激励和惩罚结合在一起。以往的行政体制运作更像是政治锦标赛，很多地方官员或职能部门在其行政周期内所制定的责任目标和工作指标普遍高于上级政府所设定的目标值，从而使任务目标层层加码、逐级放大，通过指标的胜出使其在任职周期内尽可能累积获得换届晋升的政治资源。① 而现在不仅保留了政治锦标赛的性质，还全面强化了问责制，政府官员在交通安全、生产安全、食品安全、卫生防疫、计划生育和群体性事件等一系列指标上的失职都可能导致职位不保。这种问责制的运作更像是政治淘汰赛。

再次，加强了量化指标结构的多重化倾向。在治理理念的指导下，行政职能向公共服务的转化，改变了以往仅以 GDP 为核心的干部考核指标体系，政府的公共服务职能开始被纳入数字指标控制的范围。如环保指标的引入使一般 GDP 开始向绿色 GDP 转变；民意考核的引入改变了干部晋升由上级单方面决定的机制，将民意满意度作为行政考核的重要组成部分；社会稳定指标的强化则使群体上访、群体性事件、重大安全事故等诸多影响社会稳定的因素构成了对官员政绩的"一票否决"。可以说，多重指标的量化考核，不仅扩大了行政目标责任制的横向范围，而且也深化了政府总体治理和控制的纵向力度，在两个向度上构成了地方政府展开多重目标的政治锦标赛和淘汰赛的竞争机制。而且，地方政府的行政目标规划也基本上按照多重指标的分布状况在主要领导人的任期内来制订，从而产生了以行政任期为特点的行政周期现象。

2. 财政支出的专项化与项目化：行政科层化的实质效果

技术治理的行政改革，不仅在中央与地方的行政监督和控制上产生了行政科层化的效果，而且在中央与地方的财政关系上也推动了行政科层化的倾向。

自改革以来，中国政府间关系的最大特征是在属地化管理基础上的行政目标责任制。从财政关系来看，这种行政目标责任伴随着一系列自上而下的财政支出责任。表面上来看，从财政包干制到分税制，财政支出责任

---

① 周黎安：《转型中的地方政府》。

（事权）一直是越来越分权的。[1] 但是从财政收入的分配（财权）来看，分税制后中央无疑是更加集权了。在这种财权集中于中央、事权下放到地方的格局下，自上而下的规模巨大的财政转移支付资金成为分税制后财政系统内的一个突出现象。

中央对地方的转移支付，可以分为两类，即财力性转移支付和专项转移支付。专项转移支付是中央提供给地方、多用于公共品和公共服务支出的资金，地方无权挪作他用；而主要用于工资和日常支出的财力性转移支付则较少这方面的限制。自 1994 年到 2004 年，专项转移支付总量一直远高于财力性转移支付，到 2005 年后者总量才第一次超过前者。[2] 此外，无论是中央还是地方的基本建设支出，大多是以项目资金的方式单列的，由各级发改委系统规划和管理项目，财政部门负责拨付资金，相关职能部门负责实施。

随着专项和项目资金的规模日益增大，发改委和财政系统逐渐发展出一套严格而完备的项目申请、批复、实施、考核和审计制度。除了工资和日常支出外，几乎所有的建设和公共服务资金都"专项化"和"项目化"了。基本建设和公共服务的核心是资金问题，围绕这个核心，随着政府职能向公共品提供方面的转变，公共服务实质上正在变成以项目评估和项目管理为中心的治理体制。随着自上而下资金规模的迅速扩大和技术监督手段的发展，各种以项目管理为中心的政策、制度、法规和实际运作方式迅速发展起来。上级政府开始变成下级政府的项目发包人，下级政府成为项目的竞争者，而专家学者也被纳入项目的评估和考核体系中，为这套体系提供了技术合法性。

以"项目管理"为核心的公共服务体系的迅速膨胀也给中央和地方以及地方政府间的关系带来了实质性的影响。通过专项化和项目化的资金分配，中央控制了地方政府预算资金的支出权限，资金虽然在地方支出，但对于下级政府来说，这种"戴帽"资金并不好用。项目资金在相当程度上强化了中央对地方、上级对下级的控制权。

---

① 参见 Zhang Tao, Zou Hengfu, " Fiscal Decentralization, Public Spending, and Economic Growth in China", *Journal of Public Economics*, Vol. 67, No. 2, 1998, pp. 221 – 240。张晏、龚六堂：《分税制改革、财政分权与中国经济增长》，《经济学（季刊）》2005 年第 5 卷第 1 期。

② 2004 年专项与财力性转移支付之比是 1.3 : 1，2005 年是 0.9 : 1。数据来自李萍主编《中国政府间财政关系图解》，中国财政经济出版社 2006 年版。

从项目本身来看，这种管理模式无疑具有提高资金使用效率、遏制侵占财政资金的意义，通过执行严格的审计制度，能够在一定程度上保证资金按照中央政府的意图使用。但是也同时产生了其他一些影响。首先，"跑部钱进"成为地方政府、尤其是中西部地区的地方政府的主要工作目标之一，"项目发包"逐渐演变成"设租寻租"。上级项目审批部门难以避免批复中的主观性，下级项目申请部门则会千方百计地利用审批过程做文章，各种社会关系在这个过程中扮演了重要角色，这对整个社会风气都产生了重要的影响。[1] 其次，专项化和项目化对于财政资金的使用效率和公平的影响尚存疑问。如果地方的大部分基本建设和公共服务项目都由上级或者中央政府来干预实施，尽管有各种专家的评估和论证，其效率也会因为高昂的信息成本而大打折扣。[2] 例如，许多项目资金只准许购买设备却不能用于支付没有发票作为凭证的劳务费用，为了及时把钱花掉又能够顺利通过评估和审计，下级部门往往会突击购置设备而造成浪费。再次，专项化和项目化资金由于技术管理方面的限制，大多会流向易于评估、管理和审计的项目，往往与地方的公共服务需求发生错位。最后，也是最为重要的是，专项化和项目化本身有着极强的自我再生产能力。在基本建设和公共服务的名义下，这些资金的膨胀被看作是政府职能转向公共品供给的标志，财政收入增长越快，这块资金的增长也越快，而地方政府和下级部门虽然受到监督和审计，却可以利用财政预算中的"挤出效应"[3] 将其原有资金用于其他用途。这种作用机制的后果在于，原本用于公共服务和实现地区均等化的专项和项目资金却拉大了地方一般民众与财政供养人员阶层的收入差距。[4]

3. 公共服务型治理中的经营性效果

从科层化的技术治理的两个方面来看，目标责任与量化考核强化了行政权力实施过程中的规范、公开和透明的政务公开机制，而多重指标的结构设计则强化了政府在公共服务职能上的转变。不过，在行政体制的动态

---

① 王立国：《改革现行投资项目审批制度的思考》，《财经问题研究》2007 年第 7 期。
② 昝新改：《专项资金管理中存在的问题及对策》，《审计月刊》2006 年第 6 期。
③ ［美］帕金：《宏观经济学》，张军等译，人民邮电出版社 2008 年版。
④ 根据笔者 2003 年在云南某贫困县所做的调查，该县自身财政收入 1000 多万元，财政支出则达 2 亿元，其中 18000 万元都是来自中央和省级政府的转移支付以及项目资金。结果该县公务员和事业单位人员的年收入 12000—15000 元，农民人均纯收入却只有 535 元。在该县，人人都以成为公务员为理想。

运行中，上述合理形式依然嵌生在分税制改革后"专项化和项目化"的财政关系的基础上。由此看来，行政改革中的治理并未完全脱离行政经营的实质逻辑，相反，政府的经营性运作反而开始从多个向度展开，并将诸多公共领域纳入产业化的范围之中。只是这种经营不再完全以经济运营的方式来推展，而是将技术治理的逻辑辐射到社会建设的各个方面，并在技术理性的意义上获得了行政体制本身和民众的认可。

首先，由于科层化的技术治理改革只触及了行政体制中的工具方面，并未从根本上改变行政权力运行的布局和机制，"项目管理"的运作模式依然使政府的公共性投入在很大程度上遵循着投资化和产业化的路径开展。而规范化中的"事本"逻辑，一方面的确强化了规则，另一方面却并没有从根本上遏制和杜绝寻租活动。从实际运行的角度说，行政科层化的一个矛盾之处，即它越是在责任目标上强调行政效率的提高，就越会在复杂的程序技术设计上付出高昂的成本；越是在考核指标和报表制度上力图规划得细密和周全，就越会显露出技术监管的不充分性，进而越会使寻租活动工具化和技术化，从而给不同领域的经营活动留出足够的空间。[①]

其次，多重指标的考核制度虽然有助于在每个指标体系内部实施专项管制，却往往难以规避不同指标间加以操作和转化的行政技巧。事实上，在某些基层行政中虽天天制度上墙、数字上表，却依然盛行着"潜规则"，成为大量寻租得以发生的温床。诸如机构膨胀、办事收礼、公款吃喝的种种"变通"例子在我们周围的生活中随时可见。究其根本，乃在于政府行为虽在形式上发生了由行政经营型向行政服务型的转化，但在具体项目的申报和实施过程中，仍按照经营化和产业化的标准和逻辑来推展，因而在官员和民众的眼中所谓治理效率本身也往往作为经营效率来理解。特别是在项目落实的过程中，许多地方政府也通常采用市场化的方式，即政府发包或转包给专业技术公司这种企业化的模式来运作，致使一些公共投入和建设项目也最终被纳入资本化的逻辑来运营。这种变相的市场化运作在某种意义上要比单纯的政府行为或资本运营更为隐蔽，也更有风险。在这个意义上，指标监管和考核结构的设计，只迷信量化的数字管理，却往往忽视了地方政府实际权力操作中的具体机制和隐性规则，从而使行政科层化

---

① 参见周雪光《基层政府间的"共谋现象"：一个政府行为的制度逻辑》，《社会学研究》2008 年第 6 期。

在工具意义上背离了以人为本的治理理念。

由此我们可以看到，行政科层化的技术治理实际上产生了一种合法化的双重效应：一方面，在程序技术上，行政的规范化奠定了科层化体系的合理性原则，行政目标和责任得以逐步落实在经过专业设计的指标体系上，从而获得行政过程的程序合法化基础；另一方面，行政的规范化也很容易转化成为工具化的经营技术，将政府的寻租行为形式化地包装成为治理行为，用"事本"逻辑来表面地替代利益逻辑。一方面，行政的公共服务化确立了社会建设和社会服务的治理目标，使政府职能开始摆脱经济发展至上的逻辑，逐步投入到与民生密切相关的社会生活中，充分有效地展开社会建设布局；另一方面，从财政体制的权力结构和行政服务的具体运行来看，公共投入并没有摆脱产业化的经营轨迹，公共服务的多元化反而拓展了政府经营的渠道，而治理指标的多重化虽强化了行政职能之整体性的责任要求，却反而使量化考核中数字管理的客观性越来越出现"主观化"的倾向。

从根本上说，行政科层化过程中全面的技术治理，虽旨在将各级政府行为纳入到法治化和规范化的轨道之中，依靠行政吸纳政治的办法来确立公共合法性的基础，但由于政府的行政范围过大，职能范围过宽，若要强化行政规范、提高行政效率，就会增加大量的行政支出和治理成本，从而使治理的负担再度转嫁到民众身上。政府行为的全面回归，不仅使公共服务辐射到社会各个领域，同时也在很大程度上形成了行政强制的倾向：行政体制俨然成为一部设计合理、运转有效的庞大机器，但面对社会出现的突发事件和具体矛盾，则需要每个部件、每个齿轮都随同这一机器系统调整方向，连带运行，失去了灵活多变、敏锐出击的应对能力。而且，若要保证政府日常的行政效率，也必须付出极高的运营成本、信息成本和决策成本。科层制的一个最大的特征，就在于其技术和机构上的强大复制能力，任何行政上的技术设计和结构设置，都很容易引起各机构各部门的竞相效仿，从而派生出更大规模的行政结构及其经营场域。

更为重要的是，产业化的利益相关，会伴随着公共物品的提供而引发连带性的公共矛盾。治理的技术化和专家化过程的一个明显特点，是提供指向单一问题和单一目标的理性设计方案，而非扎根于具体的社会经验，而实际上，对某个社会问题的解决，往往会衍生出各种连带的矛盾；不仅如此，由于各级行政体系的规模不断扩大，行政机器过于繁杂，易于将行政权力过度覆盖到社会生活的各个领域，压缩社会空间得以健康发育的余地，丧失对社会自主表达利益能力的敏感。[①] 近年频繁发生的各种涉及公共事务和公共安全的事件，恰恰表明，治理的不断技术化，并不一定能够强化行政体系对于具体社会问题的感受力和应变力，反而会使后者变得越加迟钝。总之，科层化的技术治理机制所面临着的一个重大难题，是将一个庞大的行政体系置于社会经济生活的具体经验和问题之上，而不是丧失与基层社会的亲和性。改革的历史证明，只有那里才是中国发展的活力之源、动力之本，哪怕是已有所分化的总体性的社会经济体制也并不是中国复兴的出路。

2004 年以来，如何在各级行政单位和部门真正落实"科学发展观"，这是关系到中国政治、社会和经济发展向何处去的关键问题。将行政从经营过渡到治理的议题，其要害并不仅仅在于将行政规范技术化，将行政监督技术化，更不意味着让行政手段大包大揽，介入到人们社会生活的方方面面。这里的关键，是必须首先深入了解中国自分税制以来行政结构及其运行机制的内在规则，细致辨析行政权力与资本市场的潜在关联，并以此为突破口，找到科学行政的根本出路，从而实现为经济发展保驾护航、为广大民众谋求福祉的目的。

四　简短的小结

30 年来，改革的逻辑始终伴随着我们的生活，因而"变迁"也成了中国人生命历程的基本节奏。"穷则变，变则通，通则久"，对任何一个深陷危机的社会来说，"穷则思变"是其最为紧迫、也最为勇敢的时代精神。30 年弹指一挥间，中国社会也正是在这场伟大的改革中取得了令整个世界为之瞩目的成就。但也许，任何社会的变迁都要付出极大的代价，无论是社会结构的转型，还是社会机制的调整，都充分表明我们必须通过动态的逻辑来理解我们所经历的时代变迁。

本文从 30 年来社会经济变革的动态关系入手，讨论了改革三个阶段变迁中的政治经济学。每个阶段都有其特定的社会问题，有其特定的改革突破口，有其特定的社会经济运行的逻辑，也必然形成其特定的社会矛盾

---

① 参见秦晖《"中国奇迹"的形成与未来》，《南方周末》2008 年 2 月 21 日第 D22 版。

和后果。正是在这个意义上说，改革在不同的阶段中也构成了前后连接和扬弃的辩证环节：双轨制可以通过渐进改革的方式来突破总体支配问题，催生基层社会经济的活力，却最终演变成制约市场发育的瓶颈；分税制可以纠正地方保护的市场化障碍，用集约权力的方式推动资本化进程、推动经济增长，却带来了地方政府行为的扭曲，终致社会分配格局的严重倾斜；行政科层化的治理改革，既出于与全球经济接轨的外向型经济和国际标准的要求，也出于将改革成果惠及广大群众的初衷，但技术治理的形成与强化，却也带来了政府职能过重、行政成本过高、社会空间发育不足的矛盾。总之，30 年的改革，总是在解决老问题而又形成新问题、转变旧机制而又构成新矛盾的曲折运动中展开的，而恰是在这样的曲折运动中，我们看到了中国社会转型所面临的机遇和挑战。

《中国社会科学》2009 年第 6 期

流动的父权：流动农民家庭的变迁

金一虹[*]

摘要 持续规模化的流动已成为中国农民家庭变迁的重要结构性力量。流动带来的去地域化，侵蚀和破坏着血缘、地缘关系高度重合的中国父权制家庭，但其所致的家庭制度变迁不仅具有解传统作用，同时也是一个传统重构的过程。父权制家庭在解构中延续和重建，是体制约束、市场主导和父系父权自身延续的需要三重力量交互作用的结果。这一流变的家庭形态不仅为"身在城市，根在农村"的流动农民提供了低成本生存发展的基础，也以其特有的弹性适应能力，成为应对农村社会因变迁而生的矛盾冲突的缓冲带，在特定历史条件下起到了消解社会紧张的作用。

关键词 父权制家庭 解传统 传统重构 去地域化

一 问题的提出

9亿中国农民"站在工业文明的入口处"，1亿多农民在民工潮中离开了乡土。[①] 他们中的一部分流动进城务工，最终将成为城市居民，而生养他们的农村也将部分走向衰亡。这一史无前例的大流动不仅打破了农民日

---

    * 金一虹，南京师范大学金陵女子学院教授。

    ① 有关流动民工数字，据国务院第二次全国农业普查领导小组办公室、中华人民共和国国家统计局：《第二次全国农业普查主要数据公报（第一号）》宣布：到2006年全国农村外出从业劳动力为1.3亿，2008年2月21日，http://news.xinhuanet.com/fortune/2008 - 02/21/content_7641141.htm，2010年4月20日。而根据2009年初国家统计局最新调查结果，截至2008年年底，中国农民工总量为2.2542亿，其中外出打工的农民工1.4亿，参见申剑丽、耿雁冰《国家统计局启动2.2亿农民工调查监测系统》，2009年6月11日，http://cctw.cn/llzy/t20090611_1289822.htm，2010年4月20日。

常生活的地理边界，也打破了原有地缘组织和基于其上的关系，流动已成为影响当今中国农村社会变迁的一个重要因素。农民身份的转换和"村落的终结"，构成了中国现代化的重要组成部分。① 在这一过程中，家庭作为一个重要的社会组织，也不可避免地发生变迁。家庭的变迁不仅直接改变微观的社会组织结构，而且将在宏观层面影响社会的生产/再生产系统，影响这一社会再生产系统被整合进中国现代化工程中的方式。因此，研究流动对农民家庭结构产生的影响，其意义将超出家庭范围。

　　探讨农村家庭的现代变迁，不能不涉及家庭现代化理论。现代化理论的重要特点之一，是将传统与现代相对立的理论假设。在这一理论中，传统是作为现代化的障碍而存在的，如帕森斯所指，"传统主义"妨碍个人的主动性，阻碍职业成就和职业流动，②因此现代化必然经历一个解传统化的过程。而传统被解构亦如鲍曼（Zygmunt Bauman）所言，是"现代性的永恒特征"。③ 家庭现代化理论是将现代化理论的基本框架、核心范畴和理论预设运用于家庭的部分，其所着力描述的，也是传统家庭在现代化过程中被解构的不可避免的命运。如古德（William J. Goode）在其经典之作《世界革命和家庭模式》中，即将社会变迁对家庭的解传统化概括为：传统家庭（通常指扩大或联合家庭）趋向于夫妇式家庭、夫妇式家庭因高度流动而倾向于新居制和双系制、个人价值高于世系和家庭的延续、性别平等主义倾向以及对传统和习俗的贬抑。④ 家庭现代化理论视夫妇式家庭为最适合现代工业化体制的家庭形态，并认为解传统带来的家庭孤立化可以使家庭成员免受传统扩大家庭强制性的亲属关系的束缚，因此能满足工业社会对职业流动和地域流动的需要。⑤ 尽管家庭现代化理论因其结构功能主义倾向和忽视变迁的差异而受到批评，⑥但在当下家庭变迁的研究

---

　　① "村落的终结"的概念出自李培林《村落的终结——羊城村的故事》，商务印书馆 2004 年版，第 38—40 页。

　　② T. Parsons, "The Kinship System of the Contemporary United States", *American Anthropologist*, XLV, 1943, pp. 30 – 34.

　　③ 参见［德］齐格蒙特·鲍曼《流动的现代性》，欧阳景根译，上海三联书店 2002 年版，第 8 页。

　　④ W. J. Goode, *World Revolution and Family Patterns*, New York: Free Press, 1963, pp. 18 – 22.

　　⑤ T. Parsons, "The Kinship System of the Contemporary United States", *American Anthropologist*, XLV, 1943, pp. 30 – 34.

　　⑥ 唐灿对家庭现代化理论的脉络、贡献与不足做了系统、有见地的梳理。参见唐灿《家庭现代化理论及其发展的回顾与评述》，《社会学研究》2010 年第 3 期。

中，现代化将使传统家庭制度解构的认识仍有很大的影响。

中国农村的家庭数千年来一直维持着父系父权制，尽管20世纪以来，在历次革命运动和现代化浪潮的冲击下，父权制受到削弱，但并没有消亡，迄今为止父权制家庭仍作为中国农村普遍的家庭形态而存在。① 本文是在一种基于年龄、辈分与性别之上的等级制家庭制度的意义上使用父权制概念。② 父权制家庭的权力关系具有父主子从、男主女从的特点，具有与之相应的一系列有关家庭成员角色分工、权利义务和财产继承等规则体系。父系、父权和从夫居制是它的三大基石。父权制家庭无疑具有传统指向，如韦伯（Max Weber）所言，其统治的合法性来自传统。③ 因此通常认为，作为具有解传统特征的现代化进程必然对父权制家庭起到削弱乃至破坏的作用。如约翰逊（Kay Ann Johnson）就认为，农村社会仍保留父权制，城市社会则大大压缩了父权制的空间。随着中国人口流动性的增强，青年夫妇更多采取独立居住模式，父权家庭就会因此被削弱。④ 在约翰逊这里城市代表现代性，乡村代表传统性；杨善华等人的研究也得出相类似的结论，他们认为农村家庭变迁的总趋势是因袭城市家庭变迁走过的道路，最终旨在摧毁父系父权的家庭制度，建立夫妻平权、代际平等和双系并重的新的家庭制度。⑤

综上所述，以往的相关研究都强调了流动将对父系父权家庭制度基础造成致命的侵蚀，⑥提供的仍是单一的传统被解构的现代化图景。然而，

---

① 参见 Judith Stacey, *Patriarchy and Socialist Revolution in China*, Berkley: University of California Press, 1983, p. 193; Kay Ann Johnson: *Women, the Family and Peasant Revolution in China*, Chicago: The University of Chicago Press, 1983; Wolf Margery, *Revolution Postponed: Women in Contemporary China*, Stanford: Stanford University Press, 1983. 杨善华、沈崇麟：《城乡家庭——市场经济与非农化背景下的变迁》，浙江人民出版社2000年版，第106—151页。

② 如韦伯将父权制建构为具有父亲对儿子的支配、男性对女性支配的支配类型。参见〔德〕韦伯《社会学的基本概念》，顾忠华译，台北：远流出版事业股份有限公司1993年版，第75—76页。

③ 参见马尔科姆·沃特斯（Malcolm Waters）《现代社会学理论》，杨善华等译，华夏出版社2000年版，第269页。

④ Kay Ann Johnson, *Women, the Family and Peasant Revolution in China*, Chicago: The University of Chicago Press, 1983.

⑤ 参见杨善华、沈崇麟《城乡家庭——市场经济与非农化背景下的变迁》，第232、236—237、252页。

⑥ 杨善华：《改革以来中国农村家庭三十年——一个社会学的视角》，《江苏社会科学》2009年第2期。

说流动对父权制家庭的作用仅仅是解传统化是一个过于简单的叙事。在中国特有的制度和社会结构下的农民流动，充满离乡与返乡、离土与守土的多向流变以及现代性和传统的反复冲折，农民家庭的变迁将较家庭现代化理论所预言的复杂得多，需要更为复杂多样的视角加以解读。本人多年田野调查的结果显示，父权制家庭在流动中的变迁既有解构，同时也有重建过程在发生。在解构和重建的交错过程中，父权制家庭在变动中得以延续。笔者将根据研究资料讲述一个中国农民家庭在与现代化相遭遇时，父权制家庭如何在解构中得以重建和延续的"不一样的故事"，并回答家庭父权制度为什么得以延续和如何延续的问题。①

二 流动农民家庭的现状与解传统化

（一）离散化、碎片化和再生产拆分：流动农民家庭现状

农民大规模持续的流动，在个体层面带来的重要变化是人的原子化、个体化，而从社会组织和关系层面看则是家庭的离散化、亲属网络的碎片化和人的拆分式再生产。

由于城乡二元分割的体制性障碍，中国农村劳动者大多不是举家外出务工经商，城市过于高昂的生活成本，也限制了进城务工者在城市定居。据国家统计局农村社会经济调查司提供的数据，2007年举家外出务工的劳动力仅占全部务工者的20%，②这意味着大多数流动劳动力是以家庭成员分离的形式外出的。这一流动特点带来农村家庭离散化趋势。③与农民家庭离散化现象同时存在的是农民亲属网络的碎片化。中国传统农业社会建立在聚族而居的基础之上，亲属制度与地域紧密相关，亲属网络一旦失去

---

① 本文实证资料主要来自笔者2002—2004年对广东、山东、上海、江苏的12个企业外来工所做的调查，2007年国家哲学社会科学基金项目"新农村建设与性别平等"（07BSH028）对江苏、安徽、河南的六个村调查，以及笔者参加2007—2009年国家计生委委托中共中央党校妇女研究中心承担的有关生育偏好及干预课题组对安徽、河南、湖北、广东、江苏流动人口及家庭的调查资料，及对南京、无锡两个城中村的观察点两个月到一年半的观察。

② 数据来自国家统计局农村社会经济调查司《2006年全国农村外出务工劳动力继续增加》，《调研世界》2007年第4期。

③ 根据唐钧估算，全国因丈夫外出打工妻子留守的离散家庭在5000万—6000万个，参见唐钧《我国究竟有多少农村"留守家庭"？》，2007年6月7日，http://bjyouth.ynet.com/article.jsp?oid=21069 125，2010年4月20日。

了聚居的基础，就难以发挥网络作用。

与碎片化了的亲属关系不同，空间上的离散并不意味着家庭的解体，家庭成员在地域分隔的情况下还会勉力维系婚姻关系和家庭的基本功能，于无奈中构造一个跨越城乡两域的弹性家庭生产—生活模式。①因此，我们仍应将流动家庭视为一个整体，包括它的生产体系（打工经济加生计农业、副业和家务劳动）和生活世界，从结构和家庭制度层面加以研究分析。

尽管农民还拥有维持其生计的土地，但由于土地产出收益的低下以及为应对教育、医疗、建房和嫁娶费用的不断攀升，分散外出打工是农民当前不得不做出的选择。在城乡二元分割体制下流动进城的农民，土地仍是其失业和年老病残时的最后保障，因此，"守土"于他们是和"离乡"同等重要的任务。

必须看到，造成农民家庭离散化的并非只有体制一种因素。市场、家庭制度以及它们和体制因素的交互作用，是农民不得不选择分散流动的根本原因。中国参与全球生产分工，采取出口加工导向的现代化战略，意味着流动农民已深深卷入这一全球化生产过程，被动地参与了一场"向下竞争"的战争，使其劳动报酬长期被压低，因此流动农民不得不采取在城市务工、在家乡养老养小的生产和人口再生产拆分进行的模式。②拆分式生产和再生产模式是当下农民应对生存困境的重要策略。

（二）脱域、脱序与个体化：流动家庭的解传统化

流动给父权制家庭带来巨大冲击，无可置疑地具有解传统化作用。有三个与流动有关的因素将导致解传统化：脱域、脱序和个体化。

跨地域流动是一个"脱域"的过程。脱域既意味着对原有地理边界的穿越，也意味着对旧有关系的突破。农民日常生活是高度地域化的，社会关系也是高度地域化的。正如拉德克利夫－布朗（Alfred R. Radcliffe-

---

① 参见金一虹《离散中的弥合——农村流动家庭研究》，《江苏社会科学》2009 年第 2 期。

② 拆分型劳动力再生产模式最早由 Burawoy 提出，他发现俄国工业化时代在城乡迁徙的移民工人将本应完整的劳动力再生产过程拆解为两部分：部分在城镇（劳动者个人的再生产），部分在乡土村社（抚养子嗣老弱）。参见 M. Burawoy, *The Politics of Production*, London：Verso, 1985, pp. 102 – 105.

Brown）所述，亲属关系只有在具有地理上的相近性时，才可能对社会生活产生持续的影响。[①] 稳定有序的亲属关系是基于宗族聚集而居基础之上的，而传统习俗，包括家庭制度中体现的辈分、年龄、性别的等级秩序以及与此相关的规范性知识，也是以世代扎根于特定地方的固着性为基础的。持续规模化迁移的一个重要后果，就是地域意义的衰退和地域具有的固着性的丧失，亦即穿越地理边界的"脱域"会带来对地域附属性和地方感消解的"去地域化"。流动在否定这种固着性的同时，也使固着于地方之上的社会习俗衰退，使习俗对人的约束力减弱。所以，"脱域"又将导致"脱序"，哪怕只是暂时对原有秩序的局部偏离，对个体摆脱男性家长的控制和传统习俗的强制性规范也会产生显著作用。

实际上男性家长权力的衰微一直贯穿于现代化过程，即使没有发生大规模人口流动，建立于辈分之上的父权也在不断衰微之中，[②]流动只是加剧了这一过程而已。

流动的"脱域"过程显然极大削弱了父辈对个体，特别是年青一代的控制能力。如今儿女在外，父母因此"做不了年轻人的主"，是我们从父辈嘴里听到的最普遍的感叹。

一方面打工的经济收入与务农所得的巨大差距，加速了家庭经济权力从老辈向小辈的转移，另一方面则因青年打工者群体的形成和他们个体主义的价值取向，加剧了老一辈家庭权力的衰落。流动，既是农民中年青一代从家庭中被剥离出来的过程，也是一个独立个体身份生成的"原子化"过程。年青一代农民工不仅在经济方面表现出优势，亦如伯格（Peter L. Berger）等人在《无家意识》中所说的：现代性带来了新的知识体系，而年轻人成为这个新的知识体系的主要拥有者和阐释者，他们因掌握了新的知识而导致了权力的增加。[③] 一个观察者就明显看到了妹妹外出打工后家中话语权的转移：

---

① A. R. Radcliffe-Brown, "Introduction", in A. R. Radcliffe-Brown & D. Forde, eds., *African Systems of Kinship and Marriage*, London: KPI, 1987 (1950), p. 84.

② 有关父权式微的论述参见阎云翔《私人生活的变革：一个中国村庄里的爱情、家庭与亲密关系（1949—1999）》，龚小夏译，上海书店出版社2006年版，第192—208页；金一虹：《父权的式微——江南农村现代化进程中的性别研究》，四川人民出版社2000年版，第342—355页。

③ Peter L. Berger, Brigitte Berger and Hansfried Kellner, *The Homeless Mind: Modernization and Consciousness*, New York: Random House, 1973, pp. 79, 146.

> 我妹她春节一回来，就这也看不惯那也看不惯，对爸说："我出钱，把家里重新装修过！"我爸他也没话说了，平时他在家说一不二，但他承认现在我妹见过世面比他懂得多。（安徽黄山海英）

新居制，成为年青一代摆脱父辈控制的又一个重要前提。

进入 21 世纪以来，农民夫妻共同外出打工的比例在上升。[1] 夫妇式流动家庭大多采取独立居住的新居制。无论是受流入地居住条件所限，还是出于自愿，新居形式都动摇了基于"从夫居"之上的父权制家庭的根基，从居住模式方面为个体主义勃发提供了基础。

流动使家庭制度在性别关系轴向上也受到广泛的冲击。其直接指向家庭中基于性别的角色分工、性别规范，这种解构性力量主要来自农村女性在流动过程中主体性的获得，也包含脱域带来的脱序效应。

就业性流动给农村女性带来最具意义的变化，是一个具有独立主体意识的新兴女性打工群体的形成，正如潘毅将"打工妹"群体的诞生称为"'全面现代化'工程中的一个主体建构的过程"。[2] 尽管"打工妹"是一个高度流动变化的群体，但外出打工对女性主体性的确立具有不可忽视的意义。虽然她们和年轻打工男性同属一个社会新兴群体，但就其对父权家庭制度的冲击而言，"打工妹"群体的问世对父权家庭制度更具解传统意义。

有关"打工妹"的研究显示，当市场将她们从父亲家庭中"剥离"而出后，摆脱了家庭直接控制的年轻女性提高了个人主体性，在迁移自由、自主决策、经济和非经济资源的获取、能力增长等方面都取得了长足进步，她们与家长的协商能力甚至抗争能力都大为增强。[3] "打工妹"个人主体性也表现于婚恋方面，如在外自由恋爱、更换男友、同居、争取个人的婚姻决定权，均表现出挑战父辈权威的姿态。外出打工也使她们更多

---

[1] 2000 年第五次人口普查结果表明，随迁家属仅占 13.9%，而 2004 年国家统计局数据则显示，农民工举家外出的占到 20.9%。2006 年"北京市流动人口家户调查"数据显示，"举家迁移"比例高达 41.2%。数据转引自张俊良、张清郎《非农职业阶段的农民工流动特征分析》，《中国劳动》2009 年第 9 期。

[2] 潘毅：《中国女工——新兴打工阶级的呼唤》，任焰译，香港：明报出版社 2007 年版，"导言"，第 11 页。

[3] 参见谭深《家庭策略，还是个人自主？——农村劳动力外出决策模式的性别分析》，《浙江学刊》2004 年第 5 期。

地接受现代观念，有研究证实，有过流动经历的妇女更倾向于晚婚晚育，生育意愿的变化也更趋现代。[①]

女性通过流动所获得的不仅仅是争取就业、婚姻自主的能力，也获得了对抗性别歧视和压迫的自觉意识和能力。例如调查中那些因性别遭到重男轻女的父母厌弃的女孩，外出打工"做出成就给父母看"、"女孩一样有出息"，成为她们证明自身价值的重要途径。

这种挑战父权制的勇气不仅体现在未婚年轻女性身上，同样也体现于已婚妇女。研究观察发现，外出打工已成为一部分妇女逃避家庭暴力和不如意婚姻的一个重要选项。如果说"逃离家庭"还只是一个相对消极的抗争，那么流动在外的已婚妇女通过重新定义性别角色、部分改变性别规范方面的尝试，就更具积极意义。

比如阿朱自进城后就对妇女应该包揽全部家务的旧规矩开始感到不满："大家都忙着打工，我一天忙到晚下班还要包下全部家务，他（丈夫）有时间为什么自己的事情不做？我越来越觉得不公平。"阿朱借助都市相对平等的夫妇关系做示范，机智地去尝试建立一种新的性别分工模式——"他不做我也有办法，我就只洗我的衣服不洗他的。开始老公很不高兴，但后来看到本地男人在家都做家务的，他也就肯了，做做也就习惯了。我的做法还影响了两个嫂嫂，婆婆知道后气死了。"她深感，"如果没出来过，并不是我没想过，但是我不敢，因为老一辈都那样。但是出来后才知道自己的想法是对的。"（安徽来安阿朱）

阿朱的故事印证了麦道威尔（Linda McDowell）的研究发现：移动几乎总是带来与性别有关的重新协商。[②] 居住方式本身与地域关系密切相关。从夫居之所以作为父权制的重要基石，因为它以与父系血缘关系的远近亲疏建立的亲等，保证了父亲—男性权力的绝对优势。而从夫居模式的改变，将在父权制结构中制造出一个缝隙，譬如阿朱在丈夫失去了父系势力支持的情境下，制造了一对一的语境，从而给妇女开辟了对话协商的空间，产生了改变旧有性别规范的可能。另一个有意义的发现来自马春华对

[①] 郑真真、周云等：《城市外来未婚青年女工的性行为、避孕知识和实践——来自5个城市的调查》，《中国人口科学》2001年第2期。

[②] 琳达·麦道威尔：《性别、认同与地方：女性主义地理学概说》，徐苔玲、王志弘译，台北：群学出版有限公司2006年版，第3页。

四川一个外出女性比例高于男性乡村的调查，她发现当地已在一定程度上接受了妻子外出打工、丈夫在家带孩子的别样性别分工模式。[①] 尽管以上这些变化目前看来还是局部的、暂时的，但起码说明，在劳动力市场的需求和社会倡导的男女平等观念相互作用下，传统的性别秩序不是不可以改变的。

此外，脱域使亲属关系"碎片化"之后，流动者会将碎片化了的亲属关系和地缘关系根据实用性原则重新组织起来，这一重建常常导致对乡土社会血亲高于姻亲、亲属关系优于邻里关系的差等的改写。姻亲可能超过血亲而"喧宾夺主"曾为很多研究所证实，[②]而值得关注的是这一变化具有的另一层解传统意义：流动农民家庭关系网络的重建——无论是流出者在地化重建，还是守土的留守妇女在家乡重整偏重娘家亲属的网络——很可能在冲击差序格局的同时冲击父权制家庭的单系制。如马春华的研究发现，一部分外出女性在婚后还给娘家寄钱，甚至在赡养公婆的同时也赡养自己的父母。[③] 这种双系并重的倾向也为笔者许多观察所证实。类似这些局部微小的变化，正在对父系制本身形成虽然微小柔软但却广泛细密的侵蚀。

三　家庭父权制：衰微中的重构

如果仅仅从以上研究分析看，父权家庭制度在脱域、脱序和个体化带来的裂解力作用下，不说根基尽被掏空，也应饱受重创而摇摇欲坠。但现实却显示，广受冲击的父权制家庭无论在关系模式还是意识形态方面，依然顽强地延续着、重建着，仍在无时不在地支配、影响着流动者和他们的家庭。

研究发现传统在以下几个关节点影响着流动家庭结构和关系模式的重建。

---

① 马春华：《市场化与中国农村家庭的性别关系——社会变迁过程中川西竹村家庭性别关系的变化》，博士学位论文，中国社会科学院社会学研究所，2003年，第146、157、159页。

② 杨善华、侯红蕊：《血缘、姻缘、亲情与利益——现阶段中国农村社会中"差序格局"的"理性化"趋势》，《宁夏社会科学》1999年第6期；刁统菊：《亲属制度研究的另一路径——姻亲关系研究述评》，《西北民族研究》2009年第2期。

③ 马春华：《市场化与中国农村家庭的性别关系——社会变迁过程中川西竹村家庭性别关系的变化》，第169页。

（一）婚姻的断裂效应和复归家庭

来自山东菏泽的小韩在一家大型外资企业打工，她引以为傲的是自己能靠个人努力当上组长，有着令人满意的工作和收入。我问她未来有什么打算？她说还不清楚，走着瞧，如果能在这里找到对象就一直做下去并把家安到这里。我问："如果找不到呢？"她说："那就等家里给'说一个'。""然后呢？"我又问。"然后？"她笑了笑说，"那就回家让婆家养着我。"

说这话时她十分平静，仿佛继续在外奋斗和回家"让婆家养着"两种截然不同的选择就像出门向左还是向右一样纯属偶然。结婚，似乎是许多打工女孩独立奋斗史的终结。那个曾经以独立主体身份工作、奋斗，充满自信的女孩，为什么流动就业带来的"解放"意义到结婚即被消解？

一位村长这样概括村里女孩的生活道路："十六七岁外出务工，20岁左右订婚，这时大多数外出的女孩会回家。大约22岁的时候结婚，这时村里几乎所有外出的女孩都会回家了。"尽管她们中许多人曾用延宕婚期来抗拒这一宿命，但绝大多数打工妹无法逃避结婚的选择。"我结婚后想要出来就没门了。一旦结婚了，我所有的希望就到头了。"21岁的小高这样说。也许她们也曾心有不甘，如这个村被迫回乡但内心依然留恋城市的妇女史某所说："农村比城市至少要差15—20年"，她"心里咯蹦得慌只有自己明白，不能说出来"。

彩霞订婚前已在苏州某丝织厂打工7年，是个纺织好手。但未婚夫一定要求她辞职回乡。彩霞说回家没发展，挣不到钱。未婚夫说："我们到底是农村人，别忘了你以后要怀孩子带孩子的"，他强调丝织车间里的噪声、湿气都"对孩子健康不利"。在男女双方家庭参加的调解会上，彩霞在父亲和哥哥的劝说下回苏北乡下结婚了。（江苏沭阳彩霞）

谭深等的研究也证实，当外出未婚的女孩面临结婚时，她原先个人发展的期待和计划马上要根据男性的情况予以调整，而且往往是向下调整。而这种情况在同样外出的男性中是不会存在的。①

---

① 谭深、马春华：《外出务工与农村性别关系的变化》，载全国妇联妇女研究所课题组《社会转型中的中国妇女社会地位》，中国妇女出版社2006年版，第681页。

流动的父权：流动农民家庭的变迁

有关流动对打工妹的影响研究的一个重要成果，就是挑战了外出打工所谓"家庭策略"的解释模型，证明女工外出的目的中包括摆脱家庭负担和父母对女儿的要求，①证明她们成为一个独立挣取薪酬者的过程，是个人主义和自主性代替了群体取向、成就取向取代归属取向的个体化过程。② 但是现实却让我们看到，当个体化的打工妹通过婚姻重新嵌入家庭和家庭关系之时，这种嵌入带来的却是个人本位向家庭本位复归、女性个人主体向男性本位的复归。在婚后重大选择上，家庭本位再次成为主导价值。如 2000 年中国妇女社会地位调查显示，妇女要做出回流决定时，各类家庭原因占到了 81.3%，个人原因不过占 3.1%。③ 另一项对四川、安徽流动妇女的研究表明，妇女回乡 68%—79% 是出于家庭需要，有的还是在丈夫强烈的男子自尊心要求下回来的。还有的已婚妇女外出打工的目的不是挣钱，而是"对丈夫在外不放心，主要控制丈夫不乱花钱。"④ 妇女婚后去留之间所考虑的都是维持家庭的稳定和家庭利益。

如何对婚姻给妇女带来发展断裂效应以及已婚妇女的两种复归做出解释？在说到现代化带来的主体化过程时，人们通常只看到它的解传统维度，而乌尔里希·贝克（Ulrich Beck）却提出，个体化实际具有解放、脱魅和重新整合三个维度。当个人从历史的传统语境意义上的社会形式与义务中脱离，获得"解放"的同时也意味着失去了传统所提供的知识、信仰和指导，丧失了传统稳定性所赋予个人的安全感。因此"解放"即"脱魅"。解放和脱魅之后还须经历个体重新植入新的社会形式和义务关系之中的"重新整合"过程。⑤ "重新植入"的概念为我们提供了一个重要的分析视角。独立了的个体仍要以某种身份和方式嵌合到既有的家庭关系之中，关键是什么影响并制约着她的植入？以何种方式植入？

① 李静君（原文译作李庆昆）：《深圳劳动力市场的社会组织》，载周红云编译、俞可平等主编《海外学者论中国经济特区》，中央编译出版社 2000 年版，第 164—189 页。

② 谭深、马春华：《外出务工与农村性别关系的变化》，载全国妇联妇女研究所课题组《社会转型中的中国妇女社会地位》，第 648—649 页。

③ 参见谭深、马春华《外出务工与农村性别关系的变化》，载全国妇联妇女研究所课题组《社会转型中的中国妇女社会地位》，第 675 页。

④ 郑真真、解振明主编：《人口流动与农村妇女发展》，社会科学文献出版社 2004 年版，第 60、72—73 页。

⑤ 乌尔里希·贝克：《风险社会》，何博闻译，译林出版社 2004 年版，第 156 页。

大规模的农村人口流动并未改变今日中国农村从夫居为主的婚居模式。2000 年中国妇女地位调查显示，流动经历对婚居影响不明显，女性农民婚后仍有七成采取从夫居，独立门户的不过 1/4。[①] 在农村家庭从夫居、父系、父权三重支柱没有发生根本变化之前，结婚，意味着她们仍要被嵌合到"支配—从属"的家庭权力关系之中，意味着她们今后的生活道路仍将受到父权制意识形态的规范和约束。从固有家庭关系脱出的原子化到重新植入嵌合，是一个父权制家庭关系重构的过程，但又不是原有关系的简单复制，它以变化了的形式维系着家庭中的性别等级制度和性别角色规范。如彩霞案例所示，新的家长控制模式不再是绝对强制式的，在男性本位的语系中，也加入了健康、母职等现代话语。

（二） 重构代际秩序与孝道

如前所述，在父权制家庭中，建立于辈分等级之上的父权是社会变迁过程中最脆弱也是最先遭到破坏的。但是研究令人惊异地发现，权力衰微之中的家长也会在传统伦理规范被破坏的同时，努力恢复某种秩序和建立新的规则。

正如梁治平指出的：传统社会中代际交换关系的存续系于家庭中男性长辈的权力和权威，系于宗族制度和与之配合的道德伦理规范以及国家的主流意识形态。今天乡村社会中代际交换的逻辑并没有变化，变化的是代际可交换的资源和使交换得以维持的制约力量。[②] 今天农村的父辈不仅不具备经济的优势，亦无传统权力和权威可仰仗，为了改变在代际交换中的不利位置，只有寄希望于孝道重建。只是这种重建的努力对儿子们见效甚微。当今农村普遍的情况是，父母尚能种得动田的时候儿子是不会承担赡养父母责任的，甚至希望从不对等的代际交换关系中更多获利。但是对在外打工的女儿，重建孝道的努力却显然有效。

打工经济使女孩对家庭的工具性意义越来越显现。如今女孩外出打工

---

① 谭深、马春华：《外出务工与农村性别关系的变化》，载全国妇联妇女研究所课题组《社会转型中的中国妇女社会地位》，第 659 页。

② 梁治平：《乡土社会中的法律与秩序》，2007 年 3 月 13 日，http://www.farmer.com.cn/news/spll/200703 130078. htm，2010 年 4 月 20 日。

寄钱回家，已是非常普遍的现象，①而女儿们也把它当作自己的义务——

> 现在女孩外出打工，头三年挣的钱要交家里，给兄弟念书和盖房子。这是规矩，不然人家会说你不孝顺。（江苏淮安丽丽）

这是近 30 年间农村家庭伦理在失范与重构中形成的新规矩，这种新规则建立于女孩养家"效用"提高的可能之上，但规则本身则体现了偏重男系利益的倾向。

重建主要由女儿身体力行尽"孝道"的伦理规范，是一个耐人寻味的现象。唐灿等在对浙东农村家庭代际关系进行研究时，也发现女儿越来越多地对娘家承担赡养责任的新风俗的形成，而这种新风俗是基于儿子与女儿之间缺乏公平性的不同赡养伦理之上的。② 父母对儿女间行为的差异往往用"女孩比男孩孝顺"，"男孩在外花销大，剩不下多少钱"来解释，实际形成儿子和女儿实践性差别的伦理基础，仍深深根植于维护男系承续的父系制。在新的伦理规则中单方凸显了女孩对娘家的新义务，女孩的权利并没有同步增加，包括受到更好教育的权利。也正因如此，尽可能提高女孩婚前效用就成为延续父系父权的新策略。最显见的就是女孩第一次外出打工的年龄普遍在提前，她们为增加家庭收入、保证兄弟读书盖房娶亲以继承家世，甚至不得不牺牲自己的受教育机会而辍学外出打工。③ 除了提高女孩婚前效用，女孩婚后效用的提高也是家庭要争取的。女孩在外恋爱父母"鞭长莫及"，但面临结婚则强烈要求女孩"就近找婆家"，以便日后照应父母。当老一辈越来越意识到靠父系亲子关系得到赡养回报将变得不可靠时，力争控制女孩的收入（代收代存）和婚事，就成了父辈重建孝道的目标。

---

① 笔者 2002 年对青岛四家外企 879 名员工的调查显示，打工妹 59.26% 都会经常寄钱回家，比男性高 19 个百分点。另据马春华研究，外出打工女孩几乎全给父母寄钱以支持兄弟读书、盖房；而到她们结婚时，父母仅返回 40%，有的一分也不给。参见马春华《市场化与中国农村家庭的性别关系——社会变迁过程中川西竹村家庭性别关系的变化》，第 98、117 页；另据陈雷研究，打工女孩中最多把收入的 2/3 寄回家，最少的也有 1/3，留给自己支配的收入很少。参见陈雷《农村女性外出务工与家庭性别关系的变迁》，2005 年 10 月 26 日，http://www.sachina.edu.cn/Htmldata/article/2005/10/457.html，2010 年 4 月 20 日。

② 唐灿、马春华、石金群：《女儿赡养的伦理与公平——浙东农村家庭代际关系的性别考察》，《社会学研究》2009 年第 6 期。

③ 参见郑真真、解振明主编《人口流动与农村妇女发展》，第 51 页。

四　从两类流动家庭看父权制传统
如何延续和再建

　　流动农民家庭的结构表现出高度的多样性和可变性。李强将流动农民家庭类型分为单身子女外出、兄弟姐妹外出、夫妻分居、夫妻子女分居、全家外出等五种类型。[①] 流动农民采取何种类型流动因不同情况而异，但是影响家庭聚散分合的并不仅仅是出于经济的考量。抚养和赡养人口在家庭利益序列中有很大差别。孩子的发展往往是流动家庭决策的重心，而需要赡养的老年人口，基本都不会带出来。所以所谓"举家外出"，通常未把老人计算在内。每一种流动家庭的成员结构都是在不断变化的，为研究便利，笔者在诸多类型中以夫妇为主轴判断家庭重心所在，根据家庭重心将流动家庭分为家庭中主要劳动力流动在外、妻子留守的"扎根式流动家庭"和夫妻共同在外、家庭重心在外（子女在或不在一起）的"离乡式流动家庭"两类。

（一）扎根式流动家庭

　　相当一部分农民采取家庭分离式流动，但要把根留在家乡。家庭拆分为外出和守土两部分，谁离乡谁守土，家庭要对此做出重要选择，亦即在不同家庭成员之间进行风险分配。为什么守土的通常是妻子而不是丈夫？追求家庭利益最大化的经济理性——考虑男女间不同的市场回报率、生活成本等——只能对此做出部分解释，因为在劳动力市场也存在女性比男性更容易找到工作、女性有更强挣钱能力的可能。由妻子留守照顾农田和家的选择，首先往往是沿袭了"男主外女主内"的性别分工模式。婚姻对两性有着完全不同的意义——女性婚后"照顾家庭"、男人们婚后外出谋生被视为天经地义。其次，在父权制家庭体系中，女性从事家务劳动和照顾性劳动历来因无薪酬而不计算在成本之内，因此依靠女性的无偿劳动来维系低成本的代际人口再生产也就成了流动家庭的"自然"选择。

　　妻子留守能否改变家庭中的权力支配关系？有观点认为，妻子留守使

[①]　李强：《关于"农民工"家庭模式问题的研究》，《浙江学刊》1996 年第 1 期。

女性为家庭创造的价值显性化，因而在某种程度上可提高妇女的家庭地位，①但另一些研究结果恰恰相反。丈夫离乡妻子守土的性别分工模式，导致目前许多地区形成以留守妇女为主、公婆辅助的女性主导型农业，②女性主导型农业作为一种以维持生计为主要目的的小农经营方式，务农的经济收益和务工收入相比显然有很大差距。③ 同时，正因为农业变成了女性主导的产业，在家庭经营体系中也逐渐沦为"副业"，生计农业劳动在一定意义上已被纳入家务劳动范畴，传统性别分工的"内"和"外"也有了新的定义——守土务农即"主内"，外出打工挣钱才是真正的"主外"。所以尽管妇女在男人缺席的情况下几乎承担了所有的生产和照料职责，尽管她们的田间劳动也为家庭创造了一定收入，但两性经济权力的差距不是在缩小而是在扩大，她们对家庭的实际贡献份额也被低估，以至"谁拥有了外出务工的机会，谁在家庭事务中就有更大的发言权"。④

从亲属制度亲属关系看，父系、父姓、从夫居依然对扎根的妻子形成巨大约束。尽管她独自在家使个人能动性有了更大的发挥空间，她也可以通过和娘家频繁互动发展自己独立的社会网络，但是这种能动性目前仍不足以跳出父系偏重的框架。男性世系不仅由父权制家庭所维系，也为村级治理体制和土地制度所巩固。妇女必须依女儿、妻子身份获得村民资格，也就是说土地以及福利的分配仍然建立在男性血统之上。这也说明了为什么农村妇女一旦离婚或者丧偶就可能变得无处立足，也部分解释了为什么那些留守的妻子即使饱受长期分离之苦、婚姻冲突的困扰，仍然要苦苦维系着离散之家的缘由。

（二）离乡式流动家庭

离乡式流动家庭指举家外出或家庭重心在外的夫妇家庭。离乡式流动家庭普遍采取新居制，从理论上说，新居方式将对传统父权家庭制度构成直接挑战。但对这类流动家庭的实地观察显示：在从夫居消失的地方仍然

---

① 李小云：《"守土与离乡"中的性别失衡》，《中南民族大学学报》2006年第1期。

② 参见吴惠芳、饶静《农业女性化对农业发展的影响》，《农业技术经济》2009年第2期。

③ 据对四川、安徽两省的调查，留守妇女个人平均收入仅占全家平均年收入的27.8%，而"一个人出去打工抵得上种20亩地"——一个村长这样估算。数据来自郑真真、解振明主编《人口流动与农村妇女发展》，第204页。

④ 参见郑真真、解振明主编《人口流动与农村妇女发展》，第114、125、204页。

能够生产出男性支配、女性从属的权力关系以及父权制意识形态——即使女性家庭成员获得比男性更高的经济收入，"一家之主"仍然为丈夫，流动家庭性别分工模式也仍未摆脱"男主外女主内"的窠臼。

A 省来的老三夫妻搭档经营着一家搬家公司（所谓公司，也就是一辆卡车，夫妻俩人加 1—2 个搬运工)，老三是老板，他的妻子要接客户电话、给丈夫和搬运工做饭、分拣清洗客户扔掉的旧东西、人手不够时充当搬运工、为照顾留在家乡读书的子女奔波于两地。我问老三怎样看待妻子对家庭的贡献? 他说："比如我一年挣 5 万元，她在和不在都是 5 万元，只是她在的时候我会舒服一点。"在老三眼里，妻子不过是个"有她不多，没她不少"的帮手，她的劳动被隐形化，老三和妻子之间是主从关系，他对妻子有绝对权威和支配权。

精明强干的拾荒者老吉转向做拆迁废旧建筑材料生意，收入远高于收废品的丈夫老张。但老张兄弟对父亲实行轮养，老吉每隔半年就要回家乡照顾卧病在床的公公，她感叹一走半年耽误了大好生意。我问为什么不让老张头回去照顾他爹呢? 她说："那哪是爷们的事呢!"

我们的观察似乎显示：改变从夫居并不必然带来男权文化的自然消解，换言之，父权制并不必然与从夫居勾连。家庭父权制所具有的观念、规范至今如影相随。究其深层原因，流动农民家庭的这种新居制与现代意义上的夫妻独立的新居制还不尽相同。流动农民极少会采取把自己从家乡连根拔起的做法，即使成年子女打工、恋爱成家皆在外，他们也会把新房建在老宅基地上并在家乡举办婚礼。即使一部分民工表示不会再回到家乡，但是他们还会在家乡小镇（条件好一点的在县城）买下一套商品房。这种把根留下的意识，使每个流动进城的农民即使其生活重心全部移到了城市，他和家乡的土地、宅基，以及先人故旧仍有剪不断分不开的联系，这不是仅用农民乡土观念能解释得了的。体制性约束是一个重要的原因——只要他们的户籍仍然留在家乡，基于户籍制的一系列政策制度就会像风筝线一样把远离的农民系牢。诸如身份的证明（户籍、婚姻生育状况）、结婚登记、新生儿上户口、接受奖惩（包括对独生子女、独女户的奖励）都要在户籍所在地实现。此外，子女享受义务教育、享受国家征用农田、退耕还林的土地补偿，以及上农保——家乡是他们全部福利所在，有他们想拔也无法干净利落地拔起的根。

传统关系的再生产还表现为在新居制上重新衍生出扩大家庭的倾向。

在民工聚集的观察点通常可以看到以夫妇家庭为核心，随时依据需要和可能有选择地将"碎片化"了的亲属关系组成新的网络的现象。流动家庭的"新居制"，是一有机会就要"牵枝蔓藤"、"拖亲带故"的"新居制"——他们大多倾向于按扩大家庭的模式组织生活和经济活动，只要有条件，就会在都市边缘地带建立起"同乡同业"的职业群落和扩大亲属的居住群落——"一家人住得近一点好有照应"，很多流动者说，除了住房条件不如家乡，出门抬头不是亲戚就是老乡，日子过得还像是"一个门里的"。

同时，尽管流动人口在城市都是"租房而居"，住房逼仄，但只要条件允许，第二代流动者大多倾向于按"准从夫居"的模式建立新家——他们大都选择靠近男方父母以节约生活成本，但肯定不会靠到女方的父母家，因为要合"老规矩"。

就这样，流动农民在城市的缝隙中通过选择居住—互助模式重新建构关系网络，最终形成一种"新居"和"从夫居"的混杂物，一种类扩展式家庭模式。这种类扩展式家庭是一个动态的弹性结构——可能是空间上共居，也可能仅仅承担扩展式家庭的功能。

（三）都市亚文化圈：一个保留传统文化习俗的地方性领地

进城农民家庭在都市现代文化包围之下，大多依然保持着传统的文化习俗，这是研究观察给我们留下印象最深刻的部分。比如暴力仍然是男性维持权威和控制女性的手段；比如一部分女性结婚生孩子后就不肯再工作，"给她找了工作也不做"。何以解释这些现象？观察显示，建立在地缘关系基础之上的亚文化圈对此起到了重要作用。

一方面，生活于都市的流动农民，一般都生活在特定的亚文化圈之中。这种文化圈以地域为基础，其文化规范和习俗具有高度的地方性。流动带来的去地域化是相对的。地方不仅是地理空间意义的，更是"关系性地方"。同一个地理空间的居住者，可能处在很不一样的"关系性地方"中。被中国城乡二元化体制分割的，不仅仅是农民与城里人的身份，也形成了社会生活空间的隔绝。另一方面，为了克服社会关系的断裂，流动者在脱域之后还会再次植入特定的地方，重建自己的社会关系。因此我们看到流动者个体在地方归属性被消解的同时，"地方感"却持续不断地强化着，包括方言和地方习俗的复兴——流动人口在地理空间"去地域化"的同时，会在社会空间努力"再地域化"。这种关系的"再地域化"不仅为进城农民提供了重要的社会关系网络，同时也在建构起一个适合自己生存、并以自己文化规范抗拒都市文化排斥和挤压的亚文化圈。亚文化圈的建立是出于"异乡人"应对都市文化排斥的生存需要。

这种亚文化圈不仅是地方性的，且偏于传统，因为唯传统方能给饱受冲击的都市漂泊者带来稳定和安全。尽管不同亚文化圈之间同样存在差异，但其性别规范基本体现着父权制意识形态。

在一个 A 省人聚集区，老 L 家儿子谈了对象，并未婚同居生了个女儿，婆婆却不让登记结婚："女儿生一百个也没用！"她放言什么时候生出一个孙子什么时候才给结婚。准媳妇甚至连月子都没人给做，后来她还真的又生了一个儿子，这下婆婆忙着回家乡补办结婚登记、接受超生处罚以便给孙子上户口。城里人但凡听说今天都市里居然还有这等事情发生莫不感到"匪夷所思"！但她周边的老乡们却觉得天经地义："老 L 家就这么一个小子，当然不能绝了后。" HN 来的 Z 嫂包做好多家家政，钱也挣得比做保安的丈夫"多不止一倍"。但是丈夫喜赌，还经常打她。Z 嫂向一对知识分子雇主哭诉，夫妇俩十分同情，劝她到妇联投诉，说丈夫若不改就和他离婚。但 Z 嫂觉得那些建议对她来说都太"奢侈"了，离婚更是想都不要想。她说，"我不能离婚，我们 HN 人都不兴离婚，尤其是女的不能提出离。我要是离了婚，我就没法再在 HN 人圈子里混下去了"。

Z 嫂不仅在心理上觉得不能离了男人，而且不能离开 HN 人的圈子。一个经济上完全具备独立能力的女人为何感到离开了老乡圈子就难以生存？因为尽管这个圈子的传统习俗和文化规范压迫着她，但从另一角度说，这个具有地方性关系和地方性知识的老乡圈子，又是一个能给她归属感、安全感的精神共同体。而父权制家庭所具有的规范和意识，包括男系继承、强烈的生男偏好、女性的附属意识，都通过这个地方性的文化圈漂移并植入所在地。因此，以地域为基础的亚文化圈在某种意义上对流动的个体既是桎梏又是安全网，成为一个保留传统文化习俗的地方性领地。

五　谁需要父权制家庭

在探讨了父权制家庭的延续和重构的种种表象之后，我们难免心存疑惑：是什么力量使已经原子化了的个体和小型化了的流动家庭，一有机会就要按照扩大家庭的模式组织起来？为什么父权制家庭能在高度流动的农民群体中、在市场化的中国都市继续存在并以新的方式再建？仅仅是传统的惯性使然吗？什么是父权制家庭重建的动力机制？

费孝通先生的一个经典比喻给我们一个深究底里的钥匙：他把家庭比作一个"事业组织"，"家的大小是依着事业的大小而决定的，如果事业小，夫妇两人的合作已够应付，这个家就可以小得等于家庭，如果事业大，超过了夫妇两人所能担负时，兄弟伯叔全可以集合在一个大家里"。① 费先生说的"家庭事业"，包括了物的生产和人的再生产两重内容。

宋少鹏从这个意义上指出：扩展式家庭是流动农民家庭的一种生存策略。扩展式家庭之所以在市场化的中国依然存在，是基于个人社会保障的制度性缺失、基于市场从生产/消费两方面对农民的双重剥夺。她指出：国家与市场的共同作用是父权制家庭的流变与重构的结构性原因。②

国家农地制度和二元结构下的城市化战略，决定了多数进城的农民还要把"根"留在农村；资本利用城乡二元分隔机制以获得最廉价的劳动力，迫使流动农民家庭必须以最经济的方式求生存，包括采取最经济有效的家庭内分工模式，将生产和人口再生产两种"事业"拆分在不同空间完成。父权制之所以在流动农民家庭得以延续和重构，确实是市场和国家交互作用下的产物。正如唐灿等在研究女儿赡养问题时的发现：农民会利用家庭的"现代"资源（女儿挣取薪酬的经济功效）补充传统体制的缺失，③同样，市场也从不拒绝使用父权制的传统资源。例如女孩早晚要回乡嫁人的习俗，恰恰为世界工厂大量使用年轻未婚女工，名正言顺地将她们定位于临时的、随时可以置换的劳动力范畴提供了"合理性"。而正是"男主外女主内"的传统性别分工模式和妇女的无酬照顾性劳动，支撑起"打工在城市，养老养小在农村"的空间拆分模式。中国自向世界开放、纳入全球生产分工体系之中以来，对劳动力的要求和使用模式都发生了巨大变化，也对生产—人口再生产体系产生了新的要求。可以说，父权制家庭的延续和重建，恰恰适应了全球工业社会对具有自由流动弹性、又无须承担

① 费孝通：《乡土中国》，生活·读书·新知三联书店1985年版，第40页。
② 宋少鹏：《重归"温情脉脉"的家庭：为什么市场化中国需要"父权制"》，"社会性别研究国际学术会议"会议报告，上海复旦大学，2009年6月28日。
③ 唐灿、马春华、石金群：《女儿赡养的伦理与公平——浙东农村家庭代际关系的性别考察》，《社会学研究》2009年第6期。

其代际人口生产成本的劳动力的需要。这是它在现代化强大话语下仍具强盛生命力和再生能力的原因之一。

在市场和国家这两种外部的结构性力量的交互作用之外，还需要指出第三种维系和重构父权制力量的存在。这是一种来自父权制家庭自我延续的需要以及"身在城市，户籍在农村"的流动者自身生存发展的需要。

我们的研究已表明，改变从夫居并不必然重创父权制家庭，核心家庭结构也并不必然和平等的性别关系相勾连。迄今为止，无论是"扎根"式的还是"举家离乡"式的农民家庭，依然都是父系继承男性嗣续制，相比具有较大弹性的婚居模式，父系的世系传承才是父权制最核心的部分。因此，流动家庭父权制的重构，也主要是围绕着如何完成父系制再生产的目标而运行。如 L 女的案例表明，控制妇女的生育和男孩偏好，是父权制家庭出于"至少要生一个儿子"的延续男性世系的需要。

此外，流动家庭在进入都市后仍采取扩大家庭模式，不仅有利于个人和家庭打拼发展，也为有效应对都市日益高涨的生活成本。概言之，流动家庭之所以延续和重构父权制度，是因为当下具有弹性适应能力的父权制家庭是他们在城乡间流动、在城市的边缘地带低成本生存的一种最有效率的家庭模式。

土地和宅基是农民基本的生存性资源，中国的乡村管理制度与农地制度决定了农民以其村民身份确定其对集体和国家的义务，也才可能享有村民配享的基本权利。女性和男性的不同之处在于，生于斯长于斯的男性村民的身份确定是无条件的，而女性的身份却是待定的。中国村庄治理至今沿用了男系主宰的民间制度"丁口制"——男为丁，女为口，以家庭户为单位的制度决定了她的基本福利是以附属于某一个男性为前提：父亲的未出嫁女儿和丈夫的妻子，而不是独立个体。[1] 特别是宅基地所有权（在广东方言中，民间亦称宅基为"丁屋"，这是一个颇具象征意义的命名）。也就是说，她的集体归属和村民身份也是要由她在血缘家庭中的身份和归属来确定的。所以，这种基于男性世系的有关资源和福利的制度安排，是为什么即使农村女性外出打工获得了很高的独立性，大多仍不能逃脱"回归家庭"和个人发展"止于婚姻"的根本原因。

---

① 有关丁口制度的论述参见郭正林《农村妇女的土地权利与制度保障》，《中共宁波市委党校学报》2004 年第 1 期。

　　特别值得强调的是，妇女们在家庭父权制的制约下接受了、内化了这种规则和规范。因为即使和丈夫一起流动进城，在劳动力市场境遇、社会福利等方面比男性更为不利的情况下，她们不得不更多地依赖家庭。这也是一些年轻的流动妇女，为什么会在结婚生育后心安理得地"让丈夫养"、"让婆家养"的缘由。她们在被置于从属者地位的同时，也得到了父权制家庭的庇护。流动的男性固然因父权制家庭规则可以继续保持男性优势地位，并从妻子提供无偿的家务和照顾性劳动中获利，但部分流动妇女也于城市生存困境中因受到父权制家庭的庇护而从中分利。她们在某种意义上也参与了父权制意识形态的维系和再生产。

六　讨论

　　通过以上分析，可以看到流动已成为农民家庭变迁重要的结构性力量，流动的"去地域化"对于血缘关系和地缘关系高度重合的中国父权制家庭侵蚀和破坏尤甚。但是家庭制度的变迁具有解传统和传统重构的双向维度。迄今为止，流动带来的个体化和居住模式变化、从原有亲属关系的束缚中抽离等，虽然部分改变了家庭权力关系以及性别规范，但就父权制家庭的父系世系核心、男性优势的本质特点而言仍未有根本的改变，家庭父权制在流动变化中延续和重建。

　　本文关注的重点是：在现代化各种解传统要素的广泛冲击下，家庭父权制度何以能够延续和重建？它是如何延续和重建的？使它得以延续和重建的机制又是什么？从田野调查结果看到，家庭并非是消极承受社会变迁带来的冲击——诸如家庭离散、亲属关系碎片化和人的主体化——的后果的客体，而是一个积极适应变化和抵抗变化的组织。它通过婚姻关系将原子化了的个体重新植入父权家庭、沿着男系传承的父权制轴心重建伦理秩序、在被迫采取新居制的条件下以类扩展式家庭应对市场化、在去地域化之后重建"地方性关系"、以亚文化圈保留传统文化习俗和地方认同等方式延续着、重建着父权制家庭。而父权制延续和重建的动力，既是父权制家庭结构和父权制意识形态延续自身的需要，也是流动农民当下在国家制度约束和市场主导交互作用下，所选择的一种最经济务实、最能适应严酷环境的家庭制度。需要强调的是，这种重建并非是传统父权制结构的简单复制。如果说，今天流动的农民家庭仍然不脱以父系世系为核心的父权制形态，那么这也是一个处于不断流变之中的父系父权制度，是流动的父权。

去地域化和再建地方性关系、解传统和传统重建、个体化和个体再次依附于家庭和家长以寻求庇护，如何解读这种传统和现代性交错夹缠的矛盾景象？贝克有关"工业社会是一个现代的封建社会"的论述，极为精辟地将工业社会界定为一个"在现代性中建构起基于性别、种族和阶级的现代等级制度"，[1]他于现代工业体制中析出反现代性因素，于现代相貌下勾勒出工业社会那半张封建的面孔，并且指认这半张封建的面相并非"传统的遗迹"，恰是现代工作和生活制度的本质。

贝克的论述给我们一个重要的启迪：工业体制、市场并非天然是"反封建"、反对等级制的。那些看似是传统与现代性之间的矛盾，实际就孕育在现代性自身之中。不过贝克尚未明确指出另一点，即市场在把劳动者变成一个可以自由流动的个体的同时，还通过婚姻制度在两种生产间建立起一个生产优于并支配人口再生产的等级序列。实际上工业社会不仅需要建立起基于社会身份、性别、年龄等的等级制劳动力市场，还需要建立起两种生产间的等级关系——这是现代工业体系本身的逻辑。

以往研究普遍将土地视为中国现代化过程中，亿万农民流动于城乡之间却没有引发社会动荡的重要"减压阀"，但却忽略了流动家庭在以其特有的适应性应对变迁产生的结构应力中所起到的"缓冲带"作用。农村家庭中最强壮的劳动力被城市工业体系所吸收，但他们代际人口再生产的成本却由农村家庭不成比例地承担了，公共领域的矛盾在私人领域——家庭中得以一一化解，这表明了在特定历史社会条件下，父权制家庭模式尚可有效消解社会紧张。应该强调，父权制家庭形态表现出来的适应性，是以家庭成员中的弱势者：老人、妇女、儿童承担了风险成本为代价的。但是，家庭这种缓冲消解变迁应力的能力也是有限的，因社会空间的割裂，因代际、两性之间资源和风险的非均衡性分配也使矛盾冲突在不断累积（如表现为儿童、妻子、老人"三留守"带来的大量社会问题），贝克关于现代化正在耗尽"它的他者"的预言，[2]对我们可以作为一种警示。特别是当新生代农民工走上社会舞台并不断彰显着个人权利意识之时，他们

---

① 乌尔里希·贝克：《风险社会》，第129页。
② 同上书，第2页。

是否还愿意忍受社会空间的割裂、家庭成员的长久分离？是否还愿意接受传统家庭规范对个体的约束和压抑？

2010 年，被称为"新世纪第七个一号文件"的中央一号文件出台，其主题是统筹城乡发展和坚持"以城镇化引导农民变市民"的方向，鼓励有条件的城市将有稳定职业并在城市居住一定年限的农民工纳入城镇住房保障系统。这是政府释放的重要善意，对进城的农民工改变"农民工"的模糊身份、改变"暂住"和家庭成员被迫长期分离的状态无疑是一个福音，对未来农村家庭变迁也将产生更大更积极的影响，我们对此抱有极大的期待。

《中国社会科学》2010 年第 4 期

无声的革命：北京大学与苏州大学学生社会来源研究（1952—2002）*

梁　晨　李中清等**

摘要　1949 年以来，中国高等教育领域出现了一场革命。高等精英教育生源开始多样化，以往为社会上层子女所垄断的状况被打破，工农等社会较低阶层子女逐渐在其中占据相当比重，并成功地将这一比重保持到 20 世纪末。基础教育的推广、统一高考招生制度的建立以及重点中学的设置等制度安排共同推动了无声革命的出现。这场革命虽然不及社会政治革命那样引人注目，却同样意义深远。本研究利用 1952—2002 年北京大学和苏州大学学生学籍卡片的翔实材料，力图将这一革命及其成就呈现出来，为中国高等教育改革与发展提供借鉴。

关键词　无声的革命　精英教育　社会来源　北京大学　苏州大学

一　导言

1949 年前，中国精英大学①的名额基本被社会中上层家庭子女垄断，作

＊　北京大学、苏州大学为本研究提供了宝贵资料与重要支持，美国密歇根大学中国研究所和人口研究中心提供了大力协助，香港特区政府研究资助局提供了资助（HKBU2247/06H），南京大学人文社科基金提供了资助。李纪博士对全文进行了编辑整理，冯家宜和汪琳岚同学提供了一些图表数据和文字修改。特此致谢。

＊＊　梁晨，南京大学历史学系讲师；李中清，香港科技大学人文社会科学学院教授、上海交通大学历史系访问讲习教授。其他作者是张浩，中国社会科学院社会学研究所助理研究员；李兰，香港科技大学人文与社会科学学院硕士研究生；阮丹青，香港浸会大学社会学系副教授；康文林，美国加州大学洛杉矶分校社会学系教授、上海交通大学历史系教授；杨善华，北京大学社会学系教授。李中清为本项目负责人。

①　国际上习惯将综合实力在一国所有大学中排名前 10% 的大学划为该国精英大学，本文采用相似的划分标准。

为社会中下层的工农子女几乎无法置身其中。1949 年后，工农子女不仅在精英大学中占据一定比例，甚至在某些省属精英大学里成为多数。这一看似悄然无声的转变，不仅是中国教育领域的重大变革，更是中国社会意义深远的一场革命。本文利用一所中央直属精英大学和一所省属精英大学的数据来证明，不仅在新中国成立初期，工农子女受惠于国家政策开始成比例进入两所精英大学，进入改革时期后，虽然中国社会阶层间的贫富差距不断扩大，但到 2002 年前两所学校中的工农子女仍保持着相对稳定的比例。这些学生来自非精英家庭，是中国教育领域内这场无声革命的最大成果和集中体现。

1949 年以前，普通民众只在理论上有获得精英教育的可能，最终能进入精英教育体系的基本是有条件的少数人。如明清的科举制，其提供的名额仅占全国人口的极小比例，[1] 参加科考还需经历长期知识准备，一般家庭子女很难做到。这导致绝大多数科举成功者都来自少数有条件的地方家族。[2] 目前主流学界认为，由科举所引起的社会流动，只在极为有限的阶层和人口中发生。[3] 科举对于大多数人是一个遥不可及的神话。近代以来大学成为精英教育的代表，被权势、财力所垄断的局面并未改变。高等教育规模有限，1928—1949 年中国累计有大学毕业生 18.5 万人，[4] 以1949 年年底全国成年人口计算，大学毕业生比例接近万分之七，[5] 略低于

---

① 何炳棣的经典研究认为，清末约有生员 50 万人，举人 4 万人，进士 4 千人，以 1750 年成年男性人口计算，生员约占全部成年男性人口的 0.01，举人约占 0.001，进士仅约占 0.0001。Ping-Ti Ho, *The Ladder of Success in Imperial China: Aspects of Social Mobility*, 1368 – 1911, New York: Basic Books, 1962, pp. 173 – 189。

② 艾尔曼认为，明清时期往往只有大家庭或家族，历经几代人努力，集中集体力量创办私塾学校，训练家中少数有资质的少年长期艰苦学习，才有可能取得科考功名（Benjamin A. Elman, *A Cultural History of Civil Examinations in Late Imperial China*, Berkeley and Los Angeles, California: University of California Press, 2000, pp. 239 – 294）。张杰认为，清代看似庞大的从地方到中央的各级官僚队伍，主要集中在数百个科举家族（张杰：《清代科举家族》，社会科学文献出版社 2003 年版，第 316 页）。

③ 仓桥圭子：《科举世家的再生产——以明清时期常州科举世家为例》，载常建华主编《中国社会历史评论》第 9 卷，天津古籍出版社 2008 年版，第 183—194 页。

④ 国家统计局编：《1949—1984，光辉的三十五年统计资料》，中国统计出版社 1984 年版，第 140 页。

⑤ 1949 年年底全国人口 5 亿 4167 万人（国家统计局国民经济综合统计局编：《新中国五十年统计资料汇编》，中国统计出版社 1999 年版，第 1 页），1947 年全国成年人口占总人口50.03%（侯杨方：《中国人口史》第 6 卷，复旦大学出版社 2001 年版，第 332 页），人口男女比例粗略采用 50% 计算，1949 年年底全国成年人口 27083.5 万人。因此，解放前中国大学毕业生占全部成年人口的比率为万分之七。目前对 1949 年前中国大学生性别比无准确统计，但女生比例很小已经是共识。按男性占 80% 的保守估计，男大学生占成年男子的比率为 0.001 左右，基本与清代举人比例接近。

清代举人的比例。各级教育均未普及，学习成本高昂，绝大多数适龄青年由于知识与经济水平原因早就被排除在大学门外。1929 年有研究者对中央大学 182 名大学生调查后感慨道：试问一般工人和农民家庭，哪有这种剩余财富供儿女们上这样的大学？[1] 多项社会调查和学人回忆也都表明民国大学有明显的"贵族化"倾向。[2]

1949 年革命政权建立后，中国教育政策发生了根本转变。首先是基础教育得到大力扩展。此前中国仅有 3% 的适龄人口能够接受高中教育，成为大学选材的基础；经过半个多世纪的发展，21 世纪初已有超过 50% 的适龄人口能接受高中教育，比例提升了十多倍。全国人口接受大学教育的概率也从 0.1% 提升到 15% 左右，[3] 改变了中国社会长期只能从极小比例人口中选拔高等人才的传统。有学者认为，1949 年以来中国教育的努力，体现了孔子宣扬的"有教无类"理念。[4]

其次，国家制定统一标准，组织大学考录工作。考生不用出本区县就能参加考试，大大降低了应试成本，方便普通考生的参与。高校长期不收费或低收费，甚至给予学生补贴，使接受过基础教育的工农子女不仅能考上大学，还能上得起大学。

最后，新中国建立初期实行了各种"出身照顾"政策，要求大学优先招收工农等阶层子女，加快推动了学生社会来源的多样化，工农群体首次在高等教育领域内成规模出现。[5]

考察 1949 年以来相关教育政策的实施效果与社会影响，是本文关注的主要内容。一直以来，高等精英教育的开放与公平受到社会和学界的极

---

[1] 李文海主编：《民国时期社会调查丛编》文教事业卷，福建教育出版社 2004 年版，第 720—733 页。

[2] 潘光旦、顾颉刚、邹韬奋等人的回忆以及民国时期的社会调查都能印证这一点。潘光旦、顾颉刚相关回忆参见钟叔河、朱纯编《过去的学校》（湖南教育出版社 1982 年版，第 11、69 页）。邹韬奋回忆参见徐以骅、韩信昌《海上梵王渡：圣约翰大学》（河北教育出版社 2003 年版，第 68—69 页）。民国各社会调查参见李文海主编《民国时期社会调查丛编》城市生活卷（福建教育出版社 2005 年版）。

[3] 《新中国 60 年教育成就展》（电子版），第 11 页，中国教育统计网，http://www.stats.edu.cn/tjdt/60/新中国 60 年教育成就展.htm，2011 年 7 月 8 日。

[4] 何炳棣：《读史阅世六十年》，广西师范大学出版社 2005 年版，第 348 页。

[5] 如 1957 年高校招生时少数民族学生、华侨学生、港澳学生、工农以及转业、复员军人和烈士子女可以优先录取。《中央有关高等学校招生工作指示通知》，江苏省档案馆藏，编号：3094—0616（长）。

大关注，但是由于相关数据的缺乏，具体情况并不清楚。反观西方发达国家，定期公布大学生源的分布状况，是高校或研究机构的通常做法。如美国洛杉矶加州大学高等教育研究所自 1966 年起，每年都会整理公布大量有关美国高校新生的家庭状况资料，[①] 这些做法在中国还付诸阙如。有效数据的缺乏，给研究和认识中国精英大学学生社会来源带来了困难。

二　研究资料描述

从 2003 年起，北京大学和苏州大学根据各自档案馆所存的学生学籍卡，建立了本科生信息电子数据库。两校的数据库共有约 15 万本科毕业生的资料。北京大学的数据库有 64510 个个案，包括 1952—1955 年、1972—1987 年以及 1989—1999 年各年的学籍材料；[②] 苏州大学的数据库有 86393 个个案，包括 1933—1965 年和 1972—2003 年各年的学籍材料，[③]本文的分析计算只包括 1952—2002 年的数据。

在这两所大学的支持下，我们将两校共约 15 万本科生的父母（家长）职业、入学前学校、家庭居住地、院系专业以及性别、民族等信息，进行分类整理和编码。两校共有数百个不同的院系专业、8000 多个不同书写名称的学生父母（家长）职业、5 万多个不同书写名称的入学前学校。此外，家庭居住地址有 12 万 9000 多个，由于数量太大，因此编写了相应程序来区别学生居住地的城乡属性。

根据学籍卡数统计，两校在 1952—2002 年间，招生规模有所扩展。早期学籍卡可能有少部分缺失，但基本可以反映各时期学校招生量的变化情况。北京大学 1952 年的数据包括院系合并后从其他学校转入的学生；"文革"后期工农兵学员每年招生数在 1000—2300 人；1977 年恢复高考，招生数为一千多人；除了 1989 年、1993 年受特定社会事件影响，北京大学每年招生量基本在 2000 人左右；1990 年代中期开始每年在 2500 人左右；1999 年全国大学扩招，但北京大学当年招生数没有明显增长。苏州大学在 1977 年以前，每年基本只招几百人。1977 年起，

---

① John Pryor, et al. , *The American Freshman*: *National Norms for Fall* 2009, Los Angeles, California: Higher Education Research Institute, 2009.

② 北京大学 1949—1951 年、1956—1965 年、1970—1971 年以及 1988 年的学籍卡缺失。

③ 1966—1971 年，苏州大学没有招生，故没有学籍卡。

每年招生人数在 2000 人左右；自 1995 年起，苏州大学先后合并苏州蚕桑专科学校和苏州丝绸工学院，1996 年开始招生数量明显增加。1999 年扩招和 2000 年合并苏州医学院，苏州大学招生数量一度超过 6000 人/年。如果扣除学校合并带来的招生增加，苏州大学实际增加的招生量约在 1000 人/年。因此，新中国成立以来的 50 年内，中国精英大学入学规模的增加幅度一直不大，远低于全国人口自 1950 年以来约 3 倍左右的增长。

北京大学（简称北大）和苏州大学（简称苏大）分别是全国和江苏省的精英大学。北大历来是全国最好的文理综合性大学之一，也是历年高考招揽各地优秀学生最多、录取分数线最高的学校之一。苏州大学是江苏省属重点综合性大学，国家 "211" 工程重点建设大学。按照中国管理科学研究院科学研究所公布的中国内地大学排名，苏州大学基本在 40 名以内，呈逐年上升趋势。扩招前的 1998 年，全国共有大学 1022 所，到 2006 年，也就是实行扩招七年后，全国共有大学 1867 所，以此计算，苏州大学的位置处在前 4%。

两校隶属关系不同，招生范围存在明显区别。北大是教育部属高校，招生面向全国，实行配额制，但各省市配额并不均衡，比如北京的配额远高于外地。总共 64500 多名的北大学生中有 57628 人可确定其来源省，其中，北京生源 15561 人，占可识别来源省区学生数的 27% 以上，排第二位的江苏省生源仅占 5.3%。苏州大学是江苏省属大学，省外学生比例不高。在苏大可识别来源省区的学生中，80.6% 的学生来自江苏省，来自四川省的学生排名第二，仅有 2.4%。1982 年江苏师范学院改名苏州大学之前，江苏省生源占到 96.2%。苏州大学是比较地方化的院校。

两校招生分数线也不同，能够进入两所学校的学生在整个考生中所处位置存在较大差距。2003 年北大在北京的招生分数线为文科 590 分，理科 600 分。当年北京理科高考成绩 600 分以上的有 760 人，处在全体北京理科考生的前 1.45%，文科 600 分以上的有 89 人，处在全体文科考生的前 0.31%，加上 590 分以上的，当在全体文科考生的前 0.4% 左右，综合起来约在全体考生的前 1%。同年北大在江苏理科录取线为 636 分，当年江苏 630 分以上的理科考生约有 307 人，处在江苏全体理科 310082 名考生的前 1‰ 以内，竞争程度远高于北京考生。2003 年苏大在江苏理科招生分数线为 522 分，当年江苏考生成绩在 520 分以上的有 28083 人，处于江苏全体理科考生的前9%左右。①

北大和苏大存在着诸多差异，分别代表了不同类型的中国精英大学。北大作为中央直属的重点大学，其生源构成反映了全国范围精英教育的生源状况，苏大作为江苏省属重点大学，其生源构成主要体现了省级区域精英教育的生源状态。两校的差别形成互补，有助于全面认识中国精英大学学生的社会来源。

尽管只有两个样本，本研究亦能在一定程度上反映中国高等教育界的总体状况，这是因为中国大学的招生明显受相关政策制约。50 年来高校招生政策虽然有很大变动，但学校通常总是在主管教育部门指定的招生范围内按计划分批次挑选符合要求的学生。② 中国各所大学虽然差别很大，但同档次的学校由于招生分数线或招生标准相似，在同一省区内的新生来源具有相似性。从这个角度，北大和苏大的学生来源，不仅能代表各自学校类型的特点，还可以代表全国或江苏同等分数段考生的情况。两所学校学生来源的社会构成的任何变化不仅反映两所学校自身招生政策或学生来源的变化，也会反映全国或江苏高考考生的变化，一定程度上，反映整个社会的某些整体性变化。

三　研究发现

根据上述资料，我们分析了两所学校学生社会来源在 1952 年到 2002 年的变化。首先描述历年两所学校学生的城乡比例与变动趋势，然后分析两校学生父母的职业构成与变化，最后探讨两校学生来源中学的性质与分布，包括来自重点与非重点中学学生的比例。

（一）城乡比例及其变动趋势：对家庭居住地的分析

由于多种原因，家庭居住地所体现的城乡差异可能是实现中国高等

---

① 2003 年北京高考分数段分布见人民网教育动态《历年高考北京考生分数段分布比较》，2003 年 6 月 24 日，http://www.people.com.cn/GB/jiaoyu/1053/1932643.html。江苏分数段分布见搜狐教育《江苏 2003 年高考普通类考生分数段详情》，2003 年 7 月 1 日，http://learning.sohu.com/15/52/article210625215.shtml，2011 年 4 月 13 日。

② 不同时期的标准并不一致。新中国成立初期，录取时以成绩为主，兼顾出身和政治表现。"文革"时期，考试方式被取消，政治表现和家庭出身成为选拔标准。恢复高考后，成绩再次成为主要选拔标准，出身等政治标准基本不再发挥主导作用。

教育机会公平的最大障碍。本文区分城乡的标准不是户籍而是学生入学时填写的家庭地址。这是因为自 1990 年代以来，户籍对城乡流动的限制越来越小，大量农业人口离开户籍地长期居住在城镇，在江苏省尤其明显。所以，用户籍区分学生的城乡来源没有用居住地址区分符合实际。1950 年以来两校共有学籍卡 145312 张，其中填写了家庭地址的共 127378 份，占总体的 87.7%。我们设计了相应程序，将这些地址分为城市、乡镇与农村三类。① 本文对农村的定义偏严格，对乡镇和城市的定义偏松，可能会导致农村生稍少于实际人数，乡镇和城市人数略多于实际人数。

填写城市地址的学生占所有填写地址学生的比例，在北大是 79.91%；在苏大是 46.33%。图 1 是 1952 年以来两校学生地址分城、镇、村的比例变化。

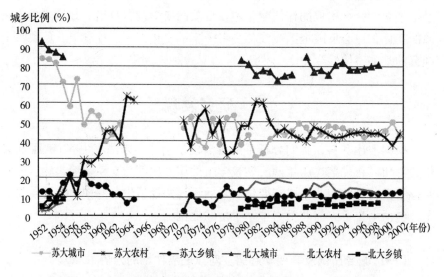

图1　北京大学和苏州大学每年新生的城乡分布（1952—2002）

---

① 为了排除城市里也会出现使用村、庄为地名的现象，如北京市海淀区中关村等，程序的区分方法是地址中必须含有"村+公社"、"村+乡"、"村+镇"、"队+公社"、"队+乡"、"队+镇"、"庄+公社"、"庄+乡"、"庄+镇"、"村+队"、"村+组"、"镇+组"这些组合中有其中一项才归为"农村"；只有"公社"、"镇"或"乡"其中一项时归为"乡镇"；其他归为"城市"。

新中国成立初期，两所学校的学生几乎都来自城镇；之后乡村学生所占比重开始增加。1950 年代初，近90%的中国人口居住在全国约 80 万个村庄中，[1] 但两校几乎没有学生来自农村，来自县镇的也很少。1952—1955 年间，北大农村地址学生的比例从 2.4% 增长到 6.5%。到 1980 年，这一比例增长到 12.8%，1985 年更是一度达到 19.4%。1990 年代后期，这一比例保持在 12%—15%，[2] 乡镇地址的学生比例超过 7%，两者相加，城市之外的学生比例持续保持在 20% 上下。

苏大农村学生的比例要高于北大，增长的速度也快得多。1952—1955 年间，苏大农村地址的学生比例从 3.6% 增长到 11.4%，到 1965 年，经过 10 来年的增加，农村学生的比例突破 60%。"文革"中，农村和城市学生比例出现震荡和调整，农村生比例有所下降。恢复高考之初，城市学生的优势得到体现，比例超过一半，农村生则下降到 30% 左右。但这一现象维持的时间很短。1980 年开始，农村学生比例又迅速增加。1984 年后的 20 多年中，农村生比例与城市生基本持平，稳定保持在 40% 多的水平，没有出现太大波动。最近 30 年以来，苏州大学的乡镇学生比例也基本稳定在 10% 左右，如果将其与农村学生比例相加，最近 30 年苏州大学城市以外的学生比例一直高于城市学生。

改革开放以来，全国及江苏的城乡人口比例发生了一定变化，这也可能在一定程度上影响了两校学生的城乡分布。如 1990 年，北大农村生比例是 17.7%，全国农村居民比例为 73.77%；1999 年全国农村居民比例下降到 63.91%，北大农村学生比例为 12%。不考虑人口分布的变化，北大农村生比例下降了 5.7%，而考虑人口分布变化后，农村生比例下降的幅度只在 3.3% 左右。1990 年苏大的江苏农村生比例为 47.54%，江苏农村人口比例为 78.76%；2000 年苏大农村生比例是 42.09%，江苏农村人口却下降

---

[1] 1953 年第一次人口普查显示，全国城镇人口比重为 13.26%。国务院人口普查办公室等编：《2000 年第五次全国人口普查主要数据》，中国统计出版社 2001 年版，第 6 页。

[2] 由于 1989 年的特定事件和 1993 年北大取消了此前实行的一年期外地军训，当年有两届新生同时入住，学校既有宿舍难以容纳。为此，这两年北大大幅减少了招生数，且选择在少数城市和省份招生。这导致在城乡、职业等多个指标方面学生来源突然出现很大变动。另外，李文胜以户口为标准计算出的 1985—1996 年北大农村生比例要略高于本文数据，但变动趋势基本一致。李文胜：《中国高等教育入学机会的公平性研究》，北京大学出版社 2008 年版，第 109 页。

到 58.51%。农村生的人口比重实际提升了约 6.8%。[①]

两校学生家庭地址的历史分析表明，1949 年以来中国精英大学学生的城乡来源具有多样性特点，两校农村学生保持着一定比例。北大在 1980—1999 年，至少保持在 10% 以上；苏大基本保持在 40% 以上。在全国农村人口不断降低的背景下，两所学校的农村生比例并没有出现大幅度的下降。因此，在 1990 年代，中国大学生的城乡生源是多样化的，甚至到 21 世纪初，农村生的比例也没有大幅度下降。

（二）家庭背景与教育机会：对父母职业的分析

这里将探讨父母职业对子女精英教育获得的影响。按照《国家职业大典》分类标准，将两校 15 万多学籍卡中记录的家长职业整理归类为八大种类：（1）国家机关、党群组织、企业事业单位负责人；（2）专业技术人员；（3）办事人员和有关人员；（4）商业服务业人员；（5）农林牧渔水利业生产人员；（6）生产运输设备操作人员及有关人员；（7）军人；（8）不便分类的其他从业人员。需要注意的是，由于两校学籍卡设计的差异，苏大学生一般只填写一个家长职业，且基本是父亲职业。北大学生要填写父母双方的职业，因此，本文表格中有关北大学生父母职业的数字是基于父母双方任何一方从事某职业的数量。

统计发现，从 1952 年到 1999 年，26.2% 的北大学生父母中至少有一方是干部，37.46% 的学生有家长是专业技术人员，19.97% 的有家长是农民，18.05% 的有家长是工人，也有 6.38% 的学生有家长是办事人员，4.80% 的有家长是商业服务业人员。[②] 在苏大，1952—2002 年，26.43% 的学生家长是干部，16.77% 的家长是专业技术人员，合计 43.20%。5.06% 的学生家长是办事人员，3.90% 的学生家长是商业服务业人员，

---

① 计算公式为：北大：（17.7 × 63.91）/73.77 − 12 = 3.3；苏大：（47.54 × 58.51）/78.76 − 42.09 = − 6.77。各年农村人口数字分别参见国家统计局人口统计司编《中国人口统计年鉴1988》（中国展望出版社 1988 年版，第 275 页）；国家统计局人口统计司编《中国人口统计年鉴1990》（科学技术文献出版社 1991 年版，第 469 页）；国家统计局人口统计司编《中国人口统计年鉴2001》（中国统计出版社 2001 年版，第 41、55 页）。

② 若只看学生父亲职业，北大学生中干部子女的比例是 25.65%，专业技术人员子女的比例是 26.20%，干部和专业技术人员的子女合计超过 50%。农民子女的比例是 15.01%，工人子女的比例是 12.35%，工农子女的比例合计是 27.36%。北大只包括父亲职业的数字来自没有在本文出现的图表，如有需要请与李中清联系（jqljzl@ ust. hk）。

25.37% 的家长是农民，16.77% 的家长是工人。工农合计 42.14%。北京大学和苏州大学最大的差别在于专业技术人员比例（26.2% 比 16.77%）和农民比例（15.01% 比 25.37%）。① 下面将两所大学学生家长职业每年的变迁情况制成曲线图（见图2、图3），并对主要职业变动情况逐一进行分析说明。

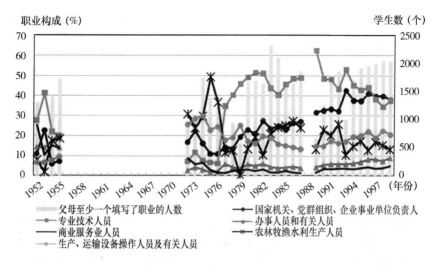

图2　北大学生父母职业分布（1952—1999）

　　说明：大多数年份北大学生父母职业可识别的比率在 70%—80% 之间，但 1976—1979 年偏低，分别为 44%、48%、44% 和 25%，这也可能是 1979 年农民职业为零的主要原因。偏低的原因可能是恢复高考初期学生的年纪普遍较大，很多人已经结婚成家，学籍卡亲属栏中只填写了妻子（或丈夫）而不是父母信息。

　　第一，1949 年后农民子女数在精英大学的增长非常迅速。苏大的数据表明，这种增长一直持续，高潮出现在"文革"前而非"文革"时代。北大 1952 年时农民子女的比例已经达到 8%，② 1954 年迅速提升到 17%。苏大农民子女增长更明显。1952 年农民子女比例已接近 17%，1955 年增长到 28%。北大档案馆 1956—1966 年学籍卡缺失，无

---

　　① 北京大学的各职业比例是填写了父母中至少有一人从事该项职业的人数除以至少填写了父母其中一人职业信息的人数；苏州大学各职业的比例是填写父亲从事该项职业的人数除以填写了父亲职业信息的人数。

　　② 1953 年曾低至 1.65%。

法得知该时段情况。苏大的情况表明直到 1966 年大学停止招生前，农民子女的比例都在快速持续上升。到 1964 年几乎接近 60% 的学生来自农民家庭，比例非常高。农民子女明显减少，并非是恢复高考后而是"文革"时期的现象。1972 年，北大农民子女的比例高达 30% 以上，1973 年下滑到 20% 以上。苏大情况也类似，农民比例从高达近 60%，很快降低到 20% 左右。邓贤认为"文革"时期 70% 的学生是干部子女或有政治背景。[1] 周雪光的研究也采信了这一说法。[2] 这表明取消较为客观的考试，推行推荐制并不利于工农等群体，即便是在极端"革命"的社会环境下也行不通。

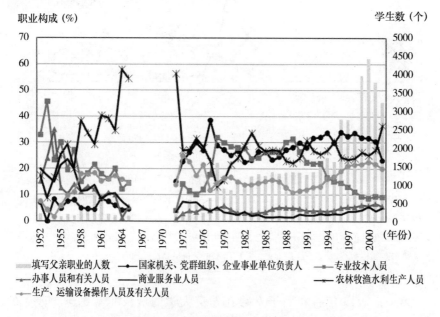

图3 苏州大学学生父亲职业分布（1952—2002）

苏大数据还表明（见图 4），在农民子女内部，贫下中农子女比例不断上升，富农地主子女逐步从农民子女中的主体地位转变为边缘。1956

① 邓贤：《中国知青梦》，人民文学出版社 1993 年版，第 163 页。

② Xueguang Zhou and Liren Hou, "Children of the Cultural Revolution: The State and the Life Course in the People's Republic of China", *American Sociological Review*, Vol. 64, No. 1, 1999, pp. 12 – 36.

年以前，富农地主子女占农民子女群体的一半以上。1957年到1958年随着"大跃进"的展开，富农地主子女比例迅速下降，"瞬间"跌到10%以内。贫下中农子女数猛烈增长（1956年46人，1957年22人，1958年242人），比例超过一半。"文革"时期这一趋势进一步加强。富农地主子女基本退出精英大学领域，中上中农子女的比例也持续下降，只有贫下中农子女"一骑绝尘"，几乎成为农民群体的垄断者。

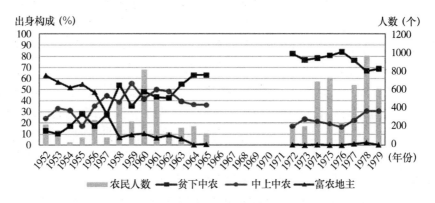

图4　苏州大学农民学生家庭出身情况（1952—1979）

说明：有极少数学生的家庭出身填写为农民，无法区分者没有纳入此图。我们将雇农、贫农、下中农等归为贫下中农；中农、上中农归为中上中农；富农、地主、富裕中农（根据1950年政务院农村阶级划分决定，富裕中农也具有剥削性质）等归为富农地主。

　　高考恢复后，农民子女的比例有了新变化，北大的比例有所下降，苏大则比较稳定。高考刚恢复时，农民子女的比例一度跌到谷底，如苏大农民子女比例在1978年降到13%，是1949年后的最低点，此后有所回升。北大农民子女比例在1980年代基本维持在20%—30%之间，1990年代基本维持在10%以上。相比之下，苏大农民子女的比例要高很多并且较为稳定，一直维持在25%左右，1990年代以来还呈现出略微上升趋势。1982年以来，父辈职业中，"农民"在苏大更是仅次于"干部"的第二高职业。

　　第二，工人子女比例在两校都呈持续增长趋势。1949年后受惠于向工农倾斜的大学招生政策以及基础教育的推广，两校的工人子弟比例都在不断上升，1950年代中期，比例均达10%。此后，苏大比例继续增长，1958年达到约20%。在"文革"和高考恢复后，两校工人子女比例在经历两次波峰的同时，1989 年后都持续增长，并都成为位居第三的父辈职业。虽然两校多年来学生父辈为工人的在比例上有一些差别，但在变动趋势上比较一致，全国和江苏地方精英大学工人子弟变动的因素应该一样。这可能是因为 1949 年后，城市及其居民基本都归国家体制管理，存在多方面的类似，不同地区城市间的差距小于农村。

工人子女增加的两个高峰，分别出现在"文革"时期和 20 世纪末本世纪初。"文革"时期实行工农兵推荐制，工人子女自然成为大学生的重要来源。两所大学的工人子女比例几乎都在 1973 年达到历史最高峰，其中北大一度接近 30%。此后工人子女比例有所收缩。高考恢复后，与农民子女情况类似，工人子女比例出现较大下降。甚至在整个 1980 年代，北大的工人子女比例处于下降中。苏大工人子女比例尽管有过短时间的增长，但基本也在下滑。直到 1989 年以后，工人子女的比例才再次持续上升。到 20 世纪末，北大和苏大的工人子女比例都已超过 20%。这种现象应该与 1990 年代以来工人群体不断扩大有关。新中国成立初，工人只占工农总体的 1/3 左右，到 1990 年代已经达到了一半。农民子女比例的下降与工人子女比例的上升，部分原因是改革开放以来，大量农民转变了职业，成为工人，农民在职业人口中比例下降，而工人在职业人口中比例上升。工人子女比例的增加说明了中国精英教育至少到 21 世纪初，具有促进社会流动的作用，实现了向社会中下阶层的"开门"。

第三，有关干部身份。近 50 年来干部的定义和性质一直在变化，干部自身教育水平也在提高。图 2 和图 3 表明，两所大学干部子女的比例一直在提高：从开始差不多最低发展到近期的最高。北大干部子女的比例从 1952 年的 11% 上升到 1973 年的 22%。1974 年到 1976 年间，干部比例下跌至 10%。此后干部子女比例持续上升，从 1980 年代的 20% 以上，到 90 年代初期的 30% 以上，到 1997 年更是超过专业技术人员子女比例，达到 39.76%，成为比例最高的父辈职业。[①] 苏大干部子女比例在"文革"前基本在 8% 以下，1972 年后一下蹿升到 20% 以上。恢复高考后，干部子女比例从 1980 年代的 20% 以上达到 90 年代的 30% 以上，干部成为苏大学生来源比例最高的父辈职业。改革开放以后，干部子女比例的增长，很可能是各类企业大量增加的结果。对苏大学生父亲的干部职业内容的详细

---

① 我们也计算了只包括父亲职业的比例，与父母都包括的结果差异不太大。

分析发现，恢复高考后，苏大增加的主要是各类企业干部和经理人员的子女而非党政干部的子女。

需要指出，企业干部、经理人员的子女与党政干部的子女所占比例的变化状况有所不同。图 5 是根据苏大学籍卡中父亲职业及工作信息制作的历年苏大干部家长类别比例。新中国成立初期，企业干部比例迅速下降，党政干部和其他干部比例则在不断上升。党政干部比例在"大跃进"时期而不是"文革"时期达到顶峰。从"文革"开始党政干部比例持续降低，企业干部却持续增长，到 2002 年已经接近半数。这一方面可能是改革开放后很多政府干部、专业技术人员或下海或转到企业任职，增加了企业干部的比例。传统意义上的"官"（包括机关干部和事业单位干部）不断减少。另一方面，江苏等经济发达地区，出现了众多乡镇企业、合资外资企业，使得各种企业干部增加迅猛。因此，干部比例的上升，可能更多反映的是经济发展与社会结构的变化，而不能简单认为干部比例的增长就表明了行政权力干扰了高考招生。

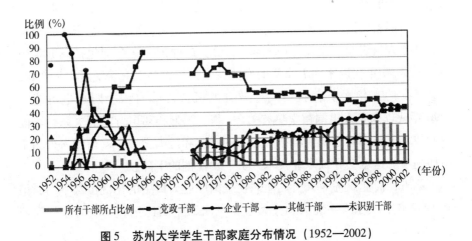

图5　苏州大学学生干部家庭分布情况（1952—2002）

第四，有关专业技术人员。在北大，专业技术人员子女的比例一直较高。1952—1955 年间，专业技术人员是比例最高的父辈职业，是干部子女的 2—3 倍。但在 1972—1976 年工农兵学员时期，专业技术人员子女比例曾低至 6%。高考恢复后，专业技术人员子女的比例迅速蹿升到 35%。此后不断提升，1980 年代基本在 50% 左右，1989 年达到了创纪录的62%。从 1990 年代中期开始，专业技术人员子女的比例又开始出现下滑趋势，1997—1999 年三年均低于 40%，稍稍低于干部子女比例。① 苏大专业技术人员子女的比例在 50 年代也是最高的。1972—1976 年工农兵学员时期，专业技术人员子女比例有所下降。1978 年，专业技术人员子女的比例从 1977 年的 18% 蹿升到 32%。此后则基本保持在 25%—30% 之间。但从 1990 年代开始，专业技术人员子女的比例开始下滑，1998 年以后甚至低至 10% 以下。②

1990 年代以来，两校专业技术人员子女比例都出现了连续下降趋势。在北大，专业技术人员子女比例已经低于干部，在苏大，其比例不仅低于干部子女，甚至在 20 世纪末低于农民和工人子女比例。这与通常所认为的专业技术人员或知识分子子女有更好的家庭文化氛围，更适应考试制度，具备取得好成绩的能力的情况较为矛盾。对此，尽管尚不能给出准确的解释，但至少应该和以下几个原因有关：一是由于社会的发展，1990 年代以来，大量中年专业技术人员都具有一定职务。如各级学校校长、研究单位大小领导等。在我们的分类中，这些人基本都被归入干部类型，从而降低了专业技术人员的比例。北大专业技术人员和干部子女比例排位的交换，可能就受这一现象的影响。二是 90 年代初经商热席卷全国，很多专业技术人员纷纷"下海"，改变了身份。这种情况在全国包括江苏都较多。三是 90 年代以来四五十岁的专业技术人员大多没有接受过大学教育，对其子女的文化素质和获得高等教育的机会影响有限。四是也可能与1990 年代以来私人出国留学热有关。③ 基于视野和知识背景的关系，可能专业技术人员比其他职业群体有更强的意愿和能力促成子女留学海外而不参加高考。这也会导致专业技术人员子女比例的下降。

第五，商业服务业人员。他们在全国职业人口中的比例虽然不高，但在 1952 年，其子女在北大和苏大占 20%—25% 的比例。这个时期的商业

---

① 如果只看父亲职业，北大 1976 年以后专业技术人员子女的比例要减少至少 15%，但是北大学生父亲职业与父母任何一方职业两组数字的变化趋势是一致的。

② 苏州大学的专业技术人员子女的绝对数变化不大，但由于招生人数增加很多，所以其比例下降了很多。

③ 1981 年，美国开始在中国举办托福（TOEFL）考试。1984 年，国务院颁布新的《关于自费出国留学的暂行规定》，强调"个人通过合法手续，取得国外资助或国外奖学金，办妥入学许可证件的，不受学历、年龄和工作年限限制，均可申请自费到国外留学"。这一"完全开放"的自费留学政策导致了"出国热"，到 1986 年，每年自费出国留学人员已经达到了 1 万多人。参见程希《当代中国留学生研究》，香港社会科学出版社有限公司 2003 年版，第 39 页。

服务业人员基本都是各类商业资本家或大小业主，是具有相当物质条件的人群。此后，由于各类政治运动的展开，商业资本家几乎消失，商业服务业人员主体基本是各类营业服务人员，他们拥有的教育文化资源水平降低了很多，其子女所占比例逐年下降。

总体上，50年来工农子女始终保持了相当比重，即便在改革开放后也并没有出现大幅下降，工人子女的比例在1990年代还上升了。考虑到改革开放后，各类企业大量增加，很多农民离开土地进入工厂，成为没有城市户口的"打工"工人。因此，统计中部分工人子女可能就是以前的农民子女。也因此，农民比例下降和工人子女持续增长是同一现象的两种表达。学生父亲是工农的总体比例，北大自1981年以来一直维持在30%—40%。① 苏大自1981年以来只有三年是低于39%的；1994年以后则超过45%；1999年以后更是接近50%；2002年甚至达到56%。因此，工农子弟在北大占据了重要位置，在苏大则已成为多数群体。

可以借助职业辈出率进一步考察两校学生家长职业的变化情况。② 这一指标能更为精确地反映各职业群体在精英教育系统中的比例变化。表1给出了1985年以来两所大学学生家长职业辈出率的变化。

表1　　　学生家长职业构成与职业人口分布比较（1985—2002）

北京大学					
职业类型	全国各职业人口比例（%）		学生比例（%）		辈出率	
	1990	2000	1985—1994	1995—1999	1985—1994	1995—1999
干部	1.8	1.7	31.26	39.17	17.37	23.04
专业技术人员	5.3	5.7	47.93	39.23	9.04	6.88
商业服务业人员	5.4	9.2	2.81	4.25	0.52	0.46
农民	70.6	64.3	21.40	15.02	0.30	0.23
工人	15.2	15.9	15.85	20.77	1.04	1.31
工农群体	85.8	80.2	37.25	35.79	0.43	0.45

---

① 北大只包括父亲职业的数字来自没有在文章中出现的表格，如有需要请联系李中清（jqljzl@ust.hk）。

② 职业辈出率的计算公式是：某个职业的子女的比例/该职业的人口比例。

续表

苏州大学					
职业类型	江苏各职业人口比例（%）		学生比例（%）		辈出率	
	1990	2000	1985—1994	1995—1999	1985—1994	1995—1999
干部	2.8	2.6	27.34	29.26	9.76	11.25
专业技术人员	5.3	5.8	23.50	9.22	4.43	1.59
商业服务业人员	6.6	11	1.94	4.44	0.29	0.40
农民	58.2	52.3	24.67	26.82	0.42	0.51
工人	25.6	25.3	13.03	20.99	0.51	0.83
工农群体	83.8	77.6	37.7	47.81	0.45	0.62

注：1. 其中干部为国家机关、党群组织、企业事业单位负责人，农民为农林牧渔水利业生产人员，工人为生产运输设备操作人员及有关人员。2. 北大学生父母属于不同职业时会被计算两次，故比例之和可能超过100%。苏大的数据仅根据父亲职业进行分类计算，若父亲有一个以上职业，则根据学籍卡中所填第一个职业计算。3. 工农群体是指农林牧渔水利生产人员和生产运输设备操作人员及有关人员之和。

资料来源：国务院人口普查办公室等编：《中国1990年人口普查资料》，中国统计出版社1993年版；国务院人口普查办公室等编：《中国2000年人口普查资料》，中国统计出版社2002年版。

　　干部子女在这两所精英大学的辈出率远高于其他职业子女。在1995—1999年间，干部子女在北大的辈出率为23.04，即是本职业总人口比例的约23倍。专业技术人员子女的辈出率在北大和苏大均居第二位，且都有所下降。北大从9.04降到6.88；苏大从4.43降到1.59。相比之下，两所大学中农民子女的比例远低于农民职业人口在全国或江苏人口中的比例。两个时期相比，北大农民子女的辈出率有所下降，苏大则有所上升；北大工人子女的比重迅速增长，突破20%，工人子女的辈出率也从1.04增加到1.31，苏大的工人子女的辈出率也有所上升。由于工人子女辈出率的提升，北大工农总体的辈出率略有增长，苏大工农总体的辈出率则有较明显增长。

　　研究表明，在现代社会，教育是个人获得社会地位、实现向上流动的最重要因素。[①] 近50年，社会学界都承认并强调父母职业对子女的教育

---

　　① Donald J. Treiman and Kam-bor Yip, "Educational and Occupational Attainment in 21 countries", in Melvin L. Kohn, ed., *Cross-National Research in Sociology*, Beverley Hills, California: Sage Publications, 1989, pp. 373 – 394.

程度和职业有决定性影响。科尔曼 1966 年通过对美国学校的研究指出，家庭社会经济状况对学生成绩的影响最大。[1] 中国学者的研究则认为，中国的高等教育也有这一现象，教育并没有改变社会结构，而只是延续和强化了既有的社会分层模式。[2]

北大和苏大的数据表明，中国父母职业对孩子教育的影响比国外要弱。根据两校学生填报的父母职业，虽然干部、专业技术人员和商业服务业人员子女的总数占学生全体的多数或接近多数，但并没有像国外大学那样占绝大多数。北大工人与农民子女的总比例达到学生总数的 30% 以上，苏大工人与农民子女比例在 40% 左右。相较于国外，中国教育系统更有效地削弱了父母职业对子女的影响，为工农子女提供了更多受教育及社会流动的机会。

（三）学生来源的多样性：对来源中学的分析

截至 2002 年，有 7000 多所中学给苏州大学提供过学生。给北京大学提供过学生的中学，截至 1999 年有 6000 多所。但为两校输送过学生的中学在全国数量众多的中学中只占很小比重。同时，少数中学为两所大学输送了大部分生源，而 50 多年来只提供过 1 个学生的学校占据了绝大多数。来源中学的集中程度非常高，这是两所高校的共同特点。

表 2 给出了两校的来源中学及其输送学生比例的情况。北大的数据显示，1949 年以来，7.39% 的北大本科生来自前 5 所中学，这 5 所中学只占所有向北大输送过学生学校的 0.08%。占来源中学前 3.08% 的中学（计 200 所）输送了 41.11% 的北大学生。前 5% 的中学输送了 50% 的北大学生，前 20% 的中学输送了接近 80% 的北大学生。[3] 在全部约 6500 所来源中学中，各中学向北大输送学生的能力和数量存在很大差异。苏大的情形类似。

① James S. Coleman, et al., *Equality of Educational Opportunity*, Washington, D. C.: US Department of Health, Education, and Welfare: National Center for Educational Statistics, 1966.

② 李春玲：《社会政治变迁与教育机会不平等——家庭背景及制度因素对教育获得的影响（1940—2001）》，《中国社会科学》2003 年第 3 期。

③ 数字来自没有在本文出现的表格，如有需要请与李中清联系（jqljzl@ust.hk）。

表2　　　北大与苏大来源中学数目及其输送学生比例（1952—2002）

来源中学数（按输送学生数排列）	北京大学		苏州大学	
	占来源中学比例（%）	输送学生比例（%）	占来源中学比例（%）	输送学生比例（%）
前5所	0.08	7.39	0.07	6.88
前10所	0.15	10.71	0.14	10.31
前20所	0.31	15.07	0.28	15.84
前50所	0.77	22.44	0.69	28.41
前100所	1.54	30.75	1.38	42.14
前200所	3.08	41.11	2.76	56.84
前500所	7.71	57.82	6.91	72.17
前1000所	15.42	72.13	13.82	80.83
前2000所	30.85	85.46	27.64	88.59
前3000所	46.27	91.51	41.46	92.78
总计（北大6484所，苏大7236所）	100.00	100.00	100.00	100.00

注：1. 考虑到"文革"时期学生由单位推荐入学，表中排除了"文革"时期数据。2. 输送学生比例的分母是所有填写了来源中学的学生人数，不包括辨别不出来源中学或没有填写来源中学的学生。除去"文革"时期，北大全部学生数为55415名，其中填写了来源中学的学生为46887名；苏大全部学生数为77542名，其中填写了来源中学的学生为73845人。

考虑到这些中学在全国数量众多的中学中只占到很小的比重，精英大学来源中学的集中特征就越发明显。图6是北大分年的来源中学数占全国普通高中和完全中学数量的比例。1950年代前半期，全国整体教育状况有待发展，普通中学数量不多，北大每年400—500所的来源中学数量，能够占到全国普通中学总数的1/3到1/2。在经历了高考恢复初期的急遽上升之后，北大每年来源中学数量基本保持在1000所左右，但是，这一数字却只占到全国普通高中及完全中学数量的不及8%。即恢复高考之后，每年只有占全国比重很少的中学有机会和能力为北大提供生源。

进一步的研究可以发现，向两校输送学生较多的中学，绝大部分都是教育行政部门评定的重点中学。教育部1981年底统计，全国共有重点中学4016所（占全部中学的3.8%），其中首批办好的重点中学696所。[①]

① 关于重点中学制度设立的基本过程以及1981年底确定的首批办好的重点中学名单，参见《中国教育年鉴》编辑部《中国教育年鉴1949—1981》，中国大百科全书出版社1984年版，第167—170、1096—1103页。

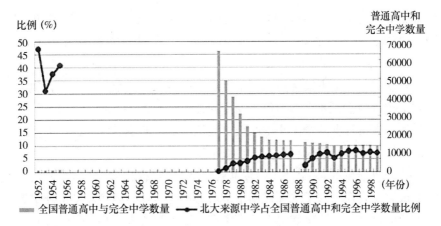

图6　北京大学来源中学占全国普通高中和完全中学数量的比例（1952—1999）

资料来源：数据来自国家统计局国民经济综合统计司编：《新中国五十五年统计资料汇编》，中国统计出版社2005年版，第77页。

统计结果显示，除去"文革"时期推荐的工农兵学员，北大学生中有54%来自首批办好的696所重点中学。根据数据可以推测，来自4016所重点中学的学生，以及来自各地市县教育行政部门划定的重点中学的学生，可以占全部北大本科学生（除去"文革"时期）的90%以上。江苏1981年确定了95所省重点中学，其中26所为首批办好的重点中学。1990年代，省重点中学数量开始增加，2002年最后一次评选后达到249所。苏大学生中有14%来自教育部确定的首批办好的26所重点中学，近30%来自教育部1981年确定的95所省重点中学，近50%的学生来自2002年江苏省评定的249所省重点中学。如果再考虑各市县重点中学，苏大学生的重点中学比例很可能在70%左右。重点中学无疑是中国精英大学的主要生源输送基地。①

　　偶尔提供学生的中学基本都是普通中学，其地理分布非常集中。北大生源校中普通中学主要集中在北京；苏大则主要集中在苏州、无锡、常州以及南通等部分教育发达的区县。前者是因为北大在北京投放的名额比例很高；同时，北京的中学师资相对较好，普通中学也能培养出少数高考高分学生。后者则是因为苏州周边地区的中学教育在

---

① 超过90%的北大学生是从重点中学毕业的，而27%的北大学生的家长是工人或农民。从这个意义看，学生就学中学的特点比其父母的职业背景更重要。

江苏是最发达的，不仅苏州、无锡等城市中学条件好，就连周边的江阴、常熟、海安的县镇中学也有较高的办学质量，能够培养出可以考入苏大的学生。

这表明，越是不发达地区，重点中学越重要。在很大程度上，学生一定要上重点中学，才有机会进入北大这样的精英大学。北大数据显示，来自海南、贵州等省的学生集中在极少数位于城市的重点中学，在来自海南的北大学生中，70%来自同一所重点中学。

苏大数据显示，"县中"（县重点中学）是农村、小城镇学生进入大学的最重要途径。为了保证优质中学教育的均衡发展和提高城市外学生进入大学的比例，江苏全省每个县至少有一所中学进入1981年划定的95所省重点中学名单，这些中学即通常所谓的"县中"。这些县中提供给苏大的学生比例在各县全部中学中均排名第一，除一些教育比较发达、优势中学较多的县外，各县的一两所"县中"几乎提供了绝大部分学生。换句话说，乡镇学生要想进入精英大学，首先必须进入本县的重点中学。所在区县的经济教育越落后，这一标准越适用。

总之，重点中学是进入精英大学的重要途径，保持和提高重点中学生源的多样性，即扩展重点中学招收不同阶层学生的比例，是精英大学生源多样性的保证。

中国的教育革命，不仅在于中学教育领域保持了生源的多样性，更重要的在于形成了一套教学制度与方法，使得一部分家庭文化资源相对薄弱的工农子女能够和干部、专业技术人员子女一样，赢得高考，进入精英大学。与国外学校相比，中国中学广泛的住校制度与强化训练是突出的两个特点。许多中学，特别是县镇中学对学生实行住校制度。学生入校后，除了周末回家外，其余时间都在校内学习生活。学校内浓厚的学习气氛有效地增强了学校教育的影响力而削弱了家庭背景对子女教育成功的影响。例如，江苏南通所辖六县一市的主要中学中80%的学生是农家子女，大多数寄宿在学校。他们进入精英大学的分数能力在江苏乃至全国都是非常突出的。强化训练是另一重要方法。江苏很多中学，特别是以南通各"县中"为代表的中学，为提高学生的高考成绩，要求学生早6时左右起床早读，上完一天8节课后，晚上6时至10时进行由老师"坐堂"的晚自修，每个月只放一天假。虽然这种教育方式可能存在应试教育的弊端，但在中国现行体制内，这种强调"勤劳"和"投入"的学习方法确实最大化地弥补了城乡学生之间、不同家庭背景学生之间因出生环境不同而导致的命运差别，使得中国大学的生源多样性得以产生和延续。从这个意义上说，中国高等教育界的无声革命，起点在基础教育。教育革命不仅体现在工农子女能够在精英大学中保持一定比例，更体现在他们首先能在优质的中学保持相当比例。

四　小结与讨论

借助两所精英高校学生学籍卡片的翔实材料，本文认为，1949 年以后，中国高等教育领域出现了一场革命。高等精英教育生源出现多样化，以往为社会上层子女所垄断的精英教育状况被打破，工农等社会较低阶层子女逐渐在其中占据相当比重，并将这一比重保持到 20 世纪末。[1]

中国高等教育的这场无声革命，可以看作中国共产党领导的"有声"社会政治革命的延续和发展，在一定程度上体现和巩固了"有声"革命成果。无声革命虽然平缓，但力量强大，影响深远。精英教育不仅决定学生个人的命运走向，也基本决定了从地方到中央，各级各类干部和专业技术人员等社会精英的构成与来源。相当部分的领导干部、知识分子都出身于工农家庭，他们的聪明才智不仅没有因为家庭背景的贫弱而被埋没，反而被教育机制所激发，成为推动中国社会进步的重要力量。这种教育革命对社会结构转变的影响是空前的。

中国精英教育领域内的这场重要转变，不仅相对于自身的传统是革命性的，而且与当下作为中国高教改革参照系的美国相比，也是成功的。二战以后，美国也曾在精英教育领域内努力促进生源多样化，但所取得的成效与中国的无声革命相比尚有差距。例如美国最精英的私立大学直到 1969 年才开始接收女学生，对少数民族学生入学长期以来多有限制，多数精英大学低收入家庭子弟处于边缘。近 20 年的情况更是如此。有调查显示，在全美最优秀 30 所大学中的大多数学校，来自全美家庭收入后 50% 家庭的学生比例，从 1983 年的 20%—30% 下降到 2003

---

[1]　在这方面，我们也有民族和性别数据，限于篇幅，没有进行讨论。

年的 10%—15%，短短 20 年间减少了一半。[1] 2004 年，146 所精英大学[2]中家庭收入处于全美后 25% 的学生只占 3%，家庭收入处于全美前 25% 的学生占 74%。[3] 哈佛大学 2004 年超过 70% 的学生来自家庭年收入属于全美前 25% 的家庭；而家庭收入属于后 25% 的家庭只提供了 6.8% 的学生。[4] 2008 年美国精英私立大学中，来自全美家庭收入后 50% 家庭的学生只占 12%，家庭收入前 2.5% 的学生竟占到 1/3 强。[5] 这说明进入美国精英大学的社会下层子女越来越少。因此，中国当下的教育改革不应完全照搬美国经验，否则容易使得高等教育改革误入歧途。

中国之所以能取得这一成绩，原因是多方面的。毫无疑问，政府多年来在基础教育普及和扩展方面所做的努力，起到了很重要的推动作用。普及基础教育是提高工农子弟接受高等教育机会的前提。其他影响因素在当下中国则有一定争议，例如高考的作用。我们认为高考制度本身是有利于工农子弟的。传统高考内容与形式有利于文化资本相对缺乏的社会大众，工农子弟可以通过勤学苦练在高考中取得好成绩，以考分作为高校招生的唯一标准部分保护了社会中下层子弟。至于在高校招生中照顾工农子弟的政策，在"文革"后已经不复存在，假如高考分数不再是高校招生的唯一标准，富裕家庭的子女可以在艺术、语言甚至阅历等方面增加其进入精英大学的机会。另外就是重点中学作用。很多学者对重点中学持批评态度，但我们认为重点中学对于工农子弟上大学具有一定积极作用。由于资料本身以及文章篇幅限制，暂时无法深入探讨这些问题，希望本文的研究

---

① The JBHE Foundation, "The Long-Term Performance of the Nation's Highest-Ranked Universities in Enrolling Low-Income Students", *The Journal of Blacks in Higher Education*, Vol. 46, 2005, pp. 6 - 10.

② 这 146 所学校构成《巴伦美国大学简介》中的最高两层，占全美四年制大学的 1/10 (College Division of *Barron's Educational Series*, *Barron's Profiles of American Colleges*, Woodbury, N. Y.: Barron's Educational Series, 2008)。

③ Anthony P. Carnevale and Stephen J. Rose, "Socioeconomic Status, Race/Ethnicity, and Selective College Admissions", in Richard D. Kahlenberg, ed., *America's Untapped Resource: Low-Income Students in Higher Education*, New York: Century Foundation Press, 2004.

④ John Harvard, "Class-Conscious Financial Aid", *Harvard Magazine*, No. 5, 2004, pp. 62 - 63.

⑤ 2008 年，全美家庭收入低于 5 万美元的处于全体家庭总数的后 50%，家庭收入超过 20 万美元的处于全体家庭的前 2.5%。John Pryor, et al., *The American Freshman: National Norms for Fall 2008*, Los Angeles, California: Higher Education Research Institute, 2008, p. 117。

可以使更多的学者加入到这一讨论中来，这个问题在当今中国具有非常紧迫的现实意义。

进入 21 世纪以来，中国高等教育领域的不平等有不断增长的趋势。例如 2009 年《人民日报》发文指出，近年来，高等教育领域内农村学生大量减少，这一情况非常令人担心。[①] 如何保持过往无声革命的成果，是当下高等教育的重要课题。

无声革命并不能解决全部的公平问题，从两所大学的材料看，无论是地理分布还是父母职业，抑或社会性别等，不公平现象依然存在。有人认为北大这样的部属大学在实行省区配额时，存在过度的本地化倾向，导致了地区间竞争的不公平，如少数省只有万分之几的高中毕业生能考入北大，多数省只有 1‰ 的高中毕业生能考入北大，而北京却有 1% 以上的高中毕业生能考上北大。只有按省区人口数分配名额才能实现地区水平，但是，按人口招生也忽视了职业辈出率的差异。两所学校中农民的职业辈出率最低，即便在苏州大学，江苏学生中农民子弟的比例与江苏职业人口中农民的比例相比，也还有一定距离。只是简单提高这些省份的名额，最后名额只会流入城市，而提高干部、专业技术人员的辈出率，对提高大学生源的多样性并没有帮助。

我们认为，保持并进一步扩展重点中学的生源多样性，是短时期内维持并拓展精英大学生源多样性最现实和最有效的途径。从长远看，继续加强基础教育，提高普通中小学校的教育质量，对于提高大学生源的多样性非常重要。两所精英大学的材料表明，精英大学生源高度集中于少数重点中学，这些来源中学的生源的多样性，基本保证了精英大学的生源多样性。政策制定者在考虑保持和增强大学开放性与多样性时，应优先侧重考虑、鼓励和推动重点中学提高学生来源的多样性。现阶段，不少重点中学出于经济利益等考虑，收取相当数量的赞助费和择校费，无疑会对大学生源的多样性造成一定影响。

我们认为，加强精英教育并不必然导致社会的阶层化。自布劳和邓肯开创地位获得研究模型以来，学界就习惯按照家庭拥有资源的多寡来解释子女的教育成就，产生了精英教育必然为优势家庭子女所垄断的看法。这

---

① 赵阿娜、田豆豆：《重点高校农村学生越来越少》，《人民日报》2009 年 1 月 15 日第 11 版。

种看法忽略了一个重要事实，即特定社会的制度与文化习惯有可能打破简单的文化、职业间的代际传递。中国制度的一个大特色即是部分打断了代际优势传递，使得精英和"革命"可以并存，即精英化教育也能实现多样性的人才培养。当前面临的挑战是如何在新的社会条件下巩固和扩大这种教育革命的成果。

《中国社会科学》2012 年第 1 期

当代中国社会建设的公共性
困境及其超越[*]

李友梅　肖　瑛　黄晓春^{**}

摘要　"公共性"既是社会建设的重要目标又是其支撑性条件之一。近年来的民主制度建设和促进社会组织发育等政策的实施对于"公共性"的生长产生了明显的积极效果。但是，"公共性"依然是当下中国社会建设面临的主要瓶颈。除部分的制度性因素之外，社会心理、共识缺失以及管理的技术化也是阻滞公共性发展的重要原因。推进公共性，提升不同利益群体参与社会建设的积极性，需要增进公共权力部门与民众之间的相互信任。

关键词　公共性　社会建设　社会参与　信任

自十六届四中全会通过《中共中央关于加强党的执政能力建设的决定》以来，中国共产党日益重视推进社会建设，确认了"党委领导，政府负责，社会协同，公众参与"的社会管理新格局；在建党90周年庆祝大会上，胡锦涛总书记重申"发展为了人民、发展依靠人民、发展成果由人民共享"这些重要观点都涉及"公共性"这一社会建设必须面对的根本性论题。公共性既是社会建设的重要目标之一，又是其基础。"发展为了人民"、"发展成果由人民共享"是作为社会建设之目标的公共性的表征；"发展依靠人民"、"社会协同，公众参与"则表明公共性在社会建设中的基础性地位。基于此，"公共性"正成为我国社会科学界的热点论题。

　＊　本研究获教育部哲学社会科学研究重大课题攻关项目（项目编号：11JZD027）资助。
　＊＊　李友梅、肖瑛、黄晓春，上海大学上海高校社会学 E－研究院。

一 对"公共性"的简约界定

"公共性"（publicity）的内涵极其丰富，并一直处在变动中，本文只简约地界定其内涵。首先需要着重厘清"公共性"同个人之间的关系；我们认为，"公共性"是以个人为基础并以超越极端个人主义即利己主义（selfishness）为旨趣。贝拉等人注意到美国社会普遍存在的心灵孤独现象很大程度上可以归结为"工具主义个人主义"的流行。这种极端个人主义把个人在经济利益、权力、权威和自我实现方面的成功作为人之价值的全部，而不顾及家庭、社区、友情。因此，极端个人主义者虽然可能在个人事业中取得成功，但很难获得幸福的家庭和良好的邻里关系。[①] "公共性"是规避极端个人主义的基本路径，个人价值只有在群体互动中才能得到彰显。[②]

笔者认为，"公共性"至少具有如下基本特点：作为目的和价值取向的"公共性"指涉的是特定空间范围内的人们的共同利益和价值；从参与者角度看，"公共性"指涉的是人们从私人领域中走出来，就共同关注的问题开展讨论和行动，在公开讨论和行动中实现自己从私人向公众的转化；从参与程序角度看，"公共性"指涉程序的公开、开放和公平，人们在平等对话中达成共识；从精神角度看，"公共性"指涉个体基于理性与符合理性的法律而批判性地参与公共活动，维护公共利益和价值取向的精神。"公共性"着重于参与机制和公众基于该机制参与公共活动的过程，唯当"公"或者"公意"是在这种参与中得以达成时才具有公共性。

从更宽泛角度看，"公共性"可被理解为"参与"，即民众自愿"参与塑造公共空间"。"参与"可以区分为"政治参与"和"社会参与"。"政治参与"往往与一国的权力结构配置相关，指公众参与政策的制定并影响政策设置的过程；"社会参与"则大多与地方社会的生活需求相关，本身并不涉及权力配置，比如公众自愿提供福利服务、环境保护、保安巡逻等公共产品。这种"共同生产"的"社会参与"不仅能减轻国家财政负担，而且

---

① Robert Bellah, et al., *Habits of the Heart*, Berkeley：University of California Press, 1985.

② 张法：《主体性、公民社会、公共性——中国改革开放以来思想史上的三个重要观念》，《社会科学》2010 年第 6 期；卞崇道、林美茂：《公共哲学，作为一种崭新学问的视野》，载佐佐木毅等主编《公与私的思想史》，刘文柱译，人民出版社 2009 年版。

在公共产品提供方面比国家更有效率，其结果不仅使民众对于其所属集体的构建和照料更感兴趣，而且使得民众对国家的信任度增强。①

二 社会建设对公共性的呼唤

"公共性"是促成当代"社会团结"的重要机制，对于抵御市场经济背景下个体工具主义的快速扩张有着实质性意义；是使个体得以超越狭隘的自我而关注公共生活的立基所在；还是形塑现代国家与民众间良性相倚、互为监督新格局的重要条件。2004 年以来，中共中央推进"和谐社会"建设，努力塑造以国家为主导、凝聚和吸引社会多元力量共同参与社会建设和管理的新格局，这意味着我国的公共性建设正日渐得到国家制度建设的呼应。

（一）"社会建设"的政策范式特点

过去几年来，国内学者均认为社会建设是一个由合理配置社会资源与机会、促进社会公正、调整社会利益关系、培育社会组织、发展社会事业、推进民生建设等多个领域构成的宏大系统。② 作为国家宏观战略选择的"社会建设"，不仅指涉价值领域（公平、正义），而且涉及制度建设的基本原则（以人为本、科学发展，等等），甚至指涉具体的政策安排（优先发展教育、扩大就业、深化收入分配制度改革等），其内涵的丰富性远远超过一般的具体社会政策，可以视之为一种新型的政策范式。

"政策范式""不仅指明政策目标以及借以实现这些目标的政策工具类别，而且还指明它们需要解决的问题的性质"。③ 作为人们理解公共问

---

① 海贝勒、舒耕德：《从群众到公民——中国的政治参与》，张文红译，中央编译出版社 2009 年版，第 6—12 页。

② 郑杭生：《社会学视野中的社会建设与社会管理》，《中国人民大学学报》2006 年第 2 期；吴忠民：《论和谐社会建设的基本内容》，《中共中央党校学报》2007 年第 2 期；景天魁：《社会建设的科学构思和周密布局》，《江苏社会科学》2008 年第 1 期；陆学艺：《关于社会建设的理论和实践》，《国家行政学院学报》2008 年第 2 期；孙立平：《社会建设的目标是促进社会进步》，《北京工业大学学报（社会科学版）》2009 年第 2 期；李强：《对"社会"及"社会建设"的思考》，《国家行政学院学报》2010 年第 1 期。

③ Peter A. Hall, "Policy Paradigms, Social Learning, and the State: The Case of Economic Policymaking in Britain", *Comparative Politics*, Vol. 25, No. 3, 1993.

题和思考其解决途径时所持的信念和基本价值，政策范式不但支配着政策目标和政策工具的选择和配置，还代表着政策行动的基本框架。如果将"社会建设"作为一种形成中的政策范式，就有可能将不同时期社会建设的目标、原则和重点放置于一个相互衔接、互为因果的整体中来理解。政策范式的出现大多与相关的意识形态相呼应，并承担着独特的治理功能。"社会建设"在中共十六届四中全会上提出并非偶然，它暗示着一种在国家意识形态影响下的新改革共识正在形成，也将对国家的政策制定产生深刻影响。1990 年代以来，中国加快了市场改革的步伐，在推动中国经济快速发展的同时，也引发了大量的社会矛盾和社会问题，突出表现为利益结构失衡，如贫富两极分化、城乡差距以及区域分化等。"泛市场化"的政策思路在社会保障与福利领域的推广，造成相当数量的民众无法享受改革成果而成为利益相对受损的群体。在此背景下，2003 年年末开始的关于改革走向的大量讨论在知识界和公共政策部门自发展开，话题越来越集中于对 GDP 主义的反思以及如何扩大改革受益面和调整社会利益结构，并逐渐达成共识，即改变重经济轻社会的发展模式，让更多民众从改革中获益。已具有新政策范式特征的"社会建设"正是这种改革共识在国家经济社会发展战略中的重要性日趋凸显的表现。"社会建设"的目标从其起点就比较明确，即塑造一种和谐的社会利益关系格局，并形成与社会主义市场经济相适应的社会管理新架构。

每种政策范式从成型到成熟都不是一蹴而就的。根据历史制度学派的研究，[①] 成熟的政策范式大体上涵括政策目标、政策工具和治理模式三个相互衔接的核心要素。政策目标指对特定意识形态体系下被界定为问题的应对路径及国家所持的基本价值、原则；政策工具从技术角度提供了解决问题的具体方法；治理模式界定了参与治理的诸主体的角色及其关系结构。这三个要素相互配合互为因果，使政策范式能够达到预期目标。社会建设政策范式经历了三个重要发展阶段，在不同阶段，社会建设围绕不同要素展开。

第一阶段（约 2004—2006 年），十六届六中全会通过《中共中央关

---

① 道宾：《打造产业政策——铁路时代的美国、英国和法国》，张网成、张海东译，上海人民出版社 2008 年版；坎贝尔等：《美国经济治理》，董运生、王岩译，上海人民出版社 2009 年版。

于构建社会主义和谐社会若干重大问题的决定》。该文件第一次系统地概括了构建社会主义和谐社会的指导思想和基本原则，提出了到 2020 年构建社会主义和谐社会即社会建设的政策目标，重点是利益关系调整，形成了"以解决人民群众最关心、最直接、最现实的利益问题为重点"的社会建设政策思路。

第二阶段（约 2007—2010 年），党的十七大报告将社会建设的重点进一步明确为"改善民生"，提出教育、就业、收入分配、社会保障、医疗卫生、社会管理六大领域社会建设的具体政策目标。相应地，政府有针对性地设计出一系列政策工具，如推动建立全面农村低保制度，全国性城镇居民基本医疗保险制度试点，《就业促进法》、《劳动合同法》的立法，等等。

第三阶段（约 2011 年年初至今），《国民经济和社会发展第十二个五年规划纲要》对进一步"改善民生，建立健全基本公共服务体系"进行政策工具的设计，在"提升基本公共服务水平"、"实施就业优先战略"、"合理调整收入分配关系"等具体领域提出了政策工具设置和改革的思路；进一步强调了"加强党的领导，强化政府社会管理职能，强化各类企事业单位社会管理和服务职责，引导各类社会组织加强自身建设、增强服务社会能力，支持人民团体参与社会管理和公共服务，发挥群众参与社会管理的基础作用"的重要性。[1] 这期间，中央两次就加强创新社会管理召开会议，其核心论题都涉及当代中国社会治理模式的转型。

在第一和第二阶段，国家基本形成了前后相继的政策目标系统；在第二和第三阶段，中央和地方政府开始提出相应的政策工具；在第三阶段，与政策目标、政策工具相匹配的治理模式建设问题变得日益重要。我们把社会治理模式视为"社会体制"。所谓社会体制，在传统意义上是围绕公共产品配置而进行的一系列制度安排。在利益与公共产品的来源高度多元化，民众权利意识日益觉醒的背景下，要实现公平正义的社会建设目标，凭借传统体制内的单一努力和较小政策网络的动员难以产生长期效果，而必须借助社会多种力量和公众的有效支持。因此，与这些要求相适应的社会体制"是围绕公共产品的公平正义分配而构建的不同利益主体之间的

---

① 胡锦涛：《扎扎实实提高社会管理科学化水平》，2011 年 2 月 19 日，http://news. xin-huanet. com/politics/2011－02/19/c_ 121100198. htm，2012 年 1 月 31 日。

交往和协商制度"。① 唯有通过它，社会建设的政策目标和工具才可能得到系统的支持。

然而，这种新型社会体制建设面临的挑战远比制定政策目标和政策工具艰巨，其核心是不同利益主体之间的交往和协商制度，实质上就是形塑公共平台，培育各利益相关的个人或群体参与公共活动的积极性和理性能力，即建构"公共性"及其制度保障体系。这种新型社会体制同"总体性支配模式"② 的最大差别在于利益的客体变为利益的主体，且高度多样化，公共权力与不同利益主体之间的关系也被要求相对平等化，分配模式由国家及其代理人独自行使向国家及其代理人同其他利益主体在沟通与协商中实现转变。换言之，国家在发挥公共产品的生产和分配方面的传统优势的同时必须激发公众积极、有序、自主地参与和组织公共生活。"党委领导，政府负责，社会协同，公众参与"的提出既与中国国情适应，也是对社会体制的上述变革方向的积极回应。当然，如何把"党委领导，政府负责"同"社会协同"和"公众参与"有机结合起来，不仅是一个"社会学习"问题，③ 也是一个权力边界重新划分和权力关系重组的问题。

（二）社会体制改革中的深层问题

公共性同社会建设之间，是相互促进而非简单的因果关系，前者既是后者的本质内涵又是其根本动力。但在今天，公共性发育不足即公共精神之缺损，恰恰构成我国社会建设的重要掣肘之一。

第一，推进民主建设与参与不足。自十七大以来，理论界和公共政策部门逐步达成了一种新共识：发展民主与改善民生二者相辅相成，互为促进。④ 因此，国家在社会建设的新阶段必须进一步探索同民生问题相呼应的民主实现形式。⑤ 作为回应，国家在多个层面加大了民主建设力度，推

---

① 李友梅：《关于社会体制基本问题的若干思考》，《探索与争鸣》2008 年第 8 期。

② 孙立平、王汉生、王思斌、林彬、杨善华：《改革以来中国社会结构的变迁》，《中国社会科学》1994 年第 2 期。

③ Peter A. Hall，"Policy Paradigms, Social Learning, and the State: The Case of Economic Policymaking in Britain"。

④ 俞可平：《关于民主亟待厘清的六个关系》，《半月谈内部版》2009 年第 4 期。

⑤ 赵彤：《更加重视发挥民主监督在社会建设中的作用——李君如访谈》，2011 年 5 月 18 日，http://theory. people. com. cn/GB/14672729. html，2012 年 1 月 31 日；李培林、陈光金：《中国当前社会建设的框架设计》，2010 年 12 月 27 日，http://www. sociology2010. cass. cn/news/137244. htm，2012 年 3 月 9 日。

动着我国民主建设的制度保障体系走向完善。但是，公众参与民主活动的积极性的提升与民主制度（机制）建设的步伐并不同步。

案例 1：2003 年以来，北京、上海、深圳等城市开始在"面"上推动居委会直选。为保证选举的有效性，有关部门还设计出一套直选流程，鼓励选民积极参与选举的过程。但是，积极响应选举动员的大多是平时与居委会联系较多的群体，青年选民和富裕群体的态度则比较淡漠；由于居民参与选举的比例不是很高，一些社区不同程度地出现了委托写票和投票现象，直选效果大打折扣。①

案例 2：我国许多城市建立了保障居民对社区公共事务知情权和参与权的制度体系，但这些制度的"空转"问题仍比较严重。有研究发现，最近几年广泛运用的"议行分设"制度，其目的是让居民代表们更好地"议"社区公共问题，可是，社区管理部门更倚重"行"（指社区层面开展的一系列社会建设活动），"议"对于"行"的影响甚微，居民"议"的积极性受到伤害，"议"的程序因此流于"空转"。②

第二，社会公共事务的营造与实践中的私人化取向。社会公共事务是激发公众参与意识、培育"公平正义"社会价值、提升社会自我协调和管理能力的基础所在，是公共性生产的现实载体。近年来，各级地方政府都在努力营造各种公共事务，吸引公众参与公共管理与服务。但在现实中，公共事务私人化与营造社会公共事务的努力总是矛盾地纠缠在一起。

案例 3：村庄选举是国家在乡村中营造的最为重要的公共事务，通过公开、公平的普选和直选，建立代表村民利益和具有公信力的村庄自治组织。由于村委会主任这一职务对于村庄公共资源的配置有着决定权，近年来在一些经济发达区域，贿选现象日益严重。贿选不仅破坏了村庄选举的公正性，还把原本关系公众利益的公共选择行为转变为基于个体利益的私人（或小集团）行为。这样，作为公共事务的选举蜕变成为私人牟利的经营行为。③

---

① 敬乂嘉、刘春荣：《居委会直选与城市基层治理——对 2006 年上海市居委会直接选举的分析》，《复旦学报》2007 年第 1 期；陈伟东、姚亮：《选举行为背后：投机博弈——以武汉市 C 社区居委会直接选举为例》，《华中师范大学学报》2005 年第 3 期。

② 姚华等：《社区自治：自主性空间的缺失与居民参与的困境》，《社会科学战线》2010 年第 8 期。

③ 仝志辉：《选举事件与村庄政治》，中国社会科学出版社 2004 年版；张静：《基层政权：乡村制度诸问题》，上海人民出版社 2007 年版。

案例4：1990年代以来，在国家推进农村基层民主建设的同时，出现了宗族组织的重建与复兴，这两种进程在我国乡村社会以极为复杂的机制相互纠缠在一起。宗族组织渗透或介入乡村公共事务，固然可以在提供公共物品、克服损害共同利益的机会主义取向等方面发挥一些积极作用，[①]但是，宗族组织所遵循的非普遍主义的行为逻辑和"差序格局"的行为伦理往往将村庄的公共事务切割或碎片化。尤其是在多个宗族构成的乡村中，宗族之间的消极竞争往往会造成公共事务的私人化，削弱了村民对更大范围共同体的认同。

第三，发展社会组织与主体意识缺位。社会建设的重要目标之一是"引导各类社会组织加强自身建设、增强服务社会能力"，[②]过去几年来，国家在政策导向上鼓励发展作为社会建设合格主体的各类社会组织，各级地方政府也在政策上积极响应。在此背景下，我国社会组织在数量和规模上都有了强劲扩张，到2009年底，全国登记注册的社会组织总量达到431069个，比2005年增长35%。[③]

相比之下，社会组织参与社会管理和公共服务的主体意识的提升很有限。首先，在资源汲取诉求较强、所处制度环境较为复杂的背景下，许多社会组织均坚持"工具主义"的发展策略，并带有资源获取的冲动，而不是依据特定公益价值而设置。有研究指出，如果在研究当代中国社团现象时聚焦于它们的功能以及社会参与角色，恐怕很难不得出如下结论：至少在现阶段，这些社会团体是真正的"形同质异"的组织。[④]其次，中国社会组织面临着"二重性"的难题，一方面具有行政性或官僚性，另一方面又有一定的自治性。这种双重属性形成了两种相互对立的力量，即回归政府的行政化倾向和走向民间的自治化倾向，二者之间的张力限制了中国社会组织的发展，也限制了社会组织主体性的不断再生产。[⑤]最后，快

---

① 王培暄、毛维准：《宗族竞争下的村治模式探索——以山东省中东部XL村为调查对象》，2014年10月5日，http://www.chinaelections.org/NewsInfo.asp? NewsID=61959，2012年1月31日。

② 胡锦涛：《扎扎实实提高社会管理科学化水平》，2011年2月19日，http://news.xin-huanet.com/politics/2011-02/19/c_121100198.htm，2012年1月31日。

③ 这些数字指正式登记注册的社会组织，http://www.chinanpo.gov.cn/web/showBullte-tin.do? id=48276&dictionid=2201&catid=。

④ 沈原、孙五三：《"制度的形同质异"与社会团体的发育》，载中国青少年基金会、基金会发展研究委员会编《处于十字路口的中国社团》，天津人民出版社2001年版。

⑤ 王名、贾西津：《中国NGO的发展分析》，《管理世界》2002年第8期。

速发展的社区层面的社会组织，大多停留于"自娱自乐"层次，或仅提供"俱乐部产品",① 而没有发挥表达群体诉求、参与公共管理或提供公共产品等公共权力部门不具有的预期功能。

三 公共性不足的成因分析

上述分析在一定程度上揭示了当前中国推进社会建设面临的各种"软约束"。这些后果不能简单地归因于制度供给不足或体制架构存在缺陷，还必须从公共生活的原动力、民众素养以及市场理性的边界设置等更为深层次的因素中查找原因。

（一）差序格局的当代嬗变与公共性的阙如

"公共性"的发育有赖于一个社会在制度、文化和心理层面形成关于"公"与"私"及二者之间关系的合理安排。在中国社会，对"公"和"私"及其关系的讨论绵续不绝，一般认为，"公"与"私"尖锐对立，"私"是负面的，"公"是正面的，"公"主要指政府的利益和价值，很少涉及社会生活。② 当然，这种公私关系的分析尚不足以充分揭示中国公共性生产之艰难的文化和心理原因，还有必要进入到对个人主义与利己主义之关系及其对公私边界之影响的分析中去。

如韦伯在比较基督教新教与中国儒家文化时，想象了中国的文化和社会心理特点：一方面是人们互动中普遍存在的信任缺失和不诚实,③ 以及抽象的、非个人的和纯粹目的性的社团、公司等真正"共同体"的匮乏，另一方面是依凭个人关系建立的政治和经济组织具有不可替代的作用，"共同行动被卷入到纯粹的个人关系、特别是各种亲戚关系中，被它们所限定"。④

在一定程度上，费孝通证实了韦伯的这种想象，认为在中国，"私"

---

① 王瑞华：《社区自组织能力建设面临的难题及其成因》，《城市问题》2007年第4期；赵巍、齐绩：《中国城市社区非营利组织面临的问题与发展趋势》，《社会主义研究》2004年第4期。

② 陈弱水：《公共意识与中国文化》，新星出版社2006年版，第99—105页。

③ Max Weber, *The Religion of China: Confucianism and Taoism*, Glencoe: The Free Press, 1951, pp. 231–232.

④ Ibid. , p. 241.

不能被简单地划入人之本性范畴，而跟"群己、人我的界线怎样划法的问题"联系在一起，因此应放在"整个社会结构的格局"中来认识。中国社会的构成是以"自我主义"（selfishness）即利己主义为中心，根据"己"之血缘、资本而伸缩自如的"差序格局"是其基本衍生逻辑。这种伸缩自如的私德模糊了公共利益与私人利益的差别，可以助推牺牲大家成就小家甚至个人的现象的发生。①

可见，"差序格局"不可能成为"公共性"发育和生长的沃土。值得注意的是，在市场化的今天，"差序格局"逻辑尽管在理论上同现代市场经济的基本原则以及现代科层体制排除私人感情的工作纪律是对立且不相容的，但实践中反而以独特的机制与后者结合在一起，一方面摧毁了它在传统社会中建构道德共同体的功能，另一方面从市场、科层制以及学术体制内部瓦解并置换其应有的游戏规则，破坏了经济、政治、文化和学术之间本应存在的边界。总之，"差序格局"放大了"利己主义"的效应。②因此，"公共性"虽然可能会以特定群体利益的面目出现，其实质却是对更大的公共性的牺牲和对利己主义的遮蔽，未能超出费孝通的"自我主义"的范畴。

（二）现有制度对公共性的掣肘

过去十多年来，我国全面加强了制度建设的理性化水平，强调科学、绩效和成本控制的理性主义精神。③ 制度建设的理性化一方面为管理的科学化提供了基础性支撑，代表了现代国家建设的基本方向，另一方面则催生出社会管理制度的高度技术化及其导致的"碎片化"特征，在一定程度上成为公共性发育和生长的障碍。

首先，技术治理导致公共空间的切割和碎片化。由于治理技术的精致化发展大多只触及行政体制中的工具和操作层面，未从根本上改变行政权力运行的布局和架构，④ 因此，不同部门、不同地区以自身为中心展开的

① 费孝通：《乡土中国 生育制度》，北京大学出版社1998年版，第30页。
② 肖瑛：《把个人带回社会》，载应星、李猛主编《社会理论：现代性与本土化》，生活·读书·新知三联书店2011年版。
③ 杨雪冬：《市场发育、社会生长和公共权力构建：以县为微观分析单位》，河南人民出版社2002年版。
④ 渠敬东、周飞舟、应星：《从总体支配到技术治理——基于中国30年改革经验的社会学分析》，《中国社会科学》2009年第6期。

制度设计往往容易使具有整体特征的公共空间被技术性地"碎片化"。比如，新中国建立以来，中央与地方关系的调整和改革，基本上延续了传统中国的治理逻辑，即以属地管辖和行政内部发包制为特征，由职权同构和行政分权构成多层级的地方政府结构。① 在央—地关系未有根本改变的情况下，自改革开放以来，中国地方政府逐步形成了独特的 M 型结构（Multidivisional Structure）。在这种结构中，分权不仅发生在不同级政府层面（即中央、省、地区、县、乡和村），而且发生在同级政府管辖的不同区域层面，形成职权交叉重叠、高度分权的政府层级间关系，以及很少相互依赖的同级间政府关系。② 这种结构导致公共空间、公共利益的部门化和碎片化。

其次，制度的理性化与民主化的不同步抑制了公共性的生产。制度的理性化通常早于民主化，但单纯的理性化可能导致工具主义的膨胀；制度的民主化则可以通过激发公众参与公共活动，保证制度理性化朝着有利于大多数人利益的方向发展。过去十多年来，与市场经济追求绩效目标相一致的是，我国制度的理性化（技术化）进程较快，但公众的参与局限于少数环节的部分参与；参与方式单一，主要是满意度测评或社会评价；参与的影响力有限。③ 制度的理性化与民主化之间的张力限制了公共性的生产：制度的理性化使得不掌握相关专业知识的公众越来越难以对公共政策发表实质性意见。

最后，缺乏系统支持的公众参与制度削弱了公共性生产的基础。有效的制度安排不仅需要清晰界定人们对利益、角色和行为模式的认知，而且需要紧密嵌入于其他制度之中，获得系统性支持。一般而言，支撑公共性生产的成熟的公众参与制度都与公共财政预算制度、政府绩效评估制度"捆绑"在一起，支持着公众切实地参与到国家的公共决策活动中去。相比之下，我国当前的公众参与制度设计大多较为简单。比如，许多城市社区成立了由社区各界代表组成、作为社区公共管理的制

---

① 陈剩勇、张丙宣：《建国 60 年来中国地方行政区划和府际关系的变革与展望》，《浙江工商大学学报》2009 年第 5 期。

② 钱颖一等：《中国的经济改革为什么与众不同——M 型的层级制和非国有部门的进入与扩张》，《经济社会体制比较》1993 年第 11 期。

③ 周志忍：《政府绩效评估中的公民参与：我国的实践历程与前景》，《中国行政管理》2008 年第 1 期。

度化平台的社区委员会，但这类组织既不能决定社区公共资金的配置，又不能对社区各公共部门的行为进行实质性监督，最终难以规避"空转"的尴尬。

（三）国家、民众与知识分子：不同公共性诉求之间的紧张

虽然"公共性"是现代诸社会的共性，但是，由于现代社会的高度分化，不同利益和价值的群体在"公共性"的认知和作用方面必然存在一些争论。从理论上说，这些争论恰恰是公共性生产的标志。但是，在当下中国，围绕建设什么样的"公共性"，以及"公共性"的功能定位等问题，虽然在实践层面有了一些讨论，但由于参与讨论的各种力量各执一端，相互沟通难以可能，反而延误了公共性的生产。

第一，渐进式体制改革与国家对公共性的诉求。现代国家与公共性之间有着复杂而多维的关系：一方面，"国家性"与"公共性"之间具有内在的一致性，前者本质上是"公共性"的，并必须通过"公共性"才能获取合法性；另一方面，由官僚机构和立法部门组成的国家又具有自身的独特诉求，在政治实践中，具体的国家机构会通过一些机制来规制和塑造公共性。[1] 哈贝马斯在分析英国、德国和法国历史上公共领域的形成时指出，经济和政治发展结构的差异会导致不同国家在公共性的发展问题上持不同立场。因此，我们不能离开具体的政治、经济发展情境讨论国家对公共性的诉求。我国改革开放以来，国家对公共性持总体鼓励但相对谨慎的态度：首先，国家提倡自下而上、循序渐进的公共性培育路径。我国在改革上采取的是由执政党主导的、自下而上的渐变路径，从微观改革、局部实验、体制外增量改革开始，逐步过渡到宏观改革、全面推广和体制内存量改革。[2] 由于公共性的培育在深层次上与权力配置相关，涉及政治体制改革的某些领域，因此国家采用的也是自下而上的渐进式推进策略。作为这种策略的客观后果，公共性在基层空间（农村和城市社区）中获得了一定的制度保障，但依然存在很多问题。其次，地方政府容易将公共性工具主义化。[3] 在这种逻辑惯性下，一些权力部门容易将公共性视为治理工

---

① 菲利普·汉森：《历史、政治与公民权：阿伦特传》，刘佳林译，江苏人民出版社 2004 年版，第 116—118 页。

② 何增科：《渐进政治改革与民主的转型（上）》，《北京行政学院学报》2004 年第 3 期。

③ 徐湘林：《以政治稳定为基础的中国渐进政治改革》，《战略与管理》2000 年第 5 期。

具或策略，其结果一方面是公共治理的制度保障不稳定，另一方面是公共参与的精神与价值基础长期缺位。

第二，实用主义价值观与市民群体对公共性的诉求。在今天的中国，一方面是拥有私有财产和具有现代权利意识的中等收入者群体的诞生，另一方面是民间组织数量和规模的持续扩张，共同推动着这一群体"公共性"诉求的成长。总体来看，这种公共性诉求具有较强的实用主义特征：首先，主要以保护个人权利和私有财产为前提，从近年来各地发生的一些公共事件来看，其核心大体都与公众权利以及合法权益的维护有关，相比之下，一些地方政府在基层努力营造的一些公共事务常因离公众的现实利益诉求较远而缺乏充分的民间支持。其次，其常通过互联网和其他信息传媒来表达，没有显而易见的意见中心，也没有显性的组织载体，从而形成国家机构与普通市民对公共性生产方式的认知张力。再次，其以吸引政府注意力帮助解决具体问题为旨趣，工具主义特征明显。最后，在差序格局逻辑下，民间的公共性诉求容易走向集体利己主义。

第三，价值理念主导与知识分子对公共性的诉求。知识分子对公共性的想象和追求受自身社会定位、价值取向和思维方式的影响。他们会形成思考"公共性"的若干基本逻辑：首先，从二元论角度分析"公共性"与社会中其他力量之间的关系，譬如从传统的国家—社会理论角度来想象国家与社会、"国家性"与"公共性"的关系，渴望建立泾渭分明的国家与社会范畴；其次，在目标和过程的关系上，倾向于重目的设计而轻过程分析，甚至把目标视为过程，较少关注作为目标取向的"公共性"在中国复杂情境之下发育和生长可能的独特逻辑和道路，因此，对中国社会转型包括公共性的前途容易出现两极分化的判断，乐观主义与悲观主义各执一端；另外，较少反思知识分子的"唯智主义"倾向，以理论的分析替代对复杂社会现实的洞察，以自身的追求替代日常生活中民众对"公共性"的实际要求，以一种"公共性"视角替代其他的"公共性"视角。

上述三种不同力量在"公共性"诉求上的张力在中国当下情势中表现得格外明显：国家已经认识到"公共性"在现代市场经济和开放社会中的重要性，增进社会公共产品提供的质量和规模。知识分子则希望"公共性"建设能更进一步。这种意见分歧突出体现在基层社区治理的目标取向的界定上。① 而在民众对参与的"效能"（efficiency）不抱期待时，其结果是多重消极的：要么是缺乏参与的积极性，② 国家必须花费大量的人力物力开展"动员式参与"，③ 要么是民众的自我组织转入到地下，或者利用新兴媒体如互联网聚集，形成政府难以规避的"网络公共空间"。

四 走出公共性的困境：公共性生产的现实路径

"公共性"虽然遭遇到制度、文化、心理等多重困境，但是其在多个维度和层次上得到呈现。本文仅从具有时代特点的路径展开讨论。

（一）网络草根组织与公共性的成长

近几年来，我国出现了许多建立在互联网络技术平台之上的公益性社会组织，"多背一公斤"就是这类组织的典型。其在运行模式上有四个特点：创造一种在城乡之间的真实联系，把利于他人的公益性与参与者自身的利益性结合起来的，促进陌生人之间相互理解、平等、信任、友善、宽容、分享、责任和爱的"公共性价值"；为在校大学生和年轻白领等志愿者构建一种发挥自主性的平台，以了解这些群体的社会心理和行动特点，通过因特网络进行开放式的组织动员，参与者可持不同动机而无须背上"公益"包袱和道德压力；坚持以参与者的志愿精神和对组织公益理念的认同来保障组织的有效运转，借助参与者的资源，激发他们的创造力，信任并赋予其更多权力，使他们直接参与公益活动的设计和全程运作；重视在平等合作的前提下同政府部门、企业开展一些更具影响力的公共活动，共同推展公益事业。④

---

① 参见李友梅《基层社区研究提问法及其变化》，载李友梅、孙立平、沈原主编《当代中国社会分层：理论与实证》，社会科学文献出版社 2006 年版；杨寅：《城市社区建设与公民社会培育之互动》，《法制论丛》2006 年第 2 期；刘继同：《从居民委员会到社区委员会：内源性革命与民间社会的兴起》，《社会科学辑刊》2003 年第 4 期。

② 林尚立：《社区民主与治理：案例研究》，社会科学文献出版社 2003 年版，第 16—17 页。

③ 海贝勒、舒耕德：《从群众到公民——中国的政治参与》，第 10 页。

④ 参见张志祥《网络草根组织资源动员研究——以多背一公斤为个案》，博士学位论文，上海大学，2009 年。

包括培育"公共性价值"在内，"多背一公斤"的运行模式同"公共性"的各种诉求和特征具有本质上的一致性：开放动员方式超越了传统差序格局的社会动员逻辑，降低了参与者在道德、组织以及物质上的负担，允许参与者自由流动和退出；珍视中间阶层和大学生群体的主动性和创造性，为普通积极分子、知识分子和相关政府部门对公共活动的不同预期提供沟通机会，使"国家、民众、知识分子对公共性的不同诉求"有沟通的机会。总之，把"参与"、"说服"、"多样性"结合在一起，形塑出共同行动的"共同性"基础。可以说，网络草根公益组织带来传统中国社会组织模式的改变，其本身构成了"公共性"生产的一个表征。

（二）业主维权组织的发育与公共性的转型

随着商品房小区有了物业管理，业主维权成为中国城市生活的重要内容，并有迹象成为推动中国城市公共性生产的主要动力之一。[①] 业主维权运动的动力源自私人财产权的维护，业主维权本身属于市场现象，[②] 与"公共性"了无干系。但在我国当下的情势中，影响"业主维权"的力量不仅有市场和社会，还有地方政府及国家法律。业主委员会是拥有私人住宅的市民的自治性经济利益组织，其"主要职责是监督物业公司的管理服务工作、负责各种经费管理等事务"，[③] 其基于同房地产开发商或者物业管理公司之间的张力所形塑的"公共性"的边界以住宅小区的围墙为限。这一点可以从其归口地方政府的房地产管理部门而非民政部门呈现出来。与依傍单位制而出现的老住宅区的居民在生活上高度依赖地方政府不同，业主委员会对地方政府的依赖较弱，其行动倾向于基于个人利益的"自主性参与"。[④] 由于业主委员会的有效运行可能致使地方政府的权力边缘化，后者会不由自主地干预和约束前者的运作。有许多业主自我组织起

---

① 张磊：《业主维权运动：产生原因及动员机制》，《社会学研究》2005 年第 6 期；张磊、刘丽敏：《物业运作：从国家中分离出来的新公共空间》，《社会》2005 年第 1 期；沈原：《社会的生产》，《社会》2007 年第 2 期；陈鹏：《从"产权"走向"公民权"——当前中国城市业主维权研究》，《开放时代》2009 年第 4 期；《当代中国城市业主的法权抗争——关于业主维权活动的一个分析框架》，《社会学研究》2010 年第 1 期。

② 肖瑛：《复调社会及其生产》，《社会学研究》2010 年第 3 期。

③ 石发勇：《业主委员会、准派系政治与基层治理》，《社会学研究》2010 年第 3 期。

④ 参见海贝勒、舒耕德《从群众到公民——中国的政治参与》，第 50—55 页。

来以捍卫自身的利益,[①] 有时"公共性"的内涵会发生根本性转换,从"社会参与"层面进入到对具体性行政事务的理性参与层面。

（三）企业社会责任与公共性生产

自 1950 年代以来,越来越多的企业开始追求超出对业主或股东狭隘责任观之外的社会责任。到今天,"企业社会责任"已经被高度制度化,镶嵌于诸如"开明自利"（enlightened self-interest）的制度伦理或类似于 SA8000（Social Accountability 8000,即企业社会责任标准）国际标准守则之中,许多企业自觉地在长期盈利与社会的公共目标之间建立起某种制度化关联。[②] 随着中国经济日益融入全球贸易体系,越来越多的大企业开始追求合格"企业公民"的形象。与一般组织和社会团体不同的是,奉行企业社会责任的商业组织大多拥有较强的经济资源、技术储备和行动能力,当它们参与增进公共福祉的活动时,中国公共领域的资源供给结构和主体间的关系结构也随之发生变化:首先,企业参与公共活动的最主要形式是提供资源和技术支持,这改变了长期以来中国公共领域资源主要来自政府的单一供给格局;其次,企业主要是借助其他社会组织、团体来组织或参与公共活动,开展"跨界"活动,从而促成了活跃的社会力量与企业之间的互动,增进了各界之间关于公共问题的共识,推动了公共性的生产;再次,企业总是结合自身的运营领域和技术特长开展公共活动,因而有可能从新的角度促进人们对公共性问题的思考,吸引更多的社会参与者;最后,更为重要的是,企业参与公共性的生产实质上改变了中国关于公共性的传统观念,把自利与利他结合起来思考公共性。

五　讨论：重建信任与公共性困境的超越

在当代中国,真正的个体化建构一方面需要从制度上否弃一己私利,另一方面需要作为社会成员的每一个个体的自我反思,参与到超越"利己"的公共活动中。从根本上说,利己主义与信任的缺失是分不开的。

---

① 沈原:《社会的生产》,《社会》2007 年第 2 期。

② 约瑟夫·格拉斯契维茨:《使法人行动者（公司）负责任:明尼阿波利斯—圣保罗市的制度建立过程》,载沃尔特·W. 鲍威尔、保罗·J. 迪马吉奥主编《组织分析的新制度主义》,姚伟译,上海人民出版社 2008 年版。

但是，民众参与和社会信任是相互强化的；信任别人的人是全面发展的好公民，而那些积极参与社会生活的人，不仅更信任别人，而且更值得信任。相反，脱离公共生活的人认为自己被恶人环绕，从而会缺乏诚实的自律。公众参与、互惠、诚实与社会信任这四者之间的因果关系十分复杂，就像一团乱麻，不过这四者是紧密交织在一起的。① 无论是理论上还是经验上，"公共性"都不会作为公共权力的对立面而存在，相反会在多个方面支持公共权力的正常运转：第一，公共性的功能及其运作逻辑在于，在约束公权力的运作方式过程中，防止后者腐败，使之具有可持续性。第二，受到有效监督和约束的公共权力与民众的诉求之间虽然依然有着张力，但公众对政府的支持源于此。② 更进一步看，无论是政党—国家体制还是知识分子或者民众，对于当前中国公共性的特点及其发展，都需采取更为现实的对策。其中，更为细致地区分"政治参与"的内涵至关重要。有学者把"参与"分为"政治参与"和"社会参与"。在中国，有必要把"政治参与"进一步区分为"政党政治参与"和"事务性参与"两种类型。严格的"政治参与"主要指前一种参与。在中国，"政治参与"应该限定在"事务性参与"上，即对政府的具体行政事务的参与和监督，不仅参与具体行政政策的制定和实施，而且参与对国家在地方的代理人的权力和行动的监督。这种区分既为我国"公共性"的功能限定了边界，也为其参与政治创造了空间。而且，后一种参与会自下而上地维护着政党政治的合法性和稳固性。从这个角度看，"公共性"同"政治性"并无对立，反而有助于形成良性的政治发展格局。

但是，仅有公众组织的这种自我克制和自我定位还不够，公共性的发育亦仰赖于稳定的、合理的、张弛有度的公共政策的制定和实施。更为重要的是明确公众组织的活动边界——即上文所说的"事务性参与"，为民众对公共性的稳定预期创造制度性条件，体现公共权力部门对公共性的信任和支持。唯其如此，公共权力部门同民众之间的相互信任关系才可能建立起来。

当然，新型社会体制即培育和深化公共性不仅有赖于国家制度的认

①　罗伯特·帕特南：《独自打保龄：美国社区的衰落与复兴》，刘波等译，北京大学出版社2011年版，第152页。

②　海贝勒、舒耕德：《从群众到公民——中国的政治参与》，第20页。

可，而且需要在社会认知层面经历人们将"社会协同、公众参与"的行为和相关知识"视为当然而接受"的过程。只有以这种"制度化"为基础，国家机构、各类社会组织和团体才会逐渐形成各自在社会建设中的角色预期，及在面对公共事务时相互共处的、可预期的"惯例"和"规则"，达成关于多元合作结构的事先协议，以"节约交易成本、减少行动者的机会主义行为和其他各种形式的'偷懒'行为"。①

关于"制度化"的路径和方式，经典社会学制度研究提供了两种主要思路：第一种由人类学家道格拉斯提出，她在分析为何历史上只有部分制度所暗含的思想或象征符号会唤起人们的强烈情感反应时提出"自然化类推"（naturalizing analogies）概念。按照这一概念，制度始于惯例，但由于惯例是以利益一致性为基础的，所以容易受到违背、重新谈判与机会主义的影响，因此，一种行为惯例要成功地制度化，要有一种"并行的认知惯例来维持它"，② 即要从历史和文化中寻找惯例来支持制度化的进程。第二种认为制度化发生在一定的"场域"中，是借助日常生活中的互动实践建构起来的。1980 年代以后，社会学制度学派的研究接续这种思路，认为正是在组织场域中，不同组织在互动实践中形成了强制、模仿和规范三种机制，使制度化过程得以成型。③ 概言之，在现代社会中，制度化的过程或者可以从历史文化的演进中寻求"认知惯例"，或者可以在相关行动者频繁的互动实践中逐步成型。

《中国社会科学》2012 年第 4 期

---

① Kenneth A. Shepsle, "Institutional Equilibrium and Equilibrium Institutions", in H. Weisberg, ed., *Political Science: The Science of Politics*, New York: Agathon Press, 1986.

② Mary Douglas, *How Institutions Think*, Syracuse, New York: Syracuse University Press, 1986.

③ Paul J. Di Maggio and Walter W. Powell, "The Iron Cage Revisited: Institutional Isomorphism and Collective Rationality in Organizational Fields", *American Sociological Review*, Vol. 48, No. 2, 1983, pp. 147 – 160.

法　　学

论健全社会主义法制

张友渔*

摘要 本文论述了健全社会主义法制的若干问题，认为：只有发扬社会主义民主，才能加强社会主义法制；只有社会主义法制得到加强，社会主义民主才有保障。作为人民民主专政的工具之一，社会主义法制在保护人民、打击敌人、组织经济、发展科学文化事业等方面，担负着广泛的任务。在今后一个相当长的历史时期内，法制的重要作用应是巩固和发展安定团结的政治局面，促进社会主义经济的发展。本文从立法角度对修改宪法与加强经济立法提出具体建议，着重指出，当前急待解决有关企业地位的立法，以及有关集体经济和国家允许经营的个体经济的立法问题。文章并认为，必须加强党对司法工作的领导，反对封建特权思想，坚持司法机关依法独立行使职权的原则，以确保法律的实施。

我国正处在一个重要的历史时期，在党的领导下，全国人民正为实现四个现代化而努力奋斗。如何健全社会主义法制，正确地运用社会主义法制这个武器，保证"四化"大业有秩序地进行，这是人们都关心的问题。本文就这个问题，从下列三个方面进行论述。

一 社会主义民主与社会主义法制的相互关系

在社会主义社会的政治生活中，民主与法制是紧密相联、相辅相成

---

* 张友渔，1899 年生，全国人民代表大会常务委员会法制委员会副主任，中国社会科学院副院长，北京大学法律系教授。

的。要正确认识社会主义民主和社会主义法制的相互关系，首先有必要对民主和法制的概念以及它们的历史发展有一个科学的理解。

民主一词，马克思列宁主义有时理解为"大多数人的统治"①。从这个意义上说，在原始社会便已经有了民主，这是因为原始公社是由全体成员共同来管理氏族，决定它的重大事务的。但是原始社会没有阶级，没有国家，因而这种民主还没有形成一种政治制度，只不过是长期形成的"习惯和传统的力量"②。同时，根据马克思列宁主义的通常的理解，民主是指"人民的政权"，也就是指同专制制度相对立的民主政治制度。列宁在谈到古希腊、罗马时代奴隶占有制的政治制度时指出："那时已经有君主制和共和制、贵族制和民主制的区别。君主制是一人独裁的政权，共和制是一切政权机关都由选举产生；贵族制是很少一部分人的政权，民主制是人民的政权（民主一词按希腊文直译，意思是人民的政权）"。③ 可见，民主作为国家的一种政治制度，是在奴隶占有制时代产生的。但是，在奴隶占有制下的民主，"人民"实际上指的是奴隶主，他们享有全部政治权利，奴隶不仅不算公民，而且不算人。古希腊虽曾建立过雅典民主共和国，并曾用"议事会"和"人民大会"实行所谓"民主"，但是这种"民主制"仍然是体现奴隶主的利益和要求的，占82%的奴隶和处于奴隶地位的被保护民是被排除在这种民主之外的，他们无权参加"议事会"或"人民大会"，对于他们存在的只是保护奴隶主残酷统治的野蛮的法制。因此，这种民主和现代所说的民主有很大的区别。至于在封建社会，是以君主专制为特征的，实行君主个人独裁，更谈不上什么民主。在中世纪的欧洲城市里，由于手工业和商业的发展，也曾产生过带有某些地方自治色彩的所谓"民主政权"，但完全掌握在城市贵族手中，是贵族和商人对劳动人民的专政。

中国长期的封建社会也是没有民主的。《管子》说："夫生法者君也，守法者臣也，法于法者民也"（《管子·任法篇》）。商君说："古之民朴以厚，今之民巧以伪。故效于古者，先德而治；效于今者，前刑而法。"（《商君书·开塞篇》）韩非也说："以宽缓之政，治急世之民，犹无辔策

---

① 《列宁全集》第18卷，人民出版社1959年版，第273页。
② 《列宁选集》第4卷，第49页。
③ 同上。

而御悍马，此不知之患也。"（《韩非子·五蠹篇》）法家曾标榜所谓"王子犯法与庶民同罪"，这是骗人的，说得好一点，也只能说是法家的幻想，不可能完全兑现。商鞅这位法家的泰斗，在他自己掌权的时候，还不是太子犯法只拿他的师傅作替罪羊吗？

至于法制，也有不同的解释。按我们现在通常的说法，则是指一个国家必须制定比较完备的法律，使民主制度化、法律化，并保证其得到执行和遵守。在奴隶占有制国家里，不管它们是君主制还是民主制，基本的事实是，法律不仅是由少数奴隶主所制定，而且是以公开的不平等作为立法原则。法律只保护奴隶主，唯有他们才是享受一切权利的公民，而奴隶按法律则是一种物品，对他们可以随便使用暴力，直至处死。至于在封建专制制度下，君主的意志就是法律，他对农民操有生杀予夺的大权，法律只不过像《管子》所说，是整人民的。十分明显，在奴隶占有制国家和封建专制国家，虽然有法和法律制度，但不是我们通常所说的那种法制。

人类社会只是发展到了近代资本主义社会，资产阶级才把资产阶级民主和资产阶级法制，作为进行阶级统治的基本原则加以倡导和实行。资产阶级民主制和奴隶占有制的民主制比较起来，虽然同样是为少数剥削者的阶级利益服务，但却有其特点：其一，资产阶级民主是在承认私有财产神圣不可侵犯的前提下，宣布剥削者和被剥削者间形式上的或法律上的平等。其二，资本主义社会本来是存在着严重的阶级对立的社会，但资产阶级却宣布自己是以自由为基础来实行统治的。列宁在谈到资产阶级民主的这些特点时指出："资产阶级的民主是充满了冠冕堂皇的词句、动听的诺言和响亮的自由平等口号的民主，事实上，这种外表堂皇的民主掩饰着妇女的不自由和不平等，掩盖着劳动者和被剥削者的不自由和不平等。"[1]与资产阶级民主密切相连的是资产阶级法制。资产阶级在建立自己的阶级统治后，通过国家政权把资产阶级民主制度化、法律化，在宪法和法律中，确立了议会制度和普选制度，规定了公民的自由和平等权利，在形式上，全体公民一律平等，所有的人都必须遵守法律，法律对大家都同样保护，实际上则是维护少数资产者在经济上和政治上的特权。就是这样，资产阶级把资产阶级法制与资产阶级民主联系起来，实行所谓民主政治，建立所谓法治国家。为什么资产阶级要这样做呢？这当然是为了适应它自己

---

① 《列宁全集》第30卷，人民出版社1957年版，第101页。

的需要。

第一，资本主义的发展要求民主。资本主义经济是商品经济，需要自由生产，自由交换，需要突破封建专制的各种限制。

第二，当时，在政治上，民主有利于资产阶级。资产阶级的统治，是在对封建阶级进行革命的基础上建立起来的。在封建社会后期，资产阶级要从封建统治的压迫下争得发展的权利，就需要用民主这个武器同封建阶级作斗争，用它来推翻封建统治。

第三，资产阶级在革命中需要劳动人民的支持，因此，它也就需要举起"民主"的旗帜来号召和组织群众，以利于自己领导资产阶级民主革命。资产阶级建立起自己的统治后，需要团结本阶级和欺骗劳动人民，求得安定，巩固统治，因而不能抛弃革命中所提出的"民主"口号，而必须有所兑现。否则资产阶级内部不能团结，劳动人民也会起来造反。

总之，在当时，资产阶级不能不要民主。而要实现民主就需要建立法制，以限制和防止统治者个人独裁，同时，也限制和防止劳动人民运用民主权利（在他们看来是滥用民主权利）。因此，资产阶级的民主和法制是连在一起、同时出现的。

资产阶级的民主是资产阶级法制的基础，资产阶级民主作为资产阶级的国家形式，是通过法制反映出来的。许多启蒙思想家在他们的著作中论述了资产阶级的民主要求，同时，也提出了建立保障民主的法制的要求。他们都标榜"主权在民"，并设计了人民如何行使权利（实际上是资产阶级的权利）的蓝图。如洛克认为一个国家有三种权力，即立法权、行政权和对外权，而立法权和行政权不能同属于一个机关。他说："如果同一批人同时拥有制定和执行法律的权力，这就会给人们的弱点以绝大诱惑，使他们动辄要攫取权力，借以使他们自己免于服从他们所制定的法律，并且在制定和执行法律时，使法律适合于他们自己的私人利益。"① 孟德斯鸠受洛克分权论的影响，并考察了英国当时的制度，在他的名著《论法的精神》中提出："每一个国家有三种权力：（一）立法权力；（二）有关国际法事项的行政权力；（三）有关民政法规事项的行政权力。"又说，"依据第三种权力，他们惩罚犯罪或裁决私人讼争。我们称后者为司法权力，而第二种权力则简称为国家的行政权力"。他反对把三权集中于一人

---

① 洛克：《政府论》下篇，北京出版社 2007 年版，第 89—90 页。

和一个机关的作法，认为"如果同一个人或是由重要人物、贵族或平民组成的同一机关行使这三种权力……则一切便都完了。"① 所有这些，都反映了当时资产阶级反对封建专制统治的民主要求，是资产阶级民主的主要内容，而资产阶级的法律，则是反映和保卫资产阶级民主的这个主要内容的。因此，人们也把资产阶级统治的"民主共和国"叫作"法治国"。毛泽东同志曾经说过："英国也好，法国也好，美国也好，资产阶级都有过革命时期，宪法就是他们在那个时候开始搞起的。我们对资产阶级民主不能一笔抹杀"②。这就是说，我们对资产阶级民主要作历史的具体的分析，我们要承认资产阶级民主在反封建制度斗争中的历史地位和它在当时的进步作用。

但是，资产阶级民主有局限性、欺骗性，因而它的法制也有局限性、欺骗性，其本质与奴隶制国家和封建制国家并无不同。这明显地表现在对待劳动人民的态度上。尽管各个资产阶级国家采用的具体形式不同，但从根本上说，劳动人民是没有民主权利可言的。有的资产阶级国家直接否认人民有平等的权利和民主自由，或者在事实上把它们化为乌有；有的资产阶级国家虽然标榜民主原则，但同时又加上许多附带条件和限制，而使民主权利残缺不全。例如资产阶级说一切公民都有平等的选举权，但有的国家同时又规定居住期限，教育程度，财产资格等限制，或附带若干条件，使劳动人民难以实现。有的国家虽然在法律上没有规定财产的限制，但实际上有限制。例如日本的选举法规定：候选人必须交纳保证金，最高的200万元，最低的10万元。如果选举结果得不到一定的票数（例如：众议员是以该选区议员定额除有效投票总数所得数的1/5，其他有1/8、1/10的），保证金就被没收。这实际上是限制工人、农民和其他劳动人民做候选人。又如日本选举法第138条规定：不许候选人登门访问选民。表面看起来，好像很公正，实际上受限制的是劳动人民。因为他们没有钱租用宣传车、广播电台、讲演会堂等，不得不采用登门访问的办法。资产阶级根本用不着这样做。日本选举法还规定：每一个竞选人的法定活动费用，东京为1000万日元，实际有的达45000万日元。劳动人民哪里有这么多钱？

① 孟德斯鸠：《论法的精神》，商务印书馆中译本，第155—156页。
② 《毛泽东选集》第5卷，人民出版社1977年版，第127页。

从以上情况不难看出，对于无产阶级和广大劳动人民来说，既然连法律所规定的民主都不能享有，那么这一种法制，也就不可能是他们权利的保障。资产阶级民主的局限性和虚伪性，决定它必然要被无产阶级的民主所代替，这是历史发展的规律。只有社会主义民主和社会主义法制才真正在劳动人民利益的基础上统一起来。

社会主义民主是社会主义法制的基础，社会主义法制是保卫社会主义民主的武器。我们要发扬社会主义民主，同时就必须加强社会主义法制，两者是统一的，不可缺一，不可偏废。认为民主可以冲破法制，法制是为了限制民主，把二者看成是对立物，这显然是不对的。

社会主义民主和社会主义法制的一致性是由我国社会主义制度的本质决定的。这种一致性表现在：（1）民主是法制的基础，法制是保障民主的武器。我国的社会主义民主不仅仅是人民享有言论自由等广泛的民主权利，更重要的是人民有管理国家的权利，人民是我们国家的主人。这一点正是社会主义法制的重要内容。宪法和法律规定了民主权利的具体内容，行使的程序，如何受到保护等，而有关法律的实施也就对公民的民主权利发挥了保障作用。没有这些措施，民主便成了一句空话。（2）法制的加强，法律措施的有效实现，归根结底还必须依靠人民群众的力量。而要调动人民群众的积极性，这又必须发扬社会主义民主。只有充分发挥了群众的力量，社会主义法制才能加强。也就是说，社会主义法制，不仅其内容必须保障社会主义民主，而且要发挥这种保障作用，也必须依靠人民，经过民主程序，采用民主办法。因此，社会主义法制本身也就具有极广泛的民主性。

发扬社会主义民主，还必须解决与此相关联的一个重要问题，即民主与专政的关系。我国现行宪法规定："中华人民共和国是工人阶级领导的以工农联盟为基础的无产阶级专政的社会主义国家。"这里所说的无产阶级专政即指人民民主专政，它包括两个方面，即对广大人民实行民主，对极少数阶级敌人实行专政。这两个方面是紧密相联，不可分割的。工人阶级只有在本阶级内部和人民内部实行民主，才能把全国人民的积极性调动起来，形成一支强大的力量，对极少数阶级敌人实行有效的专政；同时，也只有对极少数阶级敌人实行有效的专政，防止和粉碎他们的一切反抗和破坏活动，工人阶级和人民内部的民主才有保障。对人民实行民主是对敌人专政的前提和基础，离开了人民民主，离开了工人阶级和广大劳动人民，对敌人的专政就只能是一句空话。所以，民主和专政是一个事物的两个方面，是互相依存的统一体。正如毛泽东同志所说："在人民内部实行民主，对人民的敌人实行专政，这两个方面是分不开的，把这两方面结合起来，就是无产阶级专政，或者叫人民民主专政。"（毛泽东：《在扩大的中央工作会议上的讲话》）如果认为专政高于民主，或者民主高于专政，在理论上和实际上都是说不通的。无论民主还是专政都属于上层建筑的范畴，都是为经济基础服务的，从这个意义上说，民主和专政都是手段，而不是目的。但是在现阶段的中国，特别需要强调社会主义民主。这是因为，中国是一个封建主义长期统治过的国家，缺乏民主传统，在人们的思想和行动中，封建主义的影响仍然很深。同时，民主革命胜利后，我们着重强调了无产阶级专政，这是对的，但是多少有些忽视了民主的宣传与实践。特别是林彪、江青反革命集团打着无产阶级专政的旗帜，实行封建法西斯专政，彻底破坏了社会主义民主，给国家造成严重危害。因此，现在强调充分发扬民主是必要的。但是，强调发扬民主并不意味着可以削弱或是取消人民民主专政，所以，我们党在"四项基本原则"里，提出要"坚持人民民主专政即无产阶级专政"。如果有人打着所谓"争民主"、"争人权"的旗号，反对人民民主专政，那是绝对不允许的。那种借"民主"之名，行推翻人民民主专政之实的反革命犯罪行为，一经发现必须坚决打击。可是，坚持人民民主专政也并不仅仅限于镇压敌人这一项任务。它还包括组织发展国民经济，发展文化教育等内容。列宁曾经说过，"无产阶级专政是对旧社会的势力和传统进行的顽强斗争，流血的和不流血的，暴力的和和平的，军事的和经济的，教育的和行政的斗争。"[①] 斯大林也曾指出，"无产阶级专政有其各个时期、各种特殊形式和各种不同的工作方法。……在社会主义建设时期最明显的是专政的和平工作、组织工作、文化工作、革命法制等等"[②]。"四人帮"把"专政"简单化为只是镇压，并把要镇压的专政对象扩大到全体人民，是十分荒谬的。特别是在全国工作着重点转移到社会主义现代化建设上来以后，作为组织经济的任务就更为突出。这已成为人民民主专政的主要任务。作为人民民主专政

---

① 《列宁选集》第4卷，人民出版社1972年版，第200页。
② 斯大林：《论列宁主义的几个问题》，《斯大林选集》上卷，人民出版社1979年版，第410页。

的工具——社会主义法制，它既然要和人民民主专政的职能相适应，当然也不能仅仅规定镇压敌人这一项任务，而必然要在保护人民，打击敌人，组织经济，发展科学文化等各个方面，担负着广泛的任务，发挥着全面的作用。法制确实是巩固人民民主专政的重要工具，但却不是唯一的工具。党的政策，国家机关的建设，国家的各项政治、经济、文化教育等方面的措施，都是巩固人民民主专政的工具。所以，不能把镇压阶级敌人与加强社会主义法制等同起来；也不能把加强社会主义法制与加强人民民主专政等同起来。认为只要加强政法机关，加强法制，就是加强了人民民主专政，或者说只有加强政法机关，加强法制，才是加强人民民主专政，这种看法是不全面的。

总之，社会主义民主和社会主义法制是不可分割的，它们都是巩固社会主义经济基础、推进社会主义发展，在目前则是推进四个现代化的有力工具。就这点说，二者都不是目的，而是手段。但就二者的相互关系来说，民主又是目的，法制则是保卫民主的手段，法制必须以民主为基础，反过来又保卫民主，否则，民主就不能巩固。因而也可以说，没有社会主义法制，就没有社会主义民主。而要使社会主义法制彻底生效，又还需要依靠人民群众的民主力量，所以民主既是出发点，又是归宿。这就是民主与法制的辩证关系。离开法制空谈民主，不要法制的"法律无用论"是错误的；离开民主，只迷信法制的"法律万能论"也是错误的。我们说既要民主又要法制，把两者融合为一，就是说使民主制度化、法律化，民主是法律的基础，法律是民主的表现。违反了法律，也就破坏了民主；破坏了民主，也就违反了法律。有人说法律限制了民主。其实不会。法律限制的民主，不是真民主，是假民主，是无政府主义，甚至是反革命活动。社会主义法制只保障社会主义民主，决不保障反社会主义的所谓"民主"。

社会主义民主和社会主义法制由于是广大人民的民主和法制，因此排除了资产阶级民主和法制的局限性和虚伪性，而更紧密地结合在一起了。社会主义法制可以更直接地反映社会主义民主的要求，并以社会主义民主为其内容。在我国现行宪法和 1979 年全国人民代表大会修改通过的《地方各级人民代表大会和地方各级人民政府组织法》和《选举法》里，都明确地对人民行使当家做主的权利作出了规定。我国现行刑法，更对妨害和破坏人民民主权利的行为，通过运用刑罚给予制裁，以保障人民的民主权利。所有这些，都使社会主义民主通过不同的法律形式表现出来，并得到保障。

社会主义法制对社会主义民主的保障作用，具体表现在以下三个方面：

首先，法律规定了人民作为国家的主人所享有的民主权利的范围，使人民在行使民主权利时有所遵循。

民主是一种国家形式，社会主义民主是社会主义国家形式，它是通过社会主义法制表现出来的。人民行使他们的民主权利的范围，在法律上是有规定的。我们说社会主义民主是人民的最广泛的民主，但这种广泛性决不意味着漫无限制，而是在法律所规定的公民权利的范围内行使的。我国现行宪法，在第三章《公民的基本权利和义务》中明确规定了公民可以享有的十多种权利，如"选举权和被选举权"；公民对违法失职的工作人员有"向各级国家机关提出控告"的权利，"公民在权利受到侵害的时候"，有向各级国家机关提出申诉的权利；"言论，通讯、出版、集会、结社、游行、示威、罢工的自由"；"进行科学研究，文学艺术创作和其他文化活动的自由"；"公民的人身自由和住宅不受侵犯"的权利；"劳动的权利"，"休息的权利"；"劳动者在年老、生病或者丧失劳动能力的时候，有获得物质帮助的权利"；"受教育的权利"；"妇女同男子平等的权利"；"男女婚姻自主的权利"；"华侨和侨眷的正当的权利"；等等。公民的这些权利，涉及从经济到政治的各个方面，都受到国家宪法的保护。五届人大三次会议通过决议，决定对1978年宪法进行修改，通过修改的宪法必将更充分地发扬社会主义民主，使人民能够更好地行使当家做主的权利。

其次，法律规定了实现民主的程序，即人民管理国家的程序。

上述宪法规定的民主权利如何行使呢？宪法和法律规定了有关的制度和程序，其中最重要的是政治上行使民主权利的制度和程序：（1）明确规定"人民行使国家权力的机关，是全国人民代表大会和地方各级人民代表大会"（《宪法》第三条），"全国人民代表大会是最高国家权力机关"（《宪法》第二十条）。（2）明确规定全国人民代表大会职权（《宪法》第二十二条）和地方各级人民代表大会职权（《地方各级人民代表大会和地方各级人民政府组织法》第二章）。（3）明确规定适应于我国实际情况的全国人民代表大会和地方各级人民代表大会代表产生的方法，有的由下一级人民代表大会经过民主协商，无记名投票选举，有的由选民经过民主协商，无记名投票直接选举（《宪法》第三十五条，《选举法》第二条）。

再次，宪法和法律规定了对人民民主权利的保障措施。

（1）法律坚持了权利与义务一致性的原则，在规定公民权利的同时，明确规定了公民的义务。宪法规定："公民必须拥护中国共产党的领导，拥护社会主义制度，维护祖国的统一和各民族的团结，遵守宪法和法律"（《宪法》第五十六条）。"公民必须爱护和保卫公共财产，遵守公共秩序，尊重社会公德，保守国家机密。"（《宪法》第五十七条）"保卫祖国，抵抗侵略，是每一个公民的崇高职责"（《宪法》第五十八条）。这就是说，任何一个享有公民权利的人，必须不折不扣地履行法律规定的义务。只有每个公民履行了自己应尽的义务，才能为公民行使民主权利创造最一般的最普遍的条件。有的人只讲自己享有权利，却不想尽任何义务，这是违背我国社会主义法制原则的。

（2）法律规定了对破坏人民民主权利的行为实行惩罚的措施。如《选举法》第四十三条规定了对破坏选举的制裁，又如《刑法》第一三一条、第一三八条、第一四七条等，都对侵犯公民民主权利的犯罪行为，作出了适用刑罚的规定。这些，都有利于清除对人民按照合法途径行使民主权利的障碍，使人民参加管理国家不受妨害。

这些规定随着宪法的修改，必将更加准确，更加完善，更加符合实际需要。

二　社会主义法制在当前的重要作用

恩格斯说，"政治、法律、哲学、宗教、文学、艺术等的发展是以经济发展为基础的。但是，它们又都互相影响并对经济基础发生影响。并不是只有经济状况才是原因，才是积极的，而其余一切都不过是消极的结果"①。社会主义法制作为社会主义的上层建筑，它建立在社会主义经济基础之上为经济基础服务，并给经济基础以强大的反作用。由于法律是国家意志的体现，它的作用是和国家的总任务紧密相联系的。我们国家当前

---

① 《马克思恩格斯选集》第4卷，人民出版社1972年版，第506页。

和今后的总任务，是把我国建设成一个社会主义现代化强国，而要顺利进行这一工作，首先就要有一个安定团结的政治局面。因而，在今后一个相当长的历史时期内，法制的重要作用，应是巩固和发展安定团结的政治局面，促进社会主义经济的发展。

（一）发挥社会主义法制的作用，进一步巩固和发展安定团结的政治局面

1. 社会主义法制在保障安定团结方面所起的作用，主要是疏通人民行使民主权利的正常渠道

我们要巩固和发展安定团结，首先就要看人民是不是认识安定团结的重要性而积极拥护它。要做到这一点，就必须让人民能够通过正常渠道行使民主权利。这是安定团结的现实的牢固的基础。就人民内部容易产生的妨碍安定团结的因素而言，有许多是由于行使民主权利的正常渠道不通所致。社会主义法制在疏通渠道方面有着非常重要的作用。这种作用，不仅在于从立法上作出规定，还在于通过执行法律得到实现。关于前者，例如《宪法》第五十五条规定，"公民对于任何违法失职的国家机关和企业、事业单位的工作人员，有权向各级国家机关提出控告。公民在权利受到侵害的时候，有权向各级国家机关提出申诉。对这种控告和申诉，任何人不得压制和打击报复"。《地方各级人民代表大会和地方各级人民政府组织法》第二十八条也有常委会有权受理人民群众申诉的规定。另外，我们国家机关还建立了接待和处理人民来访来信的制度。后者，例如《刑事诉讼法》第一二九条规定：诉讼当事人不服第一审判决，有提出上诉的权利，"不得以任何借口加以剥夺"。《刑事诉讼法》第一〇二、一〇三条有关于申诉的规定，对于免予起诉的案件，被害人或被告人如果不服，都可以在收到免予起诉的决定书后七日内向人民检察院申诉，人民检察院应当进行复查。但是，由于官僚主义作祟，这些规定的民主权利，有时人民还不能充分地享受，因而造成了各种妨害安定团结的问题。为了实现持久的安定团结，必须确保人民行使民主权利的渠道畅通。如果允许官僚主义存在，并且还在那里发挥作用，许多人民需要解决的问题通过法定程序得不到解决，就难免有人又要乞灵于宪法上已经取消的"四大"。列宁说过，"苏维埃的法律是很好的，因为这些法律使每一个人都有可能同官僚主义和拖拉作风进行斗争，在任何资本主义国家里，都没有给工人和农民

这种可能。"① 社会主义法律为我们提供了有效的武器，我们应该坚决地同官僚主义作斗争，解决那些容易产生或助长官僚主义的实际问题，并通过立法明确规定各级国家机关的职权范围和它应该履行的义务，通过改革解决权力过分集中和脱离群众的倾向，密切干部与群众的关系，以避免在人民内部造成妨害安定团结的因素。人民内部妨害安定团结的因素减少以至消除了，人民内部实现了团结，整个社会的安定团结就有了根本保证。当然，还必须坚决打击阶级敌人和各种犯罪分子的破坏活动，按照刑法等有关法律的规定，及时进行处理，这也是社会主义法制的一项重要任务。

2. 社会主义法制在保障安定团结方面的另一重要作用，是正确处理中央和地方的关系，充分发挥地方政权的作用，使地方能从本地实际出发，根据中央规定的方针、政策把本地的工作做好

我国现行《宪法》第二章第三节对地方各级人民代表大会和地方各级人民政府的权限作了概括的规定。五届人大二次会议通过的《地方各级人民代表大会和地方各级人民政府组织法》对地方各级人民代表大会和人民政府的职权作出了更明确更详细的规定。按照这些规定，地方各级人民代表大会有权"讨论、决定本行政区域的政治、经济、文化、教育、卫生、民政、民族工作的重大事项"（第七条）。并且"省、自治区、直辖市的人民代表大会及其常委会根据本行政区域的具体情况和实际需要，在和国家宪法、法律、政策、法令、政令不抵触的前提下，可以制定和颁布地方性法规，并报全国人民代表大会常务委员会和国务院备案"（第六条，第二十七条）。根据这些规定，地方各级人民代表大会有决定本地区各种重大问题的权力，省、自治区和直辖市人民代表大会及其常委会还有制定地方性法规的权力。这些规定是符合我国实际情况的。我国地大人多，各地具体情况有很大差别，一切都由中央统起来，事情是不可能办好的，甚至会造成地方和中央的一些不必要的矛盾，影响安定团结。因此，毛泽东同志早在 1956 年，在《论十大关系》中就指出，"目前要注意的是，应当在巩固中央统一领导的前提下，扩大一点地方的权力，给地方更多的独立性，让地方办更多的事

---

① 《列宁全集》第 33 卷，人民出版社 1957 年版，第 56 页。

情。"① 多年来存在的问题是，上边"一刀切"，下边等上边。虽然中央讲了给地方更多的独立性，但没有完全落实。由于左倾政策的影响，特别是有的时期不恰当地批判了地方主义，使许多同志不敢碰"独立性"这几个字，因而权力过分集中于中央的倾向一直存在，束缚了地方因地制宜处理问题的积极性，使有些应该在地方解决的问题没有能及时解决。这种情况必须改变。现在正在修改宪法，我想在将来的宪法里，对扩大地方权力的问题将会作出更进一步的明确规定，就是说，要把"给地方更多的独立性"的原则制度化，从社会主义法制上作出保障，并且要做到法律规定给地方的权力确实能够行使。

3. 民族团结是全国团结的主要部分，进一步加强民族团结，才能保证全国团结。社会主义法制在这方面也起着重要作用

我国是个多民族国家，各民族之间的关系，应当是平等、友爱、互助的关系，少数民族不应当受到歧视。国家必须让各民族都能积极参与整个国家的政治生活，并让他们按照民族区域自治的原则，有管理自己民族内部事务的权利。1954 年宪法体现了这个精神，在总纲中作了"各少数民族聚居的地方实行区域自治"的具体规定（第三条），并且在第二章《国家机构》中，专设《民族自治地方的自治机关》一节，详细规定了它的各种自治权，包括"依照国家的军事制度组织本地方的公安部队"的权利（第六十七条到七十二条）。这就具体体现了人民民主和社会主义的原则，因此，也就巩固了各民族之间的团结。只是后来，因受到"左"倾政策的影响，在某些问题上不恰当地批判所谓地方民族主义，加上林彪、江青反革命集团对民族政策的破坏，使一些地方出现了对少数民族的歧视，民族区域自治的规定几乎变成一张废纸。1975 年宪法，把自治权中最主要的部分，管理财政权，组织公安部队权，制定自治条例权等都给删掉了。1978 年宪法也没有恢复。这次修改宪法应当恢复这些规定，并予贯彻执行。

在有关少数民族的立法方面当前还需要解决的问题，主要是：

（1）修改补充原《民族自治实施纲要》或制定新的民族区域自治条例。人大常委民族委员会曾召开会议着重讨论了这个问题。要通过修改实施纲要或制定自治条例，把民族区域自治地方的权力进一步肯定下来，要

---

① 《毛泽东选集》第 5 卷，人民出版社 1977 年版，第 275 页。

给民族自治地方以比普通省、市更大的权力，以便真正做到少数民族自己当家做主。

（2）由于少数民族地区和汉族风俗习惯不同，文化、经济发展状况不同，全国统一法律的每一个条款，都要在少数民族地区执行是不可能的。所以应当允许少数民族地区可依法变通执行这些法律，或作出补充规定。

（二）加强有关经济的立法，发挥社会主义法制促进经济发展的作用

有关经济的法律是社会主义法律体系的重要组成部分，它在保障和促进四个现代化事业发展中，有着重要的意义。新中国成立以来，我国曾经制定过许多经济法规，这些法规在保证社会主义经济建设顺利发展中，发挥了重要作用。但是，由于情况的变化，这些法规已难以适应"四化"的要求，有些需要修改，有些需要重新制定。当前急待解决下列一些问题。

1. 有关企业地位的立法问题

从立法上确立企业的法律地位，是客观经济规律的要求。只有给企业的自主地位以法律保障，才能根本避免重蹈用行政手段管理经济的故辙。为了解决这个问题，首先要从立法上确定企业的自主权，并具体规定其自主权的范围，使企业在经济活动中有所遵循，以免产生有损于社会主义计划经济的混乱局面。其次是要规定职工代表大会的法律地位。职工代表大会是企业的权力机关，它有权对本企业的重大问题作出决定，有权向上级建议罢免本企业不称职的行政领导人，并且积极创造条件，逐步实行选举适当范围的领导人。此外还要明确规定厂长的法律地位。国营工厂的厂长是企业的行政领导，他同时对厂职工代表大会和上级主管机关负责。要给厂长以生产的指挥调度权，同时，还要规定他的责任和义务。例如由于他玩忽职守，使国家财产遭受损失，就要被追究责任，依法制裁。

2. 有关集体经济和国家允许经营的个体经济的立法问题

我国社会主义经济是由全民所有制、集体所有制、国家指导下的个体经济以及中外合资经营等多种经济形式组成。所有这些经济形式都是建设社会主义现代化强国所不可缺少的，都应给予一定的法律地位。目前所以要特别强调对集体经济和国家指导下的个体经济的保护问题，是因为过去对这两种经济卡得太死，而这两种经济，在当前，对发展生产，活跃市场，满足人民生活需要和扩大就业门路又有着特殊重要的意义。我国现行宪法第五条和第八条对集体经济和个体经济问题已有明确规定，现在需要针对这两种经济形式的管理问题进一步作出法律规定，比如：城镇非农业个体经济的经营范围，个体经济户的权利和义务，对个体经济户的法律保障，个体经济户违法的处理。对城镇集体经济也应明确作出规定，如：城镇集体经济的所有权性质，发展方针，集体经济组织的法律地位，集体经济和国家的关系等。特别是要规定，保护城镇集体企业的财产所有权不受侵犯，不得随意平调集体经济的财产，集体企业的一切问题应由它的职工代表大会或社员大会决定。在进行立法时，尤其要注意它们同全民所有制企业的区别，它们拥有对生产资料的所有权，即包括占有、使用、处理的全部权利，因而它们比全民所有制企业应该有更大的自主权。但是，也要明确规定它应当履行的义务，不允许有违反国家法律，损害整个国民经济的活动，不允许走资本主义道路。

3. 关于计划的立法问题

计划经济是社会主义经济的主要特征，应该使制订计划的原则制度化。50 年代，我国曾制定过编制计划的暂行办法，但已不完全适应现在的情况，因此应从我国当前的实际出发，拟定计划法，对计划原则、计划内容、计划管理、计划的平衡、计划制定与审批、计划的变动、计划执行中的监督，以及有关单位的责任等重大问题作出规定。特别要注意解决以下两个问题：

（1）编制和审批计划的程序。我国宪法和《地方各级人民代表大会和地方各级人民政府组织法》，对国民经济计划的审批都有规定，但现在流于形式，使代表无法行使审议权利，这种情况必须改变。同时，还应明确规定，计划中的特大项目拨款（如宝钢）必须提交代表大会审议。在审批程序上还要解决批准计划权与批准变更计划权一致的问题，计划主管部门无权擅自变更计划。

（2）计划的法律效力。计划一经代表大会审定就必须执行。应规定除非意外原因，不完成计划应负法律责任。

我国有关经济的立法工作正在已有的基础上扎扎实实地进行。对立法工作速度的要求要切合实际。由于正在进行经济改革，情况不断发生变化，加上经济立法又缺乏经验，整个经济法规的制定需要一个过程。在这个问题上，只能从实际出发，成熟一个，制定一个，逐步完善我国的经济法律制度。

涉及经济立法，还有两个与完善经济法律制度有关的问题需要明确。第一是经济立法与经济政策的关系：经济法律是经济政策的固定化和条文化。建国初，在没有制定适当法律的情况下，只能执行政策。现在，有的已经有了法律（包括"文化大革命"前制定的现在仍然有效的法律），就必须执行法律的规定，执行了法律，也就执行了有关的政策。如果过去的经济政策与现行法律矛盾，只能执行现行法律，而不能再执行过时的经济政策。有些法律还没有制定出来，那就只好执行有关的经济政策。第二是规章制度与经济立法的关系：法律是国家制定并由国家强制执行的，而规章制度则是企业或政府部门制定的反映客观规律要求的制度、办法，同样是有约束力的，但不是国家强制执行的。规章制度是法律的补充，为了使整个经济健康运转，不仅需要法律，也需要规章制度。并且有些问题，在制定法律的条件还不成熟时，只能先根据政策，采用规章制度的方式，以便执行，待条件成熟后，再制定为法律。但是，规章制度必须符合法律或政策，不得违反它们。

三　切实保障法律的实施是进一步健全社会主义法制的关键

自党的十一届三中全会提出发扬社会主义民主，加强社会主义法制以来，无论在立法上，还是在法律的实施上，都有了一定的进展。但还有不少人，对健全社会主义法制抱有疑虑，认为"法是好，就怕实行不了"。这种疑虑不是没有道理的。因为，就立法来说，有的人抱反对态度，有的人采轻率做法，都不是从我国当前的实际出发，以致一方面迫切需要而又可能制定的法律没有制定，另一方面，由于种种原因，又可能制定一些不适合我国实际情况的法律。就法律的实施来说，由于封建专制主义思想的影响，一些干部陶醉于封建特权，"法律面前人人平等"的原则不受尊重，司法机关在依法独立行使职权上，也还存在一些干扰。这就给我们提出了一个问题，如果只是制定法律，而不能保证实施，则法律再多又有什么用？所以，确保法律的实施，已成为我们进一步健全社会主义法制的关键。

要确保法律的实施，目前至少应解决三个问题：

（一） 加强党对司法工作的领导

加强党对司法工作的领导，是加强社会主义法制的重要保证。那种认为党不需要、甚至不应当领导司法工作的见解是错误的。现在的问题，不是应当不应当领导，而是应当如何实现这一领导。

党对司法工作的领导是政治领导，是方针、政策上的领导，是监督司法机关依法办事和配备好干部，而不是包办代替司法机关的具体业务，在组织上发号施令。审判和检察是法院和检察院的具体业务工作，党委不必干涉，像党委审批案件这样的做法，更完全没有必要。有人认为党委审批案件是加强党对司法工作的领导。这是一种误解。恰恰相反，把党委缠在具体的审判业务里，只能降低党的领导水平；并且，不给了解案情，熟悉法律的法院以审判案件的决定权，而由不可能完全了解具体案情的党委去作决定，其结果就难免作出错误决定。因此，废止党委审批案件的做法是正确的，必要的。这样，党委可以把更多的精力放在研究司法工作的方针、政策，以及加强司法干部队伍的建设上，使其能真正做到依法办事。不审批具体案件，并不是撒手不管，党委还要监督检查司法机关的工作，发现冤假错案和其他违反政策法律的行为，立即要求它们纠正。但是，这种要求也要经过法定程序，而不能由党委甚至党委的个别人拍板定案，强制司法机关执行。同时，在目前情况下，党委对于重大复杂的、涉外的以及政纪、党纪、刑事责任纠缠在一起的案件还要过问，但这种过问也不是党委书记一两个人随便批，而是组织力量，依法进行。有人提出这样的问题："是法大，还是党委大？"我认为答案应当是："法大"。我们国家的法是代表人民的意志，通过国家权力机关制定的，是党中央的方针、政策定型化的表现。法一旦制定出来，谁也得遵守，各级党委以至党中央也不能不守法，党的各级组织都必须在宪法和法律的范围内活动。如果发现法律需要修改，应当把党的具体意见，以至草拟方案，建议国家最高权力机关全国人民代表大会或它的常委会进行修改，而不能不经过合法程序，任意将它弃置不顾。

党委要十分重视发挥司法机关的作用，配备和建设一支强有力的司法干部队伍。无法可依，固然不能加强法制，有法而执行不好，也等于无法。这里，主要的问题是如何配备、培养和教育好干部。现在的干部不只是数量不够，质量也差，不少司法人员不懂法律，不熟悉法律，不尊重法律。因此，要进行组织上的充实和整顿，提高他们的工作水平、工作效率，做到执法必严，违法必究。

党委要引导司法干部正确区别和处理两类不同性质的矛盾。近年来，刑事犯罪特别是青少年犯罪仍很严重，政法机关依法给予严厉的打击十分必要，但是，刑事犯罪产生的原因是多方面的，并不都是由于敌人的破坏活动，不能说犯罪统统是敌我矛盾，大量的还是在人民内部产生的。人民内部犯罪的增多，从根本上说是林彪、"四人帮"反革命罪行所产生的恶果，但具体来说又有物质的（如许多青年待业，没事干）和精神的（如外国电影中不健康东西的影响）等方面的原因，有些则是被阶级敌人利用。对于少数阶级敌人，必须依据法律从快从严惩处，不能姑息；对人民内部矛盾，以至被敌人利用的人，就不能只靠严刑峻法，只靠判、管、杀来解决，而要靠各个方面通力协作，在党委领导下，从经济、教育等多方面入手，做到预防犯罪，已经犯罪的也能得到改造。

（二）实施法律的关键是各级领导干部

为了使各级领导干部模范地执行和遵守法律，当前需要解决两个问题。

1. 坚持法律面前人人平等

"法律面前人人平等"这个口号，是资产阶级在反对封建专制的斗争中首先提出的，用以猛烈地攻击了封建特权。但是，正如列宁所说："在一个阶级剥削另一个阶级的一切可能性没有完全消灭以前，决不能有真正的事实上的平等。"[1] 在资本主义国家，有钱就有一切，法律是受金钱支配的，哪有"人人平等"！真正能够实现"法律面前人人平等"的是社会主义国家。社会主义国家建立了公有制的经济基础，公民在经济上实现了平等，因而提供了在法律面前实现平等的条件。

社会主义法律里提出并坚持"法律面前人人平等"，是对资产阶级的"法律面前人人平等"的批判继承，而不是这一口号原封不动地照搬。我国 1954 年宪法第一次写下了"中华人民共和国公民在法律上一

---

[1] 《列宁选集》第 3 卷，人民出版社 1972 年版，第 639 页。

律平等。"五届人大二次会议制定的《刑诉法》和经过修改的《法院组织法》又重申了上述规定。《刑诉法》第四条规定"对于一切公民，在适用法律上一律平等，在法律面前，不允许有任何特权。"《法院组织法》第五条规定"人民法院审判案件，对于一切公民，不分民族、种族、性别、职业、社会出身、宗教信仰、教育程度、财产状况、居住期限，在适用法律上一律平等，不允许有任何特权。"从这些规定可以看出，社会主义法制坚持的"法律面前人人平等"，是指适用法律，而不是指制定法律。"适用法律"与"制定法律"不是一回事。在制定法律时，对不同身份、不同情况，需要给予不同待遇的人，可以作出不同的规定。但在适用法律时，就只能按照法律的规定，给予平等待遇。如果在适用法律时，不按法律办事，就会损害社会主义法制的尊严，打乱国家的秩序。所以，不折不扣地贯彻执行"法律面前人人平等"这条原则，是健全社会主义法制的重要条件。

2. 反对封建特权思想

在健全社会主义法制的过程中，我们切不可忽视"特权"的危害。当前，有些人，特别是青年人对社会主义法制产生怀疑，就是因为在社会主义社会还存在特权。其实，特权是封建社会的产物。在封建社会里，特权被认为是合法的东西。《唐律》就有"八议"的规定，即：议亲、议故、议贤、议能、议功、议贵、议勤、议宾。就是说，和封建统治者有各种各样关系的人，如果犯了罪，可以享有减刑或免刑的特权。在社会主义社会仍有特权存在，并不是社会主义制度本身的问题，而是由于封建思想残余的影响。因此，我们必须进行反对特权的斗争，在加强社会主义法制的过程中，逐步消灭它。

所谓反对特权，首先是要解决各级干部，特别是各级领导干部的特权问题。我们且不说那些经济生活中的特权，仅就法律实施上看，领导干部的特权确实已对司法工作产生了不好的影响。有些人身居领导岗位，自以为有功，可以只享有法律规定的权利，而不履行法律规定的义务，把自己看成是一个"特殊公民"；有的自己不遵守国家法律；有的纵容或者包庇自己的子女、亲友、部下违法，支持他们的犯罪活动；有的甚至公开向司法机关施加压力，使其不能依法办事。这些现象，群众是十分厌恶的。为了实现"法律面前人人平等"，维护社会主义法制的尊严，并在人民群众中建立巩固的法制观念，必须彻底解决上述问题。为此，各级领导干部，特别是高级领导干部应当带头守法，要真正明确自己所负的责任和应履行的义务，自觉地遵守宪法和法律；同时还应建立防止和消灭特权的制度。关于这个问题，在五届人大三次会议上，代表们反映很强烈。归纳起来主要有两点：一是从立法上规定各级国家机关和干部的职权范围；二是从立法上建立监督制度。党内有纪律检查委员会，在政府系统也需要有监督的办法，使人民群众监督国家机关工作人员成为制度。这些问题都值得认真研究。

（三）坚持司法机关依法独立行使职权的原则

"司法独立"来源于"三权分立"学说。这一主张是在资产阶级革命时期提出来的，最早见于孟德斯鸠的《论法的精神》，他认为，"如果司法权不同立法权和行政权分立，自由也就不存在了，如果司法权同立法权合而为一，则将对公民的生命和自由施行专断的权力，因为法官就是立法者。如果司法权同行政权合而为一，法官便将握有压迫者的力量"[1]。孟德斯鸠这个主张在 18 世纪几乎成为欧、美政治家的信条，被用作衡量国家组织是否完善，人民权利是否有保障的一个标准。

所谓"司法独立"，资产阶级启蒙思想家指的是，司法权由司法机关依法独立行使，不受立法机关、行政机关的干涉。这一原则包括：（1）法官独立审判案件，不受任何干涉；（2）司法机关有其独自的组织系统，与其他组织系统分离；（3）法律对法官的地位特设保障条款，例如法官终身制。"司法独立"的核心是法官审判独立。这一原则的提出，对封建专制是猛烈的冲击。因为在封建社会里，司法从属于行政，法官、狱吏从属于行政长官，帝王独揽行政、立法、司法大权。但是，资产阶级掌握政权后，随着阶级斗争的尖锐化，资产阶级的"司法独立"也成了欺骗和麻痹人民的手段。

我们社会主义国家不是"三权分立"的国家，全国人民代表大会是国家最高权力机关，司法机关要对它负责，受它领导，不像资产阶级的议会那样只有立法权。但对资产阶级学者提出的"司法独立"，从国家机关分工的角度，从健全社会主义法制的需要出发，也应当批判地吸收。我国 1954 年宪法第 78 条规定，"人民法院独立进行审判，只服从法律。" 1979

---

[1] 孟德斯鸠：《论法的精神》上卷，商务印书馆中译本，第 156 页。

年《法院组织法》第四条重申了"五四年宪法"的这一规定。1979 年《检察院组织法》第九条规定,"人民检察院依照法律规定独立行使检察权,不受其他行政机关、团体和个人的干涉"。这些规定,反映了"司法独立"的原则。它包括:(1)司法机关独立地行使职权,即法院独立地行使审判权,检察院独立地行使检察权;(2)司法机关行使职权必须依据法律,而且只服从法律;(3)司法机关行使职权,排除其他行政机关、团体和个人的干涉。当然,这不是说司法机关可以不受人大及其常委会领导;也不是说审判员,检察员个人可以不服从集体领导。和资产阶级"司法独立"相比,我们社会主义国家的"司法独立"是有着自己的优越性的。由于我国的一切权力属于人民,法律是反映人民的利益的,司法机关依法独立行使职权,其本身就是按照人民的要求办事,因此,"司法独立"的原则受到人民的拥护。

多年的实践证明,坚持"司法独立"的原则是正确地发挥法院、检察院职能的最基本的条件。这一原则的实施,对于健全社会主义法制将产生重要的影响:(1)它有利于正确处理案件。正确处理案件的前提,一是查清事实,二是正确地运用法律,而这两条只有排除了外来干扰才能够做到。(2)它有利于防止特权,实现"法律面前人人平等"。"法律面前人人平等"是特权的对立物,不消灭特权,就不可能彻底实现"法律面前人人平等"。有特权思想的人,总是企图插手司法机关的工作,以满足自己的私利。如果确实坚持了司法机关独立行使职权,不听从这些人的非法指挥,抵制非法的干预,就在一个重要的环节上挡住了"特权"的通路,使一切公民在同样的法律规定面前受到同等的待遇,彻底实现"法律面前人人平等"才有可能。

我们已经废除了党委审批案件的做法,这是不是就完全做到了"司法独立"呢?"司法独立"的实质是依法办案,而不是徒具司法机关独立办案的表面形式。只有司法机关独立办案的形式,未必一定能做到"司法独立"。问题的关键在于,是"依言"还是"依法"?过去,一个相当长时期,由各级党委审批案件,实际上也并不都是经过党委讨论,依法审批,相当多数是管政法工作的书记一人拍板定案,是"依言"而不是"依法"。现在废除了党委审批案件,从制度上看是"司法独立"了,但是,如果仍然是某某书记一句话就为某个案子定了调子,或者某个首长的话就是判某个案件的依据,其结果司法机关仍然不能独立行使职权。这种

"依言"不"依法"的现象，溯本求源，是由于一些领导人受封建家长制的影响很深，习惯于个人说了算。他虽然不懂得法律，不明了案情，但必须按他的话办。他的话就是法。在这些人看来，干部和他的关系是"人身依附关系"，你不听他的话，就要把你挪开。要杜绝这一现象，必须大力加强法制宣传，普及法制知识，增强法制观念。只有全民的法制观念增强了，广大司法干部和人民群众敢于同不依法办事的现象进行斗争，封建主义思想的影响才能逐步得到完全消除，这样，健全社会主义法制就大有希望。

《中国社会科学》1981 年第 6 期

马克思早期法哲学观及法律思想初探

陈学明[*]

摘要 马克思的早期法哲学观及法律思想，是在他从黑格尔唯心主义哲学基础上已经独立发展起来的哲学世界观和日益鲜明的革命民主主义政治立场的交互作用下形成的。本文着重探讨了这一形成过程，并且指出：参加实际的政治斗争，对促成马克思革命民主主义法哲学观的转变具有十分重要的意义。特别是在克罗茨纳赫研究中，马克思在广阔的历史背景中看到了政治法律制度如何依赖于所有制的变化，各个等级的政治态度又如何决定于、并集中表现了本阶级的经济利益，从而进一步认识到资本主义社会的所谓自由、平等、人权的虚伪性和狭隘性。这一切，使他开始超出革命民主主义的范畴，经历了从唯心主义向唯物主义，从革命民主主义向共产主义的转变。这一发展过程也就是历史唯物主义法律观孕育和萌芽的过程。因此，本文认为，马克思这一时期的法学思想并不都是成熟的马克思主义的法学思想，我们对于马克思这一时期著作中的有关法学的论述，也就不能不加分析地一概照搬来作为社会主义法制建设的理论和实践的经典指导。

系统地研究马克思主义经典作家的法学思想是建立马克思主义法学理论体系的一项重要任务。限于一篇论文的容量和自己的精力，本文只能以马克思主义的第一创始人马克思的法学思想为研究对象。然而，即使是马克思一人，也不可能在一篇论文里论及他的全部法学思想，因而需要进行分段性研究。由此，马克思法学思想发展的分期问题也就成为一个首先应

---

[*] 陈学明，1947 年生，西南政法学院国家与法的理论教研室教师。

当解决的方法论问题。

如果说法学思想的形成和发展必然要受到世界观的形成和发展的制约，那么，世界观发展的分期也大体上适用于法学思想发展的分期。因此，与公认的马克思主义发展史的分期相同，笔者也把 1848 年《共产党宣言》的发表看作是历史唯物主义法律观形成时期结束的标志。但本文所研究的还不是整个形成时期，而仅限于形成时期中最早的一段。具体地说，就是从 1835 年马克思进入大学开始，到 1843 年完成《黑格尔法哲学批判(手稿)》为止。为什么要把下限划到 1843 年《手稿》呢？笔者认为，马克思直到 1843 年 8 月完成《手稿》时，政治思想的发展，从性质上看，基本上还是处于革命民主主义阶段。因此，其法学思想作为政治思想的一个重要组成部分，也必然属于革命民主主义性质：本文的任务就是要分析作为革命民主主义者的马克思的法哲学观和法律思想，并探讨马克思革命民主主义法哲学观的发展趋向——历史唯物主义法律观的萌芽。

为此，似有必要对马克思革命民主主义法哲学观的形成过程略加介绍。

19 世纪初，当英法等国的资本主义社会制度已基本确立，无产阶级与资产阶级的矛盾已上升为社会的主要矛盾之际，德国才刚刚处于资产阶级革命的前夜。因此，当英法等国早已在社会主义和自由主义两种主要思潮之间展开斗争的时候，民主主义思想却在德国方兴未艾。

民主主义的政治法律意识在马克思出生的莱茵省尤其有着深广的政治经济基础和历史根源。莱茵省是德国受法国大革命影响最深的地方，启蒙思想早在大革命前就传入了这个毗邻法国的省份。1794—1815 年在归并入法国后，莱茵省在经济、政治和法制方面又都进行了法国式的根本改造。法国的刑法、民法、诉讼法和行政制度都通行于莱茵省。拿破仑倒台后，莱茵省划归普鲁士。这样，在适合于莱茵省经济文化发展的法国法制与封建的普鲁士法制之间，在广大人民已经形成的民主政治法律意识与普鲁士封建政治法律上层建筑之间，就产生了尖锐的矛盾和对立。因此，反对复辟普鲁士封建政治法律制度，争取立宪制度和法治就成为莱茵省民主主义运动的主要任务。

马克思正是在这样的时代，这样的地方成长起来的。他出生于莱茵省特利尔市一个法律学者世家，祖辈几代律师。父亲深受启蒙精神的影响，平生喜爱启蒙思想家伏尔泰、卢梭和莱辛的作品，这无疑在幼年的马克思心灵中播下了启蒙思想的种子。中学时代，马克思又接受了康德启蒙思想的影响。1835—1841 年马克思先后在波恩大学和柏林大学攻读法学。在大学里，马克思异常勤奋地阅读了大量的法学论著，深入钻研法学问题。对马克思影响最深的教师首推黑格尔法学学派的著名代表爱德华·甘斯。甘斯是一个具有民主主义思想的法学家，一个激进的青年黑格尔分子。他的法学理论虽然植根于黑格尔客观唯心主义哲学之上，但却从中得出了激进的结论。

在马克思革命民主主义法哲学观形成的道路上，有两件大事值得一提。一件就是 1837 年 11 月 10 日马克思致父亲的信。这封信撰述了马克思在这一年里法学思想的发展变化。第二件就是马克思的《博士论文》。《博士论文》表明了马克思的世界观在 1841 年已经走上了独立发展的道路，而这种哲学世界观正是马克思革命民主主义法哲学观的基础。

实际上，早在 1836 年下半年马克思就在钻研大量法学著作的基础上，开始考虑建立自己独立的法哲学体系，并向父亲表述了自己的法哲学的基本观点。父亲在复信中说："你的法学观点不是没有正确的地方，但如果把这些观点建立成体系，它们却很容易引起风波，而且，难道你不知道，学术中的风波是何等危险的事情。如果不可能从本质上取消那些尖锐的论点，那末至少在形式上应当弄得缓和和宽容一些。"① 可见，马克思当时的法学观点已相当激进。因此，可以设想，马克思此时的法哲学观已带有革命民主主义性质。但是，这种革命民主主义法哲学观还不是以后马克思所坚持的革命民主主义法哲学观。这不仅是因为当时马克思在政治上还未完全成熟，更重要的是，他还缺乏一种深刻的哲学作为其法律观的方法论基础。

我们从马克思给父亲的信中得知，在柏林大学的头一年里，马克思曾以费希特和康德的理性主义哲学为基础，两次构思过法哲学体系。他企图把学到的庞杂的法学知识融汇在自己的法哲学体系之中。然而正是由于受费希特和康德的影响，马克思的法哲学体系表现出了主观唯心主义所带来的形式与内容、理论与历史、存在与应有相脱离相对立的致命弱点。这种哲学上的先天不足使马克思的法哲学体系两次流产。法哲学体系构思的失败，使马克思开始要求摆脱主观唯心主义的影响，转向黑格尔哲学。这封

---

① 转引自［法］奥古斯特·科尔纽《马克思恩格斯传》中文版第 1 卷，生活·读书·新知三联书店 1980 年版，第 147 页注 134。

信表明，马克思已经开始从黑格尔哲学的观点来批判和分析自己在过去一年里法学思想的发展和变化了。黑格尔哲学深深地吸引住了年轻的马克思。与博士俱乐部的交往，使马克思最终从法学研究转入了哲学研究，并成为青年黑格尔派中的一员。

30 年代末，黑格尔学派内部的分裂已日趋明显。德国哲学的现状促使马克思研究亚里士多德哲学解体后的古希腊哲学。在马克思看来，这两个时期哲学的状况不无相似之处。其实，如果抛开当时哲学语言中那些思辨的说法，实际上，马克思倾心于古希腊伊壁鸠鲁派的自我意识哲学，不过是想通过这种哲学同资产阶级启蒙运动结合起来。《博士论文》可以看作马克思从事古希腊哲学研究的成果。虽然它是哲学著作而不是法学著作，但是对马克思革命民主主义法哲学观的形成却具有十分重要的意义。这突出地表现在以下两个方面：

其一是历史观。马克思坚持把历史观建立在客观唯心主义基础上，同时却强调人类自我意识在创造历史中的能动作用。在马克思看来，自我意识与世界之间的冲突或者协调，都是客观精神本身的不同历史发展阶段。正是在这种自我意识与世界的相互作用中，客观精神得以实现，历史不断地展开和发展。可见，与黑格尔不同，马克思没有给这种发展以终极的界限，并充分肯定了人在改造客观世界中的能动作用。另一方面，与某些青年黑格尔分子有别，马克思不把自我意识夸大为普遍的、绝对的实体并坚持自我意识与世界的本质同一。这样，在马克思的历史观中，既充满主观战斗精神，又避免了导致主观唯心主义的倾向。

其二是自由观。马克思十分赞赏古希腊哲学家伊壁鸠鲁的原子偏斜学说，而这种学说正是伊壁鸠鲁论证个人自由和社会契约论的理论基础。但是，马克思不赞成伊壁鸠鲁把个体自由绝对化。按照马克思的意见，不能抽象地理解自由，不能通过把个人同周围环境分开并经常使二者对立的办法来实现自由。恰恰相反，人之所以是自由的，正是因为人与外部世界在本质上是同一的。"只有当自然界被认为是不受自觉理性的约束而完全自由的，而自然界本身被看成是理性时，自然界才成为理性底完全的所有物。"① 即是说，自然界是不以人的自我意识即自觉理性为转移的。但由

---

① 转引自［法］奥古斯特·科尔纽《马克思恩格斯传》中文版第 1 卷，生活·读书·新知三联书店 1980 年版，第 243 页注 116。

于自然界的理性与人的自觉理性在本质上是同一的，所以，人能够认识自然，把握自然。这样看来，自由不是超脱必然，而是理解和掌握必然。

总之，马克思在 1838 年—1841 年中，以研究亚里士多德解体后的古希腊哲学为开端，使世界观得到了进一步发展和深化。如果说，由于马克思正是在黑格尔哲学解体的时候转向它，因而马克思从来不是一个正统的黑格尔主义者的话，那么，现在马克思便又进一步认识到了黑格尔哲学的内在缺陷和真实价值及其解体的必然性，从而更加坚定地走上了世界观独立发展的道路。同时，随着青年黑格尔派从哲学宗教批判逐渐转向哲学政治批判，马克思要"消灭传统的宗教和现存的国家"的政治立场也日益鲜明。正如青年黑格尔分子莫·赫斯所说："请准备认识这位伟人，也许是当今现有的唯一的伟人，真正的哲学家……我所崇拜的马克思博士还是一个很年青的人（他大概不到二十四岁），他将要给中世纪的宗教和政治以最后的打击。在他身上既有最深奥的哲学的严肃性，也有最机敏的智慧；请您想象一下，卢梭、伏尔泰、霍尔巴赫、莱辛、海涅和黑格尔结合成一个人；我所说的结合不是机械地混合——这将会使你得到一个关于马克思博士的概念。"① 这说明马克思的思想既达到了时代的高度，又充满着 18 世纪革命民主主义的战斗精神。显然，马克思已经成为一个成熟的革命民主主义者了。

正是在这种独特的哲学世界观和日益鲜明的革命民主主义政治立场的交互作用下，形成了马克思独特的革命民主主义法哲学观和法律思想。毋庸置疑，前人的法学思想可以成为马克思形成自己法哲学观和法律思想的材料，但是，这些思想材料都要经过分析、批判，然后才能被消化吸收，成为其理论体系的有机成分。

下面，拟从五个方面来具体考察马克思革命民主主义法哲学观和法律思想的基本内容、主要特点及发展趋向。

一　早期法哲学观中的人民主权思想

真正的民主主义者总是把整个社会作为自己的本质存在。他们真诚地

---

① 转引自［苏］费多谢耶夫主编《卡尔·马克思》中文版，生活·读书·新知三联书店 1980 年版，第 17 页。

相信全体人民有着一致的共同利益，坚决反对任何形式的等级特权，主张全社会的每一个成员都平等的是国家的主体，因而国家的主权来自全体人民并永远属于全体人民。早期的启蒙思想家由于处在资本主义萌芽时期，那时的封建势力还异常强大，因此他们或多或少存在着与封建王权妥协的一面，不能够旗帜鲜明地提出人民主权学说，即使提出了这一原则，也不能在理论上贯彻到底。资产阶级自由主义思想家更囿于自己已经独立发展起来的狭隘阶级利益，力图修正甚至公开反对人民主权原则。所以，人民主权思想可以说是革命民主主义政治法律思想的本质特征。

人民主权思想正是马克思早期法哲学观的核心。不论是批判普鲁士的书报检查制度，还是分析莱茵省等级议会的立法活动；不论是在为摩塞尔地区贫苦农民的申辩中，还是在对黑格尔的法哲学思想进行分析批判时，都贯穿着这一基本观点。特别是在《黑格尔法哲学批判》（手稿）中，马克思的人民主权思想表现得尤为鲜明和突出，发展到了一个新的高度。

马克思人民主权思想的彻底性表现在不仅坚决反对绝对君主主权论，而且也坚决反对君主主权和人民主权并存论。马克思认为，主权这个概念本身就不可能有双重的存在，更不可能有与其自身相对立的存在。他说："（1）问题就在于，所谓集中于君主身上的主权难道不是一种幻想吗？不是君主的主权，就是人民的主权——问题就在这里！（2）如果要谈同君主主权对立的人民主权，那也是可以的。但是这里讲的已经不是存在于两个方面的同一个主权，而是两个完全对立的主权概念，一个是能在君主身上实现的主权，另一个是只能在人民身上实现的主权。这同上帝主宰一切还是人主宰一切这个问题是一样的。这两个主权当中有一个是虚构的，虽然确实已经被虚构出来了。"① 也就是说，从实际上看，主权只能以人民为主体，只能来自人民。从理论上看，固然存在着两种对立的主权观，即君主主权观念和人民主权观念，然而，君主主权的观念只能是一种虚构和臆想。

马克思人民主权思想的彻底性还表现在对主权的主体即人民的理解上。康德也是主张人民主权的，但他却把公民划分为积极的公民和消极的公民，而主权只能由所谓积极的公民，即君主、贵族以及资产阶级行使。马克思坚决反对这种理论。他认为，这种把公民划分为作为治人者的积极

---

① 《马克思恩格斯全集》第 1 卷，第 279—280 页。

的觉悟的公民和作为治于人者的消极的不觉悟的公民的理论与官僚等级制度的法律是互相补充的①。在马克思看来，每个公民都平等的是国家的"神圣家主"，没有什么治人者与治于人者之分。马克思论证道："如果国王是'国家的真正的主权'，那他对外也应当被认为是'独立的国家'，甚至不要人民也行。""人也只有在自己的类存在中，只有作为人们，才能成为人格的现实的理念。"② 因此，国家的主体决不能像黑格尔那样归结为一个人，而只能归结为人的类存在，即归结为人民。

从人民主权原则出发，马克思在早期著作中把国家和政府严格区别开来，把国家作为人民的同义语和代名词使用。他在批判普鲁士书报检查制度时说："的确，在有书报检查制度的国度里，国家享受不到出版自由，但是有一个国家机关却能享受到，那就是政府。"③ 显然，这里的"国家"是指人民。黑格尔则不同，他把国家和政府视为一物。马克思对此进行了强烈的抨击："显然，黑格尔周身都染上了普鲁士官场的那种可怜的妄自尊大的恶习，像官僚一样心胸狭隘，在对待'人民的主观意见'的'自信'时摆出一副趾高气扬的臭架子。他以为在任何地方'国家'和'政府'都是同一个东西。"④ 把国家作为人民的同义语而与政府区别开来源于卢梭。卢梭在《社会契约论》中曾谈到，国家是包括全体人民的大型共同体，政府是从属于这个大型共同体的小共同体。"这两种共同体之间有着一种本质的不同，即国家是由于它自身而存在的，但政府则只能是由于主权者而存在的。"⑤ 把国家与政府区别开来，这是与人民主权不可转让的思想相联系的。正如卢梭所说："主权既然不外是公意的运用，所以就永远不可能转让；并且主权者既然只不过是一个集体的生命，所以就只能由他自己来代表自己；权力可以转移，但是意志却不可以转移。"⑥ 根据这一观点，卢梭还说："英国人民自以为是自由的；他们是大错特错了。他们只有在选举国会议员的期间，才是自由的；议员一旦选出之后，他们就是奴隶，他们就等于零了。"⑦ 马克思在早期著作中差不多也表达

①　《马克思恩格斯全集》第 1 卷，第 226 页。

②　同上书，第 277—279 页。

③　同上书，第 62 页。

④　同上书，第 401 页。

⑤　卢梭：《社会契约论》，第 80 页。

⑥　同上书，第 35 页。

⑦　同上书，第 125 页。

过相同的思想。在《关于出版自由的辩论》中，他说："如果等级议会这一新的人民代表机关的特征不是省（指莱茵省人民——引者注）本身在这里起作用而是别人代替省起作用，不是省代表它自己而是别人越俎代庖；那末这种代表机关就会丧失一切意义。脱离被代表人的意识的代表机关，就不成其为代表机关。"① 为此，马克思强烈反对那种所谓"议会主权"论，即一旦议会被选出，人民就失去了对国家的一切政治主权。这种理论曾经为洛克所阐述，并已经成为当时英、法等国的现实。

站在人民主权的原则立场，马克思正确解决了国家制度与立法权这一为宪法学家们所困扰的二律背反：一方面，立法权是确立国家制度的权力，它高于国家制度；另一方面，立法权是按照国家制度确立起来的权力，所以它又从属于国家制度。马克思说："如果问题提得正确，那它就只能是这样：人民是否有权来为自己建立新的国家制度呢？对这个问题的回答应该是绝对肯定的，因为国家制度如果不再真正表现人民的意志，那它就变成有名无实的东西了。"② 在这里，马克思表达了人民有权创立和改变国家制度的思想。

为了实现人民主权原则，马克思坚决反对等级代表制，要求实行人民代表制。在《论普鲁士等级委员会》一文中，马克思证明，等级代表制主要保障了封建地主的特权，它是历史上过时的东西。他认为，如果不成立人民代表机关，国家的概念就不可能实现。代表机关应当是全民利益的代表而不为特权所垄断。"真正的代表机关是由人民自己来代表的机关。"③ 马克思甚至公开反对自由主义反对派的妥协性建议。按照这个建议，只是在等级代表制中扩大自由资产阶级和知识分子的参政权利。显然，马克思所要求的人民代表制是通过普遍的、平等的全民选举所产生的，不脱离被代表人意志的代表制。

但是，马克思在克罗茨纳赫研究以后，对人民代表制有了更加深刻的看法。如果说，在此以前，马克思把人民代表制作为实现人民主权最合理的形式，那么，马克思现在开始认识到，人民代表制只不过是"人民发展现阶段上的一个必然观念"。人民主权观念的真正彻底实现，则有赖于国家

---

① 《马克思恩格斯全集》第1卷，第54—55页。
② 同上书，第316页。
③ 参见巴库拉杰《论马克思哲学观点的形成问题》，科学出版社1958年版，第36页；《马克思主义研究参考资料》1981年第4期，第9页。

和市民社会二重化的克服，有赖于"彻底的民主制"的实现。对此，马克思分析道，根据人民主权原则，一切人都有权参与国家事务。问题是，在市民社会与政治国家相脱离的情况下，不可能是"一切人"作为"单个人"参加讨论国家事务，而只能是"单个人"代表"一切人"即代表人民参与国家事务。这就是所谓北美的共和制，即抽象国家范围内的"民主制"。马克思认为，人民代表制比等级代表制迈进了一大步，因为它彻底暴露了现代国家中市民社会二重化这一矛盾。一旦政治国家复归社会，那么代表制就失去了任何意义。因为，在这种情况下，国家的事务也就是全社会的事务，全社会的事务也就直接成为国家事务，这时候可以说是"一切人"都作为"单个的人参加国家事务"。"真正的民主制中政治国家就消失了。"① 显然，马克思在《黑格尔法哲学批判》中关于"彻底的民主制"的设想已经超出了革命民主主义的范围，带有模糊的共产主义意向。

坚持人民主权原则必然要求把人民的意志提升为法律。正是这样，马克思在《论离婚法草案》一文中谈到，法律应成为人民意志的自觉表现，也就是说，它应该同人民的意志一起产生并由人民的意志所创立②。但是，马克思在1843年时进一步认识到，人民意志自觉表现为国家的法律，这只有在"彻底的民主制"中才能真正实现。因为"在民主制中不是人为法律而存在，而是法律为人而存在；在这里人的存在就是法律，而在国家制度的其他形式中，人却是法律规定的存在"。③

当然，马克思的人民主权思想不可能没有其特定的阶级色彩。在分析莱茵省议会关于林木盗窃法的辩论中，马克思碰到了两种习惯权利，两种彼此对立的权利观和公平观。一种是特权阶级的习惯权利、权利观和公平观；一种是贫民阶级的习惯权利、权利观和公平观。马克思鲜明地站在贫民阶级一边，为主张贫民阶级的权利，为把贫民阶级的法权意识提升为法律而斗争。他说："但是我们这些不实际的人却要为政治上和社会上备受压迫的贫苦群众的利益而揭露那些卑躬屈节唯命是听的所谓历史学家们所捏造出来的东西，……我们为穷人要求习惯权利，但并不是限于某个地方的习惯权利，而是一切国家的穷人所固有的习惯权利。"④ 马克思断言，

① 《马克思恩格斯全集》第1卷，第282、393、394页。
② 同上书，第184页。
③ 同上书，第281页。
④ 同上书，第141—142页。

习惯权利按其本质来说，只能是这一最低下的、备受压迫的、无组织的群众的权利。其理由是：其一，从历史上看，在立法中常常片面地处理习惯权利。在中世纪遗留下来的那些公权和私权的混合物中，从立法上取消了公权。这样，贫民阶级的习惯权利就随着公权的废除而丧失了，代之以富人的独占权。其二，贫民阶级的某些习惯权利，如拣枯枝、拾麦穗等，是生活的迫切需要，是自然界天赐的产物，是自然的、合理的。"由此可见，在贫民阶级的这些习惯中存在着本能的权利感，这些习惯的根源是肯定的和合法的，而习惯权利的形式在这里更是自然的，因为贫民阶级的存在本身至今仍然只不过是市民社会的一种习惯，而这种习惯还没有在被有意地划分了的国家里找到应有的地位。"① 而特权者的习惯则是与法相抵触的习惯。这是因为：从历史根源上看，特权者所追求的习惯权利是野蛮时代和中世纪不平等法的产物，只能是追求已丧失现实性的"法的动物形式"；从内容上看，贵族的习惯与法的普遍性、必然性和公正性的本质格格不入，它是同合理的权利概念相抵触的习惯；从形式上看，在普遍法已经取代习惯法而居统治形式的时代，合理的习惯权利不过是一种由法律规定为权利的习惯，何况特权等级的习惯权利一般都已为立法所承认而提升为国家的习惯。因此，特权阶级的习惯权利是不合理、不合法的。由上可见，马克思要求把贫民阶级的习惯权利和法权意识提升为国家的意志即法律，要求把这一未取得应有法律形式的权利和法表现为法律，阶级立场是相当鲜明的。诚然，这些分析未必是很有说服力的。因为，马克思自己也感到这对他来说是一件力不从心的"难事"。

但是，正是这件"难事"，对马克思的法律观的发展和转变产生了重要影响。这一点我们在后面将作详细的分析。

与人民主权思想相联系，有必要再探讨一下马克思对"社会契约论"的态度。我们知道，卢梭就是用"社会契约论"来论证他的人民主权学说的。把"社会契约"作为国家产生的历史前提有其致命的弱点，因为这与已知的历史事实不相符合。所以，康德和费希特都宁可把"社会契约"作为国家产生的逻辑前提，因而可以无须探求其历史的真伪。19世纪初，自由主义思想家为了反对人民主权学说，便首先在"社会契约"问题上发难。黑格尔就是反对国家契约说的。他在批评康德时说："国家

① 《马克思恩格斯全集》第1卷，第147页。

决非建立在契约之上，因为契约是以任性为前提的。如果国家是本于一切人的任性而建立起来的，那是错误的。"① 但是，黑格尔的态度并不能说明马克思也一定反对"社会契约论"。相反，当马克思还信奉康德和费希特的理性主义的时候，无疑是赞成他们所主张的社会契约论的。在1837年，马克思甚至把"社会契约"列入了他构思的法哲学体系的提纲中。而在转向黑格尔哲学后，他在《博士论文》中再次以赞赏的语调谈到了伊壁鸠鲁的社会契约论。在《第179号"科伦日报"社论》中，马克思把理性的国家表述为"相互教育的自由人的联合体"②。这一表述基本上与康德和费希特的表述差不多，显然含有"契约论"这一逻辑前提在内。但是，马克思在那个时代当然不会再像18世纪的启蒙思想家一样天真地把"社会契约"作为国家产生的历史前提，而只能是看作一种逻辑前提。换言之，马克思是从自由的理性国家和自由的人民国家的概念上来理解"社会契约"的。在《黑格尔法哲学批判》中，马克思则说："国家制度只不过是政治国家和非政治国家之间的协调，所以它本身必然是两种本质上各不相同的势力之间的一种契约。"③ 这里，马克思所谈的"契约"与启蒙思想家们的"社会契约"已大异其趣了。这是马克思在克罗茨纳赫研究了资产阶级议会史特别是英法等国的议会史后得出的结论。其意思是：国家制度不过是以王权为代表的封建政治等级同市民等级之间斗争、妥协的结果。这表明，对国家和法的唯物主义理解使得马克思开始离开启蒙思想家们抽象的"社会契约论"的观点。

二　早期法哲学观中的理性法观念

以理性为基础的法，即理性法的观念，是一个古老的法观念。然而真正近代意义上的理性法观念却是文艺复兴以后的产物。虽然在理论形式上它渊源于古希腊罗马的自然法思想，但是，却被启蒙思想家们赋予了迥然不同的阶级内容。在德国，早在17世纪末和18世纪初，浦芬道夫和沃尔夫就曾阐述过自然法学说。18世纪下半叶康德又继之而起，在唯心主义

---

① 黑格尔：《法哲学原理》，商务印书馆1961年版，第83页。
② 《马克思恩格斯全集》第1卷，第118页。
③ 同上书，第316页。

先验论基础上阐述过自然法思想。此后，费希特也根据主观唯心主义哲学论述过自然法的原理。德国的自然法思想可以说几乎都是直接导源于同时代英法等国的自然法观念。所不同的是，与同时代英法的自然法观念相比，较为温和保守，同时也更多地带有思辨哲学性质。如果说英法的自然法观念主要是从政治学的角度来加以阐述的话，那么德国的自然法学派则更多地热衷于从哲学中探求自然法的真谛。但是，就其实质性而言，两者并没有多大差异，因为它们基本上都是反映了处于上升时期的资产阶级的政治要求。自然法主义者把理性与存在、应然与已然绝对对立起来，使得近代自然法观念从产生之初就具有反历史主义的形而上学缺陷。黑格尔认识到这种缺陷，他企图在"凡是现实的必然是合理的，凡是合理的必然是现实的"这一著名原理下把理性与历史、存在与应有辩证统一起来。但是，在黑格尔那里，以人本主义为基础的近代自然法观念已丧失了它本来的意义，而从理论形式上被客观唯心主义哲学加以彻底改造了，从实质内容上，民主主义的启蒙思想也已经被自由主义甚至封建主义的保守成分所代替。所以，有人把黑格尔的自然法思想改称为理性法观念是有一定道理的。然而，黑格尔把历史主义与理性主义辩证地结合在他的理性法观念之中，这不能不是法学史上的一个贡献。马克思正是吸取了黑格尔法哲学思想中这一积极因素，摒弃其自由主义和封建主义的保守成分，注入革命民主主义的思想内容，从而形成了自己独特的理性法观念。

马克思的理性法观念也是一种法的二元论，即认为在实在法之外有一个自在地存在着的客观法。在关于第六届莱茵省议会辩论的第一篇论文里，马克思说："出版法就是出版自由在立法上的认可。它是法的表现，因为它就是自由的肯定存在。所以，甚至当它完全没有被采用的时候，例如在北美，它也应当存在。而书报检查制度正如奴隶制一样，即使它千百次地具有法律形式，也永远不能成为合法的。"① 这就是说，法不以立法者的主观意志而客观地存在着，立法仅仅是使客观法得到外在表现，从而成为定在的法。那些违背客观法的实在法绝不是真正的法律。正是在这个意义上，马克思不止一次地谈到立法者并不是创立法律，而只是揭示和表述法律。在关于莱茵省议会辩论的另一篇论文中，马克思还谈到，法律应当"是事物的法的本质的普遍和真正的表达者。因此，事物的法的本质

---

① 《马克思恩格斯全集》第 1 卷，第 71—72 页。

不应该去迁就法律，恰恰相反，法律倒应该去适应事物的法的本质。"①
在分析这些问题时，马克思显然是从法的二元论出发的。

那么，这种自在地存在着的作为实在法的本质的客观法又是什么呢？
为了回答这个问题，我们只须引用马克思在《第 179 号"科伦日报"社
论》中的一段话："从前的国家法的哲学家是根据本能，例如功名心、善
交际，或者甚至是根据理性，但并不是公共的而是个人的理性来看国家
的。最新哲学持有更加理想和更加深刻的观点，它是根据整体的思想而构
成自己对国家的看法。它认为国家是一个庞大的机构，在这个机构里，必
须实现法律的、伦理的、政治的自由，同时，个别公民服从国家的法律也
就是服从自己本身理性的即人类理性的自然规律。"② 显然，在马克思看
来，如果国家实现了法律的、伦理的、政治的自由，那么，国家的法律也
就反映了人类理性的自然规律。由此可见，所谓客观法实质上就是人类理
性的自然规律，或者也可以称之为人类理性的自然法。这一点马克思与孟
德斯鸠不无相似之处。孟德斯鸠把法（或规律）表述为自然界事物之间
的必然关系，而人类社会的自然法则是人与人之间的必然关系，人们借助
自己的理性能够认识到这种必然关系即发现自然法。黑格尔也把规律分为
两类：自然界所具有的规律即自然规律，人类社会所具有的规律即法律。
而自然规律和法律都是以客观理性为基础的。③ 马克思虽然把理性作为客
观法的本质和基础，但他所理解的理性既不同于启蒙思想家所主张的——
以个人主义为核心，以感觉论为基础的启蒙理性，也不同于黑格尔的无人
身的客观理性，而是不同于人的自然本能，反映着客观理性的人类普遍
的、公共的理性。可见，马克思的理性法观念继承和发展了卢梭到康德以
来的公益思想和集体主义倾向，但是又完全不同于黑格尔超人的国家和法
的绝对主义观点。笔者认为，马克思理性法观念的这一特点正是把全社会
作为自己本质存在的革命民主主义性质的表现。

马克思坚持法的理性主义并不是回到 18 世纪启蒙思想家的把理性与
存在、理性法与实在法简单地对立起来的观点。马克思理性法观念不同于
一般启蒙思想家的自然法思想的另一个重要特点，正在于马克思的理性法

---

① 《马克思恩格斯全集》第 1 卷，第 139 页。

② 同上书，第 129 页。

③ 参见孟德斯鸠《论法的精神》上册，第 1—4 页；黑格尔：《法哲学原理》，商务印书馆
1961 年版，"序言"第 14 页。

是一种历史主义的、辩证发展着的理性法。早在 1837 年马克思就已经认识到："在具体地表达活生生的思想世界，例如法律、国家、自然界和整个哲学的时候，……必须从对象本身的发展去细心观察它，在这里不容许加以任意的分割。事物本身的理性必须看作在自身矛盾中不断展开的东西，并在其自身中寻求自己的统一。"① 因此，在马克思看来，理性法并不是一个高悬于法的历史发展之上，与实在法毫不相涉的东西，而是在实在法的历史发展中不断展开和实现其自身。实在法正是理性法在实现自身中的一个环节。这些环节随着理性法的发展，就会丧失其合理性和现实性，就会被法的理念所"扬弃"。代表着理性法的发展方向的新的法观念就会应运而生并成为现实，这时候，新的比较合理的法律制度就产生了。正是从这样的观点出发，马克思曾说，中世纪封建法是等级的法，而这种法现在已丧失了现实性。马克思认为历史法学派是"先杀害历史理性然后又把它的遗骨当做历史遗物来敬奉的观点"②。也就是说，历史上的法律制度只不过是历史理性的"遗骨"，而理性则在法的历史发展中不断"脱胎换骨"，"推陈出新"。"理性向来就存在，只不过它不是永远以理性的形式出现而已"，而法"它到处意味着理性已经实现。但同时它又到处陷入理想的使命和各种现实的前提的矛盾中。"③ 法的历史学派是 19 世纪初泛起的一股代表封建利益的法学思潮。他们反对哪怕是最温和的自由主义改革，力图保存普鲁士封建政治法律制度。法的历史学派具有实证的反理性主义的哲学倾向。作为法的历史学派的鼻祖，胡果打着自然法的旗号否定自然法。其基本伎俩就是在理性与存在之间制造对立。他首先证明历史上存在的法律制度都是不合乎理性的，进而证明法的理性从历史上看是不真实的。

对此，马克思在批判中首先把存在的事物与真实的事物区别开来，认为只有那些具有必然根据并符合概念发展的存在才是真实的存在。相反，胡果则认为"因为我们不能认识真实的事物，所以在逻辑上我们就应当承认不真实的事物（只要它是存在的）是某种确实的事物"。而"凡是存

---

① 马克思 1837 年 11 月 10 日致父亲的信，转引自《马克思主义研究参考资料》1981 年第 3 期，第 3 页。
② 《马克思恩格斯全集》第 1 卷，第 93 页。
③ 同上书，第 417 页。

在的一切事物他都认为是权威，而每一个权威又都被他拿来当做一种根据。"① 马克思对这种"存在至上"的实证主义观点诘问道，难道仅仅是"某种状态"存在的事实就能给这种状态以存在的权利吗？显然是不行的。因为存在着的并不都是合乎理性的，至少不是永远合乎理性的。

其次，马克思还坚持认为，凡是合乎理性的必然要变为现实，即变为真实的存在，因而那些真实的存在必然包含有合乎理性的成分，必然代表着理性发展的一个历史环节。而胡果为了制造理性与存在的对立，甚至不惜"把各种制度中合乎理性和合乎道德的一切都看做对理性来说是一种可疑的东西。"②

由此，马克思驳斥了胡果把理性与存在绝对对立起来，以谋杀历史理性的观点；论证了理性的客观实在性，坚持了法的理性主义立场，得出了理性是衡量实证事物的尺度的结论。运用这一原理，马克思揭示了现存的普鲁士封建法律制度的非法性和非现实性，论证了用更加合理的法代替现存的法律制度的历史必然性。

马克思理性法观念的另一个重要特点就是坚持理性法与人民意志的法的统一。在《论离婚法草案》中马克思曾说："要使人相信用以判断某种伦理关系的存在已不再符合其本质的那些条件确定得正确而毫无成见，既符合科学所达到的水平，又符合社会上已形成的观点，——当然，要能达到这一点，只有使法律成为人民意志的自觉表现，也就是说，它应该同人民的意志一起产生并由人民的意志所创立。"③ 由此可以看出，马克思持有这样的观点：人民的意志和观念始终能够体现历史的进步和理性的发展方向，或者说理性的发展必然要通过时代的人民观念表现出来，因此，法的人民性和合理性必然是统一的。在法的人民性和合理性关系问题上革命民主主义者与自由主义者是大相径庭的。卢梭作为革命民主主义者的杰出代表坚持两者相统一的观点。他认为法律应体现人民的公意，而公意永远是公正的。自由主义者黑格尔则反对卢梭这一观点。他说，卢梭"所理解的意志，仅仅是特定形式的单个人意志（后来的费希特亦同），他所理解的普遍意志也不是意志中绝对合乎理性的东西，而只是共同的东西，即

---

① 《马克思恩格斯全集》第 1 卷，第 98—99 页。
② 同上书，第 101 页。
③ 同上书，第 184 页。

那从作为自觉意志的这种单个人意志中产生出来的"。"为了反对单个人意志的原则，我们必须记住这一基本概念，即客观意志是在它概念中的自在的理性东西，不论它是否被单个人所认识或为其偏好所希求。"① 应当承认，黑格尔把国家和法的理性理解为不以个人主观意志为转移的客观理性（即规律性）的思想有其深刻的一面。但是，他把国家和法的自在理性与人民的自觉理性对立起来，把法的合理性与人民性对立起来，有意贬低人民意志的意义和作用，这不能不是其保守的自由主义政治立场的反映。对此，马克思以后在《神圣家族》中曾有过批判："同黑格尔的这种学说同时发展的，在法国有空论派的学说，他们宣布理性的独立自主是和人民的独立自主对立的，其目的是为了排斥群众而单独地实行统治。这是十分彻底的做法。如果说现实的人类的活动也就是一群单个的人的活动，那末抽象的普遍性即理性、精神反而应该仅仅在少数单个的人身上得到抽象的表现。每一个单个的人是否愿意去冒充这样的'精神'代表者，这要取决于他的地位和想象力。"② 如果说，自由资产阶级把理性与人民对立起来，把法的合理性与人民性对立起来，是为了排斥人民群众而单独实行统治的话，那么，马克思把法的合理性与人民性统一起来则正是为了论证人民的国家和人民的法的合理性和历史必然性。

三 早期法哲学观中的自由法理论

马克思十分重视人的自由问题。他认为，自由是人所固有的东西，是人类存在的本质，是任何人也不能对它有半点怀疑的"人类天性的永恒的贵族"。但是，马克思所主张的自由不是少数人的自由，而是人民的普遍的自由。他说："我们根本不喜欢那种只希望以复数形式存在的'自由'。英国向我们提供了一个巨大历史规模的范例，说明'复数的自由'的有限视野对'自由'是多么危险。"马克思接着援引伏尔泰的话说："关于复数的自由即特权的说法是以服从为前提的。复数的自由是普遍奴隶制的例外。"③ 这里所谓复数自由和单数自由实际上是借用词法现象来

---

① 黑格尔：《法哲学原理》，商务印书馆1961年版，第254—255页。
② 《马克思恩格斯全集》第2卷，第108页。
③ 《马克思恩格斯全集》第1卷，第91页。

说明特权的自由和普遍的自由。马克思痛斥了那些封建贵族和自由资产阶级为了拯救特权的特殊自由，而斥责人类本性的普遍自由。马克思深刻地指出："没有一个人反对自由，如果有的话，最多也只是反对别人的自由。可见各种自由向来就是存在的，不过有时表现为特权，有时表现为普遍权利而已。"①

马克思不仅把自由的普遍性归结到拥有自由的主体即人的普遍性上，而且也归结到自由的形式的普遍性上。他说："自由的一种形式制约着另一种形式，正像身体的这一部分制约着另一部分一样。只要某一种自由成问题，那末，整个自由都成问题。……因此，如果认为自由存在的特殊形式问题是特殊问题，这是再错误不过的了。这是特殊范围内的一般问题。"② 在这里，马克思批判了那些软弱的不彻底的自由主义者，这些庸俗的自由资产阶级的议会代表出于自己狭隘的阶级利益而仅仅满足于特殊形式的自由特别是财产自由。相反，马克思认为，自由不应该只包括财产自由（马克思甚至要求限制私有财产的自由），而且应包括言论、出版、信仰自由和议会自由、审判自由等。

与康德和黑格尔关于自由的思想相比，马克思的自由观有一个显著的特点，就是明朗、实在和具体得多。康德在道德领域虽然主张人的自由，但是，他把启蒙思想家特别是卢梭的政治自由抽象化、形式化为"意志自由"。变成纯粹思想上的概念规定和道德公设。这反映了德国资产阶级的软弱特点。而黑格尔则进一步把"自由"客体化为脱离人的主观性的"客观自由"。在黑格尔看来，所谓"自由意志"不是作为主体的人的意志，而是超脱于人的自在地存在着的合乎理性的意志。在黑格尔那里，启蒙思想家们所主张的政治自由被消融在"客观自由"之中，以掩饰普鲁士封建专制制度下人民的不自由状况。马克思革命民主主义的政治立场促使他把启蒙思想家们的"自由观"从德国思辨哲学的窒息中解脱出来。马克思认为，所谓自由是指定在中的自由即现实的人的自由。他无情地批评德国自由主义的空谈家："这些自由主义者认为，把自由从现实的坚实土地上移到幻想的太空就是尊重自由。这些流于幻想的空谈家、这些伤感的热心家把他们的理想同日常的现实的任何接触都看成是亵渎神明。对我

---

① 《马克思恩格斯全集》第 1 卷，第 94—95 页。

② 同上。

们德国人来说，自由之所以直到现在仍然只是一种幻想和伤感的愿望，一部分责任是要由他们来负的。"① 马克思还批判了鲍威尔兄弟为首的"自由人"在抽象概念的安乐椅上自得其乐。他认为，这些人甚至不如那些在宪法范围内为争取自由而斗争的资产阶级实际活动家。②

由于马克思把自由看成人类的天性与本质，因此，他把实现人的自由作为人的社会存在形式的国家和法的根本目的。正是在这个意义上，马克思把理性的国家说成是伦理的、政治的、法律的、自由的实现，而"不实现理性自由的国家就是坏的国家"，③ 就不符合国家的概念和本质。正是在这个意义上马克思把合乎理性的法律说成是自由的定在，"哪里的法律成为真正的法律，即实现了自由，哪里的法律就真正地实现了人的自由。"④

但是，马克思并不把自由理解为主观唯心主义的恣意妄为。在这一点上，马克思吸收了黑格尔关于自由与必然的辩证思想，认为，自由就是对必然的认识和掌握，就是按意识到的理性的规律行事。对人类社会来说，就是按照合乎理性的法律行事。"法律上所承认的自由在一个国家中是以法律形式存在的"⑤，因此，与某些启蒙思想家不同，马克思并不认为所谓"自然状态"下的原始人是自由的；在他看来，人的自由是随着社会的发展逐步得到实现的。当人类还没有完全脱离动物界，人类史还是自然史的一部分时，人类完全受着盲目的必然性所支配。这时候根本谈不到人的自由和自由的人。"世界史上不自由的时期要求表现这一不自由的法，因为这种动物的法（它同体现自由的人类法不同）是不自由的表现。"⑥ 同样，马克思还把"天然的独立性，与"精神的自由"区别开来。他说："国家本身教育自己成员的办法是：使他们成为国家的成员，把个人的目的变成大家的目的，把粗野的本能变成道德的意向，把天然的独立性变成精神的自由；使个人和整体的生活打成一片，使整体在每个个人的意识中得到反映。"⑦ 可见天然的独立性并不是自由，粗野的本能并不是自觉的

---

① 《马克思恩格斯全集》第 1 卷，第 84 页。
② 《马克思恩格斯全集》第 27 卷，第 433 页。
③ 《马克思恩格斯全集》第 1 卷，第 127 页。
④ 同上书，第 72 页。
⑤ 同上书，第 71 页。
⑥ 同上书，第 142 页。
⑦ 同上书，第 118 页。

理性。因此，人类的自由就是自觉按照人类生活的规律即人类理性的自然规律行事，而这种理性的规律在国家里则表现为法律，当然是合乎理性的法律。所以，在国家生活中，公民的自由就是按照合乎理性的法律行事。"如果法院遵循它自己固有的法规而不遵循其他范围（如宗教）的规律的话，审判自由就是审判自由。"① 这样看来，自由是以遵从理性法为条件的，人们在多大程度上认识并遵从理性的法，人们便在多大程度上实现了自己的自由。

正是从这一观点出发，马克思提出了"起预防作用的法律是不存在的"。在马克思看来，真正的法律只不过是人的行为所必须遵循的规律的表现。当人们在理性指导下自觉按照理性的规律行事时，反映这种规律的国家的法律的强制作用实际上等于零。"法律在人的生活即自由的生活面前是退缩的"②。在这种情况下，法律当然不是一种预防手段。只有当人的实际行为表明人不再服从人所固有的规律时，这种本来是内在的规律才表现为一种外在的强制，即表现为国家的法律。

那么，为何马克思在同一处又提到"法律只有作为命令才起预防作用"呢？这要结合黑格尔的法哲学理论来分析才好理解。黑格尔在他的法哲学体系中把私法和刑法归于形式的法。他认为，形式的法是作为命令而存在的法，法的对象只是抽象的人格，所以局限于否定的方面，即不得侵害人格或从人格中产生的东西。所以，法的命令从它的根本规定说来，只不过是一种禁止，即禁止和限制一定的行为③。因此，这种以命令形式存在的法在一定程度上可以起预防作用。

其实，马克思在这里主要是针对实行"预防制"的普鲁士书报检查法而言的。马克思强烈反对这种"预防制"的法，包括法国当时所实行的"保证金制"的出版法，而倾向于"追惩制"的出版法。关于自由法的理论便是他论证这一主张的一个法学根据。因此，考察一下马克思对于出版自由的态度，对于深入理解他的自由法的观念大有裨益。

从近代史上看，几乎没有一个思想家公开否认出版自由。但是，由于其所处的政治立场不同，时代背景各异，因而对出版自由的解释也不尽相

① 《马克思恩格斯全集》第 1 卷，第 85 页。
② 同上书，第 72 页。
③ 参阅黑格尔《法哲学原理》（商务印书馆 1961 年版）第三三、三八节和第一一三节附释。

同。但是，几乎所有的民主主义者都是彻底的出版自由论者。独立战争时期美国的革命民主主义者杰弗逊就是一个。他关于出版自由不应受到任何限制的主张被马克思推崇为"最纯真最标本的出版自由"。法国大革命时期的革命民主主义政治家罗伯斯庇尔也专门论述过出版自由。他甚至不满意《人权宣言》中关于出版自由权的规定。他说："每个人都有权以任何方式发表自己的意见，出版自由不受任何形式的拘束或限制。""出版自由必须是完全的和无限制的，不然它就根本不存在。"① 而黑格尔对出版自由则持保守态度。他说："有人说出版自由是要说就说，要写就写的自由。……这种说法表明思想完全未经教化，还是粗鲁的和肤浅的。"② 他认为，通过出版攻击政府及其首长、官吏，特别是君主本人，嘲弄法律，唆使叛乱等都是不同程度的犯罪和犯过。

马克思对于出版自由的基本观点与罗伯斯庇尔非常接近，而与黑格尔根本对立。同罗伯斯庇尔一样，马克思把当时北美共和国的出版自由奉为楷模。同罗伯斯庇尔一样，马克思认为出版物的裁判者不是书报检查官，也不是法庭，"从出版自由的本质自身所产生的真正的检查是批评"③。同罗伯斯庇尔一样，马克思强烈主张普遍的完全的出版自由，反对任何特权和限制。马克思认为，出版法是自由对自己投信任票，它所惩罚的只是滥用自由；而检查法却是把自由看成一种滥用加以惩罚。因而出版自由法是法的表现，是真正的法律，普鲁士书报检查法则只是徒具形式的法律，是专横和非法。同罗伯斯庇尔一样，马克思也不排斥对滥用出版自由进行必要的惩罚。

马克思关于自由和出版自由法的基本观点，继承了18世纪革命民主主义思想家们的思想，并用辩证的观点加以发挥，这无疑加深了理论的深度。但是，正如历史所表明的那样，自从人类分裂为阶级以来，就没有普遍的完全的自由，也没有真正不受任何限制的出版自由。我们知道，罗伯斯庇尔执政以后，在严酷的阶级斗争现实面前，也不得不放弃自己关于无限制出版自由的迂腐主张。问题并不在限制自由，而在于限制什么人的自由：是限制绝大多数人的自由，还是限制少数人的自由，以及限制什么样

① 《革命法制和审判》商务版，第52页。
② 黑格尔：《法哲学原理》，商务印书馆1961年版，第335页。
③ 《马克思恩格斯全集》第1卷，第68页。

的自由。马克思曾经谈到:"没有一个人反对自由,……可见各种自由向来就是存在的,不过有时表现为特权,有时表现为普遍权利而已。"① 马克思这里所表述的观点本来离正确的结论已经不远了。然而,事实证明,要得出科学的结论,要丢掉普遍自由的幻想,仅仅靠逻辑,即使是辩证逻辑,也是不行的,还必须有对于现实和历史的唯物主义考察。但是,要求普遍的完全的自由,把实现自由作为国家和法的根本任务提出来,这对于砸烂封建桎梏,争取人的自由解放的资产阶级民主革命有着重大的历史意义。

上面,我们从人民主权思想、理性法观念和自由法理论三个方面考察了马克思革命民主主义法哲学观的基本内容和特点。应该特别指出的是,这三个方面绝不是彼此分立的。相反,它们是相互依存、相互渗透,有机地融合于马克思的法哲学观里的。按照马克思的观点,法是自由的定在,而自由则是按照理性的规律行事,因此,真正实现着人的自由的法律必然也是合乎理性的法律。而理性的法在一个既定时代必然要反映为那个时代人民的观念,因而人民意志的法必然也是合乎理性的法。同时,人民意志的法也必然自觉地实现着人民的普遍自由,所以,人民的法也必然是自由的法。总之,在马克思的法哲学观看来,真正符合概念发展的法律应该是以人类普遍理性为基础的,实现着人类普遍自由的,表现为人民自觉意志并由人民自己所创立的法律。

四 早期法律思想简论

具体地考察马克思的早期法律思想,不仅有助于深入地认识他的法哲学观,而且也有助于进一步认识这些法律思想的性质及其借鉴意义。

马克思关于国家制度和出版自由方面的思想前面已有所涉及,以下再从刑法、婚姻法和审判制度三个方面做一概略考察。

(一) 刑法思想

首先,马克思努力揭示劳动群众沦于犯罪深渊的社会根源。19 世纪初,在普鲁士,盗窃林木、破坏狩猎和牧场违禁等由于农民日益贫困而成

---

① 《马克思恩格斯全集》第 1 卷,第 63 页。

为常见的犯罪现象。仅 1836 年一年，因这类犯罪而受到惩罚者就达 15 万人，占同年全部刑事案件受惩人数的 77%。马克思对造成这种状况的原因进行了分析。一方面，马克思把这种情况归咎于法律的不公正，把本来不应算作犯罪的行为也作为犯罪来加以惩罚。马克思引用孟德斯鸠的话说："有两种坏现象，一种是人民不遵守法律；另一种是法律本身使人民变坏；后一种祸害是无可救药的，因为药物本身就包含着这种祸害。"他接着说："但是，如果你们以为这只会给你们带来好处那就错了。人民看到惩罚，但是看不到罪行，正因为他在没有罪行的地方看到有惩罚，所以在有惩罚的地方也就看不到罪行了。"① 显然，马克思认为不公正的法律是把人民投入犯罪深渊的一种祸害，而林木盗窃法和书报检查法正是这样一种祸害。另一方面，马克思又从社会环境，特别是财产不公平的状况，来寻找劳动人民被迫触犯刑律的原因。马克思说："英明的立法者预防罪行是为了避免被迫惩罚罪行。但是他预防的办法不是限制权利的范围，而是给权利以肯定的活动范围，这样来消除每一个权利要求中的否定方面。他不是局限于替一个阶级的成员消除一切使他们不能进入更高权利领域的东西，而是给这一阶级本身以运用自己权利的现实可能性。要是国家在这方面不够仁慈、富裕和慷慨，那么，无论如何，立法者要肩负起责无旁贷的义务——不把那种由环境造成的过错变成犯罪。他应该以最伟大的人道精神把这一切当做社会混乱来纠正，如果把这些过错当做危害社会的犯罪行为来惩罚，那就是最大的不公平。"② 从这里可以看出，马克思把贫民阶级的基本生存权利得不到保障作为他们被迫走上犯罪道路的重要根源。因此，预防犯罪的根本办法是由国家给穷人提供实现自己基本生存权利的物质保障。要是国家做不到这一点，那么，就不应把社会环境所造成的过错当作犯罪加以惩罚。马克思对犯罪根源的分析表现了对现存社会的法律制度和财产制度的强烈不满，充满了对贫民阶级不幸境遇的深切同情。

反对以思想言论治罪是马克思早期刑法思想的又一基本观点。马克思不止一次地谈到，对思想方式哪怕是恶劣的思想方式是没有法庭和法典

---

① 《马克思恩格斯全集》第 1 卷，第 139 页。
② 同上书，第 148 页。

的①。他还说："惩罚思想方式的法律不是国家为它的公民颁布的法律，而是一个党派用来对付另一个党派的法律。追究倾向的法律取消了公民在法律面前的平等。这不是团结的法律，而是一种破坏团结的法律，一切破坏团结的法律都是反动的；这不是法律，而是特权。"② 马克思这一观点与罗伯斯庇尔执政前的态度基本相同。罗伯斯庇尔也强烈反对以思想言论出版治罪，甚至认为对诽谤也只能适用民事损害赔偿，而对于犯罪他却是坚决反对金钱赎刑的。但是，执政以后，严峻的阶级斗争现实又迫使他放弃了早先的主张，颁布了《嫌疑犯法》。这的确是一个地道的反倾向的法律。马克思对这种反倾向的法律，哪怕是为革命阶级所使用也是不赞成的。但他说："在罗伯斯庇尔时期，国家在万不得已时所制定的法律就是这样的法律……"③ 这样的表述明显地流露出马克思对雅各宾专政的同情。

为什么思想言论不能治罪呢？马克思说："我只是由于表现自己，只是由于踏入现实的领域，我才进入受立法者支配的范围。对于法律来说，除了我的行为以外，我是根本不存在的，我根本不是法律的对象。我的行为就是我同法律打交道的唯一领域，因为行为就是我为之要求生存权利、要求现实权利的唯一东西，而且因此我才受到现行法的支配。可是追究倾向的法律不仅要惩罚我所做的，而且要惩罚我所想的，不管我的行为如何。"④ 在这里，马克思把行为人排除于法律的对象范畴之外；仅仅把行为作为定罪量刑的唯一标准，反映了他坚持法无贵贱、刑无等级的平等主义思想。但是，马克思把行为作为"同法律打交道的唯一领域"显然带有客观主义的犯罪构成论的影响。这种影响也反映在马克思反对加重处罚屡犯上。在《关于林木盗窃法的辩论》中，他强烈反对林木占有者企图通过立法加重对所谓林木盗窃的屡犯的惩罚。他诘难道："既然不是惩罚犯罪思想，那么加倍惩罚重犯（应理解为重新犯罪者——引者注）是什么意思呢?"⑤ 可见，马克思把犯罪主观方面排除于刑法规定之外。我们知道，犯罪是主观要件和客观要件的统一。刑法在规定某种犯罪时，不仅

---

① 《马克思恩格斯全集》第 1 卷，第 205 页。
② 同上书，第 17 页。
③ 同上书，第 16 页。
④ 同上书，第 16—17 页。
⑤ 同上书，第 168 页。

要涉及犯罪人的行为特征及其危害结果，而且要涉及犯罪人的主观方面，包括主体、罪过、目的和动机等。因而刑法所要惩罚的不仅是犯罪行为，也是支配这种行为的犯罪思想。或者更准确地说，是指向作为犯罪思想和犯罪行为的统一体的犯罪人。如果惩罚的仅仅是犯罪行为，那么，刑罚改造教育罪犯这一重要目的就无法理解了。马克思这一时期在刑法思想中存在着客观主义倾向是不足为奇的。我们知道，刑法理论中的客观主义从18 世纪到19 世纪初一直是一种占主导地位的刑法思潮。贝卡利亚就基本上把主观意图（目的）排除于犯罪的标准之外。在德国，康德和费希特也都主张把主观意图排除于法律调整领域之外。他们认为，法律仅仅与人的外部行为有关。安·费尔巴哈作为古典刑法学派的代表虽然已开始注意主观罪过问题，但却认为主观罪过在立法中无法揭示，而只能在审判中才能了解，因而仍把罪过置于犯罪构成要件之外。这一主张也表现在黑格尔的刑法理论中。黑格尔本来是一个主客体统一论者，然而他仍然认为抽象法（刑法被包括于其中）只与外部行为有关而与敌意和过失、动机和目的等主观因素无关。他说："在严格意义的抽象法中，还未发生什么是我的原则或我的意图的问题。这一个关乎意志的自我规定和动机以及关于故意的问题，现在在道德领域中才被提到日程上来。"① 但是，在论及司法时，黑格尔就要求把主观判断和意图等主观因素作为品定行为的基本因素。显然，黑格尔也没能摆脱客观主义的犯罪构成论的影响，尽管他曾试图辩证地处理主客观方面的关系。青年的马克思处在这样一个刑法客观主义思想盛行的时代，当然不能不受到影响。同时，刑法客观主义反映了新兴资产阶级要求加强法制，反对自由擅断和封建专横的民主精神，马克思接受这种理论就更在情理之中了。

马克思还运用人民主权思想来论证"公众惩罚论"。所谓"公众惩罚论"即是刑罚权专属国家。这曾经是一种反对封建领主和教会私刑，维护统一法制的进步理论。马克思认为，国家对犯人的任何权利，同时也是犯人对国家的权利②。这就是说，国家的权力归根结底是来源于包括罪犯在内的国家的公民。公民把刑罚权交给国家，并且仅仅委托给国家，依照法的原则行使这一权力是国家对每个公民责无旁贷的义务。"即便假定国

---

① 黑格尔：《法哲学原理》，商务印书馆1961 年版，第111 页。
② 参见《马克思恩格斯全集》第1 卷，第169 页。

家会放弃自己的权利，即自杀而亡，那末，国家放弃自己的义务将不仅仅是一种放任行为，而且是一种罪行。"① 诚然，这样的解释与启蒙思想家刑罚权的社会契约说十分相似，仍然没有揭示出"公众惩罚"的真正历史必然性。几年以后，马克思在第一部成熟的马克思主义著作《德意志意识形态》中又一次谈到了"公众惩罚"的形成。他说："但法的历史表明，在最早的和原始的时代，这些个人的、实际的关系是以最粗鲁的形态直接地表现出来的。随着市民社会的发展，即随着个人利益之发展到阶级利益，法律关系改变了，它们的表现方式也变文明了。它们不再被看作是个人的关系，而被看作是一般的关系了。与此同时，对彼此冲突着的个人利益的维护也由于分工而转入少数人手中，从而法的野蛮的行使方式也就消失了。"② 这才是关于国家刑罚权起源的历史唯物主义解释。

马克思早期刑法思想的另一个基本观点就是罪刑相适应原理。他说："不论历史或是理性都同样证实这样一件事实：不考虑任何差别的残酷手段，使惩罚毫无效果，因为它消灭了作为法的结果的惩罚。"③ 怎样才算罪刑相称呢？对此，马克思讲了下面这一经常被人们作为马克思主义经典论断而加以引用的话："如果犯罪的概念要有惩罚，那么实际的罪行就要有一定的惩罚尺度。实际的罪行是有界限的。因此，就是为了使惩罚成为实际的，惩罚也应该有界限，——要使惩罚成为合法的惩罚，它就应该受到法的原则的限制。任务就是要使惩罚成为真正的犯罪后果。惩罚在罪犯看来应该是他的行为的必然结果，——因而也应该是他本身的行为。"④ 应该怎样评价马克思在这里所表述的思想呢？首先，说犯罪的概念要有惩罚，是借用了黑格尔刑法思想的思辨表述。黑格尔从他所特有的法的概念发展的观点出发，把犯罪和刑罚看成是法的概念发展出来的一系列概念之一，作为这一系列概念之中的一个环节的各个具体概念，都必然包含着其否定方面的下一个环节。在法的概念发展的第一阶段中，作为法的否定即不法产生了犯罪的概念，犯罪的概念中又包含着自我否定的环节——刑罚，通过刑罚这个否定之否定，从而结束了不法状态。其次，马克思把惩罚看成罪犯本身的行为，也是源于黑格尔的刑法思想。黑格尔在《法哲

---

① 参见《马克思恩格斯全集》第 1 卷，第 169 页。
② 《马克思恩格斯全集》第 3 卷，第 395 页。
③ 《马克思恩格斯全集》第 1 卷，第 139—140 页。
④ 同上书，第 140—141 页。

学原理》中写道："因而这种追究和惩处就不再通过复仇的那种主观的和偶然的报复，而转变为法同它自身的真实调和，即转变为刑罚。……因此，当法律对他执行时，他本身就在这一过程中找到正义的满足，看到这只是他自己的行为"①。最后，马克思在这里离开实在法谈"合法"，实际上只能是指合乎概念的法或理性法。因此，可以认为，马克思在这里所表述的罪刑相适应原理与黑格尔没有什么差别。正如马克思后来在评论黑格尔这种刑法思想时所指出："这种把刑罚看成是罪犯个人意志的结果的理论只不过是古代'报复刑'——以眼还眼、以牙还牙、以血还血——的思辨表现罢了。"② 马克思之所以倾向于黑格尔关于报应刑的思辨表述，原因有二：其一，在黑格尔那里，犯罪并不是司法的单纯客体即司法的奴隶，而是把他提升到自主的、自决的存在的地位。其二，由于以心理强制说的刑罚理论为根据，为了强调刑罚的威慑作用，当时的刑法典普遍存在着刑罚过重的情况。而黑格尔的报复刑不注重刑罚的社会威慑作用，只强调罪与刑的价值等同，因而客观上不啻是对重刑主义的一种批判。而以上这两点正与马克思的革命民主主义和人道主义精神不谋而合。

综上所述，不难看出，马克思这一时期的刑法思想虽然受到古典刑法学派客观主义和黑格尔报应刑思想的影响，但是从根本性质上说，仍然是属于革命民主主义的。

（二）婚姻法思想

马克思这一时期的婚姻法思想集中表现在《论离婚法草案》一文中。离婚法草案是在历史法学派的代表萨维尼指导下草拟的。普鲁士国王威廉四世企图通过改革法制以彻底清除法国的影响，恢复昔日的专制君主制度，离婚法的草拟便是在立法方面的第一个重大步骤。这一草案在《莱茵报》上披露以后，引起了社会舆论的强烈反对。马克思反对《草案》把世俗婚姻宗教化和过分严峻的离婚条件，也不满意现行普鲁士婚姻法离婚理由的繁多和轻率。同时，马克思也不赞成一味站在旧法立场上的"莱茵法学家"从个人幸福主义的观点来批判《草案》。这就使马克思感到有必要表示自己对离婚法草案独特的批判态度。当然，我们感兴趣的主

① 黑格尔：《法哲学原理》，商务印书馆 1961 年版，第一○一节附释。
② 《马克思恩格斯全集》第 8 卷，人民出版社 1961 年版，第 579 页。

要不是马克思对这一草案的具体态度，而是他在批判中所阐明的婚姻法思想。

首先，马克思把婚姻的本质归结为超脱于婚姻双方主观任性的伦理理性。马克思认为，婚姻不仅关系到结婚的双方，而且关系到家庭、子女和财产等，否则婚姻就会像友谊一样不会成为立法的对象。因此，离婚不能仅仅注意到夫妻双方的主观意志，尤其不能迁就个人的主观任性，而应服从于婚姻的伦理理性的内在规律。什么是婚姻的伦理理性呢？那就是"每个有理智的人都会认为自己的行为是合法的，一切人都可以这样做"。① 这样的表述与康德实践理性的绝对命令十分相似。显然，马克思是把离婚的合理性问题作为首要问题置于婚姻双方的主观意志之上。正是从这样的观点出发，马克思批判了那种把离婚双方的主观意志提到首位的个人幸福主义的观点，也批判了现行普鲁士婚姻法对家庭保护不够，使得离婚的理由繁多而且轻率。

马克思反对主观任性和轻率离异，强调离婚的合理性和保护家庭、子女利益的必要性，是否就是同意了婚姻不可离异的观点呢？黑格尔基本上就是持有这种观点的。黑格尔认为，婚姻的本质既不是爱情（如浪漫派所主张），也不是契约（如康德派所主张），而是客观伦理理性，家庭则是伦理的共同体。因此，他认为婚姻从概念上说是不可离异的，然而由于婚姻存在着感觉的环节，因而就有离异的可能性。但是，黑格尔主张，应该用立法来维护伦理的法的原则，使离异的可能性难以实现②。与黑格尔的见解不同，马克思认为，任何实际存在的婚姻都不完全符合自己的概念或至少不必定符合自己的概念，因此，实际存在的婚姻是可以离异的。在马克思看来，立法者的任务并不是千方百计利用法体来阻止婚姻的离异（如黑格尔所主张），也不是把婚姻双方的主观任性提升为法律（如莱茵法学家所主张），而仅仅是把婚姻关系的内在规律表述为国家的法律。"立法者对于婚姻所能规定的，只是这样一些条件：在什么条件下婚姻是允许离异的，也就是说，在什么条件下婚姻按其实质来说是已经离异了。法院判决的离婚只能是婚姻内部崩溃的记录。"③

---

① 《马克思恩格斯全集》第 1 卷，第 183 页。
② 参见黑格尔《法哲学原理》（商务印书馆 1961 年版）第一六三节补充。
③ 《马克思恩格斯全集》第 1 卷，第 185 页。

马克思认为婚姻死亡的确认应取决于婚姻的本质即伦理关系已不复存在这一基本的客观事实。那么，怎样才能在立法中正确反映这一原则呢？马克思提出了一个十分重要的观点：使法律成为人民意志的自觉表现，即同人民的意志一起产生并由人民的意志所创立。也就是说，法律的人民性是法律的科学性和合理性的现实基础，只要解决了法律的人民性问题，就能解决法律的科学性和合理性。

应该怎样评价马克思这些思想呢？

首先，马克思肯定了婚姻的世俗性质，反对婚姻问题宗教化，这是完全正确的。

其次，马克思把婚姻同家庭、子女甚至社会的道德评价联系起来，而不是在婚姻关系中只孤立地看到夫妻两人。这有助于打开我们研究婚姻问题，特别是离婚问题的视野。婚姻家庭关系既然是一种社会关系，必然同社会有着密切联系。在立法和司法实践中，我们既不能无视婚姻双方的感情基础，也不能忽略从多边角度考察婚姻的社会和道德价值。在处理离婚问题时要不要考虑离婚的合理性问题，而合理性是否仅仅包含夫妻双方的主观感情因素，或是不止于此？我们要不要用法律来巩固社会主义的家庭关系，要不要用法律来阻止那种轻率离异或者不道德意图的实现？马克思：《论离婚法草案》一文对我们解决这些实践中提出的问题具有一定的启发。最后，马克思把人民立法作为制定合理的婚姻法的现实基础，突出地表现了他早期法律思想的革命民主主义性质。

但是，不能不承认，马克思当时还不能站在历史唯物主义的高度来分析婚姻家庭问题，还没有完全摆脱黑格尔观念的影响。这表现在他把婚姻的本质归结为似乎可以脱离夫妻双方主观情感的客观伦理理性。此外，马克思试图依靠严格的婚姻条件来消除封建社会和资本主义社会中婚姻道德的沦丧也同样是不现实的。

（三）关于自由审判的思想

所谓自由审判就是法院遵循它自己固有的法规进行审判。那么，按照马克思的观点，什么是法院应予遵从的固有法规呢？

首先就是国家司法机关的分工制约。马克思在批判普鲁士书报检查制度时谈到，封建专制制度是隐藏在普鲁士一切制度中的病疾，而这一病疾在刑事诉讼中的一个表现，就是法官、原告和辩护人都集中在一个人身上。马克思认为，"这种集中是和心理学的全部规律相矛盾的"。① 可见，马克思十分强调国家司法机关分工制约的原则。

其次，马克思主张法官独立审判，一切服从法律。他在驳斥那些把书报检查官与法官混为一谈的谬论时说："检查官除了上司就没有别的法律。法官除了法律就没有别的上司。……独立的法官既不属于我，也不属于政府。"② 但是，马克思并不把法官理解为法律词句的传声筒，而认为"要运用法律就需要法官。如果法律可以自动运用，那么法官也就是多余的了"。③ 因此，在司法中并不排徐"法官理智"的地位，也不排斥法官的主观能动作用。马克思这些既反对自由擅断，行政专横，又反对法律适用的机械论的观点，对我们不无指导意义。

最后，马克思运用形式与内容的辩证法来理解和阐述程序法与实体法，自由审判与自由法的关系。他把程序法与实体法比作植物的外形与植物，动物的外形与血肉的关系。一个是生命的形式，一个是生命的内容。根据这一关系，马克思强调了程序法与实体法之间的内在统一性。他认为，实体法具有本身特有的必要的诉讼形式。与封建法连在一起的是拷问，而自由的公开审判程序则是那种本质上公开的，受自由支配而不受私人利益支配的实体法所具有的必然属性，如果以为不自由的法套上自由的公开的审判程序就会得出公正的判决，这只能是一种幻想。针对莱茵省议会关于林木盗窃法辩论的情况，马克思特别提醒莱茵省人民注意法的内容，因为省等级议会正是在不改变审判程序的外衣下通过制定偏私的实体法而使公正的审判徒具形式。

与软弱的自由主义法学家不同，马克思把自由审判与国家政治制度紧密联系起来，并把普鲁士政治制度的根本变革作为实现自由审判的前提。在 1842 年 3 月 20 日致卢格的信中，马克思批评了某些自由主义法学家的幻想。这些法学家把法律制度看成是超脱于政治制度的独立领域，幻想在普鲁士封建专制体制下全面推行自由主义的法国法制。马克思说："那些老实人正在继续不厌其烦地证明，这不是政治制度，而纯粹是法律制度，它们是法，而不是非法。似乎问题就在这里！似乎这些制度的全部祸根并

---

① 《马克思恩格斯全集》第 1 卷，第 30 页。

② 同上书，第 76 页。

③ 同上。

不在于它们是法！我倒很想证明其反面，就是普鲁士不可能做到公布和公开，因为自由的法庭和不自由的国家是互不相容的。"① 彻底摒弃一切改良主义的"法学幻想"，坚决地毫不妥协地反对现存的封建专制制度，这是马克思革命民主主义政治法律思想不同于自由主义政治法律思想的重要特征。

五　早期法哲学观的发展

我们已经从相对静态的角度分析了《德法年鉴》以前马克思的法哲学观和法律思想，探讨了这一时期马克思法哲学观和法律思想的基本内容、性质和主要特点。然而，截取性质上有共同规定性的一段思想从事静态的研究，并非我们的研究工作的全部，甚至也不应是其主要的部分。因为，正是在这一时期，马克思经历了从唯心主义向唯物主义，从革命民主主义向共产主义的转变。所以，我们研究马克思这一时期的法律观如果不研究他的法哲学观的发展，就是不完整的。这一发展的过程也就是历史唯物主义法律观孕育和萌芽的过程。

参加实际的政治斗争，对促成马克思革命民主主义法哲学观的转变具有十分重要的意义。正是在实际政治斗争中，马克思基本建立在唯心主义哲学基础上的法哲学观受到了一次又一次的冲击。

《关于出版自由的辩论》是马克思发表在《莱茵报》上的第一篇文章。正如马克思自己所说，对省议会辩论的分析不仅是由于他对出版自由有特殊兴趣，而且也是由于对省议会本身特别是省议会的立法能力有一般兴趣。通过分析他看到："在关于出版的辩论中，特殊等级精神表现得无比明确而完备。出版自由的反对派更是如此。""所以，在这里论战的不是个别的人，而是等级。还有什么镜子能比关于出版的辩论更正确地反映省议会的内在实质呢？"② 马克思从这里已初步感觉到，在德国，最先进的莱茵省也只是等级利益在左右立法，而不是所谓普遍的自由理性在立法。这一严峻的法律现实必然与马克思头脑中理想主义的法观念产生冲突，而这一冲突对他早期的法哲学观不能不是一种冲击。

---

① 《马克思恩格斯全集》第 27 卷，人民出版社 1972 年版，第 423 页。
② 《马克思恩格斯全集》第 1 卷，第 42 页。

  "冲击"接踵而来。在分析林木盗窃法的辩论中，马克思"第一次遇到要对所谓物质利益发表意见的难事。"① 这个问题的复杂性是由下面的情况造成的：资本主义原始积累时期，资产阶级和贵族地主通过立法把公社的公共土地变成他们的私有土地，使公权和私权混合并存的封建宗法土地所有制转变成资本主义的纯粹私有制。应该如何看待这一现象呢？从马克思的法哲学观来看，一方面，立法废除了农奴制，消除了所有权的"不固定性"，这似乎是体现了自由和理性的法的实现，是永恒正义的实现；另一方面，公共土地却变成了富人的独占物，贫苦农民因此丧失了习惯权利和生计，这样的立法带来的却是更加不公正和偏私。这种现象使马克思在用抽象的理性法观念来为贫民阶级的习惯权利辩护的时候遭遇到了极大的理论上的困难。正因为如此，如前所述，他的辩护即使仅从法学观点来看也并非无懈可击。此外，从省议会关于林木盗窃法的辩论中，马克思还看到现实中到处存在着相互对立的公平观和权利观，一些阶级认为公平合理的法律，在另一些阶级看来却是偏私和悖理。虽然马克思执着地站在抽象的理性主义立场上，强烈要求国家和法律超脱各等级利益，以实现永恒的正义和普遍的理性。然而，无情的事实是，"凡是在法曾给私人利益制定法律的地方，它都让私人利益给法制定法律。"② 那么，理性的、自由的法的实现又体现在哪里呢？马克思头脑中不能不产生这样的疑问。因此，关于林木盗窃法辩论的分析可以说是对马克思法哲学观的第二次冲击。

  对摩塞尔地区农民经济状况的分析使马克思对国家和法的理解更加接近唯物主义。在《摩塞尔记者的辩护》一文中，马克思一扫过去那种思辨哲学的气息，而从对现实关系的分析中得出自己的结论。马克思说："在研究国家生活现象时，很容易走入歧途，即忽视各种关系的客观本性，而用当事人的意志来解释一切。但是存在着这样一些关系，这些关系决定私人和个别政权代表者的行动，而且就像呼吸一样地不以他们为转移。只要我们一开始就站在这种客观立场上，我们就不会忽此忽彼地去寻找善意或恶意，而会在初看起来似乎只有人在活动的地方看到客观关系的

  ① 《马克思恩格斯选集》第 2 卷，第 81 页。
  ② 《马克思恩格斯全集》第 1 卷，第 179 页。

作用。"① 诚然，马克思这里所谈的客观关系是一个含义广泛的概念，但是，这种把客观社会关系作为决定国家生活现象的根本原因的见解，不能不是马克思认识的一种深化。同文中马克思还进一步谈到："当人们向国家（应理解为人民——引者注）要求改变它的风俗习惯、权利、劳动形式、财产形式以适合于现存的治理形式时，这种相互关系就本末倒置了。"② 我们知道，权利、劳动形式和财产形式正是"市民社会"的内容。因此，马克思这时几乎已经形成了这样的观点：市民社会应当决定国家的治理形式但仅是"应当"，还没有把认识深入到"必然"。实际上，马克思在这里主要是从人民主权原则，即人民是国家的主人这一观点，来谈这个问题的。尽管如此，把劳动形式和财产形式与国家治理形式的相互关系的问题提出来，恰恰为以后的克罗茨纳赫研究提供了正确的方向。

《莱茵报》时期，整个说来，马克思对国家和法的唯物主义理解还处在量的积累的过程。现实斗争的几次冲击，使马克思唯心主义的法哲学观开始出现危机。这是质的飞跃的前兆。正在这个时候，费尔巴哈的《哲学改造临时提纲》发表了。费尔巴哈在这一论著中第一次明确而系统地阐述了自己人本主义的唯物主义思想。他的新思想无疑给马克思以巨大的启迪。然而，费尔巴哈并不是彻底的唯物主义者，在社会领域他同 18 世纪的法国唯物主义者一样，企图用抽象的人性来解释一切，同时却回避对现实中的重大政治问题作唯物主义的分析。正如马克思在给卢格的信中所说："费尔巴哈的警句只有一点不能使我满意，这就是：他过多地强调自然而过少地强调政治。"③ 因此，马克思就为自己提出了如何把唯物主义运用到研究政治领域，首先是研究国家和法的任务。

为此，马克思从 1843 年 5—10 月，在克罗茨纳赫这个地方，研究了历史，特别是研究了封建社会末世到资产阶级革命时期的经济（主要是所有制）和政治法律制度史。在研究历史的同时，也研究了近代资产阶级的政治法律理论。马克思力图把理论、历史、现状三者结合起来，以弄清社会发展的真正原因和动力，财产关系与政治法律制度的关系，政体的演变，特别是代议制的形成和发展。

---

① 《马克思恩格斯全集》第 1 卷，第 216 页。
② 同上书，第 229 页。
③ 《马克思恩格斯全集》第 27 卷，人民出版社 1972 年版，第 442—443 页。

克罗茨纳赫研究使马克思在广阔得多的历史背景中看到了他在莱茵省议会中所看到的现象。不论是在漫长的历史演变中以渐变的形式所表现出来的，还是在社会急骤转变的革命时期以突变方式所展示的，都无可置疑地证明：政治法律制度如何依赖于所有制的发展变化，各个等级的政治态度又如何决定于并集中表现了本阶级的经济利益。王权与议会力量的消长都不过是所有制关系变化的或迟或早的结果。同时，通过形形色色的思想家和政治家对现代立宪国家的具体分析，特别是从空想社会主义者和激进民主主义者对资本主义社会所作的揭露和批判中，从封建浪漫派思想家与资产阶级自由派思想家的彼此攻讦中，马克思开始进一步认识到了资本主义社会的所谓自由、平等、人权的虚伪性和狭隘性。这一切，使得他开始越出革命民主主义范围，探索能够导致真正的社会平等的新道路。如果说在《莱茵报》时期，马克思对国家和法的唯物主义理解还比较零碎，比较直观，还处于自在的阶段，那么，通过克罗茨纳赫研究，这种理解已升华为一种自觉的、理论的唯物主义法律观和国家观的雏型了。这种唯物主义法律观和国家观在《黑格尔法哲学批判》手稿中成为了批判黑格尔唯心主义国家理论的最新武器。

虽然，在《黑格尔法哲学批判》手稿中还残留着一些唯心主义和思辨哲学痕迹，但是，对国家和法的唯物主义理解却像一根红线一样贯穿了全篇。

在这部手稿中，马克思首先批判了黑格尔颠倒国家和社会的真实关系的唯心主义法哲学观。黑格尔把国家的概念作为主体和出发点，而家庭和市民社会不过是概念发展的两个有限性环节，国家概念在"扬弃"了家庭和市民社会这两个环节的有限性后，就在他的君主立宪制国家中获得了实现。因此，对黑格尔来说，国家既是前提，又是归宿。对此，马克思批判道："实际上，家庭和市民社会是国家的前提，它们才是真正的活动者；而思辨的思维却把这一切头足倒置。""家庭和市民社会本身把自己变成国家。它们才是原动力。可是在黑格尔看来却刚好相反，它们是由现实的理念产生的。""政治国家没有家庭的天然基础和市民社会的人为基础就不可能存在。"①

把家庭和市民社会作为国家的前提和原动力，较好地概括了市民社会

---

① 《马克思恩格斯全集》第 1 卷，第 250—252 页。

同国家的本质关系。首先，从历史的经验存在来看，家庭和市民社会先于国家产生和存在。国家不过是家庭和市民社会生存的结果。其次，国家产生和发展的动力都是来自市民社会，来自市民社会中各种相互斗争的利益冲突所产生的社会需求。最后，从历史的横断面看，家庭和市民社会决定着国家的性质和形式，家庭和市民社会是国家的物质内容。这些分析，表明了马克思开始彻底抛弃了黑格尔法的概念发展的唯心主义法哲学观，开始从历史唯物主义的角度对其进行审查和批判。

马克思还具体地分析了市民社会特别是财产关系是如何决定法的。孟德斯鸠曾经企图证明私法是依存于一定的国家形式即政体。黑格尔对此十分赞赏。他把这种"依存"思辨化为"外在必然性"和"内在目的"。马克思认为，黑格尔在这里是自相矛盾。既然是"外在必然性"即外在关系，就无"内在目的"这一本质关系可言。马克思说，实际上私法依存于国家只是一种"外在必然性"，即是说，是外在形式，而不是内在本质。私法的内在目的不是国家而是市民社会。从外在形式上看，私法是要经国家制定或认可，并依靠国家的强力来实施，但这只是一种"外在的必然性"，而市民社会则是私法的真正摇篮和目的所在。

马克思运用这里所表述的唯物主义思想批判了黑格尔把国家作为财产长子继承制的始因和目的的说法。马克思说："实际上长子继承制是土地占有制本身的结果，是已经硬化了的私有财产，是最独立和最发达的私有财产。而黑格尔当做目的、当做决定因素、当做长子继承制的始因来描述的东西，反而是长子继承制的结果和后果，是抽象的私有财产对政治国家的支配权。"① 这就是说，财产的长子继承制的根据并不是像黑格尔所说的那样在政治国家，而是在于土地占有关系，而政治国家反而是财产长子继承制的结果。马克思的表述包括着两个层次：实际占有关系（土地）→私法（长子继承制）→公法（政治国家）。马克思的这一观点与法国 19 世纪初复辟时期的历史学家们的观点十分相似。显然，在克罗茨纳赫研究中，马克思受到了后者一定程度的影响。

类似的思想也表现在马克思对所有权与实际占有的相互关系的论述中。他说："私有财产的真正基础，即占有，是一个事实，是不可解释的事实，而不是权利。只是由于社会赋予实际占有以法律的规定，实际占有

① 《马克思恩格斯全集》第 1 卷，第 369 页。

才具有合法占有的性质，才具有私有财产的性质。"① 这里也包含了实际
占有关系是所有权的基础和前提的唯物主义思想。

马克思试图以财产制度决定政治国家的观点来说明中世纪的封建等级
制度和现代的立宪制度。他说，在中世纪，政治国家与物质国家是同一
的，政治等级同时也是财产等级，政治制度同时也是私有财产制度。但这
并不是说这里是政治制度决定私有财产制度，相反，这是因为私有财产的
制度直接被提升为政治制度。在现代立宪国家中，政治国家脱离市民社会
成为一种似乎独立的领域。但是，"政治独立是私有财产的偶性，而不是
政治国家的实体"。也就是说，这种"政治独立"并不是政治国家的本
质，而只不过是私有财产的一种特殊表现形式，是私有财产发展到"独
立"即纯粹私有制的产物。因为，纯粹的私有财产要求政治制度脱离市
民社会成为一种抽象，以便废除政治等级以消灭财产流转的人为障碍②。

当然，马克思的这些分析仍然是比较抽象的。但是，毕竟其基本立足
点与以前根本不同了。这说明，一种崭新的法律观在马克思头脑中萌芽
了。马克思十多年后回顾这一时期的思想发展时曾说："为了解决使我苦
恼的疑问，我写的第一部著作是对黑格尔法哲学的批判性的分析，这部著
作的导言曾发表在 1844 年巴黎出版的《德法年鉴》上。我的研究得出这
样一个结果：法的关系正象国家的形式一样。既不能从它们本身来理解，
也不能从所谓人类精神的一般发展来理解，相反，它们根源于物质的生活
关系，这种物质的生活关系的总和，黑格尔按照十八世纪的英国人和法国
人的先例，称之为'市民社会'，而对市民社会的解剖应该到政治经济学
中去寻求。"③

历史唯物主义法律观的出现，在法学史上具有划时代意义。然而，试
图从唯物主义的观点来观察国家和法，并不自马克思始。早在 17、18 世
纪，启蒙思想家中的一些唯物主义者就曾做过不成功的尝试。他们以为把
研究自然科学的机械唯物论的方法应用于研究人类社会就是"唯物"了，
以为只要以人的自然本性为出发点来解释国家和法的现象就是"唯物"
了。其实，这却恰恰使他们的法学观陷入了唯心主义和形而上学的泥坑。

---

① 《马克思恩格斯全集》第 1 卷，第 382 页。
② 参见《马克思恩格斯全集》第 1 卷，第 248、378 页。
③ 《马克思恩格斯选集》第 2 卷，人民出版社 1972 年版，第 82 页。

康德看到简单搬用自然科学的研究方法来研究人类社会是不可行的。因此，他机智地把世界分为自然科学和道德科学领域。对于实践理性的探讨使他确信"绝对命令"的先验原则是人类社会的基本规律，法律就是人们凭借实践理论的指导，根据"绝对命令"推演出来的。由于实践理性彻底战胜人的自然本性是一个历史过程，因而理性的法的实现也是一个历史过程。可见，康德并没有摆脱人性论的法学观，而只是把18世纪以感觉论为基础的理性改造成以先验论为基础的理性。黑格尔虽然反对以人的主观欲望和人性来解释国家和法，但是，他也没有超出理性主义的藩篱，而只是把理性的本源从人移到了思辨的"上帝"——绝对精神。然而，黑格尔的历史功绩在于把历史发展看成一个有规律而渐次上升的矛盾运动过程，并把这一运动的根本动因从人的主观意志移到了外部世界。这就在客观上为历史唯物主义的产生奠定了基础。19世纪初，一些法国空想社会主义者和历史学家也曾试图对国家和法进行唯物主义的解释。他们从"公民生活"（即私法）甚至财产关系来说明政治制度。但是，他们在进一步探讨财产关系的根源时，却又陷入了历史唯心主义的"恶性循环"，最后又"不得不以或多或少机智地引用'人的本性'来摆脱困难。"① 然而，他们的尝试不能说没有意义。从财产关系来说明政治制度包含了明显的唯物主义思想的幼芽。马克思受到这一思想的影响也是十分明显的。

19世纪自历史法学派和分析法学派开始，法学中的实证主义倾向渐渐代替理性主义成为主流。实证主义使法学从抽象的理性主义中解脱出来，结束了法的二元论。但是，他们看到了现象，却丢掉了本质，从根本上放弃了对法的本质和客观规律性的研究。这种"存在至上"论与18世纪的"理性至上"论恰成鲜明的对照。这种实证倾向一直流沿至今。20世纪初，法的理性主义又开始复苏，直到第二次世界大战后，渐渐开始表现出取代实证主义法学的趋势。可见，资产阶级的法哲学或法理学老是在理性与存在的死胡同里打转。其所以如此，除政治上的原因外，方法论的根本缺陷不能说不是一个重要原因。

马克思把自己的法律观建立在唯物史观的科学方法论上，第一次把法学从资产阶级"理性与存在"的死胡同中解放出来。在法学史上，存在

---

① 普列汉诺夫：《论一元论历史观之发展》，生活·读书·新知三联书店1961年版，第23页。

与应有这一矛盾第一次获得了科学的解决。依靠历史唯物主义科学方法论，马克思才能够深刻地揭示出国家和法的本质，科学地反映国家和法的历史规律性。由于历史唯物主义法律观的产生，法的历史才第一次展现出其清晰的脉络。但是，反映在《黑格尔法哲学批判》手稿中的唯物主义法律观还处于萌芽阶段，其理论层次还有待深入，各个理论层次和范畴的相互关系也有待展开。要形成为一种严整而科学的法律观，还有待青年马克思的进一步努力。

六　简短的结论

马克思早期法哲学观及法律思想是在其从黑格尔唯心主义哲学基础上已经独立发展起来的哲学世界观和日益鲜明的革命民主主义政治立场的交互作用下形成的。其总的特点是：继承和发扬了近代启蒙思想家特别是革命民主主义思想家们的理性主义、人道主义、平等主义和人民主权思想，又吸收了德国古典哲学家法哲学思想的积极成果，特别是黑格尔的历史主义和辩证法。以上两个方面的有机融合，便使马克思革命民主主义法哲学观及法律思想达到了一个新的高度。马克思的法哲学观及法律思想既坚决地不妥协地反对封建主义，又在原则上反对资产阶级自由主义。

在这一时期，马克思对法的唯物主义理解开始从量的积累过渡到质的飞跃。在《黑格尔法哲学批判》（手稿）中，历史唯物主义法律观开始萌芽了。参加实际的政治斗争是推动马克思法律观发展和转变的根本动因，克罗茨纳赫的理论研究则是促成这一转变的重要条件。

由上可知，马克思早期的法哲学观及法律思想从基本性质上说是属于革命民主主义的，也就是说，既具有革命民主主义的历史进步性，也具有革命民主主义的历史局限性。马克思这一时期的法学思想并不都是成熟的马克思主义的法学思想，有的思想需要深化和发展，有的思想尚待克服而后来也确实被马克思所克服。因此，对马克思这一时期著作中关于法和法律的论述，不能不加分析，一概照搬来作为社会主义法制建设的理论和实践的经典指导。相反，应该在科学分析的基础上加以借鉴和继承。否则，就可能不自觉地把我们的立足点移到革命民主主义的基点上去了。

《中国社会科学》1983 年第 1 期

罪刑关系论

陈兴良　邱兴隆[*]

摘要　本文探讨了犯罪与刑罚的辩证关系。作者认为，犯罪
与刑罚的辩证关系的核心命题是已然的犯罪与刑罚之间决定与被
决定的关系以及刑罚与未然的犯罪之间遏制与被遏制的关系；前
一命题的内涵是刑从罪生（质）与刑当其罪（量），后一命题的
内涵是刑须制罪（质）与刑足制罪（量），它们分别产生于社会
报应观念和社会功利观念。文章阐明了罪刑关系的两个命题的对
立同一关系，论证了两者是一个不可分割的整体，在此基础上提
出了国家刑事法律活动应该遵循"刑从罪生与刑须制罪相结合"
以及"刑当其罪与刑足制罪相结合"两条刑法基本原则。最后，
作者指出，罪刑关系的研究既有重大的理论价值，又有直接的实
践意义，对于这一问题的科学认识应该成为建立具有中国特色的
社会主义刑法学理论体系的中心。

刑法是关于犯罪与刑罚的法律，犯罪与刑罚的辩证关系是刑法中一个
至关重要的问题。本文拟对这一问题进行初步探讨。

一

如果把刑罚作为考察罪刑关系的立足点，那么，逆向可以回顾已然的
犯罪，揭示罪与刑的关系，顺向可以前瞻未然的犯罪，展现刑与罪的关

---

　*　陈兴良，1957 年生，现为中国人民大学法律系刑法专业博士研究生，著有《正当防卫论》
等书。邱兴隆，1963 年生，现为中国人民大学法律系刑法专业博士研究生，著有《撩开惩罚的
面纱——刑罚功能论》一书。

系。罪与刑的关系和刑与罪的关系以及两者之间的内在联结，便是罪刑关系的全部内容所在，而其中的罪与刑的关系则是我们考察罪刑关系的逻辑起点。

常识告诉我们，罪与刑是一种因果关系。犯罪是刑罚赖以存在的先因，刑罚则是犯罪的法律后果。然而，如果要深究犯罪为什么要以刑罚作为其法律后果，刑罚又为什么要以犯罪为其先因，还要涉及社会报应观念。

报应一词原系佛教用语，其义为种恶因得恶果，种善因得善果。而作为一种社会观念，它具有比宗教教义更为悠久的历史，最早可以追溯到原始社会的复仇观念。在原始社会，复仇的习惯极为盛行。恩格斯在《家庭、私有制和国家的起源》一书中曾经指出："个人依靠氏族来保护自己的安全，而且也能作到这一点；凡伤害个人的，便是伤害了整个氏族。因而，从氏族的血族关系中便产生了那为易洛魁人所绝对承认的血族复仇的义务。假使一个氏族成员被外族人杀害了，那末被害者的全氏族必须实行血族复仇。"① 复仇观念正是基于这种复仇习惯而产生。到原始社会末期，随着氏族制度的崩溃，基于地缘关系的国家组织代替基于血缘联系的氏族部落，血族复仇的习惯也就不再盛行，刑罚终于取代了复仇的习惯②。恩格斯指出："我们今日的死刑，只是这种复仇的文明形式"③。可以看出，刑罚与复仇习惯有着直接的渊源关系，而报应观念则与复仇观念有着不解之缘。然而，在私有制社会，法律不可能真正做到惩恶扬善、安良除暴，于是，劳动人民的善恶各得其报的美好愿望只能在宗教的报应说教中得到慰藉。报应说教把恶恶相报视为由神意主宰的一条因果律，这无疑带有浓厚的唯心主义色彩。但是，宗教教义的虚无缥缈并不意味着报应观念的荒诞不经。报应观念在私有制社会中成为受压迫生灵的叹息，它因宗教教义的阐发与传播而得到强化，逐渐演变成一条评价是非曲直的道德准则。作为一种社会观念，报应代表着这样一种社会要求，即对于恶行应该作出否定评价，而对于善行则应予褒扬。因此，报应观念的实质是公正要求。

---

① 《马克思恩格斯选集》第4卷，人民出版社1972年版，第83页。
② 应当指出，在奴隶社会初期，复仇的习惯并没有完全消失，例如在古巴比伦的汉穆拉比法典中就保留着血族复仇和同态复仇的习俗。中国西周时期盛行的报仇，也是原始社会复仇习惯的残迹。
③ 《马克思恩格斯选集》第4卷，人民出版社1972年版，第92页。

在社会生活中，报应观念深得人心，"杀人偿命"、"罪有应得"之类的成语辗转于口而历久不衰，便是明证。恩格斯指出："一切已往的道德论归根到底都是当时的社会经济状况的产物。"[1] 报应观念之所以具有如此魅力，有其深刻的社会经济根源。如果说，朴素的复仇观念植根于原始共产主义的经济土壤之上；那么，善良的报应观念就是在商品出现以后，等价交换原则的折光反射。按照等价原则，人们对任何利益的取得，都必须付出一定的代价，并且两者之间存在一种等值关系；对他人利益的任何损害，也都应予以相均衡的补偿。而以"恶有恶报，善有善报"为核心的报应理念，便正是基于等价原则而产生的道德意识之一。在商品经济仍然占主导地位的社会主义社会，等价交换是人们进行经济交往的一条重要准则，因此，在社会主义社会，报应观念的存在有其深刻的客观必然性。当然，社会主义社会的报应观念是建立在人民正义要求的基础之上的，因此，它完全摆脱了以往一切报应观念的狭隘性与自私性。

无论在哪一社会，犯罪都是作为社会的评价对象而存在的，并且，都是违背了那一社会的统治阶级的意志，在统治阶级看来是侵犯其法律所保护的一定社会关系的行为，具有客观上的危害性。同时，在主观上，犯罪人具有正常的辨别善恶的能力，又有避恶从善的自由意志，而他却不趋善反从恶，选择了反抗现行统治关系的行为。因此，犯罪不但是危害社会之最，而且也是邪恶之至。从"恶有恶报"的社会道德观念出发，犯罪理所当然地应当受到最严厉的否定评价。所谓最严厉的否定评价，自然非刑罚莫属。既然刑罚是作为对犯罪的否定评价的体现而存在，它也就因之而与犯罪有着不解之缘。于是，我们可以由此就罪与刑之间的关系得出第一个结论，这便是刑从罪生。

所谓刑从罪生，其义有二，即"有罪当罚"与"无罪不罚"。有罪当罚指的是只要有犯罪存在，便应该有与之相伴随的刑罚。它从正面强调一切犯罪都应受刑罚惩罚，表明了犯罪对于刑罚的决定性意义，展示了罪与刑相联系的质的规定性，也展示了犯罪与刑罚之间的联系具有必然性。按照这一原则，无论是谁，只要构成了犯罪，便不可避免地应受刑罚惩罚而不能逍遥法外。无罪不罚，亦称刑不及无辜，指的是只要没有犯罪，便不能动用刑罚。它从反面强调刑罚只能以犯罪为对象，表明了刑罚对于犯罪

---

[1] 《马克思恩格斯选集》第 3 卷，人民出版社 1972 年版，第 134 页。

的依附性，同样揭示了罪与刑相联系的质的规定性。由此基点出发，犯罪与刑罚之间的联系又具有排他性，不管是谁，只要他未实施犯罪，便不能受刑罚惩罚。总之，有罪当罚与无罪不罚虽然角度有所不同，但其基本精神并无二致，两者都要求刑罚的发动以行为人构成犯罪为前提。

如果说刑从罪生是报应观念赋予罪与刑关系的质的规定性之所在，那么，立足于报应观念，罪与刑的关系还应有某种量的规定性。这是因为，一方面，各种犯罪的社会危害性程度存在着差异，与此相适应，它们应受惩罚的分量亦应有轻重之别；另一方面，不同刑罚的严厉性程度也不尽相同。因此，按照报应观念的要求，犯罪的社会危害性程度应该成为刑罚的严厉性程度的决定因素，刑罚的轻重应与犯罪的社会危害性程度之间构成等比对称关系，罪重刑重，罪轻刑亦轻。轻罪重刑或重罪轻刑，有悖"大恶大报、小恶小报"的报应原则。罪与刑关系的这种量的规定性，按照通常的说法，便是刑当其罪或罪刑相应。

既然犯罪的社会危害性程度是刑罚严厉性程度的决定因素，那么，如何衡量犯罪的社会危害性程度便是关于罪与刑关系的量的规定性讨论中的关键问题。犯罪的社会危害性程度是对于犯罪的客观危害程度和罪犯的主观恶性程度的综合评价。因此，有必要对于这两方面的评价问题加以考察。犯罪的客观危害，以其最直观的形态反映着犯罪的社会危害性的大小，它可以通过如下四方面的因素得到衡量：第一，犯罪所侵害的社会关系的性质。犯罪总是以一定的社会关系为其侵害的客体，而不同性质的社会关系对于社会生活又有着不同的意义，这就决定了侵害不同社会关系的犯罪，其客观危害程度也不同。例如，反革命罪以国家安全为其侵害的客体，矛头直接指向无产阶级专政的政权与社会主义制度，而侵害人身权利罪则只侵害公民个人的人身权利，因此，后者的客观危害程度远非前者所能比。第二，犯罪的实际损害的大小。对于同一性质的不同犯罪行为来说，其客观危害的差异主要表现在实际损害的区别上。损害结果严重，犯罪的客观危害就大，反之亦然。例如，同是杀人罪，杀死两人的客观危害总是大于只杀死一人的客观危害。第三，造成损害结果的可能性的大小。在某些特定的场合，犯罪并未造成实际的损害结果，例如犯罪预备、未遂等。在这类情况下，犯罪的客观危害的大小只有从造成损害结果的可能性来衡量。例如，犯罪预备与未遂，虽然均未造成法律规定的实际损害结果，但前者尚未进入犯罪的着手实施阶段，而后者则已实施直接的犯罪行为，因此，前者引起损害结果的可能性小于后者，其客观危害自然也比后者轻。第四，犯罪的手段、时间、地点等具体情况往往也可以作为衡量犯罪的客观危害程度的参考因素。例如，用爆炸物杀人的危害通常大于用石击方式杀人的危害，战时泄露国家军事机密比平时泄露更为严重，在公共场所实施的流氓行为重于在其他地方所实施的流氓行为，等等。

与犯罪的客观危害程度不同，罪犯的主观恶性反映的是犯罪人应受的法律责难的程度，它主要通过犯罪的主观要件及与其相关的某些因素来衡量。首先，罪过形式是衡量犯罪人的主观恶性程度的主要标志。罪过形式有故意与过失之分。故意罪过的本质是明知故犯，过失罪过则只是不意误犯。因此，前者应受的法律责难大于后者。其次，在故意犯罪的范围内，犯罪的动机、目的构成衡量主观恶性程度的重要因素。犯罪动机是否恶劣，犯罪目的是否卑鄙，直接影响着犯罪所应受的法律责难的轻重。例如，为生活所迫而实施的盗窃所应受的法律责难便显然轻于出于贪图享乐的动机而实施的盗窃。再次，犯罪人的一贯表现也是评价其主观恶性的必要的参考因素。很难想象，法律对一贯为非作歹者的责难与对偶尔失足者的责难是等量的。当然，上述诸因素在衡量犯罪分子的主观恶性中的意义是有大小之别的：罪过形式居于最重要的地位，法律对故意与过失两类不同的犯罪明确规定了轻重不同的处罚；其他因素虽然不如罪过形式那么明显地体现主观恶性程度，但它们仍然是确定对犯罪的法律责难程度的不可或缺的参考指数。

总之，犯罪的社会危害性程度是犯罪的客观危害程度与罪犯的主观恶性程度的有机统一。在对主观与客观诸因素进行全面分析的基础上，综合评价犯罪的社会危害性程度，并据此判处相应的刑罚，是刑当其罪的全部内涵所在。

二

如果说，罪与刑是一种现实的联结，那么，刑与罪就只是一种可能的联结。前者以既已发生的犯罪与刑罚的联系为内容，后者则以刑罚与尚未发生但有可能发生的犯罪为对象。考察罪刑关系，不仅要阐明罪与刑的关系，而且要揭示刑与罪的关系。

刑与罪的关系既然是一种可能的而非现实的联结，自然不能解释为一种因果关系，更不可能从社会报应观念中寻找答案。要就此得出结论，还需借助社会功利观念。

功利一词，系英文"utility"的汉译，其含义相当广泛。在普通场合，它指的是有用、有益、用途，因而一译为功用。而上升到哲学的高度，它还可以指人类幸福。作为一种社会观念，功利与价值、效益等并无殊异，属于同类范畴。就其基本内涵而言，功利观念是对客观事物的价值的看法，它是作为评价事物的作用的一项总的价值标准而存在。它要求人们在规划自己的行动时，首先考虑该行动的边际效益，即其可能有的价值，进而根据价值的有无及其大小来决定这一行动的取舍。因此，功利观念的哲学意义就在于它赋予人的行动以一定的目的性。在现实生活中，它促使人们在行动前通盘考虑行为之可能的得失，从而作出求利避害、以小失换大得的选择，因而具有重要意义。

应该肯定，国家设置刑罚的最终根据是客观需要。从这点出发，在设置刑罚时，国家会不可避免地考虑到刑罚的社会功利，从而使刑罚具有其功利根据。刑罚的本质属性是给人以痛苦。国家之所以设置这样一种惩罚人的措施，正是在对刑罚之可能的得失进行功利的权衡后所作出的选择。这是因为，社会主义社会仍然存在犯罪，这是有目共睹的客观事实。而且，多种犯罪原因在社会主义社会的存在又决定了犯罪有其再生的必然性。因此，为了保护社会不受犯罪的侵害，国家有必要采取一系列措施来遏制犯罪的发生，而刑罚便是必不可少的措施之一。作为犯罪的对立面，刑罚虽然不可能使既已发生的犯罪及其所造成的损害化为乌有，但是，它所蕴含的剥夺权益之苦则可以使其存在成为犯罪的阻力，起到遏制犯罪发生的作用。刑罚的这一价值是国家设置这种严厉制裁措施的重要原因。换言之，在要么是让社会遭受犯罪的侵害，要么是以剥夺犯罪人的权益相威吓，阻止犯罪的发生这两种选择中，国家按照两害相权取其轻的功利原则，作出了后一选择。因此，总的说来，刑罚与未然的犯罪之间构成遏制与被遏制关系，而这一关系的根据是功利原则。

明确了刑罚的功利根据，我们就具备了揭示刑与罪的遏制与被遏制关系的质、量规定性的前提条件。按照以害换利的功利原则，刑罚只有在能收到遏制犯罪的效果时，才具有正当性，据此，刑须制罪应该是刑与罪的遏制与被遏制关系的质的规定性之所在，它具体包括如下三方面的含义。首先，刑罚的遏制对象不能是正当行为。从社会功利的角度来划分，人的行为大致可以归为正当行为与有害行为两类。正当行为，一般地说，是有益于社会的行为，至少是无害于社会的行为。对于此类行为，动用刑罚遏制没有功利根据。其次，只有足以构成犯罪的危害行为才有必要动用刑罚遏制。在现实生活中，有害行为的表现形式纷繁复杂，其对社会的损害各不相同。因此，不同危害程度的有害行为应该有与之相适应的不同的遏制手段。在所有遏制有害行为的措施中，刑罚是最严厉的措施，其遏制对象只能是这样一种严重危害社会的行为，这种行为足以构成犯罪，而其他普通遏制手段又不足以遏制其发生。一般的危害行为如道德过错、行政错误、民事或一般经济违法行为，只需借助道德谴责、行政处分、民事或经济制裁手段便足以遏制，没有必要用刑罚这一最严厉的措施。最后，不可能受到遏制的行为，不能成为刑罚的遏制对象。刑罚的遏制作用有一般遏制与个别遏制之分。前者是指刑罚对犯罪人以外的一般人的遏制作用，后者则指的是刑罚对犯罪者本人的遏制作用。一般地说，这两方面的作用能否发挥，是与一般人和犯罪人具有犯罪或再犯罪的可能性相适应的。然而，在某些特殊场合，这一原则可能出现异例。如：精神病人在"犯罪"后可能继续"犯罪"，刑罚对他的适用无法阻止他再行"犯罪"。同样，貌似犯罪的意外事件，是任何人也无法避免的，对意外事件的行为人适用刑罚，也不可能收到阻止类似事件再生之效。因此，将诸如此类的异例作为刑罚的遏制对象，缺乏功利根据，不具有正当性。

刑与罪的遏制与被遏制关系的量的规定性，源于功利观念的另一项要求，即以尽可能小的牺牲换取尽可能大的利益。按照这一要求，刑罚的分量以足以遏制犯罪为必要，也以足以遏制犯罪为限度。这便是刑与罪关系的量的规定性，我们将其简称为刑足制罪。与刑罚的遏制作用的分类相对应，刑足制罪包括刑罚的严厉性程度与一般遏制的需要相适应以及与个别遏制的需要相适应两方面的内容。

一般遏制的需要，受制于一般人犯罪的可能性的大小，而一般人犯罪的可能性的大小又主要与社会治安形势的好坏相关联。对于一般人中的不稳定分子来说，治安形势混乱，他会感到犯罪的阻力小，有利因素多，犯罪后侥幸逃避惩罚的可能性大，因而会认为犯罪时机已经成熟，从而贸然犯罪。与此相反，稳定的治安形势给不稳定分子所造成的心理压力大，他会认为犯罪的社会环境尚不具备，冒险犯罪后易于被捕并受刑罚惩罚，这样，他便不敢轻易犯罪。对于一般人中的守法者来说，良好的社会治安形势能给守法者以安全感,可稳固其守法意识,促成其习惯性守法行为。而社会治安混乱,则会使守法者失去稳固其守法意识的社会基础与环境条件,他们很可能因看不到守法的价值而动摇守法意识,蜕变成为不稳定分子,进而走上犯罪道路。

个别遏制的需要,取决于犯罪人再犯罪的可能性的大小,而再犯可能性的大小应该根据犯罪人的有关情节来衡量。这里所谓的情节,包括犯前情节、犯中情节与犯后情节三类。犯前情节,首先是指犯罪原因。犯罪原因是多种多样的。例如,有人是由于人生屡遭挫折、不适应复杂的社会生活而犯罪,有人是因为敌视社会、人为地使个人生活与社会生活相对立而犯罪。犯罪原因之于衡量再犯可能性的意义在于,从中可以看出犯罪人犯罪意识的强弱,由此推测其再犯可能性的大小。除此而外,犯罪人的一贯表现也属值得考虑的犯前情节。犯罪人一贯违法犯罪,表明其犯罪意识根深蒂固,甚至犯罪成癖,其再犯可能性自然大于其他一贯遵纪守法、只不过偶尔犯罪的人。犯罪情节集中反映了犯罪人在犯罪过程中的心理活动。犯罪人自觉放弃犯罪,表明他有弃恶从善的心理,其再犯可能性较小;相反,犯罪人在犯罪过程中伪造现场、杀人灭口乃至栽赃陷害,则说明他有着强烈的对抗社会的心理,其再犯可能性较大。犯后情节,包括犯罪人在犯罪后及行刑过程中的表现。这里,需要考察的是犯罪人是投案自首、坦白认罪、积极改造还是规避追诉、拒不认罪、抗拒改造。前三种表现都不同程度地表明犯罪人有认罪乃至悔过自新的心理,其再犯可能性不大。与此相反,后三种表现则表明犯罪人留恋犯罪,毫无悔改之意,其再犯可能性较大。

总之,刑与罪的遏制与被遏制关系的量的规定性要求我们在对影响一般人或犯罪人犯罪的诸相关因素进行全面分析的基础上,就犯罪的可能性的大小作出综合判断,并以此为基准来确定刑罚的份量,从而使刑罚的严厉性程度恰如其分地反映遏制犯罪的需要。

三

作为罪刑关系的两个组成部分,罪与刑的报应关系及刑与罪的功利关系,既从属于同一问题,又是该问题的两个不同方面。因此,二者既有对立性,又有同一性。系统地考察罪刑关系,不仅应该揭示这两个命题的具体内涵，还需在此前提下进一步弄清它们之间既对立又同一的联结，才能真正解开罪刑关系之谜。

显而易见，罪刑关系的两个命题之间具有鲜明的对立性。这主要表现在如下两个方面：

第一，着眼于报应关系，刑罚应该为惩罚已然的犯罪而存在；而立足于功利关系，刑罚则只能为遏制未然的犯罪而存在。那么，刑罚究竟应以已然的犯罪还是应以未然的犯罪为其赖以存在的根据？这是罪刑关系的两个命题在质的规定性上的冲突所在。

第二，根据报应关系，刑罚的分量应该取决于已然的犯罪的轻重，而基于功利关系，刑罚的分量却应受制于未然的犯罪的可能性的大小。这样，又引出了刑罚的分量究竟应与已然犯罪的轻重还是应与未然犯罪的可能性的大小相适应的问题。这是罪刑关系的两个命题在量的规定性上的对立点。

罪刑关系的两个命题还具有不可分割的同一性。这表现在如下两个方面。首先，两者的根据是共存的。作为报应关系之根据的报应观念与作为功利关系之根据的功利观念，分别代表着特定社会的公正要求与价值尺度，两者统一于统治阶级的利益与意志之中。在社会主义社会，作为执政者的无产阶级是人类历史上最公正的阶级，它不能摒弃社会报应观念而确立不公正的罪刑关系。另一方面，无产阶级又是为大多数人利益服务的阶级，自然更不能无视社会功利观念而确立离开社会价值尺度的罪刑关系。因此，社会主义的刑法既不能只讲报应而不求功利，也不能只求功利而不讲报应。这就决定了在报应与功利之间不容舍此求彼，更不容两者皆抛。其次，罪刑关系的两个命题还具有着手段与目的的关系。罪与刑固然是一种决定与被决定的关系，但这又并非一种纯自然的引起与被引起的关系，而是一种法律上的联系，带有国家意志这一因素。换言之，国家把刑罚作为犯罪的法律后果，并不是将其作为对犯罪的机械的反动，而是有着一定的追求。这种追求旨在惩罚犯罪所可能带来的社会功利——预防犯罪。由此可见，刑罚中的报应对于实现刑罚的功利目的而言，又具有手段的意义。因为脱离了报应关系的刑罚有着有罪不罚、无罪施罚或重罪轻罚、轻罪重罚的潜在危险，难于保持应有的公正性，而不公正的刑罚既难以真正充分发挥其一般遏制作用，也难于实际地收到最佳个别遏制效果。据此，如果说罪刑关系的两个命题的根据的共存性决定了对两者进行调和的必要性，那么，这两个命题间固有的手段与目的的关系则赋予了对两者进行调和的可行性。正因为如此，我们既应坚持报应，但反对无视功利的绝对报应主义，又应追求功利，但反对否定报应的单纯的功利主义。这就要求我们把报应与功利有机地结合起来。为此，在确立与调整罪刑关系时，国家的刑事活动应该兼顾罪刑关系的两个命题各自的质、量规定性，将其统一于刑法原则之中。易言之，便是应该遵循"刑从罪生与刑须制罪相结合"及"刑当其罪与刑足制罪相结合"这两条原则。前一原则是对罪刑关系的两个命题的质的规定性的兼顾，后一原则则是对这两个命题的量的规定性的调和。应该指出，这里的兼顾并不等于简单的相加，这里的调和也不仅仅是一种代数和，它们均有其内在的有机性。这种有机性就在于，被统一的双方在得到兼顾的前提下，还应该有轻重主次之分。而主次关系的确定，应该以国家的不同刑事活动为根据。

国家的刑事活动分为立法、审判与行刑三个阶段，它们有着各自不同的任务与特点。与此相适应，罪刑关系的两个命题的主次性也应有不同的体现。刑事立法的任务是就可能的犯罪确定刑罚，即主要是对事不对人地用法律的形式确立一种假定的罪刑关系，告诫人们什么样的行为应受社会最严厉的谴责，给全体社会成员提供一条大是大非的总标准。由于立法者所面临的是可能的而非现实的犯罪，他所考虑的是哪些行为应用刑罚遏制以及应用多重的刑罚来遏制，这就决定了功利关系中的一般遏制应该成为立法上假定的罪刑关系的主要根据。那么，这会不会给刑事立法带来片面性呢？不会的。把一般遏制作为确定法定罪刑关系的主要根据，既不违背报应要求，也未无视个别遏制。因为刑法的颁行本身并不以特定的个人为对象，刑法规定的罪刑关系只是两种可能性，并未落实到具体的个人，自然不存在刑及无辜、刑不当罪之问题。同时，任何法定罪刑关系都未绝对化，而是采取相对确定的形式。这样，立法者给司法者参照犯罪人再犯可能性的有无、大小定罪量刑就留下了余地，从而使功利关系中的个别遏制有可能得到兼顾。可见，在刑事立法中以一般遏制作为法定罪刑关系的主要根据，使报应关系与功利关系以及功利关系中的一般遏制与个别遏制都得到了有机的统一。

刑事审判的任务是定罪量刑，即根据已然的犯罪事实将立法上的假定的罪刑关系转化为现实的罪刑关系，使法定的对事不对人的罪刑关系落实到特定的个人，变为既对事也对人的具体的罪刑关系。在这一阶段，由于犯罪人已作为刑罚的直接对象而存在，定罪量刑的主要根据只能是报应关系，而不能是功利关系。因为如果这时以遏制犯罪的需要作为定罪量刑的主要根据，势必导致过分超出既已发生的犯罪事实定罪量刑，造成刑及无辜、有罪不罚或刑不当罪的结果，从而与报应关系的基本要求相背离。当然，这并不是完全否定功利关系对于定罪量刑的意义。因为，定罪量刑时对于已然的犯罪事实的审理、裁决是依法进行的。而只要是依法定罪量刑，作为立法上假定的罪刑关系之主要根据的一般遏制的指导意义便可自然而然地在审判中得到体现。而且，在量刑中，由社会治安形势的好坏所反映的一般人犯罪的可能性的大小以及由犯罪人的个性特点所决定的再犯可能性的大小也有一定的参考价值，这就兼顾了功利关系。

刑罚的执行过程，是对犯罪人进行个别遏制的过程，只有在这一过程中，刑罚的个别遏制功能才能得到发挥。因此，应否对犯罪人实际地执行刑罚，尤其是应实际执行的刑罚的分量，应该以功利关系中的个别遏制作为主要根据。也就是说，对不具有再犯可能性的人，在一定条件下可不实际地执行刑罚，而对具有再犯可能性的人则应无条件地行刑；对在行刑期间再犯可能性消失或减小的犯罪人可予以减刑或提前释放，而对行刑期间再犯可能性有增无减的犯罪人则应采取一定的加刑措施。但是，刑罚的执行也不能不考虑报应及一般遏制的要求。例如，就是否实际执行刑罚而言，对于罪行严重的人，即使其再犯可能性不大，也应该执行原判刑罚，这是使罪犯罪有应得以及保持刑法的威信，以便充分发挥一般遏制作用的必然要求。即便是在行刑过程中，因犯罪人的再犯可能性的增减而对原判刑罚的分量所作的调整，也应该与原判刑保持一定的比例，使原判刑重者减刑后的实行刑相对来说仍然较重，原判刑轻者，减刑后的实行刑也比较轻，从而不致过分背离刑当其罪的报应要求。

四

研究罪刑关系的基本原理，揭示罪与刑的报应关系与刑与罪的功利关系间的辩证统一的关系，既有重大的理论价值，也有直接的实践意义。

第一，立足于罪刑关系的这一基本原理，可以正确地剖析历史上莫衷一是的诸种刑法理论，得出我们应该得出的结论。自刑法学作为一门独立的科学在近代西方问世以来，西方刑法学界报应主义与功利主义两大阵营便开始分庭抗礼。以德国古典哲学家康德、黑格尔为巨擘的报应主义认为，犯罪是犯罪人基于自由意志而选择的危害社会的行为，因而是一种害恶。而善有善报、恶有恶报是社会常理，从这一社会报应观念出发，作为害恶的犯罪理所当然地应受恶的惩罚，刑罚则只不过是这种恶的惩罚之有形的体现。因此，犯罪与刑罚只能是一种因果报应关系。例如，黑格尔提出，"刑罚毕竟只是犯罪的显示，这就是说，它是以前一半为前提的后一半"。① 显然，在这里，黑格尔从总体上肯定了罪与刑的因果报应关系。在此基础上，他还进一步指出，"犯罪具有质和量上的一定范围，从而犯罪的否定，作为定在，也是同样具有质和量上的一定范围"②，从而揭示了罪刑因果报应的质、量规定性。值得注意的是，报应主义在从正面肯定罪与刑的因果关系的同时，还贬低乃至否定预防犯罪作为刑罚的功利根据的价值，如康德认为，"法院的惩罚绝对不能仅仅作为促进另一种善的手段，不论这是对犯罪者本人或者公民社会都是如此"③，黑格尔则把通过立法而遏制一般人犯罪的刑罚理论斥之为"就好象对着狗举起杖来"，"不是对人的尊严和自由予以应有的重视，而是象狗一样对待他"④。

功利主义，即预防主义，可分为规范功利主义与行为功利主义两支。规范功利主义以贝卡利亚、边沁为代表，注重刑法规范中刑罚的存在对犯罪的一般遏制作用，主张刑罚以预防犯罪为其赖以存在的根据，刑与罪构成遏制与被遏制的关系。如贝卡利亚认为，刑罚的目的是为了"阻止有罪的人再使社会遭到损害并制止其他人实施同样的行为"⑤，力主定罪量刑服从遏制未然的犯罪的需要。行为功利主义为龙布罗梭、菲利和李斯特等所首倡。此说否定犯罪是犯罪人自由意志的结果，认为犯罪是特定社会环境的产物，国家没有把犯罪视为恶而对犯罪人施加恶的报应的权力，有的只是教育、改善犯罪人的义务。如菲利在他的《实证派犯罪学》中主张，"使刑罚正义变成为保护社会以免遭传染病症的一种手段，铲除所有尚存于今日的未开化的遗迹如复仇、憎恶及惩罚等等"。尽管规范功利主义与行为功利主义在对一般遏制的态度上旨趣殊异，但在否定罪与刑的报

---

① 黑格尔：《法哲学原理》中译本，商务印书馆 1982 年版，第 106 页。
② 同上书，第 104 页。
③ 《西方法律思想史资料选编》，北京大学出版社 1983 年版，第 424 页。
④ 黑格尔：《法哲学原理》中译本，商务印书馆 1982 年版，第 102 页。
⑤ 贝卡里亚：《论犯罪与刑罚》，日文版，1980 年，第 85 页。

应关系这一点上，二者却是共同的。对报应关系的否定，从贝卡利亚的如下表述中粲然可见："刑罚的目的并不是为了使人受到折磨与痛苦，也不是为了使已实施的犯罪成为不存在。"① 这就是说，刑罚不应是对已然的犯罪的报应，罪与刑不应该是一种先因后果的决定与被决定的关系。

由上可见，刑罚上的报应主义与功利主义之争，实质上是罪刑关系的两个命题之争。报应主义主张罪与刑的报应关系，忽视乃至排斥刑与罪的遏制与被遏制关系，可谓得之公正而易失之功利。尽管它在强调刑法的公正性方面具有一定的积极意义，但它把公正与功利人为地对立起来，看不到两者的同一性，使刑罚的公正性失去了应有的社会价值，变成了一种毫无价值可求的抽象的理念，这是其致命弱点之所在。功利主义强调刑与罪的遏制与被遏制关系，否定罪与刑的报应关系，虽得之功利，却易失之公正。尽管它紧密联系社会生活的需要，注重刑罚的社会效益，不失其一定的合理性，但因无视社会报应观念的存在，对刑罚的公正性重视不够而很可能走向极端，导致重刑威吓（规范功利主义②）与刑及无辜（行为功利主义）。③ 总之，报应主义与功利主义都只看到报应与功利的对立性，而未能认识到两者的不可分割的联系，因而均有失偏颇。而只有从罪刑关系的基本原理出发，才能对报应主义与功利主义的得失作出客观的评价，为我们批判地继承有益的法律文化遗产廓清道路。

第二，揭示罪刑关系的基本原理，可以为正确地理解立法精神、完善刑事立法指明方向。刑法是关于犯罪与刑罚的法律，当然也是确定与调整罪刑关系的法律。因此，以罪刑关系的基本原理为主线，我们可以透过刑法规范的表象，把握其精神实质。首先，罪刑关系的基本原理，有助于完整地理解刑法关于犯罪与刑事责任的一般规定。我国刑法第十条至第十二条规定，一切依法构成犯罪的行为都应承担刑事责任。对于这些规定，人们从前通常只从报应的角度来解释，即只将其解释为是有罪当罚的要求，却很少注意其功利根据。其实，上述条文所列行为，都是有可能给社会造成严重损害的行为，只有动用刑罚才能遏制其发生。因此，上述有关规定

① 贝卡里亚：《论犯罪与刑罚》，日文版，1980 年，第 85 页。
② 边沁主张，在确定刑罚的分量时，对犯罪可能性的大小越是没有把握，便愈应施加重刑。
③ 行为功利主义者均认为，凡具有人身危险性的人，即使未犯罪，也应予以保安处分。

也是刑须制罪的必然产物。同样，刑法第十三、十四①、十五、十七、十八条所规定的一些不负刑事责任的特殊情况，也不像人们通常所理解的那样，只建立在刑不及无辜的报应原则之上。事实上，刑须制罪的功利要求也是其重要的立法依据。这是因为，意外事件与精神病人的行为是无法以刑罚遏制的，追究其刑事责任，无论是在立法上还是在司法上均不可能收到遏制犯罪之效；而未满十四岁的人年幼无知，其思想意识尚未定型，可塑性大，只需求助于社会教育措施便足以根除其再犯可能性，没有必要对之动用刑罚；至于正当防卫与紧急避险行为，都是正当行为，它们不但无害而且有益于社会，追究其刑事责任，不具有正当性。总之，刑法关于不负刑事责任的规定，只有用罪刑关系两个命题的辩证关系才能得到完整的解释。其次，罪刑关系的基本原理，也有助于我们全面地理解刑法关于刑罚的一般规定。下面，我们以死刑制度与量刑原则为例来对此加以说明。

近来，有不少人对我国刑法关于死刑的规定的逻辑结构产生了怀疑，认为既然死刑只能适用于罪大恶极的犯罪分子，而对判处死刑但不需立即执行的又可暂不执行，这至少在逻辑上是进退两难。因为既然已适用了死刑，便是罪大恶极，而对罪大恶极者不存在不需立即执行之余地。我们认为，这种责难的出现，正是因未能认识到刑与罪的功利关系所致。的确，仅从报应的角度来看，一切因罪大恶极而被判死刑者，都应毫无例外地处死。但是，罪大恶极毕竟不是再犯可能性大的代名词。罪大恶极是针对已然的犯罪而言的，在罪大恶极的罪犯中，也有一些人存在着改恶从善的可能性。即是说，对罪大恶极者不处死刑，也有可能消除其再犯可能性。刑法所规定的不需立即执行，便正是指这种情况。因此，适用死刑的条件与死刑缓期二年执行的条件并不矛盾，前者源于报应的量的规定性——刑当其罪，后者则出自功利的量的规定性——刑足制罪。正因为如此，我们可以断言，我国的死刑制度是报应与功利相统一的产物。此外，从量刑原则来看，对它的理解是否全面，也取决于对罪刑关系的基本原理的认识程度。我国刑法中量刑原则所确定的量刑的事实根据包括犯罪的事实、性质、情节和对社会的危害程度，而这四方面都主要是针对已然的犯罪的社会危害性而言的，因此，量刑原则无疑是以刑当其罪的报应要求为主要根据。但

---

① 《刑法》第十四条规定，已满十四岁的人犯罪应负刑事责任，实际上也就是说，未满十四岁的人不负刑事责任。

是，我们能否说量刑原则丝毫未考虑一般人犯罪的可能性及犯罪人再犯的可能性呢？如果只认识到罪与刑的报应关系，必然得出否定结论，因为刑法未就此作出明文列举。然而，只要把握了刑与罪的功利关系，就可以得出截然相反的结论。因为在我国刑法中，"情节"一词含义相当广泛，它不但包括反映犯罪的社会危害性程度的情节，也还包括反映一般人犯罪可能性与犯罪人再犯可能性之大小的情节（如：犯罪时的形势，累犯、惯犯、偶犯、自首犯）。由此可见，只有把握了罪刑关系原理，才能全面理解我国刑法中的量刑原则。最后，也是最为重要的是，罪刑关系的基本原理，是完善刑事立法的指南。刑法理论研究的重要任务是为完善刑事立法提供科学的理论依据。从罪刑关系的基本原理出发，不但可以完整地把握立法精神，而且还可以发现刑事立法的不足，有助于刑法规范的进一步完善。如原刑法典对某些经济犯罪、严重刑事犯罪所确定的法定刑偏低，不足以遏制这些犯罪，立法机关便采取修改刑法的方式，加重了这些犯罪的法定刑。这实际上是以刑与罪的功利关系为依据的。而从现行刑法规范来看，仍有不少条文不符合罪刑关系的一般原理。如：刑法总则只规定了减刑制度，却未规定与之相对应的加刑制度，也未在刑法分则中设立抗拒劳改罪，这显然有悖功利关系中个别遏制的要求，不利于充分发挥刑罚的个别遏制功能。又如：刑法分则对通常致一人于死的过失杀人罪规定的最高刑为十五年有期徒刑，而对可能致成十上百人死亡的交通肇事罪规定的最高刑为七年有期徒刑，相比之下，后者显然偏轻。这也未充分反映一般遏制的需要，不利于阻止目前日益上升的交通事故的发生。这些缺陷，值得立法机关重视。

第三，罪刑关系的基本原理，对于刑事司法实践有着直接的指导意义。刑事司法包括审判与行刑两个阶段，其中，审判又包括定罪与量刑两个逻辑环节。就定罪而言，其核心是根据行为人已然行为的性质、情节等反映出的社会危害程度，决定该行为是否构成应受刑罚惩罚的犯罪，从而确定实在的罪刑关系能否成立。按照前述在这一阶段中报应与功利的主次关系，审判人员首先应该考虑报应关系的质的规定性，即刑从罪生。无视报应关系的这一要求，必然导致有罪不罚或刑及无辜。如前些时候，在审判实践中存在这样的做法：为了促使犯罪人投案自首，对犯有较大罪行但能坦白的人犯予以无罪释放。这种背离报应要求、有罪不罚的做法，实际上是"文革"期间流行的"罪行不在大小，关键在于态度"的罪刑擅断的恶劣遗风，严重损害了刑法的威信。而另一方面，刑与罪的功利关系的质的规定性即刑须制罪在决定对行为人应否定罪时也有一定的参考意义。这种意义体现在，当按照有罪当罚的要求，行为人的行为处于罪与非罪的临界线上时，表明行为人有无再犯可能性的情节便是作出有罪或无罪决定的重要参考因素。在这方面，最高人民法院与最高人民检察院近年来联合作出的几个司法解释很有说服力。如在有关认定某些经济犯罪的罪与非罪的界限的解释中，通常把一定的数额作为定罪的基准线。同时又规定，如行为人一贯表现好、无前科、事后有悔改表现，即便达到了一定数额，也可以不以犯罪论处；相反，如行为人一贯表现恶劣、有前科、事后无悔改表现，则即便未达到一定数额，亦可定罪。可见，罪刑关系的基本原理，尤其是双重罪刑关系的主次关系，已成为审判实践中的指导原则。就量刑而言，其任务是决定对已定罪的人是否量刑、处以多重的刑及所判刑罚是否实际执行。这里，罪刑关系的量的规定性的指导意义也是不言而喻的。对于罪行较轻、再犯可能性不大的犯罪人，法院可免除刑罚；对于罪行严重、再犯可能性大的人，法院可按刑当其罪与刑须制罪的共同要求克以重刑；对于所犯罪行轻微、再犯可能性小的人，亦可按此共同要求处以轻刑，或判处轻刑但不实际执行，即宣告缓刑。不仅如此，立足于双重罪刑关系的量的规定性，我们还可以发现既存量刑实践中的错误，为量刑合理化创造条件。如：为了加强刑罚的一般遏制效果，有的法院对本不应从重的犯罪人也科处重刑；有的法院明知判决过重，也不愿纠正。这种重刑威吓的做法，便是颠倒了报应与功利的主次关系所致。最后，罪刑关系原理对于施刑活动也具有指导意义。这是由于，施刑活动直接受制于双重罪刑关系的量的规定性及其主次关系。例如，对于被判死刑缓期二年执行与缓刑的犯罪人，应该根据其在考察期内的表现决定是否执行原判刑罚；对于被判处自由刑的犯罪人，应该根据其再犯可能性的消减程度决定是否予以减刑与假释，这都是刑足制罪的必然要求。与此同时，对于被减刑或假释的犯罪人，其实际执行的刑期又必须在原判刑期的二分之一以上（被判无期徒刑者，必须实际执行十年以上），这又是刑当其罪的制约性所在。因此，罪刑关系的基本原理，同样构成行刑期间对原判刑之调整的决定性因素。

第四，罪刑关系的基本原理，应该成为建立具有中国特色的社会主义刑法学体系的中心。刑法学是关于刑法的学问，罪刑关系在刑法中的核心地位决定了罪刑关系论在刑法学理论体系中的核心地位。借助罪刑关系的基本原理，既可以对既存刑法学体系进行深刻的反思，发现其不足，也可以找到新课题，拓宽刑法学的视野。

首先，从罪刑关系的基本原理出发，可以发现现存刑法学体系的缺陷。由于历史的原因，我国现存刑法学体系，基本上是 20 世纪 50 年代苏联刑法学的翻版。近年来，不少中国学者深切地感到刑法学的苏联模式已不合中国之国情，因而发出了"建立具有中国特色的社会主义刑法学体系"的呐喊。然而，从至今所能见到的有关论著来看，传统的社会危害性中心论仍然占主导地位。按照这种学说，犯罪的社会危害性不只是犯罪论而且是整个刑法学体系的核心，有关犯罪与刑罚的一切问题都应以犯罪的社会危害性来解释。① 如果仅从罪与刑的报应关系来看，"社会危害性中心说"的合理之处是不言而喻的。但是，一旦联系刑与罪的功利关系，此说的片面性就显而易见了。因为它忽视了双重罪刑关系的对立统一性。以社会危害性为中心的刑法学体系，或者是贬低刑与罪的功利关系，或者是使刑法学成为犯罪论与刑罚论彼此孤立的两大块的堆积，甚至可能两者兼而有之。我国既存刑法学所固有的矛盾——在犯罪论中称犯罪的社会危害性是定罪量刑的根据，在刑罚论中又称预防犯罪是用刑施罚的指南，以及重犯罪论轻刑罚论的不合理现象，实际上便是社会危害性中心论所造成的结果。而只有从双重罪刑关系的对立统一性出发，才能消除这些不合理现象。

其次，罪刑关系的基本原理有助于改造既存刑法学中的刑法原则论体系。在现行刑法学体系中，刑法原则是一个莫衷一是的课题。究其原委，分歧的症结就在于缺乏共许前提，即应该根据什么前提来确定刑法原则。我们认为，这一共许前提应该是贯穿于所有刑法规范之中，指导着立法、审判与行刑之刑事活动全过程的准则。根据这一理解，除"罪刑法定原则"以外，既存刑法学中所提出的其他刑法原则都或多或少地存在不足之处。如：人们一般都把"刑不及无辜"与"罪刑相应"作为刑法的两条原则。而事实上，刑不及无辜只反映了罪与刑的报应关系的质的规定性的一个方面即无罪不罚，将其单独作为刑法中罪刑关系质的规定性的原

① 参见曾宪信《建立具有中国特色的刑法学科学体系的设想》，《中南政法学院学报》1986 年第 1 期。

则，不但忽视了报应关系的质的规定性的另一方面即有罪当罚，更重要的是忽视了刑与罪的功利关系的质的规定性即刑须制罪。同样，罪刑相应虽然完整地反映了罪与刑的报应关系的量的规定性，但将其单独作为刑法中罪刑关系量的规定性原则就忽视了刑与罪的功利关系的量的规定性即刑足制罪，因而无法解释刑法中的一些重要规范。如：既然要罚当其罪，为什么对罪大恶极者可以不立即执行死刑，对犯罪人可以缓刑，对表现好的犯罪人可以减刑、假释呢？显然，这种矛盾状态的存在，足以说明单把罪刑相应作为一条刑法中罪刑关系量的规定性原则是不全面的。总之，立足于罪刑关系的基本原理，我们不难发现，刑法原则应该且只能包括三条，对它们的完整表述应该是：罪刑法定（制约罪刑关系的法定化）、刑从罪生与刑须制罪相结合（统一双重罪刑关系的质的规定性）以及刑当其罪与刑足制罪相结合（统一双重罪刑关系的量的规定性）。

最后，罪刑关系的基本原理可以给刑法学提出新课题，拓宽其视野。罪刑关系论的建立，不但丰富了刑法学理论，而且还有助于我们发现刑法学中的空白。如在既存刑法学体系中，犯罪论中无"定罪"的内容，刑罚论中也未给"刑罚的功能"以一席之地。而立足于罪刑关系的基本原理，这两个问题在刑法学中应有其举足轻重的地位。这是因为，定罪即确定行为人是否构成犯罪是罪与刑的报应关系的质的规定性即刑从罪生的必然要求，定罪的原则与方法自然应该受到刑法学的关注。同样，刑罚的功能是维系刑与罪的功利关系的纽带，刑法学也应该将刑罚的功能的表现形式、内在结构以及如何发挥刑罚的功能等纳入其视野。

《中国社会科学》1987 年第 4 期

中国冲突法体系初探

黄　进[*]

　　摘要　本文在系统回顾和考察我国冲突法立法的基础上，就我国冲突法的体系问题进行了探讨。作者认为，在我国现有的法律体系中，一个初具规模的冲突法分支体系已经初步形成。作者论述了这一分支体系的原则、结构和内容，并指出了健全和完善这一体系的方向和途径，即加强冲突法立法的预见性、及时性，充实不详尽的内容，消除冲突法自身的冲突，重视和开展区际冲突法立法，以及积极参与国际立法协作。

　　新中国成立以后，我国废除了帝国主义强加给我们的所有不平等条约，取消了外国人在华的一切特权，为独立自主地进行对外交往，乃至建立完善的冲突法制度创造了良好的条件。但是，在近三十年里，由于种种原因，我国立法机关对冲突法立法没有加以重视，我国法学界对冲突法的理论研究也比较落后。除 1959 年中苏领事条约有一条冲突规范外[①]，在我国缔结或参加的国际条约中再也找不到其他的类似规定；关于冲突规范的国内立法则完全是一个空白。十一届三中全会后，随着我国对外开放向深度和广度发展，我国冲突法的立法工作终于从 1983 年开始提到国家立法工作日程上来。从 1983 年至 1987 年的短短四年多时间，我国陆续颁布了《中外合资经营企业法实施条例》、《涉外经济合同法》、《继承法》、《技术引进合同管理条例》、《民法通则》、《中国银行对外商投资企业贷款办法》等法律，其中都含有冲突规范。特别是《民法通则》第八章专门

---

　　[*]　黄进，1958 年生，法学博士，现为武汉大学法学院副教授兼国际法研究所副所长，中国国际私法研究会理事兼秘书长。著有《国家及其财产豁免问题研究》、《国际公法国际私法成案选》等书。

　　[①]　参见《中华人民共和国条约集》第 8 集（1959 年），法律出版社 1960 年版，第 24 页。

规定了涉外民事关系的法律适用问题。这样，在中国现有的法律体系中，一个初具规模的中国冲突法分支体系已初步形成，并不断完善。本文试图就中国冲突法体系的原则、结构、内容和缺陷发表一些探索性的意见。应该指出的是，在国内和国外，冲突法常常被叫作国际私法，而对于国际私法的范围，学者们的主张是有分歧的。但有一点可以肯定，大家都认为冲突规范是国际私法的内容。因此，本文仅仅是根据中国现存的冲突规范及其有关立法对中国的冲突法体系进行探讨。

一　中国冲突法体系的原则

中国冲突法作为中国现行法律体系中的一个分支体系，必然受到一些基本原则的支配。这些原则既曾指导冲突法的制定，又将指导冲突法的实施。其原则有：

（一）国家主权原则

国家主权，是国家独立自主地处理自己的内外事务的权力。这种权力不可分割、不可让与、不从属于任何外来的意志。它在国内是最高的，领土内的一切人和事以及领土外的本国人都要受其管辖；在国际上则是平等独立的，不受外来任何干预。坚持国家主权原则是建设独立的冲突法制度的关键。因为立法权和司法权是国家主权的重要内容，而国家的立法权和司法权不能独立或没有得到应有的尊重，就没有冲突法存在和发展的条件。在旧中国，虽有《法律适用条例》存在，但由于许多国家在中国有领事裁判权，我国主权不完整，该条例只能徒具虚名。

我国冲突法充分体现了国家主权原则。首先，我国冲突法的制定与适用体现了国家主权原则。我国冲突法是我国在对外开放、国家主权独立和完整的情况下的自主立法，没有任何外来势力的干扰和影响。我们也承认在一定条件下适用外国法来处理涉外民事关系，但这是根据我国自己的冲突规范去选择适用，也就是说，适用外国法只是适用我国冲突规范的结果，适用外国法是将外国法为我所用，以便公正、合理地处理涉外民事关系，促进我国的对外开放。这不仅不会有损于我国国家主权，恰恰是更好地坚持和维护了国家主权原则。其次，我国冲突法采用了公共秩序保留条款这一"安全阀"来保护国家主权。公共秩序保留是冲突法中一项重要的维护国家主权的制度。各国冲突法立法或司法实践无不肯定这一制度，我国冲突法也采用了这一制度。《民法通则》第150条规定"依照本章规定适用外国法律或者国际惯例的，不得违背中华人民共和国的社会公共利益"。这表明，我国冲突法不容适用外国法或国际惯例时有损于我国的根本利益。当然，"公共秩序"是一个比较广泛的概念，公共秩序保留制度是一个具有弹性的制度，我国在冲突法中，究竟如何运用公共秩序保留制度来维护国家主权，值得进一步深入研究。

（二）平等互利原则

在冲突法上，平等互利意味着进行经济、民事交往的各国及其公民和法人在法律上互相平等和彼此获利。"相互性"在其中占有很重要的地位。而且，平等和互利是两个相互联系又不可分割的概念，只有平等才能互利，也只有互利才能实现真正的平等。

平等互利原则首先要求各国民、商法律处于平等的地位。各国都有自己的民、商法律，而且各自的法律千差万别，因此，当各国人民在相互交往中发生冲突时，只有各国民、商法律处于平等的地位，才有冲突法的存在。因为这种平等的结果必然是各国互不歧视对方国家的民、商法律，彼此承认对方国家的民、商法律在本国的域外效力，承认依对方国家法律所产生的既得权，从而导致内外国法律的选择或适用问题的产生。如果在民、商法领域，各国都坚持狭隘的属地主义，在法律适用上强调本国的法律优于他国的法律，对外国法一概采取排斥态度，那么，各国法律无平等可言，也就无须冲突法了。我国现有的冲突规范，除少数单边冲突规范规定某种民事法律关系必须适用中国法外，大多为双边冲突规范，都可能结合涉外民事法律关系的具体情况需要适用外国法，体现了我国在对外交往中承认外国民、商法与我国民、商法的平等共存。

其次，平等互利原则要求中外当事人在涉外民事法律关系中处于平等的地位。他们的合法权益受到同等的法律保护。我国《民法通则》第3条规定："当事人在民事活动中的地位平等。"我国宪法第18条规定："在中国境内的外国企业和其他外国经济组织以及中外合资经营的企业，都必须遵守中华人民共和国的法律，他们的合法权利和利益受中华人民共和国法律的保护。"第32条又规定："中华人民共和国保护在中国境内的外国人的合法权利和利益。"这些规定进一步保证了在冲突法中贯彻平等互利的原则。另外，我国冲突法的具体规定也保证了涉外民事法律关系的当事人之间的平等互利。例如，对于涉外合同的法律适用，我国冲突法规定合同当事人有权自主选择应适用的法律，但这种选择不是当事人哪一方的独断选择，而应是当事人通过平等协商，就有利于双方的法律所进行的共同选择。

（三）国际条约优先原则

国际条约是国家及其他国际法主体间所缔结的确定其相互关系中的权利与义务的一种书面协议。一国不仅通过制定国内法，而且常常通过缔结或参加国际条约来处理涉及本国的涉外民事法律关系。尽管各国在立法时会尽量使本国的法律与本国参加或缔结的国际条约协调一致，但由于国际关系的复杂性，由于国际条约不可能是一国单方面的意志的反映，由于考虑到具体的国家之间的关系和国家利益，因而出现国内法与国际法相冲突的情况是完全可能的。对于如何解决国内法与国际条约的冲突，各国实践并不一致。我国立法对此则明确确立了国际条约优先的原则。我国《继承法》第36条在确定涉外继承的法律适用时规定："中华人民共和国与外国订有条约、协定的，按条约、协定办理。"后来，《民法通则》在"涉外民事关系的法律适用"这一章中又再次专门肯定了这一原则。众所周知，"条约必须遵守"是一项重要的国际法原则。我国冲突法确立的国际条约优先原则是与这一原则一致的。当然，就冲突法而言，我国除与个别国家签订的领事条约有极少的冲突规范外，尚未参加或缔结有关法律适用的国际条约，但从发展的眼光来看，国际条约优先的规定不是没有意义的。

（四）国际惯例补缺原则

我国的冲突法立法是近几年才有的事情，虽然我国冲突法作为一个体系的大的框架已经搭起来了，但它离健全、完善、成熟还有相当的距离。鉴于我国的冲突规范不多，缔结或参加的含有冲突规范的国际条约稀少，我国立法确立了国际惯例补缺原则。《民法通则》第142条第3款规定："中华人民共和国法律和中华人民共和国缔结或者参加的国际条约没有规定的，可以适用国际惯例。"这表明，我国法院在处理涉外民事案件时，如在法律适用问题上我国法律和我国缔结或参加的国际条约对案件所涉问题未加规定，可以借用国际惯例来处理案件。

国际惯例，又称国际习惯，一般是指各国重复类似行为而形成的具有法律约束力的不成文原则或规则。在各国长期的实践中，冲突法领域内也形成了一些国际通行的惯例，如"不动产依物之所在地法原则"、"场所支配行为原则"、"公共秩序原则"、"当事人意思自治原则"、"既得权的保护和尊重原则"、"最密切联系原则"，等等。虽然其中的一些国际惯例已为我国冲突法立法所采纳，但对于那些我国立法尚未采取的国际惯例，在我国法律和缔结或参加的国际条约对相关问题又未作规定的前提下，我国法院也不妨借助这些国际惯例来裁断案件。此外，在国际商业领域，还有大量在长期商业实践的基础上发展起来的用于解决国际商事问题的实体法性质的国际惯例，国际惯例补缺原则也可以理解为借用这部分惯例来解决国际商业交往中的法律冲突问题。《涉外经济合同法》第 5 条第 3 款的规定，即"中华人民共和国法律未作规定的，可适用国际惯例"，就有这种意义。不过，依据《民法通则》第 150 条的规定，适用惯例不得违背中华人民共和国的社会公共利益。

（五）最密切联系原则

所谓最密切联系原则，就是指某一涉外法律关系或某一涉外案件应适用与该法律关系或该案件有最密切联系的那个地方的法律。最密切联系原则实际上是在萨维尼的"法律关系本座说"基础上发展起来的。萨维尼认为，每一种法律关系都有其"本座"（Seat），而"本座"就是该法律关系与某一法域的联系所在，该法律关系应适用其"本座"地法。这里，他强调了法律关系和某一法域的联系。后来，一些学者继承了萨维尼的学说，但又嫌"本座"一词太含糊，于是，吉尔克（Gierke）用"引力中心"（centre of gravity）一词代替"本座"，强调用法律关系本身的"引力中心"地的法律来调整该法律关系。英国的韦斯特莱克则进一步抛弃地域观念，主张法律关系适用与该关系有最紧密的联系（the most closely connected）的法律。① 不过，最密切联系原则不是简单地继承了萨维尼的学说，而是对它的否定之否定。这是因为萨维尼认为任何法律关系只有一个"本座"，一旦依这种学说制定出冲突规范，就是一种硬性的冲突规

---

① 参见沃尔夫《国际私法》，1945 年英文版，第 37 页。

范，法院只得机械地依这种冲突规范去选择法律。相反，依最密切联系原则制定出来的规范，一般是一种弹性的或者说是一种更灵活的冲突规范，它并不硬性规定哪个地方的法律是最密切联系地法，只是提供或根本不提供一些可供选择的连接点，而让法院结合案件的具体情况去确定最密切地法作为准据法。不过，有的国家的立法也依最密切联系原则作硬性规定，如 1978 年的《奥地利联邦国际私法法规》采取的做法即是，其理由是这种硬性规定体现了最密切联系原则。目前，最密切联系原则在许多国家的立法和司法实践中已得到反映，一些国际条约也采纳了这一原则。在学术界，这一原则更是受学者们的青睐。可以肯定地说，运用最密切联系原则进行法律选择已成为一种国际性的趋势。

我国冲突法立法是在最密切联系原则发展成熟的条件下开始的，故一开始就接受了最密切联系原则。在我国现有的冲突规范中，已有三项条款明确采用了最密切联系原则：一是《涉外经济合同法》第 5 条第 1 款，它规定，涉外经济合同的当事人对处理合同争议所适用的法律未加选择时，"适用与合同有最密切联系的国家的法律"；二是《民法通则》第 145 条第 2 款，它规定，各类涉外合同的当事人没有选择处理合同争议所适用的法律时，"适用与合同有最密切联系的国家的法律"；三是《民法通则》第 148 条，它规定："扶养适用与被扶养人有最密切联系的国家的法律。"有些其他规定虽然没有使用"最密切联系"一词，但其规定本身却体现了最密切联系原则。例如，《涉外经济合同法》第 5 条规定："在中华人民共和国境内履行的中外合资经营企业合同、中外合作经营企业合同、中外合作勘探开发自然资源合同，适用中华人民共和国法律。"我国冲突法之所以以单边冲突规范的形式规定这三类合同只适用中国法，是因为在这三类合同中，除合同当事人一方是外方外，其他的有关因素都发生在中国或与中国有联系，如合同的缔结和履行地在中国，合营或合作企业所在地在中国，合同关系着中国重大的经济利益等。显然，这三类合同只可能与中国法律有最密切的联系，只有适用中国法律才是公平合理的。

二 中国冲突法体系的结构

从我国现有的冲突法立法来看，其立法结构可以从纵向和横向两方面来加以分析。

（一）纵向结构

在纵向结构方面，我国的冲突法立法具有三个层次：

（1）地方性法规中的冲突规范。地方性法规是地方权力机关及其常务委员会所制定的法规。根据早在 1981 年 11 月 26 日通过的《全国人民代表大会常务委员会关于授权广东省、福建省人民代表大会及其常务委员会制定所属经济特区的各项单行经济法规的决议》，广东省、福建省人民代表大会及其常务委员会，有权根据有关的法律、法令、政策规定的原则，按照各该省经济特区的具体情况和实际需要，制定经济特区的各项单行法规，并报全国人民代表大会常务委员会和国务院备案。① 后来，宪法第 100 条又规定："省、直辖市的人民代表大会和它们的常务委员会，在不同宪法、法律、行政法规相抵触的前提下，可以制定地方性法规，报全国人民代表大会常务委员会备案。"近几年来，我国各地制定了大量的地方性法规，其中一些法规中包含有冲突规范。例如，1984 年 1 月 11 日由广东省第六届人民代表大会常务委员会第五次会议批准的《深圳经济特区涉外经济合同规定》第 35 条即属冲突规范，它规定："在特区履行的合资经营合同、合作经营合同和自然资源的合作开发合同等与中国主权有密切关系的合同，仲裁处理纠纷，必须适用中华人民共和国法律。"② 总的来说，我国地方性法规中的冲突规范还比较零星，仅出现在关于经济特区的地方性法规中；就其内容而言，它们与中央立法中的冲突规范没有什么不同，只是有时比中央立法中的有关规定先行面世。随着中央冲突法立法的加强，地方性法规中的冲突规范不会有很大的发展。

（2）国务院及其所属各部委所制定的法规中的冲突规范。我国宪法第 89 条规定，国务院有权"根据宪法和法律，规定行政措施，制定行政法规，发布决定和命令"；第 90 条第 2 款规定，国务院所属"各部、各委员会根据法律和国务院的行政法规、决定、命令，在本部门的权限内，发布命令、指示和规章"。随着我国实行对外开放政策，国务院及其所属部、委颁布了大量涉外经济法规，其中含有冲突规范的主要有：1983 年 9

---

① 该决议见《中华人民共和国法律汇编（1979—1984）》，人民出版社 1985 年版，第 278 页。

② 广东省人民代表大会常务委员会法律委员会编：《广东省地方性法规汇编（1979. 12—1986. 6）》，广东人民出版社 1987 年版，第 166 页。

月 20 日国务院发布的《中华人民共和国合资经营企业法实施条例》（第 15 条）、1985 年 5 月 24 日国务院发布的《中华人民共和国技术引进合同管理条例》（第 5 条）以及 1987 年 4 月 7 日由国务院批准并于 1987 年 4 月 24 日由中国银行公布的《中国银行对外商投资企业贷款办法》（第 25 条）等。属这一层次的冲突规范都是就有关法规所涉及的专门问题所作出的冲突法规定。而且，从现有的规定来看，几乎全是关于涉外合同的法律适用的规定，只不过不同法规中的规定涉及不同的合同而已。随着我国对外开放向深度和广度发展，属于这一层次的冲突规范还会逐步增多。

（3）全国人民代表大会及其常务委员会所颁布的法律中的冲突规范。这一层次的冲突规范是在上述两个层次的冲突规范已有一定的基础上发展起来的。到目前为止，已有三个法律含有冲突规范：一是 1985 年 3 月 21 日第六届全国人大常委会第十次会议通过的《中华人民共和国涉外经济合同法》（第 4 条和第 5 条）；二是 1985 年 4 月 10 日第六届全国人大第三次会议通过的《中华人民共和国继承法》（第 36 条）；三是 1986 年 4 月 12 日第六届全国人大第四次会议通过的《中华人民共和国民法通则》（第八章）。由于这个层次的冲突规范在一定程度上是在总结上述两个层次的冲突法立法经验的基础上建立的，因而相对而言，它们更全面、更系统、更完善。另外，由于这个层次的冲突规范包含在全国人大及其常委会的立法中，因而它们在效力上高于上述两个层次的冲突规范。还应该看到，前两个层次的冲突规范一般都是就专门问题所作的关于法律适用的规定，而全国人大则可以在民事基本法律中对冲突法的一般性的问题作出规定。这样，这个层次的冲突法就带有一般性和指导性的特点，成为前两个层次今后的冲突法立法和冲突法施行的基础与指针。

我国冲突法立法既有全国人大及其常务委员会的立法，又有国务院及其部、委的立法，还有地方立法。这种立法结构的多层次性是我国立法机关在对外开放中根据我国的具体情况，探索冲突法立法经验的结果，它从纵的方面使我国冲突法立法逐渐系统起来。

（二）横向结构

迄今为止，外国冲突法立法有五种横向结构模式：（1）将冲突规范分别规定在民法典的不同篇章中。1804 年的《法国民法典》以及受该法典影响的奥地利、意大利、比利时、葡萄牙、西班牙、墨西哥、巴西、智利、阿根廷等国的民法都采取或曾经采取这种做法。（2）在民法典中列入专章或专篇专门规定冲突法。例如，苏联于 1961 年颁布的《民事立法纲要》第八章和 1968 年颁布的《婚姻和家庭立法纲要》第五章分别专门规定了有关的法律适用问题。（3）以专门法典或专门法规的方式制定系统的冲突法。最早以这种方式制定冲突法的是德国，它于 1896 年颁布了《德国民法施行法》，专门对法律冲突的解决问题进行了规定。之后，日本 1898 年颁布的《法例》，旧中国北洋政府颁布的《法律适用条例》，波兰 1926 年和 1965 年颁布的《国际私法》，泰国 1939 年颁布的《国标私法》，德意志民主共和国 1975 年颁布的《关于国际民事、家庭和劳动法律关系以及国际经济合同适用法律的条例》，奥地利 1978 年颁布的《奥地利联邦国际私法法规》等，都采取了这种立法方式。（4）将冲突规范和国际民事诉讼程序规定或外国人民事法律地位规范合并规定在一个专门的法典或专门的法规中。捷克斯洛伐克 1963 年颁布的《国际私法和国际民事诉讼法》，阿尔巴尼亚 1964 年颁布的《关于外国人民事权利地位和适用外国法的法律》，1979 年匈牙利人民共和国主席团关于国际私法的第 13 号法令，南斯拉夫 1982 年的《法律冲突条例》以及 1987 年通过的瑞士联邦国际私法等，都采用了这种立法方式。（5）在单行法规中就所涉问题规定专门的冲突规范。例如，联合王国《1882 年汇票法》（*Bills of Exchange Act 1882*）和苏联海商法典都含有相关的冲突规范。另外，在普通法系国家，冲突法大多为法官制定法，以判例法形式存在。

从战后世界各国冲突法立法情况来看，大多采用上述第三种和第四种模式，间或采用第五种模式。第二种模式主要是苏联和个别东欧国家所采取的模式。不过，由于第三种和第四种模式是采用专门法典或专门法规的方式制定冲突法，因而它们常常为那些冲突法立法经验比较丰富的国家所取。而对于那些冲突法立法经验不足的国家来说，采取这两种方式则有困难。比较而言，第二种和第五种模式更加灵活和方便些。

我国冲突法立法的横向结构采取了两种模式：首先是在单行法规中就所涉及问题规定有关的冲突规范，如《合资经营企业法实施条例》、《涉外经济合同法》、《继承法》等都采取这种方式；随后在《民法通则》中专辟一章（第八章）比较系统地规定了涉外民事关系的法律适用问题。可见，我国冲突法立法经历了一个从单行法规的单项规定迈向《民法通则》的集合规定的过程。可以肯定地说，由于《民法通则》的集合规定不尽完善，有时需要在单行法规中加以补救，故我国冲突法立法所采取的这两种横向结构模式会在一定的时期内同时共存，互相协调，互为补充。在《民法通则》颁布后，经国务院批准由中国银行发布的《中国银行对外商投资企业贷款办法》对有关借款合同的法律适用问题又作规定，便是可资证明的例子。我国之所以同时采取这两种立法方式，首先是因为目前我国冲突法立法经验不足，颁布一部冲突法法典或专门法规的条件尚未成熟；其次是因为在对外开放过程中，首先必须根据需要制定大量的涉外民事和经济法规，并在这些法规中对有关的法律冲突问题加以规定，在此基础上才可能对法律适用问题作集合规定；再次是因为这两种方式可以互相协调，互为补充。单行法规中的冲突规范是就法规所涉问题作出的规定，比较单一，不可能对冲突法的一般问题加以规定，而《民法通则》中的专章规定则比较系统、全面，正好弥补前者之不足。另外，《民法通则》的冲突法规定还不完善，也不及单行法规中制定冲突规范灵活，需要单行法规中的冲突法立法加以弥补。

通过对我国冲突法立法的纵、横两方面结构的分析，可以看出，我国冲突法在立法结构上已初步形成了和谐统一的体系。

三　中国冲突法体系的内容

根据我国现有的冲突法规范，我国冲突法的内容归纳起来有如下几个方面：

（一）一般性规定

一般性规定，或叫总则性规定，是对冲突法中带普通性的原则、制度和其他问题所作的规定，它们对整个冲突法都具有指导作用。我国冲突法的一般性规定主要体现在《民法通则》之中。现有两条，即第 142 条和第 150 条。它们包含有四个方面的内容：（1）适用范围的规定。第 142 条第 1 款确定了《民法通则》第八章的各项规定是用于解决含有涉外因素的民事关系适用何国法律的问题。（2）国际条约优先原则。第 142 条第 2 款规定了这一原则。（3）国际惯例补缺原则。第 142 条第 3 款确立了这一原则。（4）公共秩序保留。一般来说，公共秩序保留条款或公共秩序条款或公共政策条款是各国冲突法的必备条款。《民法通则》第 150 条就是这样一种条款，但该条没有使用"公共秩序"或"公共政策"的措词，而是规定："依照本章规定适用外国法律或者国际惯例的，不得违背中华人民共和国的社会公共利益。"不过，在解释上，"社会公共利益"应与通用的"公共政策"或"公共秩序"同义。较之于其他国家的同类法律条文，我国的公共秩序保留条款的矛头所向，不仅是依我国冲突规范本应适用但却违背我国社会公共利益的外国法律，而且还包括那些违背我国社会公共利益的国际惯例。这可以说是我国的公共秩序保留条款的独特之处。

（二）民事能力

民事能力包括民事权利能力和民事行为能力。我国《民法通则》第143 条对定居国外的中国公民的民事行为能力的法律适用问题作了规定："中华人民共和国公民定居国外的，他的民事行为能力可以适用定居国法律。"世界上通行依当事人属人法（或本国法或住所地法）解决涉外民事关系中自然人行为能力的法律冲突，但随着国际商业贸易的发展和扩大，为求买卖关系的稳定，有些国家在当事人缔结合同的行为能力上主张选择适用当事人属人法或行为地法。第143 条讲的"定居国法律"，应理解为海外华侨住所地国家的法律，故这条规定实际只是以住所地法为属人法，并用之确定定居国外的中国公民的民事行为能力。它规定"可以"适用定居国法律，意味着不是必须绝对适用之，也可以不适用之，在不适用时适用何国法律则无明文规定。至于定居中国或临时来华的外国人或无国籍人的民事权利能力和民事行为能力的法律适用问题，《民法通则》第8 条规定："在中华人民共和国领域内的民事活动，适用中华人民共和国法律，法律另有规定的除外。""本法关于公民的规定，适用于在中华人民共和国领域内的外国人、无国籍人，法律另有规定的除外。"

（三）所有权

目前世界各国解决所有权的法律冲突，无论是关于不动产所有权的法律冲突，还是关于动产所有权的法律冲突，广泛适用的是物之所在地法这一原则。但也有一些例外，如被继承的财产一般因继承关系而适用被继承人死亡时的属人法；运输中的货物所有权依目的地法或起运地法；运输工具的所有权依旗国法或登记注册地法。我国冲突法关于所有权的法律适用仅有一条规定，即《民法通则》第 144 条的规定："不动产的所有权，适用不动产所在地法律。"这条规定只确定了不动产所有权的法律适用问题，而对于动产所有权的法律适用以及物之所在地法原则适用的例外却未加明确。有的学者认为，这是因为对动产所有权的法律适用，在买卖合同或其他有关合同中当事人双方一般可以自由选择，没有选择时可以按最密切联系原则解决，故不作规定而留待实践中分别不同情况具体解决。笔者认为，我国冲突法中没有关于动产所有权法律适用的规定是一个缺陷。

（四）债权

1. 合同之债

自从法国法学家杜摩兰在其著作《巴黎习惯法评述》中首倡由合同当事人合意选择支配合同的法律以来，当事人意思自治原则已成为当今世界各国立法和司法机关确定合同准据法所遵循的原则。我国《涉外经济合同法》第 5 条和《民法通则》第 145 条分别规定了涉外经济合同和涉外合同的当事人"可以选择处理合同争议所适用的法律"。这里，"处理合同争议所适用的法律"就是指"适用于合同的法律"，或"合同的准据法"，或"对合同适用的法律"。[①] 但对于当事人的选择除了明示选择外能否默示选择，则未加规定。

《民法通则》第 145 条对当事人的意思自治有一个限制，即"法律另有规定的除外"。这表明并不是所有涉外合同都可以由当事人选择处理争议所适用的法律，对于有些涉外合同，我国法律可以直接规定应适用的准据法。到目前为止，"另有规定"有四，即《中外合资经营企业法实施条例》第 15 条、《涉外经济合同法》第 5 条第 2 款、《深圳经济特区涉外经济合同规定》第 35 条和《中国银行对外商投资企业贷款办法》第 25 条。归纳起来说，中外合资经营企业合同、中外合作经营企业合同、中外合作勘探开发自然资源合同和中国银行与外商投资企业之间的借款合同四种涉外合同为法律另有规定者；前三种合同是必须适用中国法律，而后一种合同既可能在中国银行同意的前提下实行意思自治，又可能在中国银行不同意的情况下而必须适用中国法律。今后，我国立法还可能依实际情况对其

---

① 参见《最高人民法院关于适用〈涉外经济合同法〉若干问题的解答》，《中华人民共和国最高人民法院公报》1987 年第 4 号，第 4 页。

他一些合同的法律适用另作规定。

在当事人对合同准据法缺乏明示或默示选择时，对于合同应适用什么准据法，各国的立法和司法实践不一。从最近国际和国内的立法来看，主要采取两种解决办法：一种如1980年《欧洲共同体关于合同债务的法律适用公约》第4条、联邦德国国际私法草案第28条和瑞士国际私法草案第114条所规定的那样，在当事人未选择合同准据法时，适用与合同有最密切联系的国家的法律，另一种则如1964年捷克斯洛伐克国际私法及国际民事诉讼法、1965年波兰国际私法、1975年民主德国法律适用条例、1978年奥地利国际私法法规、1979年匈牙利国际私法法令和1982年南斯拉夫法律冲突条例所规定的那样，分别对各种不同的合同规定应适用的准据法。不过，奥地利国际私法和南斯拉夫法律冲突条例的具体规定都被认为体现了最密切联系原则。我国的立法采取了前一种做法。《涉外经济合同法》第5条第1款和《民法通则》第145条第2款规定，合同当事人没有选择"处理合同争议所适用的法律的"，"适用与合同有最密切联系的国家的法律"。这样的规定显然是一种原则性的规定。法院在运用这一规定时只能根据最密切联系原则并结合涉外合同的具体情况去确定应适用的法律。

2. 侵权行为之债

在"场所支配行为"（locus regit actum）原则的影响下，侵权行为之债依侵权行为地法成为各国立法的通例。有的国家为了保护法院地的利益，主张对侵权行为之债重叠适用侵权行为地法和法院地法，如日本的《法例》、泰国国际私法、德国的民法施行法便采取这种立场。不过，在侵权行为之债的法律选择上最近出现了一些新的动向，如美国司法实践自纽约州法院审判了巴布科克诉杰克逊（Babcock v. Jackson）一案以后，广泛采用依最密切联系原则确定侵权行为之债的准据法的做法。我国《民法通则》第146条关于侵权行为之债的法律适用的规定是一种传统式的规定。它首先规定，"侵权行为的损害赔偿，适用侵权行为地法律"，然后通过规定"当事人双方国籍相同或在同一国家有住所的，也可以适用当事人本国法律或者住所地法律"，使这一规范成为一项有条件的选择性冲突规范。该条第2款进一步规定："中华人民共和国法律不认为在中华人民共和国领域外发生的行为是侵权行为的，不作为侵权行为处理。"这意味着对发生在我国境外的行为是否构成侵权行为的问题，必须重叠适用该行为发生地法和我国法律加以确定。如果该行为在我国域外的行为地被视为侵权行为，而我国法律不认为是侵权行为，则不以侵权行为论处。另外，对于"侵权行为地"这一概念，国际上历来有两种不同的理解：一是加害行为地；一是损害发生地。在实际生活中，有时加害行为地和损害发生地同在一地，有时两者则出现在不同的地方。我国《民法通则》第146条对如何确定侵权行为地未加规定。笔者认为，一般来说，加害行为地和损害发生地均可作为侵权行为地；在两者不一致时，可以考虑优先适用对受害人最有利的地方的法律。匈牙利1979年的国际私法法令（第32条第2款）、南斯拉夫1982年的法律冲突条例（第28条第1款）也都采取这种做法。

（五）婚姻家庭关系

关于婚姻家庭关系，我国冲突法中现有两条规定，即《民法通则》第147条和第148条。

1. 结婚与离婚

《民法通则》第147条是将结婚和离婚的法律适用问题结合起来规定的："中华人民共和国公民和外国人结婚适用婚姻缔结地法，离婚适用受理案件的法院所在地法律。"这样的规定在冲突法立法史上是少见的，但它比较简明。

从结婚方面来看，规定中所指的"中国公民和外国人结婚"，可以从三个方面来理解：（1）它只涉及涉外婚姻的一种，即中国人与外国人之间的结婚，至于中国公民之间在国外结婚或外国人、无国籍人相互之间在中国结婚则不是该条所调整的对象。（2）它既指中国公民和外国人之间在中国境内的结婚，也指在中国境外的结婚。（3）它是就结婚的实质要件和形式要件这两方面所作出的规定。在国际上，各国冲突法一般都是就结婚的实质要件和形式要件的法律适用问题分别作出规定。关于结婚实质要件的准据法，有的国家采用结婚举行地法，有的国家采用当事人住所地法，还有一些国家则采用当事人本国法。对于解决结婚形式要件方面的法律冲突，目前世界上多数国家适用婚姻举行地法，但也有一些国家适用本国法，还有一些国际和国内立法则采用以婚姻举行地法为主兼取属人法的作法。我国《民法通则》第147条规定，中国公民和外国人结婚，无论在实质要件方面还是在形式要件方面均适用婚姻举行地法。至于如何确定其他各类涉外婚姻当事人结婚的法律适用，还有待于今后加以规定。

从离婚方面来看，我国《民法通则》第 147 条规定中国公民和外国人"离婚适用受理案件的法院所在地法律"，也就是适用法院地法。这一规定只涉及中国公民与外国人在中国境内或在中国境外的离婚的法律适用问题。至于外国人之间在中国离婚，中国人之间在外国离婚，或当事人一方在外国，而另一方在中国境内的离婚的法律适用问题则未涉及。我国冲突法关于离婚的法律适用的规定，是我国多年来处理这类涉外离婚案件的实践经验的总结。从各国的实践来看，对于涉外离婚的法律适用，分别采用两种冲突原则加以解决：一是适用法院地法，如美国、英联邦国家以及一些拉丁美洲国家等；一种是重叠适用当事人本国法和法院地法，如大多数欧洲大陆国家以及日本、泰国等。由此可见，我国的规定也是符合国际习惯做法的。

2. 扶养

我国《民法通则》第 148 条规定："扶养适用与被扶养人有最密切联系的国家的法律。"这是我国冲突法中关于家庭关系的唯一一项规定。它包容性大，概括性强；既灵活，又有利于保护弱方当事人。这里的"扶养"显然是广义的，如按照我国法律进行识别的话，它至少包括夫妻之间的扶养、父母对子女的抚养以及子女对父母的赡养。外国立法有的将夫妻之间的扶养与父母子女相互之间的扶养所适用的法律分别加以规定，如1979 年的匈牙利国际私法法令和 1982 年的南斯拉夫《法律冲突条例》，有的则将两者合并加以规定，如 1898 年《日本法律》第 21 条和 1939 年《泰国国际私法》第 36 条的规定。关于扶养的法律适用，各国要么规定适用被扶养人的属人法，要么规定适用扶养人的属人法，或者规定适用扶养人和被扶养人共同的属人法。1973 年订于海牙的《扶养义务法律适用公约》第 4 至 6 条规定，扶养义务依扶养权利人惯常居所地法，如不能从扶养义务人获得扶养，则依双方共同的本国法，如还不能从扶养义务人获得扶养，则依受理机关的国内法即法院地法。不过，我们尚未发现直接依最密切联系原则来确定涉外扶养应适用的法律的立法。由此可以说，我国《民法通则》规定扶养适用与被扶养人有最密切联系的国家的法律，是一个创举。它强调适用与被扶养人而不是与扶养人有最密切联系的法律，意在保护弱方当事人。当然，法院在适用这条规定时，是根据对被扶养人有利还是根据有关联系因素，或者是综合考虑两者来确定与被扶养人有最密切联系的国家，仍有探讨的余地。

（六）继承

我国冲突法关于涉外继承的法律适用的国内立法先后有两条规定：一是《继承法》第 36 条，其第 1 款规定："中国公民继承在中华人民共和国境外的遗产或者继承在中华人民共和国境内的外国人的遗产，动产适用被继承人住所地法律，不动产适用不动产所在地法律。"其第 2 款规定："外国人继承在中华人民共和国境内的遗产或者继承在中华人民共和国境外的中国公民的遗产，动产适用被继承人住所地法律，不动产适用不动产所在地法律。"另一是《民法通则》第 149 条，它规定："遗产的法定继承，动产适用被继承人死亡时住所地法律，不动产适用不动产所在地法律。"这两条规定比较起来，有些细微的差别：首先，前者没有明确区分涉外法定继承与涉外遗嘱继承，有的学者认为可以视之为关于涉外法定继承和涉外遗嘱继承的法律适用的总的规定[1]，而后者明确了是关于遗产法定继承的法律适用的规定；其次，前者对于适用于动产继承的"被继承人住所地法律"未加时间限制，而后者明确规定动产继承适用被继承人"死亡时"住所地法律。另外，前者表述复杂，而后者则简明扼要。不过，两者在确定涉外继承的准据法上都采取了"区别制"（或称"分割制"），而没采取"单一制"（或称"同一制"），即将遗产区分为动产和不动产、动产继承适用被继承人住所地法、不动产继承适用不动产所在地法。

应该提到的是，1959 年我国同苏联缔结的领事条约第 20 条规定："缔约任何一方公民死亡后遗留在缔约另一方领土上的财产，包括动产和不动产，均按财产所在地国家的法律处理。"这一条约规定显然与上述国内立法规定有所不同，根据我国冲突法体系的国际条约优先原则，我国在处理涉及苏联的继承案件时，应优先适用这一条约规定。

上述可见，虽然我国冲突法的内容在目前还不够全面完善，但它从我国目前对外开放的实际需要和国情出发，在总结已有实践经验的基础上，吸收了国际上冲突法立法的一些最新成果，并且在立法上有所创新。另外，我国现有冲突法既有总的一般性规定，又有具体的法律适用规定。而

---

① 参见余先予主编《简明国际私法学》，中央广播电视大学出版社 1986 年版，第 354 页。

且这些具体的规定涉及民事能力、财产所有权、债权、婚姻家庭关系以及继承等涉外民事法律问题的各个大的方面。虽然各项具体规定散布在近十个法律中，但总的说来它们各自既发挥独特的作用，又和谐统一，从而在内容上使我国冲突法初步构成一个有机的体系。

四　健全和完善中国冲突法体系的方向和途径

无疑，我国的冲突法作为我国整个法律体系中的一个分支体系已经建立起来，但我国冲突法体系离成为一个健全的、完善的体系还有相当的距离。为了健全和完善我国的冲突法立法，笔者拟从学术研究的角度分析一下我国现存冲突法体系的缺陷，进而找出健全和完善中国冲突法体系的方向和途径。

（一）我国冲突法立法需要应有的预见性、及时性

任何法律都是随着实际生活对它的需要而产生的，同时，立法一般是在已有实践经验基础上的总结和发展。但我国目前的冲突法立法似乎太注重现存实践经验的丰富和立法条件的成熟，每一条具体规定似乎都要等实践经验丰富和立法条件成熟后再制定成法律，忽略了立法所需要的应有的预见性和超前性。不错，我国实行的对外开放是循序渐进的，由于目前对外开放的时空限制，许多涉外民事关系尚未充分展现出来。但是，既然对外开放是我国既定国策，我国的对外开放会向全方位发展，既然在对外开放中产生的涉外民事关系需要冲突法加以调整，既然国际上在冲突法立法方面已有相当多可资借鉴的经验，那么，我国立法机关就完全可以在已有立法和司法实践的基础上有预见性地就许多涉外民事关系制定更多的冲突规范，使当事人和我国执法机关有法可依，有章可循。事实上，在我国对外开放中已出现一些涉外民事问题迫切需要制定相应的冲突规范加以调整，如一方在国内、另一方在国外的中国公民之间的离婚问题；中国公民在国外结婚问题；外国人在中国的结婚问题等。但我们却以实践经验不够、条件不成熟为由，对这些问题的法律适用未加规定。这种做法从认识论的角度讲是我们对马克思主义关于从实践到认识，再从认识到实践的观点的片面理解和在立法活动中的机械应用所致。法律作为规范人们行为的准则，它要告诉人们应该怎么做，不应该怎么做，因而它应该是对社会生

活需要和人们的实践的一种能动的反映，不应该是实践的尾巴和对实践照镜子式的机械反映。因此，在健全和完善我国冲突法体系过程中，加强冲突法立法的预见性和及时性是非常重要的。

（二）充实不详尽的内容

我国目前冲突法体系中的规定虽然已涉及涉外民事法律问题的各个大的方面，但其具体内容是不详尽的。在一般性规定中，虽有关于适用范围、原则和公共秩序保留的规定，但对识别、外国法内容的查明、错误适用外国法的补救、反致、先决问题的准据法、与国际冲突法有关的时际、人际以及区际法律冲突问题、法律规避等都未加规定。在民事能力方面，只对自然人作了规定，而对法人未作规定，而且，对自然人的规定，只对定居在国外的中国公民和在中国的外国人作了规定，而对临时在国外的中国公民和不在中国境内的外国人却未作规定，且只就民事行为能力作了规定，而对民事权利能力则未加规定。在所有权方面，只对不动产所有权的法律适用问题作了规定，而对动产所有权以及与财产所有权有关的财产权的法律适用问题未加规定。在债权方面，只有关于合同之债和侵权行为之债的法律适用的规定，而没有关于不当得利和无因管理之债的法律适用的规定。在结婚和离婚方面，只有关于中国公民和外国人之间结婚或离婚的法律适用规定，而无中国公民之间在国外结婚或离婚、外国人之间在中国结婚或离婚以及居住在国外的中国公民同在国内的中国公民之间的离婚的法律适用规定。在家庭关系方面，需要充实的就更多了，目前只就扶养关系的法律适用作了规定，其他如夫妻人身关系和财产关系、亲子关系、非婚生子女的准正；子女的认领和收养以及监护等的法律适用问题都未加规定。在继承方面，虽然对法定继承的法律适用作了比较完善的规定，但对遗嘱继承的规定比较含糊，关于立遗嘱人的能力和立遗嘱方式的准据问题尚需进一步澄清，而且，对涉外无人继承财产问题也未作规定。至于对目前冲突法中的一些新领域，如产品责任的法律适用、知识产权的法律适用等问题，也尚未触及。因此，充实不详尽内容是健全和完善我国冲突法体系不可少的步骤。

（三）消除冲突法本身的冲突

初具规模的我国冲突法虽然从总的方面来说是协调统一的，但由于我国冲突法立法工作起步晚，立法者经验不足，在个别问题上忽视了冲突法体系内有关规定之间的协调，导致冲突法本身的冲突。例如，我国《涉外经济合同法》第 4 条规定，中国企业或其他经济组织同外国企业和其他经济组织或者个人之间"订立合同，必须遵守中华人民共和国法律"，这表明涉外经济合同的订立依中国法。该法第 5 条第 1 款接着规定："合同当事人可以选择处理合同争议所适用的法律"，这显然是采用了国际上通行的意思自治原则。按照这一原则，合同当事人可以选择适用于合同的法律或者说合同的准据法。但根据国际上通行的理解，合同当事人选择的合同的准据法不仅是解决合同争议的依据，而且也是订立合同、解释合同、履行合同、消灭合同以及确定合同效力的依据。而我国《涉外经济合同法》这一条款以及后来颁布的《民法通则》第 145 条第 1 款却规定当事人只"可以选择处理合同争议所适用的法律"。那么，联系《涉外经济合同法》第 4 条来看，就可能出现这样一种情况：一项合同的订立适用的是中国法律，当该合同出现争议后合同当事人则选择某一外国法来处理合同争议，这样，订立合同和处理该合同争议所适用的法律各不相同。这样的规定显然是自相矛盾的。既然订立合同必须适用中国法，那就意味着该合同的解释、履行和争议的解决也应该适用中国法，不容许适用另一个国家的法律来处理该合同争议。如果按现在的规定允许的话，那么，订立合同时适用的中国法和当事人合意选择的用于处理合同争议的法律之间的冲突又如何解决呢？我们希望立法机关在适当时候对此加以修正，并在以后的冲突法立法中注意避免类似问题，使我国冲突法体系内部更加和谐一致。

（四）加强区际冲突法立法

我国目前已有的冲突法，严格来讲是解决国际民事法律冲突的国际冲突法，而不涉及区际法律冲突的解决。随着"一国两制"构想的提出以及中英《关于香港问题的联合声明》和中葡《关于澳门问题的联合声明》的签订，中国的区际法律冲突问题将越来越受到人们的重视。因为按照"一国两制"的构想和上述两个声明，中国分别于 1997 年和 1999 年对香港和澳门恢复行使主权后，香港、澳门地区的现行法律基本不变，如果加上与台湾和平统一后的情况，则中国今后会出现一国两制四法域的局面。上述三个地区的法律和大陆的法律相互之间不可避免地会产生区际法律冲突，需要制定区际冲突法加以解决。虽然国际冲突法和区际冲突法有许多相似之处，但前者毕竟是解决不同主权国家之间的法律冲突的冲突法，而后者只是解决一个主权国家内部不同地区之间的法律冲突的冲突法，两者之间存在着本质差别。因此，区际冲突法需要另行加以规定。从现在开始，我们就应该对我国区际法律冲突问题及其立法进行研究，为制定我国的区际冲突法做好准备。建立我国的区际冲突法是健全和完善我国冲突法体系的一个重要方面。

（五）积极开展国际立法协作

我国现有的冲突法体系仅仅是一个国内立法体系。如前所述，虽然早在 1959 年我国和苏联缔结的领事条约已有关于涉外继承的法律适用的规定，但仅此而已。近几年，我国有关政府部门在冲突法领域的国际立法协作方面已开展了一些工作，如已参加海牙国际私法会议等，但步子迈得不大，尚未取得实质性进展。到目前为止，我国尚未参加或缔结任何关于法律适用的国际公约；除中苏领事条约外，在我国同其他国家缔结的双边条约中也无解决法律冲突的规定。这不能不说是我国冲突法体系的一个缺陷，因为一国的一个完善的冲突法体系应该由国内立法和条约法这两部分构成。我们应该看到，尽管在大多数情况下，各国都制定自己的冲突法来解决国际法律冲突，从而达到间接调整涉外民事法律关系的目的，但是，由于这种国际冲突法调整的社会关系超越本国范围，涉及他国及其法人或自然人，因而为了实现其效力，各国在制定这类法律时不得不考虑遵守国际法的一般原则和尊重其他国家的权益，争取他国在平等互利的基础上对本国法律的尊重。因此，各国在制定自己的冲突法的同时，往往在冲突法立法方面寻求国际合作，并在此基础上缔结多边或双边国际条约，从而更有效地解决国际法律冲突。1893 年成立的海牙国际私法会议就是应这种要求而建立的，它是该会议成员国进行国际私法立法协作的重要场所。为了进一步健全和完善我国冲突法系统，促进我国同其他国家国际民事交往更正常的发展，我国应积极参加其活动，并在其他方面开展冲突法国际立法协作。

《中国社会科学》1988 年第 5 期

中国步入法治社会的必由之路

张文显[*]

摘要 本文就法治对商品经济的内在依存关系进行了探讨。作者的主要观点是：商品经济是法治的经济基础，商品经济形态所需要并决定的法律规则，无论在量的方面还是质的方面都不同于自然经济形态和产品经济形态各自所需要和决定的法律规则，量的差别反映出社会生活规则化、法律化的程度，质的规定性的不同则使法治与专制泾渭分明；商品经济孕育的社会契约观念、政治市场观念、思想市场观念、主体意识、权利意识、平等和自由观念等，是法治的文化基础；以商品经济关系为内容的民法是法治的真正法律基础，民法中的人权、所有权和平等权是现代公民权利的原型，民法最充分地体现了法治的价值，民法传统中的权利神圣和契约自由精神，是宪政和法治的文化源泉；自新中国成立以来，我国的法治进程之所以屡经危机和挫折，其根本原因在于我们不仅没有建立反而瓦解了法治的经济基础——商品经济，因此，只有把实现法治的战略放在改革经济体制和充分发展商品经济这个基点上，我国才能逐步进入法治社会，并避免发生历史性逆转。

改革和发展的大潮已把中国推上法治社会的历史走向。法治社会的基本标志是：经济、政治和社会生活的基本方面均纳入到法律的轨道，接受法律的调控和治理，而法律是建筑在尊重人类的人格、尊严、自由、合理愿望、进取精神和财产权利的基础之上；法律具有至上的地位和最高的权

---

* 张文显，1951年生，现为吉林大学法学院副教授、副院长。著有《当代西方法哲学》等书。

威，国家中的一切权力均根源于法律，而且要依法行使；公民在法律面前一律平等，不因性别、种族、肤色、语言和信仰及其他情况而在权利和义务上有差别；凡是法律没有禁止的，都是准许的，每个人只要其行为不侵犯别人的自由，不超越法定的界限，就有权按照自己的意志活动；公民的人身和财产权利非经正当的法律程序和充足理由不受剥夺，一切非法的侵害（不管是来自个人或国家）都能得到公正、合理、及时的补偿。党的十一届三中全会以来，各界学者围绕着中国社会如何实现法治展开了认真的探索，提出了许多设想。本文拟从实现法治的决定因素是商品经济的充分发展这一思路出发，就此论题略抒管见。

一　商品经济是法治的经济基础

法治是以商品经济为基础的。纵观法治的历史，法治总是与商品经济相关，而与自给自足的自然经济和以国家垄断为内容的产品经济无缘。法治的实现程度取决于商品经济的发展程度。

对任何一种经济形态来说，规则都是一个不可缺少的要素。不过，商品经济与自然经济和产品经济这三种不同的经济形态所需要并由它们各自所决定的法律规则，在量（范围、数量）的方面和质（性质、特征）的方面都是有显著差别的。量的差别反映出社会生活规则化、法律化的程度，质的区别则使法治与专制泾渭分明。

在量的方面，商品经济形态比自然经济形态和产品经济形态更需要法律规则。这是因为，首先，商品经济是与社会分工相联系的、为交换而进行生产的经济活动。商品交换是在由于分工而互相分离和独立化，同时又更加相互依赖的生产者之间进行的。为了使商品交换有秩序有成效地进行，从而满足商品生产者彼此的需要，必须有共同遵守的既定法律规则。其次，商品经济的存在意味着对具体劳动的产品具有独立的经济利益并计较这种经济利益的不同的经济主体的出现和分化，从而意味着利益的交叉和冲突是现实的或潜在的。为了确认在互相交叉和冲突的利益之间，哪个（哪些）是应当受到尊重和保护的正当利益，也需要有法律规则。再次，由于种种原因，商品交换过程中不可避免地会发生纠纷，因而也需要通过公认的权威性规则加以解决。在商品交换不是经常性行为的地方，人们在交换实践中自发形成的习惯就可以起到调整利益冲突和排解纠纷的作用。

但是，当交换成为人们的生产目的和职业，并且是在大规模的市场上与众多的陌生人进行时，就只有设立专门的权威机关大量地制定和适用法律规则，才能满足商品生产和商品交换对规则的需要。

而在自然经济条件下，每个人、每个经济组织（家庭、庄园、村社）做着差不多同样的事情。他们既是生产者又是消费者，劳动产品不离开他们的手，各经济组织之间几乎不存在"有机的连带关系"——以劳动分工和专业化为基础的社会成员之间的依存关系。在以这种经济形态为基础的社会中，人们对各种社会关系的调整，主要依靠的是血亲关系、宗法关系、共同感受、习惯传统、宗教戒律和道德禁令，而对复杂的法律规则则需求甚少。在产品经济体制下，政治和经济融为一体，经济成为政治的附庸，生产者没有独立的经营权，生产者之间实际上不发生横向主体关系，有的只是与上级和政府的纵向隶属关系，生产者之间的经济联系不是由法律调整，而是由政府决定。政府则主要依据行政权力关系、行政命令、等级职位安排、红头文件来配置资源、协调关系，法律在行政管理中的作用是微乎其微的。

从法律的进化看，法律规则量的变化是与商品生产和商品交换的发展成正比的：商品生产越是发达，人们越是相互依赖，商品交换的规模越大，频率越高，法律规则的数量就越多，覆盖面就越广；商品生产和交换萎缩，权利和义务趋于简单，法律规则的数量就相应地减少。在古代社会，除了个别国家和地区（如古罗马和中世纪地中海沿岸的一些城市）曾经有过比较发达的商品经济和相应的比较完备的法律制度以外，自给自足的自然经济始终占统治地位，所以，在总体上，古代国家缺乏法律发达的客观基础。封建社会后期，随着生产力的发展，一方面农业中出现了许多新的部门，另一方面更多的家庭手工业从农业中分离出来成为专门性的行业，因而发展了社会分工。15世纪末至17世纪的地理大发现和随之而来的世界市场的形成，更大大促进了社会分工的进一步发展。社会分工的扩大为商品经济的发展提供了前提，并促进了封建社会向资本主义社会的转变。资本主义制度确立后，随着工业化的发展，新的生产部门和行业不断涌现，工业、农业、商业内部的分工迅速发展，商品经济也就在这一基础上取代自然经济成为社会经济的基本形式，并逐步覆盖社会经济生活的一切领域。资本主义商品经济的发展使社会对法律规则的需要达到空前的程度，从而推动了资本主义商法、民法的形成和发展，实现了经济领域的法治。资本主义商品经济的发展还导致经济和政治的分离，即经济和政治的二元化：生产资料所有者（他们也是国家权力的真正所有者）不直接行使国家的政治权力，而是由他们的政治代表以社会的名义来行使政治权力。这种权力的持有和权力的行使之间的分离可能引起政治失控——政治权力不是按照权力所有者的整体意志，而是凭着权力行使者的意志和情绪而运行，甚至政治权力在运行中发生异变，出现权力的行使不利于权力所有者或者偏袒部分所有者的情况。为了防止政治失控和异变，宪法被创造出来了。宪法庄严地宣布公民"天赋的"权利和自由不可剥夺，严格地规定国家代议机关、行政机关、司法机关及其他国家机关的职权范围和行使职权的程序，同时还确立了有效的监督体系和制约机制。在宪法出现之后，行政法、各类程序法、公务员法等也被创制出来，于是，在社会的政治生活领域也实现了法治。

在质的方面，商品经济形态所需要并由它所决定的法律规则与自然经济形态和产品经济形态所需要并由它们各自所决定的规则有着根本的区别。

第一，商品经济形态所需要和决定的法律规则是以权利为本位的。商品经济是一种交换经济。商品交换的首要前提是商品交换者（法人或自然人）必须是独立的和自主的，能够以自己的名义让渡产品和购买商品，转让权利和获得权利。这就要求确立交换者的权利能力。商品交换的另一个前提是交换者必须对所要交换的物品有明确的、专一的、可以自由处置的所有权，即交换者必须相互承认对方是交换物的所有者。这就需要建立财产权利体系，明确财产的归属，禁止他人对财产的非法侵占，允许所有者依法对财产的自由处分。所以，商品经济所需要并由它决定的法律规则体系的逻辑起点是权利主体制度和所有权制度。

而自然经济形态和产品经济形态下的规则则是以义务为本位的。自然经济，无论是以一家一户为单位还是以封建庄园、村社为单位，其生产的目的都不是为了交换而主要是为了满足自身的需要，因而它是一种封闭的经济。在这种经济关系中，由血亲关系或延伸的血亲关系所决定而处于支配地位的家长、封建主是生产和消费的决定者，其他成员则是作为附庸而存在的。这种关系通过家长、封建主及其政治代表制定的家规、族法、王法等规则表现出来，要求人们履行各种各样的义务，这些义务的内容又只是服从——子从父，妻从夫，民从官，臣从君。产品经济虽然不是直接为着满足生产者自身的需要而进行的，但是生产者的生产活动是在政府和上级预先作出的指令下进行的，生产者没有自己的独立身份、独立意志和独立的经营权益。他们的活动是消极的、被动的。这种关系表现在行政机关的管理活动中，是一种权威（权力）与服从的关系。

第二，在商品经济形态所需要和决定的法律规则体系中，主体的权利和义务是对等的。商品交换本质上是以商品的价值为标准的等价交换，而商品的价值是由包含在商品中的社会必要劳动时间决定的。不管商品生产者的主客观条件有何不同，也不管商品所有者的社会地位如何，他们的产品都必须放到社会必要劳动时间这个社会的天平上来计量。商品交换又是一种互利行为。在交换过程中，每个商品所有者都是一方面实现自己商品的价值，另一方面又获得他人商品的使用价值；占有别人商品的手段只能是让渡自己的商品。因此，由价值规律和平等交换原则所决定的商品交换主体之间的法律关系，必然是权利和义务对等的关系：主体享有权利就必须承担义务，反之，承担义务的同时也享有相应的权利；主体之间的权利和义务互为内容，并且是等量的。

而在自然经济形态和产品经济形态各自所需要和决定的规则体系中，则不存在这种权利和义务的对等性。在自然经济条件下，规则出自家长、封建主、君主，因而不可能有权利和义务的对等性，这是不言而喻的。在产品经济体制下，就其实质来说，规则也不可能具有权利和义务的对等性，因为这里的规则实际上是居高临下的长官意志的体现，是贯彻长官意图的工具，其目的和作用是把权威——服从关系固定化。

第三，商品经济形态中的法律规则具有非人格性。所谓"非人格性"，就是法国启蒙思想家卢梭所说的"对象的普遍性"。它"只考虑臣民的共同体以及抽象的行为，而绝不考虑个别的人以及个别的行为。"①它可以规定各种权利，却不能把权利赋予某个人；它可以用来制裁人，但却不能单独对个别的人进行特别的处治。任何针对某个个别角色发出的指令，均不能成为一条法律规则。法律规则的"非人格性"意味着法律面前人人平等。以商品经济为基础的法律规则之所以具有非人格性，原因在于它是商品生产者及其政治代表互相竞争、互相妥协、评价优选的结果，而不是某一高高在上的主体单方制定的。与此相反，在自然经济和产品经

---

① 卢梭：《社会契约论》，商务印书馆 1980 年修订第 2 版，第 50 页。

济条件下，"规则"是由家长、封建主或行政长官制定的，他们自己是当事人，又是"立法者"和"法官"，因而往往是因人立法，因人改制，依人判案，从而就不可避免地使法律规则具有人格性，而缺乏普遍性或一般性。

第四，商品经济形态下的法律规则具有确定性、连续性和稳定性。商品交换者的平等地位决定了商品交换的过程是：商品交换者首先通过讨价还价确定一个一致同意的条件，然后据此交换商品。为了减少每次交换的谈判费用和交换风险，商品交换者最终必然要求把商定的条件制定为对同类交换行为具有约束力的法律规则，而一旦这种规则制定出来，任何人、任何组织非经其他当事人的同意，就不得随意更改（随意更改也是无效的）。因此，导源于商品经济"内在规律"的法律规则就具有确定、连续和稳定等特征。相反，在自然经济和产品经济体制下，规则的制定和废除、权利义务的确定和变动，往往是单边单向的行为，而不是双边双向的行为，不仅没有严格的程序，而且规则制定者的意志和情绪还可能是反复无常、捉摸不定的。这样的规则在逻辑上就不可避免地带有任意性和动荡性，由此必然使立法成为"有势力而胆大妄为的投机家手中的专利事业，社会上比较勤奋而消息不通的那一部分人的圈套"。[①]

第五，商品经济形态下的法律规则具有社会动员作用和催化效应。商品经济的存在和发展需要公平竞争，这就要求法律规则承认并保护个人的物质利益，鼓励人们通过正当竞争而获利。因为实现自我利益是人类最一般、最基本的心理特征和行为动机，从某种程度上说，正是为着实现自我利益，人们才不断地改进技术，提高自己的生产能力，降低消耗，增加产值；才不顾疲劳、甚至冒着巨大的风险从事经营。商品经济社会的法律规则不仅承认这一现实，赋予人们逐利的正当权利，而且还相应地承认优胜劣败，准许、鼓励和保护社会流动——资源及财产权利从低效益利用向高效益利用流动，以便最大限度地创造价值；贫困和富裕之间的双向流动，使富有者不敢安于现状，因循守旧，贫困者有望可寄，有机可乘；社会职位、权力、荣誉的流动，使职位、权力和荣誉对所有的人开放。这种对竞争的承认、鼓励和保护既创造了效率和平等，也推动了民主和法治。而在自然经济形态和产品经济形态下的规则则是压抑竞争，更不准许自由、平

---

① ［美］汉密尔顿、杰伊、麦迪逊：《联邦党人文集》，商务印书馆 1980 年版，第 230 页。

等和公开的竞争。自然经济为基础的社会以宗法为维系，"严等差，贵秩序"，使每个人终生依附于自己的家长和长官，束缚于既有的社会地位和阶层。以产品经济为主导的社会则人为地取消了竞争，不给人们自由竞争的机会和权利。

总之，商品经济形态需要大量的从私法到公法的规则，这些规则构成一个复杂的整体。它们是法治的量的基础。商品经济形态需要和决定的法律规则所具有的权利本位性、权利和义务对等性、非人格性、确定性、连续性、稳定性、社会动员作用和催化效应，则构成法治的质的规定性。我们所需要并努力实现的，正是这种法治，而这种法治也只能在商品经济社会才能出现。

二　商品经济孕育的社会意识是法治的文化基础

法治需以民主和法治的社会意识作为其文化基础，而唯有商品经济才能孕育出民主和法治的社会意识。

在人类文明史的各个发展阶段，都有个别先进的思想家产生并表达过民主和法治思想。但是，作为一种根深叶茂的社会意识，民主和法治意识只能产生于商品经济发达的社会。商品经济所孕育的民主和法治意识，主要包含以下几个观念：

（1）社会契约观念。梅因认为，社会进步的过程就是从身份社会到契约社会转变的过程。契约是商品经济的产物，是随着交换行为在时间上、空间上的分离而逐步发展起来的、据以进行财产权利转移和劳务交换的形式和程序。由于契约具有平等、自愿、互利、互相制约的特点，它能够减少交换过程中的不确定、不安全因素，增加交换效益。在发达的商品经济条件下，契约是商品交换的基本形式。随着商品经济的发展和契约形式的普遍化，契约的思想和逻辑渗透到社会生活和社会意识的各个领域。社会契约观念就是契约的思想和逻辑在政治和法律领域的表现。社会契约论是资产阶级民主和法治理论的逻辑起点。根据社会契约论，国家产生于社会契约，国家的根本任务和目的应当是保障每个缔约者的人身和财富；法律是基于全体社会成员的协商而制定的契约，而不是依靠权力强加于人的命令；合法的政府和权力源自契约（法律），政府权力只能在契约（法律）的范围内行使，未经人民（缔约者）的同意，不能行使强制权力；公民守法的道德基础在于公民是契约的当事人，有履行诺言的道德义务；公民对国家和法律的服从是以取得国家和法律的保护相交换的，如果公民的人身和财产得不到国家和法律的保护，公民可以收回对国家和法律的承认和服从。

"社会契约"显然是一种理论上的假定而不是经验事实，但同时也应该看到，人类产生社会契约这种观念，是有其现实基础的。这种现实基础就是商品经济的充分发展和契约的普遍化。社会契约论在历史上粉碎了"君权神授论"、"法自神意论"，为资产阶级革命的发生，资本主义民主和法治的建立奠定了思想理论基础。在当代，社会契约论则发挥着一方面防范政府越权和滥用权力，另一方面约束公民使其依法办事的作用。一个国家的公民、政党、政府具有社会契约的观念，对于这个国家民主和法治的文化基础是绝对必要的。

（2）政治市场观念。市场是商品交换存在和发展的条件，是商品经济的中枢。市场以竞争为机制调节商品生产经营者之间的关系，完善的市场机制可以保证和促进效益、公平和法治。首先，市场机制一方面激发生产经营者追逐物质利益的动力，使他们根据市场信息安排生产，向社会提供低成本、高利润的产品，从而增加收入和社会财富，另一方面促进资源从低效益利用向高效益利用流动。其次，市场是受价值规律支配的，因而它能够保证公平竞争和机会均等。最后，市场机制能够带来法治局面，因为商品所有者只有按照既定的法律规则才能顺利地进行商品交换。

由于市场能够保证效益、公平和法治，所以，人们很自然地想到不仅要有经济市场，而且必须有政治市场，并利用政治市场维护经济市场。政治市场是不同的政治主体为实现一定的利益而影响国家权力的结构，它与经济市场有类似的特征和功能。首先，政治市场的主体也是多元的（这是由利益的多样性和差别性所决定的）。在政治市场上参与交换和竞争的有各种政治主体，他们相互间处于多重关系的网络之中。政治资源（政治权力、权利，政治信息、政治利益等）是按照冲突、竞合等不断改变着的形式在主体间进行分配的。主体的多元化是建立法治的先决条件：一方面，政治上的多元化要求民主和法治；另一方面，不同政治主体（利益群体）之间的自由竞争、互相制约和合作，是实现法治的保证。其次，交换是维护和改善政治关系的普遍形式。交换是以相互转移权利、提供服务和相互影响为特征的交互行动。在政治市场上，通过交换，主体相互让渡政治资源，使政治资源的配置最优化，价值得以极大化。同时，因为交换是自愿进行的，政治产品（政策、法律等）是可以选择的，承受政策、法律影响的人，有权指定或更换替他们制定政策、法律的决策人，因此就有助于提高政治主体对政策、法律的认同度，实现政治的稳定和发展。最后，法律是政治市场的基础。在政治市场上，权力的运行和操作是按照既定的法律规则进行的。由于各政治主体的地位处于不断的流动之中，今天的法律、政策供给者（决策人），明天可能是法律、政策的消费者（承受人），今天是官员，明天可能是平民，此时此地处于社会等级的顶端，彼时彼地可能处于社会的最底层，因此就必然要求各政治主体不论强弱一律按照既定的法律活动。可见，政治市场观念在实现法治中有着重要作用。

（3）思想市场观念。在发达的商品经济社会，人们必然要求建立和维护思想市场。思想市场发挥着和经济市场、政治市场相似的功能。首先，思想市场保证每个人都有形成（生产）和传播（出售）思想的权利和平等机会。这些权利包括：形成和坚持某种信念和观点的权利，通过演说、文学、艺术、音乐、图像、符号等沟通媒介传播和接收思想的权利，保持沉默的权利，听取别人关于政治、法律、经济、文化、历史、哲学等的观点和关于事实的陈述评论的权利，获取情报的权利，采取集体行动共同表达思想的权利（如集会、游行、示威、请愿的权利）。任何个人或集团都无权也不可能长期垄断思想，搞舆论一律和意识形态霸权——只许自己有形成和传播思想的权利，不许别人形成、坚持和传播思想，或者把人们置于除了官方或某个权威人士认定的标准思想外一无所知的状态。其次，思想市场是鉴定思想的"价值"（真理性）和"使用价值"（实用性）的最高、最公平的权威。只有让各种意见和观点在思想市场上不受限制地表达出来，让它们在公众面前进行自由而公平的争鸣，并毫无例外地接受社会实践的检验，服从"优胜劣汰、适者生存"的规律，代表科学和理性并有益于社会的思想精华，才能够击败谬误和不合时代潮流的陈腐观念而坚持下来和传播开去。最后，思想市场最能有效地传递政治信息，从而增加政治的透明度和开放性，并为舆论监督提供机会。这就有助于增强公民的议政意识和参政督政能力，保证政治的民主和廉洁，保证法律活动的公正性和国务活动的合法性。

主体意识商品交换的前提是交换双方必须有独立的人格和地位，即摆脱了人身占有或人身依附，能够自我作主，并对自己的行为负责。与这种交换关系中的独立人格相适应，商品生产经营者有较强的主体意识。这种主体意识表现在政治和法律生活中，就是公民意识。富有公民意识的人能够明确地意识到自己是政治市场的参与者，自己享有与别人同样的权利，负有与别人同样的政治义务。这种人需要法治，法治社会更需要这种人。

在简单商品经济社会，具有独立人格从而有可能具有主体意识的人在人口中的比例是相当有限的。例如，在简单商品经济最发达的古罗马，起初只有主人和家长是独立主体，后来才扩大到全体自由民（只占人口的少数）。到了资本主义社会，商品经济取得了统治地位，人际关系也商品关系化，谁都是商品的所有者，连一贫如洗的工人也是自己劳动力商品的所有者，这种权利主体的普遍化使得主体意识在全社会树立起来了。

（4）权利观念。梅因曾经说过："权利这个用语不是古典的，但法律学有这个观念，应该归功于罗马法。"① 我们可以顺着梅因的思路，进一步指出：权利观念的出现应该归因于罗马时代发达的简单商品经济。

根据人类学、历史学的研究，原始社会是人类不知道权利为何物的社会。正如恩格斯所说："在氏族制度内部，权利和义务之间还没有任何差别；参加公共事务，实行血族复仇或为此接受赎罪，究竟是权利还是义务这种问题，对印第安人来说是不存在的；在印第安人看来，这种问题正如吃饭、睡觉、打猎究竟是权利还是义务的问题一样荒谬。"② 到了原始社会后期，出现了剩余产品和交换，因而出现了"我的"、"你的"、"他的"之类观念。这就是最初的权利主张和权利观念。随着生产力的进一步发展，私有制的出现，交换的扩大，权利主张和权利观念日趋明显和强烈。到罗马共和国中后期，商品生产以及与之相适应的商业已很发达。在此基础上出现了以人权、物权、债权、诉讼权等为基本构成的权利体系和比较强烈的权利观念。在商品经济高度发达的资本主义社会，人们的权利观念达到空前的程度。经济生活中形成的权利观念，随着民法原则被宪法权威化为民主和法治的普遍原则，渗透到整个社会生活中。于是，权利主张压倒一切，把权利看作"护身符"、"政治王牌"、"开路灯"的观念深入人心。权利观念特别是个体权利观念的普及和强化，必然要求制定严密

---

① ［英］亨利·萨姆奈·梅因：《古代法》，商务印书馆1959年版，第102页。
② 《马克思恩格斯选集》第4卷，人民出版社1972年版，第155页。

的法律规则，承认正当的权利主张，使之上升为不可侵犯的权利；要求建立健全法律机构，制裁侵权行为，保护合法权利。社会成员这种普遍的、强烈的权利意识，是形成法治社会的重要条件。

平等、自由观念平等和自由是民主和法治的重要标志，民主和法治社会之所以生气勃勃，很大程度上是由于普遍广泛的平等和自由观念。平等和自由观念以及平等和自由的法定权利同样是导源于商品经济。马克思说得好："商品是天生的平等派"，① "平等和自由不仅在以交换价值为基础的交换中受到尊重，而且交换价值的交换是一切平等和自由的生产的、现实的基础。作为纯粹观念，平等和自由仅仅是交换价值的交换的一种理想化的表现；作为在法律的、政治的、社会的关系上发展了的东西，平等和自由不过是另一次方的这种基础而已"。②

三 以商品经济关系为内容的民法
是法治的真正法律基础

从商品经济是法治的决定性因素这一思路出发，我们发现：以商品经济关系为内容的民法是法治的真正法律基础。

第一，法治精神是在民法原则的基础上形成的。现代民法是以商品经济关系为内容的法律部门，其核心是人权、所有权和平等权，而人权、所有权和平等权是法律权利体系的基础、主干，是现代公民权利的原型。民法的指导原则是：承认商品生产经营者都有人身自由权，占有、使用和让渡财产的权利和契约自由（经济上的行为一概依照当事人的自由意志才能成立）；承认商品生产者的人格平等、机会均等、权利和义务均等，即所有的人有同样的权利能力，经济资源和市场对所有的人开放，每个人都能够根据其能力获得提高和发展，根据自己的才能和条件自由竞争，在商品交换关系中，每个人享有的权利和承担的义务是相互的，成正比例的；承认过错是归责的基本依据。这些原则构成了法治社会的立法基础。宪法中公民基本权利和义务平等的规定，婚姻法中夫妻平等、男女平等、家长子女人格平等的规定，刑罚中罚当其罪（罪责相适）的规定，行政法中

---

① 《马克思恩格斯全集》第 23 卷，人民出版社 1972 年版，第 103 页。
② 《马克思恩格斯全集》第 46 卷上，人民出版社 1979 年版，第 197 页。

使公民与政府平起平坐的原则，政府不得在不予"公正补偿"的条件下征用私人财产的规定，诉讼法关于诉讼各方在法律和程序面前一律平等的规定，等等，可以说都是民法自由平等原则的升华。正如恩格斯所说，诸如平等权利之类原则，起初是在私法方面得到承认，后来才逐渐在公法方面得到承认。不仅民法的原则构成了其他法律部门的基础，而且民法中的许多制度也成为现代法治的依据或参照。例如，作为现代民主和法治重要结构的代议制或代表制，显然是参照或照搬了民法中的委托代理制度的原理。因而法国著名法学家勒内·达维德说，法的其他部门只是从民法出发，较迟或较不完备地发展起来的①。

第二，民法最充分地体现了现代法治的价值。现代法治的基本价值在于通过确认和分配权利和义务，为公民的生产（包括物质生产和精神生产）和生活（包括家庭生活、社会生活、文化生活、政治生活和经济生活）提供平等的便利和保护，以保障人的自由、尊严和发展，促进经济增长、社会公平、社会有序和社会进步。民法的原则和功能最充分地体现了法治的这些价值。民法直接产生于商品生产者的利益需求和权利主张，它的起点和终点都不是惩罚（虽然它包含着惩罚的因素），而是通过划定自然人和法人的权利及其界限，明确主体的权利能力和行为能力，规定生产和交换的一般条件以及对违约和侵权的补救措施，保护人们的正当权利和利益，使人们可以无顾虑地、有合理期望地、尽其所能地进行创造财富的活动。正由于民法体现了现代法治的价值，因此它的存在和实施，能够弱化或消除避罪远罚的传统法律心理，冲击以刑为主的法律规则体系和法律组织系统，唤起人们对法律的信任、需要和依赖。而亿万人民对法律的信任、需要和依赖，是厉行法治，实现社会生活和社会关系法治化最强大的动力。

第三，民法所调整的是人们的经济活动和经济关系，这一功能使民法界于经济基础和上层建筑之间。由于经济活动是人类最广泛、最基本的社会活动，经济关系是人类社会中最根本的、具有决定作用的社会关系，所以，民法在整个法律体系中也就具有基础的地位和决定的作用。从另一角度看，只有在社会经济活动和经济关系领域实行了充分的法律调整，而非单纯的行政命令或超经济的强制，才有可能在竖立其上的政治生活和文化

---

① ［法］勒内·达维德：《当代主要法律体系》，上海译文出版社1984年中译本，第25页。

生活领域实行法治。由此，我们可以进一步推断，有无一个独立的、完备的民法部门，民法是否受到尊重和贯彻实行，是衡量一个社会法治程度的重要标准。

第四，从法治的历史看，法治是资产阶级首先搞起来的，而资产阶级法治又开始于罗马私法的复兴，并且是随着民法传统的形成而发展起来的。通常，人们说宪法是母法、根本大法，因而是法治社会的法律基础。其实，如果我们着眼于法的精神，而不是法的形式效力；从法的经济分析入手，而不是从法本身的分析入手，就会看到，宪法意识和宪政要求产生于商品经济，宪政和宪政传统来源于民法和民法传统。民法传统中的权利神圣观念和契约自由精神构成了人权保障、有限政府、分权制衡、以法治国的文化源泉。宪法不过是以根本大法的形式对民法原则的确认、移植、转化或升华。

法治的历史也充分说明，没有民法和民法传统的社会，要实行宪政和法治是极其困难的，甚至是不可能的，而在民法完备，民法原则已成为公认的社会生活标准的社会，要想彻底废除宪政和法治，实行独裁和人治，也是极其困难、不可能长久的。例如，在我国，自 19 世纪末到中华人民共和国成立，宪政运动屡遭失败，"钦定的"或"公决的"宪法都未曾付诸实施过。中华人民共和国成立后，宪法亦曾被弃之不用，而领导人的话则经常被奉为"最高指示"，凌驾于宪法之上。产生这种现象的很重要的一个原因就在于我国缺乏民法传统，民法精神尚未深入人心。所以，我国的法制建设要特别强调民事立法和民事司法，注重民法精神的培养。当然，从根本上说，这有赖于商品经济的充分发展。

四 发展商品经济，开辟走向法治社会的通道

1988 年"五四"前夕，在首都理论界"文化发展座谈会"上，著名经济学家童大林指出："五四"推出的"德、赛"两先生（民主和科学）为什么总是倒霉，老要挨整，关键是少了一个"商先生"（商品经济）。这是很有见地的。这个分析也完全适用于法治。

在中华民族的历史上，由于生产力长期发展缓慢，社会分工不发达，由于以血缘关系为纽带的宗法关系和封建等级特权的束缚，还由于垄断社会意识形态的儒学鄙视商人以及历代统治者采取"抑商"政策，商品经

济在我国封建社会一直没有得到蓬勃发展，一家一户、男耕女织、自给自足的自然经济始终占主导地位。自然经济造成了生产者之间的互相隔离，而不是互相依赖和互相交往，使他们不能形成一股政治力量，形成一个阶级。"他们不能代表自己，一定要别人来代表他们。他们的代表一定要同时是他们的主宰，是高高站在他们上面的权威，是不受限制的政府权力，这种权力保护他们不受其他阶级侵犯，并从上面赐给他们雨水和阳光。所以，归根到底，小农的政治影响表现为行政权力支配社会。"① 因此，自然经济是专制制度的基础。自然经济还是产生依附观念、等级观念、人治思想、政治冷漠、个人崇拜、家长作风、官僚主义等一系列与民主和法治格格不入的社会心理和社会观念的土壤。此外，由于自然经济的封闭性、单一性和自足性，人们习惯于把家庭、家族内部的伦理规范泛化为经济、政治和社会生活的一般原则，用以处理与外人、与国家、与社会的关系。如同处理家庭内部的关系一样，他们不要求什么权利，要的只是和睦相处与和谐。"他们对于任何自身基本权利的被剥夺、被蹂躏的事实很少从法的角度去考虑其是非"，② 充其量不过是求助"父母官"、"清官大老爷"伸张正义。这些都是中国封建专制制度长期存在的根本原因。

近代中国商品经济虽有过较大发展，沿海城市的商业贸易已相当发达，但就全国范围来说，自然经济、半自然经济仍然是主要的经济形式，特别是在广大的农村，占主导地位的还是小农经济，这就使得以自然经济为依托的封建政治法律文化尽管受到了民主革命的冲击和马克思主义的批判，却仍然根深蒂固。中华人民共和国的成立，结束了地主阶级、官僚资产阶级和帝国主义势力的统治，建立了人民民主专政。新中国成立之初，我们曾经建立了革命法制，人民受到了保护，人民的敌人和新制度的破坏者受到了制裁。但是，由于没有认识到法治的经济基础是发达的商品经济，没有建立反而瓦解了社会主义法治的商品经济基础，致使我们的法制非常脆弱，更谈不上实现法治。后来发生的无情事实证明了这一点。20世纪50年代中期以后，由于教条主义地理解马克思主义经典作家关于未来社会经济模式的观点，受"左"的思想路线、轻商抑商的封建传统等诸多因素影响，我们把商品经济当作资本主义的尾巴去砍去割，实行的是

---

① 《马克思恩格斯选集》第 1 卷，人民出版社 1972 年版，第 693 页。
② 王亚南：《中国官僚政治研究》，中国社会科学出版社 1981 年版，第 45 页。

高度集权的，由国家占有自然资源和基本生产资料、支配一切经济活动的产品经济体制，经济和政治一体化，结果使封建主义的政治法律文化冒充"社会主义"的政治法律文化以产品经济体制为载体保留了下来，同时又产生出权力拜物教、新官僚主义和个人迷信。从根本上说，产品经济的兴起，商品经济的衰退，导致民众的独立意识、主体意识、权利意识和民主意识的弱化以至消失，新中国成立初期健康的政治热情被无知的政治狂热和沉重的政治冷漠这两种极端的政治心理结构所取代；导致法律虚无主义、人治主义畸形地发展，以政（策）代法、以言代法、权大于法，以简单的强制代替法律秩序；最终导致史无前例的"文化大革命"灾难的发生，民主和法治荡然无存。

粉碎"四人帮"以后，党和人民都在反思：为什么在社会主义中国会出现新专制主义，会发生"文化大革命"这种灾难呢？最初，我们只把灾难归因于毛泽东个人的失误、错误和林彪、"四人帮"反革命集团的阴谋。后来，我们认识到毛泽东个人的失误、错误和林彪、"四人帮"反革命集团的阴谋仅仅是直接原因，更深刻的原因在于我们的政治制度和法律制度不健全，我们还没有建立起社会主义民主和社会主义法制，在我们的政治生活和社会生活中封建主义仍然根深蒂固。所以，党的十一届三中全会在分析文化大革命中发生的重大政治事件和文化大革命前遗留下来的某些历史问题时，明确提出了加强社会主义民主和法制（法治）的任务。从此，我国社会开始朝着民主和法治的方向发展。但是，当时还没有从经济基础上更深入地分析为什么在我们国家未能建立起比较完善的、足以阻止来自党和国家最高领导人的严重破坏民主和法制现象的机制，还没有从根本上找到我国步入法治社会的出路。

1984年10月中共中央关于经济体制改革的决定，明确指出社会主义经济是有计划的商品经济，商品经济是我国经济发展和社会发展不可逾越的阶段。这是对社会主义理论的伟大发展。它不仅指明了经济体制改革的方向，也为法学研究和法制建设开启了新的思路：发展商品经济是我国步入法治社会的必由之路。

社会主义商品经济的充分发展将开辟通向法治的道路，并在诸多方面推动我国社会步入法治时代：

第一，它将推进政企分开。政企分开后，企业将要求明确产权关系，完善合同法和侵权法，确立企业法人资格。这将推动我国的民事立法和民法的完善。另外，政企分开后，一方面要求政府管理经济的权力及相关的权力法律化、制度化，政府只能在法定职权范围内按照法定的程序和方式行使管理权和监督权；另一方面要求转变政府管理经济行为及相关行为的方式，从直接管理转变为间接管理，从以行政手段为主转向以法律手段为主，从行政命令转向行政合同。这又将大大促进行政立法和依法行政。由于在全部国家权力中，行政权力最庞大，也最容易滥用，所以在行政管理领域厉行法治，就意味着国家权力的运行被纳入到法律的轨道。

第二，它将打破与高度集权的产品经济体制相依为命的政治权力垄断，实现适度分权和权力泛化。在产品经济体制下，国家的政治权力也是高度垄断的。从横向权力结构看，政治权力集中于党委，由党委一元化行使；从纵向权力结构看政治权力集中于上级，最后集中于中央，甚至集中于少数人或个别人。这种高度垄断的、绝对的、不受制约的权力是民主和法治的最大威胁。随着商品经济的发展和经济领域权力的泛化，政治权力高度垄断的局面也将被分权制度——政企分权、党政分权、中央与地方分权、国家机构内部分权所取代。分权加上各种权力之间的制约，是民主和法治的有力保障。

第三，它将释放出一种巨大力量，保证既定规则高于人格化权力，即法大于权。"权大于法"、"律外有法"、"以言代法"这种封建社会遗留下来的痼疾，是我国走向法治的历史障碍。这种历史障碍仅靠"批判的武器"是清除不掉的，只有商品经济的"超级大炮"才能摧毁它。

第四，它将造就出宏大的企业家队伍，给法治造成坚实的社会政治基础。法治理想不可能在以小生产者或虽是大生产者但没有独立人格和自主权利的人为基础的社会中实现，只能在以企业家（包括工业企业家、农业企业家、商业企业家、交通运输业企业家等）为中坚力量和政治基础的社会中得到实现，因为企业家是商品经济人格化的集中代表，是封建主义政治传统的天然反对派。他们最务实求新，最希望法律成为社会活动的标准。我国近几年已经涌现出一批优秀企业家，商品经济的发展将培养和锻炼出更多的企业家。

第五，它将把人们从"耻于言利"的思想束缚中解放出来，使人们更加关心切身利益，关心私人权利的任何变动，更加关心配置自然资源、分配社会产品、调整权利和义务结构的政治和法律程序，因而将强化公民参与政治和法律程序的意识，从而推动政治立法，完善我国的政治法体系。

第六，它将促进法律社会化，即人在法律方面的社会化。社会化是个人习得技能和社会规范，从"生物人"发展成为"社会人"，以适应社会生活的过程。在商品经济大发展的时代，每个人都被置于市场之中，能够给人以指点、帮助和保护的，已不是超经济的行政权力，而是法律这种既定的规则。在这样的时代，法律不仅成为人们的行为的模式，而且是人们生存和发展的必备知识和技能，习得法律已成为人的社会化的组成部分，每个人将不得不像学习劳动技能、生活经验、道德规范那样学习法律，培养认知、评价和运用法律的能力，提高法律文化素质。

第七，它将摧毁产品经济、自然经济、半自然经济，使专制主义、国家本位、官本位、义务本位、宗法观念、个人迷信、人治思想等封建政治法律传统失去其赖以存在的经济基础，使主体意识、权利意识、契约精神、竞争意识、平等观念、社会责任感、法治观念等在全社会生根开花。同时，它也将促使我们尽快扬弃以产品经济为依托、以维辛斯基理论为模式、以"阶级斗争论"、"规则模式论"、"义务本位论"为基调的法学理论，实现法学科学化、现代化，以使其在中国人民走向法治时代的进程中发挥应有的助推作用。

第八，它将推动我国生产和经营的国际化，扩大我国与其他国家在经济上、文化上和政治上的交往，从而扩大我国与其他国家的法律交流以及参与国际法律秩序的范围，使我国在摄取外来法律文化精华的过程中加速法制建设和法制现代化，加速从人治到法治的转轨。

总之，法治与商品经济有着内在的联系，只有把实现社会主义法治的战略放在经济体制改革和商品经济的发展这个基点上，我国才能逐渐步入法治社会，并避免发生历史性的逆转。同时，法治和商品经济也是相辅相成、互相促进的，它们必须同步发展，即，法律保障、引导和推动商品经济，商品经济培植法治所需的观念、理论，提供形成法治所必需的社会条件。

《中国社会科学》1989 年第 2 期

中国古代文官制度综论

摘要 本文从宏观的角度对中国古代文官制度的历史发展、主要内容、特点以及世界影响等进行了勾画。作者认为，中国古代文官制度，产生于政府划分为文武职官和专制主义集权政治确立以后。在漫长的演变和发展过程中，它形成了健全的制度、详密的规范、鲜明的特点。中国古代发达的文官制度，对世界许多国家的文官制度，包括西方国家的文官制度都有着广泛而深远的影响。

改革国家干部人事体制，建立公务员制度并使之法律化，是当前我国政治体制改革的重要课题之一。为此，我们不仅需要参考西方的文官制度，而且也应该认真总结中国古代文官①管理的丰富经验。中国古代的文官制度经历了形成、发展、演变的漫长过程，其制度之健全，沿革之清晰，规范之详密，世所罕见。本文拟对此加以考察。

一 中国古代文官制度的历史发展

重视官吏在政治运行中的作用是中国传统政治文化的突出特点。被中国古代政治家、思想家所阐述的"徒法不足以自行"、"明主治吏不治民"、"人存政举，人亡政息"、"得人者昌，失人者亡"等，就表达了人们对于官吏在立政、执法、治民中重要性的认识。基于这种认识，中国古

---

* 张晋藩，1930 年生，现为中国政法大学教授、副校长。撰有《中国法制史》、《中国法律史论》、《法史鉴略》、《中国近代法律思想史略》等著作。

① 中国古代文献典籍中并没有文官制度的概念，但对于文官的管理不仅有一整套完整的制度，也有规范详密的文官法。本文是就此而论的。

代的统治者为建立和完善对文官的管理制度，呕心沥血，精心擘划。中国的文官制度不仅使当时的政治运营和经济文化发展有了重要保证，也为后世积累了丰富的文化遗产和值得借鉴的历史经验。

中国古代的文官制度，也就是官僚制度，形成于政府划分为文武职官和专制主义集权政治确立以后。

在中国奴隶制时代，受宗法政治的支配，实行亲贵合一的国家组织原则。宗法同政治等级、国家结构、国家组成直接联结在一起。以"亲亲"、"尊尊"为主要内容的"礼"居于统治地位，它集中反映了家国相通、亲贵合一的宗法政治思想及其制度化。作为奴隶制国家典型形态的周朝，实行的是"世卿制度"，无论是诸侯、国君还是卿大夫都是世袭职。在这种制度下，不存在官吏的任免与考课问题，同时，世卿享有封邑，也不存在俸禄问题。因此，在宗法政治下，不可能出现具有特定内容的文官制度。

战国时期，以血缘关系为纽带的宗法政治瓦解了，具有封建政权性质的列国，为了适应新的经济关系的发展要求，巩固新兴地主阶级的统治，扫除旧贵族的残余势力和争取兼并战争的胜利，相继建立了以国王为首、以丞相和将军分别为文武百官之长的封建官僚政府。文武分职是奴隶制时代卿大夫一人兼有军政大权的世卿制度没落之后的产物，它为文官制度的建立提供了前提，标志着中国古代官制的历史，进入了一个新的阶段。

中国古代文官制度的建立是和封建专制主义政治体制相适应的，并随着这一体制的发展而发展。战国时期，国王根据"见功而兴赏，因能而授官"的原则，任免中央和地方官吏，并建立了与此相关的各项制度，如玺印制度、上计制度、俸禄制度等，这是文官制度的雏形。经过战国时期的初创，至秦汉，随着皇帝制度的建立与专制主义中央集权制度的发展，中国古代文官制度也进入了奠基阶段。

公元前221年，秦并六国而建立了统一的专制主义中央集权的封建国家。在秦政府中，皇帝总揽全国军事、政治、经济、司法等一切大权，"天下之事无大小皆决于上"，[1] 所有官吏均由皇帝任免，听命于皇帝差遣。但是，皇帝制度虽然确认了皇权至高无上，却并不意味着皇帝个人统治国家。维持皇帝制度，需要统一的军队和统一的官僚机构。因此，秦王

[1] 《史记·秦始皇本纪》。

朝建立以后，便在全国范围内以官僚取代过去执政的贵族，以郡县取代过去的封国，使文官组织和制度进一步发展和充实起来。

汉初，高祖"惩戒亡秦孤立之败"，① 实行封建与郡县并存的双轨制。但实行的结果，为巩固专制主义中央集权而实行的封建，恰恰成了破坏专制主义中央集权的重要因素。因此，从文帝起便开始推行"强干弱枝"的政策，加强中央集权。经过景帝、武帝两代经营，终于获得成功。此后，受封侯王不得治民；不就封国，皇帝可以任意黜贬。至东汉，光武帝"惩数世之失权，忿权臣之窃命"，在加强专制主义中央集权的同时，积极建设文官制度，把中国古代文官制度的发展又推进了一步。

综观秦汉时期的文官制度，其主要特征是逐渐规范化与法律化。无论是崇奉法家的统治者，还是独尊儒术的汉武帝，都注意运用法律来强制约束文官的行为方式。这说明迭次的治乱变迁使统治者认识到，法律是封建官僚机器自我调节、自我控制的重要手段。见于《睡虎地云梦秦简》的《置史律》、《除吏律》、《尉杂》、《内史杂》、《仓律》和汉初的《越宫律》、《朝会正见律》、《见知故纵监临部主之法》、《左官律》、《沈命法》等，都是治官之法。秦汉时期，即使文官之长的丞相有罪，也不免于诛死。汉时"李蔡、严青翟、赵周、石庆、公孙贺、刘屈氂继踵为丞相……唯庆以惇谨复终相位，其余尽伏诛云"。② 秦汉严于治官的目的，在于加强封建政府对全国政治、经济、司法、文化的统一管理，借以有效地统治人民。韩非所说"明主治吏不治民"，道破了秦汉治官的实质。只有治官才能协调朝廷、官吏与百姓三者间的相互制约关系，才能推动治道的运行，维持封建王朝的长治久安。但是，治官过严，也会走到反面，激起"官变"。秦末"法令诛罚日益刻深，群臣人人自危，欲畔者众"。③ 因此，在特定时期，统治者也注意掌握督责群臣的限度。

秦汉以后，魏晋南北朝时期经济的逆转、门阀政治的盛行，以及割据对峙的形势，使得秦汉以来的文官制度非但没有发展，而且还受到很大程

---

① 《汉书·诸侯王表》。
② 《汉书·公孙宏传》。
③ 《史记·李斯列传》。

度的破坏，尽管这一时期也进行了有关文官制度的立法。

至隋唐，随着中国封建经济、政治、文化的高度发展，文官制度也发展到新的阶段。唐六典的出现以及其他形式的文官立法，标志着封建文官制度的成熟与定型。这也是隋唐时期文官制度的总的特征。

唐以后，宋明清各朝专制主义不断强化，皇权膨胀到无以复加的地步。封建的中枢机关既失去了对皇权的约束，也淡化了相互间的制衡关系。而且，无论中央还是地方长官，其行使职权都受到幕吏的牵制，以致出现了"官无封建，吏有封建"① 的现象，这正是极端专制主义制度下所不可避免的。因此，虽有以明清会典为代表的规范详尽的文官立法，却不能阻止文官制度的腐败与衰落。至 19 世纪末 20 世纪初，中国海禁大开，社会经济、政治制度与社会结构都发生了前所未有的重大变化。固有的封建文官制度已经与进化的历史潮流完全不相适应。随着西方文化的东渐，中国的文官制度也在酌取中外，详甄古今的基础上揭开了新的一页。

二 中国古代文官制度的主要内容

中国古代文官制度的内容十分广泛，除文官的组织系统与结构之外，还包括文官的任免、考课、品俸、监察、休致等一系列具体制度。这些具体制度各有其历史发展的过程和时代的特点。这里仅就文官的结构以及文官的选任、考课与监察等项制度，作概要分析。

（一）君本位的文官结构

如前所述，中国古代的文官制度初创于战国时期，当时列国的行政管理体制是以国王为首的，诸卿分职授政的专制主义体制。这时的国王与夏商周三代的王不同，它是封建皇帝的前身。文官制度就是适应专制主义统治的需要而产生的。秦始皇统一六国后，建立了以皇帝为国家元首的专制主义政治制度。皇帝以下组成以丞相为文官之长，包括朝内各类职官的朝廷，作为管理封建国家行政的中央政府。在此后二千多年间，中央行政管理体制虽然经过了三公制、三省制、二府制、一省制、内阁制的演变，但基本的框架辗转相承，沿袭未变。演变的轨迹则始终是向着强化君权的

---

① 《水心文集》卷三《论吏胥》。

目标。

地方行政体制自秦始皇起便贯穿中央集权的主线。秦朝实行郡县二级管理制度。秦以后,迄至明清,或实行州、郡、县三级管理;或实行省、道、府、县四级管理,都不过是在郡县制基础上的衍化形态。中国古代的文官制度就是在这样的以君为本位,以中央集权为主线的国度里发展起来的。它以维护封建皇权和加强中央集权为自己的首要任务,是实现皇帝对全国统治的重要工具。作为文官之长的丞相的使命,就是"掌丞天子,助理万机"。所有的国家各级文官也都必须效忠于皇帝,唯君命是听,对皇帝负责。因此,中国古代的文官结构是内聚的,呈现出以皇帝为轴心的辐射状态。汉以来律典中有关大逆不道、诬罔、低欺、欺谩、不道、大不敬、左道、废格、非议诏书、谋反、谋大逆,以及职制律和吏律中的许多规定,都是针对抗命不忠、图谋不轨的百官的。然而皇帝却可以对百官擅作威福,任意制裁。明代专制制度高度强化,文官的地位日益低下,皇帝可以廷杖朝内大臣,宦官公然凌辱文官的人格,官场的传统秩序遭到严重破坏。至清朝,皇帝与臣下则变成了公开的主奴关系。

在适应封建国家机器运转的过程中,中国古代的文官制度,还形成了从中央到地方的一套完整的等级隶属结构。

早在中国奴隶制时代,便在土地等级占有和宗法等级从属的基础上形成了"王臣公,公臣大夫,大夫臣士"的等级从属关系和所谓"九仪之命"的爵位。秦以前,"官"定职务的大小,"爵"定位次之尊卑。秦时官与爵合一,建立自公士至彻侯的 20 等爵,使等级结构逐渐严密和法律化。至两汉,随着文官制度的发展,又一变而为官与爵分,俸与职应,与文官的等级结构相一致的既有万石之官,也有斗食小吏。魏晋南北朝时期,以"九品"定官阶,从此,品第成为区别官职高下尊卑的主要标志。唐以后九品之中又分"正"、"从",共 18 级,一直延续到明清,基本未变。由官品等级所决定的服饰、房舍、车马、坟茔也各有严格的区别。

在以等级结构为基础的文官系统中,上与下各自统属,内与外互相节制,名分与职责严明,权力与义务相称,既不许逾越,也不得专擅。为了维护文官的等级结构,由秦至清各朝都制定了详略不一的确认文官等级秩序的行政立法和文官法。中国古代文官组织的严密,权责的固定,等级的森严,运转的协调,以及统一地推行国家政策,都是同及时地制定有关文官制度的法律分不开的。

　　不过，专制主义的政治制度，不仅决定了金字塔式的文官等级权力结构，也造成了充斥于文官系统中的暮气。既然下级官吏只服从于上级官吏，而作为文官群体又只服从于皇帝，因此很难发挥各级文官的创造性与主动性，更谈不上改制更法和对民意、民利的尊重，以致庞大的文官集团越来越站到与民众相对立的方面，劣绩昭彰的还成了农民起义打击的首要对象。

　　由于各级文官各自享有与其官品相应的政治经济特权，是社会财富的合法瓜分者，因此，由民变为官成了社会各阶级、阶层最有吸引力的向往与追求。而由小官到大官，又是官场中尔虞我诈、钩心斗角、互相倾轧的根源。这种封建官僚主义的恶劣影响相当深远。

　　中国古代的文官制度，受专制主义下权力争夺的支配，也在结构上形成了相互制衡的关系。封建王朝的皇帝虽然被神秘化、偶像化，握有垄断一切的法定大权，但皇权的行使需要通过百官，特别是要倚重宰相，由此产生的君权与相权的矛盾，是中国封建政治史上统治阶级内部最主要的矛盾。这一矛盾推动了宰相制度由独相制演变为群相制，如三公、三省，使宰相的职权不专于一身，彼此平行、互相制衡，从而削弱了相权，保证了君权独揽。两汉时尚书台虽已执掌最高行政管理权，但在组织上却仍隶属于"少府"。尚书权虽重，品级却低下，有时尚书台长官还由其他内外朝高官兼任，凡此都是皇帝有意制造出的中枢机关之间的权力制衡关系。宋朝在文官中实行的"官与职殊"、"名与实分"的制度，也是出于权力制衡的考虑。宋朝"官"虽享有品俸，却不掌握实权，"职"也只是加给有名望的高级官吏的虚衔，唯有"差遣"才是握有实权担负实际责任的官职，以致出现了官虽至尚书，但却被差遣为知州之事。这种"官与职殊"、"名与实分"的体制，是为了防止官吏擅权，但结果却造成了官制的极端紊乱，"居其官不知其职者十有八九"。①

　　在封建专制制度下，虽然是以君为本位，但是，无限膨胀的皇权，必然大大地限制和削弱官僚机构的能动性和协调性，导致政治上的腐败。因此，地主阶级为了本阶级根本的和长远的利益，既支持建立皇帝制度，又限制皇权的滥用，这就是唐朝门下省的"封驳"，历代言官的"谏诤"，以及持续悠久的"朝议"制度得以存在的社会政治基础。

---

　　① 《宋史·职官志一》。

（二）文官的选任

在奴隶制世卿制度下，命官的重要标准是宗法血缘。春秋战国之际，社会剧烈变动，反映在选官思想上就突出地表现为"尊贤"思想的萌发。在实践中，适应封建兼并战争和发展农业生产的需要，出现了以军功、力田作为选官标准的做法，具有当时的时代特征。此外，通过游说上书，选荐贤能，也扩大了任用官僚的途径。

秦汉时期，为加强中央集权，以皇帝为首的朝廷强化了对文官队伍的管理，通过建立客卿，实行察举、征辟等制度，广开才路，多方用人，而且侧重于求贤用贤，不强调门第世资。在拔擢人才时也不求全责备。汉高祖刘邦曾下诏说："贤士大夫有肯从我游者，吾能尊荣之。"[1] 汉武帝也曾告诫大臣："在上位，而不能进贤者退。此所以劝善黜恶也。……不举孝，不奉诏，当以不敬论。不察廉，不胜任也，当免。"[2] 因此，在汉朝的文官集团中，或以布衣见用，或以文学邀宠，或以功业晋升。为了培养人才，储官待用，还设立了太学。董仲舒曾建议："兴太学，置明师，以养天下之士"。文官选任制度在两汉的突出发展是任用官吏的方式和免官之法都已制度化。秦汉在选任官吏上也存在着弊端，譬如官位高者可以任子，财货多者可以赀选。后来由于仕途错杂而产生了党派之争，至东汉末任官之法大多流于形式。

魏晋南北朝时期，在门阀政治下选任官吏采取"九品中正"之法，以致仕途被门阀豪族所垄断。这可以说是对于汉代任官制度的反动。九品中正选官法只重门第不重才德，压抑了大批有用人才，巩固了腐朽的门阀制度，堵塞了举贤荐能的道路，禁锢了官吏的进取心，丧失了考吏的作用，强化了官吏对士族的人身依附。

至隋唐，封建社会已进入盛世。在士族衰微，寒门兴起，社会经济、文化、政治条件都有利于加强专制主义中央集权的形势下，任官制度也趋于完备和定型。隋唐任官制度的改革，主要是任官权力收归中央；唯才是用，不避亲疏；士庶并重，赏罚分明。特别是建立了分科考试、取士授官的科举选官制度，比较平等地向着社会广开取士的大门，比起汉代的察

---

① 《汉书·高帝纪》。
② 《汉书·武帝纪》。

举、对策、射策更加规范化，较之魏晋南北朝时期的九品中正法更是一大进步，一大创举。从此，科举选官被视为"正途"，一直延续到清末。唐朝科举及第只是取得做官的资格，并不立即授官，只有再经过吏部的考察，才能授职任事。这对保证文官的素质具有一定作用。经过隋唐，比较彻底地打击了士族势力，把用贤、科考与任官这三者联结起来。特别是唐朝内外官的数量固定，并以法律禁止各司长官随意补选官吏，以防冗滥，有故违者处刑。但是，在唐代的任官制度上存在着正途（科举）与杂色（异途）的对立。科考的内容也变幻不定。尤其在用人"唯贤"，还是"唯亲"的问题上，一直是唐朝改革派与保守派斗争的焦点。至中唐以后，原有的比较严格的文官铨选制度逐渐陷于废弛。

宋朝在加强专制主义的前提下，扩大了选任官吏的科举制度，科目不断增多，录取名额一再放宽，并且鉴于唐末五代藩镇割据为害，实行重文轻武的用人方针。为了防止官吏擅权，创设了"官与职殊"、"名与实分"的制度，结果无法课吏以责，又加之宋朝"恩荫"之滥超过历代，官制的紊乱无以复加。

明清时期的任官制度体现了极端的专制主义。明初朱元璋主张破格任官、老少参用、务使贤能者得到重用，但他晚年却走到了反面，不仅杀贪及良，而且滥杀功臣，任意行事。明朝实行的八股取士，徒具形式，非但不足以延揽人才，反而禁锢了士人的思想，是专制主义在思想文化领域的反映。而且还通过科举制度，将读书、考试、为官三者紧紧联系在一起，使广大士人完全陷入功名利禄的旋涡，所有国计民生经世致用的观念，统统消磨在场屋之中。

清朝在关外时期，为了进取中原，便采取招降和重用汉族官僚士大夫（即所谓新人）的政策。入关以后，为了积极扩大清政权的统治基础，广泛延揽统治人才，除实行"常科"取士为官以外，还特设"博学鸿儒（词）科"和"经济特科"。雍正皇帝发展了康熙提出的"用人为要"的思想，大力整顿在康熙晚年吏治上出现的颓风，强调"治天下惟以用人为本，其余皆枝叶耳"。他还明确表示，"有治人无治法，若不得其人，即使尧舜之仁，皆苟政也"。[1] 但是，清代不仅沿用了八股取士的陈腐模式，而且不断兴起文字狱，使得沉闷闭塞的空气笼罩着官场。

---

① 《清世宗实录》。

明清两代任官，以服从强化专制主义为目的，注重论资排辈，正途、异途。明张居正曾经制定"考成法"，企图选贤任官，进行封建社会后期的地主阶级的"自救"活动，但专制政治的腐败使得考成之法虽见效于一时，最终仍难免于落空。清中叶以后，捐官泛滥，这对传统的任官之法是一个猛烈的冲击。清朝为了保证满族在政权中的地位，还创设了"官缺"制度，要害部门均为"满官缺"，其次为"蒙古官缺"，再次为"汉军官缺"，最后是"汉官缺"。通过官缺制度，把官职的分配固定下来，以保证满族贵族牢固地控制国家机器，官缺制度加深了满汉官之间的矛盾，不利于官吏才智的发挥。

从文官选任的历史发展可以看出：（1）建立稳定的任官制度，有助于贯彻封建国家的政策，提高行政效率。（2）重才德不论门第，重实学不重资历，从布衣中破格选士为官，可以改善封建的吏治，缓和社会矛盾，为封建政府带来生气。而依靠门第、恩荫、纳赀、特荐为官者，大都不了解下情，不思进取，才亏德乏，只是以做官为手段，巧取豪夺，鱼肉小民，进而败坏封建国家政治，瓦解统治的基础。（3）在任官制度上，保守与改革的斗争，是统治阶级内部权力如何再分配的斗争。这个斗争或者发生在社会大变动之际，或者发生在国家统治出现危机之时。（4）储才养士是任官的基础，任何一个王朝教育不兴，文化衰蔽，不可能从总体上提高文官的素质，改善政府的行政效能。

（三）文官的考课

依法定制，考课官吏，是文官制度的重要内容之一。远在战国时期，便初步建立了考课官吏的"上计"制度。至秦汉，考课官吏已经制度化、法律化，被视为国家大事。但秦汉时的考课，从巩固专制主义中央集权出发，重外官、轻内官，既有郡国上计，又有"六条"刺察。秦汉考课虽有标准，但还没有形成以才、守、政、年为考核内容的完整规范。而继考课之后的赏罚，多取决于皇帝，表现出随意性。至于考课权的行使，或由丞相，或由三公，还没有形成负责考课的专门机构。

魏晋南北朝时期，随着政治形势的变化和统治的需要，考课的对象逐步由地方官吏扩大到中央官吏，出现了专门负责考课的机构，如吏部考功司，表现出考课权下移的趋势。特别是这一段时期考课的等次逐渐明确，而且有法可循。如魏有七十二课法，晋有五条，北魏有考第三等法，北周有考课六条。

至唐朝，考课制度已相当完备。唐朝的流内官与流外官分别考课。流内官以"四善"、"二十七最"为标准，四善者：一德义有闻，二清慎明著，三公平可称，四格勤匪懈。二十七最包括：献可替否，拾遗补阙，为近侍之最；铨衡人物，擢尽贤良，为选司之最；扬清激浊，褒贬必当，为考校之最；礼制仪式，动合经典，为礼官之最；音律克谐，不失节奏，为乐官之最；决断不滞，予夺合理，为判事之最；等等。量其功过分为九等。流外官以行、能、功、过分为四等。考课的主管官吏是尚书省考功司。三品以上高官由皇帝亲自考课。唐朝考课官吏的制度虽已完备，但仍有不足，譬如考课的等第与标准的掌握，缺乏客观尺度，常受到考官一时喜怒爱憎的影响。此外，流内官与流外官虽有九等、四等之分，但各等均无比例的限制，因而存在着过宽过严的弊病。对于三品以上的权臣，既无明确的考课标准，也没有相应的处分办法。

宋朝考课官吏由审官院与考课院负责。考课标准沿袭唐朝的"四善"——德义、清谨、公平、恪勤，但减"二十七最"为"四最"——狱讼无冤，赋税不扰为治事之最；农桑垦殖，水利兴修为劝课之最；屏除盗贼，民获安居为镇防之最；赈恤困穷，不改流移为抚养之最。至高宗时期又增加"八事之法"，考课监司令守。宋朝由朝廷指定特别官员或官署考核百官，叫"磨勘"，记载功过的考状叫"历纸"。

明清两代，封建的考课制度已经臻于完备，考课的规模超过以往历代，考课的立法既简约又严明，而且形成了"考满"与"考察"之法。明朝内外文官任职满三年一考，六年再考，九年通考，即所谓"三考黜陟"，每一阶段考绩完成称作"考满"，按"称职"、"平常"、"不称职"三等决定升贬。至于考察，京官六年一次叫"京察"，外官三年一次叫"外察"。考察官吏按"八目"——贪、酷、浮躁、不及、老、病、疲、不谨进行。万历时期，张居正所制定的"考成法"中，强调"器必试而后知利钝"，"人有专职，事可责成"，"用舍进退——以实功为准"。考成法是明朝考课官吏的思想与实践的总结，在当时起了一定的作用。但是"人亡政息"，随着张居正的逝世，考成法也随之化作泡影。清朝的考课制度，京官谓之"京察"，外官谓之"大计"。具体制度与标准大体沿袭明制。

总之，封建时代对官吏考课的制度与法律是逐渐完备的。在政治比较开明的时期，考课官吏一般注意治绩，综核名实，不以恩废法，不以亲废法，不以贵废法，否则主持其事者依法治罪。而与考课制度相联系的是对官吏的黜陟、俸禄的加减和休致的推行。所有这一切都影响着封建国家的统治。正因为如此，考课制度受到统治者的重视，延续了两千余年。但是，在专制主义日趋加强的历史条件下，虽然考课之法渐趋详密，制度渐次完备，但在实行上势必受到皇权的影响。在圣意的干预下，往往有法也等于无法。例如，以从严治吏著称的雍正皇帝，在御旨中竟对冗滥之官表示宽免，他说："各部司官实能办事者不过一二人，其余庸碌无能之人，偷惰安闲，实属冗滥；今春京察，止将甚不堪者革退数人，其余概为优容"①。皇帝如此，主持考课的官员也就不可避免地以亲废法，以恩废法，以贵废法了。如果说盛世考课尚可维持，至衰世只能徒具形式而已。

（四）文官的监察

中国古代监察机关的设置与监察制度的确立，也是源远流长的。中国古代监察机关的职掌十分庞杂，包括行政、民政、治安、司法等许多方面，而且既理政又察政，既察官又察民。但其主要职责是对文官的监察，即所谓"纠举失职"。汉时中央设御史台为最高监察机关，地方设部刺史监郡，初步形成了监察网络和相对独立的系统。随着皇权的发展与察吏的增多，监察机关的职权与地位也日渐显赫。汉代朝会时，中央监察官御史中丞与京师监察官司隶校尉，各有专席，占据"三独坐"之二。至魏晋南北朝，御史中丞已拥有"震肃百僚"的权威，"自皇太子以下，无所不纠"，② 而且允许"风闻言事"。为了发挥监察机关的察吏作用，规定大士族不得担任御史中丞。但在士族门阀政治的统治下，严鲠清介的监察官是很难久留于任的。以南朝刘宋为例，六十年间历任御史中丞者 53 人，"校其年月，不过盈岁"。③

唐朝的监察制度已相当定型和完备。中央于御史台下设台院、殿院和察院，各有专司，又互相配合。地方则划分为十道监察区，分设监察御史，形成严密的监察网。唐朝不仅纠察分巡制度化，而且在对文官的监察

---

① 《清世宗实录》。

② 《通典》卷24。

③ 《南齐书·刘休传》。

中，"以刑法典章纠正百官之罪恶"。① 表现了唐代厉行法制，以法治官的时代特点。唐朝还建立了"言谏"制度，设置了谏官组织，谏官有权就国家大事向皇帝言谏。如认为皇帝诏旨措置失当也可以封驳，这在中国古代监察制度史上颇值得大书一笔。由于唐代监察官对维护封建国家的总体利益起了积极的作用，因而倍受重视，其职权也日益扩大。唐睿宗对监察官的作用有过高度评价："彰善瘅恶，激浊扬清，御史之职也。政之理乱，实由此焉。"② 唐朝也允许御史"风闻言事"，此尤盛于武后专权时期，以致造成了百官的不安。至中宗临朝下诏：御史"每弹人，必先进内状，许乃可"，③ 为的是纠正构隙诬陷的时弊。

专制主义高度发展的宋朝废除了唐时宰相对于御史的任用权和荐举权，监察御史的任用权由皇帝亲自掌握。不仅如此，凡经宰相荐举为官者，或宰相的亲戚故旧，均不得为御史，借以保证御史对宰相在内的各级官吏的监督，甚至对御史奏弹不当，也不加罪责。为了更好地发挥监察机关对文官的有效监督，宋朝强调御史须有实际的行政经验，凡未经两任县令者，不得为御史。

元朝则明确规定监察官有权监察中枢长官。元世祖忽必烈说："中书朕左手，枢密朕右手，御史台是朕医两手的"。④

明初，朱元璋十分重视监察机关的作用，他说："国家立三大府，中书总政事，都督掌军旅，御史掌纠察，朝廷纲纪尽系于此，而台察之任尤清要"。⑤ 明朝对监察官的选任，除要求具备实际行政经验外，还注重文化教育素养，规定必须进士、举人出身。明成祖曾明令吏部："御史为朝廷耳目之寄，宜用有学识通达治体者。"而且考选之后，还须经过试职，合格方得实授。明朝还建立了御史巡按地方的制度，巡按御史是皇帝的代表，具有"大事奏裁，小事立断"⑥ 的权力。

清袭明制，监察制度在沿用明朝旧制的基础上，集历代监察制度之大成。但清朝专制主义的极端发展，以及满族贵族作为政权主体的历史条

---

① 《新唐书·百官志》。
② 《唐大诏令集》卷100。
③ 《隋唐嘉话》。
④ 《草木子》卷3上。
⑤ 《明史·职官志二》。
⑥ 《明史·职官志二》。

件，也赋予清朝监察制度以明显的特征。例如，监察官采取满汉复职的制度，满官的权限大于汉官；改变了唐以来"台"、"谏"并列的体制，将六科改为隶属于都察院，取消了六科执掌的封驳权，使得皇权的行使无任何限制。科道对皇帝用人、赏罚、生杀予夺等项大权，均不得妄加评论。地方省级行政长官督抚均兼左都御史或左副都御史衔，以便借助行政权力实行对地方官的监察。

总之，中国古代的监察制度对于维持封建的吏治，发挥官僚机构的职能和文官的作用，具有重要意义。顾炎武在《日知录·给事中》条曾经评论说："……而独有六科给事中，以掌封驳之任，旨必下科，其有不便，给事中驳正到部，谓之科参。六部之官无敢抗科参而自行者。故给事中之品卑而权特重。万历之时，九重渊默。泰昌以后，国论纷云，而维持禁止，往往赖科参之力，今人所不知矣。"中国古代的监察机关不仅形成了独立的系统和遍及中央与地方的监察网络，而且制定了专门的监察法规，如，汉之"六条"，唐之"六法"，元之"风宪宏纲"，清之"钦定公规"，使得中国古代的监察制度有法可循，这是饶有特色的。

中国古代监察机关的不断扩大，监察制度的日渐完备与监察活动的经常化，体现了法家"明主治吏不治民"的思想，也是专制主义不断强化的结果。在中国，自进入阶级社会起，国家统治的本质特征就是"人治"，是国王与皇帝的意志推动着国家机器的运转。作为"天子耳目风纪之司"的监察官，之所以品低而权重，俸薄而赏厚，就在于他们是附着于皇权的。由此也决定了监察官对文官的纠弹，必然越来越受到圣意的左右。以清朝为例，无论对中央或地方大小官员的弹劾，均须"实封奏闻取旨，不许擅自勾问"，这就决定了监察官作用的发挥是有限制的、不稳定的和缺乏有效保障的，尤其是在弹劾大员时，不能不冒很大的风险。雍正四年（公元1726年），御史谢济世弹劾河南巡抚田文镜贪赃枉法，雍正帝不仅亲为田文镜开脱，说："以文镜之秉公持正，实心任事，乃天下督抚中所罕见者，贪赃坏法之事，朕可保其必无"，① 而且还以"颠倒是非，扰乱国政"的罪名，将谢济世立予革职，发边陲充军。

---

① 《光绪会典事例》卷998。

三　中国古代文官制度的主要特点和世界影响

中国古代文官制度在漫长的发展过程中，形成了以下几个主要特点：

（1）文官制度的历史不仅悠久，而且连绵不绝，从未中断。尽管不同的时代各有发展变化，但是沿革清晰、源流可考，并在历代因革损益的基础上，经过几千年的积累，形成了功能完备、制度详审、独树一帜的文官系统与活动原则。

（2）文官制度的主宰和灵魂是皇帝，同时，文官机构又是支撑皇帝专制主义统治的重要支柱。

（3）制定文官法，用法律确认和调整文官组织和制度。中国自秦汉时起，便开始制定文官律。文官律是秦汉行政立法的重要内容。至魏晋南北朝，随着文官组织规模的扩大，在典、格、令中也增加了文官制度的新内容。唐六典的出现，则是文官法成熟的标志，它是唐朝经济政治文化高度发展的产物。经过宋元至明清，以会典的形式为主，形成了文官法的独立体系。文官法成为中国古代法律体系的组成部分。

（4）文官制度的发展是在封闭的环境中进行的，很少受到外来的影响。因此，形成虽早，但却陈陈相因，充满了孤立性、保守性与专断性。

（5）文官制度的改革是在矛盾中进行的，它常发生在阶级矛盾、民族矛盾激化的时代，表现为统治阶级内部的权力再分配，因此，带有革故鼎新，自我完善的性质。例如，文官制度的建立就是社会急剧变革的时代产物；汉以后中枢官制的改革，无一不是为了均衡最高统治集团的权力冲突；至于北魏的定官制，延请汉族士人为官，辽国的"官分南北，以国制治契丹，以汉制待汉人"，都是为了缓和民族矛盾，以适应少数民族统治广大中原地区的需要。此外，在文官制度改革中一个经常性的重要课题是任官唯亲还是任官唯贤。士家大族与高官显贵由于享有门第与恩荫的特权，总是坚持任人唯亲，而中小地主和开明的官吏为了登上政治舞台和刷新政治，一般主张任人唯贤。

作为政治上层建筑现象的文官制度，它的发展、演变以及显著特征，归根结底都受到经济制度的决定和制约。战国时期的文官制度，就是在"废井田，开阡陌"之后，以地主阶级的土地私有制度取代奴隶主贵族的国有土地的基础上建立起来的。当时，为了确立新兴地主阶级的政治统治，在世卿制度崩溃之势已成的情况下，统治者奖励军功，唯才是举，延揽客卿，养士储贤。于是，过去的贵族等级身份界限被打破了，布衣也可以跻身卿相。而且，与封建地主经济萌发的同时，工商业也迅速兴起，以致大商人也可以干政为官。

经过战国、秦至两汉，封建地主经济的进一步发展为统一的文官制度的建设与发展奠定了物质基础。汉初，由于土地自由买卖与自由兼并，使得"富者田连阡陌，贫者无立锥之地"，大地主操纵了政权，控制了西汉政治的运行。当时工商业的发展，也使得大商人有力量影响政治。为了通过政权保护和发展既得的经济利益，他们力图使官场的大门向着自己敞开。两汉选举官吏的途径虽多，但相当程度上反映了大地主、大商人的上述政治要求，其阶级倾向是非常清楚的。

由于皇帝同豪强地主之间在权力分配上存在着矛盾，两汉察吏之法甚严，考绩的内容也较之战国、秦时为充实。同时，汉代疆域的扩大，对文官的需要量也大为增加。汉朝人口极盛时约为 5000 多万人，官吏数达 15 万多人，约占人口的 3‰。管理这庞大的官吏群的需要，也推动了两汉文官制度的发展。

魏晋南北朝时期，战乱频仍，地方性农业经济的自给性大大加强，这是政治上割据对峙的重要经济条件。而握有军政实权的大士族又凭借政治权势进一步发展了对于土地的占有。晋时实行的占田法就是为着这一目的服务的。士族对经济的垄断也决定了他们在政治上的垄断，九品中正的选官制度就是士族特权在文官制度上的反映。魏晋南北朝时期封建经济的逆转，也造成了封建政治的腐朽没落。两汉时期一度颇具生气的吏治至此一变而为敷衍苟安的颓风。

唐初由于在全国范围内比较彻底地推行"均田"制度和租庸调法，使得封建经济迅速发展，工商业与对外贸易也展现出一派兴旺的景象。社会的安定，国家的富强，使得中国古代文官制度有可能达到成熟与定型。唐以后，宋明清的社会经济仍有一定的发展余地。宋朝的商品货币关系和对外贸易的发展，明朝张居正推行的"一条鞭法"和清朝康雍两代实行的"摊丁入地"，为中国封建社会后期的经济发展注入了一点活力。也正是在此基础上才出现了形式多样、内容庞杂的行政立法与文官法。但由于此时的封建经济已经是日薄西山，回光返照，在此基础上建立的政权又是极端专制主义的，因此文官制度虽有所发展，但它的弊端和种种痼疾已不可避免地暴露出来。譬如一切唯君命是听的"为官之道"，循例办事、率由旧章的官场陋习，上下齐手、朋比为奸的腐败作风，科举选官之不务实际，以及察吏考绩之法的陷于废弛等。

影响中国古代文官制度的不单纯是经济因素，还有政治因素，特别是宗法制度，给古代文官制度打上了很深的烙印。在奴隶制时代，宗法组织与政权组织溶为一体，宗族的家法与国法相通，宗法的精神与原则广泛渗透于社会，反映了中国氏族社会解体时宗法组织的顽强保留，以及由家而国、由氏族贵族而奴隶主贵族的权力转换途径。即使是在整个封建社会，族权与家法也仍然得到国家的肯定，成为政权与国法的重要补充形式。这种宗法社会的特性也在文官制度上表现了出来。譬如，父权被引入行政领域，无论是皇帝还是地方临民之官，都借助父权来强化其统治权。《汉书·鲍宣传》说："陛下上为皇天子，下为黎庶父母。"班固在《白虎通》中也说："王者父天母地，为天之子也。"而法律则以其特有的强制形式肯定了这种理论。《唐律疏议·名例篇》说："王者居宸极之至尊，奉上天之宝命，同二仪之覆载，作兆庶之父母，为子为臣，惟忠惟孝。"不仅如此，在中国封建时代，选官任吏不出强宗豪右，举荐以贤能孝悌为先，职官犯罪则株连其族，这些也都具体表现了宗法制度的影响。

中国古代文官制度的发展还受到以儒家学说为主导的封建文化的影响。儒家思想的核心是纲常名教。君为臣纲，中国封建的文官制度是君本位的，一切选官、罢黜、调迁、升补乃至生杀予夺均操之于皇帝。由于父为子纲，因此皇帝既为君，也为父，百官既为臣，又为子。这就是说，不仅在政治隶属关系上臣唯君命是听，即使从伦理道德上君也具有绝对的权威。

在儒家思想支配下，统治者治国的传统政策是以礼德辅政刑，二者相辅相成，共同为治。如同《唐律疏议》所说："德礼为政教之本，刑罚为政权之用，犹昏晓阳秋相须而成者也。"作为执政的文官也需要行仁义、崇道德，把政治、行政和道德联系在一起。如同孔子所说："为政以德，譬如北辰，居其所而众星拱之"，"道之以政，齐之以刑，民免而无耻"，"道之以德，齐之以礼，有耻且格"。这种政治道德，既是选官的条件，也是课吏的标准。无论是察举孝廉、贤良方正，还是以经义为科考的主要内容，都表现了以儒家思想为主体的中国古代文化的影响。

中国古代发达的文官制度曾对世界各国文官制度的发展产生过程度不

同的影响。早在唐代，日本便向中国派遣唐使，学习唐代的文化，其中便包括文官制度与法制。日本明治维新以后，文官分为亲任、敕任、奏任、判任四等，追溯其渊源就是从唐代文官制度中的制授、敕授、旨授和判补四等而来的。

中国古代文官制度对世界的影响，不限于东方相邻的各国，也影响着西方世界。13 世纪末叶以来远涉重洋到中国游历和传教的西方人士，如马可波罗、利玛窦等人，在他们的著作言论中，介绍了中国的政治文化，其中也包括文官制度，这对于开阔西方人的视野，传播东方的古代文明起了良好的作用。又如，葡萄牙传教士克鲁兹在 1569 年出版的《中国游记》一书中，也曾称颂过中国古代的文官制度。葡萄牙另一位修道士岗萨雷斯，在 1583 年出版的《伟大的中国》一书中，设专章介绍中国的文官考试制度。此书很快被译为英文。在 1570—1870 年间，以英文撰写或译成英文的有关中国文官考试制度的论文及书籍达 70 余种。当时仰慕中国政治文化的英国学者，不仅从文化的角度欣赏中国的文官制度，而且还在一些著名的刊物如《绅士杂志》、《伦敦杂志》和《雾杂志》上撰文主张仿效中国的文官考试制度，以建立英国的文官制度。1868 年 5 月建议美国政府实行文官考试制度的甄克斯，在向国会提出的报告中也有专章论述中国的文官制度。1868 年 10 月，曾任北京同文馆馆长的美国人马丁以"中国的竞争考试"为题，在波士顿东方学会上进行讲演，向美国人介绍中国的科举制度。法国的启蒙学者伏尔泰和孟德斯鸠也对中国的文官制度进行过评价。法国出版的《国校生统治——资产阶级社会中的举人和进士》一书的理论来源，就是中国古代的科举制度。所以孙中山先生说："现在各国的考试制度，差不多都是学英国的。穷流溯源，英国的考试制度，原来还是从我们中国学过去的"。① 这是有根据的。正因为中国古代的文官制度曾经影响过世界各国文官制度的建设，因此，在 1983 年联合国在我国举办的文官制度讲习班上，美国人事总署署长艾伦·坎贝尔表示："当我接受联合国的邀请来中国向诸位讲关于文官制度的时候，我是感到非常惊讶的。因为在我们西方所有的政治学教科书中，当谈到文官制度的时候，都把文官制度的创始者归于中国。"

以上可见，中国古代文官制度在世界文官制度的发展史上占有一定的

---

① 孙中山：《五权宪法》。

地位，发生过积极的影响。当然，在看到这种历史联系的同时，也应该强调指出，中国古代文官制度的含义、性质与西方近代以来的文官制度是显然不同的，它是实行封建专制主义统治的工具，已经远远落后于时代的发展。所以，作为中华民族的子孙在谈到文官制度时，既不应该言必西方，数典忘祖，也不应该抱残守缺，泥古仿古。正确态度应该是坚持批判继承的观点，改造过去、推陈出新、交流经验、会通中外，为建设具有中国特色的社会主义文官制度作出努力。

《中国社会科学》1989 年第 2 期

"法自然"与"自然法"

梁治平[*]

摘要 有学者认为,"礼"即是中国古代的"自然法",对此,本文提出了不同看法。作者认为,"礼"并不是"自然法",中国古代不仅没有西方那种有着神圣渊源的"自然法"观念,而且根本缺乏产生这种观念的超验思维背景。"自然法"的观念在西方文化史上具有重要意义,而对中国古代法以至古代文化产生深刻影响的则是"法自然"。"法自然"观念是一种独特的宇宙观和秩序观,它是经验的而非超验的,是自然的而非理性的。不了解"法自然"这一观念及其本质,就不能真正把握中国古代法的性格。

有一种颇为流行的看法,即认为"礼就是自然法"。[①] 考中国古代文献,并无"自然法"之说。事实上,今人所言之"自然法",首先是指19世纪以后由西方传来的一个专门概念,而"礼就是自然法"云云,无非是就两个产生于不同文化背景的基本概念的异同,下了一个肯定的判断。依笔者的看法,这显然是一种文化上的误解。尽管如此,自然法问题的提出并不是没有意义的,探究这个问题有助于我们了解中国古代法律背后一些更为隐秘的东西。

一

在西方文化史上,自然法的观点不但渊源久远,而且在法律与社会

---

* 梁治平,1959 年生,现为中国人民大学法律系讲师。

① 梅仲协:《法与礼》,载刁荣华主编《中国法学论著选集》(台湾:汉林出版社 1976 年版)。一些潜心于中国古代文明的西方学者也持有相同的看法,其中最有代表性的可推中国科技史的研究者李约瑟先生,详见其 *Science and Civilisation*, in China, Vol. II, *History of Scientific Thought*, Cambridge University Press, pp. 521, 532, 539, 544。

的变革中间产生过重要的影响。然而，所谓的"自然法"，并非任何一个元老院、国王、议会或者教皇制定的规则，它不是一般意义上的"实在法"，而是实在法的准则或者依据，是一套价值评判的标准。在这种意义上，我们不妨称之为"道德法"。这样一种道德法，当然不是我们在古代中国所见的那种建立在家、国合一基础上的道德法，但又不是全无关系。如果说，西方历史上实在法与自然法的对立表明了法律与道德、规则与其价值准则之间的一种特殊关系的话，那么，一般意义上的法律与道德的关系肯定是一个普遍的问题。古代中国人也曾面对同样的问题，而且在解决这问题时表现出与西方人颇为相似的立场与态度："中国人认为他们可以漠视成文的法律，如果他们发现这些法律与自然法不尽一致。……结果，实在法只在被认为得到社会之有效同意，亦即习惯之认可的范围内才被人遵守。"① "倘若法与礼相抵触，这法一定是虚假的。"② 这些说法在某种特定意义上是成立的。也许正是因为这样一些形式上的相似，使得这些研究者得出了礼即是自然法的结论。这正是危险所在。黑格尔曾告诫人们说："当人们让他们自己为形式所迷惑，把东方的形式和我们的平行并列，或者还更爱好东方的形式时，内容不同这一点，在作这类的比较时，是值得普遍注意的。"比如"在中国人那里，道德义务的本身就是法律、规律、命令的规定。所以中国人既没有我们所谓法律，也没有我们所谓道德。"③ 这并不是惊人之语。如果我们就礼与法和自然法与实在法这两组现象之间在内容方面的异同作一比较，就将揭示出其中的深刻蕴含。

自然法学说本质上是种正义论，并且是西方历史上最早、最持久和最有影响的政治正义论。礼则不同，礼在根本上乃是围绕着家族伦常推衍出来的规则体系。古人云："礼也者，理之不可易也"，这是大处着眼，讲的是抽象的原则，如父慈、子孝、君仁、臣忠等，即所谓的"义"。礼同时又是烦琐的细则。抽象的原则亘古不变，具体细则却可能因时损益。李

---

① 语出 Georges Padoux，转引自 J. H. Wigmore, *A Panorama of the World's Legal Systems*, p. 144。

② Joseph Needham, *Science and Civilisation in China*, Vol. Ⅱ, *History of Scientific Thought*, Cambridge University Press, p. 539. 试比较托马斯·阿奎那下面这段话："如果一种人法在任一点与自然法相矛盾，它就不再是合法的，而宁可说是法律的一种污损了。"（《阿奎那政治著作选》，商务印书馆1982年版，第116页）

③ 黑格尔：《哲学史讲演录》第1卷，商务印书馆1981年版，第119、125页。

约瑟先生称之为"自然法之较低与较高的观念。"① 这种分层在自然法里是没有的。人们或许可以列举出自然法的"第一"原则，却不大可能在自然法中作出高级与低级之分。这首先是因为，自然法的原则从来不是细微具体的，相对于实在法，它是一种更高级和更具普遍意义的抽象体系，这就使得它在与实在法的关系方面也不尽同于礼与法的关系。作为具体规则体系的礼，与实在法颇为接近，就失礼则入刑这一原则而言，我们甚至可以说这种礼已经是实在法了。因此，中国历史上礼与法的对立并不具有某种革命性，相反，由于这种礼—法制度只是一种封闭的体系，因而就排除了发展的可能性。而自然法学说则因为其抽象特性而能够适应历史的变化，并经常是社会变革中一种活跃的因素。

当然，只是一定程度的抽象并不足以使一种学说或观念具有革命性或至少是开放性。就礼在"义"这个意义上说，也同样是抽象的，而且古代中国人也把"义"看成是人生来固有的和具有普遍意义的原则，这与西方人对于自然法的看法颇为接近。但在中国历史上，"义"并不是一种开放体系或者革命性因素。究其原因，恐怕根本在于，建立在自然血亲关系基础上的"义"的体系，本质上是自然的。与此不同，西方自然法抽象的理性特征则首先源自古代的自然哲学：一种在对于自然的好奇心支配之下获得的纯粹知识。文德尔班说，希腊伦理学是以一个完全与物理学的第一个问题相似的问题开始的。② 斯多噶学派的宇宙理性可以上溯到赫拉克利特的"逻各斯"或阿那克萨哥拉的"奴斯"，而这种永恒不变的自然法则又本自早期哲学家们认为是万物本质的自然③。理性的自然法一开始就不带任何"自然血亲"的色彩，它是宇宙法则的延伸，虽然它在物质的世界之上又加上了人类的道德世界，其原则却始终保持着单一和纯净的特征④。

但是，正是这种确定的单一和纯净同时又意味着某种不确定，它展示

---

① Joseph Needham, *Science and Civilisation in China*, Vol. Ⅱ, *History of Scientific Thought*, p. 546.

② 文德尔班：《哲学史教程》上卷，商务印书馆 1987 年版，第 104 页。乔·萨拜因写道："希腊的政治哲学和伦理哲学继续沿着业已为自然哲学所开辟的老路线前进——追求变化中的不变和多样性中的统一性。"（《政治学说史》上册，商务印书馆 1986 年版，第 51 页）

③ 参阅文德尔班《哲学史教程》上卷，商务印书馆 1987 年版，第 90、104—105 页；乔·萨拜因：《政治学说史》上册，商务印书馆 1986 年版，第 48—51 页。

④ 参阅梅因《古代法》，第 31 页。

出一种广阔的前景，无限的可能性。自然法云云，无非是借助于某种古老的传统，而将人类自身的追求托付于一个客观的公式。这公式是普遍和永恒的，而不同时代人们填注于其中的主张却并不总是相同的。又因为自然法高于和优于实在法，运用这个公式的结果便往往是批判性的。在罗马，"自然法的概念使人们对风俗习惯进行有见识的批判"。[①] 实在法的普遍性和地位因此得以提高。这种情形在古代中国是很难出现的。这不仅是因为这里没有产生"万民法"的历史条件，而且是因为，礼并非与风俗人情相悖，它恰好代表着社会关系中最具有稳定性和保守性的这一面。背离礼俗的实在法不但是不好的，而且也不能够得到真正的成功。这不仅是因为习俗和惯例往往就是一个社会活的法律，而且还因为我们的秩序归根结底是建立在礼俗而非法律上面。这意味着实在法须以礼俗为其根据，意味着在一切可能的情况下面，人们将直接诉诸礼俗。其结果，礼深入于法，法消融于俗，礼与法的对立远不曾达到自然法与实在法那样一种紧张的程度。当然，这还不是理想社会，在理想社会中，我们的先人矻矻以求的则是一个根本没有冲突、没有法律的和谐状态。值得特别注意的是，在古代中国人眼中，那样一个理想中的和谐状态，恰好就是自然。事实上，所有人间重要的观念、制度都可以在自然里面找到根据。因为人们在塑造、表述和追求其理想的时候，从来都是以自然为其楷模和最后依据的。也许这也是人们认为有理由谈论中国古代"自然法"的一个重要缘由。然而正是在这一个问题上，我们可以发现中西方文化之间最深刻的差异之一。

二

西塞罗曾有言：

> 真正的法律是与自然相一致的正确理性；它适用于所有人且不变而永恒；它以其命令召唤人们履行义务，以其禁令使人们避免恶行。它的命令或禁令虽然于恶人全无影响，但对于善良的人们却从不失效。想要改变这一法律是种罪孽，试图取消它的任何一部分也不能允许，而想要全部将它废除则是不可能的。我们无法因为元老院或人民

---

① 乔·萨拜因：《政治学说史》上册，商务印书馆1986年版，第196页。

的缘故而由对它的义务中解脱出来；我们无须于己身之外去寻求对它的解说或阐释。将不会在罗马有一种法律，在雅典有另一种，或者现在有一种，将来有另一种，有的只是一种永恒不变的法律，它对所有的民族和在任何时候都是有效的。将只有一个主人和一个统治者，那就是君临于我们全体的上帝，因为，他便是这法律的创造者、发布者和执掌权柄的法官。①

这段话被认为是古代自然法学说的完整的阐说之一。我们不妨拿它与被一些人认为是中国古代"精辟且有其完整体系"的"自然法理论"作一比较。

> 夫礼，天之经也，地之义也，民之行也。天地之经，而民实则之。则天之明，因地之性，生其六气，用其五行。气为五味，发为五色，章为五声。淫则昏乱，民失其性，是故为礼以奉之。为六畜五牲三牺之仪，以奉五味。为九文六采五章，以奉五色。为九歌八风七音六律，以奉五声。为君臣上下，以则地义。为夫妇内外，以经二物。为父子兄弟姑姊甥舅婚媾姻娅，以象天明。为政事庸力行务，以从四时。为刑罚威狱，使民畏忌，以类其震曜杀戮。为温慈惠和，以效天之生殖长育。民有好恶喜怒哀乐，生于六气，是故审则宜类，以制六志。哀有哭泣，乐有歌舞，喜有施舍，怒有战斗，喜生于好，怒生于恶，是故审行信令，祸福赏罚，以制死生。生，好物也；死，恶物也。好物乐也；恶物哀也。哀乐不失，乃能协于天地之性。是以长久。②

这种于自然（天、地）中间找寻形上学根据的做法我们并不陌生，因为它是古代中国人固有思维方式的一种表现。礼与自然法更深一层的差异，正应在这里求得。

西塞罗大讲自然法的永恒不变，这并不使我们惊奇。一种常驻不变的准则的观念在我们也是容易接受的，倒是以神、上帝为这一永恒法律的创

---

① Cicero, De Repablica, III, xxii, 33. 转引自 A. P. déntrieves, *Natural Law*, N. Y., 1965, pp. 20 – 21。

② 《左传》昭公二十五年，语出郑子产。梅仲协先生以为，这套"认礼之为自然法的理论，更属精辟，且有其完整的体系"。见《法与礼》，载《中国法学论著选集》，汉林出版社1976年版。

造者、发布者和执掌者的观念，在中国人是新鲜的，甚至是难以理解的。

西方文化最重要的典籍，也是西方历史上的第一部圣典，一开篇就讲了一个创世的故事。那故事说，最初是神，上帝耶和华，创造了天地万物，昼夜四季。① 西方人的宇宙观因此便围绕着一个人格神的观念发展起来。这神是至高无上的，他创造了一种合理的秩序，并且以法律来统治这宇宙。他就是庄严的立法者。这种对西方历史有着深远影响的基本观念在我们是完全陌生的。

老子曾提出过一种对后世颇有影响的创世理论："道"生一，一生二，二生三，三生万物。万物负阴而抱阳，冲气以为和。② 恐怕"道"便是中国哲学史上最早和最有影响的一个包罗宇宙万物的基本概念了。然而"道"纯粹是一个"自然"概念，其中并不含任何"人格神"的观念。所谓"有物混成，先天地生。……吾不知其名，字之曰'道'，强为之名曰'大'。……人法地，地法天，天法'道'，'道'法自然"。③ 讲的完全是一种"自然"的宇宙观。宋、明时候流行的"理"被认为是一个与"道"颇为接近的概念，它也如"道"一样，乃是统摄宇宙万物，行乎天地人心之间的规律、准则。所不同的是，"理"较之"道"有着更为浓厚的伦理色彩，正好比"道德"一词在儒家那里主要为一伦理的概念，而在道家那里却被用来强调顺应自然的一面一样。④ 当然，这些差别对我们来说并不十分重要，重要的是，这些具有本体意义的概念乃是建立在同样的宇宙模式和思维特征上面的。依照这样一种世界观，"宇宙万物的和谐合作，并非由外在于它们之较高权威的命令中产生，而是缘于这样的事实，即它们便是这构成宇宙模式之整体的等级序列中的各个部分，它们所服从的乃是其各自本性的内在命令"。⑤ 数千年来，中国固有的伦理体系一直被认为是内在的、固有的，而不是由任何神圣命令所强加的，它无须由任何超自然的力量来维系。法律也是如此。诚如费正清先生所言："中国人不把法律看作社会生活中来自外界的、绝对的东西；不承认有什么通

---

① 详见《旧约》"创世记"。
② 《老子》四二章。
③ 《老子》二五章。
④ 参见陈鼓应《老子注释及评介》，中华书局1984年版，第12页。
⑤ Josoph Needham, *Science and Civilisation in China*, Vol. Ⅱ, *History of Scientific Thought*, p. 582.

过神的启示而给予人类的较高法律。摩西的金牌律是神在山顶上授予他的，但孔子只从日常生活中推究事理，而不求助于任何神灵。他并不宣称他的礼法获得什么超自然的认可。他只是拐弯抹角地说这些礼法来自自然领域本身的道德性质，来自这个世界，而并非来自人类无从认识的另一世界。"① 然而，法律和道德的缺乏神圣渊源，并不意味着它们也没有任何意义上的形而上的依据。问题并不在于人间的观念和制度是否具有这类根据，而在于这些根据本身的性质怎样。进一步说，自然法之作为实在法的价值依据所以是绝对的和必然的，乃是因为它来自一个超验的世界，这个超验的世界或者是柏拉图的绝对理念，或者是基督教的神性的绝对存在。总之，这个超验世界是一个与现世截然分离的"另一世界"。而在中国古代文化里面，缺少的正是这样一种超验世界。虽然，道德和法律的根据被托付在道、理、天等具有本体意味的概念上面，但是所有这些概念都不曾表明"另一个世界"的存在。事实上，这里根本没有一种经验之外的超验世界，天道与人道其实只是一个道，就好像天地、宇宙、人心也只有一个理一样。这种人与宇宙的特殊关系一直可以追溯到周人"以德配天"的原始观念，其完整形态便是中国哲学史上著名的"天人合一"论。

大体言之，中国哲学史上的"天人合一"论不外有两种形态，一是天人相类，二是天人相通。天人相类讲"人副天数"，不免显得牵强，但其基本的道理却与天人相通说并无二致。它们都承认，"宇宙本根，乃人伦道德之根源，人伦道德，乃宇宙本根之流行发现。本根有道德的意义，而道德亦有宇宙的意义"。"本根之理，即人伦日用之理，在人为性，在物为理，在事为义，都是宇宙本根之表现"②。这即是程颐所谓"天地人只一道也"。既然如此，求道则"当处便认取，更不可外求"（程颢语）。对于悟道不假外求这一点，明人王守仁说得尤为透辟："夫物理不外于吾心，外吾心而求物理，无物理矣，遗物理而求吾心；吾心又何物耶？心之体，性也，性即理也。……理岂外于吾心耶？"③ 虽然，在重心还是重理、性即是理还是心

---

① 费正清：《美国与中国》，商务印书馆 1987 年版，第 86 页。中国古代法律缺乏一种神圣渊源这一点也为其他一些学者指出，参见 Derk Bodde and Clarence Morris, *Law in Imperial China*, Harvard University Press, 1973, p. 10；瞿同祖：《中国法律与中国社会》，中华书局 1981 年版，第 250 页。

② 张岱年：《中国哲学大纲》，中国社会科学出版社 1985 年版，第 173—177 页。

③ 《答顾东桥书》，转引自张岱年《中国哲学大纲》，中国社会科学出版社 1985 年版，第 246 页。

即是理这些枝节问题上，古人常有不同的看法，但是他们都会同意说，万事万物都处在一个共同的有机体当中，它们互相作用和影响，且受着同样的"道"或"理"的支配；"道"或"理"并非某种超自然存在的意志或法律，"道"只是自然的秩序，是万事万物在没有任何外力（人为）干涉下的自发运动或自然状态。这里实际只有一个世界，一个"天地与我并生，万物与我为一"① 的世界。如果说，事实上绝大多数人都没有也不可能达到与天地万物合一的境界，那么同样肯定的是，个人与宇宙本体之间并无不可跨越的界限。"道"即在吾人心中，"大其心则能体天下之物"。② 因此，在本体论的意义上说，"天人合德"实际是"人人合德"。③ 老子的"道"，其实不过是一种预设，他将其在经验世界中所体悟的道理，附着于这预设的"道"。④ 宋明间的道学、理学，更是把伦理纲常宣布为宇宙万物共有的道，同一的理。因此说，"圣人千言万语，只是教人存天理、灭人欲"。⑤ 由这里，我们亦可以解释何以西方历史上的自然法学说常常是具有批判的性格，而在古代中国，被人们目为"自然法"的那些价值根据只是一种封闭的体系，而且其历史意义根本上是保守的。

超验根据的确立，势必要求一系列检验和询问此超验根据的法则。在西方历史上，自然法作为一种超验依据，其本身不断更新这一事实的背后确实隐含着大量的检验和询问。几乎是从希伯来人开始，西方人就不懈地探究所谓"正义"问题，他们不断地询问，法是什么？法应当是什么？什么是正义的，什么是不义的，如何实现正义？依据自然法，究竟人类是平等的抑或是生来就有奴役与被奴役的分别？上帝据以统治世界的，究竟是其独特的意志还是普遍的理性？上帝的形象究为仁慈的父亲还是公正的法官？等等。这样一类寻根究底的追问和怀疑精神从来不是我们这种文化的性格。在我们这里，人们的论争往往只限于"体"、"用"关系或"用"的一面，"体"本身却不会是人们省察和怀疑的对象。"治人"还是"治法"很容易成为争论的焦点，"法"本身是什么却不曾有人去认真

---

① 《庄子·齐物论》。

② 张载：《正蒙大心篇》，转引自冯友兰《中国哲学史》下册，第 863 页。

③ 参见刘小枫《天问与超验》，《深圳大学学报》（1987 年增刊）。该文对于中国古代哲学中不存在超验世界这一问题作了极为有力的论证。

④ 参见陈鼓应《老子哲学系统的形成》，载《老子注释及评介》，中华书局 1984 年版。

⑤ 《朱子语类》卷一二。

地探寻。当然，这并不意味着法的概念模糊不清或缺乏形而上的依据，恰恰相反，法的本质一开始就被作为确定的前提接受下来，而且，"圣人通天地之心，制礼作教，立法设刑，动缘民情，而则天象地。刑罚威狱，以类天之震曜杀戮也"①，由此确立的法的观念不但是明确无误的，而且是毋庸置疑的。所以，如果说人们并不关心"法究竟是什么"，也不进一步去问"法应当是什么"，那不过是表明我们这种文化缺乏一种自我省察、自我批判的能力。对于被认为是实在法价值依据的礼、义、理等基本概念也是如此。进一步探寻其最终依据并不能改变这种封闭的性格，因为天并非自足的另一世界，它就在人心之中。人以心体道，不假外求。这种实际上是建立在对人自身的绝对性信仰上面的"人人合德"的体道方式，不过是将固有的伦理学说进一步拔高，并因此造成某种虚假的"超越"，它除了把固有的前提进一步确定化之外，并未获得更多的东西。它没有对形而上的根据提出疑问，是因为它把一些经验世界中的前提看成是确定不移的；而它对所谓形而上价值根据缺乏批判这一点，反过来更强化了它所由出发的那些原则、前提。产生这种局限性的原因是多种多样的，但是最根本的，恐怕还是因为"一种存在的原初方式及其思维方式，也就是一种世界的存在方式和欠缺超验的思维方式。绝对的超验的价值意义被排斥在这种一维存在的和思维的方式之外，甚至根本不知道还有另一种价值的存在。"②归根到底，在中国传统文化里面，完全没有神圣法和世俗法之间的紧张和对立。正是在同样的意义上，马克斯·韦伯也指出，古代，尤其是斯多噶和中世纪意义上的自然法学说在古代中国并不存在③。应该说，中国古代所以没有产生正义论，又所以没有出现法学家，都与古代中国人的缺乏超验的思维方式有密切的关联。④

---

① 《汉书·刑法志》，引语有删节。

② 刘小枫：《"天问"与超验之间》，《深圳大学学报》，1987 年增刊。

③ Max Weber, *The Religion of China*, p. 149.

④ Escarra 写道："一代又一代的法学家，其看法不受实在法的约束，也不管自己的意见实行起来可能是什么样子，只是因为其方法、学说和科学的品格而去创立'理论'或法律的纯理论体系，这样的传统在中国是缺乏的。中国没有'法律概要'，指南或论著。法学家如，董仲舒……法典编纂者如长孙无忌……都不曾写出与盖尤士、居雅斯、彼蒂埃或祁克的著作相当的东西。"转引自 Josep Needham, *Science and Civilisation in China*, Vol. II, History of Scientific Thought, Cambridge University Press, 1991, pp. 524–525。这种现象是古代中国人对于自己的文化缺乏反省与批判能力的明证，又是中国传统哲学中缺乏超验世界必定要产生的结果。

三

上面我们关于礼与自然法的比较、分析，着重于两者的歧异，尤其是在决定其文化蕴含的思维方式上的深刻差别。这样的讨论固然有助于我们了解那些产生于不同文化土壤的基本观念、概念的种种微妙差异，但还远远不够。因为我们探寻礼或法的形而上依据及其性质，并不只是要说明礼不等于自然法以及礼与法的关系并不就是自然法与实在法的关系。对我们来说，由此进一步去认识建立在一种独特思维方式上面的理论及其全部后果，至少与前者是同等重要的事情。

汉儒董仲舒以为，"王者欲有所为，宜求端于天。天道之大者在阴阳。阳为德，阴为刑，刑主杀而德主生。是故阳常居大夏，而以生育养长为事，阴常居大冬，而积于空虚不用之处。……天使阳出布施于上而主岁功，使阴入伏于下而时出佐阳，阳不得阴之助，亦不能独成岁"。[①] 这个道理，他在另一处说得更清楚：

> 天之道，春暖以生，夏暑以养，秋清以杀，冬寒以藏，暖暑清寒，异气而同功，皆天之所以成岁也。圣人副天之所行以为政，故以庆副暖而当春，以赏副暑而当夏，以罚副清而当秋，以刑副寒而当冬。庆赏罚刑，异事而同功，皆王者之所以成德也。庆赏罚刑与春夏秋冬以类相应也，如合符，故曰王者配天。谓其道，天有四时，王有四政，四政若四时，通类也，天人所同有也。庆为春，赏为夏，罚为秋，刑为冬，庆赏罚刑之不可不具也，如春夏秋冬不可不备也。[②]

如果说，董仲舒的"人副天数"说失之于牵强，那么，上引这两段话却可以说是中国历史上最持久和最有影响的刑罚理论了。当然，从根本上说，无论这种理论本身还是它指导下的实践，都不是由汉代始，而是源自周代。在这方面，颇具代表性的是古人对于行刑之时的看法。

《左传》襄公二十六年："古之治民者，劝赏而畏刑，恤民不倦。赏

---

① 《汉书·董仲舒传》。
② 《春秋繁露》卷一三，《四时之副》。

以春夏，刑以秋冬。"《礼记·月令》更详言之曰：

> 孟秋之月……命有司，修法制，缮囹圄，具桎梏，禁止奸，慎罪邪，务搏执，命理瞻伤、察创、视折，审断，决狱讼，必端平，戮有罪，严断刑，天地始肃，不可以赢。
>
> 仲秋之月……乃命有司，申严百刑，斩杀必当，毋或枉桡。枉桡不当，反受其殃。
>
> 季秋之月……乃趣狱刑，毋留有罪。

这大约是关于周制行刑之时仅有且不乏权威性的记载。依此，则三秋之月皆可施刑，过此，则非其时矣[①]。《周官》以刑官司寇掌邦禁，佐王政，而名之为秋官，绝非偶然。有趣的是，在秋官的职责里面，除后人所习见的掌刑狱讼和执行刑禁之外，还有所谓"辟除"，具体如冥氏，掌除猛兽；庶氏，掌除毒蛊穴氏，掌除蛰兽；翟氏，掌攻猛鸟；柞氏，掌攻林木；薙氏，掌杀草；剪氏，掌除蠹物；壶涿氏，掌除水虫；庭氏，掌射国中夭鸟；等等。这种对人与自然不加区分，而将一切生命形式归为一类处理的做法或许令我们感觉新鲜，但不会使我们迷惑不解。因为其内在的思维方式，它据以表露的宇宙观，都是我们久已熟悉的。《周礼》六官，本身即是按照天地四时之数排定的。以秋官为司寇，正是取其肃杀之义。也许，我们这里说"取……之义"已经是相当"现代"的说法了，事实上，四时变化，包括秋日的萧瑟残败之象，在古人心目中都不是某种诗化的意象，而是颇具实体意味的。一切自然的生命之间都会有某种交流，甚至无生命的自然也与人息息相通。生命的荣枯与世事的流变遵守着同样的法则，这法则或者是道，或者是天，或者是理，总之是自然的秩序。周人于三秋之月行刑，是这种自然秩序的表露，他们将攻林木、除猛兽一类事务归入秋官司寇的职责当中，也是遵循这自然秩序的结果。只是，这种天人合一的宇宙观、秩序观在周人那里通常是采取一种更为天真、质朴和直观的形式，这使他们有别于后人。

汉人早已改变了周人那种刑戮、辟除不分的态度，但他们不曾更换由周人那里继承下来的宇宙观、秩序观。西汉之制，杀人尽冬月，立春之后，

---

① 参阅清沈家本《历代刑法考》（三），第1235—1236页。

不复行刑。至东汉元和二年秋七月庚子，诏曰："《春秋》于春每月书王者，重三正慎之微也。律十二月立春不以报囚。《月令》冬至之后有顺阳助生之文，而无鞠狱断刑之政。肤咨访儒雅，稽之典籍，以为王者生杀宜顺时气。其定律：无以十一月、十二月报囚。"①　这件事在当时还曾引起过争论。据《后汉书·陈宠传》："议旧事，断狱报重，常尽三冬之月。是时，帝始改用冬初十月而已。元和二年，旱，长水校尉贾宗等上言，以为断狱不尽三冬，故阴气微弱，阳气发泄，招致灾旱，事在于此。"帝以其言下公卿议，陈宠据理力争，认为这一修正"上有迎承之敬，下有奉微之惠"，结果，"帝纳之，遂不复改"。自然，行刑的时间改与不改在我们看来并不重要，重要的是当时的人普遍相信，天人之间有某种密切交流，它们互相作用和影响，这种自然运动便是道。王者当则天之道，因时为法，否则，一定会有种种灾难与不幸降临。认为章帝改制乃是招致旱灾的原因便是一例。而在中国历史上，这样的例子实在是不胜枚举，而以汉代为最。《后汉书·郎顗传》："今立春之后，火卦用事，当温而寒，违反时节，由功赏不至，而刑罚必加也，宜须立秋，顺气行罚。""方春东作，布德之元，阳气开发，养导万物，王者因天视听，奉顺时气，宜务崇温柔，遵其行令。而今立春之后，考事不息，秋冬之政，行乎春夏，故白虹春见，掩蔽日曜。凡邪气乘阳，则虹蜺在日，斯皆臣下执事刻争所致，殆非朝廷优宽之本，此其变常之咎也。"②这真是一种奇怪而有趣的思考方式。自然现象不以自然的原因来解释，却归之于世事。这种把人、社会、自然、宇宙设想为一个有机整体的哲学或可以被称为"有机自然主义"（如李约瑟先生认为的那样）。这种"有机自然主义"除了反映在行刑之时的观念与制度上外，也在其他许多方面表现出来。③　古人通常认为，"政事不修是致灾的原因，而政事中刑狱杀人最为

---

① 《后汉书·章帝纪》。

② 《隋志》："帝常发怒，六月棒杀人。大理少卿赵绰固争曰：'季夏之月，天地成长，庶类不可以此时诛杀。'帝报曰：'六月虽曰生长，此时必有雷霆，天道能于炎阳之时震其威怒，我则天而行，有何不可。'遂杀之。"这是强词夺理了，然而皇帝以其至高权威，却不能不寻一条合于天道的解释，这确是意味深长的。后人胡氏寅曰："则天而行，人君之道，尧、舜、禹、汤、文、武之盛，由此而已，文帝所言，王言也，而其事则非也。宪天者，以庆赏法春更，以刑威法秋冬，雨露犹人君之惠泽，雷霆犹人君之号令，生成万物之时，固有雷霆，而雷霆未尝杀物，隋文则取雷霆，而乘怒杀人，其违天多矣。"（转引自沈家本《历代刑法考》三），这段批评大可以视为对隋政过早夭折的一种说明。

③ 有关行刑之时的制度，至清代仍有相当严格的规定。此外，与行刑之时相对，历代又有关于停刑日期的决定，沈家本《历代刑法考》卷三有"停刑日期"一条，所论颇详，可以参考。又可以参阅瞿同祖《中国法律与中国社会》第五章第三节"刑忌"。

细致，其中不免有冤枉不平之狱，其怨毒之气可以上达云霄，激起神的忿怒".① 换句话说，统治者悖天的行为将招致天的谴责，上天以灾异示与世人，表明自然秩序的和谐遭到了破坏。此时，统治者便要则天顺时，调整自己的行为，或清理狱讼，或大赦天下。事实上，中国历史上的许多"德政"，不但是以这样的名义，而且是在这样的信仰支配下做出的。在涉及人命问题的时候，古人表现出一种特别的慎重，这当然不是因为有类乎基本人权的观念在起作用，而是因为，无论是在一般社会秩序还是整个自然秩序里面，生命的保存或者丧失，都是具有特别严重意味的事情。古人说"人命关天"，并非像今人那样只是当作一种比喻，而是具有深刻哲学蕴含和实体意味的。在这一点上，儒家与道家完全一致，它们的"天"，在本体论上"都是生生不已，变动不居的生命本然之流".② 这样一种对于生命的看法，也在很大程度上解释了何以古代统治者如此频繁地大赦天下。

清人沈家本作赦考十二卷，其中列举了历史上用来作为赦免天下的典型缘由，如践阼、改元、立后、建储、后临朝、大丧、帝冠、郊、祀明堂、封禅、立庙、巡狩、徙宫、定都、克捷、年丰、祥瑞、灾异等竟不下20种。在这种种缘由下的大赦或以免灾，或以祈福。虽然，反对帝王以各种各样的理由频繁赦免罪人的亦代不乏人，但即使是这些反对者"也并不是否认上天与刑罚的关系。所不同者只是说赦免犯罪的人使罪人幸免而使无辜的被害人含冤泉下，更将有伤和气而干天怒".③

古时与赦罪之制有密切关系的是"录囚"之事，此事在汉代为郡守之常职。据颜师古说，所谓"录囚"，乃"知其情状有冤（抑）〔滞〕与不也".④ 因为涉及"断治冤狱"，历史上的录囚便不但常常是出自帝王之命（有时甚至是帝王亲自为之），而且与灾变发生密切的联系。史籍中多

① 瞿同祖：《中国法律与中国社会》，中华书局 1981 年版，第 256 页。对于我们这里正在讨论的问题，瞿同祖先生的这一节（该书第五章第二节"福报"）特别具有参考价值。只是，瞿先生在这里用了"神"这个字似乎欠妥。如前所述，在中国古代，"自然有机主义"哲学当中是没有神的位置的。悖道行为在自然界引起的连锁反应，与其说是神的不悦或愤怒，不如说是自然秩序的自动反应更为恰当。

② 刘小枫：《"天问"与超验之问》六。据《魏志·明帝纪》，"帝尝言'狱者天下之性命也'。每断大狱，常幸观临所之"。

③ 瞿同祖：《中国法律与中国社会》，中华书局 1981 年版，第 259 页。关于这个问题，沈家本在其《历代刑法考》卷二"论赦一"、"论赦二"中收集有非常详尽的材料。

④ 此条史料转引自沈家本《历代刑法考》卷二"汉代录囚"条。

有某年某月，有彗星出于某处，理囚，某年某月，以旱理京师囚，或者以
雨霖理囚，以蝗旱理囚，以久雨决系囚一类的记载①，并且不乏因此奏效
的例子。据《后汉书·和帝纪》：永元六年秋七月，京师旱……丁巳，幸
洛阳寺，录囚徒，举冤狱，收洛阳令下狱抵罪，司隶校尉、河南尹皆左
降。未及还宫而澍雨。类似的例子还能举出许多。总之，古人正是在这类
信念指导下思考和行事的。

由上面的事例，我们可以发现，中国古代的法律观念、法律理论及其
指导下的实践，都与"自然"的概念有密切联系。"自然"的概念对于中
国古代法的发展可以说是核心的概念。它与用同一个词翻译为中文的
"natural law"中的"自然"是两个全然不同的概念。"自然法"实际并非
"自然"的，而是理性的，它有神圣的渊源，源自至高无上的立法者——
理性的存在。罗马人虽然接受了自然法的观念，罗马法的发展也确实深受
自然法学说的影响，但是，罗马人却从来不认为他们的法律，以及其他一
切创造物，是自动显现的。他们并不认为自己从外部自然界里借用了什
么，诸如"天垂象，圣人象之；河出图，圣人则之"一类的理论，对罗
马人来说，是完全陌生的。Ihering 写道："罗马所是的一切，即它已实现
或达到的一切，皆源自它自己的努力；一切都是创造与组织的产物。一切
都要有计划，意图，计算。没有什么能自发产生，甚至氏族也不是，虽然
它们直接出自家庭的自然发展；法律也不例外，尽管它主要源自社会习
惯。国家、法律、宗教，罗马靠她自己创造出这一切。"②

古代中国人却不认为自己创造的一切都是人类理性的产物。天垂象，
圣人象之的神话，表明了人类社会制度的自然渊源。根据汉语本义，"自
然法"翻译为英文应当是"Spontaneous Law"，而不是"natural Law"③。
这里，自然的本义是自动、自发，不带丝毫人为的痕迹，其中绝不含造物
主的观念。这种自然，通常不是用来指自然现象中的实体，而是用来表明
一种事物运动和存在的方式。在中国人看来，运动与变化中的宇宙，没有

---

① 详见沈家本《历代刑法考》卷二"唐代虑囚"、"宋代虑囚"、"审录"诸条。清代水旱
兵灾常下诏书清理庶狱，且将天旱清理刑狱减免的规则定在条文之内。参见瞿同祖《中国法律与
中国社会》"福报"。

② 转引自 Yosiyuki Noda, *The Far Eastern Conception of Law*, *International Encyclopaedia of Comparative Law*, Vol. Ⅱ, ch. Ⅰ, p. 126。

③ 参见 Joseph Needham, *Science and Civilisation in China*, Vol. Ⅱ, *Historyof Scientific Thought*, p. 580。

神与人的干预本身即是完善的。完善的东西不容触及和重塑，而要任其自然。这不但是道家的学说，也是儒家和法家据以塑造其理想的思想背景。归根到底，它们都是想要回归宇宙原初的和谐。[①] 而这种和谐，恰恰就是自然的状态。自然的即是完善的，自然的即是和谐的，正因为如此，对待世事的最好态度便是无为。[②] 孟子曾讲述过一个宋国农民"揠苗助长"的故事，自那以后，这个因为违反自然而遭失败的愚蠢农夫的形象便随着那个有名的成语一道流传下来，不断地成为人们的笑柄。当然，"自然"的观念在中国古代法发展中的重要意义，与我们一再指出的礼对于法的深刻影响，二者并无矛盾。事实上，只有在了解了古代中国人对于自然的全部观念之后，我们才可能对于礼以及历史上礼与法之间的特殊关系有真正深刻的认识。

四

作为一种特殊的社会制度或规范体系，礼在本质上可说是"自然的"，这不只是因为礼据以推衍出来的核心概念如孝、慈等都建立在自然的血亲关系之上，且被认为是人人生而有之的自然情感，更主要的是因为，它的形而上的依据纯粹是自然的，礼本身就是宇宙自然秩序的一个部分。二程《遗书》中有一条云：

万物只是一个天理，己何与焉？至如言："天讨有罪，五刑五用哉，天命有德，五服五章哉。"此都只是天理自然当如此，人几时与；与则便是私意有善有恶，善则理当喜，如五服自有一个次第，以章显之。恶则理当怒，彼自绝于理，故五刑五用，易尝容心喜怒于其间哉?[③]

这里所谓理，实际是指自然的趋势，其间不带丝毫的人为与做作。一物之理，即是一物的自然趋势。天地万物之理，即是天地万物的自然趋势。程门高足谢良佐亦云：

---

① 参见 Yosiyuki Noda, *The Far Eastern Conception of Law International Encyclopaedia of Comparative Law*, Vol. Ⅱ. ch. Ⅰ, pp. 125 – 126。

② 李约瑟指出，虽然无为的观念主要为道家所强调，但是实际上，这个观念乃是包括儒家在内的所有古代中国思想体系共同背景的一部分。Joseph Needham, *Science and Civilisation*, in China, Vol. Ⅱ, *History of Scientific Thought*, p. 563。

③ 《遗书》卷三上。

所谓格物穷理，须是认得天理始得。所谓天理者，自然底道理，无毫发杜撰。今人乍见孺子将入于井，皆有怵惕恻隐之心。方乍见时，其心怵惕，即所谓天理也。……任私用意，杜撰用事，所谓人欲肆矣。……所谓天者，理而已。只如视听动作，一切是天。天命有德，便五服五章；天讨有罪；便五刑五用。浑不是杜撰做作来。学者须明天理是自然的道理，移易不得。①

理是自然的，任私用意却是人欲。存天理、灭人欲即是要去私而返于自然。因此，悖理的行为在古人看来并不只是一般地违反社会道德或习惯，而是对于整个宇宙之自然秩序的破坏。违背了礼也将产生同样的严重后果，因为礼原是理在人类社会中的铺衍，是理的规范化。违理的行为，因此也变成一种对于自然秩序的破坏。我们应当在这样的意义上去理解"失礼则入刑"的原则，也就是说，不只是把犯罪理解为对于道德秩序（礼）的破坏，更重要的是把它理解为自然秩序（道）中的骚乱不安。说到底，古人的犯罪概念是建立在某种自然秩序的观念之上的。古代判词中充斥了大量诸如"伤天害理"、"天理不容"一类的词句，足以表明这一点。了解了这一点，我们就可以进一步理解，为什么在古人心目中争讼乃是绝对不可取的事情；为什么在现代人看来纯属"民事"纠纷的案件，也会以刑事手段来解决；为什么古人对于道德上的过失也以犯罪视之；为什么古时所有的纠纷和争讼，原则上都可以用刑罚来处断；为什么古代的法庭同时又是宣教的场所，判决书则往往是一纸道德训诫。实际情况是，在古人看来，天理流行，人欲窒碍处便是自然秩序的实现，人们以礼相待，和睦相处，绝不至发生利益的冲突或人与人之间的相残相害。由这样的立场来看，不仅犯罪，即便是利益之间的纷争也是对于自然秩序的破坏。社会对于犯罪的惩罚因此也变成了维系自然秩序的一项要求。甚至刑罚的确定也不是随意的，而必须依据自然秩序决定。"杀人者死，伤人者刑"这一类原则之所以在数千年间一直是中国人坚守的信条，某种程度上就是因为它们表明了某种"自然公正"，正是因为有这样一种严整有序的自然秩序的存在，冤抑不平之狱以及刑罚的失当便可能酿成灾难，甚至导致整个自然秩序的破坏。这不仅表现为人与人之间的对立（祸乱），而

---

① 《上蔡语录》卷上，转引自冯友兰《中国哲学史》下册，第87页。

且还表现为人与自然之间的紧张（灾变）。这是一件足以危及统治者地位的严重事件，因为自远古以来人们便普遍地相信，统治者须秉承天命方能保有其王位，而一旦统治者怠于恢复业遭破坏的自然和谐，昊天便要收回成命。

自然，求得和谐的办法并不只是，甚至主要还不是刑罚。如果说，刑罚之于自然和谐的恢复乃是不可或缺的话，那也只是因为，自然秩序中代表刑罚力量的"阴"对于"阳"是必要的补充。阳为德，主生，这是我们这古老文化的正面。

古人云："明于五刑，以弼五教"，《吕刑》所谓"士制百姓于刑之中，以教祇德"，都是把刑视为辅教之不足的手段。教化之所以重要，之所以为刑罚之本，就在于它是能够彻底消灭犯罪的不二法门，而教化之法之所以能够奏效，又是因为古代中国人深信，人并非生来便有犯罪的欲念，甚至犯罪本身在原则上也不是不可避免的。人心中皆有善的本源，在孟子，这被称作善端，在宋、明新儒家那里，这是充塞于宇宙之间而为万事万物共同分享的天道、天理。人之于善曚然无知，甚至弃善趋恶，皆是为欲念所掩蔽，因此，人君的责任是施教于先，惩恶于后。惩罚要服从于教化的目的，施行惩罚的过程也因此变成为宣教的一种。在这样的情形之下，一旦有冲突被提交官断，法官便充当起调解人和道德判断者的角色。他首先要把所有的技术问题翻译为善恶问题，进而作出道德上的分析和评判。在一些案件中，他可能对那些上悖天理、下违人情的"理亏行为"加以申斥和施以惩戒，而在更多的情况下，他并不关心是非问题，或者并不按照他所判明的是非作出最后的决断。他只是反复地申明"道理"，希图以此唤醒争讼人心中固有的"天道"、"天理"观念，使他们明白，为了恢复他们所破坏的和谐，他们的义务所在。因此，非常自然地，一方面，每一个案件都变成一个特例，其中，所有的细节，不拘性质与内容，都成为考虑的对象。另一方面，和解则成了维系社会和谐的最受推崇的手段。①

总之，古代统治者总是自觉地扮演着自然秩序维护者的角色。他们相

---

① 参阅 Yoelyuki Noda, *The Far Eastern Conception of Law International Encyclopaedia of Comparative Law*, Vol. II, ch. I, p. 128. 这一段所讲的主要是对于州县自理案件以及大量不曾提交官断的纠纷处理的情况。其中的结论只可以部分地适用于其他场合。

信，自然秩序本身是和谐的，这种和谐源自道德秩序，灾变则是表明这种和谐遭到破坏的异兆。统治者能够通过自己顺天的行为去影响外部世界的变化，也能够通过教化和刑罚，通过发掘出人心中所固有的"道"、"理"，恢复业遭破坏的和谐。在这里，个体没有独立自在的依据，私利、私欲也不曾获得文化上的认可；价值的理想是大公无私，现实的努力是使民不争；法律不是人们提出其主张的依据，而是统治者维护自然秩序的一种手段，诉讼活动是不可避免的。但这一切都在"无讼"的理想指导下展开，息讼与和解是恢复和谐的好办法。在这里，法律只是"惩恶于后"，只具有否定的价值，因此它不能成为一种正当的行业，没有法学家，也没有律师；讼师与地棍被视为一类，教唆词讼更是严重的罪名；杀戮的行为被安排在萧瑟肃杀的季节，灾变与异兆又往往成为清理狱讼、减免刑罚的理由；……所有这一切，都源自古代中国人独特的宇宙观，源自天道和谐的观念，源自古代中国人对于自然和谐的不懈的追求。在中国古代文化里面，礼、法以及人类社会所有的一切，最终都归根于"自然"。在这一意义上，我们可以说，中国古代确实有某种可以被称之为"自然法"的东西。这个"自然法"与其说是礼，倒不如说是"天道"、"天理"。不管怎么说，这是中国古代文化中所特有的观念和现象，它不是西方人所熟悉的自然法，不是那种有着神圣渊源和超验思维背景的自然法。它是自然的自然法，而我们所以还勉强地称它为"法"，也仅仅是因为，这样一种自然的宇宙观、秩序观，对于中国古代法的发展有着深刻的影响。诚如李约瑟先生所言：一个人如果没有认识到，礼所总括的习惯、惯行和礼仪，并不简单地就是那些与中国人在经验中发现的何为正当、何为不正当的固有情感相一致的东西，它们还是那些被认为是与天"意"，事实上是与宇宙结构相一致的东西，那么，他就不能评判"礼"这个词所具有的全部力量。[①] 一个人如果不曾由同样的立场去观察和思考中国古代法的发展，他对于这个主题的研究也一定是不够深入的。

《中国社会科学》1989 年第 2 期

[①] 参阅 Joseph Needham, *Science and Cirrilisation in China*, Vol. Ⅱ, *History of Scientific Thought*, p. 526。

我国全民所有制"两权分离"的
财产权结构

佟　柔　史际春[*]

摘要　所有权的结构及其历史考察表明，所有权的本质乃是将所有人的意志体现在所有物的利用和处置上，所有权的各种权能都可以同所有权发生分离；现代资本主义股份公司财产所有权系归属于以大股东为代表的所有人。作者认为，建立有计划商品经济体制的目标模式决定了改革不能削弱和取消国家所有权，国家所有权同企业经营权的分离，使企业经营权成为连接公有制和商品经济的唯一法律媒介。而要达到实现国家所有权的目的，就必须创设企业经营权为新型法定物权，使之能够对抗非有关国家机关和有关国家机关非依法进行的干预，从而实现其社会目标与自身利益两者的统一。

在当代中国社会经济体制的改革中，生产资料的公有制和全民所有制经受了挑战。改革作为社会主义的自我完善，理所当然地不能背离以公有制的完善为主导和方向的客观要求。在这一原则指导下，公有制和全民所有制改革的焦点集中在国家和全民所有制企业（以下简称"企业"）的关系及它们各自财产权的法律性质上。也就是说，改革的实践需要我们为公有制和商品经济寻找一座彼此连接的桥梁——一种有效的法律媒介。对此，民法学界若干年来已作了充分的讨论，立法和改革实践则提供了有关的经验材料。这就使我们有可能在此作一番理论的回顾，并提出自己的意见。

* 佟柔，1921年生，中国人民大学法律系教授，中国法学会民法学经济法学研究会总干事；史际春，1952年生，中国人民大学法律系博士研究生。

一　所有权结构及其历史考察

所有权的权能是实现所有权的手段，各种权能都可以同所有权分离。所有权的实质在于以符合所有权人的意志和利益的方式来处置所有权的客体。

我国通行的经典的所有权概念强调的是所有权的权能。即所有权是所有人依法对自己的财产享有的占有、使用、收益和处分，并排除他人干涉的权利。然而，所有权并不是其各项权能的简单相加，正如人身自由权不等于公民可以进行的各项具体行为一样。我们认为，所有权的权能或内容只是实现所有权的手段，在不同的所有制、不同的生产和交换条件下，它处于不断的运动变化之中；所有权则是一个相对稳定、普遍的范畴，只有未来生产力和公有制的高度发展，才会使它自然消亡。因此，列举权能式的所有权概念是封闭的、单层次的，只侧重所有权的表象，它妨碍人们将其适用于多层次的所有权结构模式，也影响民法学对不断发展的所有权制度加以及时的科学总结。

按照马克思的说法，所有制在历史上最初的意义是指劳动主体将其生产的自然条件看作是属于自己的。① 在原始社会，人们在各个原始群落内共同和直接地占有自然物，天然的生产资料并不在不同的共同体之间进行分配，因此，这种所有制仅仅是事实上的所有或占有，而不是所有权，不是法的关系。② 社会成员迫于生产力水平低下，共同劳动，平均分配劳动成果，分工协作，互相帮助，参加宗教仪式和氏族会议共同决议公共事务，经过成千上万年而形成习惯、风俗。人们无差别地占有物，不存在权利义务的问题，自然不可能产生"我的"、"你的"的概念和法权。③

所有权在历史上的产生，大体上可以归为三个因素。一是随着剩余产品的出现，氏族、部落的首领利用他们担任公职的有利地位，在生产和战争中占有较多的生活资料和战利品，形成了最初的剥削者和贵族。二是人们按血缘联系聚居的状况改变以后，外来人在新的地方不能参加土地的分

---

① 参见《马克思恩格斯全集》第46卷上册，人民出版社1979年版，第490—491页。
② 参见《马克思恩格斯选集》第2卷，人民出版社1972年版，第104页。
③ 参见《马克思恩格斯选集》第4卷，人民出版社1972年版，第154—155页。

配,同时也不承担义务,不愿自动服从当地氏族和部落的管理。三是分工和剩余产品先是引起原始共同体间的偶然交换,后来共同体内部也有了分工和交换,商人、货币、土地的抵押转让等现象出现,在社会上形成了所有者之间的权利义务,产生了调整不同所有者之间关系的新的习惯规则。由于氏族制度除了舆论以外,没有任何强制手段,上述在利益冲突的情况下形成的规则不可能指望人们自觉遵守,因此,按照已经形成的经济上占统治地位的阶级的意志建立国家和法,使"所有"上升为法权,强制推行新的规则以"定分止争",就是势所必然的了。

由此可见,所有权的目的,就是为了确认所有者和非所有者的关系。至于其确认的方式,则是由整个所有制关系的发展状况决定的。因此,以上产生所有权的三个因素,在质上和发展进程上并不是等量齐观的。历史上最初的所有权是团体共同所有权,即村社所有权和大家庭所有权,而不是由鼎盛时期的罗马私法和20世纪以前的资本主义民法所确认的典型的个人所有权。了解这一点,对正确理解现代财产权关系的变化有重要的意义。

梅因曾对古代所有权作过有价值的研究。他发现,村社共同体成员相互之间的关系与财产所有权是联系在一起的,村社不仅仅是合伙,也不仅仅是血缘组织,而且是一个有组织的社会。[①] 梅因正确地分析到,共有财产权在观念上和事实上都不可分割的塞尔维亚和克罗地亚的村社、共有财产权的分割在观念上和事实上被经常重新集中分配财产的做法所限制的俄国村社、共有财产权在观念上可不受限制地分割但事实上受到根深蒂固的习惯限制的印度公社,它们是从团体共同所有权向个人所有权发展中的不同阶段。[②] 村社所有权的下一个发展阶段,则可以在早期的罗马和罗马法中见到,即"以罗马的父权支配着妻子、子女和一定数量的奴隶"[③] 的家庭的所有权。直到公元3世纪,罗马帝国的简单商品经济高度发达,社会上平等的基础空前扩大,才形成了个人所有权的概念。

所有权从古代的团体所有向典型的私人所有的发展过程中,呈现的是所有权内部在人身依附关系基础上的权利分合和上下分层结构:依次为宗

---

① 〔英〕亨利·詹姆斯·萨姆那·梅因:《古代法》,商务印书馆1959年版,第147—148页。

② 参见梅因《古代法》,商务印书馆1959年版,第152—153页。

③ 《马克思恩格斯选集》第4卷,人民出版社1972年版,第53页。

法性质的村社和大家庭，然后是小家庭和个人。在其进一步的发展中，则呈现了在所有权主体外部，在人身依附逐渐削弱情形下的权利分化和分层结构。

在古罗马的土地由村社和大家庭所有演变为由小家庭和个人所有之后，为了便利耕种，仍然保留了团体所有时的使用习惯：法律使所有权负有使他人便利行使所有权的"负担"，称之为"田野地役"。由于私有制发达，罗马的无夫权婚姻和被解放的奴隶增多，为使妻子和解放自由人不因无继承权而发生生活困难，丈夫和主人往往把一部分财产赠给他们，供其使用收益，优斯悌尼亚努斯大帝时称之为用益权。[1] 从罗马共和国末期开始，家长更是把财产交给家子经营手工业、商业和航海经商，家长保留财产所有权并承担家子行为的后果，家子则对财产享有实际的经营管理权，事实上家长仅以家子经营的盈余及积蓄承担责任。[2] 在封建社会则有"双重所有权"，即在同一土地上，并存着地主的"高级所有权"和佃农的"低级所有权"。佃农只要交租，就可以依其所有权对抗高级的所有权，低级所有权甚至可以再转让收租[3]。但低级权利人不交租时高级权利人可收回土地，土地出卖时后者有先买权，高级权利人还对耕作方式有一定的控制权。无疑，所谓双重所有权，其实就是所有权和永佃权，所有权和永佃权的结构，正是封建生产方式下的剥削者实现其土地所有权的典型形式。

至此，我们有必要比较一下历史上形成的两种不同的所有权概念。一种是罗马法传统的所有权概念，它把所有权视为一种概括、抽象的对物的排他性支配权。其特点是"一物一权"，一物上只能有一个所有权（包括共有权）。所有权中包含所有人的自由处分权，其权能通过设定限制物权的方式转移给他人时，所有人并不丧失其所有权。[4] 另一种是中世纪日耳曼习惯法的"所有权"概念，它是指各种对物进行直接占有支配的权利。其特点是一物可以多权，所有权是相对的、具体的。对于某物的全面支

---

① 参见周枏《罗马法提要》，法律出版社 1988 年版，第 89—90 页。

② 参见周枏等《罗马法》，群众出版社 1983 年版，第 126—127 页。

③ 在欧洲和中国都曾有过这种现象。在中国称为"田底权"与"田面权"、"地骨"与"地皮"、"大苗"与"小苗"、"大租"与"小租"等。参见李志敏《中国古代民法》，法律出版社 1988 年版，第 101 页。

④ 参见史尚宽《物权法论》，台北：台北出版社 1957 年版，第 1—3 页；《财产法在结构上的变化》，载《外国民法论文选》，中国人民大学法律系编印，第 191—193 页。

配，是各种具体支配权的组合，因此总体权利与具体权利间没有质的差别。土地出租收取地租的人、事实上耕种土地的人、信托的受托人和受益人等，都可以认为是所有人。双重所有权的说法即来源于此。① 关于所有权概念的这两种传统，分别为近现代大陆法系民法和英美民法所继受。旧中国民法、中华人民共和国成立以后的民法和其他社会主义国家的民法，也都采取大陆法系民法的做法。

从经济关系来看，日耳曼习惯法的所有权是对带有浓重原始团体遗风的中世纪封建所有制关系的简单反映：土地的管理支配权属马尔克村社或封建领主，实际的耕种劳作则由马尔克自由农民或农奴承担。它把具有隶属关系的不同性质的权利都称为所有权，把整体支配权与具体权能相并列，显然没有反映出封建所有制的实质。从概念的内在逻辑来看，日耳曼习惯法中实际上不存在严格的所有权概念。因为，认为对物或多或少可以直接支配的人都是享有某种"所有权"，那么也就否定了一般的所有权。正如许多原始部落只有具体的树和水果的概念，而没有"树"和"水果"的概念一样。因此，日耳曼习惯法的所有权概念尚处于法的发展的低级阶段。在历史上，英国法较多地接受了日耳曼习惯法的内容，并保留了它的形式。究其原因，系与诺曼人的征服和都铎王朝对罗马法的抵制等偶然因素有关。② 欧陆国家则在商品经济发展的过程中通过复兴罗马法，在对罗马法进行了长达 7 个世纪的学术研究之后，又以 19 世纪的法典创制为标志，自觉地吸收罗马法有关所有权的概念。社会主义国家最初的民法典——《苏俄民法典》，也是以欧陆国家的民法典为蓝本制定的。③ 不难理解，比之于日耳曼习惯法和英美法，罗马法和大陆法系的所有权概念较为科学。

当然，英美普通法在近现代也已资本主义化，其中不乏合理的成分可供我们借鉴，例如它不拘泥于"物权法定"的框框，使人们可以根据社

---

① 参见史尚宽《物权法论》，台北：台北出版社 1957 年版，第 1—3 页；《财产法在结构上的变化》，载《外国民法论文选》，中国人民大学法律系编印，第 191—193 页。

② 参见［澳］瑞安《民法导论》，载《外国民法资料选编》，法律出版社 1983 年版，第 27—29 页。

③ 参见 N. A. 伊萨耶夫《二十年代苏维埃法学体系中的经济法》，《法学译丛》1985 年第 5 期，第 23 页。

会的发展和自身的需要，方便地支配或利用财产，[①] 但其没有严格法律意义的所有权概念，则没有什么可取之处。如果我们有意无意地引进它，试图建立双重所有权、相对所有权等理论，将会模糊和混淆所有权和物权的科学概念，尤其会妨碍我们正确地分析理解股份制企业和社会主义全民所有制企业的财产权结构。

关于当代资本主义国家中股份制企业的财产所有权归属及其结构，我国民法学界存在三种不同的意见。一种意见认为，20 世纪股份公司的所有权与经营权已彻底分离，大公司已变为由"经营者控制"。股权从所有权变为债权，股份公司已成为所有权的唯一主体，由它对公司财产进行占有、使用、收益和处分。股东无意介入企业的决策和经营管理，只关心股息和红利，因而公司不再受股东的左右。[②] 第二种意见认为，股份公司的两权分离并没有改变股东的所有权，而是呈现出公司的财产归公司所有、公司由股东所有的"双重所有权"结构。因为股东的所有权不可能被经营者剥夺，相反，大股东们正牢牢地控制着公司，两权分离只是在事实上（不是法律上）剥夺了小股东对公司的支配权。[③] 第三种意见认为，股份公司"法人所有权"纯粹是一种观念上的虚构，现代股份公司的财产仍然是由股东所有（或共有），公司则掌握对公司财产的具体支配权。股份公司的股东权和无限公司的股东权在本质上都是所有权，只是由于所有者退出了直接生产经营领域，加上财产采取股份的形式，才使人们在观念上把人与人之间的关系当成了公司之间的关系和人与公司的关系，从而产生了类似商品拜物教的虚幻。[④]

下面，我们将通过对这三种意见的评说勾勒出股份制企业财产权结构的轮廓。

（1）公司企业取得法人地位，并不意味着企业法人对自身的财产享有所有权。法人制度的真谛，在于把财产所有人的财产作量的分割，使之在交易中仅以分出去投入生产经营的那部分财产承担有限责任，减少其经

---

① 参见［澳］瑞安《民法导论》，载《外国民法资料选编》，法律出版社 1983 年版，第 173—175 页。

② 参见《股份制企业所有权问题的探讨》，《中国法学》1988 年第 3 期，第 3—13 页。

③ 参见《论股份制企业所有权的二重结构》，《中国法学》1989 年第 1 期，第 47—53 页。

④ 参见《对股份及股份公司财产关系的再认识》，《中国法学》1988 年第 3 期，第 14—18 页。

营风险，鼓励其投资积极性；同时，法律为企业拟制一个人格，便于所有权和经营权分离及交易的进行，并使之享有民事权利能力和民事行为能力，可以起诉、应诉和承担民事责任。显而易见，这一切绝不是为了使资本所有人丧失所有权，或者使企业对企业财产享有所有权。没有这一基本认识，就无法解释在资本主义国家的公司法中，都不规定公司对其财产享有所有权，而是规定公司可以取得所有权。① 总之，股份企业财产权的性质不是所有权，股权实质上是所有人借以实现所有权的一种手段。正因为如此，联邦德国的主要法学流派迄今一直认为企业是一种法律客体，企业被认为只是用以确认隐蔽在企业背后的法律主体的概念。②

（2）关于谁是现代资本主义社会中股份制企业财产的所有人，这需要作具体分析。首先可以肯定的是，既然法人不能是这种所有权人，那么企业的实际经营管理人员也不可能是这种所有权人。按照彼得·德鲁克（Peter F. Drucker）的说法，所谓"公司资本主义"和"经营者控制"的理论不过是"无知的自负与肤浅的高傲"，因为股东所有权由于投资机构而集中起来，"敌意接管"的浪潮更是粉碎了这种理论。他认为，企业管理阶层是极其脆弱的，因为"不合逻辑的权力总是跪倒在第一个挑战者的脚下。"③

对于股东是不是股份企业财产的所有人，必须将有限公司与股份公司的股东区别对待，在股份公司中又必须将能够实际控股的大股东与广大小股东区分开来。其实，有限公司的股东与合伙企业的合伙人没有什么区别，这两类企业不公开招股，企业的所有权、控制权、经营权、义务和责任均统一于一个或几个企业主的人格之中。④ 无论是由所有者自己经营，还是由聘请的经理人员经营，关键是投资人都不放弃参与对企业的控制和决策的权利。有限公司和合伙企业都有自己的独立财产，不同的只是，在前者，法律对所有人的所有权作了量的分割，后者则没有。显然，对所有

① 参见《美国标准公司法》第 4 条第 4 款，北京大学出版社 1981 年版，第 3 页；《德意志联邦共和国有限责任公司法》第 13 条，法律出版社 1983 年版，第 8 页。

② 参见〔联邦德国〕托马斯·赖泽尔《联邦德国的企业法理论》，《法学译丛》1989 年第 1 期，第 41 页。

③ 转引自《对"公司资本主义"的分析》，《光明日报》1989 年 4 月 7 日。

④ 按照联邦德国企业法委员会的说法，这些企业是有个性的，因而不同于无个性的、由雇用经理领导的、有着"官僚体制"的股份公司。参见《联邦德国的企业法理论》，《法学译丛》1989 年第 1 期，第 40 页。

权与经营权的分离不显著的有限公司来说，公司财产的所有权是由股东享有的。

对于股份公司来说，其财产所有权的归属就不那么一目了然了，论者对此也有不同的看法，但基本上没有争议的是，就大公司而言，广大的小股东不可能、也不愿意参与企业决策，他们事实上已经丧失了对其投资的所有权。即使从法学上说，他们的股东权也早已变成了一种债权，即取得股息、红利和在公司解散时分得公司剩余财产的权利，其中的公益权则因实行"股份民主"而丧失殆尽。实际上，公司财产的所有权，系由大股东们通过各种手段控制着：股票的分散，使得控股所需要的股份占有额越来越小，甚至只需掌握 5% 的股份额就可以控制公司;[①] 采用加权表决法或规定有表决权股和无表决权股，则可以使股东们在不掌握应有控股份额的情况下控制公司;[②] 为使股东大会"达到"法定的人数，美国允许董事会中的大股东查阅股票登记册，以"代理"缺席的小股东投票表决;[③] 日本在 20 世纪 80 年代以前则曾流行大股东雇佣"职业股东"参加股东大会，专事赞美和"表决"公司事务的不文明做法;[④] 现代日本的垄断财团，通过家族控股的财阀总公司，其直属和旁系的企业互相持股，以及建立财团最高决策机构"经理会"（表面上为"私人恳谈会"）等手段，实现财阀对财团内各企业的控制。[⑤] 少数新老富豪们，正是通过股份公司制度中所包容的法律的、经济的乃至超经济的手段，将广大小私有者和劳动者的财产据为己有。这既是生产社会化的结果，又是资本主义私有制对生产社会化的客观要求的一种扭曲反映。

（3）股份制企业的双重所有权结构不能成立。双重所有权说的依据，是资本的所有权同资本的经营职能或实际占有使用权的分离。而这种

---

① 参见［美］威廉·多姆霍夫《当今谁统治美国》，中国对外翻译出版公司 1985 年版，第 68 页。

② 参见［美］亚·泰勒《汽车大王的后代》，《世界之窗》1989 年第 5 期，第 35 页；唐维霞等《跨国公司》，经济科学出版社 1985 年版，第 79 页。

③ 参见［美］法恩斯沃思·E. 阿伦《美国商业企业的范围、来源及其法律特征》，《国外法学》1986 年第 4 期，第 29 页。

④ 参见《国外公司法的新变化》，《国外法学》1986 年第 5 期，第 16 页。

⑤ 例如，岩崎家族握有三菱财团总公司的绝大多数股票，财团所属重要企业有三菱银行、三菱重工、三菱商事、三菱矿业等，财团经理会称作"金曜会"。参见金泰相等主编《战后日本垄断资本》，航空工业出版社 1988 年版，第 158—182 页。

"两权分离",当然不是所有权同所有权的分离。这是因为,从属于所有权的那个权利,并不具有所有权的本质特征。双重所有权观点的理论偏差在于:第一,它有意无意地把所有权看成所有权权能的简单相加,认为股份公司既然获得了所有权的各项权能,也就是获得了商品所有权或法人所有权;并认为"一物一权"并不否认所有权人以外的人因享有所有权的各项权能而取得"所有权"。① 这就重蹈了日耳曼习惯法和中世纪的双重所有权概念的覆辙。第二,它把拥有所有权看成是民事主体参加民事流转的前提,认为否认法人所有权,就从根本上否认了法人的独立人格。② 这不符合既有事实。我们知道,古今中外的法律,都不一般地禁止人们利用他人的财产从事生产经营,没有自己财产的人,也可以成为民事主体,对一定的人或物享有权利。代理人、经纪人可以参加民事流转,租赁经营的企业也可以是法人。很显然,如若人们只能以自己的财产从事经济活动,那就不符合商品经济发展的要求。因此,我们认为,股份制企业在服从法律和所有权人意志的前提下,自主经营,以自身经营的财产独立承担责任,就可以成为法人。这里,它的前提是对他人财产进行经营的权利,而不是拥有所有权。弄清了这一点,可以使我们对资本主义所有权在现代条件下的发展有所认识,并且可以为我国的法和法学正确借鉴他们的有益经验提供一个认识前提。

由上所述,所有权的本质是将所有人的意志体现在所有物的利用和处置上。只要所有人认为对他有利或者他愿意,即使在一定时间内或一定条件下使所有权的全部权能都与其分离,所有人对财产也不失其所有权。相应地,因此而取得全部权能的人也不取得所有权。

二 生产资料的社会所有或占有的社会性在我国现阶段集中体现为全民所有制,它与商品经济相结合

我国现阶段的生产资料所有制,有全民所有、集体所有、个体劳动者所有和私人所有等。其中,全民所有制的社会性最高,集中体现着整个社

① 参见《论股份制企业所有权的二重结构》,《中国法学》1989 年第 1 期,第 52 页。
② 同上书,第 53 页。

会经济制度的社会主义性质。这种所有制，赋予集体或团体所有以公有性质，对个人和私人所有起主导作用，并且为社会的必要积累和均衡发展、为资源的合理配置和收入的公正分配提供可能。改革，正需要以完善全民所有制为主题，而不是把它改到私有制去。

我们知道，20世纪社会主义国家的全民所有制，并不是社会历史进程的自然结果。它是旧制度过度的非人道、人类的先进思想和社会革命的产物。由能动的意志构建起来的制度，不可能指望它自发地发展完善。因此，全民所有制的发展，始终伴随着社会主义实践对其实现形式的积极探索。

关于社会主义全民所有制企业财产权的性质，早在1922年第一部《苏俄民法典》制定之后，在苏联法学界就开始了热烈的讨论，当时曾有企业私有权或企业所有权说、信托说、商品所有权说和经营管理权说等多种观点①。其中的经营管理权说被苏联官方接受，并在20世纪60年代重新编纂民事立法时得到确认。后来，不同所有制或同一所有制内部的不同单位合资联营的企事业的财产权，也被认定为经营管理权。

苏联和中国法学界当前关于全民所有制企业财产权的法律性质的讨论，在思路和基本框架上都没有超出上述诸说的范围。鉴于我们已对所有权概念作了论述，对这些观点已经间接地作出了评价，这里就不赘言了。需要指出的是，除了对所有权概念的理解外，对于企业财产权的认识，归根到底取决于人们对社会主义公有制和商品经济的态度以及认识水平。我国经济体制的目标模式，早已确定为"有计划的商品经济"，这是我国改革的依据和目标，也应是我们探讨企业财产权性质和结构的前提。

商品经济的基本规律价值规律有两种作用形式：一是自发的调节作用；二是人们自觉地运用它，以求在社会规模上建立合理的商品生产和商品交换的秩序。很显然，后者是社会主义有计划商品经济的本质要求。实行有计划的商品经济，是在国家对整个社会经济具有支配力的前提下进行的，在法律上，这种支配力就表现为国家所有权。因此，社会主义的全民所有制在现阶段只能以国家所有权的间接方式表现出来。与此同时，国家具有所有权的各全民所有制企业间又是各自独立的利益主体，它决定了全

---

① 参见［苏］O. C. 约菲《关于所有权的学说》，载《外国民法论文选》，中国人民大学法律系编印，第119—130页。

民所有制和全民财产都有两个层次：既有社会统一性，又有企业的相对独立性。在商品经济活动中，企业表现出相互之间既合作又竞争，利益上既一致又有差别的关系。而社会主义国家的政策和法的上层建筑，其行政和经济管理活动，都必须鼓励企业的行为在对自身有利的前提下，同时也符合全民的利益或至少对其无害。

由国家充当全民财产的所有权人的质的规定性，否定了企业对这种财产享有任何所有权的可能性。由于任何个人和团体显然不可能代表全民的意志和利益，因而除了主张私有化者，我国和其他社会主义国家的法学界很少有人认为企业应对全民财产享有真正意义上的所有权。问题在于，既然实现国家所有权是以企业享有相应的财产权为前提的，那么，企业财产权的性质又是什么呢？对此，有必要就新条件下的各种双重所有权论进行分析和探讨。

一种值得注意的观点是希望用有限责任公司的模式来解决企业的财产权问题。该观点认为，国家的财产权可以表现为"出资权"或股权，国家据此享有对企业的宏观经营管理权，企业则享有法人所有权；并认为这样就可以解决企业的财产自主权问题，使企业摆脱国家机关的任意支配①。这种意见似乎很有道理，其实在理论上和操作上都是值得商榷的。第一，提出该意见的前提，是认为现代股份制企业自己可以对企业财产享有所有权，股东在任何情况下都不再对企业财产享有所有权。这一前提之不能成立，前已述及，此不赘言。第二，国家出资创办企业，是为了实现全民财产的利益，既要实现某种利益，国家就不能不过问企业的经营。要做到这一点，它除了通过国家机关进行管理或者向企业委派董事外，别无他法。前者无疑是兜圈子，又回到了问题的出发点上；通过董事管理企业，则可能比国家机关干预的程度更甚。用股份公司的形式来改造企业的设想（即股份化），也存在着同样的问题。

另一需要说明的概念是"经济所有权"。有人解释道，经济所有权与法律规定的单纯所有权相对，是指直接对物行使所有权的权能并取得某种利益的权利；国家保持单纯所有权，使企业享有经济所有权，就可以既保

---

① 参见《论法人所有权》，载《论国家所有权》，中国政法大学出版社 1987 年版，第 57—98 页。

证企业的自主权，又保证国家利益的实现。[①] "单纯所有权"和"经济所有权"的说法，是马克思提出来的。马克思把大土地出租者的所有权称为单纯的所有权，而把租用土地按资本主义方式从事经营的农业资本家的权利称为"经济所有权"。[②] 由于在德文中，所有制和所有权是用一个词表示的，[③] 马克思既已明确指出"经济所有权"是指同劳动对立的"资本主义所有权"关系，那么他实际上是在生产关系的意义上谈资本主义所有制关系，而不是把"经济所有权"当作法律概念。"经济所有权"在法律上的表现则是经营权。对此，有的论者提出了类似的观点，但他们把经济所有权和经营权混为一谈，没有指出二者是经济内容和法律形式的关系。[④] 另外，在某些大陆法系国家如联邦德国，法学上确有经济所有权的概念。这是指人们对他人所有的物的价值取得补偿的权利或其他依据某种权利而收益的权利，如出租人对房屋的添附取得所有权，但承租人有权获得其价值的补偿（经济所有权）。之所以有经济所有权的说法，是因为大陆法系的法学家感到有许多权利属于他物权，但法律却未规定，故用"经济所有权"的概念来弥补这一缺陷。[⑤] 至此，我们已经看到，"经济所有权"可以不属法学概念；当它属于法学概念时，我国论者与国外民法中既有的界说又不一致。这实在是一个容易引起误解的概念。实际上，我们只要按照所有权和物权的概念来分析各种权利，不拘泥于"物权法定"的框框，并针对实际情况的发展及时地修订法律，就可以解决问题，而不必使用一个含混的"经济所有权"概念。其实，就连该概念故乡的法学家也认为，享有这种权利的人"肯定不是所有人"。[⑥] 可见，在我国企业财产权结构中引进经济所有权的概念，既不科学，又无必要。何况，社会主义国家对全民财产也不能只享有单纯的所有权，它必须对全民财产的利用进行积极、科学的规划和宏观的组织协调工作。

在双重所有权的名义下，无论赋予企业何种"所有权"，人们都将发现：企业的这种权利总是从国家所有权中派生的，在企业的层次上，并无

---

① 参见《论所有权的权能》，《法学季刊》1985 年第 2 期。

② 参见《马克思恩格斯全集》第 26 卷第 3 册，人民出版社 1974 年版，第 511 页。

③ 参见 ［联邦德国］彼得·卡伊《关于解释马克思所有制概念的一些资料》，《马恩列斯研究资料汇编》，书目文献出版社 1985 年版，第 195 页。

④ 参见《论土地经营权》，《中国法学》1989 年第 1 期。

⑤ 参见《财产法在结构上的变化》，载《外国民法论文选》，第 192—195 页。

⑥ 同上。

真正的所有权。苏联民法学家莫佐林认为，如果不搞双重所有权结构（他把企业财产权称作经济核算所有权），在实践中就不可能把所有权的各项权能交给企业行使；而由国家来行使权能，全民财产权就必然会变为行政权，也就是恢复传统体制下以行政手段来开展经济活动的做法。[①] 这一理论的失误，在于把所有权看成一个平面结构：所有人必然要直接行使所有权的权能，直接行使所有权权能的人也必须是某种所有人。如前所述，这种以个人所有权为典型的强调所有权权能的概念，与现实所有权的本质及其动态立体结构是不相符的。即使在古罗马，这种"典型"的所有权也没有真正存在过。以此来分析企业财产权，自然不可能得出合乎逻辑和实际的结论来。我国法学界提出的种种双重所有权观点，其论据不一定相同，但无一不是受上述所有权概念的影响。结合实际来看，社会主义全民所有制改革的实质，是要完善国家所有权的行使及其法律调整，使之符合有计划商品经济的客观要求。如果把宣布企业法人所有权当作改革的万灵妙药，在理论上是不严肃的，在实践中也是有害的，其结果必然意味着削弱和取消国家所有权和全民所有制。因为，既然在现阶段不具备取消社会主义国家垄断（间接的社会所有）的条件，法人所有将不可避免地导致企业"垄断"的出现，这只会造成新的经济比例失调、通货膨胀以及除去大锅饭以外的新的分配不公。因此，从全民所有制的统一与分散，有计划与商品经济的关系，从全民财产国家所有权的必要性和所有权的科学概念出发，企业财产权在法律上只能表现为经营权。这种权利，虽包括占有、使用，收益和处分等各种所有权权能，却不是所有权；而它作为企业享有法人资格的前提，则可以像股份制企业法人的权利一样，方便地为所有权人（国家）设定有限责任，使所有权人按自己的意志将财产投入商品生产经营而无后顾之忧。企业据此可以自主地从事生产经营，参加民事流转关系。也就是说，有法律保障的"两权分离"，既可以保证国家的宏观经济管理，又能使企业享有从事商品经济活动的充分自主权。经营权乃是连接全民所有和商品经济的唯一桥梁。这就是动态所有权概念结构和全民所有制财产权关系发展中包含的辩证法。

---

① 参见 B. П. 莫佐林《完善社会主义条件下的国家（全民）所有权》，《法学译丛》1987年第6期，第32—33页。

三 经营权是一种新型物权。企业据此可以 对抗非有关国家机关和有关国家机关非 依法进行的干预，并与其他经营权和所 有权的主体平等地进行经济交往，自主 地从事商品经济活动

经营权包含所有权的各项权能。但是，所有权同经营权的分离，不同于一般意义上的所有权同权能的分离。所有权人使所有权的权能经常同自己分离和回复，以满足自身生产和生活上的需要，这种所有权实现的普遍方式，并不必然意味着物权的创设。而经营权的实现，就提出了与此不同的要求。

透过传统社会主义经济体制下国家机关直接经营管理企业的表象，可以发现，即使在经济过分集中的条件下，国家所有权同其权能也是分离的，问题在于，这种分离没有形成权能持有者得以对抗所有权人的法定权利，因而企业的权利是不稳定的，国家机关可以以所有权人（国家）的名义任意干预企业，由此窒息了企业作为社会经济细胞所应有的生机和活力。那么，能否在企业权利不稳定的情况下实现改革的目标呢？例如，能否效法国外股份制的做法呢？在当代资本主义国家，股份制企业法人的财产权相对于大股东的所有权来说，也是不稳定的，随意的。这两种权利的恰当分离和平衡，不是直接取决于法律，而是取决于所有权人自愿地放弃对所有权权能的直接行使，以及经理人员自觉地不僭越权位，并尽心尽力地为企业牟取利润。显然，这依赖于建立在商品经济高度发达基础上的，经过多个世纪积累的社会文化因素。由此从一个侧面说明，依赖于"企业家阶层"的形成才能有效运转的股份制，在我国较为落后的经济文化条件下要想普遍推行是较为困难的。我国的改革实践也提出了经营权的实现问题：因为，单纯的"放权"和"扩权"，并不能解决全民所有制领域"统"、"分"恰当结合的问题。如我国的经济改革一直处于一种两难境地：要么是权放不下去，政策规定应当放给企业的权利，大都被有关国家机关截留了，或者先放后收；要么是企业拿到一些权利就加以滥用，引起消费、物价和投资等的失控。这就告诉我们，"两权"的分离，不能听任

个别国家机关和企业任意地在权能的分配上进行较量，而必须使从所有权中分离出来的必要的权能形成为法律上的一种独立的权利，使企业依据法律上的权利而得以对抗非有关国家机关和有关国家机关非依法进行的干预，并在国家所有权人依法控制下，自主地从事商品经济活动。这种权利就是经营权。

为了实现经营权，笔者认为，经营权就其性质来说应当属于物权。物权是指民事主体对物质客体直接进行支配而具有排他性的权利。在改革以前和以"扩权"为主题的改革时期，企业无论获得多少所有权的权能，从法律上说，它对国家仍是只负义务而不享有权利；反之，国家机关则有权向企业发号施令而不承担义务和责任。使企业得到的所有权权能上升为法律权利，正是要使企业获得直接支配财产和排他性这两项物权品格。企业直接支配财产，意味着它在法律规定的范围内，在国家计划指导下，按照企业的宗旨和财产的用途，有权自主占有支配由国家授予它经营管理的全民财产。经营权的排他性则表现在：首先，国家一旦把一定的财产授予某企业经营管理，就不再直接支配该财产，不直接参与企业经营，除非依照法定程序，国家不得抽回已授予企业经营管理的财产，也不能把一个企业的财产无偿地转移给另一个企业。因此，一定的全民财产之上不允许同时存在两个以上平行或重叠的经营权。由联营而成立的企业的经营权，相对于联营者的经营权或所有权来说，也是单一和独立的。其次，企业接受主管部门和有关国家机关依法实行管理监督，任何国家机关都不得侵犯企业享有的经营权。依据经营权，企业既可以对抗主管机关和职能管理机关超越权限的干预，如强行下达没有物资供应和产品销售安排的指令性计划；也可以对抗非有关国家机关的违法干预，如强行摊派钱财等。同时，法律保护由企业经营管理的财产，任何人都不得非法侵占，并由确认权属、排除妨碍、恢复原状、返还原物、损害赔偿等与保护所有权相同的方法予以保护。以上经营权的物权性质，已经得到我国法律的确认①，这是全民所有制改革的成果和经验在法律上的反映。

经营权又是一种不同于传统物权类型的新型物权。因为它所由派生的所有权的主体是有组织的国家政权，而不是一般的民事主体，试图用

---

① 参见《中华人民共和国民法通则》第 3 章第 2 节，第 5 章第 1 节，第 6 章第 3—4 节；《中华人民共和国全民所有制工业企业法》第 1、3、6、7 章。

传统的物权概念或其他传统概念来概括企业财产权及其性质，将会使法学概念脱离现实生活，从而削弱它对改革中的经济和法制实践的理论指导意义。

有的学者认为，应当把企业财产权视为一种用益权。① 还有一种观点认为，我国的国家所有权应增加一项"委托经营权能"，这种权能由国家交给企业，便成了企业的财产权利。② 对企业财产权的这两种概括，均忽视了国家所有权的行使和实现的特点，因而是难以成立的。

首先，创设企业按一定目的利用财产，是全民经由国家进行的经济活动。国家与企业的关系，反映着全民与部分社会成员的关系，在法律上就必然有领导与被领导的一面。无论在事实上还是法律上，企业及其权利都不可能离开国家的自觉意志及行为而自发地产生和独立。③ 由此，国家可以凭借其单方面的意志，包括反映在法律中的普遍意志和个别有权机关的具体意志，来决定企业的设立和关停并转，决定企业对全民财产进行占有、使用、收益和处分的范围。而用益权和本来意义上的委托经营权，都是以民事法律关系为前提的。用益权可以依法律规定或当事人的意思而设定，但是都必须经过用益权人的同意或认可，用益权人还可以出卖、出租、转赠甚至抛弃自己的全部权利。④ 本来意义上的委托经营关系，如股东与董事、公司与经理的关系等，则是具有委任，雇用性质的商品交换关系。如果用"委托经营权"来概括基于非商品性质的国家所有权内部管理关系所形成的企业财产权，并把委营关系解释为具有强制性⑤，那是不科学的。

其次，要根除国家行使所有权时的官僚主义及人治陋习，应通过制定法律、法令和其他规范性文件，用具有普遍性的行为规范来调整具体国家机关和企业的活动。因此，经营权具有法定性和物权性。有关国家机关依法可以对企业进行领导和管理，如下达计划、指导企业制定发展规划、任免和奖惩厂长、考核和监督企业的活动，等等。同时，国家机关及其工作

① 参见《国营企业财产权性质探讨》，载《法学研究》1982 年第 2 期。
② 参见《论委托经营权》，载《论国家所有权》，中国政法大学出版社 1987 年版，第 157—182 页。
③ 国家的自觉意志和行为，包括国家认识客观规律的能力和水平，以及由此决定的国家的法律和行政活动。
④ 参见《法国民法典》第 579、595、621 条，商务印书馆 1979 年版，第 77、79、83 页。
⑤ 参见《论国家所有权》，中国政法大学出版社 1987 年版，第 167 页。

人员违反法律规定的义务，也应承担法律责任，接受法律制裁。而委托经营权的观点，是以所有权是所有权权能的简单相加为前提，指望通过"创设"和授予一种新的权能来解决企业自主权问题。按此思路，有关国家机关必然会因为具体的"委托"行为而取得对企业的主宰地位，即使把企业获得的权能解释成法定物权也无济于事。事实上，委托经营权对于被授权者是没有排他性的；如股份企业中经理的权利就不能对抗所有权人的意志，不可能成为法定物权，而只具有相对权的性质。用益权则是一种纯粹的"私法"模式，其目的是补救社会财富占有之不均，维护非所有人的利益。用益权不能够直接依法设立和行使，而且它一旦设定，所有权就变成了"虚有权"，用益权人完全按自己的意志占有使用用益物，对此所有权人无权再过问。这与全民所有制中蕴含的集中与分散、整体与局部的辩证统一关系是背道而驰的。因此，认为经营权是"用益权在社会主义制度下发展的一种形式"，[①] 也是没有根据的。

最后，国家可以依据所有权取得企业的收益，这不同于虚有权人仅仅保留最终收回财产或其价值的权利。社会主义国家从企业获得收入，实际上只是依据"所有权"，代表全民进行必要的社会扣除，以及将企业的级差收益收归全民所有。而一般的所有权人委托或雇用他人经营财产，财产的收益应全部归所有权人所有，经营者的利益是通过所有权人支付报酬的方式实现的，这种报酬是经营者劳动力的交换价值。企业与国家的关系则不是商品关系。在全民所有制内部，国家依法统筹全民财产的利用和增值，企业在向全民承担经济和法律责任的前提下，由自己"挣得"收入，经营得好，就可以多得利，反之就少得利或不得利，甚至破产。

关于企业财产权的性质，还有一种"占有权"的观点，即认为国家是全民财产的所有人，企业则享有具有独立物权性质的占有权；这种权利是一种相对所有权，企业据此可以自主支配一定的全民财产。[②] 在民法学上，有两个"占有"概念。一是作为所有权的权能之一的"占有"，是指对物质客体的合法的实际控制，如民法通则第 71 条所规定的"占有"。

---

① 《论国家所有权》，中国政法大学出版社 1987 年版，第 261 页。

② 参见《国家与国营企业之间的财产关系应是所有者和占有者的关系》，《法学研究》1980年第 4 期。

占有权能可以与所有权人分离，由非所有人如保管人、承租人、抵押权人、用益权人等享有。另一是作为物权法或时效制度组成部分的占有制度中的"占有"，是指实际控制着物质客体的一种事实状态。[①] 这种"占有"可能为法律许可，也可能被法律否定（瑕疵占有）。根据法律规定的条件，占有人最终可能取得法律上的权利（时效取得）。民法学中的这两种"占有"都不是独立的民事权利，更不是指物权。依据《德意志联邦共和国民法典》第855条，按他人的指示，在营业中对他人之物行使实际控制者，甚至不被认为是占有人。再者，"占有"一词，也很难涵盖使用、收益、处分等所有权的权能。所以，不宜将企业财产权概括为占有权。"占有"在经济学上也有多重含义。马克思主义经典作家有时把它视为所有权产生的前提和所有权的社会经济内容[②]；有时将其等同于所有制意义上的"所有"[③]；有时则是指与法律上的所有权相分离的经济职能，具体是指农奴对土地的耕作[④]。其实，农奴的"占有"或经济上的所有在法律上的表现，就是永佃权。这与具有名义上的所有权的职能资本家的占有权或经济所有权相类似，反映在法律上则为经营权。由此看来，从法律概念所要求的严谨和逻辑性来看，引进占有权的概念也是不适当和不必要的。

全民所有制的经济地位和运转方式，以及国家所有权的行使和实现方面的特点，决定了经营权与所有权及其他物权在社会经济关系中的不同地位和作用。但是，由不同的所有制而形成的财产权利之间的差别，一进入民事流转领域就消失殆尽了。在商品经济条件下，生产经营者及一切民事主体间的经济联系，都必须服从商品交换的规律。无论是全民所有制企业，还是作为民事主体的国家或国家机关，或者是其他的企业或公民，也无论其所有制性质如何，其拥有的是所有权、经营权、使用权还是其他物权，相互间都必须以自主平等的主体对待，各自都有自主地参加交换和协作的权利，并依法对自己的行为承担财产责任。经营权得以与所有权一样地进入民事流转领域，根本原因在于社会的商品经济条件，直接依据则是

---

① 参见《法国民法典》第3编第20章第2节；《德意志联邦共和国民法典》第3编第1章，法律出版社1984年版，第227—230页。

② 参见《马克思恩格斯全集》第46卷上册，人民出版社1979年版，第472页。

③ 同上书，第478页。

④ 参见《马克思恩格斯全集》第25卷，人民出版社1974年版，第893页。

法人制度。历史表明，随着股份公司制度的发展而建立起来的法人制度，符合商品经济发展的要求。它可以为资本所有权与其职能的分离服务，也可以为在全民所有制条件下发展商品货币关系服务。根据法人制度，企业相互之间财产独立，他们自主地参与民事流转，按平等、等价有偿的原则与其他民事主体建立民事法律关系，国家不再为其承担财产责任，企业也不分担国家承担的财产法律责任。这就表明，在商品经济关系中，法人企业所具有的经营权是一种完全独立的财产权利，企业据此可以成为合格的商品监护人。

全民所有的财产由国家授予企业经营，企业的收入除了支付给劳动者的报酬外，其上缴国家的部分、企业用于再生产和其他由企业自主支配的部分，都属于全民或国家所有。因此，企业相互之间做买卖或投资联营，并不转移商品和资金的所有权，而只转移其经营权。它们同其他所有权主体发生买卖或投资等民事关系，则必须转移标的物的所有权；它们为国家取得所有权或把国家对标的物的所有权转移出去，自己所取得、丧失或转移出去的仍然是经营权。如粮食经营企业收购农民的粮食，粮食的所有权从农民转到国家，企业对粮食的权利则是经营权；企业向个人出售粮食时，情况则恰好相反。又如全民所有制企业同外商合资经营企业，将归其经营的一部分资金转移到合资企业，该合资企业在权属上即归中国国家和外商共同所有。对经营权参与民事流转所引起的法权关系变动情况作以上抽象，乃是全民所有制"两权分离"财产权结构的自然引申。这不仅在理论上是必要的，而且对司法实践处理民事流转中的纠纷也是有意义的。

有人认为，商品交换只能在不同的所有者之间进行，既然承认全民所有制企业之间的交换是商品交换，那么企业之间在交换时就应转移所交换商品的所有权，企业就应对归其支配的财产享有所有权，至少享有"商品"所有权或"相对"所有权，否则企业就不能进行商品交换。[1]对此，我们认为，企业所有权和任何双重所有权的观点不能成立，此其一；其二，商品交换并非必须转移所有权。从经济方面看，由于"商品

---

[1] 参见《论商品所有权》，《法学研究》1986年第2期；《论相对所有权》，载《论国家所有权》，中国政法大学出版社1987年版，第117—136页。

生产和商品流通等级不相同的生产方式都具有的现象"，① 因而不能简单地用商品经济一般与全民所有制内部的商品关系进行比照。商品经济一般的规定性在于，个别或局部的劳动要通过市场交换转化为社会劳动，交换则按商品的价值进行。这表明，商品经济的本质内容只处于一定的社会关系体系的表层，它与所有制和所有权并无直接联系，相反其表现形式则必须符合一定的所有制和所有权的客观内在要求。例如，在资本主义私有制条件下，适应按资分配和资本获取剩余价值的需要，等价交换变成了按生产价格交换，变成了用较少价值的工资换取劳动力创造的较大价值的劳动成果。在现阶段社会主义全民所有制条件下，不同企业之间具有利益上的差别，衡量其劳动的质和量，需要由市场来检验其产品的质和量，通过商品交换而使企业的劳动得到社会的承认，这的确是商品关系。但是，这种商品交换关系必须符合按劳分配和等量劳动相交换的要求，即具有全社会公有所赋予它的特点。简单地说就是，人们对全民所有生产资料的占有是平等的，不允许个人或企业由于拥有或占有生产资料而获得比别人更多的利益，他们只能以自己对社会的劳动贡献来换取相等劳动量的收入，因而生产资料及其产品的所有权必须由国家享有，以便通过国家的收入分配政策，将企业的商品交换收入中的社会积累和级差收益部分提取出来，在全民范围内分配使用。在这里，商品交换时根本作用不在于实现商品的价值和获取利润，而是为了衡量企业的劳动，以实现等量劳动交换，并补偿企业在生产经营中所耗费的物化劳动和活劳动。所以，全民所有制内部的商品交换关系不是发生在对立的私人所有者之间，而是建立在同一所有者内部具有利益差别的不同单元之间，个别单元对所交换的商品只能有实际支配权（反映在法律上就是经营权），而不能有所有权。

从法律方面看，民事主体本不一定要对所交换的客体享有所有权，如经销商、行纪人等，都可以合法地买卖他人的商品。此外，商品交换的形式是多种多样的，转移所有权的民事流转法律关系如买卖、互易等，仅仅是众多民事流转法律关系的少数几种。其他如租赁、承揽、运输、保管等商品交换关系的法律形式，均不要求转移标的物的所有权。各种物权合同，更是可以转让占有权、使用权、用益权等他物权，而不转让所有权。

① 《马克思恩格斯全集》第23卷，人民出版社1972年版，第133页。

可见，商品交换及其法律形式从来都不是单纯的和固定不变的。承认全民所有制内部的交换是商品交换，并在法律上确认交换的前提和对象是企业对产品的经营权，这完全符合商品经济在社会主义条件下发展的实际及客观要求。

由上所述，所有权与经营权分离的财产权结构，既创设了国家在商品经济条件下行使所有权的适当形式，又使全民所有制企业得以成为自主从事商品经济活动的独立民事主体，从而为全民所有制的实现提供了法律保障。

《中国社会科学》1990 年第 3 期

生存权论

徐显明[*]

摘要 本文划分了生存权概念形成的四个阶段：作为思想萌芽的生存权、生存权的自然权形式、社会权形式及其定型化。作者认为，随着生存权权利主体、义务主体、实现方式所发生的变化以及生存权在当代人权体系中核心地位的确立，生存权的适用范围扩大到所有的人并由国家全面干预经济而得到保障。当代生存权则正向环境权、健康权、和平权方向发展。生存权的保障原理在于，以请求权形态表现的生存权最终要求国家在立法、行政和司法三个方面的积极作用并使其在法律上和物质条件上向生存权主体提供双重支持。最后，文章探讨了生存权的几个理论问题：在自由与平等的矛盾运动中生存权产生的必然性，两种生存权的差异，生存权对立法、司法、行政以及社会组织和个人所发生的强制效力，国家应确立的满足公民生存请求的最低限度。

作为明确的法的概念，"生存权"最早见于奥地利具有空想社会主义思想倾向的法学家安东·门格尔 1886 年写成的《全部劳动权史论》①，该书认为：劳动权、劳动收益权、生存权是造成新一代人权群——经济基本权的基础。生存权此时被揭示为：在人的所有欲望中，生存的欲望具有优先地位。社会财富的分配应确立一个使所有人都能获得与其生存条件相适应的基本份额的一般客观标准，"社会成员根据这一标准具有向国家提出比其他具有超越生存欲望的人优先的、为维持自己生存而必须获得的物和劳动的要求的权利"，这种由个人按照生存标准提出而靠国家提供物质条

---

* 徐显明，1957 年生，山东大学法学研究所副教授。

① 参见［日］杉原泰雄编《宪法学的基本概念 II》，劲草书房 1983 年版。

件保障的权利就是生存权。

生存权概念的出现引发了人权理论上的一场革命。第二代人权的孕育即以安东·门格尔的创见为胎盘。如果说人权体系近代与现代的分期是以其核心内容是否发展变化为标准的话，那么在生存权的地位被抬高到自由权之上的见解在理论上得到阐明的时候，人权观念上的自由权本位向生存权本位的换代实际上已经开始。我们发现，这种现象与人权规范确立之初先是由思想家们对人权进行论证而后才有人权法的规定一样，现代人权的出现也经历了一个理论上的说明早于法的规定的过程。

生存权的规范于安东·门格尔提出它的概念30年后才出现。立法上接受这一概念，说明概念所表达的事物的质的规定性已为社会所认识，它已具有了既是精神的又是物质的双重力量，进而才影响了全世界。那么，生存权的概念是怎样逐步成熟的，它在形成过程中经历了哪些阶段，它是基于解决人权实践中的什么矛盾才被提出的，它包括了哪些内容，其保障原理如何，由生存权的性质所决定的生存权与其他人权的区别及其独特保障方式又是什么，等等。本文就这些作初步探讨。

一　生存权的形成和发展

（一）生存权的思想萌芽

从保证使获得了生命形式的人能够活下去的最低要求考察，生存权的内容远在人类认识了自体不同于动物的社会价值之后就已存在了。生存作为一种原始的愿望，是与人学会了怎样向自然界索取并如何从共同劳动成果中分得一份的方法一起产生的。最初的财富匮乏，是影响人类生存的根本因素。正因为财富对人的生命有着决定性的作用，所以才有在原始的常规被打破之后，掌管财富分配的少数人为了自己的生存而聚敛财富，进而将人划分为阶级的历史。私有制的确立，使关心集体能否生存下去的意识仅存在于失去了生存条件的那部分人当中，有产阶级则不再关心他人的死活。后者甚至在为了满足自己某些欲望的时候把他人杀死也不被认为违反按照他们的标准所确立的道德。这种情况一直持续到中世纪。

神学政治统治建立之后，此前的一部分人把另一部分人不当作人而当作物的观念开始受到以神的名义的挑战，随时都可能被剥夺生命的那部分人开始受到"神"的保护。中世纪中叶，神学家托马斯·阿奎那不但认为生存条件不全的人与生存条件齐备的人在神的面前有同等的地位，而且认为根据神法而产生的人法在确定财产秩序的时候也不得违背自然的法则。既然神准予人出生，那么神就要保证被他批准降世的人活下去。如果万能的上帝不能保障人的生存，那么上帝就是矛盾的。他在《神学大全》中写道："由人法产生的划分财产并据为己有的行为，不应当妨碍人们对这种财富需要的满足……，如果存在着迫切而明显的需要，因而对子必要的食粮有着显然迫不及待的要求，——例如，如果一个人面临着迫在眉睫的物质匮乏的危险，而又没有其它办法满足他的需要，——那么，他就可以公开地或者用偷窃的办法从另一个人的财产中取得所需要的东西"[1]。托马斯·阿奎那的重定财产秩序以解除人所面临的贫困的思想后来得到了被称为自然法理论之父的格劳秀斯的赞同。格劳秀斯认为："在极度必须的时候，关于诸物的使用的原理可复活为原始权利，这时候物的状态是共有的。为何？因为根据人类法派生的一切财产法都是把极穷状态排除在外的"[2]。换言之，人在生存受到威胁的时候，这种威胁应由有财产的人与其共同承担，人为解除生存威胁而拿别人的物是他的权利。格劳秀斯的观点不仅证明了生存是人的自然权利，而且也为权利起源于私有制的论断增添了一个佐证。与其论见一脉相承的还有卢梭在《论人类不平等的起源》、威廉·葛德文在《政治正义论》中所阐明的思想[3]。

从中世纪的托马斯到近代的启蒙思想家，他们揭示了共同的生存原理：与人的生存联系最紧密的因素是财产。他们一致的观点是人在极度穷苦中为求得生存而获取社会上富人的财产，不仅不是犯罪，反而是应有的权利。

对上述观点，后世法学家们从不同的角度给予了肯定。民法、刑法学家认为，这些思想是"紧急避险权"的源头；而人权学家则认为，他们

---

① ［意］托马斯·阿奎那：《阿奎那政治著作选》，商务印书馆 1963 年版，第 142—143 页。

② 转引自 ［日］阿部照哉、池田政章《宪法（3）》，有斐阁双书 1983 年版，第 26 页。

③ 参见卢梭《论人类不平等的起源和基础》，商务印书馆 1962 年版，第 127 页；威廉·葛德文《政治正义论》第二、三卷，商务印书馆 1982 年版，第 590 页。需要指出的是，在其他场合，一些思想家也曾对自己歌颂的权利给予过否定的说明。如威廉·葛德文指出："人据说有生存和个人自由的权利，如果承认这一命题，也必须附有很大的保留。在他的义务要求他舍弃生命时，他就没有生存的权利。"（威廉·葛德文：《政治正义论》第二、三卷，商务印书馆 1982 年版，第 113 页）这无疑又等于推翻了他们已求证的结论。判断上的矛盾是思想不成熟的表现，但不排除其有价值的内容对后世的启迪作用。

播下了到现代才开花结果的人权的种子——生存权。也有人把思想家们假设的极端情况下的权利称为"极穷权的生存权"。① 而我们则把它认作生存权思想的萌芽，因为它还停留在道德的领域而未变为人权规范。

（二）生存权的自然权形式

在近代众多的自然法思想家中，洛克的观点曾在最初被直接平移为人权规范。他的关于人的生命与人的自由、财产一样归个人所有的思想被早期的两部人权法所全面吸收。在这一阶段，自然权是生存权的表现形式。

在1776年美国独立战争中诞生的《弗吉尼亚人权法案》是人权史上最早的人权规范。它的第一条明显地带有洛克的思想痕迹："一切人生来享有平等的自由权、自立权以及一定的固有权利，在其进入社会时，其生命和自由不得以任何契约而丧失或剥夺，并且有权获得和占有财产，有权追求和得到幸福与安全。"② 这条规定在6周后被《独立宣言》提炼为"人人都享有上帝赋予的某些不可让与的权利，其中包括生命权、自由权和追求幸福的权利"。

早期的另一人权规范是对后世产生过巨大影响并被人们当作"人权的古典正文"而模仿和照搬的法国《人权和公民权宣言》。其第2条规定"人的自然的和不可动摇的权利是自由、财产、安全和反抗压迫"。很明显，这条规定的根据来自洛克的《政府论》。耐人寻味的是，法国人权宣言的内容曾几经变动。1793年的宣言把自然权利改为"平等，自由，安全和财产"，平等权产生了，而反抗权消失了。1795年的宣言又把这些权利定性为"存于社会的人的权利"。

把早期的两个人权规范作一比较可以看出，作为人的自然权利首要内容的生命权在美国和法国有着不同的对待方式。美国把它置于人权首位明言予以保障，而法国则在规范中不出现它的概念而将其融汇于其他权利中予以保障。其共同点则在于，其一，无论规范中是否出现生命权的概念，生命权的内容都是存在的。没有生命权概念的法国人权宣言在明示自然权利之前首先假定了一个前提："在权利方面，人生来是而且始终是自由平等的。"这其中有"生"的含义。其二，生命作为权利，其实现的必备条

---

① 参见［日］阿部照哉、池田政章《宪法（3）》，有斐阁双书1983年版，第41页。
② ［日］高木八尺等：《人权宣言集》，岩波书店1957年版，第109页。

件是国家负有保障之责。作为人权的生命权（不是作为"禁止杀人"推导出来的权利）第一次具有了为国家活动划定界限的意义。美国的规范中有"为了保障这些权利，人们组成自己的政府"，"任何形式的政府，只要危害上述目的，人民就有权利改变或废除它"的原则，法国的规范中则更简练地以一句话表明了国家的价值："任何政治结合的目的都在于保存人的自然的和不可动摇的权利。"其三，早期的人权规范都把生命作为生存的基本形式，在处理生命权与其他人权关系的时候，总是把其他权利作为个人实现生命权的手段，而其中主要的手段是财产权，财产权这时被赋予了绝对不受限制的神圣性。基于这样一种认识——财产自由如果受到限制，个人的生命将失去物质条件，因而为保障生命权，财产自由必须受到人权规范的鼓励。其四，国家担负保障人的生存权之责的方式是间接的，即通过保障人的自然权而使人得以生存。国家对个人权利领域的态度是抑制自己，不行干涉。

以上四点作为人权规范最早肯定生存权的共同内容，在人人都有财产可实行生存的自我保障的条件下确能使处于朦胧状态的生存权得到顺利实现。然而问题恰恰在于，社会上尚有大量无财产权可行使的人业已存在或正在出生，他们的生命却处于危险之中。对于这些人，人权规范虽肯定了他们的生命权，却无法保障他们的生存。这一现实向以生命权这种自然权为表现形式的尚不定型的生存权提出了改进要求。

（三）生存权的社会权形式

社会权在人权法上的出现，标志着古典的自然权思想在历史上的终结。人的权利一旦超出了"与生俱来"的范围，其权利的性质就不再是自然的或不证自明的。

1791 年的法国宪法最早设定了不同于自然权的社会权。该宪法在《宪法所保障的基本条款》中有如下规定："应行设立或组织一个公共救济（Secours publics）的总机构，以便养育弃儿、援助贫苦的残疾人，并能对未能获得工作的壮健的贫困人供给工作。"1793 年这一规定在人权宣言中又进一步发展为"公共救济是神圣的义务。社会对于不幸的公民负有维持其生活之责，或者对他们供给工作，或者对不能劳动的人供给生活资料"。作为人权的特殊主体——不幸的公民，他们有从社会（这时还未明确为国家）获取救助的权利。这种权利因以社会救济机构为相对义务主体，因而可以称之为社会权。很显然，社会权已不再是孤立的自然权，而是发展了自然权的一种新权利，其意义则在于维持一部分不具有生存条件的人的生存。

社会救济条款的出现，对巩固刚刚取得革命胜利的资产阶级政权有着极大的意义。一大批在原始资本积累过程中被驱赶到贫困边缘的人因这一条款而看到了一线生机，他们很快团结在资产阶级民主派的周围。对生存救济条款的政治意义认识得最深刻的是 1792 年法兰西第一共和国成立后成为雅各宾派代表人物的罗伯斯庇尔。他在 1793 年的国民公会上第一次批评了 1789 年的《人权宣言》，认为宣言所保护的财产权原则是"许多灾难和犯罪的根源"。他主张"财产平等对于个人幸福还不如对于社会福利那么需要"，因而他建议对人权宣言进行修改。他还为此提出了自己的人权法案①，该法案的突出的特点是主张以社会权的方式保障人的生存。作为世界人权史上第一次提出对所有权和经济自由进行法律限制，他的思想虽未被当时立法所接受，但却对垄断资本主义时期反垄断法和社会法的制定产生过巨大的影响。

从法兰西第一共和国到第二共和国（1884 年）的半个多世纪内，罗伯斯庇尔曾试图解决的社会问题日益突出。伴随工业革命的进行，原来的小手工业者、农民被迅速瓦解分化，有的被吸收为产业工人，而有的则被淘汰得除了双手别无长物。所有权不受限制的实质是压榨和利润的自由，它的结果必然是握有财产的人财富日增，而出卖劳动力的人生活日穷。在把失业者这一产业"预备军"当作经济杠杆使用的时候，失业者的队伍不断壮大，因之生存无着落的人也就日益增多。这一问题反过来开始制约资本主义的发展。资产阶级国家第一次觉察到了社会的危机。

以法国 1848 年"二月革命"为契机，"社会权"首次被规定为国家的义务。二月革命后成立的包括两名工人在内的临时政府决定设置"国立劳动场"以保障失业工人享有劳动权；与劳动权配套的其他措施，如准许工人建立劳工组织，限制过长的劳动时间，改善劳动条件等随后也进入了立法范围。这些革命成果后来甚至在有明显倒退痕迹的法兰西第二共和国宪法中也仍然得到了肯定。并由此确立了该宪法在解决生存的社会问题上由近代向现代过渡的性质及它第一次把贫困、失业等问题作为生存权

---

① ［法］罗伯斯庇尔：《革命法制和审判》，商务印书馆 1986 年版，第 136—137 页。

问题解决的意义，这表现为如下几个特点：其一，它改变了由资产阶级革命初期对市民社会每个人作等质对待的认识，开始承认在劳动关系上工人与资本方的不平等，对人权的保护随这种认识而有了原则性变化，即改变过去无差别保护所有的人为有差别对失去生存条件的人予以特殊保护。其二，它确立了人权内容的两个重心。一方面它一如既往地承认所有权的自由性，而另一方面又有开创性地肯定劳动权的自由性，在人权体系上设计了二元体制。这一特点可以视为近代人权向以生存权为核心的现代人权转换的尝试。其三，它第一次确立了社会保障制度。被保障的主体由1793年宪法中"不幸的市民"具体化为失业者、弃儿、病弱者、老人等。保障方法由1793年宪法中"社会救济机构"履行义务变为国家履行义务。这一特点与现代宪法关于社会保障的特点极其相似，或者可以说是它设计了现代宪法中的社会保障方案。

社会权的主要内容是劳动权与救济权。法兰西第二共和国集中解决了社会权的问题，它在世界人权史上占有承前启后的地位。它的问世促成了劳动法的诞生，进而开拓了人权的范围。自由资本主义向垄断资本主义发展时期的社会弱者正是靠争取劳动权和社会救济才得以生存的。因此可以说，该时期的生存权是以社会权为表现形式的一种权利。

（四）生存权的定型化

纵观自《人权宣言》问世至20世纪初的百余年资本主义历史，为解决人的生存问题，资产阶级国家大致采用了下述几种方法：其一是在资本主义自由竞争体制内部设立人的自我救济制度，即所谓社会救济制，国家对此不承担义务，它的救济物资的来源是富有者的施舍，获得社会救助的人不限于产业工人，其他"不幸"的人也有机会从救济机构那里领取所需的一部分。其二是为保证劳动力有出卖劳动的机会，法律上承认工人享有劳动自由。以法国1848年宪法为开端，劳动的诸种权利如组织劳工团体的权利、罢工自由等开始形成，这些权利重新调整了工人与国家及资本家的关系。工人团体权利的获得，被认为是工人对国家在刑事处罚关系上的解放，同时也被认为是工人对资本家在民事补偿关系上的解放。劳动权登上人权舞台，实质上等于宣布一切以契约为自由形式的制度已被修正。国家可因劳动时间过长、劳动条件过差、劳动报酬过低等干预资本方的活动，从而为劳动者的生存提供一点支持的力量。其三是国家直接插手生存问题的解决，即把保障社会弱者生存作为自己的义务。自 19 世纪末开始，技术革命迅速推进，使大批不适应技术要求的体力型劳动者失业；公害的出现，衍生了许多非人的自然免疫力所能避免的疾病；垄断的形成，则进一步导致结构性工厂倒闭和大批失业。这些像裂变一样涌现的社会问题一一摆在政府面前。对此，国家一方面以强制性的保险制度替代原来的任意性的相互扶助制度，另一方面，增加了以妇女、儿童、残疾人、老人为特殊保护对象的为防止他们生存条件恶化的人权立法。上述三种办法，与资本主义发展的不同阶段相适应，具有递进性。而当第三种办法被普遍使用的时候，生存权的定型化已具备了充分的条件。

第一次世界大战的爆发，为生存权规范的问世起了催生作用，它的两个后果——苏俄的《被压迫被剥削劳动者权利宣言》的问世和资本主义经济危机的产生，从正反两个方面为生存权的诞生开启了大门。《劳动者权利宣言》继承了全部有益于劳动者的资本主义人权立法的经验，从根本上消除了不利于劳动者生存的资本主义基础，从而成为一部最彻底最典型的生存权法案。它开始成为资本主义国家的劳动者羡慕不已的东西。1919 年产生的以生存权为人权特征的《魏玛宪法》就是资产阶级国家模仿《被压迫被剥削劳动者权利宣言》的产物。

《魏玛宪法》的时代印记被烙在其第二编第五章的《共同生活》上。该章由经济目的与三个规范群所构成。经济目的设定为："经济生活秩序必须与公平原则及维持人类生存目的相适应。"（第 151 条）该目的即是资产阶级人权学者所称的人权换代的原始规范，生存权的法律根据皆出自于它。为达成这一目的的第一规范群可概括为劳动者的各种权利，这些权利的实现方法是国家设立不因劳动者疾病老弱而影响生活的保险制度，保障这种制度的主体不是社会而是国家。第二规范群是关于所有权与经济自由权的规定。第三规范群是关于对从事农业、商业等活动的独立的中间阶层给予生存保障的规定。上述三个规范群，呈现出与已往所有资本主义人权规范不同的三大特点，其一，《魏玛宪法》公开承认了社会内部劳动阶级与资产阶级的阶级对立，它比法国 1848 年宪法只承认人的不平等更进了一步。为使这种对立趋于缓和，该法调整了人权的重心，即对生存权作了概括性设立。尽管从实质意义上分析，规定生存权这种全新的人权是资产阶级为了延续资本主义制度所采取的措施，其目的不在于为劳动阶级建造天堂而在于使剥削制度生存下去，但其进步意义仍不可忽视。其二，以生存为目的重新调整经济秩序是《魏玛宪法》最突出的特点。在生存的目的制约下，经济活动从自由转向不自由，所有权被定性为义务，这等于承认自由资本主义的历史已经终结。在新的资本主义时期，人们有权依据生存原理对抗对自己生存不利的所有经济活动，生存权随之被推上了体现全部经济秩序最高价值的地位①。表现现代资产阶级国家外部特征的所谓福利政策就是依据"生存目的"而制定的。其三，随着生存目的被解释为生存的人权规范，国家从消极转为积极，它开始全面介入垄断资本主义固有矛盾——财富急剧集中于少数人之手和社会多数人迅速贫困化——的解决。《魏玛宪法》关于国家以公益的名义强制组建公共经济组织并以税收方式实现社会财富的二次分解、把被集中的社会财富分割出一部分施于贫苦者的规定，使国家获得了前所未有的力量，国家开始大有作为。《魏玛宪法》的这一特点曾为社会主义国家在政权建立后如何处理生产资料提供过借鉴经验。但在德国施行的结果，导致了后来给全人类的生存带来灾难的法西斯主义。

《魏玛宪法》的制定，标志着生存权的全面定型化。人的生存问题从此再也不像以前的人权规范那样只是作为个别人的问题。以《魏玛宪法》关于生存的三个规范群为开始，生存权具有了主体、内容、客体的法定要素，因而成为与所有人都密切相关的问题。穷人的生存联系着富人的义务，国家成为生存权的保障人。在这个意义上，生存权重新规范了个人与国家、社会弱者与强者、劳动者与剥削者的关系，它开启了具有连带特征的人权的新时代。

二　生存权的现代内容

生存权在世界范围内的普遍化，开始于 20 世纪 30 年代资本主义经济大萧条之后。特别是第二次世界大战以来，几乎所有制定宪法的国家都在其人权规范中增加了生存权的内容。从有代表性的东西方宪法可以看出，生存权在现代各国有着如下几方面通解：

---

①　作为"经济目的"出现在宪法中的"生存"是否可以被作为人权规范直接适用，在德国人权学界曾存有分歧，一种观点认为它不过是关于人权的原则和纲领（纲领说），而另一种观点则认为它是不需补充即成立的法规范，具有一般适用的人权效力（规范说），后一种观点后来被普遍接受。

（1）生命仍是生存权的自然形式。与早期人权规范中作为自然权的生命权不同，现代作为生存权的生命权，已增加了尊严权的内容。生命与尊严的结合，可以理解为人的"体面地生存的权利"。尊严权是二战结束后新出现的人权子族，在生存权理论上它被认为是人的生命的外围屏障。如果一个人的生命是在屈辱状态中被保全，那么它的生命至多是奴隶式的动物形式，其生存的价值不在自己而在屈辱施加者。尊严权是从法西斯主义践踏人的尊严的教训中反刍出来的人权。人权体系中有无它的规定，是判断一国人权是否现代化的根据之一，也是判断一国保障人的生存权是否全面的标准之一，其意义可与生命权并列。

（2）财产是生存权实现的物质条件。与近代人权规范不同的是，为求生存而获得财产不以生存者履行义务为前提，反以财产所有人履行义务为前提，国家具有接受生存请求的责任。失去生存能力的人有权向国家提出获得必需的物质帮助的权利，国家通过强制财产所有人履行义务实现自己向生存请求者提供物质帮助的义务。在保障生存者获得物质条件的方法上，社会主义国家与资本主义国家有根本性的差别。社会主义国家向生存者提供的是创造社会财富的生产资料，资本主义国家向生存者提供的是赖以生存的生活资料。在现阶段，社会主义国家以解决人民温饱问题为解决生存权的首要问题，资本主义国家则已超越这一标准而转入实施福利政策。

（3）劳动是实现生存权的一般手段。随着劳动者的生存决定着全社会生存的认识在立法上得到肯定，劳动者在现代人权法上受到了特殊保护。劳动是财富的源泉，保障劳动者获得劳动权，不仅使劳动者本人在创造财富过程中有取得劳动报偿的资格，而且也为不能参与财富创造的人准备了提留后的份额。劳动权的内涵则较之过去丰富得多，劳动就业权、职业选择权、报酬权、劳动保护权、休息权、交涉权、争议权、管理决定权、劳动保险权等正随劳动者价值的提高而成为劳动权族中日显重要的组成部分。生存权问题最早是由劳动者而引起，解决了劳动权问题也就等于解决了社会多数人的生存权问题。

（4）社会保障是生存权的救济方式。如果说生存者是通过"劳动—财产—维持生存"的定式完成了生存权的自我实现的话，那么另一种定式"物质请求—国家帮助—维持生存"就是一些例外的人生存权实现的救济方式。对社会的多数成员来说，生存权是通过第一种定式而得到保障的，第二种定式只适用于具有生存障碍的社会弱者。分析一个国家生存权制度是否完备，在现代具有三个尺度，一是看生存的保障义务是否由国家履行；二是看国家是否制定了与其经济状况相一致的生存标准；三是看国家是否有使低于生存标准的人达到这一标准的具体措施。这三个尺度联系着的共同内容，就是社会保障制度。在现代社会化大生产过程中，即使有生存能力的劳动者也避免不了随时都可能发生的意外灾难，社会保障制度对他们具有生存的救济预备意义。而对于老、弱、病、残、妇、幼等社会弱者来说，社会保障是他们须臾不可离开的护身符，社会保障制度无时不在消除他们的生存障碍。从社会保障与弱者生存的关系考察，甚至可以这样认为，受社会保障权就是社会弱者的生存权。这种形式的生存权对于社会强者只是在他是强者时才不需要，而一旦他沦为弱者，受社会保障就是他原来生存权的自然延伸。

（5）发展是生存权的必然要求。伴随新技术革命的进行，社会发展的步伐在20世纪60年代以来空前加快，社会向人提出的适应要求越来越高。生存权的设立，解决了适者生存、不适者也生存的问题，但是，生存权中并无限制适者生存得更好的平均因素。生存权可以确定生存的最低标准，而它却不反对社会强者对社会适应的更高追求。在没有上限的生存欲求中发展个人并使之与社会进步相一致，因适应社会要求而成为一种必然。例如，在一些新技术产业，劳动者要么成为新技术的掌握者，要么被新技术淘汰而另就他业或失业。一旦出现后一种情况，其生存问题随之产生。为防止类似的个人与社会差距拉大的问题出现，发展自己的权利开始被列入生存权的范围。个人发展的主要途径是享有受教育权。人自幼开始接受一般智能教育，国家承担培养高素质劳动后备军的义务。受教育者无偿获得知识与技术，这样才能使其在进入社会时解除后顾之忧。正是从保证人的生存角度考虑，"接受教育"才具有既是权利又是义务的双重性质。人在进入工作岗位后，为使自己不断与所在岗位要求相适应而接受的继续教育，也具有同样的性质。发展权中不限于受教育权一种，它还包括个人为显示自己能力所进行的各种自由追求。如公职竞争自由、兼职自由、职级晋升权等。生存权中包含发展权的内容，首先是社会发展的需要，其次也是人权中必须承认人的先天差别的需要。生存权中只确定生存的最低标准，这本身即蕴含着对人的发展权的肯定。

（6）环境、健康、和平是生存权的当代内容。生存权是发展变化着的权利。在温饱问题解决之后，财富贫乏对人生存的威胁已降为次要地位，而人类在创造物质财富过程中对自然环境的破坏以及由此而引起的各种疾病开始对人的所为进行报复。这种报复是当代人类生存最无情的敌人。它们呈立体形态全方位地向人类生存展开攻势。它们的肆虐导致一些现代病的出现。因此，创造良好的自然环境和保持身心的健康就成为替代人类对衣食住行要求的新要求。这种要求在生存权上的表现就是环境权与健康权，诸如净气权、阳光权、稳静权、净水权、远眺权等都是它们的内容。

生存权的时代内容因不同国家对它的不同追求而分成两支：把环境与健康作为生存首要问题对待的是一支，把和平作为生存首要问题对待的是另一支。这后一支以第二次世界大战为人类制造的惨祸为背景。人们注意到战争是生存的最大威胁，因而有了在和平环境中生存的要求，反战权、反核权、免除核威胁权等成为和平生存权的内容。

（7）国家职能的转换是生存权的保障。近代国家对公民的生存权只以旁观者身份出现，现代国家则把自己变成了生存权的关系人。二战之后，重新修订宪法的西方各国都另行标定自己的性质，德国标榜自己是"社会联邦国家"，法国自称是"社会共和国"，意大利将自己定性为"以劳动为基础的民主共和国"。国家性质的重新表述，表明国家职能的转换，以保障生存权的名义全面干预经济即是资本主义国家在现代的新职能。

社会主义国家大都表明自己的人民性，这说明保障人民的生存权是社会主义国家的根本任务。

三 生存权的保障原理

生存权在人权体系中的核心地位确立之后，人权制度随之发生了三方面的根本性变化。在人权内容上，传统的以自由权为构成基础的近代人权让位于以生存权为构成基础的现代人权。在人权目的上，传统的以社会成员个人对自由、幸福的追求变换为社会整体对平等、生存的追求，人权主体也因人权价值取向的转移而由有生命的个人扩展为具有复合性质的人的某类，集体的权利开始登上人权舞台①。在人权保障方法上，传统的只对

---

① 在国际人权法中，集体权利又称集体人权。它最早出现于第一次世界大战时期国与国之间关于少数民族保护的双边条约，其形态是民族的权利；第二次世界大战之后，集体人权的概念始广为流行，现已成为国际人权法的基本范畴。

人权侵害加以预防和在预防失灵时对侵害加以排除的消极保障方式开始变换为国家直接向人权主体提供人权实现条件和清除人权实现障碍的积极保障方式。公民对国家的抵抗和国家所必须保持的抑制被公民对国家的依赖和国家所必须进行的介入所取代，国家从不惊扰个人权利生活的守夜人变成了应公民请求而行的奉事者。人权制度的上述变化表明，作为现代人权标志而确立的生存权，其性质已不同于作为起始的人的解放符号的自由权。如果说自由是人的重要天性而承认人有与这种属性相适应的各种权利是文明在社会制度上的表现，那么，生存权就是给人的自由设置最合理的界限，而达到社会共同自由就是文明在制度上的最大发展。自由权强调的是人的个性的充分实现，生存权强调的是所有人共性的一般实现。生存权为自由权重新划定了界限，国家则在协调两种有冲突的基本人权的关系中发挥着任何其他社会组织无法取代的作用。国家对于生存权的实现具有决定性意义。

人权不同于一般私法关系上的权利的特征之一是凡被称着人权的权利必定同国家发生联系。公民通过人权的中介同国家结成四种权利义务关系并形成四种地位。第一种是公民对国家的服从关系。在这种关系中，公民处于被动地位，他对来自国家的法律、政府的自由裁量、司法的裁决只有遵奉的义务而无讨价还价的权利。如果说在服从关系中公民有不可侵犯的利益的话，那至多是公民对超量义务的拒绝权，但这种拒绝恰恰说明公民对国家履行了法定量的义务。第二种是公民对国家的抵抗关系。在这种关系中，公民处于消极地位。人权自产生那天起即以国家为防御对象。限制国家不干涉公民的权利生活，人权就能受到最大限度的尊重。在抵抗关系中，公民获得的是各种形式的自由。第三种关系是公民对国家的决定关系。在这种关系中，公民处于主动地位。只要承认主权在民是人权制度的基本原则，就必须承认公民有权决定国家的一切，公民因这种地位而获得广泛的政治权利。第四种是公民对国家的请求关系。在这种关系中，公民处于积极地位。国家应公民的请求为当为的行为而使公民受益，国家活动的内容受公民的请求所支配。公民的请求一旦得到满足，其结果就是实在化的权利。国家负有满足公民请求的法定义务，这种性质的权利就是生存权。

由生存权所表明的公民对国家的积极关系可以看出，生存权的实现方式已不同于公民处在其他地位上而获得的其他人权的方式。国家是否允许公民拥有提出请求的人权地位，允许公民占据请求者的地位而请求是否被国家接受，国家不接受公民请求是否为不作为违法，国家的不作为行为最终能否被公民纠正过来，这一组问题的解决就成了生存权有无切实可行的制度保障的原理所在。

首先，是否赋予公民在生存遇到来自自身的或社会的困难的时候向国家提出帮助请求的地位，直接决定着公民能否成为生存权的主体。如果像德国人权学者早期对《魏玛宪法》关于生存的条款所作的解释那样，只是把"共同生存"理解为国家活动的原则和纲领，那么，生存的保障问题只不过是国家政治和道义上的责任，它的表现形态是政治规范而不是基本的人权。纲领说直接否定了生存条款的权利性，同时也否定了国家所应承担的法律责任。公民处在不能提出请求的地位，其对生存的希望只能是消极的等待。在国家遵循道义的纲领而施仁政的时候，公民的生存问题有可能被国家的具体措施所顾及，而一旦国家背弃政治原则，则公民的生存问题又有可能受到冷落。这样，即使国家有基本成型的福利制度，公民的受惠也带有很大的偶然性。这种状态的生存权，与其称其为基本的人权，倒不如称其为特权更合适，因为它无法成为人人平等享有的权利，偶尔地享有，也只是恩惠式的例外。

其次，确认公民有向国家提出生存请求的法律地位，但同时又准许国家对公民的请求持自由态度——既可以接受，又可以不接受，这种性质的生存权仍是缺乏强制性义务作为保障的生存权。在 20 世纪 30 年代的德国和 50 年代末期的日本，人权理论界曾将请求权的生存权解释为抽象的权利[1]，其含义是，公民有权向立法机关提出补救生存保障立法之不足和向行政机关提出纠正生存保障措施之不当的请求，但不能把请求转化为对物或劳动机会的索取，由于这种请求权不是具体的，而且带有政治色彩，所以称其为抽象的权利。抽象权利说比纲领说有两个明显的进步：一是承认生存请求权是公民普遍享有的权利，它比纲领说的"特权论"更接近平等的人权原则；二是赋予了公民生存权的主体资格，保障生存的责任不再是国家的道德义务而是法律责任。但是，抽象权利说也清楚地显示出其不足，一是它所承认的公民请求权缺乏操作性，公民排除生存障碍的请求得不到司法的保护；二是在抽象权利说中，公民的请求只被当作国家了解社

---

① ［日］桥本公亘：《宪法原论》，有斐阁 1959 年版，第 238—239 页。

会问题的窗口，公民请求解决的问题只有具有社会普遍意义的时候，请求才可能得到重视，而对于因人而异的个别请求，国家则可予以否定。抽象权利说的缺陷说明，生存权此时正处于抽象的被肯定和具体的被否定的矛盾之中。该说曾在很长一段时间内被国家作为规避具体义务的根据。生存权在这段时间内的实践还表明，抽象权利说是利于生存强者而不利于生存弱者的生存学说。

再次，法律是否允许公民对国家不接受公民的具体生存请求指责为不作为违法，是生存权向制度化保障靠拢的重要关口。理论上对这种靠拢作出强有力说明的是超越抽象权利说的具体权利说①。具体权利说产生的背景在于 60 年代开始的各国社会保障法的普遍化和依据社会保障法而出现的诸多生存权判例。该说从生存权实践所总结出来的原则中发展了抽象权利说。既然公民有对国家关于生存权的立法提出请求的权利，那么当立法机关出现立法侵害时②，对消极的立法侵害，公民同样有权利按照宪法的监督机制对立法机关提出不作为违宪审查的程序以纠正立法的不法。具体权利说把生存权当成了违宪审查的标准，这就迈出了国家对保障生存权实现负有法律义务的关键的一步。具体权利说对国家行政机关所提出的制约甚至远远大于对立法机关。在生存保障有法可依的前提下，如果负有社会保障法实施之责的行政机关也以不作为方式漠视公民的生存请求，公民则可直接将行政机关作为诉讼上的控告对象。大凡建立行政诉讼制度的国家，在公民的行政诉讼诉由中都有行政不作为的内容，这是具体权利说对行政诉讼制度所产生的影响。在诉讼过程中，生存权是行政不作为行为被司法审查的基本标准。具体权利说赋予了生存权对立法、行政的约束力，使生存权成为当代立法的本源和行政措施的出发点。该说所证明的结论是，哪里的生存权不具有这种约束力，哪里的生存权就是不受保障的生存权。

最后，公民的生存请求能否转化为属于自己的生存利益或生存条件，是生存权是否具有法定性格的标志。比具体权利说更现实化的生存权理论

---

① ［日］高田敏：《生存权保障规定的法性质》，公法 26 号，1964 年，第 95 页。

② 立法机关的立法侵害有两种方式：一种是对已定式化的生存权用立法的方法加以限制或剥夺，另一种是对已确立的生存权以怠慢的态度不制定使其实现的具体规范，前者称积极的立法侵害，亦称作为侵害，后者称消极的立法侵害，亦称不作为侵害。参见徐显明主编《公民权利义务通论》，群众出版社 1991 年版，第 57—60 页。

是法定权利说①。该说认为，生存权只有成为决定当事人利益的审判规范时，生存权才是在终极意义能够实现的人权，其法定权利的表现形态是在司法上获得救济。依据人权保障的一般原理，哪项权利不能提起诉讼，哪项权利就没有护卫屏障。司法救济是人权的防波堤，它的意义在于阻遏来自国家和社会的生存冲击。人权侵害与人权保障总是结伴而行的。没有不受侵害的人权，也没有不受保障的人权，是侵害产生了保障制度。人权保障有积极、消极之分。生存权的积极保障在司法上的体现，即是依据司法上的命令，公民可向国家兑现适合社会一般生存标准的各种利益。它可以是物质的，也可以是行为的，还可以是某种机会。司法上对生存权的救济，是生存权保障的最后环节。

从上述生存权渐次获得法律上的效力可以看出，以请求权形态表现的生存权所最终要求的是国家在立法、行政和司法三个方面的积极性，有关生存权的规范如果能够对国家产生这样的制约作用，则生存权就是受法律保障的基本人权，否则，它只是主观意义的、在受到蔑视和侵害的时候无法获得实际保护的权利。展示生存权的保障原理在于强调国家的作用从而规约国家在法律上和物质条件上向生存权主体提供双重支持，消除国家的不作为因素和使公民能够获得由司法裁判命令支付的来自国家方面的物质利益是生存权保障的制度机制。

四　有关生存权的几个理论问题

本世纪，人权理论别开生面之处是生存权原理在世界范围内被普遍接受。不论对立着的东西方或南北方各国在实际上是否认真对待了生存权，但还没有一个国家不承认生存权是人民的首要人权。生存权在不同国家所拥有的共同地位，向生存权的理论提出了共同的问题。在生存权尚处于发展、完善阶段的当今，回答这些问题仍是各国人权理论界共同的任务。

（一）生存权产生的必然性

恩格斯在论证人权形成为制度的自然过程时指出："一旦社会的经济进步，把摆脱封建桎梏和通过消除封建不平等来确立权利平等的要求提到

---

① ［日］芦部信喜编：《宪法Ⅲ人权（2）》，有斐阁1981年版，第338页。

日程上来，这种要求就必定迅速地获得更大的规模，……这种要求就很自然地获得了普遍的、超出个别国家范围的性质，而自由和平等也很自然地被宣布为人权"①。这说明，人权的最一般表现形态是自由与平等。它们的存在，表明的是人对经济的关系。

只要服膺马克思主义经典作家的经济决定论的唯物史观，就不能不拿它去分析自由与平等的关系。而一旦把自由与平等与经济原因相连接，就会立刻发现，自由和平等从胎动那天起就已陷入不可自解的矛盾之中。资产阶级的人权史实际上是一部自由与平等的矛盾斗争史。

自由的最大价值在哪里？从形式上观察，它在于通过法律拒绝来自国家对个人身心的束缚；但从实质上审视，它却是为资本和财产而准备的。有产者所以始终把它当作自己的宠儿，其原因就在于只有它才能实现资本与劳动最大限度的结合。资本与劳动结合得越充分，资本者由结合后产生的利益所体现的人格价值就越大，同时由结合而带来的两个后果也就越明显：结合前劳动者的自由变成了资本的奴隶——被结合的人的自由消失了；结合前契约上的平等变成了役使关系——被结合者的平等被吞噬了。尤其当资本形成垄断而使其他资本也难以自由的时候，甚至连有产者也会感觉到在自由问题上的不平等，于是最先认识到这种不平等的有产者也会像无产者一样反对不利于自己的自由。这时候，统治危机便会因统治者内部利益均衡的被打破而首先在本阶级中产生。自由资本主义时期所出现的各种社会矛盾，就是自由埋葬平等的结果。在这种背景下，生存权走到人权的前台，承担了调处大资产者与中小资产者的矛盾（使中小资产者免于破产）以及有产者与无产者的矛盾（使无产者免于失业）的重任。它以限制财产权的绝对自由为出发点，试图恢复平等权昔日的光辉。从上述自由与平等的冲突中认识生存权，可以说生存权是以自由权叛逆的身份出现的平等权的附属品，它是本来就难以协调的两种基本人权矛盾的必然产物。

生存权产生的另一原因可以从资本主义生产过程中所制造的劳动者与有产者双方在生存欲望上的统一中得到说明。作为经济人的资本家，其生存的基础是在资本的运动中投入劳动力以使其变易为商品。维持劳动力生存的条件同时也是维持资本主义生产方式的条件。对劳动力的过

---

① 《马克思恩格斯选集》第3卷，人民出版社1972年版，第145页。

度榨取，不但会因劳动力资源趋于枯竭而使商品生产难以为继，而且作为以自己资本为核算单位的资本家个人还要考虑劳动力价格提高而生产成本增加所造成的负担。把劳动力成本降低到最低限度的最经济的做法是既保持在资本周围形成一支失业常备军，又维持失业者随时出卖其体能的最低条件。这样，劳动者生存下去的欲望与资本家降低劳动成本的欲望在商品生产过程中统一起来。在业的劳动者以其所得维持生存，失业的劳动者以从国家征取的社会生产总成本中的所调保障资金中求得生存。资本家以纳税方式缴于国家的资金，实质是其预投的劳动成本的一部分。让劳动者及其繁衍的后代享有维持生存最一般条件的权利，在长远上只是资本主义生产战略的计谋，劳动者的生存是为了有产者更好的生存。

劳动者力量的增强和在生产过程中的反抗是生存权产生的阶级原因。社会化大生产在把劳动者通过分工和流水线组织起来的同时，也把他们统一为整体。当劳动者知道自己是被作为一个阶级受到榨取的时候，收回全部劳动成果的要求便会提出①，但这种要求在私有制不变的前提下永远无法得到满足。于是无产阶级整体对资本的对抗就是难以避免的社会问题。为此，资本方不得不作出让步。马克思曾指出，"如果允许无限期地出卖劳动力，那就会使奴隶制立刻恢复起来"②，首先从确定出卖劳动力的最大期限——劳动时间开始，劳动者的劳动权和劳动基本权③渐次被资本方所容忍。劳动者的生存权是伴随其劳动等的权利一并法定化的。生存权的被肯定可以说是劳动者阶级在百余年间通过市民社会的战场对有产阶级的胜利。

资产阶级政党斗争格局的改变是生存权产生的政治原因。政党政治以多党并存、政党地位平等为原则。不管一国问鼎政权的政党有多少，其性质大致可分为主自由的和主平等的两类。自由和平等都是通向民主的桥梁。无论哪种性质的政党，其标榜的"来自人民、为了人民"的

---

① 安东·门格尔所创设的"全部劳动收益权"的概念即指劳动者有收回自己所创造的一切劳动成果的权利。

② 《马克思恩格斯选集》第 2 卷，人民出版社 1972 年版，第 179 页。

③ 在人权理论中，劳动权与劳动基本权是有区别的两个概念。前者指劳动者在生产过程中的权利，如就业权、休息权、报酬权、受保护权等，后者指劳动者在生产过程以外的权利，如丢工权、争议权、团体结合权、集体交涉权等。

政纲都是相同的。在解决社会矛盾的策略上，各政党可以为争取选民而持针锋相对的观点，但成功与否最终要经选民民主程序的选择。在自由资本主义时期，主自由的政党一直占据政治上风，这种格局被认为是选民对自由铁律的公认。但是，对社会的多数成员来说，与其奔向自由王国还不如奔向食物王国更有实际意义。所以当主平等的政党首先提出生存的口号而争取民心时，原来的政治格局迅速瓦解，生存权的提案成了在野党爬上权力宝座的阶梯。这也正是生存权得以在规范上确立的政治原因。

综上分析，生存权是人权制度内部自由与平等矛盾运动的必然结果，是由经济的、阶级的、政治的原因共同促成的，其必然性即存在于社会各种矛盾的斗争之中。

（二）两种生存权的差异

在西方的人权学说中，因生存权在获取方法上的差异而有两种不同的主张。"自上而下"获得生存权的方法认为，只要国家积极主动地为公民作出生存安排，公民就能获取生存权，它以公民的受益权为表现形态；"自下而上"获取生存权的方法则认为，生存权乃是劳动者及其受益人对劳动权和社会保障权的享有，国家应公民的请求而积极提供公民生存的条件。本文不拟对这两种观点的不同作进一步分析。这里所要探讨的是，两种社会制度下生存权在形式相同基础上的实质的差异，这是具有现实意义的重要理论问题。

差异之一，资本主义的生存权以解决垄断阶段两极分化所导致的社会危机为目的，以对自由权进行改良和修正为方法，这两方面都不触动私有制的根本制度。而社会主义生存权则直接否定资本主义的生产关系，并以不同形式的生产资料公有制作为生存权的经济保障。

差异之二，资本主义生存权在调整与所有权关系时只以对其神圣不可侵犯的原则施以限制为其划定界限，所有权并不因附带义务而失去其最基本的人权的法性格，它始终处于人权体系恒星的地位上，生存权不过是由它决定的在速度上服从它而在方向上围绕它的卫星。而社会主义的生存权则把其与所有权的关系颠倒过来，所有权在社会主义的人权族林中不再是基本人权。社会主义国家保障公民合法的收入和财产，但在方法上是把它作为私法关系上的权利对待的，这就决定了社会主义生存权的地位远在所有权之上。两种生存权对所有权的关系截然不同。

差异之三，资本主义的生存权在把平等原则引入其中的同时又无情地践踏了平等原则。生存权主体人格与法律地位的平等依赖于资本特权法律化的不平等，因特权的活化而威胁平民生存权的条件依然存在。而社会主义的生存权则把平等的原则与实践统一起来，人人具有平等的生存条件，资本特权在生存权面前归于消灭，使生存权在事实上成为社会主义在法律上的表征。两种生存权对平等关系直接对立。

差异之四，资本主义生存权以社会共同体为理论依据①，这种理论认为，作为全体的国家和作为其成员的公民是有机结合的，国民个人的生存发展也是国家的生存发展，国家整体的向上进步也是国民个人的向上进步，在协同关系中，权力与生存合二为一、共存共荣。共同体论掩盖了在生存权问题上的阶级矛盾。而社会主义的生存权则以科学社会主义原理为理论依据，它主张剥夺剥夺者以消灭差别，生存权主体具有相同的占有生产资料的机会，在平等的起点上共同富裕。两种生存权的理论根据迥然不同。

两种性质不同的生存权起到了不同的历史作用，资本主义的生存权缓解了资本主义的社会矛盾而使资本主义制度度过危机并得以发展；社会主义的生存权则标志着被压迫被剥削人民地位的解放。在今后相当长的时期内，这些历史作用还将得到进一步发挥，特别是，随着社会主义社会生产力的进一步发展，社会主义生存权的经济保障将更为充分和完善，两种不同的生存权也将展现出不同的历史命运。

（三）生存权的效力

生存权作为多种权利的复合体其性质具有多重性。它与自由权的相容说明其自身也具有自由权的效力，只是从根本上说生存权是最终通过公民积极地位实现的权利，因而它具有对国家的强制力。强制与排斥是生存权对国家的第一类效力表现。不是根据法律去判新生存权，而是根据生存权去判断法律，这是生存权对国家立法的约束力。以此为标准，立法机关既不能通过妨碍和取消生存权的立法，也不能制定使生存权落无实处的法律。消极不制定生存权的法律更为生存权所不容。这是生存

---

① ［日］我妻荣：《新宪法和基本人权》，有斐阁1948年版，第110—117页。

权对立法权的强制表现。同理，生存权对行政机关和司法机关也有相同的要求，有违生存权的行政措施最终将被宣布为无效。生存权的请求权的性质强制国家积极履行作为义务，生存权的自由权的性质排斥国家对公民追求生存权的干涉。生存权的第一类效力为国家规定了作为和不作为两种责任。

生存权对国家的第二类效力表现为它是当代法律所遵循的共同原则。20世纪新兴的法律部门大多以生存权为立法原理，经济法的表征是调整经济关系，但其精神却是维持社会生存。环境保护法在归类上可以划为公法，但其保护的真正利益却是私法上的人格权，亦即人有免受对身体的、健康的、精神的、生活的侵害的权利。教育、科技、文化等方面的法具有管理社会事业的职能，但其实质却是为了人们适应时代的发展与进步，说到底是不致使人落伍而能文明地生存。当代新出现的诸多兼有生存权和自由权两种特征的人权如学习权、知识产权、知情权、信息调取权等无一不植根于生存权的基础之上。

生存权对国家的第三类效力表现在对司法原则的改变上。依传统的人权理论，国家对公民财富的依法征收（如纳税）以平等为原则，但依据生存权的原理，当公民被强制纳币或纳物之后生活清楚明白地无法维持时，司法不再支持平等原则，"清楚明白的标准"取代了平等原则。民事侵权赔偿责任在加害者支出应当支出的数额后生存受到威胁时，司法上可将赔偿责任转由国家偿付。各种诉讼的保全，以不妨害被告人生产、生活资料的使用为限，这已成为各国民事诉讼的通例。司法原则因生存权的约束而发生的最大变化是"举证责任转移"。它是指在公害、产品等侵害生存权的案件中，权利主张者不再负有证明加害行为与其后果之间因果关系的举证责任，而只要加害方提不出反证，其加害即告成立的责任确定方式。司法制度的变化说明生存权对司法机关已产生了约束力。

生存权除了对国家的三类效力之外，对社会组织和个人也具有约束力。新的人权效力理论对第三人效力的理论因生存权的产生而产生[①]，它的意义在于指明个人与社会组织和个人签署的有违生存权的契约无效、社会组织制定的侵害公民生存权的内部规约违法。

---

① 参见徐显明主编《公民权利义务通论》，群众出版社1991年版，第62—63页。

（四） 生存权的界限

像人格权、尊严权、健康权等自然权只服从产生它们的主体的自身条件而不受法律制约一样，生存权在国家制定法中也呈现出无限性。自由权界限的原理在于确立个人自由与国家权力大小的比例关系，生存权界限的原理在于辨别国家对公民生存请求满足的积极与不积极的作为程度。

自由权的人权在国家为其明确界限时，一般以其与其他主体的权利相切接的最大外延为观察点，因之自由权在法律上往往只有上限而无下限。生存权的界限则正好相反，国家在为其确定界限的时候，一般以一部分主体与另一部分主体所享权利的差距为观察点，因之生存权在法律上只有下限而无上限。这个下限就是国家在综合了全体经济情况后为生存权主体确定的国民最低限度的生活标准。

维持生存权的最一般条件是经济条件，但仅把建立在由经济条件所决定的最低限度的生活标准理解为生物式的生存是不够的。人的文化欲求毫无疑问与人的生物式生存有着相互渗透的关联性。生存是文化适应于人的目的，文化与物质条件一样是人不同于动物般生存的条件，经济与文化都是确定生存标准的内在要素。

最低限度的生活标准既是抽象的又是相对的概念。抽象产生于对具体经济、文化生活的一般概括，这是国家应做的工作；相对则预示着标准的流动性变化，国家负有适应国民各种生活水平的提高而不断修改标准的责任。以下六种情况是国家确定生存权界限的主要根据：国家的财政状况——不是根据预算来确定生存权，而是根据生存权决定国家预算；国民的平均生活水平——不是强调生存权的平均主义，而是强调低于平均值的国民具有受保障的优先地位；城乡生活差距——不是用同一标准适用一切人，而是用两个标准适用于不同的人；国民生活感情与劳动倾向——不是鼓励人们争做惰者，而是鼓励公民蔑视坐食嗟来之食者；强制保障受益人数——不是建立生存权的特惠制度，而是建立全民皆保险的保障体制；国家对救助请求的满足程度——不是使请求人生活水平高于不曾提出请求者，而是使请求者获得生存的最低条件。当这些被国家通过技术处理为数字指标时，生存权的下限就是具体和明确的。由国家根据不同时期变化着的经济、文化等状况定期上调这个下限，生存权的界限又总是相对的。

　　既保障有生存自救能力的人不断创造适于自己的生存环境，又保障生存弱者不断依据国家确立的生活水平的最低限度提出帮助请求并满足其请求，生存权的界限以其两重性向法律和国家提出了不同的要求。对前者的界限，国家需以"合理性界限"对待之，对后者的界限，国家需以"明白性界限"对待之。它们分别与国家的不作为义务和作为义务相对应。

《中国社会科学》1992 年第 5 期

法律程序的意义[*]

——对中国法制建设的另一种思考

季卫东[**]

摘要 在考虑法制建设时，中国的法律家更侧重于强调令行禁止、正名定分的实体合法性方面，而对在现代政治和法律系统中理应占据枢纽位置的法律程序问题则缺乏关注和理解。本文认为，公正的程序是促进现代化的社会变革的基本杠杆之一。作者从对恣意的限制、理性选择的保证、"作茧自缚"的效应和反思性整合这四个方面阐发了现代法律程序的基本特性，并对法律程序在资本主义市场经济秩序确立过程中的意义作了简要的历史考察。作者指出，程序合理性是设计（规范）合理性和进化（历史）合理性的接合部；在社会演变过程中，复杂的价值问题可以借助于程序加以化解，实体规范也可以通过公正的程序来形成。文章还对中国传统的法律程序原理及其现实影响进行了剖析。作者认为，追求法律的严密周详如果不是着眼于完备适用要件，而是着眼于否定适用裁量，那么就会在限制恣意的同时压抑选择，从而导致法律僵化和另一种形态的恣意；只有把组织效率与选择自由有机结合，才能适应现代市场经济的需要。因此，完备法制的程序要件是中国今后法制建设的一项基本目标。

权利法案的大多数规定都是程序性条款，这一事实决不是无意义的，正是程序决定了法治与恣意的人治之间的基本区别。

——威廉姆·道格拉斯[①]

---

[*] 本文原稿约 7 万字，全文载《比较法研究》（季刊）1993 年第 1 期，1993 年 2 月出刊。

[**] 季卫东，1957 年生，日本京都大学法学博士，日本国立神户大学法学院副教授兼博士生导师。

[①] Justice William O. , Douglas's Comment in *Joint Anti-Fascist Refugee Comm. V. McGrath*, *see United States Supreme Court Reports* (95 *Law. Ed. Oct.* 1950 *Term*), The Lawyers Co-operative Publishing Company, 1951, p. 858.

夫听讼者，或从其情，或从其辞，辞不可从，必断以情，其大法也三
焉，治必以宽，宽之之术归于察，察之之术归于义。

——《孔丛子·刑论》

一 引言：作为制度化基石的法律程序

法制正在成为中国社会发展的一个焦点。人们可以发现，近年来关于
言论自由、经济体制改革、健全民主制度、保障公民基本权利的各种讨
论，最后往往都归结到法制建设上。但是，迄今为止，对于建立什么样的
社会主义法制以及怎样去实现这一目标等重大问题，意见仍然很不一致，
有些场合甚至连问题之所在也如坠五里雾中。

从 80 年代早期人治与法治的讨论到最近关于权利和人权问题的研究
都反映了一种倾向，即在考虑法制建设的时候，中国的法律家更侧重于强
调令行禁止、正名定分的实体合法性方面，而对在现代政治和法律系统中
理应占据枢纽位置的程序①问题则语焉不详。偶有论及者，也并未把程序
看作一个具有独立价值的要素。1987 年以来有借鉴判例制度一议，本来
当会诱发对于审判程序问题的深入探讨，但是，实际上占主流的论述多偏
重于法院的规范创制功能、司法性决定中判决的比重及其强制性方面。后
来，一些研究者更把加大判决在解纷方式中的比重与提高处理案件的效率
进行简单的因果联系，这种倾向难免有误解审判程序的精髓、将判决与有
强制力的命令等量齐观之嫌。其实，在已经发表的法学著述文献中，也很
少看见对程序正义和程序合理性的特殊关注，更遑论有体系的思考和
阐发。

毋庸置疑，中国的程序建设确实有长足的进步。例如，人民代表
大会的议事规则已获通过；行政诉讼法也在排除障碍切实施行；民事
诉讼法终止试行期并作了许多重要的增补和修正，当事人的权利得到
充实，程序合理性也明显加强；行政程序正在逐步完备之中。甚至连
敏感的政治性问题的处理也出现了积极运用诉讼程序的倾向。事实还
表明，从中央到地方，强调程序和权限开始成为抵制各种错误的一种
方式。但是，也不能不指出，程序化作业的进展还远不能令人满意；

① 本文所论及的"程序"，是法律学意义上的，也即"法律程序"。

已有的程序尚需要进一步改善，以提高其合理化的水平。从我国宪法和法律的条文上看，关于公民权利义务的原则性宣言倒未见有多少残缺，但这些权利义务以什么标准和由谁去确定，对于侵权行为在什么场合以及按照什么方式进行追究等这样一些问题的程序性前提的规定（包括程序法的各项具体内容和实体法中的程序性配件），还一直不够完备。

历史的考察和分析表明，缺乏完备的程序要件（Procedural requisite）的法制是难以协调运作的，硬要推行之，则极易与古代法家的严刑峻法同构化。其结果，往往是"治法"存、法治亡。因此，程序应当成为中国法制建设乃至社会发展的一个真正的焦点。

概而言之，现代化的社会变革需要通过意识形态、货币流通和权力机构这三大媒介系统来促进其实现。从中国国情出发，有必要特别强调的与上述媒介机制相对应的操作杠杆是：言论自由、市场竞争和公正程序。至今为止，信息和思想的一定程度的自由交流已经引起了社会价值体系的深刻变化，契约关系和市场组织条件的发育给经济带来了空前的活力；在这种情形下提出程序问题是合乎时宜的。通过中立性的程序来增强社会共识、整顿竞争秩序，既是过去实践发展的必然结果，又是今后改革深化的重要前提。只要中国继续保持国家主导型的变革模式，那么要想避免可能出现的剧烈的社会动荡，就必须关注和解决程序合理性和程序正义问题。

在一定条件下，把价值问题转换为程序问题来处理也是打破政治僵局的一个明智的选择。程序一方面可以限制行政官员的裁量权、维持法的稳定性和自我完结性，另一方面也容许选择的自由，使法律系统具有更大的可塑性和适应能力。换言之，程序具有开放的结构和紧缩的过程；随着程序的展开，参加者越来越受到"程序上的过去"的约束，而制度化的契机也由此形成。程序开始于高度不确定状态，但其结果却使程序参加者难以抵制，形成一种高度确定化的效应。因此，如果我们要实现有节度的自由、有组织的民主、有保障的人权、有制约的权威、有进取的保守这样一种社会状态的话，那么，程序可以作为其制度化的最重要的基石。

二　现代法律程序的含义和基本特性

程序，从法律学的角度来看，主要体现为按照一定的顺序、方式和步骤来作出法律决定的过程。其普遍形态是：按照某种标准和条件整理争论点，公平地听取各方意见，在使当事人可以理解或认可的情况下作出决定。但是要注意，程序不能简单地还原为决定过程，因为程序还包含着决定成立的前提，存在着左右当事人在程序完成之后的行为态度的契机，并且保留着客观评价决定过程的可能性。这是一方面，另一方面，程序没有预设的真理（truth）标准，程序通过促进意见疏通、加强理性思考、扩大选择范围、排除外部干扰来保证决定的成立和正确性。

通常所说的法律程序，主要包括选举、立法、审判、行政这几种主要类型，其中最重要、最典型的是审判程序，因为这里存在着关于诉答（pleading）和证据的完整的制度。法律程序基本上都由程序法明文规定。程序法在成文法体系中又称为形式法（dr-oit formel, formelles Recht），传统的法律解释学一般把它看作是为了实现权利、义务或法律关系的实质内容的手段和方法。但是，程序法不应该被视为单纯的手段和形式。在诉讼中，与以法官心证为核心的实体合成相对应，由诉讼行为所构成的关于诉讼进行（proceeding）的作用机制称为程序合成。程序合成能够成为实体合成的基础和催化因素。尤其是考虑到程序法修改的影响与实体法不同，它对受理后仍未审结的过去的案件也适用，从而具有一定的溯及既往的效力，则不能否认程序合成对实体法还有补救的效果。可以说，实体法正是通过一环扣一环的程序行为链而逐步充实、发展的。

程序的实体意义还表现在西方宪法的"正当过程"条款上。该项原则起源于英国1215年大宪章第39条的规定，即"除依据国法之外，任何自由民不受监禁人身、侵占财产、剥夺公民权、流放及其他任何形式的惩罚，也不受公众攻击和驱逐"。这一原则经过历代国王的反复确认，到14世纪末成了英国立宪体制的基本标志，其实质在于防止政府专制①。显

---

① Cf. Charles A. Miller, "The Forest of Due Process of Law: the American Constitutional Tradition", in J. Roland Pennock and John W, Chapman（eds.）, *Due Process*（NOMOS XVIII）, New York University Press, 1977, pp. 3 ff.

然，这是一个程序原则，但同时也是法治体制、社会正义观及基本价值的核心①。由此可见程序问题与公正性必须结合起来考虑。所谓"程序的正当过程"（procedural due process）这一用语，就是要强调程序中的价值问题。

与此相联系的是程序性正义（procedural justice）的观念。但是，这里所强调的不是程序的道德性侧面，而是程序所具有的独特的道德内容。可以说，J. 罗尔斯的正义理论就是以程序倾向为特色的。因为他认为公正的法治秩序是正义的基本要求，而法治取决于一定形式的正当过程，正当过程又主要通过程序来体现。更重要的是，他把程序性正义作为一个独立的范畴来加以类型分析，于是有纯粹的、完全的、不完全的（以及半纯粹的）程序正义之分。在纯粹的程序正义的场合，一切取决于程序要件的满足，不存在关于结果正当与否的任何标准，其典型事例为赌博，只要游戏规则不偏向某一赌客且被严格遵守，那么无论结果如何都被认为是公正的。在完全的程序正义的场合，虽然存在关于结果正当与否的独立标准，但程序总是导致正当的结果，其典型事例为著名的蛋糕等分问题，只要设定切蛋糕的人最后领取自己应得的一块的程序，就不必担心分割结果的大小不均。在不完全的程序正义的场合，程序不一定每次都导致正当的结果，程序之外的评价标准便具有较重要的意义，其典型事例为刑事审判，无论程序要件如何完备也不能完全避免错案冤狱的问题。罗尔斯认为，这三种基本类型在各自的限定范围内是同样符合正义的。为了弥补不完全正义的场合不能确保正当结果的问题，便需要借助于程序正义的正当化作用，追加一种拟制的所谓半纯粹的程序正义（例如陪审制度、当事人主义的参与保障措施等）②。

程序公正性的实质是排除恣意因素，保证决定的客观正确。在这一方面，程序的合理性具有同样重要的功能。程序的合理性可以从决定过程的制度条件、目的、角色作用、功能等的整合与效率以及讨论的理由充分性等方面来把握。例如，诉讼行为一旦生效就要尽量维持其效力，不能轻易

---

① Robert M. Cover, Owen M. Fiss and Judith Resnik, *Procedure*, The Foundation Press, Inc., 1988, p. 108.

② John Rawls, *A Theory of Justice*, The Belknap Press of Harvard University Press, 1971, pp. 239, 85-86, 201, 362. Cf. Michael D. Bayles, *Procedural Justice*, *Allocating to Individuals*, Kluwer Academic Publishers, 1990, esp. pp. 4-7.

否定其既定内容这一刑事诉讼法上关于程序维持的原则，就是基于程序计划性和诉讼经济性的理由。

由以上关于程序分析中一些基本术语含义的概述当可获得对于程序的一般认识。进一步，我们还可以从以下四个方面对现代程序的基本特性（包括发生条件、实际用法和潜在意义）进行系统的分析。

（一）对恣意的限制

有社会即有纠纷。所谓纠纷，就是公开地坚持对某一价值物的互相冲突的主张或要求的状态。防止纠纷需要规范，解决纠纷需要制度。实在法起源于消弭纠纷的实践。最初，法律是由审判者根据习惯、道德和理性来宣示的，但这样做具有极大的恣意性，于是，人们设想出两种基本的限制方式：一种是审级制度，在审判者之上设立审判者，以资补救；另一种是分权制度，使制定法律的机构与适用法律的机构相互分离。此外，还有让审判者受自己过去决定的拘束、让当事人有为自己服务的法律专家等制度，它们也是基于同样的目的。所有这些制度的操作都需要程序。随着社会的进化，法律现象日益复杂，程序也变得越来越精致。很多学者强调，法的发展是通过程序体系的严密化而实现的①。

程序虽然表现为规范认定和事实认定的过程，但实际上，它既不单纯取决于规范，也不单纯取决于事实。程序的对立物是恣意，因而分化和独立才是它的灵魂。分化是指一定的结构或者功能在进化过程中演变成两个以上的组织或角色功能的过程。这些分别的项目各自具有特殊的意义，因而要求独立地实现其价值，于是，明确相互之间的活动范围和权限就成为题中应有之义。分化和独立会带来以下一种现象：为了达到一定目的而进行的活动，经过不断反复而自我目的化。这种现象被称为功能自治（functional autonomy）。程序中的功能自治性是限制恣意的基本的制度原理。

在变易不居、犬牙交错的多义的社会现实中，任何法律决定或行政措施都会受到来自各个方面的压力。统筹兼顾、综合平衡固然必要，然而，如果面面俱到，具体的判断就会变得极其困难，至少是成本太昂

---

① N. 卢曼：《法社会学》日译本，岩波书店 1977 年版，第 191 页。Adamson E. Hobel, *The Law of Primitive MansA Study in Comparative Legal Dynamics*, Harvard University Press, 1954, p. 329。

贵。况且，一个完全开放的决策过程非常容易为事实上存在的力量对比关系所左右。因此，需要用法律规范来创造一个相对独立于外部环境的决策的"隔音空间"。在这里，只有原告、被告、证人、代理人，而不管他们在社会上是新任局长还是卖瓜王婆；在这里，只讨论系争中的判断问题，而不管早晨的茶馆谈笑、傍晚的交通拥挤；在这里，只考虑与本案有关的事实和法律，而不管五百年前的春秋大义、五百年后的地球危机。总之，通过排除各种偏见、不必要的社会影响和不着边际的连环关系的重荷，来获得一个平等对话、自主判断的解放区，这就是现代程序的理想世界。当然，程序的功能自治并不意味着营造一个封闭的小天地。程序并不是要抑制决策过程与外部环境的联系，而是要控制这种联系，使各种宏观影响和微观反应经过一定的过滤装置、通过适当的途径才能反映到决策中去。

可以说，程序是一种角色分配的体系。程序参加者在角色就位（role taking）之后，各司其职，互相之间既配合又牵制，恣意的余地自然就受到压缩。因此，程序功能自治又是通过各种角色担当者的功能自治来实现的。程序规定的内容在很大程度上是一种角色规范，是消除角色紧张（role strain）、保证分工执行顺利实现的条件设定，例如，保证当事人之间的对话性和平等的发言机会，以使争论点能够集中、明确，使论证更加均衡、完整。程序在使参加者都有平等的表达机会和自由选择机会的同时，也使责任范围更明确，这种归责机制也会限制恣意。

（二）理性选择的保证

限制恣意的归责机制以自由选择为前提，然而，单凭归责机制并不能完全保证自由选择的结果合乎理性，因此，必须考虑人们是如何进行选择的。D. E. 艾普特说："当一个文化表现出探究和追问人们如何进行选择——包括道德的（或者规范的）、社会的（或者结构的）和个人的（或者行为的）选择——的态度时，作为非经济过程的现代化就开始发生了。对于现代人来说，选择即是中心的问题……从关于选择的这个观点更进一步，政治体系就变成一个为某种特定集体而设定的选择体系。政府（随后笔者将对它进行更详细的定义）是调整选择的机制……现代化过程的一个特点是它包括选择的两个方面：改善选择的条件和甄别最满意的选择机制。"① 根据笔者的理解，现代政府调整选择的主要方式就是公正而合理的程序。推而论之，程序的完备程度可以视为法制现代化的一个根本性指标。

N. 卢曼曾经论及选择与程序的关系。他指出："所谓程序，就是为了法律性决定的选择而预备的相互行为系统。法为了从人们脑海中浮现的具体行为的映象中解脱出来，为了具有更抽象的概念性质，需要实现内在于概念性质之中的选择作用。正是这一缘故导致了程序这样一种特有的行为秩序的发展。"② 换言之，在抽象的规范与具体的案件之间所存在的鸿沟，是由有效的选择程序来充填弥合的。在现代社会中，法是可变的、可选择的，但这种选择又不是任意的、无限制的。程序排斥恣意却并不排斥选择，程序使法的变更合法化，使人的选择有序化。

那么，现代程序究竟是怎样使选择合乎理性的呢？首先，程序的结构主要是按照职业主义的原理形成的，专业训练和经验积累使角色担当者的行为更合理化、规范化。无论是税率的确定，还是起诉的对象和理由的选择，行家的意见当然比较中肯。其次，程序一般是公开进行的，这使得决策过程中出现的错误容易被发现和纠正。再次，程序创造了一种根据证据资料进行自由对话的条件和氛围，这样可以使各种观点和方案得到充分考虑，实现优化选择。最后，通过预期结果的不确定性和实际结果的拘束力这两种因素的作用，程序参加者角色活动的积极性容易被调动起来，基于利害关心而产生的强烈的参与动机将促进选择的合理化。

（三）"作茧自缚"的效应

程序是国家和公民个人之间的纽带。公民提建议、打官司、申请营业执照、登记结婚等，都要经过一定的程序，很多人正是通过程序才认识法律之为何物的；国家机关征税、逮捕人犯、发布扣押外籍船舶的命令、吊销驾驶执照等一应活动，也需要按程序办事，否则就要纲纪弛废、民怨四起。法治的程度，可以主要用国家和人民共同服从程序的状态作为标尺来

---

① David E. Apter, *The Politics of Modernization*, The University of Chicago Press, 1965, pp. 9 - 11.

② N. 卢曼：《法社会学》日译本，岩波书店 1977 年版，第 158 页。

衡量。

程序开始之际，事实已经发生，结局却是未定的，这给国家留下了政策考虑的余地，也给个人留下了获得新的过去的机会。换言之，程序具有操作过去的可能性。然而，随着程序的展开，人们的操作越来越受到限制。经过程序认定的事实关系和法律关系，一一被贴上封条，成为无可动摇的真正的过去，而起初预期的不确定性也逐步被吸收消化。程序的所有参加者都受自己的陈述与判断的约束，事后的抗辩和翻悔一般都无济于事。上诉、申诉等程序虽可以创造新的不确定状态，但选择的余地已大大缩小。

经过程序而作出的决策被赋予既定力，只有通过高阶审级的程序才能被修改。而且，先例机制迫使决策机关在今后活动中保持立场的一贯性，碰到同类问题必须按同样方式解决，造成同样结果。法院的判决最典型地体现了由程序所产生出来的既定力和自缚性。因此，程序又是过去和未来之间的纽带。

程序还有暂时冻结某一状态的用途。一个事物或案件从被置于程序的那一刻开始，就与社会发展的因果链隔离了。所谓"受理之中"意味着排斥其他处置方式，除非按照程序规定撤回立案申请。在一定限度内的"缓期判断"或者"冷处理"是程序应付复杂多变的社会形势的一种妙用。当然，这样做是要付出代价的，缓期判断的滥用会导致对程序的信任危机和程序的负荷超重，会助长非程序化的处理。为此，需要合理地限定条件，例如关于时限和撤销的规定。

人们一旦参加程序，那么除非程序的进行明显不公正，就很难抗拒程序所带来的后果。无论把程序解释为参加与服从的价值兑换机制，还是解释为动机与承受的状况布局机制，甚至解释为潜在的博弈心态机制，都无关宏旨，重要的是公正的程序在相当程度上强化了法律的内在化、社会化效果。在西方各国，法制向日常生活世界中的渗透基本上是通过程序性的法律装置而实现的①。

---

① 哈贝马斯在提出"生活世界的殖民地化"这一命题时指出了这一点。他虽然对社会的过度法制化持忧虑和批判的态度，但并没有否认程序中的民主自治的契机，而且后来他对自己的立场也有较大修正，对于法律程序给予高度评价，甚至称其理论为"程序正义论"。哈贝马斯关于法制化、作为媒体的法、程序与正统性的基本主张，参见其代表作的英译本 J. Habermas, *The Theory of Communicative Action*, Beacon Press, Vol. 2, 1987, pp. 356–373. esp. 365, 371。

（四）反思性整合

至今为止的法律解释学都是从形式的角度来理解程序的。凯尔森的纯粹法学试图把一切法律现象都还原为程序法，达到严格的法律形式主义的极致。然而物极必反，由程序来决定某一判断正确与否的立场却正好是追求实质正义的自由法观念发展的起点。这是现代法制史上极有趣的辩证法现象。进一步推敲下去，程序其实未必可以完全归入形式的范畴。程序是与选择联系在一起的，这就决定了它必然是法制体系中最生动活泼的领域。可以说，程序的本质特点既不应该是形式性也不应该是实质性，而应该是过程性和交涉性，唯其如此，它才能应付现代社会的变动节奏，根据需要作出不同的决定。

程序是交涉过程的制度化，在这里，法律的重点不是决定的内容、处理的结果，而是谁按照什么手续来作出决定的"问题的决定"。简单地说，程序的内容无非是决定的决定而已。按照卢曼的观点，这种反而求诸自身的结构具有反思性[1]。受卢曼思想的启发，G. 图依布纳把程序的反思性与国家对社会的间接控制、社会的自治自决的组织化等观念结合起来，提出了"反思法"的学说[2]。他认为，在形式合理性与实质合理性之外，还存在反思合理性。反思合理性既依赖于"看不见的手"的机制，却又不归属于这种"自然的社会秩序"，它追求一种"有管理的自治（regulated autonomy）"。反思法具有程序指向，它倾向于利用程序规范来调整过程、组织关系、分配权利，在这个意义上，反思法可以说是一种新程序主义。这种学说作为法制发展的模型，当然是以现代西方的政治经济条件为前提的，因而它不能被简单地适用于中国及其他非西方社会，但其中所揭示出来的程序的特性却是富于教益的。而且，由于在社会变动期间国家的管理方式必须由结构性控制转变为反思性控制，就使得把反思理性与程序联系起来的观点对于我们具有特殊的魅力，它使我们更清楚地认识到中国改革过程中程序的重要地位和作用。

程序对于议论、决定过程的反思性整合，一方面可以减少乃至消除形

---

① N. 卢曼：《法社会学》日译本，岩波书店 1977 年版，第 234 页。

② See Gunther Teubner, "Substantive and Reflexive Elements in Modern Law", *Law and Society Review*, Vol. 17, No. 2, 1983, pp. 239 – 285, esp, pp. 266ff.

式法的功能麻痹的问题，另一方面也可以防止实质法的开放过度的弊端。程序的反思机制实际上可以看作社会自我有序化过程的模拟，它应当是在尽量排除外部干扰的状况下进行的。程序的这种特点可以用来简化社会复杂性、模拟条件效应、测量法与社会的偏差值、调整法制的姿态。

　　程序通过规则而明确，所以它是可以设计的；程序通过当事人的相互行为和关系而实现，所以它又是自然发生的。历史的经验反复证明，理论上很完美的制度并不一定可以付诸实施，而行之有效的制度却未必是事先设计好的①。规范（设计）合理性与进化（历史）合理性的接合部恰好是程序合理性。在这里，社会现实中的各种行为可能性都汇聚一堂、交互影响，但并非杂乱无章。程序使社会的自发有序化机制得以定向运作（当然，程序结构的妥善性将是一个关键问题），因此，进化的合理性是可以预知和操作的。中国学界所讨论的市场活动的条件，其实有相当一部分不妨转换成程序设计的问题。设计的标准主要有两个：一个是正义，另一个是效率。

三　法律程序与资本主义市场经济秩序的确立

　　在西方旧的身份共同体关系解体与资本主义新秩序确立这一历史过程中，有两项制度起到了神奇的作用：一个是社会或私法领域的契约，另一个是国家或公法领域的程序②。

　　对于契约的作用，人们并不陌生。霍布斯主张，应该靠树立主权和服从主权的契约去克服万民争斗的自然状态。卢梭则认为，需要通过契约去再现自然状态中的自由和平等。这些社会契约理论是现代西方社会形成的思想基础。在现实的法律生活中，也出现了梅因所揭示的"从身份到契约"的变化，债权在现代西方法律中占有优越的地位，契约自由成为支配整个经济和社会的根本原则。为什么契约会有如此魔力？因为契约把自由选择与信守承诺结合在一起，适应了重建社会结构的需要。契约一方面在社会事务中起到非常实际的作用；另一方面，作为一项制度，实际上它

---

① 这种现象曾经被公式化，即立法中理性与非理性的悖论。See Sally F, Moore, *Law as Process*; *An Anthropological Approach*, Routhedge & Kegan Paul, 1978, p. 6.

② N. 卢曼：《通过程序获得正统性》日译本，风行社 1990 年版，第 111 页。

又把一切具体的规范留待未来决定，是非常精巧的操作装置。程序与契约有异曲同工之妙，它既可容纳千变万化，又可保持不离其宗。它使无限的未来可能性尽归于一己，从而提供了为形成新的规范所需要的法律体系的开放性结构。适应能力和可塑性。杜克海姆说程序是契约的非契约性基础，此语颇值得玩味。程序在控制自由的前提下保障了自由，从而使自由从理想形态变成了现实形态。

欧洲资本主义的兴起，伴随着商业的迅速扩张。商业的扩张需要有民商法去调整由此产生的各种新的社会关系，在这里，除了古代罗马法的再发现之外，商业习惯法的复兴也起了关键性作用。而在商业习惯法变成实在法的过程中，有两个因素起了决定作用：一个是契约，另一个是法律家、尤其是律师的法庭活动①。起初，商人们仅仅在封建法体系中寻找保护自身利益的法律武器，但这种努力的效果很有限，于是，商人们以自治城市为堡垒，建立了适合自己需要的法院。不过，这种法院只管辖一定种类的案件，并通过上诉制度与王室法院、领主法院及地方法院相沟通。诸如调解和仲裁一类的非诉讼方式在那时也被广泛使用。因此，怎样才能更好地实现商人的权利、保护其利益，就成为一个关于纠纷的解决方式、管辖权和准据法选择的问题了。这种选择活动使程序问题变得更加重要、也更加复杂。商法和程序法的复杂化要求受过专业训练的法律家；反过来，法律家又使法律问题变得更加程序化，程序法变得更加具有技术上的复杂性。

15 世纪以前，德国的商事法院似乎只适用口头审理程序，没有案卷记录。在法兰克福，商事程序起源于只有特别的简易程式的仲裁，然而不久就有整本的先例汇编供审理实践作为依据。早在 1508 年，纽伦堡的商业法官就已经得到帝国官方的认可，而随着罗马法继受的加速，商人和学识法律家（jurists）所组成的混合法院（mixed courts）逐渐占主导地位（已知莱比锡于 1682 年以前已经完成了这种变化）②。这些学识法律家使得在大学里形成的世俗一般法程序科学（common law procedural science）与司法实践结合起来，其结果是"学识法（Juristenrecht）"的诞生及其在

---

① M. E. Tigar and M. R. Levy, *Law and the Rise of Capitalism*, Monthly Review Press, 1977, p. 56.

② O. F. Robinsom and others, *An Introduction to European Legal History*, ProfessionalBooks Limited, 1985, pp. 167 – 168.

整个德国确立了权威的地位。这种世俗一般法程序是一个非常复杂而精致的体系①。

英国保存着自13世纪以来的地方商事审判案件的书面记录，因而对它的司法实践进行研究更加饶有兴味。在英国，因为并不存在适用于城市商事法院的实体规范，而商人们又希望得到不同于领主和农民的法律观念的结果，所以，当时的商法在很大程度上被认为是一种迅速而简易的特别程序和关于证据的特别规则②。资本家反对封建制的斗争也主要表现为15、16世纪断断续续的程序改革。17、18世纪，正是在程序的革新、再确认和保护的过程之中，资本主义的私法也发展了起来。这一时期资本家、普通法（common law）律师以及议会在私法领域中所采用的斗争技巧，不过是过去程序改革中的故伎重演而已③。

法国激进的资本主义革命是以非法化为特征的。旧的法律制度被彻底破坏；大学的法学院及审判机构都被废止；一切纠纷都由调解解决；18世纪90年代公布的几项所谓"过渡法"（droit intermediaire）仅规定了抽象的原理和原则，而且也没有持续的效力④。革命后的第十五个年头，著名的拿破仑民法典问世，法律家们完全受该法典及其他立法的约束，没有表现出任何明显的作为，1806年公布的民事诉讼法典也没有受到类似于民法典那样的重视。但是，不应忽视，作为法国现代化前奏的法制统一运动，是以巴黎和12个省的议会导入罗马教会法的程序制度为标志的。⑤在民法典未公布之前，司法制度已经进行了一系列改革⑥。到19世纪末期，司法决定过程开始受到关注，法官集团甚至发展到将自由法学的观念

---

① A. Engelmann and others, *A History of Continental Civil Procedure*, Little Brown & Company, 1927, pp. 540 – 543、544ff.

② O. F. Robinsom and others, *An Introduction to European Legal History*, ProfessionalBooks Limited, 1985, p. 168；关于利用程序来钻实体法的漏洞，使财产权从占有向流通、交换方面转化的事例，可以参见黄仁宇《放宽历史的视界》，允晨文化实业股份有限公司1988年版，第125页以下。

③ M. E. Tigar and M. R. Levy, *Law and the Rise of Capitalism*, Monthly Review Press, 1977, pp. 261ff, 271 – 272；Cf. S, F, C. Milsom, *Historical Foundations of the Common Law*（2 nd Ed.），butterworth & Co. Ltd., 1981, pp. 37ff.

④ ［英］R. C. 梵·卡内海姆：《法官、立法者、大学教授——比较西洋法制史论》，米内尔瓦书房1990年版，第11—12页。

⑤ O. F. Robinsom and others, *An Introduction to European Legal History*, Professional Books Limited, 1985, p. 335.

⑥ *A History of Continental Civil Procedure*, Little Brown & Company, 1927, pp. 751f.

付诸实行的程度①。

让我们再看看美国和日本的情况。

美国在独立战争之后对于法制改革问题曾经发生过长期争论。是用一个大陆法体系来取代英国的普通法呢，还是根据自然法的原则另起炉灶搞一套新规范呢？众说纷纭、不一而足。但是，有一点共识，即职业法律家是必要的，况且商业合同、运货单据和有价证券的处理也不可能离开他们。由于当时的法律家只能应用普通法，维持和改善普通法体系就成为一种难以抗拒的决定②，对于英国普通法不能适合社会发展需要的部分，只能由法官通过审判程序来发挥修改功能。

事实上也确是如此，美国在制度和意识形态上的一些重大变革都是通过程序操作来实现的。例如，保险制度（保险业在资本主义信用关系的维持和强化方面具有极其重大的意义）设立之初，社会上缺乏风险观念，陪审团常常作出不适当的赔偿裁决。为了保护保险公司的权益，就必须削弱陪审团的权力，而1803年关于海事保险的几个案例正好向法官提供了推翻陪审团裁决的程序武器。本来，许多商人从纯业务的立场出发，对陪审团就不抱好感，而陪审团对审判的侵蚀也激起了法官的抵触，所以从18世纪末开始，陪审团的权力逐步被削减。用来限制陪审团的程序方法有三项：第一，大力增加"特种案件"或"保留案件"，使法律问题的决定权集中到法官手里，避免陪审团的掣肘；第二，对所谓"违反证据分量原则"的裁决进行重审；第三，区别法律问题与事实问题，法律的解释权仅被授予法官，而陪审团的职能范围则被限定在事实认定方面。这三项程序变化又导致了更深刻的法制革新：法院得以破除18世纪的抑商主义原则，发展出一套统一的、可以预测的商事规则；商法从此成为普遍适用的基本法律③。

日本现代化过程中的一些极其复杂的价值问题也曾借助于程序去化解。例如，明治时期的土地制度改革与铲除封建障碍物、促进资本的原始

---

① O. F. Robinsom and others, *An Introduction to European Legal History*, Professional Books Limited, 1985, pp. 485ff; L. M, Friedman, *Law and Society*; *An Introduction*, Prentice-Hall, Inc. , 1977, p. 54.

② Cf. L. M. Friedman, *A. History of American Law* (2nd Ed.), Simon & Schuster, Inc. , 1985, pp. 107ff.

③ Cf. Morton J. Horwitz, *The Transformation of American Law* 1780—1860, Harvard University Press, 1977, pp. 141ff.

积累有直接的因果关联，为此而采取的方法是地券发行的程序操作。1871
年2月，大藏省发布"关于土地买卖转让的地券发行规则"，明定在土地
所有权转让之际必须申请地券名义变更。地券由此成为国家把握土地流通
交易的不可缺少的工具。初期的地券制度还带有刑罚性特征。1879年11
月制定的太政官布告"土地买卖让渡规则"，把地券改写（名义变更）程
序所发挥的所有权流动化的作用转给公证程序，刑罚色彩才被褪去。更重
要的是，虽然从此以后地券失去了其私法上的意义，但在一般交易观念
上，却具备了牢不可破的信用性。而且，封建土地所有制特有的"一田
两主"和"一村总持"的现象也随之消除，土地转变为真正的个人所有
物①。上述措施是纯程序性的，它在不触及土地用、益关系的前提下，达
到了使土地商品化的革命性效果②。

地券的功能仅限于土地所有权的转移，而不能调整资本主义经营所需
要的土地担保关系。为此，日本于1872年1月制定了太政官布告"地所
质入书入规则"，同年2月的布告又规定，质地诉讼不应以流地方式、而
要以竞争方式解决。通过这些法规，质权和抵押权的实体规范大体完备，
与担保权的设定密不可分的公证程序也基本成形。按照这一制度，质入书
入之际，户长（相当于后来的村长）必须履行"奥书割印帐"的登记手
续，这一措施对后来的抵押制度的发展具有深远影响。

尤其要指出的是，日本在现代法制建设过程中重视程序的特点，最鲜
明地表现在调解的法制化做法上。自1922年4月公布土地、房屋租赁调
解法以来，日本通过立法的方式进行了调解制度的重建。从此，调解不仅
仅是解决民间纠纷的手段，同时也变成了实现国家法目的的一种制度③。
这种调解制度的目标是通过当事人的互让，合情合理地解决纠纷（民事
调解法第一条），因而不受实体合法原则的拘束。不过，它在程序方面的
法制化程度却很高：在理论上，调解被认为是一种职权主义的裁量程
序④；在法律规定上，关于权限和手续的规定相当严密。此外，调解法规

---

① 福岛正夫：《日本资本主义的发展与私法》，东京大学出版会1988年版，第23—25页。
② 康芒斯曾经指出，用益关系与交换关系的这种颠倒是资本主义区别于封建主义的实质所
在，意味着财产权与自由权的含义变化。See John R. Commons, *Legal Foundation of Capitalism*, The
University of Wisconsin Press, 1957, p. 21。
③ 宫崎澄夫：《调停法的理论与实际》，东洋书馆1942年版，第21、28页。
④ 石原辰次郎：《民事调停法实务总览》，酒井书店1984年版，第8页。

被组织到程序法范畴中的事实本身也加强了其法律程序指向，而且，调解委员的专职化倾向也十分明显。如果对中日两国这方面的情况加以比较，就会发现有很大的不同。日本的调解制度把重点放在程序的合理化上，中国在调解中更加注意与实体法的一致，结果降低了调解在弹性选择方面的价值。

总之，资本主义一方面要求紧凑的有效率的组织条件，另一方面要求选择的充分自由，而程序的特性正好能使两者协调，因此，在资本主义市场经济秩序确立的过程中，程序有意无意、或明或暗地起了相当重要的作用。相对于实体规范，程序的确是形式、是手段，但是不能忘记，适当的实体规范往往是通过公正的程序形成的。程序是合理选择的适当方式，在这一意义上它拥有理性权威；程序具有位阶结构（hierarc-hical structures），因此它又与传统权威相联系。卢曼指出，把理性权威与传统权威结合在一起的程序，在西方曾经充当了革命家和资本家的意识形态；在当代西方，自然法的失坠也是由程序来补偿的①。这些话说来唐突，推敲下去并不奇怪，其中的意义更值得玩味再三。当某一社会存在着强有力的合意时，程序的重要性尚不了然，因为自明的价值前提往往不需要论证和选择性解释，而一旦这种合意不复存在，程序就会一跃而成价值的原点。

四 中国法律程序的问题

中国上古之世，程序已经颇为可观。例如诉讼，据《王制》记载，已有管辖等级、审理手续、裁量标准的规定②。到近代，关于重案的报告与复审、民事案件及轻微刑事案件的州县自理、上诉与京控、证据与纠

---

① ［德］N. 卢曼：《通过程序获得正统性》日译本，风行社 1990 年版，第 iii、187 页。

② 所谓"成狱辞，史以狱成告于正，正听之。正以狱成告于大司寇，大司寇听之棘木之下。大司寇以狱成告于王，王命三公参听之。三公以狱之成告于王，王三又，然后制刑"。听讼之法"必三刺。有旨无简，不听。附从轻，赦从重。凡制五刑，必即天论。邮罚丽于事。凡听五刑之讼，必原父子之亲，立君臣之义以权之，意论轻重之序，慎测浅深之量以别之。悉其聪明，致其忠爱以尽之。疑狱，泛与众共之。众疑，赦之。必察小大之比以成之"。转引自吕思勉《中国制度史》，上海教育出版社 1985 年版，第 812—813 页。

问、堂谕与判牍等，都有一套自成体系的制度①。然而，程序法一直没有独立于实体法之外，其内部分化也很不充分，根本不存在几种诉讼程序并立的现象。尽管人们常喜欢引用"讼谓以财货相告者"、"狱谓相告以罪名者"②的说法来证明中国古代已有民刑诉讼程序之别，但实际上无论是讼还是狱都不是指制度而言，只不过是表述个别案件的用语而已③。从总体上看，中国传统法律中形式主义的要素十分稀薄④。

传统中国州县管理制度的实质，与其说是行政官兼理诉讼，不如说是司法官兼理行政。基层官僚的主要任务是审判案件。因此，通过诉讼程序来把握一般程序的基本特点当不致产生问题。

程序的实质是管理和决定的非人情化，其一切布置都是为了限制恣意、专断和裁量。限制恣意的方式主要有两种：一为审级制，一为分权制。传统中国更侧重于前一种方式，即通过位阶关系来监督和矫正下级的决定。中国人自古缺乏分权思想。荀子的话就很有代表性，他说："权出一者强，权出二者弱。"⑤不过这并不意味着人们完全没有认识到分权的作用。唐代中央政府设置中书、门下、尚书三省，中书出令，门下审驳，尚书奉行，以图互相制衡。宋代则采用政军财分掌之制，即政务归中书，军事归枢密院，财务归三司使，以图明确责守、提高效率。然而这些措施只不过是分割治权、区别职能而已，最终还是为了维持君权一统。但是无论如何，上述两种限制恣意的方式也同样适用于中国，这一点是没有疑义的。那么，东西方程序上的根本差异发生在什么地方呢？答曰，在对具体案件依法进行决定的场合，在解释法律和认定事实的方式上。

概而论之，西方审判制度的原理是通过援引法律，对法律的文字含义和立法精神进行严密的解释说明，提出证据，通过对证据的信凭性、取证方式和因果关系进行仔细的审查考虑，来防止专断、保证审判的客观性与公正性。为了有效地达致这一目标，主要采取在公开法庭进行对抗性辩论的方式、方法。因为当事人双方的胜诉动机会促使他们仔细寻找和考虑一

---

① 参见那思陆《清代州县衙门审判制度》，文史哲出版社1982年版；滋贺秀三《清代中国的法与裁判》，创文社1984年版。

② 《周礼·秋官·大司寇》郑注。

③ 参见滋贺秀三《清代中国的法与裁判》，创文社1984年版，第9页的考证。

④ Max Weber, *The Religion of China: Confucianism and Taoism*, The Free Press, 1964, Chap. 4 & 6.

⑤ 《荀子·议兵》。

切有利于自己的证据、法律规定及其解释方式，并竭力发现相反观点的漏洞和问题，从而可以使处理某一案件的各种选择都能得到充分展现和权衡。当然，由于当事人对法律含义和证据价值缺乏足够的知识，他们的议论未必能切中要害，为此就需要律师帮助他们，而这又使法律家再产生分化，带上了党派性。

传统中国审判制度的原理与此不同。司法与行政合一的体制造就了视审判为行政的一个环节的观念，审判程序是按行政原理设计的。"就是说，审判的程序性限制也是以官僚机构内部纪律的形式出现，程序的遵守不是由于当事人能够对违法的过程提出效力瑕疵的异议，而是通过上司对违法官僚的惩戒处分来保障，人民仅仅止于接受其反射性的利益。"[1] 当事人在诉讼中的活动主要是形成供状（陈述情节）和招状（表示认罪）。但招供的过程实际上并不是事实认定的过程，只是通过结论必须由被告自己承认这一制度设定来防止专断。证据是在促使被告认罪这一意义上使用的。因此，司法官不必受复杂的证据法的限制，当事人对法律的援引和解释也没有发言权，法律适用完全系于司法官的一念之间，不必经过法庭争辩，律师也没有设置的必要。

既然司法官在审判中完全处于支配地位，那么怎样才能防止恣意呢？除了判决必须以获得被告认罪书为前提这一限制措施之外，传统中国主要采取了以下几种方式。

（1）量刑的机械化。从中国古代刑律可以发现，立法者尽量在罪行与刑罚及其赎换刑之间确定一一对应的数量关系。例如，据《隋书·刑法志》记载，《梁律》定为二十篇，"其制刑为十五等之差……刑二岁以上为耐罪，言各随伎能而任使之也。有髡钳五岁刑，笞二百，受赎绢，男子六十四。又有四岁刑，男子四十八匹。又有三岁刑，男子三十六匹。又有二岁刑，男子二十四匹。赎髡钳刑五岁刑笞二百者，金一斤十二两，男子十四匹。赎四岁刑者，金一斤八两，男子十二匹。赎三岁刑者，金一斤四两，男子十匹。赎二岁刑者，金一斤，男子八匹。罚金十二两者，男子六匹。罚金八两者，男子四匹。罚金四两者，男子二匹。罚金二两者，男子一匹。罚金一两者，男子二丈。女子各半之……"。唐律中关于盗窃罪的刑罚也是如法炮制，被盗物价值折合成绢的幅长来计算，从无赃笞五

---

① 滋贺秀三：《清代中国的法与裁判》，创文社 1984 年版，第 78—79 页。

十、一尺杖六十开始一直规定到四十匹流三千里，五十匹加役流。① 各代刑律的定刑方式皆如出一辙，几乎排除了量刑的余地。可惜当时尚未发明电子计算机，否则自动量刑的专家系统软件早已设计出来了。

（2）法律的细则化。量刑的机械化实际上标志着绝对的法定刑主义，这种原则当然会影响到法律的构成，促进实体法规定的特殊化、细则化。其结果，产生了极其复杂的"副法"。例如清代有近两千条例附着于主律之上②。明太祖曾经论及主律和附例的关系，说"律者，常经也；条例一时之权宜也"。③ 但是，条例实际上具有成文法的性质，是一种因事立法的成例；至清代，每隔三年、五年进行"修例"更成为制度。滋贺秀三根据这种事实提出一个假说，即中国传统法在运用上不重视解释学而重视成例，与案件具体特性相对应的副法在法律变更中起了实质性的作用。④ 这一见解是很中肯的。立法层次上的细则化倾向意味着不断限制司法裁量的努力。因此，中国传统实体法的完备不是通过一环扣一环的诉讼行为去进行，而是靠一段又一段的修例活动去实现。然而，"有定者律例，无穷者情伪"。⑤ 细则化并不能解决法律疏简而又僵硬的问题，于是在运用之际只好采取重其所重、轻其所轻、小事化了的态度。

（3）当事人的翻案权。古代审判凭招状定案，又承认肉刑的使用，于是经常发生"捶楚之下，何求而不得"的弊端。为资补救，只有给予当事人充分的悔供上控的机会，以当事人的翻案权来与司法官的支配权作平衡。因此，判决总是缺乏既判力和确定性，其具体表现是：上诉没有时效和审级限制；判决作出之后并不绝对排除重审的可能性；判决可以"有错必纠"，随时变更。于是，"屡断屡翻"的现象就时有发生⑥。由此可见，传统中国的程序不仅未能吸收不满，相反却给当事人以充分的机会来从不同的角度、由不同的诱因而不断地使不满死灰复燃。法律关系的安定性也因而受到损伤。

---

① 参见吕思勉《中国制度史》，上海教育出版社1985年版，第821页。参见《唐律疏议》第19卷，光绪庚寅年北京刻本，第12页"窃盗"以下。
② 滋贺秀三：《清代中国的法与裁判》，创文社1984年版，第75页。
③ 参见孙承泽《春明梦余录》第44卷，龙门书局1965年版，第696页。
④ 参见滋贺秀三《清朝的法制》，载坂野正高等编《近代中国研究入门》，东京大学出版会1974年版，第285、292、298页。
⑤ 沈如淳：《例案续增全集》自序。
⑥ 参见滋贺秀三《清代中国的法与裁判》，创文社1984年版，第145页以下。

（4）上级机关的复审权。为了从制度上保证绝对法定刑主义的实施，防止司法官在法律疏简的情况下专断，审判变成了一个由多级官员参与的复杂过程，程序要件充足性的问题在很大程度上被置换为人事行政上的监察问题。例如清代，重案有自动复审制，犯人的翻供也能导致上级机关的提审，刑部和按察司采取的是下属起案、上官决裁的工作方式，等等①。这就使审判权的自治性和相克关系被软化和淡化了。审判者始终处于被审判的状态，除了皇帝之外，任何机关的决定都可能受到来自上级机关的追究或来自下级机关的反追究，而追究和反追究又都可能带来严重的后果。刑律中设有"官司出入人罪"的罚则，原审法官一旦被认定为"草率定案"，就要受到惩戒，影响及于仕途。这里的逻辑关系是：司法官的任务是获得口供，因此对他的要求不是忠实于程序，而是所谓"以五声听狱讼、求民情"、明察秋毫的手腕。他既然不受程序的约束，当然也就不受程序保护，而必须对决定负全部责任。责任负荷如此之重，而又不存在审判权的相克问题，他的行为方式自然就会倾向于早请示、晚汇报，以转嫁或减轻翻案的责任风险。

综上所述，为了防止和限制恣意，传统中国采取了比西方更严厉的措施。其动机或可同情，但其效果却很糟糕。因为它在缩减恣意的同时也压抑了选择，而选择恰恰是程序的价值所在。结果，中国传统法律森严而不能活用，选择的要求只能以非程序的方式去满足。换言之，在传统中国，选择与程序脱节了。由此又进一步出现了一种事与愿违的情形：当事人可以出尔反尔，任意翻悔，案件可以一判再判，随时回炉；司法官可以先报后判，多方周旋；上级机关可以复查提审，主动干预。一言以蔽之，在程序限制恣意的同时，另一种形态的恣意却因这种程序而产生。这实在是传统中国法律中一种极具讽刺意味的辩证现象。

现代中国还存在类似问题吗？回答是肯定的。尽管合理的现代程序目前已经粗具规模，但传统的残余和影响仍然随处可见。例如，法律的细则化以及存在副法体系的特点不仅得以保留，而且还有扩大的趋势。表1显示的是关于国内经济合同的主法副法构成。

---

① 参见滋贺秀三《清代中国的法与裁判》第22页以下。关于民事案件的复审、直诉，参见杨雪峰《明代的审判制度》，黎明文化事业公司1988年版，第276—278页。

表1 　　　　　　　　　　　国内经济合同法规群一览

类型	法规名称
法律	经济合同法（1981年12月13日公布） 技术合同法（1987年6月23日公布）
法规	经济合同仲裁条例（1983年8月22日发布） 财产保险合同条例（1983年9月1日发布） 建设工程勘探合同条例（1983年8月8日发布） 建设安装工程承揽合同条例（1983年8月8日发布） 工矿产品购销合同条例（1984年1月23日发布） 农副产品购销合同条例（1984年1月23日发布） 加工承揽合同条例（1984年12月20日发布） 借款合同条例（1985年2月28日发布） 技术合同实施条例（1989年3月15日发布）
规章	仓储保管合同实施细则（1985年10月15日发布） 公路货物运输合同实施细则（1986年12月1日发布） 水路货物运输合同实施细则（1986年12月1日发布） 航空货物运输合同实施细则（1986年12月1日发布） 铁道货物运输合同实施细则（1986年12月20日发布） 技术合同管理暂行规定（1988年3月21日发布）
司法规范	最高法院关于贯彻执行经济合同法若干问题的意见（1984年9月17日下达） 最高法院关于审理农村承包合同纠纷案件若干问题的意见（1986年4月14日下达） 最高法院对于审理经济合同纠纷案件中具体适用经济合同法若干问题的批复（1987年7月21日下达）

其他法律领域也是如此，只不过程度不同而已。法律规定趋于严密周详是好事，但是如果这种细则化不是着眼于完备适用要件，而是着眼于否定适用裁量，那么就有可能导致法律僵化。一谈周详规定就变得条文烦苛，一谈灵活运用就变得比附失当，这是中国法制建设中的一个怪圈。这样的法律形态难以很好地适应现代商品经济的需要。

又如，现行审判制度规定了两审终审，颇有一事不再理的意味。但审判监督程序的种种规定表明，中国的判决仍然缺乏既判力和自缚性，审判权之间的相克关系仍然很薄弱。不加限制的申诉、提起再审程序在实际上的无条件状态固然可以有纠正错案误判的好处，但也增加了法院业务的负担和审判的困扰。据统计，1989年一年之内，各级法院审查处理对已经生效的判决和裁定的申诉案件多达107.5万件。一般案件经再审后改判率为22.5%，而检察院依审判监督程序提起抗诉的案件经再审后改判率为39.3%[1]。这充分说明程序吸收不满的能力很低。当然，改判率反映出审判质量不高，因此，法律细则化和再审制也的确有其存在的现实条件。

---

① 据1990年4月1日《法制日报》刊登的法院工作报告。

然而，面对上述问题，为什么不着手建立完整的司法考试和法律家资格认定制度呢？为什么不在审判程序中确立职业主义的原则呢？为什么不让辩论进行得更充分呢？为什么不让律师对法律解释有更多的发言权呢？更根本地说，为什么不加强在法律的解释和修改中学理的作用呢？问题归于一点，还是程序设计的合理性问题。如果程序原理没有根本性变化，即使革新政治体制和实体规范也不会有明显的效果；如果对程序不进行大的改革，加强法律实效和司法独立的许多措施就无从落实。

还应该特别指出的是，由于程序意识、法学研究和立法技术诸方面的原因，中国的具体立法往往缺乏关于程序性要件的规定，以致很难解释适用。比如，契约解除与契约的转让和变更不同，它是当事人一方解除契约法律约束力的重大行动，因此必须规定严格的程序要件以限制之，同时，契约解除对于契约的法律效力产生何种影响也必须给予明确的交代。从中国涉外经济合同法的规定看，对于单方解除条件的规定是明确的（第29条），对于解约后合同中约定的解决争议条款和结算清理条款继续有效也做了肯定，但是，对于解约是否导致该合同溯及既往这样一个极其重要的问题却没有明文规定，甚至连民法通则中也没有涉及这一内容。这说明立法者对于法律如何具体适用的程序感觉是粗糙的。为进一步说明这一点，我们可以将中国涉外经济合同法[①]与它的主要继受对象国际统一销售法（即《关于国际动产销售契约的联合国条约》）的规定要点作一对比（见表2）。

表2　　　　　国际统一销售法与中国涉外经济合同法要点对照

项目内容	国际统一销售法	中国涉外经济合同法
A. 总则		
1. 适用要件、范围		
（1）涉外性	第1、10条	第a条
（2）法律适用的排除可能性	第6条	第5、6条
（3）限于动产销售	第2、3条	除国际运送契约外几乎适用于一切契约（第2条）
（4）缺陷与适用例外	第4、7条	第5条（3）项
2. 契约的原则	第7—13条	第3条

---

① 该法被认为是大幅度导入能够适用于国际市场的法律原则和规范、与欧美工业先进国家的契约法十分接近的立法。

项目内容	国际统一销售法	中国涉外经济合同法
B. 契约的成立	第24—27条	要式性（第3条）
1. 意思表示的到达主义	第14、16、55条	没有规定
2. 要约	第8、18、19、21条	没有规定
3. 承诺	没有规定	第12条
4. 契约的必须条款		
C. 当事人的义务与法律救济		
1. 卖方的义务		
（1）交付场所	第311、32条	没有专条规定（仅见诸第12条第5项）
（2）交付日期	第33条	没有专条规定（仅见诸第12条第5项）
（3）文书交付	第34条	没有规定
（4）适合性的缺陷	第35—44条	没有规定
2. 对卖方违反义务的救济	第45—52条	没有规定
3. 买方的义务	第53—60条	没有规定
4. 对买方违反义务的救济	第61—65条	没有规定
5. 风险的转移	第66—70条	第13条
6. 关于当事人义务的共同规定		
（1）履行停止权	第71条	第17条
（2）契约解除权	第72、73条	第29、30、32—36条
（3）损害赔偿请求权	第74—77条	第11、18—22、24条

五　结语：中国法制的程序化

现代程序的基本要求是：处于平等地位的个人参加决定过程，发挥各自的角色作用，具有充分而对等的自由发言机会，从而使决定更加集思广益、更容易获得人们的共鸣和支持。这种程序使个人既有选择的自由，同时也为自己的行为负责。严格遵守程序要件的决定被认为是具有正统性的，同时决定者也免去事后被诉追的风险。因此，程序既保护当事人的权利，也保护决定者的权利。这种能够统合当事人各方立场、统合制度设立者与利用者立场、统合决定者与决定对象立场的合理而公正的程序的建设，应当能够得到人们的理解和支持。

使程序不致流于形式而能行之有效的关键在于调动程序利用者的积极

性。这种动机布局是一项非常缜密巧妙的作业，有几个基本要素是必须考虑的。首先，决定的内容不是机械决定的，而是既有交涉和裁量的余地，又有预测和限制的尺度。一切机械决定而不留余地，人们就会失去兴趣，一切随心所欲而缺乏要件，人们则会失去信心。其次，程序参加者要具有必要的党派性，议论要具有辩驳性，这样才能有的放矢，使思考更全面、更深入。再次，由专门的法律家来担任程序的操作，通过职业化来保证制度的长期有效性。最后，经过程序的决定应当有权威性、既定力和强制作用。

针对中国现在的实际情况，不妨提出一个"法制程序化"的阶段性口号。所谓法制程序化，在本质上就是如何在互相抵触的各种规范之中进行最佳选择，并使这种选择的决定具有正当性和约束力的制度问题。从现象上看，它将表现为程序法规的增加，保证选择的自由与合理性的程序要件的完备、通过程序进行正统化以及法律精神以程序为媒介向社会中渗透等具体方式或形态。其结果，法律一方面可以理解为是经历了民主的正当过程的结构性选择的结果，另一方面又可以理解为是向当事人、律师、法院以及行政机关提供了再进行过程性选择的工具、方式和步骤。

鉴于我国经济和政治体制改革的需要，在法制程序化的过程中应该着力于把程序与反思理性结合起来。严格的程序比较容易理解，而反思的程序则较难把握。所谓反思程序，主要是指法制各个子系统内部反思过程的程序整合以及国家和法对于社会环境的反馈式结构调整的程序前提这一问题。在一个处于大变动、大分化、大改组的社会中，反思程序具有特殊的重要性。中国在实践中已经形成了一些反思程序的雏形，例如法律试行制度、调解制度等，这些经验中不乏非常有价值的制度资源。但是不能不指出，在中国的法律试行和调解中，无论是基于个别的利害动机而进行的规范选择和修正，还是规范对于个别利害动机进行的诱导和抑制，都还缺乏必要的程序保障。如果说这是在一般的立法和司法过程之外另备一套应付社会变动的自生秩序的模拟装置的话，那么至少应该设立明确的程序原理上的界限和统一这些不同制度的法律前提。然而，这种程序作业也依然很薄弱。法律试行和调解使维持实在法内在统一性的合法与不合法的二元编码变得模糊了，使严格区别决定与执行的现代法的根本原理也发生了变化，这就要求更加复杂的程序化作业。

严密而合理的程序是以社会功能分化为前提的，而与此有最密切关系的是国家机构的权限划分。伴随着近年来经济体制改革的进展，这种条件越来越成熟，并且已经可以看到若干显著成果。首先表现在地方自治及其立法权限的扩张上，由此将会形成一种新的契机：地方团体不仅可以作为相对独立的单元来抑制中央权力的滥用，而且可以通过居民参加地区公共事务和调解等活动来加强国家法与日常生活的联系，进而在国家和个人两极化的格局中增加一个流动的中间领域。中央和地方的界限划分是程序改革的强有力的催化因素。另外，法律关系的日益复杂化要求法制相应地提高其精密度，这也促使权力机关与职能机关的进一步分化和功能自治领域的扩大。为此，需要进一步确立权限划定的具体标准，改良规范效力的等级结构，整合功能自治性与功能相关性的关系。这种发展也将促进程序的进一步分化。

　　不久前主要由于程序上的处理不当而引起的深圳股市风波表明：在我国未来社会的演变过程中，法制将是一个关键，而程序的合理化则将成为其中的"瓶颈"问题。与我国极其类似的现象在距今正好一百年前的德国也曾发生过。在德意志联邦议会中，1893 年前后围绕证券交易所和期货交易所的存废，爆发了一场激烈的争论，政治斗争也随之而来，最终导致货物交易所关闭达 12 年之久。当时 M. 韦伯对有关事实进行了深入的调查研究，得出的结论是：交易所既能促进商品交换的扩大和计算可能性，也能造成投机性买卖和滥用证券市场的问题；人们固不能因噎废食，但必须通过法制建设、尤其是增大审判的预测可能性的程序合理化来防止交易所的弊端，保证市场经济的正常运作[1]。韦伯这一富有洞察力的主张曾经影响了后来德国乃至整个西方法律家的思路，它对于今天我们认识中国的社会现实以及解决经济和法制建设的实际问题也不乏启示和教益。

《中国社会科学》1993 年第 1 期

---

[1]　Cf. Reinhard Bendix, *Max Weber*, *An Intellectual Portrait*, University of California Press, 1977, pp. 23 – 30.

论司法改革中的相对合理主义

龙宗智*

摘要 本文讨论了在法治的目标与现实之间进行司法改革的总体思路和策略，提出作为一种实践理性的"相对合理主义"的主张。相对合理主义首先承认和接受具有公理性、普适性的基本法律原则为司法改革的目标，但鉴于我国还处于法治的初级阶段，支撑现代法治的某些基本条件尚不具备，司法改革不能企求尽善尽美、一步到位，而只能采取渐进的、改良的方法，从逐步的技术性改良走向制度性变革。同时，相对合理主义在实际应用时还应该把握合理的度：在立法层面，注意把握合理与悖理、可执行与不可执行的分寸；在操作层面，注意采用多元视角，实行灵活的"弹性"措施，坚持严格的"底线"控制。

中国当前司法改革的主要目标是实现司法公正，并进而促进社会公正。为此需要进行一系列合理化变革，包括思想观念更新、组织结构调整、人员素质提高、制度程序改善等。至于如何变革，则涉及不同的思路和策略。笔者认为，中国的司法改革总体上只能放在社会大系统内，采取司法内外互动的方法，因而只能是条件论的、渐进性的、改良的，也就是说，应当奉行"相对合理主义"。

一 理论前提：公理化思想

相对合理主义并不意味着极端的文化相对主义与价值相对主义。它确认人类社会存在着一些跨区域文化的、基于人类共同的生存条件和基本需

---

* 龙宗智，1954 年生，四川大学法学院教授。

要、反映人类文明共同成果的准则。社会共同体的规制也存在反映共同规律和要求的普遍性方法。因此，相对合理主义的理论前提是承认具有公理性和普适性的基本准则。就本文讨论的司法制度而言，下列要求具有公理性和普适性：在司法功用方面，司法成为社会正义的体现，成为社会关系有效的调节器和平衡器，成为保护公民权利的最后屏障等；在司法建设方面，在合理社会监督下的司法独立，司法内部的非行政化自治，崇高而高明的法官等；在司法程序方面，程序正当化，法官中立以及利益规避，诉讼公开，诉讼平等，诉讼的参与性，诉讼的及时终结性等。

对于司法制度基本准则的普适性质，近年来已形成相当的国际共识。从联合国《世界人权宣言》以来的一系列国际人权文件到与此相关的关于司法活动的一系列准则，如司法机关独立的基本原则、执法人员行为守则、检察官作用的准则、律师作用的准则、少年司法最低限度司法标准规则等国际法文件，其基本内容表明了不同社会在司法制度的基本构架和操作上的共通性；这方面的实际运作状况表明，对公理性准则的尊重已成为普遍的趋势，例如刑事诉讼国际标准的提出和普遍认可[1]，民事诉讼领域中以国际化、宪法化、社会化为特征的改革趋向等[2]。

普遍准则的提出和确立是近代理性主义旗帜下制度合理化，即诉讼合理主义的产物，同时它又与超越任何实证法的自然法思想有关。这里所说的合理包括价值合理与技术合理两个方面。价值合理是指承认基于人类基本生活条件和基本需要的目的性要求，它与自然法思想相接；技术合理，根据 M. 葛兰特的说法，是指采取有效手段达到既定目的的合理计算，它与实证法中制度与程序的技术性设置相关。普遍准则直接反映人类在社会规制方面的价值合理性要求，如任何人不受非法的逮捕和审判，不受酷刑和其他非人道待遇；同时也反映基于普遍经验、具有普遍适用性的技术合理性规则，如司法独立（目的是保证审判公正，从而有效保护应当保护的社会利益）。

---

① 参见岳礼玲、陈瑞华《刑事程序公正的国际标准与修正后的刑事诉讼法》，《政法论坛》1997 年第 3 期；樊崇义《论联合国公正审判标准与我国刑事审判程序改革》，《中国法学》1998 年第 2 期。

② Mauro Cappelletti, "Fundamental Guarantees of the Parties in Civil Litigation: Comparative Constitutional, International, and Social Trends", 25 *Standford Law Review* 651, Copyright (c), 1993.

然而，公理性法律原则①的普适性是相对的。它只意味着原则的普适性而非具体规范的普适性。这是因为：

第一，法律多元是一种不能忽视的现实②。本文中所称法律多元，首先是一种法律价值观的多元，即不同社会的人们对于不同法律价值的意义认识不同，进而由不同的价值等次排列形成不同的价值体系。例如，同为西方社会，英、美与德、法的法律价值观就有区别。一位美国学者曾在比较法国与美国刑事司法制度时指出："人们认为，目前在法国，经授权的政府干预个人生活的情况，比在美国广泛而深入。……这是因为法国由于历史和经验的缘故更担心犯罪，因而为了获得更多的保护他们宁愿给予政府当局以较大的权力。美国人，至少到目前为止，因为非常害怕政府干预而不愿赋予政府官员以控制个人生活的广泛权力。"③而东西方社会之间，由于所谓团体主义与个人主义的价值认同差异，反映在制度上的差别就更为明显④。在对普遍原则的适用上，不同的价值观念可能导致在承认一般原则的时候强调某些原则而淡泊另一些原则，同时也可能在不违背原则的情况下采用不同的实施方式。例如无罪推定，不同国家重视的程度可能不同，而且在不同国家具体的表述和贯彻的方式也可能

---

① 法律原则有公理性原则和政策性原则之分。参见孙笑侠《基本原则与行政法》，载《法治研究》第 2 集，杭州大学出版社 1997 年版。孙教授在文中引用了苏联法学家雅维茨在其《法的一般理论——哲学和社会问题》一书中的一段话："在由法律实践所发展了的非常重要的公理具有特殊意义并扩展到整个法律工作的领域时，它们也应该包括到这些原则之中。特别是关于任何人都不能做他自己案件中的法官和任何人都不应由同一个犯罪而两次受审的主张，就属于这种公理。这些公理的明显性和无可否认性是如此之大以至于它们不需要特别的法律说明，或者，严格地说是同样的，它们是对其他原则的详述。"

② 对于法律多元，千叶正士先生强调的是"固有法的同一性"，即移植法与固有法的互动，使源于固有法中的一个基本法律原理作为其他原理包括移植法的基本原理的基础而起作用（参见千叶正士《法律多元——从日本法律文化迈向一般理论》，中国政法大学出版社 1997 年版）。笔者认为，这一观点基本上只有在将移植法和固有法作为两种操作规范体系的意义上是有价值的，而从前述具有公理性、普适性的基本法律准则看，强调移植法和固有法的区别则缺乏意义，甚至容易误导。

③ ［美］乔治·W. 皮尤：《美国与法国刑事司法制度之比较》，《法学译丛》1986 年第 4 期。

④ 法国学者 J. 埃斯卡拉在考察中国的社会与法制之后得出结论：东西方文化的对比性在法律领域中表现得最为鲜明。笔者也曾就中美两国刑事司法的价值观和手段体系（刑事司法制度）作过比较（参见《比较法研究》1988 年第 1 期）。可以说当时的对比性更为明显，近年来，尤其是通过刑诉法的修改，情况有所变化，但价值观与手段体系的差别仍然是十分明显的。

不同①。其次，法律的多元意味着方法的多元。就司法制度的设置和运行而言，方法多元意味着不同文化背景的社会共同体在同一目标之下可能采用不同的司法方式。例如，有的社会在司法上可能比较适应直截了当地对簿公堂，凭法律和事实"硬性"解决的方式；而另一些社会，尤其是那些比较重视人情的社会，其司法总难以保持高度的对抗性。

第二，作为基本准则，应当是一个具有包容性和弹性的指导规范。也就是说，作为基本准则，即使有时被称为"最低限度"标准，也仍然具有执行的上限和下限。只要不背离其质的规定，在化为具体规则时，可以采取不同的样式。例如司法独立，从质的规定上看，必然排斥任何其他社会力量对司法活动的干涉与强制，但合理的社会监督却不可避免（如平民介入审判、舆论评价审判、政治任免程序间接影响审判等）。当然，独立与受制的比例与性质，在不同的政治文化传统和社会体制下有较大的区别。又如，根据刑事诉讼中一事不再理即避免二次危险的人道主义原则，如果一个人经刑事起诉被判定无罪又因同一罪行再次被起诉和审判，即使是因为发现新的有罪证据，也被普遍认为是违背这一公理性原则的。然而，当一审法院判决无罪后，控诉方能否上诉（抗诉）从而引起可能恶化被告处遇的二次审判程序，在不同国家有不同认识：有的认为这是"二次危险"，有的则认为这是未完结的第一次程序的继续②。国际社会似乎并未将"继续论"视为违背基本准则，也未强求两种认识或做法的统一。

上述两个原因，即法律多元和公理的包容性，使得普适性原则为适应不同社会时势会演化为具有不同特征的规范体系。就中国的情况而言，一方面，我们不能削足适履，不顾本土状况而完全根据某类西方国家的模型来塑造中国的法治；另一方面，承认法律多元并不能否定公理的一元性，承认基本原则的包容性和弹性并不能否认其质的规定性。多元性和包容性不应当用来作为某些不合理（指在公理意义上不合理但可能具有现实的、暂时的"合理性"）现象存在的理由。

---

① 例如强势的表述为：任何人被法院判决有罪之前，都应推定为无罪；弱势的表述为：任何人在被法院判决有罪之前，不得认定为有罪。此外无罪推定原则所含控方举证责任、被告诉讼待遇等具体内容也有区别。

② 大致上是英美等强调权利保护的国家持二次论，法德等职权主义国家持继续论。但不尽然，如英国一些学者也建议赋予控方上诉权，控方上诉后可以加刑。参见 J. R. 斯宾塞《我们需要起诉人对判决的上诉吗?》，英国《刑事法评论》1987 年第 11 期。

值得欣慰的是，随着国家经济、政治、文化建设的全面推进，我们对法律原则公理性和普适性的认识已经有了很大提高，我国对国际法律和司法准则的正式确认可为其标准：迄至 1998 年年底，我国已参加 17 个国际人权公约，尤其值得一提的是，1998 年 10 月我国政府宣布加入《政治权利与公民权利国际公约》。对法律公理性和普适性的承认，使我们承担了一种道义上和法律上的义务，即在本国法治建设的过程中，在充分注意本土资源的基础上，应以公理性法律原则为立法和司法的前提和长期目标，通过切实推进司法改革，使立法与司法同普遍的法律准则逐步一致起来。

二 理论出发点：条件论

相对合理主义是一种建立在现实基础上的应对理论，其理论出发点是我国法治尚处于初级阶段的现实①。法治初级阶段最为突出的特征，就是支撑通常所谓现代法治的某些基本的条件还很不充分。

我国尚不具备支撑现代法治的社会结构。现代法秩序的一项重要前提是社会集团的多元化。在集团多元的情况下，为了公平地调整各种利益关系，必须制定一套中立的、具有普遍性和自治性的法律规范②。由于我国的法治缺乏这种社会结构的支撑条件，我们的法治战略必须通过一种特殊的方式予以推进，关于法律与司法的改革也要用一种特殊的方式进行思考。这可以称为一种"变形虫式的思维方式"③，即在一定时段内以某种方式变通某些基本准则却不藐视它的公理性权威，随着条件的具备再进一步实现该普适性要求。

法治的推进与司法的改革还面临一系列制度的设置问题。例如，由于缺乏自治性制度背景，司法独立至多是一种技术性独立，即在具体案件的诉讼过程中为实现司法公正而排除非程序性的干预④。这种技术性独立因缺乏体制的保障必然是不充分的。在目前体制中，权力机关对诉讼个案的

---

① 这里采用法治初级阶段的说法，不是出于从众心理，也不是将其作为一个随意装东西的"筐"，而是考虑到其他的言说方式难以更准确地表示这种状态，同时它又具有易于被理解的言说基础。

② 参见昂格尔《现代社会中的法律》第 2 章，中国政法大学出版社 1994 年版。

③ 千叶正士在《法律多元》中将日本人那种在法秩序中"超越官方法的规则却不藐视它的权威"的特点，称为"变形虫式的思维方式"。

④ 参见龙宗智、李长青《司法独立与司法受制》，《法学》1998 年第 12 期。

监督和干预，无论其实现个案公正的效果如何，都势必侵犯审判的独立性①。法的自治性的缺乏还使司法机关难以采用自治性的组织方式而不能不在相当程度上采用行政性的组织和管理方式。这使得审判委员会制、院长庭长行政负责制很难避免。

由体制和文化所决定，在社会规范体系中的法律至上以及在司法体系中的审判至上，无论在理论上还是实践中都难以确立②。这种状况必然影响到法律制度的设置方式和实施状况，例如司法管辖权范围狭窄，司法判决的既判力和权威性不足，民事经济案件的"执行难"成为判决执行之常态。

缺乏知识化的、具有高度职业道德水平的法律家群体是法治主观条件不足的表现。当前的司法行政官员不仅业务能力不足，而且现代法律意识、操守和品质等素质全面不足。这种状况不可能在一朝一夕改变。现代法治的技术化与精密化（是法治的精密而不一定是法规的严密）以及行为主义（而非法规主义）特征，使法治在相当程度上依赖于司法官员的操作，因此，法治主观条件的不足必然扭曲法的实施方式，损害法的实施效能。

上述问题还直接、间接地牵涉一个影响法治的根本性问题——经济资源。现代法治秩序的维持，司法制度与程序的运行，高素质的司法官员的造就，需要相当的成本。例如，在美国，一项标准化的对抗制审判，即使不是非常复杂的案情，从预审、选择陪审团、法庭调查、辩论到判决，可能会用近一年时间，花去数万、甚至数百万美元。在我国的实际司法操作中，有时仅因缺乏办案经费而不得不采用违规的方法来完成基本的司法任务。显然，中国建立现代法治所必需的物质条件的创造还需要一个较长的过程。

此外，虽然国人对法律的原则、社会治理的方略以及国家的现状有了相当的认识，但无论是认识本身还是解决方案，仍然缺乏一种充分的理性

---

① 《法制日报》1998 年 12 月 3 日报道，四川广元市元坝区人大常委会发现区法院判决一起案件不当，要求法院"此案必须重新调查审理"，后又致函法院"限期整改"，区法院重新调查审理后作了改判。人大对法院的此类个案监督即使在理论上缺乏正当性，却不能说没有实体法的根据。

② 正如季卫东先生所言，"在中国的现实条件没有根本改变的状况下，建立一个法律至上、审判中心的正义体系的试图很难如愿以偿。勉强为之，则易与'置天下于法令刑罚之中'的法家同构化"。季卫东：《法治与选择》，《中外法学》1993 年第 4 期。

精神：或者迁就现状，或者习惯于缺乏合理性根据的折中和妥协，或者偏爱人治而非法治。法治的推进者和司法的改革者除了遇到各种客观限制外，还受到各种非理性的主观制约和羁绊。这将使法治进程更加步履艰难。

任何社会目标的实现均有赖于相关社会条件的成熟。虽然我们应积极地创造条件而不是消极地等待，但如果条件远远不具备，则意味着某一目的近似"乌托邦"。"历史的经验已经反复地证明，理论上很完美的制度并不一定可以付诸实施，而行之有效的制度却未必是事先设计好的。"①目前中国法治的主要问题不在于法律制度本身而在于支撑制度的条件未具备。我国司法中的许多问题都是由于种种现实条件的逼迫而采取一些不尽合理的方法，以求保证大致的结果合理性。而改变这些不合理或不尽合理的做法，有待于一系列条件的具备。例如，法院审判委员会的存在，在笔者看来是缺乏法理根据的②。尽管如此，目前马上取缔审判委员会仍涉及条件问题：法官业务和道德素质令人担忧；法官数量庞大，在同一法院内司法难以统一和协调；法官尚难以独自承担重大案件判决的社会压力，客观上仍需要一种责任分散或转移机制，等等。这些直接条件又与另一些条件相联系。例如，法官待遇不提高，要保证司法廉洁存在一定难度，但待遇的较大幅度提高，又涉及一系列其他的问题。在应当满足的条件未能满足而又要保证起码的司法公正的情况下，就不得不采用一些不甚合理的方法，如行政性监督的方法。在直接审理的基础上，由一批法官精英有选择地对少数案件进行间接审理，加上明智的主持和引导，其正确性不一定弱于素质不高的法官的单独审理。

应当看到，在一定条件的支撑下，制度对于条件也有一种反作用，即制度改革在某种程度上能够对相关条件产生"拉动"作用，驱使人们为了实现制度要求而以超常的努力去创造制度条件。另外，鉴于制度本身的稳

---

① 季卫东：《法治与选择》，《中外法学》1993 年第 4 期。

② 这突出表现在两个方面：第一，它在实质上损害了司法独立原则。司法独立在案件诉讼和审决的意义上是一种法官个人独立，因为司法的理性在本质上是个体性的，全部司法程序是为保证审判法官的客观判断和公正裁决而设置的，而司法责任也是个体化的。审委会作为一个超越审判法官的机构对个案代行了法官的审决权，就侵害了法官在审判中的独立性。第二，它破坏了审判合理性原则。现代审判制度都是一种以各种程序作为保障的直接审理制，而审委会采取间接审理，脱离了直接的证据和事实的接触与审查，规避了审判程序对法官的制约，成为不审而判的法官，成为法官之上的法官。在这个意义上，应当说它是有悖于审判理性的。

定性与社会条件的变动性之间存在矛盾，也需要制度的适当超前以适应一定时期内社会条件的变化。在这两种情况下，法制对条件的超越都具有某种积极的作用，也可以视为是有效率的。然而，就制度拉动而论，应当注意：

第一，制度拉动的效果是十分有限的。只有在制度与相关社会条件距离不太大的情况下，制度"先走一步"才能对社会条件产生一种正向的拉动作用。否则，如果某一制度走得太远，根本不具备或基本不具备该制度实施的土壤，那么不仅新制度是无效率的，而且因破坏了原有制度形成的有序状态，会使整个情况变得更糟。

第二，即使是"先走一步"，也并非完全是正向的效应，很可能要付出一定程度的制度无效率的代价。对于不具备实施条件的局部，所设定的法律规范必然是无效率的，将造成局部性的法制破坏和无序状态的发生。

第三，我国立法的"先走一步"实际上已成普遍现象，因此主要问题不在于要无条件地提倡"先走一步"，而是要充分注意法制运行的条件问题。我国的立法速度并不慢，在社会生活的各个领域的突出问题不是无法可依，而是有法不依及有法难依。梁治平先生指出："法律与社会脱节！法律与文化脱节！这就是当代中国法的基本性格，这就是当代中国法的最大困境。"① 我国法律实效性不足的基本原因就是现代法相对于社会条件的超前性。在这种情况下，讨论法律超前问题应当十分谨慎。

三　方法论本体：相对合理的思想

我国法治的现实与现代法制及司法建设的合理性标准存在两方面的差距：一是制度的层面，即使在立法上作出了声明和宣言式规定，制度保障的问题亦未解决；二是在实践的层面，现实与理想的差距更为突出。虽然各国都存在制度上的法和实践中的法（活法）的差距②，但从我国的司法状况看，制度法与实践法的差距过大。至于如何缩短这一差距，切实推进

---

① 梁治平：《中国法的过去、现在与将来——一个文化的检讨》，载北京大学法律系法学理论教研室、中国经济体制改革研究所法律室编《法律社会学》论文集，山西人民出版社1988年版，第219页。

② 国外尤其是美、德、日等国学者都十分关注对法典背后实在的法秩序即"活法"的研究，但我国法学学者似乎对此研究不足。

依法治国的战略，实施司法改革，学者间有不同看法。笔者认为，目前情况下，具有现实合理性的方式才是制度改造的适当方式，因此，法治推进和司法改革只能采取一种渐进的、逐步改良的方式，即"相对合理主义"。所谓"相对合理主义"，是指在一个不尽如人意的法治环境中，在多方面条件的制约下，无论是制度改革还是程序操作，都只能追求一种相对合理，不能企求尽善尽美。具体说来，这一思想主要由以下几点支撑：

（1）渐进论。法治取决于条件，而条件的具备不可能一蹴而就。制度背景、文化与观念、资源条件等，都需要一个长期的过程才可能实现重大的转变。对这种渐进性的简便量度标志和说明方法是时间。苏力先生说："中国现代法治的建立和形成最需要的也许是时间，因为任何制度、规则、习惯和惯例在社会生活中的形成和确立都需要时间。……而时间是超出任何个人或一些人的能力的，是'上帝'的事业。"① 应当说明，渐进论是在宏观的意义上就司法改革的总进程而言，它并不排斥就改革过程中的某些具体问题，在条件基本具备的情况下"一步到位"的变动。

（2）较好论。由于渐进性的限制，对制度的改革和操作的改善，不能企求尽善尽美，只能要求相对合理，"不求最好，只求较好"，不盲目追求一步到位，而争取每次在原来的基础上前进一步。踏踏实实、一步一个脚印地向前走，终归有望达到既定目标。改良的方式是唯一可行也是切实有效的方式，否则，欲速而不达。再举前述审判委员会制度为例，比较适当的办法恐怕是逐步改革。第一步，缩小审判委员会议决案件的范围，扩大审判法官和合议庭权限。这一步通过刑诉法的修改已经在刑事诉讼领域实现。第二步，改革审判委员会，提高其案件议决水平，如成立专业性审判委员会，保证审判委员会基本上由该专业的专家型法官组成。第三步，待时机成熟，取消审判委员会的个案议决权，可以将这一功能组织改为法官会议，通过个案讨论对审判法官提供咨询性意见②。

（3）从技术到制度。美国法学家 R. 庞德十分重视中国法制建设中的传统主义指向与过激的西化指向之间的冲突。他提醒中国的法律家不要无限度地追求立法层次上的合理化与西化，而必须发展法律的解释和应用技

---

① 苏力：《变法、法治及本土资源》，《中外法学》1995 年第 5 期。
② 美国的一些法院就建立了法官集体研究疑难案件，为主审法官提供咨询意见即所谓"团队审判"的制度。参见刘家琛《借鉴与启迪——从考察美国司法制度所想到的》，《外国法学研究》1989 年第 1 期。

术，使新的法律制度适应社会现实，成为地道的属于中国的法律①。贺卫方先生在不久前的一篇文章中说："制度建构也仿佛积薪，需要累积性的努力。如果具体制度的建设长期被忽视，只是一味地寄希望于所谓根本性的改革，那么，改革充其量只能获得一些表层的成果。"② "从技术到制度"，就是力求使每一个司法技术问题趋于合理化，从而由一块块合理化之砖而奠定司法大厦的合理化基础。同时，这种合理化的操作也能改造和培养法律操作人员，使他们逐步地理性化。如果我们在诉讼的每一个具体环节都能做到在设计上相对合理，在操作上比较理性，那么这种"积薪"式的努力最终将导致制度及其功能的重大改变，从而有望实现"质的飞跃"。

四　应用关键：分寸的把握

相对合理主义在实际运用时的难点和决定其作用正负的关键在于分寸的把握。制度和程序设置上的改革不能迁就现实，但又不能过分超前以致造成制度的虚置和空转。那么，如何把握改革的分寸呢？就立法层面，可注意两点：

第一，经综合判定的合理度。所谓合理度，主要是从法理合理性上分析，某一制度设置合理或悖理的程度。这种程度把握是一个综合判定的过程，即根据制度内各种类型的操作人员、制度外的观察者与监督者的直接感受和理性分析，同时参照一般认可的公理性标准，进行综合性判断。根据综合判断确定的悖理程度较高的制度应当列为改革重点而且须具较大力度。

第二，经分析验证的执行度。所谓"执行度"，是指某项制度可能被执行的程度。新制度的有效实施往往需要一个"磨合"的过程，因此，制度设置后不能苛求其即刻被充分执行。然而，再好的制度如果基本难以执行也会失去效用。因此，制度的可执行程度也应当作为改革分寸把握的一项重要标准。制度超前的限度应当是：保证制度基本能够执行，或者大部能够执行；如果大部不能执行，那就过了"度"，属于制度无效。执行度

---

① 转引自季卫东《法治与选择》，《中外法学》1993 年第 4 期。
② 贺卫方：《司法改革中的上下级关系》，《法学》1998 年第 9 期。

的确定，可以采取分析验证的方式，包括试点、实验等。

司法操作中的分寸把握也很重要。在实际的司法活动中，法律要求与执法现实之间存在十分复杂的冲突，然而，令人遗憾的是，我们的各种法学和司法理论并未为解决这些现实矛盾提供合用的手段。实践与理论之间明显的脱节现象，显示出理论的苍白甚至虚伪。事实上，就是在"正当程序"理论倡行的美国，该理论也不一定能解释和解决美国刑事司法的各种实际问题。美国著名刑事法教授兼辩护律师德肖微茨（Alan M. Dershowitz）声称自己在出庭实践和研究中体会到一些主导美国司法实践的"规则"①，这些规则严重地背离了司法的理想状态，它们并不见诸正式文字，在法学院也学不到，然而反映了现行司法制度的实际运转状况。德氏的总结或许有"过激"之嫌，但它确实反映了制度法与活法、理论与实践的差距。相对合理主义力图用一种以多元性为特征的低调理论来为实践提供某种"相对合理"的思路。这不属于"纯粹理性"的思辨，而是在"实践理性"甚至"技艺"的层次上提供某些操作指导②，其要点包括：

（1）多元的问题视角。视角的多元，首先意味着在实践的理念上不要求过程和结果符合某种单一标准，而是要求在特定时空及各种因素制约下，具有实际可行性和尽可能的合理性，也就是采取相对合理的操作方法和评判标准。其次，还意味着在严惩某些恶劣的违法行径从而宣示法律正

---

① 德肖微茨关于"司法斗争的规则"："第一条，几乎所有的刑事被告实际上都是有罪的。第二条，几乎所有的刑事被告辩护律师、检察官和法官都知道和相信第一条规则。第三条，用违反宪法的手段去认定有罪的被告，比在宪法允许范围内通过审判认定要容易；在某些情况下，不违反宪法就根本无法认定有罪的被告。第四条，几乎所有的警察在问到他们为了认定有罪的被告是否会违反宪法时都不说真话。第五条，所有的检察官、法官和被告辩护律师都知道第四条。第六条，很多检察官在警察被问到是否用违反宪法的手段去认定有罪的被告时都暗示默许他们去撒谎。第七条，所有的法官都知道第六条。第八条，大部分一审法官都明知警察在撒谎还相信他们的证词。第九条，所有的上诉法院法官都知道第八条，但许多人却硬要维持那些明知警察撒谎还相信他们证词的一审法官的结论。第十条，即使被告申诉他们的宪法权利受到了侵犯完全属实，大部分法官也会对此置若罔闻。…… 第十三条，没有一个人当真需要正义。"参见德肖微茨《最好的辩护》，唐交东译，法律出版社 1994 年版，第 11—12 页。

② 亚里士多德曾将知识分为纯粹理性、实践理性和技艺三类。波斯纳称实践理性"最经常的用来指人们用以做出实际选择或伦理选择——诸如是否上影院，是否对熟人撒谎——的一些方法。这种意义上的实践理性注重行动，而与以'纯粹理性'来决定一个命题的真假、一个论点的有效或无效的方法相对。…… 这种意义上的实践理性并不是一个单一的分析方法，甚至也不是一组有联系的方法。它是一个杂货袋，其中包括轶事、内省、想象、常识、移情、非难动机、说话者的权威性、隐喻、类比、前例、惯例、记忆、'经验'、直觉以及归纳"。参见波斯纳《法理学问题》，苏力译，中国政法大学出版社 1994 年版，第 91—93 页。

义的同时，对某些"善意的"、不得已的技术性违规行为，在充分注意分寸把握的情况下持一种理解甚至适度宽容的态度①。例如，从目前我国刑事侦查的普遍条件和侦查所受的限制看，人们所企求的、法律所规定的理想的法制状态尚缺乏充分的条件支撑，因而对司法的现状寄予过高的期望是不现实的。因此，由某些单方面的报道所激发起的义愤应当被更冷静和理性的分析所代替，应当区别对待执法人员在办案过程中出现的问题。

（2）灵活的"弹性"措施。主要是指：其一，在执法权的运用过程中，可以根据实际需要有一定的灵活度，如审讯中合理范围内的审讯策略、心理战术②，在手段使用上尽量利用现有法律的规定，在情势要求时将权力运用到最大限度。其二，对可高可低的处理、可这可那的斟酌，为了大局和长远利益（而不是为一己私利），审时度势，可以有适度的妥协。妥协，意味着在特定限度内向某种不合理性让步，这也可以视为一种法秩序上的"擦边"行为。它是环境和条件的非理性化"逼迫"下的不得已的退让。这种妥协可能具有"紧急避险"的法理意义，即在不得已的情况下，采用损害一种法益的方法保护一种更大的法益。考虑到现实的复杂性和实际可能性，实用而且能造成整体逐步改善的相对合理的主张，反而优于那种缺乏实际操作意义的"高调"。

（3）严格的"底线"控制。在实际的操作中，面临错综复杂的因素，只讲原则性、不讲灵活性的做法缺乏技术合理性。但灵活与妥协对行为规范的影响应限于迫不得已时在某些技术性的、非根本性的规范上作特定方式的变通。为了维系法的正当性，决不能使实际运作跌落于底线之下。这个底线的确定标准有两点，一是行为所涉系技术性规范还是价值性规范，前者一般不涉及对法律基本价值，如基本公民权利的侵犯问题；二是行为

---

① 在"正当程序论"调子最高的美国法院，为了利益价值机制的平衡，以及考虑侦查的条件和难度，近些年来对这类行为采取了较为宽容的态度。例如，对非法搜查所获物证，如果警察违规是出于"善意"（"善意原则"），或者该物证不采取非法手段最终也将发现（"最终发现原则"），对该物证可以不适用证据排除规则而允许其作为定案依据。参见《论美国刑事诉讼中的排除规则及两项例外》，载王以真主编《外国刑事诉讼法学参考资料》，北京大学出版社1995年版。

② 审讯过程中的心理战有时很难与"诱供"、"逼供"区别。例如，倘若比照多数国家的审讯法理，我国侦查人员在审讯中反复进行"坦白从宽、抗拒从严"的政策警示显属诱供和逼供。既以"从宽"利诱，且以"从严"逼迫，违背了供述自愿性原则。又如，审讯人员在手中并无实据时常称早已证据确凿，使被告相信不供不行。在无罪推定的原则之下，这些做法也涉及司法伦理问题，但尚属具有合理性的策略范畴。

所涉系根本性规范还是非根本性规范。因为法律规范不涉及价值问题的很少，如果影响价值的程度是轻微的，那么它属于非根本性的越规。例如短时间超审限，虽然可能有损于有关公民以及司法的利益，但一般情况下这种损害是轻微的。简言之，司法行为的底线是基本的法律原则和法律规范。这是无论何时均应给定的一个限制。例如，任何情况下对基本证据和基本事实不能人为改变；对任何案件不能黑白颠倒、枉法裁判；对任何案件处理不能徇私枉法。凡实施此类行为的，无论是否事出有因或主观尚存善意，都必须坚决纠正，对责任人员严格惩处。否则，相对合理主义就成了无原则的庸俗实用主义，而法律正义不存，法治也就丧失了存在的根基。

《中国社会科学》1999 年第 2 期

改革开放以来的中国民法

王利明　易　军[*]

摘要　改革开放以来，中国民法在价值与体系方面均取得进步，具体表现为人的私法主体地位的逐步确立、私法自治基石性地位的奠定、私人利益与私人权利得以确立并获确实保障、民法的科学性得到长足发展等。不过，现行民法在形式理性化的程度上仍有改进的空间。对中国社会而言，坚持民法的自主性、形式化发展方向具有特别重要的意义。同时，也必须通过保持民法一定程度的开放性来克服形式理性法的某些内在缺陷。

关键词　民法　形式理性　法典化　开放性

自上个世纪 70 年代末以来，伴随着经济的起飞与发展，中国社会发生了沧海桑田般的剧烈变化。作为社会制度的一环，中国民法自然也不例外。在改革开放 30 周年之际，回望中国民法发展的历程，可以发现 30 年的民法发展历史，就是一部浓缩了的政治、经济与伦理的变迁史。

一　价值与体系的双重进步

新中国成立以后，由于全面继受了苏联有关生产资料的国有化及相应的分配正义理论与实践，直至"文革"结束，私有财产在中国社会几无立锥之地，高度垄断的计划经济体制在资源的配置与流动上取得绝对优势地位，社会成员的私人特性被涤除殆尽。在此种"政治中心化"（the throne-

---

* 王利明，中国人民大学法学院教授；易军，中国政法大学民商经济法学院副教授。

ment of politics）的状态下，① 民法当然摆脱不了被边缘化的命运。以至于在改革开放之前，社会民众竟普遍地不知民法为何物。70 年代后期，中国开始迈出改革开放的步伐，重新恢复 50 年代即已启动但因嗣后的反右、"文革"等运动而中断的社会主义法治建设，到 80 年代中期，《婚姻法》（1980）、《经济合同法》（1981）、《涉外经济合同法》（1985）、《继承法》（1985）、《民法通则》（1986）、《破产法》（试行）（1986）、《技术合同法》（1987）等相继颁布。1992 年中国共产党第十四次全国代表大会确立了"市场经济体制"的改革目标模式，提出要建立中国市场经济的法律体系，这在中国民法的发展史上具有革命性意义。为适应发展市场经济的要求，1993 年修改了《经济合同法》，《海商法》（1992）、《公司法》（1993）、《票据法》（1995）、《担保法》（1995）、《保险法》（1995）、"统一"《合同法》（1999）、《物权法》（2007）等也相继出台。特别值得注意的是，中国最高立法机关的立法规划明确将制定中国民法典作为中国市场经济法律体系建成的标志。作为新中国第四次民法典编纂运动阶段性成果的"民法典草案"亦于 2002 年由立法机关向社会公布。命运多舛的中国民法终于走上了坦途。30 年来，中国社会的变迁可描述为这样一幅图景：政府从对社会进行事无巨细的管制逐渐转变为着力于对社会的宏观调控和理性干预，而一个由独立、自治、保有私益的个人所构成的自主性日益增长的市民社会次第崛起。在此背景下，民法作为部门法的独立地位终获确立，并取得长足发展。总体而言，民法的进步性大体可概括为下述几个方面。

（一）人的私法主体地位的逐步确立

"'人'是一切价值观念和价值活动的主体，离开了人，一切社会现实以及历史都将不存在。"② 现代人具有双重身份——"私人公民"（private citizenship）。一方面是私人自治的主体，由此组成了一个市民社会的体系；另一方面是一个政治自主性的主体，参与国家政治的组织运作。前者为市民身份，后者则为公民身份。新中国成立后，社会成员的政治地位得

---

① 参见［英］弗里德里希·冯·哈耶克《法律、立法与自由》第 2、3 卷，邓正来等译，中国大百科全书出版社 2000 年版，第 457 页以下。

② 杨震：《法价值哲学导论》，中国社会科学出版社 2004 年版，第 54 页。

到极大提高，但其私法主体资格却一直未得到立法的确认。随着《民法通则》、《合同法》、《物权法》等法律逐步颁布，社会成员的私法主体地位逐步得到法律的确认。

第一，自然人与法人的主体地位的确立。《民法通则》第9条前段规定，"公民从出生时起到死亡时止，具有民事权利能力"，明确承认自然人在私法上的主体资格。由于团体或组织参与交易日益普遍，为此需要确定团体的法律地位，"解决这个问题的法律技术上的一个办法是构想法人的概念"。① 《民法通则》第36条第2款规定，"法人的民事权利能力和民事行为能力，从法人成立时产生，到法人终止时消灭"。明确承认了法人在私法上的主体资格。不仅如此，《民法通则》第41条还规定，"全民所有制企业、集体所有制企业……取得法人资格"。至此，企业摆脱了国家这个宏大综合体的控制，被承认为具有独立法律地位的民事主体。值得注意的是，在此过程中，中国民法对具有私法上人格的"个人"的表述发生了重大变化。《民法通则》第2章的标题为"公民（自然人）"，不过该章及其他章节下的法条均使用了"公民"的概念，而《合同法》第2条放弃了这一术语，而改称为"自然人"。"公民作为民法概念，反映了民事生活的某种封闭性和'非私法性'"，② 而自然人与自然状态、自然权利、社会契约论有关，强调了私法主体地位与私权的天赋性，在近代市民社会—政治国家的知识系谱中，其实就是市民社会的市民。"个别的人，作为这种国家的市民来说，就是私人，他们都把本身利益作为自己的目的"，③ 其他一切在他看来都是虚无。

第二，民事主体法律地位平等原则得到确认。近代民法上，主体的平等观念得到极大的尊重。"民法刻意抽离社会阶级、族群或任何在利益上共同的团体，而以中性的交易'角色'为其规范对象，在民法上是不分企业、劳工或消费者的，债编契约的规定是就出卖人与买受人，贷与人与借用人或雇用人与受雇人间，建立合理的权利义务关系，买受人可能是企业，也可能是消费者，贷与人可能是银行，也可能是邻居，雇用人可能是

---

① ［德］马克斯·韦伯：《经济与社会》下卷，林荣远译，商务印书馆1997年版，第64页。

② 张俊浩主编：《民法学原理》，中国政法大学出版社1991年版，第101页。

③ ［德］黑格尔：《法哲学原理》，范扬、张企泰译，商务印书馆1982年版，第201页。

资本家，也可能是小工。"① 不过，苏联法学理论强调"公有制的实现阶段理论"，将社会中的人区分为国家、集体和个人三个层次，并赋予不同的政治地位。认为国家所有权是社会主义生产关系的高级形式，应居于至高无上的地位；集体所有权次之；私人所有权则是私有制的残余，应予以压制甚至取缔，因此地位最低。作为此种思想的残留，《民法通则》第73条明确规定"国有财产神圣不可侵犯"，而对集体财产、私人财产则不设类似规定，从而营造出了一种法律地位上的尊卑有别的差序格局。然而，随着改革步伐的迈进，前述"公有制的实现阶段理论"逐渐被摒弃，私有财产也开始被承认为社会主义经济的重要组成部分，《物权法》第 3 条明定"鼓励、支持和引导非公有制经济的发展"、"保障一切市场主体的平等法律地位和发展权利"，并未沿袭原有的国有财产"神圣不可侵犯"的表述，由此确立了公有财产和私有财产"一体承认、平等保护"的原则。

第三，社会弱势群体的主体地位得到有力保障。《合同法》体现了较强的保护弱者利益的价值倾向。如该法第 289 条规定："从事公共运输的承运人不得拒绝旅客、托运人通常、合理的运输要求。"此条即确立了公共承运人的强制缔约义务。强制缔约又称为契约缔结之强制，或强制性合同，是指个人或企业负有应相对人之请求与其订立合同的义务，即对相对人之要约，非有正当理由不得拒绝承诺。② 公共承运人之所以不能拒绝旅客或托运人的要约，主要是由于其居于垄断地位且其提供的服务关乎社会成员的日常生活，若使其享有与一般的商品或服务提供者同样承诺的权利，则一旦旅客或托运人的要约被拒绝，其将无法从他处获得服务，其需求得不到满足，生活便利难获保障。自第一次及第二次世界大战以后的住宅荒现象发生以来，房屋承租人作为交涉力较劣的社会群体一直受到特别保护。时至今日，虽然出租房屋极端不足、住宅供求关系严重失衡的现象多有缓解，但由于立法上本于房屋承租人失去了住居所往往就等于完全失去了社会的、空间的、环境的考虑，③ 对房屋承租人的保护仍然得以延续。基于同样的立法政策，在《合同法》租赁合同一章，规定了买卖不破租赁原则（第 292 条）、房屋租赁合同承租人的先买权（第 230 条）以及

---

① 苏永钦：《走入新世纪的私法自治》，中国政法大学出版社 2002 年版，第 13 页。

② 参见王泽鉴《民法债编总论》第 1 册，台北：三民书局 1996 年版，第 73 页。

③ 参见 Canaris《民事法的发展及立法——德国契约法的基本理念及发展》，林美惠译，《台大法学论丛》第 28 卷第 3 期。

承租人同居人的居住权（第 234 条）等制度，以保护处于弱者地位的承租人及其亲属的利益。再如《物权法》第 149 条规定，住宅建设用地使用权期间届满的，自动续期。非住宅建设用地使用权期间届满后的续期，依照法律规定办理。"自动续期"表明立法对普通民众的作为其基本财产权或基本生存条件的住宅给予特别保护。

（二）私法自治基石性地位的奠定

私法自治，是指个人得依自己意思形成法律关系的原则。"自由预设了个人具有某种确获保障的私域（some assured private sphere），亦预设了他的生活环境中存在有一系列情势是他人所不能干涉的。"① 私法自治赋予民事主体在法定范围内广泛的行为自由，有助于最大限度地发挥个人的积极性、主动性与创造性，对于促进近代社会经济的发展居功甚伟，被认为是民法的基本理念与价值，② 成为近代私法领域至高无上的指导原理。③不过，由于长期实行高度集中的经济管理体制，以及受中国传统文化中的官本位思想、重农抑商等思想的影响，民事主体在市场经济中个人意思自治的空间受到极大压缩。随着市场经济体制的逐步建立，私法自治在民法中的应然地位也逐步得以确立。

对私法自治的肯定是人的私法主体地位确立的必然要求，"对于特殊性的肯定，也就是对于主体性自由的肯定"。④ "人之所以成为主体性的存在的基点，就在于他的选择能力。"⑤ 因此，《民法通则》确立的民事主体制度为私法自治功能的发挥奠定了基本前提。《民法通则》建立的法律行为制度，则为私法自治的实施提供了不可或缺的制度保障。《合同法》对私法自治的维护是最突出的。《合同法》废除了旧经济体制下的计划原则，确立了合同自由原则。据此，当事人可自主决定是否缔约，自主选择交易伙伴，确定合同的内容与形式，决定合同的变更或解除，选择纠纷的解决方式等。《物权法》也贯彻了私法自治原则，如《物权法》确认物权

---

① 弗里德里希·冯·哈耶克：《自由秩序原理》，邓正来译，生活·读书·新知三联书店 1997 年版，第 6 页。

② 参见谢怀栻《从德国民法百周年说到中国的民法典问题》，《中外法学》2001 年第 1 期。

③ 参见詹森林《民事法理与判决研究》，中国政法大学出版社 2002 年版，第 5 页。

④ 石元康：《从中国文化到现代性：典范转移？》，生活·读书·新知三联书店 2000 年版，第 189 页。

⑤ 石元康：《自由主义与现代社会》，《开放时代》2003 年第 1 期。

人可在法定的范围内依其意志设立、变更以及转移物权；每个物权人均可依法自由行使其权利，他人不得干涉物权人权利的正当行使等。虽然《物权法》在性质上主要是强行法，但其强行性与《刑法》、《行政法》等公法规范的强行性判然有别。《物权法》的大多数规范为权限规范，其目的在于规定物权的内容、划定物权间的分界，以杜绝争执。如《物权法》第86、87条要求，不动产权利人"应当"为相邻权利人用水、排水、通行等提供必要的便利，但这并非是要求行为人必须为一定行为的义务性规范，仍属于权限规范。此际，当事人仍然存在着若干自治的空间，立法也并无意禁止当事人依此分际为进一步的交易。虽然法律规定"应当"，但不动产权利人与相邻权利人完全可以达成一个以不排水或放弃通行为内容的民事合同，该合同的有效性是毋庸置疑的。虽然婚姻家庭领域也存在国家干预的内容，但除关涉公序良俗等重大事项外，当事人仍享有广阔的私法自治的空间。私法自治在婚姻家庭法领域表现为婚姻自由与遗嘱自由。据此，当事人可在达到法定婚龄的条件下自主缔结婚姻，可以以遗嘱的形式自主处分其身后财产等，而不受他人的非法干涉。

与私法自治的确立相伴随的是自己责任原则、过错责任原则的确立。由于个体自身直接占有的社会资源越来越多，国家逐渐放弃对社会经济的直接的行政性干预，从而个体的自主性日益增强。"承认人对自由选择的绝对性，与确立人必须对自己的行为负责或承担义务的原则有着必然的联系。"[1] 自己责任遂由此而发生。确立过错责任原则的目的在于保障个人拥有充分的自由，"盖个人若已尽其注意，即得免负侵权责任，则自由不受束缚，聪明才智可予以发挥"。[2]《民法通则》通过过失责任原则的确立旨在告诉世人，只要在日常生活中对自己的行为予以充分、必要的注意，就可以在社会中自由行动，因此过失责任原则从消极方面促进经济社会中人的活动自由，成为私法自治原则的重要辅助性原则。[3]《民法通则》第48条要求，全民所有制企业法人以国家授予它经营管理的财产承担民事

---

① 林剑：《人的自由的哲学思考》，中国人民大学出版社1996年版，第242页。

② 王泽鉴：《民法学说与判例研究》第2册，中国政法大学出版社1998年版，第145页。

③ 参见刘荣军《日本民法百年中的侵权行为法》，《环球法律评论》2001年秋季号。日本学者田中整而认为，通常将过失责任主义列为民法之指导原理，但将之视为契约自由之侧面时，并无将其揭示之必要。参见田中整而《近时日本民法学之发展情况——其概观及不当得利论》，吴英哲译，《辅仁法学》第8期。

责任。集体所有制企业法人、外商投资企业法人以企业所有的财产承担民事责任。这些都是自己责任具体的法律体现。

（三）私权保障体系的初步建立

法治的核心是规范公权、保障私权。一个社会的私权保障体系越完备，表明其文明程度也越高。在改革开放前高度集中的体制下，尤其是受"一大二公"的思想的影响，不仅个人的私法主体地位受到压抑，而且其私权也得不到任何有力的保障。在十年浩劫期间，私有财产在"割资本主义尾巴"的名义下被铲除殆尽，"戴高帽"、"驾飞机"、抄家等各种侵害人权的现象达到了登峰造极的地步。改革开放以后，由于法制不断进步，民法对私权的保护也逐步完善。

中国民事立法特别注重对私权的保护。从立法目的条款看，《民法通则》第1条规定"保障公民、法人的民法的合事权益"、《合同法》第1条强调"保护合同当事人的合法权益"、《物权法》第1条强调"保护权利人的物权"。其实，保护民事主体的权益，乃当然自明之理，即使民法不设此种规定，它也受《宪法》的必然保护，民事立法注重保护私权的殷切之心，由此可见一斑。以下仅以人格权、物权为例简要说明。

《民法通则》第一次在法律上规定了人格权制度。《民法通则》第5章第4节"人身权"部分的重点在于规制人格权。虽然该节未明确采用"人格权"的概念，但其实质上是对人格权的规定。《民法通则》采用具体列举的方式来规定各种具体人格权，不仅列举自然人人格权，而且列举了法人人格权，不仅列举了物质性人格权，而且列举了精神性人格权。《民法通则》还确立了侵害人格权的精神损害赔偿制度。《民法通则》第120条规定，"公民的姓名权、肖像权、名誉权、荣誉权受到侵害的，有权要求停止侵害，恢复名誉，消除影响，赔礼道歉，并可以要求赔偿损失"。学界一般认为，该条中的"赔偿损失"包括精神损害赔偿。[1]《民法通则》关于人格权的规定使社会成员第一次意识到自己对名誉、肖像等享有权利，并且在这些权利受到侵害时，可以请求精神损害赔偿。《民法通则》的这种对人格权的尊重与保护的态度使得其在海外赢得了"中国的人权宣言"的美誉。可以说，《民法通则》的颁行极大地推动了中国民

---

① 参见张新宝《侵权责任法原理》，中国人民大学出版社2005年版，第521页。

主法治事业的进程，标志着中国的人格权制度获得了长足的发展。[1]

人的法律上的独立人格，需要有物质基础的保障。耶林指出，"谁侵害了他人的财产，就侵害了他人人格"，"保障财产权不仅仅关涉到物的价值，而且也是维护个人在物中的人格"。[2] 在任何社会，财产和人格都是不可分割的，因为"财产权成为自由、个人自治赖以植根和获取养料的土壤……是个人发展的基本条件"。[3] 在改革开放过程中，在坚持公有制主体地位的前提下，民法通过一系列的制度设计，使社会成员逐渐获得对社会财产的私法性权利。在农村，废除人民公社制度，按土地所有权与使用权相分离的原则，推行家庭承包为基础的土地联产承包责任制。在民法对农民所享有土地使用权的保障力度上，先是通过《民法通则》提供债权性保护，后通过《物权法》将其确定为法定用益物权形态之一，使农民真正获得了"长期而稳定"的土地使用权。在城市，放弃国有国营模式，依所有权与经营权相分离的原则，承认并逐步扩大企业的经营自主权，《物权法》还进一步确认了企业法人的财产权，并将其作为物权的类型加以规定，从而为企业参与市场竞争，开展自主经营提供了法律保障。

总之，中国民法通过确立与保护人格权、物权、债权与知识产权等民事权利，从而建立了较为完善的私权体系。这不仅为市场交易提供了制度前提，而且也奠定了市民社会的法律基础。"财富能力是否在'深度'、'广度'和'长度'三维上都发挥得好，又取决于一国的制度，包括产权保护体系、契约执行体系以及保护市场交易安全的其他制度。"[4] 正是有赖于私权保障体系的建立，30 年来中国经济得到了蓬勃发展。

---

[1] 其实，民法的其他部分也在发挥保障民事主体人格权的作用。如《合同法》第 233 条确立了租赁物危及健康安全时租人的解约权。当租赁物危及承租人安全或健康，即使承租人订立合同时明知该租赁物质量不合格，承租人仍可随时解约。一般而言，买卖合同之买受人明知标的物的瑕疵而购买时，不得寻求物之瑕疵担保责任的救济措施，而法律赋予明知租赁物瑕疵而为租赁的承租人以解约权，诚如王泽鉴先生所言，此亦基于租赁契约的继续性，特别重视人的安全与健康。该条对主体安全健康之保护重于对交易安全保护的价值取向十分明显。参见王泽鉴《法律思维与民法实例·请求权基础理论体系》，台北：三民书局 1995 年版，第 125 页。

[2] 耶林：《为权利而斗争》，郑永流译，法律出版社 2007 年版，第 21 页。

[3] 刘军宁：《共和·民主·宪政——自由主义思想研究》，上海三联书店 2000 年版，第 43 页。

[4] 张维迎主编：《中国改革开放 30 年：10 位经济学家的思考》，上海人民出版社 2008 年版，第 139 页。

（四）民法的科学性获得长足发展

马克斯·韦伯在评析近代以降大陆法系各国民事立法活动的最高成就——民法典时提出，"形式理性……是通过逻辑分析来披露各种事实的法律意义，从而形成和适用高度抽象的法律概念……只有采用逻辑解释的抽象方法才有可能完成特别的制度化任务，即通过逻辑手段来进行汇集和合理化，使得具有法律效力的一些规则成为内在一致的抽象法律命题"。[①]在中国民法发展的过程中，其科学性与形式理性的程度日益增强。具体而言，"从八十年代中期开始，一直贯穿了整个九十年代，法学开始了相对独立的发展，它在脱离流行政治话语的过程中也不断创造了自我的专业术语"，[②] 即民法更注重使用抽象、纯粹、技术性的概念，强调概念在抽象程度上的层级性，追求规则之间的内在一致性，并最终希望借组成要素的逻辑关联与层级区分构成一个统一的整体。

在技术性概念的使用上，立法采纳了"物权"概念就是一个绝佳的例证。改革开放后，私人所有权产生，对物权特别是私人所有权进行保护的要求越来越强烈，但因意识形态等方面的原因，《民法通则》没有采用物权的概念，而采用了"财产所有权和与财产所有权有关的财产权"的表述。"思想意识形态的改变还没有快到可以完全为'物权'恢复名誉的程度，不过仍然可以折衷，即在'苏联模式'和'欧陆模式'之间采取折衷方案，于是就产生了《民法通则》第 5 章中的第 1 节，标题是'财产所有权和与财产所有权有关的权利'。"[③] 2007 年《物权法》出台，物权，包括作为其下位阶的用益物权、担保物权、地役权、占有等科学严谨的概念终被接纳。

在规则之间的关联性上，可以以抵押与质押之间的关系、欠缺有效要件合同的三分、无权代理的类型化等为例。《民法通则》未区分抵押与质押，且即便是对抵押与留置权作出简短规定，但这些规定并未放在第 5 章（民事权利）第 1 节（财产所有权和与之相关的财产权），而是放在第 2

---

① ［德］马克斯·韦伯：《论经济与社会中的法律》，张乃根译，中国大百科全书出版社1998 年版，第 62 页。

② 苏力：《也许正在发生——中国当代法学发展的一个概览》，《比较法研究》2001 年第 3期。

③ 陈弘毅：《法治、启蒙与现代法的精神》，中国政法大学出版社 1998 年版，第 170 页。

节（债权）之中。《担保法》较详细地确立了有关抵押、质押、留置的规定、生效、运作及执行方面的规则，已清楚体现了欧陆民法中"物权"的典型特征。当然，《担保法》亦有不足，《担保法》在制定时并没有按照体系化思想来构建，而只是专门针对担保这一事项进行立法，主要是从担保主债权履行的法律效果来考虑的。《物权法》则不仅延续了有关抵押、质押、留置等方面的细密规则，而且在基本架构上采纳了"用益物权"与"担保物权"这一传统民法中的经典类型。类似的，如《合同法》改变了《民法通则》仅将欠缺有效要件的民事行为二分为"无效"与"可撤销"两种类型、忽视"可撤销"民事行为与"效力未定"民事行为的区分的弊害，而将欠缺有效要件的合同三分为"无效"、"可撤销"与"效力未定"合同三种类型；《合同法》改变了《民法通则》对无权代理不予以类型化之弊，明确将无权代理区分为狭义的无权代理（《合同法》48 条）与表见代理（《合同法》49 条）。再如《民法通则》在借鉴苏联的民事立法与民法理论的基础上，不仅将"民事责任"单列为一章，而且在第 134 条规定了停止侵害、排除妨碍、消除危险、返还财产、恢复原状等民事责任形式，其中，除了修理、重作、更换、赔偿损失、支付违约金属于违约责任的形式外，其他均属于侵权责任的形式。据此，侵权责任的承担方式除了损害赔偿这一传统民法中侵权责任的典型形式外，还包括停止侵害、排除妨碍、消除危险、返还财产等形态。由此，中国大陆"建立了一种独特的请求权体系"，[①] 即建立了一个内容丰富的基于侵权的请求权体系，它吞没了传统民法中的物权请求权。《物权法》则明确规定了物权请求权和占有保护请求权，这就凸显了它们与侵权责任请求权的区分，同时也构建了完整的请求权体系。

在法律整体的统一性上，"统一"《合同法》不仅在具体制度上整合、协调了以往三部单行合同法中发生矛盾、冲突的规范，[②] 而且在立法体系上结束了经济合同法、涉外经济合同法、技术合同法三足鼎立的局面，开创了

---

① 王利明：《民商法研究》第 3 辑，法律出版社 2001 年版，第 262 页。

② 如对合同法的基本原则，经济合同法、涉外经济合同法、技术合同法表述互不相同。诚如王泽鉴先生所言，合同的基本原则是否是因其为一般合同、经济合同、涉外经济合同或技术合同而异？上述规定的不同，究竟仅是文字上的差异、强调的不同，抑或具有实质的意义？经济合同是否不受诚实信用的规范？参见王泽鉴《民法学说与判例研究》第 7 册，中国政法大学出版社 1997 年版，第 20 页。

合同法"一统天下"的时代。《物权法》在一定程度上整合了《土地管理法》、《城市房地产管理法》等单行法律法规中所涉及的城市土地的权属、转让、登记等问题。《民法通则》则不仅通过界定民法的调整对象区分了民法与经济法等部门法的关系，而且确定了民商合一的体例，特别是通过其体系的构建初步奠定了未来民法典的体系结构。《民法通则》第1章至第4章、第6章分别规定了"基本原则"、"公民"、"法人"、"民事法律行为和代理"、"民事责任"，这些部分基本上概括了民法典总则编的内容；而第5章对民事权利所作的列举性规定，基本奠定了民法典的分则体系。

（五）民法的中国元素日益凸显

自清末变法以来，中国民法被纳入到大陆法系的体制之中，大清民律草案、中华民国民法等旧中国民法典基本上仿效《德国民法典》的模式构建，难谓有所创新。不过，自改革开放以来，民事立法不仅立足于中国的国情进行制度设计，而且还在广泛借鉴两大法系有益经验的基础之上，进行了大量的理念和制度创新。在制度构造上，从《民法通则》开始的一系列民事法律日益呈现出一些中国元素。如《民法通则》将自然人和法人享有的人身权和知识产权单列一节（第5章第4节和第3节），集中加以规定，此为世界各国民事立法所仅有。《合同法》中的预期违约制度更是一个典型的例证。在传统的大陆法系民事立法或者民事理论中，只承认"实际违约"这类违约行为形态，亦即"只有履行期届满，债务人不履行债务或者履行债务不符合约定才构成违约"，《合同法》从英美法系移植了预期违约制度，使得非违约方在履行期届满前就可寻求法律救济，这种新型违约形态的引进，不仅与既往的"实际违约"形态契合无间，而且极大丰富与完善了中国的债务不履行体系。再如，《继承法》第14条第3、4款规定："对被继承人尽了主要扶养义务或者与被继承人共同生活的继承人，分配遗产时，可以多分。有扶养能力和有扶养条件的继承人，不尽扶养义务的，分配遗产时，应当不分或者少分。"该条"将继承权与赡养义务结合起来，从而即便在引进现代西方形式主义法律原则之后，仍然混合了过去的面对社会现实的原则和实践"，[1] 使形式理性价值与传统实质

---

① 黄宗智：《经验与理论：中国社会、经济与法律的实践历史研究》，中国人民大学出版社2007年版，第330页。

理性价值——"孝"获得了统一。此外，《物权法》所规定的公私财产平等保护制度、不动产善意取得制度，确立独立的空间权等亦为明证。而目前正在起草制定独立的侵权责任法，它将成为未来民法典独立的一编，这不仅符合世界民事立法上"强化侵权责任立法"的总体发展趋势，而且也是一个重大的体系突破。总之，这些具有中国元素的法律制度，受到了国外学者的关注和肯定，这本身也是对世界民事立法发展的贡献。

促使中国民法获得长足进步的因素颇多。其中，立法机关对立法民主性的注重无疑具有重要意义。例如，《合同法》历经 6 年起草、5 次审议；《物权法》历经 13 年起草、8 次审议，并向社会各界广泛征求意见。其实，公布法律草案进行"全民公决"，并非中国立法的必经程序，将一个尚未生效的法律草案公诸报端，给民众提供了一个实实在在参与立法的机会，这一举措本身即蕴含着巨大而深远的意义。立法机关开门立法、民主立法，最大限度听取民意，缩短了法律与社会成员的距离，其实就是一个法律的普及过程、法律的认知过程与法律实施的准备过程。这为中国未来民法典的制定提供了重要的启示。民法是市民社会的基本法，是个人生活的百科全书，关系到每一个人的切身利益，今后民法典的制定也应当广开言路，吸纳更多的民众参与立法的讨论，凝聚最大程度的社会共识。

二　民法形式理性化：未竟的事业

韦伯认为，近代以来法律的发展趋势，就是从"实质"理性发展到"形式"理性、法律中的形式性逐渐呈现并取得支配性地位的过程，他进而指出，此种构成西方法律特色的形式理性法，是作为一种同样理性的经济制度的资本主义的运行的一个近乎必要的条件，对西方资本主义的形成与发展具有决定性贡献。[①] 罗伯特·昂格尔进一步阐发了韦伯的观点。他诠释了一种与法制相关的"自主性"概念。自主性的特征尤其关键，正是它使得"法律秩序"成为一种形式性的规则体系。自主性是指表现在实体内容、机构、方法与职业上的一种自我运作的逻辑，它包括区别于宗教、道德以及政治的实体自主性、司法独立的机构自主性、秉具独特推理

---

① 参见 ［德］ 马克斯·韦伯《经济与社会》下卷，商务印书馆 1997 年版，第 199 页以下。

与论证方式的方法自主性以及自律性律师业的职业自主性。① 其中，实体自主性是指政府制定和强制执行的规范并不是其他非法律观念（如政治的、经济的或宗教的观念）的再现和重复。以此来检视 30 年来中国民法发展的轨迹，可以清晰地发现，中国民法的发展其实也经历了一个类似的从非形式法向形式法（自治法）转变的过程。不过，中国现行民法距一个成熟的形式理性法仍有相当的差距。

（一）内在价值存在一定冲突

在当前价值多元的开放社会中，除了应遵循一些业已达成共识的价值观念外，立法者完全可以根据自己的内在价值判断作出不同的价值选择。"民事规范牵涉到的价值决定，如交易安全与意思自由间（无权代理）或与财产权间（善意取得）的权衡，意思自由与利益衡平间的权衡（无因管理），创新与守成间的权衡（动产加工），未成年人保护与交易安全间的权衡（成年制度），亲情与公共利益间的权衡（死亡宣告）等等，是可以也应该因社会而异的。"② 但是，一旦立法者选定了某种主导性价值，就应将这一价值取向一以贯之，不要动辄创设例外，或者随意扩张其他价值的适用空间，否则就会加剧价值之间的冲突。如中国民法原则上坚守了抽象人格、形式平等的价值。而《合同法》第 229 条规定，"租赁物在租赁期间发生所有权变动的，不影响租赁合同的效力"。由此建立了"买卖不破租赁"制度。"立法上之所以要强化租赁权的效力，主要是认为承租人为经济上的弱者，为避免其于所有权变换时遭受权利之受损，故特设不破租赁的规定，以保障其权利。"③ 因此，"买卖不破租赁"显然是建立在具体人格与实质平等的价值之上。不过，"承租人"的概念所涵盖的社会经济活动主体的范围是极其广泛的，不动产的租赁，至少在大多数情形下，确实可以说涉及基本生存保障问题，不论假设承租一方为社会经济弱者，或在契约订立与履行上处于交易的弱势，都还不算离谱，④ 但动产的承租人则不存在类似的问题。因此，该条不当扩张了抽象人格、实质平等等价值的适用空间，由此造成抽象人格与

---

① 参见［美］昂格尔《现代社会中的法律》，吴玉章、周汉华译，中国政法大学出版社1994 年版，第 47 页。

② 苏永钦：《走入新世纪的私法自治》，中国政法大学出版社 2002 年版，第 48 页。

③ 陈春山：《契约法讲义》，台北：瑞兴图书股份有限公司 1995 年版，第 184 页。

④ 参见苏永钦《走入新世纪的私法自治》，中国政法大学出版社 2002 年版，第 338 页。

具体人格、形式平等与实质平等之间的剧烈冲突。

虽然人格尊严、私人自治等价值观念在中国获得普遍的弘扬,但民法在落实这些价值方面仍有若干可议之处,从而产生了内在价值实践程度偏弱的现象,这也不符合形式理性法的要求。如关于平等的价值要求,民法应忽略各个社会个体的异殊性,无一例外地赋予他们成为民法上"人"的资格,从而使得各个个体得以毫无差别地进入市民社会从事民事活动。然而,《合同法》第52条第1款规定,一方以欺诈、胁迫的手段订立合同,损害"国家利益"的,为无效合同。第54条规定"一方以欺诈、胁迫的手段或者乘人之危,使对方在违背真实意思的情况下订立的合同,受损害方有权请求人民法院或者仲裁机构变更或者撤销"。由此表明,当被欺诈、胁迫方为国有企业时,合同应被确认为无效;而当被欺诈、胁迫方为非国有企业时,受害人只能请求法院或仲裁机构变更或撤销合同。这种主体立法思想,使不同主体受到不同的法律对待,不符合平等的价值原则。[①]

(二) 规则存在一定漏洞与冲突

"法典不可能没有缝隙",囿于人类认识能力的局限性与法律的滞后性等原因,法律漏洞是无法避免的。但是,在应当而且能够将有关事项加以明确规定的情况下,就没必要保留法律漏洞,让法律存在调整的飞地。在中国民法中,还存在着大量的法律空白现象,如《民法通则》尚未确立社团法人、财团法人、意思表示、隐私权等制度;《合同法》尚未规定情事变更原则等制度,未确立借用、实物借贷、储蓄等转让财产使用权或所有权的合同,以及雇用、演出、培训、邮政、医疗、出版等提供服务的合同;《物权法》未确立取得时效、添附、先占等制度。

规则的冲突,表现为各种规则之间存在理念上、内容上和逻辑上的矛盾或者抵触。中国现行民法中存在着部分规则冲突的现象。如《民法通则》第106条确立了过错责任原则,但是《民法通则》第132条规定,"当事人对造成损害都没有过错的,可以根据实际情况,由当事人分担民事责任"。该条将原本只能扮演例外角色的衡平确立为侵权法的一项基本归责原则——"公平责任原则"。由于该条并未将公平责任类型化,在适

---

① 参见刘楠《变法模式下的中国民法法典化——价值的、逻辑的与事实的考察》,《中外法学》2001年第1期。

用上对过错责任造成巨大的冲击。"这样的法律条文以及法庭行为是违反逻辑的。法律既然已经规定过错赔偿，怎么能够同时规定即使无过错也有赔偿责任呢？"[①] 毕竟"严格的形式主义立场，只能恪守逻辑一致性作出非此即彼的单一选择"。[②] 而且财产的有无、多寡成为了判断加害人应否承担侵权责任的基本依据，这在近代以降的世界民法史上恐怕都是绝无仅有的。再如，《民法通则》规定了代理这一来源于传统大陆法系民法的制度，该制度贯彻了所谓的公开性原则，因此它被称为显名代理或直接代理。从直接代理的内涵来看，它显然不包括某人以自己名义但为授权人利益而与他人为法律行为的情形，但《合同法》借鉴了英美法系的代理制度，并在第403、404条对隐名代理与不公开本人身份的代理作出了较详细的规定，由于《合同法》没有限制间接代理的适用范围，从而导致了该制度与《民法通则》所确立的直接代理制度的冲突。

（三）民法中公法规定有失泛化

公私法相互独立乃是法治的基本原则，[③] 因此，"公法的归公法，私法的归私法"。除非为实现规范目的所必备，私法中不应容留公法规范。现行民法存在着一定程度的公法规定泛化的问题。如《合同法》第38条规定，"国家根据需要下达指令性任务或者国家订货任务的，有关法人、其他组织之间一方依照有关法律、行政法规规定的权利和义务订立合同"。该条并非创设法人或者其他组织负有依指令性计划或国家订货任务订立合同的义务，因为该义务原已存在，而民事主体违反该义务订立的合同，倘未达到违反强制性规范的程度就不应使之无效，因此，本条的"训示"并无多大意义。[④] 第127条规定，"工商行政管理部门和其他有关行政主管部门在各自的职权范围内……对……的违法行为，负责监督处理；构成犯罪的，依法追究刑事责任"。该条只是对行政机关的训示，置入《合同法》中对当事人与裁判者并无多少规范意义。再如《合同法》第

---

① 黄宗智：《经验与理论：中国社会、经济与法律的实践历史研究》，中国人民大学出版社2007年版，第398页。

② 同上书，第345页。

③ 立法上明确建立此项原则的，如《法国民法典》第7条规定，"民事权利的行使与依宪法和选举法取得并保有的政治上的权利的行使是相互独立的"。

④ 参见苏永钦《民事立法与公私法的接轨》，北京大学出版社2005年版，第32页。

128 条、《物权法》第 32、33 条很多处规定了争议解决程序，教导人们如何进行争议解决程序的选择，这其实并非民法所应发挥的功能。

（四）民事单行法之间存在冲突与不协调

截至 2008 年 3 月，中国现行有效的法律总共 229 件，涵盖宪法、宪法性法律、民商法、经济法、社会法、刑法、诉讼及非诉讼程序法等，其中，民事法律共 32 件。除此之外，现行有效的行政法规近 600 件，地方性法规约 7000 多件，① 其中大量涉及民商事制度。从内容上看，这些民商事法律大致可分为三类：第一类是涉及传统民法典的内容的法律，如《婚姻法》、《继承法》、《合同法》和《物权法》等。第二类是涉及传统商法范畴的单行法，主要包括《公司法》、《票据法》、《海商法》、《保险法》、《破产法》等。第三类是其他性质的部门法律中所包含的民事规范，主要包括行政法、经济法、社会法等法律部门中所包括的民事规范，如《土地管理法》、《房地产管理法》、《反垄断法》等法律之中的民事规范。由于单行法是在没有民法典统辖的情况下制定的，这些单行法并没有统一贯彻民法的价值，也没有按照民法典的体系来构建，相反，它们各有自己的价值倾向，事实上已自成体系，且各个单行法相互之间存在着较严重的重复、冲突与矛盾的现象。此外，某些重要的制度没有由单行法加以规定，导致现行立法格局存在着严重的缺漏。

当然，或许有学者会提出，对上述部分立法瑕疵，裁判者可以通过运用各种法律适用的规则来竭力化解，不过，这显然不能成为立法者于民法创制之际无视法的逻辑性与体系性的遁词。作为理性法首要的内在要求，规则的内在一致性并不是针对法律的高标准，它其实是人类社会的法律制度所应普遍具备的一项基本标准，是一项底线的要求。"逻辑上的无矛盾性或一致性是逻辑系统的基本要求。"② 美国大法官霍姆斯说，法律的生命在经验，不在逻辑。这句话对裁判者或许管用，但对立法者来说却完全用不上，对立法者而言，民法的生命当然就在逻辑，其内容一定不能前言不对后语。

---

① 参见 2008 年 3 月 8 日吴邦国在十一届全国人大第一次会议上所作的《全国人民代表大会常务委员会工作报告》。

② 王洪：《司法判决与法律推理》，时事出版社 2002 年版，第 88 页。

三 法典化与民法的开放性

(一) 通过制定民法典实现民法的形式理性

体系化是大陆法系法律形式理性的必然要求。大陆法系国家的经验已经表明,法典化是实现私法体系化的一个完美方法。如前所述,无论是在价值层面还是在规范层面,我国民事立法都还存在着诸多不足,而法典化为解决这些问题提供了一条最佳的路径。其原因在于:

第一,通过民法法典化可消除价值之间的冲突。价值是法律的灵魂,任何法律规范都要体现和保护一定的价值。在现代社会中,由于价值是主观的、多元的,因此,民法上存在着彼此构成矛盾从而形成冲突的价值,如私法自治与国家干预、形式平等与实质平等、静的安全与动的安全、抽象人格与具体人格、形式正义与实质正义等。采纳不同的价值理念将会直接决定民法典的规范和制度的不同取向。[①] 民法典的编纂能确定整个市民社会领域应采取的价值基调,即"确立反映时代精神的价值概念,奠定法律体系的共同伦理基础",[②] 并在整个民法领域将该价值贯彻下去,使得围绕着其核心价值形成协调一致的价值体系,由此建立民法的内在体系,即实现法律原则的内在一致性。在此基础上,民法典通过兼顾、维护与上述价值形成冲突的其他价值,从而使整个社会能够维持一种和谐共存的状态。如在坚守私法自治的基础上,协调其与借国家干预所欲达致的实质正义、社会福利等目标。"大自然给予人类的最高任务就是在法律之下的自由与不可抗拒的权力这两者能够最大限度地结合在一起。"[③] 再如在坚守形式平等、抽象人格等价值的基础上,协调其与实质平等、具体人格等价值的关系,而加强对消费者、承租人、受雇人等弱者的保护。

第二,通过民法法典化可消除规则之间的冲突。法典化实际上就是体系化,体系是民法典的灵魂与生命。"体系为一种意旨上的关联。其在同一时空上的意义为,基于法律义理化的要求,自然趋向系统化,以排除或

---

① 参见 A. Hartkamp, "Judicial Discretion under the New Civil Code of the Netherlands", *American Journal of Comparative Law*, Vol. 40, 1992, p. 569。

② 王卫国主编:《荷兰经验与民法再法典化》,中国政法大学出版社 2007 年版,第 4 页。

③ 康德:《历史理性批判文集》,何兆武译,商务印书馆 1991 年版,第 125 页。

防止其间在逻辑上或价值判断上的矛盾，此为基于理性寻求正确性的努力。"① 民法典可通过体系的构建消除规则与规则之间的冲突、抵触与矛盾之处，确保民法的确定性与行为结果的可预测性。

第三，通过民法法典化可建立单行法之间的逻辑关联，实现民法整体的统一性。民法典的逻辑自洽表现在，其诸组成部分各得其所，且彼此之间可形成一般规范与特殊规范、普通法与特别法的关系。如买卖合同与合同法总则、合同法与债法、债法与民法总则之间就具有一般规范与特别规范的关系。在中国，由于立法机关对民法典的制定采取的是分阶段、分步骤制定这一较为务实的方式，《民法通则》、《合同法》、《物权法》等一系列法律是先后出台的，各个单行法自成系统，并无统一的主线贯串，相互间不可能有自洽的逻辑关联，自然也无从形成合理的逻辑体系，甚至在价值、制度等方面还存在着抵牾之处；此外，由于尚未制定民法典，《合同法》、《物权法》等民事基本法与《公司法》、《保险法》等商事特别法之间的关系也一直处于纠缠不清的状态，只有通过制定民法典进行系统整合，才能建立民事法律整体的统一性。在法典化实现后，就可通过民法典总则来统辖上述民事单行法与商事特别法。民法典"具有清楚建构且一致的法律规则与原则（外在体系），有助于达成法律内在的一致性（内在体系），并且对于将来法学理论、司法及立法发展提供概念架构的成文法"②。

第四，通过民法法典化可尽量减少法律漏洞。法典都具有全面性或完备性的特点，即将同一领域同一性质的法律规范，按照某种内在的结构和秩序整合在一起，能够覆盖社会生活的基本方面，从而为市民社会中需要法律调整的主要社会关系提供基本的法律规则。"法典编纂是一系统性的表述，是以综合和科学方法，对特定国家内一个或若干法律部门诸普遍和永久规则加以组织的整体。"③ 若规则残缺不全，基本素材的缺乏必然阻碍民法体系化的实现。法典化不同于一般的立法在于法典体现了各种有效控制主体的法律规则的完整性、逻辑性、科学性。通过法典化竭尽所能实现对民事基本制度的全面规定，可以有效减少民事领域的法律漏洞。裁判

---

① 黄茂荣：《法学方法与现代民法》，中国政法大学出版社 2001 年版，第 510—511 页。

② 陈聪富：《法典化的历史发展与争议》，载黄宗乐教授祝寿论文集编辑委员会主编《黄宗乐教授六秩祝贺——基础法学篇》，台北：学林文化事业有限公司 2002 年版，第 86 页。

③ ［法］让·路易·伯格：《法典编纂的主要方法和特征》，郭琛译，载《清华法学》第 8 辑，清华大学出版社 2006 年版，第 13 页。

者大体上能在法典中发现所要的规范，而无假外求。

第五，通过民法法典化可消除各种法律渊源的冲突和矛盾，促进私法规范的统一。"编纂法典有很多原因，但是最主要的还是人们怀有使法律明确和使全国的法律保持统一的愿望，这些国家曾依政治的标准结为一体。"① 18 世纪开始的欧陆民法典运动，正是以民法典取代了原来散见各地的习惯法、领地法、宗教法等，由此宣示和稳定其统一的至上的主权。② 在中国，因缺乏民法典，民法的规则未臻健全与完善，从而留下了法律调整的空白，这些空白多是通过国务院各部委的规章甚至地方性规章予以填补，而规章的制定常受到部门和地区利益的主导，难以全面照顾到全社会的利益；而且这些规范多是从管理社会成员而非为社会成员设定自由的角度来制定的，与民法在价值取向上判然有别。民法典的制定可有效地改变此类政出多门，法令不一的现象，实现市场规则的一致化与法制的统一化，从而为当事人带来确定的预期、保障市场经济的正常运行。

（二）保持民法的开放性

制定一部形式理性的民法典是必不可少的，不过，人类法律的发展史已经证明，立法者企图通过一部法典而预见一切情况、解决一切问题的愿望是难以实现的。诚如拉伦茨所言，"没有一种体系可以演绎式的支配全部问题；体系必须维持其开放性。它只是暂时概括总结"。③ 因此，为了使法典能够不断适应社会经济发展的需要，在保持法典的稳定性的同时，又要保持一定的开放性以容纳新的社会情形。"法律必须稳定，但又不能静止不变。因此，所有的法律思想都力图使有关对稳定性的需要和变化的需要方面这种互相冲突的要求协调起来。我们探索原理……既要探索稳定性原理，又必须探索变化原理。"④ 总之，中国民法要尽可能为未来的发展预留空间，借以保持其长久的生命力。

在协调法律的稳定性和开放性关系方面，《物权法》提供了良好的经

---

① ［法］勒内·达维：《英国法与法国法——一种实质比较》，潘华仿、高鸿钧、贺卫方译，清华大学出版社 2002 年版，第 26 页。

② 参见苏永钦《民事立法与公私法的接轨》，北京大学出版社 2005 年版，第 49 页。

③ 卡尔·拉伦茨：《法学方法论》，陈爱娥译，台北：五南图书出版公司 1996 年版，第 49 页。

④ 庞德：《法律史解释》，曹玉堂等译，华夏出版社 1987 年版，第 1 页。

验。简言之：第一，它保持了权利客体范围的适度开放性。如《物权法》第 2 条第 2 款规定，"本法所称物，包括不动产和动产。法律规定权利作为物权客体的，依照其规定"。据此，在法律有特别规定的情况下，权利本身也可以成为物权的客体。第二，它保持了用益物权客体范围的开放性。《物权法》第 117 条规定，"用益物权人对他人所有的不动产或者动产，依法享有占有、使用和收益的权利"。该条承认动产用益物权，动产用益物权为将来居住权等人役权的设立预留了空间。① 第三，它协调了担保物权的法定性与开放性。如《物权法》第 180 条第 1 款第 7 项规定，"法律、行政法规未禁止抵押的其他财产"都可以抵押，将来法院可根据该条解释出一些新的担保形式。总之，物权法在体系的构建上是开放的，这使得物权法不仅能够满足现实，而且能够适应未来社会发展的需要。这一有益的经验值得中国今后的民事立法借鉴。我们认为，中国民事立法在保持开放性时应当注意如下几个方面的问题：

第一，保持民法渊源的开放性。法典化具有一种"排他性"的倾向，即认为法典为法律的唯一法源，将"法"等同于"成文法"。不过，严格意义的排他性永远都只是一种无法企及的理想。面对纷繁芜杂的社会现实，有限的民法典条文终究会捉襟见肘。因此，法国与奥地利民法典虽未赋予成文法外其他规则的法源性，但习惯法在这两部法典制定后即开始扮演重要角色，有时甚至违反法律明文规定而适用。德国民法制定时，将法源问题留给学界解决，并未排除成文法外其他任何法源的适用。在立法上，以《瑞士民法典》第 1 条为嚆矢，现代各国民法典大都明确承认习惯、判例、学理的法源性，甚至允许法官在法律无具体规定时，依其自我判断作出判决。因此，"法典化的排他性意义，在于建立成文法的优越性，至于其他法源，并非全然排除，不予适用"。② 中国未来民法典也应承认成文民法外其他规则的法源性，使其他规则能像涓涓细流浸润民法的根底，从而使得民法典的大树长久地枝繁叶茂。

第二，处理好法条抽象性与具体性的关系。民法典只能确立社会生活中普遍性的基本规则，而不宜规定过分具体、琐碎、细节性的内容。据

① 参见胡康生主编《中华人民共和国物权法释义》，法律出版社 2007 年版，第 340 页。

② 陈聪富：《法典化的历史发展与争议》，载黄宗乐教授祝寿论文集编辑委员会主编《黄宗乐教授六秩祝贺——基础法学篇》，台北：学术文化事业有限公司 2002 年版，第 83 页。

此，民法典应保持法条的适度抽象，以适应未来社会发展之需。保持法条的抽象性不仅是立法技术问题，更是民法典体系设计时所应当遵循的一般规律。其原因在于：其一，民法典为市民社会的基本法，并非单行法，它确定社会的基本规则，必须具有一定程度的一般性和抽象性。其二，民法典作为私法，应遵循私法自治的精神，不能过度干预人们生活。其三，民法典对社会生活的调整应保持某种必要的节制。立法者在立法时，有必要保持某种谦卑的心态，不能认为自己具有预见一切的能力，而要承认认知力的局限，从而给未来的发展预留空间。若一部法典事无巨细地进行规定，则必然会在社会的演进中频繁更改，由此损害其稳定性，从而削弱其生命力。特别是当社会处于变动不居的转型期时，过于具体更易使法典滞后于社会。总之，民法典可采取"原则法—特别法"的立法架构，以民法典规制常态的、普通的社会关系，而以目的导向的特别民法调整异态的、特殊的社会关系，只有这样，才可既维持其自主性于不坠，又可实现国家干预的政策目标，使得其与政治经济体制的其他部分不仅可和平共存，更是相互包容。

第三，在民法典中架设必要的管道，实现私法与公法的接轨与沟通。面对着现时代对社会公正的追求凸现的局面，民法典可通过设置"转介条款"或"引致条款"来沟通民法与公法的方式来实践对社会正义的追求。即在民法中仍坚守私法自治的基本价值，同时在民法内适当的地方架设通往其他法律领域的管道，如规定法律行为不得违反"强制性规定"、所有权行使不得违反"法律"、不得实施违反"保护他人法律"的侵权行为等。"立法者必须在法典内适当的地方架设通往其他法律领域的管线，甚至区隔主线、支线，从而把常态民事关系和特别民事关系，把民事关系和前置于民事关系或以民事关系为前置事实的公法关系，连接起来。"① 这些条款的设置，增强了民法的伸缩性，使得民法典能在社会巨大变迁之下岿然不动，同时又能润滑冲突的社会关系，完成实践社会正义的使命。

第四，处理好具体列举与设置必要的一般条款的关系。具体列举，是将某一类法律现象中的各种具体情况进行详细规定，此种立法技术能够增强法的安定性，但因其视野的限制以及适用范围的有限性，使其在实际的运用上可能流于僵化，从而难以适应不断发展的社会情况，为此需要采纳

---

① 苏永钦：《民事立法与公私法的接轨》，北京大学出版社 2005 年版，第 15 页。

一般条款来弥补其局限性。一般条款，是未规定具体的适用条件和固定的法律效果而交由法官根据具体情势予以确定的规范。[①] 由于其内涵具有不确定性、较高的抽象性与普遍性，从而能够满足民法时刻跟进社会生活变化的需要。将具体列举的方式与设置必要的一般条款的方式结合起来，通过诚实信用、公序良俗等一般条款在一定限度内赋予法官自由裁量权，既有助于实现个案正义，也可使民法典适应社会的变迁。

四 结语

改革开放 30 年，是中国民法逐步繁荣发展的 30 年，也是民法的理念渐次增强的 30 年。正如孙宪忠所说：改革开放初期深受其影响的苏联民法理论，以阶级斗争学说彻底否定了近代以来民法所接受的人文主义革命、工业革命和启蒙运动的核心价值，即人文主义为核心的思想和价值体系；其计划经济学说，彻底否定了近现代民法的基本观念，如所有权理论、意思自治理论，也完全否定了民法建立的规范市场以及交易的制度体系。[②] 近 30 年来中国民法的实践，就是一个价值重拾与规范重建的过程。其间，民法的形式性逐步累积，科学性亦逐步增进。虽然中国民法最近 30 年的发展之于西方民法几百年的发展只不过是短暂的一瞬，但是，观诸中国仅以 30 年之功即获西方社会百余年发展之所成，引致中国历史上最为波澜壮阔的社会巨变与进步，其成就是无论如何不能小觑的。

确立人的私法主体地位，注重保障人的尊严、意思自治，稳步推进民法的科学化、体系化等，这都是改革开放 30 年来中国民法的历程留给我们的丰厚而宝贵的遗产。继承这些遗产，并孜孜努力不懈，则完全可以期待，作为最近 30 年的民法发展在未来的标志性成果的民法典，不仅将是一部垂范久远的民法典，更将会引领中国社会迈入一个"个人的自治、有尊严的生活"获得全面实现的美好社会。

《中国社会科学》2008 年第 6 期

---

① 参见石佳友《民法典与法官裁量权》，《法学家》2007 年第 6 期。

② 参见孙宪忠《中国民法继受潘德克顿法学：引进、衰落和复兴》，《中国社会科学》2008 年第 2 期。

中国特色社会主义法律体系：
结构、特色和趋势[*]

朱景文[**]

摘要 中国特色社会主义法律体系的形成为研究中国法律体系的结构、特色和发展趋势奠定了现实基础。可以以规范性法律文件的归属和法律规范的性质两个向度作为研究法律体系的框架。前者的目的在于描述中国立法的现状，后者旨在分析不同性质的法律规范在各个法律部门的分布。改革开放以来，由于市场经济、民主政治、和谐社会、生态文明、法制建设和全球化的影响，使各类法律规范在不同法律部门中的分布发生有意义的变化，这种变化一方面反映世界各国法律体系发展的共性，另一方面又有鲜明的中国特色。

关键词 法律体系 法律规范 公法与私法 实体法与程序法 国际法与国内法

中国共产党十五大提出，到 2010 年形成有中国特色社会主义法律体系，十六大重申到 2010 年形成中国特色社会主义法律体系的目标。作为一项政治使命，现在这一任务已经完成。一个以宪法为中心，包括宪法相关法、民法商法等法律部门在内的中国特色社会主义法律体系已经形成，这就为从理论上深入研究中国法律体系奠定了现实基础。中国社会主义法律体系如何划分很早就是法学界关注的问题，但是由于缺乏现实立法的根据，除了引用国外的材料，难免无的放矢。作为一项科学研究，中国特色

---

[*] 本文是朱景文、张春生和杨立新主持的中国法学会十大专题项目之一"完善中国特色社会主义法律体系研究"的中期成果。

[**] 朱景文，中国人民大学法学院教授。

社会主义法律体系的内在结构如何，它未来的发展趋势，这种趋势和世界其他国家的法律发展有什么关系，其中中国的特色在哪里，均是中国法律体系今后向着更高的目标发展所应该弄清楚的问题。本文试图对上述问题作一探讨，以求教于法学界同仁。

本文的分析框架是双向度的，即规范性法律文件和法律规范的性质。规范性法律文件和法律规范的关系是表现形式和内在结构之间、现象和实质之间的关系。分析单元之一是规范性法律文件，研究它们在各个法律部门中的大致归属，借以分析中国立法的现状；另一个分析单元是法律规范，分析公法与私法，实体法与程序法，国际法与国内法规范在现行法律文件中的分布和构成。这里不涉及诸如公法和私法之类的划分是否恰当的争论，而只是把它们作为一种分析工具或理想类型，借以从不同角度分析法律体系、法律部门的性质和变化。

选择公法与私法、实体法与程序法、国际法与国内法作为衡量法律结构变化的指标不是任意的：一是由于它们在法学研究中有悠久的学术传统；二是由于它们在法律体系中的覆盖面，不只是涉及个别法律制度，而具有整体性，能够大致涵盖改革开放以来中国法律结构变革的范围；三是它们与中国社会变革相联系。其中公法与私法代表公共权力行使和私人自治的两个维度，可以分析公权力对社会的干预和公民对公共事务的参与程度；实体法与程序法代表实体权利和实现实体权利的程序的两个维度，它们是一个国家法治的两个相互依赖的方面，可以分析法治本身变革的程度；国际法与国内法代表法律变革中的国际因素和国内因素的互动，可以分析国际因素对国内法律变革的参与度。借助这些工具，可以分析中国法律体系过去、现在和将来在不同维度之间发生的变化，进而通过法律规范性质的变化解释中国法律体系的复杂结构和发展趋势。

一　法律体系结构的历史演变

一个国家法律体系的发展与社会关系的发展一样，有一个从简单到复杂的过程。

在人类刚刚进入文明社会初期，社会关系简单，调整它们的法律规范也简单，法律主要以习惯法的形式表现出来，而且调整社会关系的法律规范与其他社会规范也没有严格的界限，法律与道德、宗教往往是一而二、二而一的，法律部门更谈不到什么划分。中国古代社会的法律"民刑不分，诸法合体"，从现在的观点虽然也可以分辨出刑法、民法、行政法、诉讼法等成分，但是它们都混杂在一起，始终停滞在诸法合体的状态。

　　随着社会关系的复杂化，特别是随着社会分工的发展，开始出现简单的法律门类的划分，如罗马法中的公法与私法，中世纪的教会法与世俗法，英国法中的普通法与衡平法等。所有的法律，要么可以归入这一类，要么可以归入那一类。以大陆法系公法与私法划分为例，在古罗马时代这种分类适应了当时社会关系简单划分的要求，那时的一切社会关系要么属于私人自治的领域，要么属于公权力行使的领域。普通法与衡平法的划分也具有这种非此即彼的性质，衡平法的出现是为了弥补普通法的不足，如果普通法的救济能够达到公正，不得使用衡平法的救济手段。万民法和市民法的划分也是这样，凡是调整罗马公民之间关系的属于市民法，凡是调整罗马公民和异邦人关系，异邦人之间关系的法律属于万民法。中国古代社会的法律也是这样，大致可分为"礼"和"刑"，所谓"治之经，礼与刑"。①

　　到18、19世纪，随着法典编纂运动，大陆法系逐渐形成了现代法律体系的雏形，包括宪法、行政法、刑法、民法、商法、民事和刑事诉讼法等法律部门。法律部门的划分总是跟编纂法典相联，对部门法典的产生具有决定意义的是1804年《法国民法典》，它被公认为近代资本主义社会的第一部民法典，标志着大陆法系的形成，其后世界上的每部民法典都或多或少地受到了《法国民法典》的影响。法国在编纂民法典之后几年，又相继制定《民事诉讼法》、《商法》、《刑法》、《刑事诉讼法》四部法典，加上《宪法》，构成了法国的法律体系。而行政法由于其自身的特点，形成法典的可能性与必要性不大，但它在整个法律体系中的特殊地位是任何其他法律所不能代替的。中国在民国时期也仿照大陆法系制定了包括宪法、民法、商法、刑法、民事诉讼法和刑事诉讼法在内的"六法全书"。应该看到，这些部门的划分，虽然与它们调整的社会关系有关，但这几大部门不像通常的那样划分为政治法、军事法、经济法、文化法、教育法等，这一方面决定于历史传统，另一方面是由调整方法的特点所决定

---

　　① 《荀子·成相》，载王云五主编《丛书集成初编》，商务印书馆1936年版，第543页。

的。由于调整方法的不同，在宪法与部门法、民法与行政法、确认权利法（包括宪法、行政法、民法）与保护权利法（刑法）、实体法与程序法之间的差别中，似乎可以看到这几个法律部门的基础性和纯粹性。宪法的一般（原则性）调整与部门法的具体调整，民法的平权型调整与行政法隶属型调整，宪法、行政法和民法确认权利的方法与刑法保护权利的方法，民法、刑法对实体权利的确认与民事诉讼法、刑事诉讼法对程序权利的确认形成了一一对应的关系。一些法学家甚至赞叹，这些基本的法律部门具有法律上的纯粹性、鲜明的对比性、法律上的不可兼容性的特点。尽管各部门的法律制度多种多样，但仍然存在法律工具的一些基本的、原始的因素（调整性和保护性，集中原则和任意原则，实体的和程序的原则），而所有这一切在这几个基本法律部门中都获得了最详尽的体现。① 这是一幅多么理想的法律部门划分和组合的图画啊！一切都是那么和谐、自然、恰切，似乎它可以应对任何社会关系，社会关系的任何变化似乎都可以纳入整个体系之中。实际上，19 世纪后半期的概念法学以及在此基础上形成的经典法学学科体系就是这样建立起来的。

进入 20 世纪以来，随着社会关系的发展，法律部门及其之间的关系也日益复杂。这种复杂化一方面表现为法律部门越分越细，各个基本法律部门中都出现了进一步分化的趋势，如宪法之下的国家机构组织法和人权法，行政法之下的行政组织法、行政运作法、行政救济法等，民法之下的家事法、物权法、知识产权法、债权法等，商法之下的公司法、合伙法、票据法、证券法、保险法等，程序法除了民事和刑事诉讼程序法之外，又出现了行政程序法和宪法程序法，还出现了仲裁法、调解法等非诉讼程序法。另一方面出现了许多新的领域，国家利益、社会利益与私人利益相互渗透，公权力与私权利相互影响，诉讼法与实体法相互作用，以至国际法与国内法相互转化，出现了大量的兼有不同法律部门特点的新领域，兼有几个基本法律部门特点的混合法律部门也出现了，最典型的就是经济法、环境法和社会法。再用公法与私法的两分法，甚至宪法、行政法、刑法、民商法、诉讼法等基本法律部门来归纳不同的法律文件就太简单化了。面对新的社会关系，在原有部门中首先出现一些不那么纯粹的规范，它们处

---

① 参见阿列克谢耶夫《法的一般理论》上册，黄良平、丁文琪译，法律出版社 1988 年版，第 258 页以下。

在原有部门的边缘，于是就在这个部门中出现了不那么协调的现象。后来，这类条文变得越来越多，原有的法律部门再也不能容纳它们，最后逐渐形成一个或若干个调整同类关系的法律文件，经过法学家的理论化，新的部门产生了。从实践来看，无论法学家还是实务工作者都正在学会用一种新的方法认识问题和解决问题，而不再是站在某一法律部门的立场，甚至不再以法律规范为中心，而是以问题为中心，找出解决这一问题的各种规范，可能是宪法的、也可能是民商法、刑法的或行政法的，甚至可能寻找处理该问题的非法律的规范，习俗、道德、社会团体规范。

原有的法律部门相互渗透、相互影响的现象，在当代几乎所有的国家都发生了。现实主义法学在1930年代就针对罗斯福新政时期国家干预的强化提出，公法与私法、私人自治领域与公共权力行使领域之间没有一条明显的界限。就最典型的私权，私有财产权和契约自由而言，都不是纯粹私的。它们都必须得到国家的确认和保障，与法律强制有着必然的联系。所谓"私法"只不过是公法的一种形式。① 公法与私法、公共权力行使领域与私人自治领域之间的界限不是固定不变的、绝对的，而是流动的、活的，而且正在形成一些介于公法与私法之间的兼有两个领域某些特征的"中间领域"。这涉及许多法律领域，如管辖权的界限、契约与非契约行为之间的界限、违约责任与侵权责任的界限，甚至生与死之间的界限也不是绝对的，而是相对的、流动的。如美国联邦最高法院关于堕胎问题的判决指出，妇女怀孕3个月之内的堕胎受到隐私权的保护，属于私法领域；怀孕最后3个月的堕胎在法律上属于公权；而在中间3个月则部分属于私权，部分属于公权。② 西方社会中这些新的变化在法学界引起不小的反响。梅利曼提出，由于政府、经济和社会的巨变，当代大陆法系传统"公、私法的划分正处在危机之中"。③ 昂格尔认为，当代西方社会"国家

---

① Mossis L. Cohen, "Property and Sovereignty", *Cornell Law Quarterly*, Vol. 13, 1927, p. 8; Robert L. Hale, "Bargaining, Duress and Economic Liberty", *Columbia Law Review*, Vol. 43, 1943, p. 603; Robert L. Hale, "Coercion and Distribution in a Supposedly Non-Coercive State", *Political Science Quarterly*, Vol. 38, 1923, p. 470.

② Chicago v. Wilson, 75 III, 2d 525 (1978).

③ 参见约翰·亨利·梅利曼《大陆法系》，顾培东、禄正平译，法律出版社2004年版，第95—105页。

与社会的逐步近似，公法与私法的逐步混合"，导致了法治的解体。① 伯尔曼则明确指出，公法、私法和社会法领域发生了根本性变化，当代西方国家协调一致的法律体系正在变得零乱不堪，西方法律传统面临崩溃的威胁。②

中国特色社会主义法律体系的形成有自己的特点。和资本主义的自发形成相伴随，西方法律体系的形成经历了漫长过程，以大陆法系为例，宪法、民商法、行政法、刑法、诉讼法经过了几百年，新兴的法律部门经济法、社会法、环境法也经历了一百多年。中国作为一个后发国家，经过"文化革命"的惨痛教训，在确定走法治道路之后，要改变无法可依的局面，使社会生活法制化，必须加快立法的步伐。西方立法发展几百年的道路，中国浓缩在改革开放以来的三十几年。在党中央的领导下，把形成中国特色社会主义法律体系作为一项政治使命，使立法工作有计划有步骤地进行，一直是中国立法的鲜明特色。与西方法律体系相比，中国特色社会主义法律体系形成的时间性、阶段性特别明显。西方法律体系的形成也有阶段性，其中立法者的目的也起着重要作用，但是总的来说这种阶段性是后人总结出来的，而中国则是按预期计划有步骤推进的。当然，这种计划性不是盲目的，它来源于并且受制于社会的实际需要。中国特色社会主义法律体系形成的这种有计划性在中国共产党一系列重要的会议上都表现出来。1978 年十一届三中全会在提出"有法可依，有法必依，执法必严，违法必究"法制建设方针的同时就指出，从现在起，应当把立法工作摆到全国人民代表大会及其常务委员会的重要议程上来。从那以后，党的历次全国代表大会都把法制建设和立法工作放到重要地位。1997 年十五大、2002 年十六大明确提出，到 2010 年形成中国特色社会主义法律体系。2007 年十七大进一步提出完善中国特色社会主义法律体系的任务。党中央所提出的这些目标在全国人大的工作中得到贯彻。2003 年李鹏委员长代表九届全国人大常委会宣布，中国特色社会主义法律体系初步形成。2008 年吴邦国委员长代表十届全国人大常委会宣布中国特色社会主义法律体系基本形成。2011 年吴邦国委员长宣布中国特色社会主义法律体系

---

① 参见 R. M. 昂格尔《现代社会中的法律》，吴玉章、周汉华译，译林出版社 2001 年版，第 186—196 页。

② 参见哈罗德·J. 伯尔曼《法律与革命——西方法律传统的形成》，贺卫方等译，中国大百科全书出版社 1993 年版，第 39—49 页。

形成，这是中国法制建设史上的里程碑。为了完成形成中国特色社会主义法律体系这一历史使命，全国人大常委会和国务院从 20 世纪 80 年代开始就制定立法规划，从五年规划到年度规划，虽然立法规划不是立法的法定程序，许多列入规划的立法由于种种原因并没有制定，但是它确实反映了中国立法的目的性、有计划性，在推动中国特色社会主义法律体系形成方面起到了重要作用。

二 规范性文件归属的分析：
当代中国立法的现状

从规范性文件的归属角度，截至 2010 年，中国已经制定宪法和现行有效法律 237 件，按照全国人大常委会法工委的分类，包括七个法律部门，即宪法及其相关法、行政法、刑法、民商法、经济法、社会法和程序法。此外，现行有效行政法规 690 多件，地方性法规 8600 多件。①

中国宪法部门共有法律 39 件，占全部有效法律的 16%，包括宪法和宪法相关法。中国已经制定 1954 年、1975 年、1978 年和 1982 年四部宪法，现行宪法也已经有 1988 年、1993 年、1999 年和 2004 年四个修正案。但它们始终都是在一个统一的宪法框架内，不可能存在与宪法典并存的单行宪法。宪法相关法②是与宪法相配套、直接保障宪法实施和国家政权运作等方面的法律规范的总和，主要包括四个方面：有关国家机构的产生、组织、职权和基本工作制度的法律；有关民族区域自治制度、特别行政区制度、基层群众自治制度的法律；有关维护国家主权、领土完整和国家安全的法律；有关保障公民基本政治权利的法律。

中国行政法部门共有法律 77 件，占全部有效法律的 33%，是法律最多的部门。行政法部门的内在结构包括特别行政法和一般行政法。特别行

① 中国现行有效法律的数字，来自全国人大常委会法工委立法规划室编：《中华人民共和国立法统计》（中国民主法制出版社 2008 年版）；2008 年 3 月以后的数字来自中国人大网法律法规库。行政法规和地方法规的数字参见王兆国《关于形成中国特色社会主义法律体系的几个问题》，《法制日报》2010 年 11 月 15 日第 2 版。

② 对宪法相关法的称谓有不同意见，其范围包括哪些，实际上一切法律都和宪法相关，不仅仅包括有关国家机构、区域划分、国家领土、主权和公民权利与义务的法律。有人主张用宪法性法律，但这一名称往往特指不成文宪法国家对这类法律的称谓，也有人主张用过去曾经使用的名称，即国家法或宪法法、宪法部门。

政法又称部门行政法，指规范各专门行政职能部门如治安、民政、国家安全、统计、邮政、海关、人事、军事、教育、科技、文化、卫生、体育等方面的管理活动的法律。一般行政法规定国家行政管理的基本原则、程序，国家行政机关的地位、产生、职权和职责等，是横跨各个行政法领域、规范行政行为的法律，包括行政组织法、行政运作法（包括行政许可、处罚、制裁、监察等）和行政救济法（行政赔偿法、行政复议法、行政诉讼法）等。

中国刑法部门有法律1件，即《刑法》。中国刑法部门除了刑法典之外，过去曾经存在过单行刑法，即全国人大常委会关于刑法的决定和附属刑法即非刑事法律中设置的附属刑法规定。1997年之后，刑法的修订则采用刑法修正案和刑法解释的形式，这对于保证刑法典的统一性、稳定性和权威性无疑具有积极意义，也使得刑法成为中国各个法律部门中法典化、系统化程度最高的部门。

中国民商法部门有法律33件，占全部有效法律的14%，包括民法和商法两个子部门。其中民法已经完成了《民法通则》、《婚姻法》、《继承法》、《收养法》、《物权法》、《商标法》、《专利法》、《著作权法》、《合同法》、《侵权责任法》、《涉外民事关系法律适用法》等主要法律的制定，欠缺的是编纂民法典。商法包括《公司法》、《合伙企业法》、《票据法》、《保险法》、《证券法》、《担保法》等。如果中国采取目前世界各国大多采取的民商合一的体例，设想在编纂了民法典之后，商法总则与民法总则合一，将具体的商事法作为民商事特别法保留在民法典之外。

中国经济法也是一个庞大的法律部门，共有法律59件，占全部有效法律的25%。就其核心公共经济管理法而言，可以分为综合职能管理法和行业管理法两个部分。综合职能管理法包括宏观调控的各个领域，有《预算法》、《审计法》、《统计法》、《价格法》、《反垄断法》、各类银行法、《银行业监督管理法》、《反洗钱法》、《税法》、《税收征收管理法》、《产品质量法》、《计量法》、《标准化法》、《会计法》、《注册会计师法》等。行业管理法包括农业、林业、畜牧业、工业、交通、贸易、对外贸易、邮政等各个产业法。

从目前全国人大常委会对中国法律部门的划分看，环境资源法横跨行政法和经济法两大部门，包括环境污染防治法和资源法两个子部门。中国现在已经制定的环境污染防治法包括《环境保护法》、《环境噪声污染防治法》、《大气污染防治法》、《水污染防治法》、《放射性污染防治法》、《海洋环境保护法》、《海岛保护法》、《环境影响评价法》、《固体废物污染环境防治法》、《防沙治沙法》、《清洁生产促进法》、《气象法》、《野生动物保护法》等；资源法包括《森林法》、《草原法》、《水法》、《水土保持法》、《土地管理法》、《矿产资源法》、《节约能源法》、《可再生能源法》等。无论从国内需要还是国际环境看，环境资源法形成一个独立的法律部门的时机已经成熟。

中国的社会法部门共有法律18件，占全部有效法律的8%，主要由劳动保障法、社会保障法、社会公益与慈善法三部分组成。劳动保障法主要包括《劳动法》、《劳动合同法》、《工会法》、《就业促进法》、《矿山安全法》、《职业病防治法》、《安全生产法》，国务院制定的《关于工人退休退职的暂行办法》、《关于职工探亲待遇的规定》等；社会保障法包括《社会保险法》和特殊群体权益保障法，如《残疾人保障法》、《未成年人保护法》、《老年人权益保障法》、《妇女权益保障法》等；社会公益与慈善法包括《公益事业捐赠法》和《红十字会法》，《社会救助法》正在审议。

中国程序法部门有法律10件，占全部有效法律的4%，包括诉讼和非诉讼程序法两类。其中诉讼程序法现已编纂《刑事诉讼法》、《民事诉讼法》和《行政诉讼法》三大法典，而宪法程序法主要涉及违宪审查制度问题，中国的违宪审查权不由法院而由人民代表大会行使，目前主要由《宪法》、《立法法》和《各级人民代表大会常务委员会监督法》组成。非诉讼程序法《仲裁法》和《人民调解法》已经制定。

从规范性文件归属的角度进行法律部门的划分，只不过是对现行规范性法律文件的一种归类方法。上述划分只具有相对性，在它们之外是否还存在其他的部门，如军事法，从这些部门之中是否还可以析出新的部门，如行政法部门中的教育法、经济法部门中的财政法，民商法部门中的家事法、知识产权法，都是见仁见智的。因此，法律部门的划分不是绝对的。更何况随着社会关系的发展变化，还会有新的部门产生。

三　法律规范性质的分析：公法与私法

立法的发展为法律体系的形成奠定了基础。应该看到，立法是为了适应社会的需要，古今中外都是如此。但是，法律的表现形式即规范性文件与它的内在结构可能不一致：一个规范性文件可能包含多种性质的法律规范，一个法律规范的不同部分也可能分布在不同的法律文件中。而且，同一法律文件从不同角度完全可以作出不同的划分，例如，《行政诉讼法》既可以归属于行政法，也可以归属于程序法；国家机构组织法既可以归属于宪法相关法，也可以归属于行政法，等等。在这种意义上，各个法律部门法律的数量只具有相对意义。法学研究的任务主要是研究一个国家法的内在结构，而这个内在结构不是凭感觉就能认识到的，需要人的理性思维活动。在某种意义上，从立法实践上升到成熟的法律体系，恰恰是法学研究的任务，是法学研究不可推卸的责任。

值得注意的是，全国人大常委会所提出的七个法律部门的分类只是给我们提供了法律体系建构的大体框架，规范性文件的大致归属，并没有代替、更不可能穷尽法的内在结构和法律规范性质的研究。这里不涉及七个法律部门的划分是否合理的问题，只要不僵化，不把这个问题定尊一格，而是把它作为一个既成事实，一个能把各类法律文件放置其中的框架，以这一划分为基础对进一步的研究是有好处的。不同的学者对法律部门的划分无论中外都有很不相同的意见。① 在笔者看来，中国特色社会主义法律体系研究的重点并不仅仅在于划分为几个部门，而且在于怎样在不同部门的众多法律文件背后发现其内在的变化逻辑，寻找产生这种变化的社会原因，研究其发展趋势。

如果换一个视角，不是从规范性文件的归属而是从法律规范本身的性

---

① 例如，孙国华认为，中国法律体系可以分为宪法法（国家法）、行政法、民商法、婚姻家庭法、经济法、财政金融法、劳动和社会保障法、生态（环境）法、刑法和诉讼法十个部门，其中五个部门即宪法法、民商法、行政法、刑法和程序法是基本部门；另外五个部门即婚姻家庭法、经济法、财政金融法、生态法、劳动和社会保障法是分化和组合的派生部门。而所有这十个部门又分别归属于三个大的部门群，即公法、私法和社会法（参见孙国华主编《中国特色社会主义法律体系研究——概念、理论、结构》，中国民主法制出版社 2009 年版，第 164—171 页）；沈宗灵认为，中国法律体系划分为宪法部门、行政法部门、民法（民商法）部门、经济法部门、劳动和社会保障法部门、教科文卫法部门、资源环境保护法部门、刑法部门、诉讼法部门、经济法部门（参见沈宗灵主编《法理学》，高等教育出版社 2004 年版，第 336—341 页）；张文显根据全国人大常委会的有关报告，将中国特色社会主义法律体系分为宪法及宪法相关法，民商法、行政法、经济法、社会法、刑法、诉讼和非诉讼程序法（参见张文显主编《法理学》，高等教育出版社、北京大学出版社 2007 年版，第 130—134 页）。当然，揭示法律体系的内在结构是人的理性思维活动，不同的人对法的内在结构的认识可能就不一样，但不能因此认为关于法律体系内在结构的理论是无用的。

质出发，就会发现这些规范性文件呈现出相当复杂的特点。我们把公法和私法，实体法和程序法，国际法和国内法看作是分析法律规范性质的单元，是理想类型，把它们看作是相互对称、互不兼容、非此即彼的构成因素，而规范性文件则是由这些因素的不同组合而形成的载体。在此框架下，分析处在不同法律部门的规范性文件的性质和发展趋势。

（一） 公法与私法的传统划分

公法与私法是法律体系，特别是实体法最常见的一种划分。公法，通常认为包括宪法、行政法和刑法，私法则包括民法、商法。

在传统上，宪法、行政法和刑法之所以被视为公法，主要是因为：第一，它们的主体都包括行使国家权力的国家机关；第二，它们所调整的关系具有不平等的性质；第三，它们所保护的利益是公共利益、国家利益；第四，它们所包含的规范不是任意性的，而是强行性、命令性的，作为主体的国家机关必须按照法律规定的模式行为，否则就是越权或滥用权力，所谓"法律不允许就是禁止"。就私法而言，民商法则具有完全不同的属性。私法规范的特点是：第一，主体是个人或法人，而不是国家；第二，私法所调整的关系具有平权性，而不具有隶属性，虽然国家作为国有企业的所有者也参加到民事关系中，但在这种情况下国家不具有行使国家权力的性质；第三，私法所保护的是公民或法人的个人利益，而不是国家或公共利益；第四，私法规范具有任意性，而非强行性。长期以来，私权神圣和契约自由是民商法的两大原则，这充分表现了公民和法人在处置自己的财产和私人事务时不受政府、社会团体和其他任何个人干预的特点，"法律不禁止即允许"，即私权自治。

上述关于公法与私法划分标准，无论从主体、关系、利益还是规范的性质看，都具有对比性、不兼容性，非此即彼。从实际操作的层面，这种划分有相当大的争论，我们不难在宪法、行政法和刑法中找到私法性质的规范，而在民商法中同样可找到具有公法性质的规范。① 这里，我们的着

---

① 关于公法与私法划分的标准及其批判参见美浓部达吉《公法与私法》，黄冯明译，中国政法大学出版社 2003 年版；勒内·达维德《当代世界主要法律体系》，漆竹生译，上海译文出版社 1984 年版，第 74 页；Charles Szladitz, "Civil Law System", in *International Encyclopedia of Comparative Law*, Vol. II, London: Martinus Nijhoff Publishers, 1974, Ch. 6; J. H. Merryman, *The Civil Law Tradition*, Palo Alto: Stanford University Press, 1985, pp. 94 – 100。

眼点不在于把所有法律部门区分为公法和私法是否合理，而是把公法和私法作为分析单元，看它们在不同法律部门中是如何分布的，从而研究各个法律部门的性质和发展趋势。公法与私法区分的标准仍然不变，只不过问题不再是宪法、行政法、刑法是否属于公法，民商法是否属于私法，而转变为这些法律部门中包括多少公法或私法因素，它们是如何组合的。

就实际意义而言，公法与私法代表了国家干预和私人自治之间的关系，是能够衡量当代中国社会和法律变革许多方面的重要指标。不难发现，当代中国由于国家干预的加强和市民社会对政治领域影响的双重作用，各个法律部门都发生了有意义的变化，公法与私法因素在各个部门中相互混杂，这主要表现为私法公法化、公法私法化和兼具公法与私法特征的混合法律部门的出现。

（二）中国的私法公法化

所谓"私法公法化"，即传统上属于私法领域的民商法，越来越多地受到国家干预的影响。在当代西方社会，自由资本主义时期所形成的作为私法核心的私权神圣、契约自由原则正在受到挑战：私权自治不是绝对的，它不得侵犯社会公共利益和他人合法权利。西方的私法公法化发生在19世纪资本主义从自由竞争发展到垄断之后，公法私法分离在前，私法公法化在后。而中国私法公法化和私法与公法剥离发生在同一过程，其背景都是从计划经济向市场经济的转轨。

中国《民法通则》确定了民事活动的基本原则，它包括两部分：一部分是传统民法所具有的，规定当事人在民事活动中的地位平等，民事活动应当遵循自愿、公平、等价有偿的原则，公民、法人的合法的民事权益受法律保护，任何组织和个人不得侵犯；另一部分则体现了国家对个人的约束，规定民事活动应当遵守法律、尊重社会公德，诚实信用、不得损害社会公共利益，扰乱社会经济秩序，这成为私权自治原则必不可少的前提。

《物权法》一方面把国家、集体、私人的物权受法律的平等保护确定为基本原则；另一方面又规定"物权的取得和行使，应当遵守法律，尊重社会公德，不得损害公共利益和他人合法权益"。在其他条款中对物权的不同形式也作出了许多强行性、限制性的规定。第41条规定国家所有权制度，"法律规定专属于国家所有的不动产和动产，任何单位和个人不能取得所有权"。第71条规定业主的建筑物区分所有权，"业主行使权利不得危及建筑物的安全，不得损害其他业主的合法权益"。第77条规定"业主不得违反法律、法规以及管理规约，将住宅改变为经营性用房"。在相邻关系方面，第84条规定："不动产的相邻权利人应当按照有利生产、方便生活、团结互助、公平合理的原则，正确处理相邻关系"。关于用益物权，第120条规定"用益物权人行使权利，应当遵守法律有关保护和合理开发利用资源的规定"。关于农村土地承包权，第128条规定："土地承包经营权人依照农村土地承包法的规定，有权将土地承包经营权采取转包、互换、转让等方式流转。流转的期限不得超过承包期的剩余期限。未经依法批准，不得将承包地用于非农建设。"上述这些原则和规定显然体现了国家对私权自治的干预。

《合同法》一方面规定，合同当事人的法律地位平等，一方不得将自己的意志强加给另一方，当事人依法享有自愿订立合同的权利，任何单位和个人不得非法干预，从而确定契约自由、意思自治的原则；另一方面又将诚实信用原则和遵守法律、尊重社会公德、不得扰乱社会经济秩序，损害社会公共利益作为契约自由原则的重要前提。第52条规定："有下列情形之一的，合同无效：（一）一方以欺诈、胁迫的手段订立合同，损害国家利益；（二）恶意串通，损害国家、集体或者第三人利益；（三）以合法形式掩盖非法目的；（四）损害社会公共利益；（五）违反法律、行政法规的强制性规定"。第54条规定："一方以欺诈、胁迫的手段或者乘人之危，使对方在违背真实意思的情况下订立合同，受损害方有权请求人民法院或者仲裁机构变更或者撤销"。

《婚姻法》一方面确定实行婚姻自由、一夫一妻、男女平等的婚姻制度，另一方面又把保护妇女、儿童、老人的合法权利，实行计划生育共同作为婚姻法的基本原则。第39条在谈到离婚财产分割时，提出夫妻的共同财产由双方协议处理；协议不成时，由人民法院根据财产的具体情况，依照顾子女和女方的权益的原则判决。

《公司法》把"公司从事经营活动，必须遵守法律、行政法规，遵守社会公德、商业道德，诚实守信，接受政府和社会公众的监督，承担社会责任"与公司独立经营、自负盈亏、有限责任等一起确定为公司法的基本原则，还对公司经营活动作出了一系列强行性、限制性的规定。第17条规定："公司必须保护职工的合法权益，依法与职工签订劳动合同，参加社会保险，加强劳动保护，实现安全生产"。第18条规定："公司职工依照《中华人民共和国工会法》组织工会，开展工会活动，维护职工合法权益。公司应当为本公司工会提供必要的活动条件。公司工会代表职工就职工的劳动报酬、工作时间、福利、保险和劳动安全卫生等事项依法与公司签订集体合同。"第19条规定："在公司中，根据中国共产党章程的规定，设立中国共产党的组织，开展党的活动。公司应当为党组织的活动提供必要条件。"第20条规定："公司股东应当遵守法律、行政法规和公司章程，依法行使股东权利，不得滥用股东权利损害公司或者其他股东的利益；不得滥用公司法人独立地位和股东有限责任损害公司债权人的利益。"第21条规定："公司的控股股东、实际控制人、董事、监事、高级管理人员不得利用其关联关系损害公司利益。违反前款规定，给公司造成损失的，应当承担赔偿责任。"第22条规定："公司股东会或者股东大会、董事会的决议内容违反法律、行政法规的无效。"

当然，上述私法公法化的趋势，并没有改变在民商法领域私人自治的实质，不能因此认为民商法已经变成以国家干预为主的法。民商法的实质没有变，只不过给私人自治设置了条件。

（三）中国的公法私法化

所谓"公法私法化"，即传统上属于公法领域的法律，由于市场化和民主化的潮流，逐渐受到私法的影响，采用私法的运作方式，呈现私法的影子。

行政法作为公法的典型代表，其私法化的表现最有代表性，出现了从管制到自治，从命令——服从到协商——参与，从刚性管理到柔性指导的转化。[1] 在行政法领域越来越多地采取公众参与、行政指导、行政合同、行政和解等一系列方式，在很大程度上使传统行政法所具有的行政的单方面性、强制性、命令性和行政制裁的性质发生了有意义的改变。首先，公众参与，即《行政许可法》、《行政处罚法》都规定行政主体实施行政行为，应通过一定途径、一定方式充分听取行政相对人的意见，在吸收行政相对人参与的前提下作出。虽然相对人同意不是行政行为作出的必要条件，但与相对人协商却是行政行为作出的一般程序。其次，行政指导，即

---

① 参见姜明安《全球化时代的新行政法》，《法学杂志》2009年第10期。

《行政处罚法》、《行政许可法》出台后，行政部门已经不能随意运用行政处罚、行政许可等手段实施管理，行政指导逐渐成为有效手段。再次，行政合同，即中国目前使用行政合同的领域十分广泛，包括国有土地使用权出让合同、全民所有制工业企业承包合同、公用征收补偿合同、国家科研合同、农村土地承包合同、国家订购合同、公共工程承包合同、计划生育合同等。最后，行政和解，即无论是通过行政途径，还是司法途径，当事人之间的行政和解都是一个重要的选择方式。①

　　刑法作为被国家干预最强的法律部门，出现了诸如刑事自诉制度的确立、刑事和解、罪犯的社区改造及有关犯罪的非刑罚、轻刑处理等现象，有的国家还存在辩诉交易、赔偿性替刑措施（即通过赔偿被害人损失作为刑罚的替代措施）、监狱的私有化、侦查权的私人化等其他私法性质的制度和实践。值得注意的是，自从走出私人报复阶段以后，刑罚一直为国家机器所垄断，犯罪和惩罚都不再被看作是个人之间的私事，而被看作是关涉国家利益、公共利益的事情。但是，如何避免释放者重新犯罪，使他们回归社会，一直得不到很好的解决。因此，不能把重点只放在刑法的规制犯罪的功能上，如何预防犯罪、规制犯罪、改造犯罪应该是刑法部门综合考虑的问题。刑法改革还涉及中国的刑罚制度。近年来，中国改变过去一味严打的方针，提出宽严相济的刑事政策。有学者主张，在严格限制死刑数量的前提下，实行重者更重、轻者更轻的刑事政策。某些过去判处死刑立即执行的犯罪，改判死缓或者无期徒刑。为改变生刑过轻的倾向，应当加重死缓和无期徒刑的惩治力度。轻者更轻，即对较轻的犯罪，尽量减少关押，实行非监禁化。在当前社区矫正试点取得初步成绩并全面推广以后，将会使非监禁刑的执行走上正轨，从而为非监禁刑的扩大适用创造条件。②

　　当然，行政法和刑法的上述私法化倾向，并没有改变它们的实质，不能因此认为行政法和刑法是以私人自治为主的法，行政法和刑法的实质没

---

①　2008年1月16日，最高人民法院公布了《关于行政诉讼撤诉若干问题的规定》。该司法解释第1条明确规定："人民法院经审查认为被诉具体行政行为违法或者不当，可以在宣告判决或者裁定前，建议被告改变其所作的具体行政行为。"中国行政诉讼高达30%的原告撤诉率，与通过行政和解的方式解决行政诉讼有着密切的关系。（参见朱景文主编《中国法律发展报告：数据库和指标体系》，中国人民大学出版社2007年版，第228页以下）

②　参见陈兴良《减少死罪是宽严相济的具体体现》，《光明日报》2010年9月2日第9版；《四位刑法学家视野中的死刑改革》，《检察日报》2005年12月27日第3版。

有变，否则国家强制就变得没有必要了。行政法和刑法的私法化只是部分改变了它们的实施方式，从而使国家的命令能够更好地得到社会的支持。

在宪法领域，宪法是否仅仅是公法一直存在着争论。实际上宪法作为国家法一方面具有公法的性质，规定国家的政治架构，国家的性质、国体、政体，各类国家机关和上下级国家机关之间的关系，另一方面宪法关于公民基本权利和义务的规定又显然不具有公法的典型特征，即主体的不平等性。而且，现代社会的宪法一般都主张人民主权的原则，作为宪法的这两大组成部分——国家机构和公民基本权利与义务之间的关系，显然不能说国家机构优先于公民基本权利。因此，把宪法单纯看作公法是成问题的。从宪法在法律体系中的地位来看，它既是行政法、刑法和民商法的源泉，也是经济法、社会法、环境法以及程序法的根据。虽然在各国法律体系中的结构不同，有的有公法与私法的划分，有的没有，但是就宪法在整个法律体系中的地位而言都是至高无上的。就中国而言，无论如何，把宪法仅限制在公法范围内就太窄了。实际上任何法律部门都把宪法看作是自己最重要的来源，从宪法中寻找自己的合法性。在这种意义上，宪法不是公法，而是一个国家法律体系的母法。

（四） 中国的混合法

所谓混合法主要包括经济法、社会法和环境资源法。[①] 按照哈贝马斯的说法，这一领域产生于"国家社会化和社会国家化这一互动过程中……公共利益的公共因素与契约的私法因素糅合在了一起……这既不是一个纯粹的私人领域，也不是一个真正的公共领域；因为这个领域既不能完全归于私法领域，也不能完全算作公法领域"。[②]

经济法、社会法、环境资源法的出现有共同的社会背景，在某种程度上它们都是19世纪以来资本主义工业化、社会化过程的必然产物。经济法注重的是经济部门、经济利益之间的综合平衡与协调，社会法注重的是劳资之间、经济与社会发展之间的综合平衡与协调，而环境资源法注重的是经济社会发展与环境、资源之间的综合平衡与协调。它们都反映了单纯

---

① 混合法有时又称社会法。但是社会法一词，有时专指劳动和社会保障法，为了与这种意义上的社会法区分，我们称之为混合法。

② 哈贝马斯：《公共领域的结构转型》，曹卫东等译，学林出版社1999年版，第179页。

依靠私法调整经济和社会关系的不完善和不成功，必须加强国家干预，从而保证经济和社会的可持续发展，保证资本主义的整体利益。但它们又不是单纯用行政法的手段，退回到"警察国家"，通过命令——服从的方式或强行性规范，而采取民事的、行政的、刑事的多种法律手段，包括社会化、市场化的手段。它们调整的原则也有共同性，不是像私法那样个人本位、私权自治，而是社会本位，考虑经济与社会发展的综合平衡，特别是注意经济与社会发展中对弱势群体的保护，对社会整体利益和经济与社会发展一般条件可能造成的危害。

经济法、社会法和环境资源法与民商法、行政法既有密切的联系，又有明显的区别。民法的调整，是把社会关系作为私人之间的平等交往来对待，实行当事人自治，调整的目标是当事人之间利益的平衡，旨在保证民事交往合乎当事人的真实意愿，安全而有效率，并消极防止这种交往损害他人利益、集体利益和社会公共利益。而经济法、社会法和环境资源法的调整，是把经济和社会关系作为整个社会乃至社会——自然交往的一部分，调整的目标是通过积极的手段，力求使这种交往对整个经济生活、社会生活产生有利的影响。经济法、社会法和环境资源法与行政法的关系也很密切。有学者认为所谓经济法就是经济行政法，社会法和环境资源法都只不过是经济法或行政法的一个分支，调整的是纵向经济关系、社会关系。但是，现代经济法、社会法和环境资源法的发展并不局限于调整所谓纵向关系，对横向关系如经济合同、劳动合同、社会保障合同、环境合同关系也进行调整。比如中国目前存在的政府采购合同、政府特许经营合同、国有土地使用权出让合同、农村土地使用权出让合同、社会保障合同、社会保险合同、环境保护合同等，这类合同是直接体现政府意志并具有经济、社会、文化内容的合同，其本质是国家或政府实施经济——社会管理、分配公共资源、执行产业政策、提供公共服务的一种手段。①

由此可知，当今社会，"各种社会关系越来越多，它们无法再用私法或者公法加以分门别类"，② 几乎每个法律领域都不同程度地混合着公法与私法的因素。如果我们把公法因素（公共权力的行使）从强到弱和私

---

① 参见史际春《经济法的地位问题与传统法律部门划分理论批判》，《当代法学》1992 年第 3、4 期。

② 哈贝马斯：《公共领域的结构转型》，第 176 页。

法因素（私人自治）从弱到强地用一个闭联集来表示，中国各个实体法律部门的排列大致为：

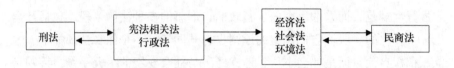

图1　包含公法与私法因素的中国各实体法部门的闭联集

在这个闭联集中每一个法律部门都包含着公法与私法的因素，从左到右代表国家干预因素即公法因素的减弱、私人自治因素即私法因素的加强，而从右到左则相反，代表公法因素的加强和私法因素的减弱。而宪法作为根本法，则表现出各个法律部门公法与私法因素大体的平衡。即使公法和私法的传统划分依然存在，公法包括宪法、行政法、刑法，私法包括民法、商法的观念依然存在，国家对市民社会的干预和公民对政治生活的参与实际上已经大大改变了原有公法和私法的观念和范围，它们所包含的已经不是两个截然相反、互相对比的法律部门群，而是作为两种调整社会关系的方法，渗透在所有的法律部门之中。

四　法律规范性质的分析：实体法与程序法

实体法与程序法是法律体系的又一传统分类。程序法有别于实体法，它不具体规定个人的实体权利和义务，而是用来主张、证明或实现权利义务的手段，或者确保被侵犯的权利得到救济。[1] 英国学者哈特（H. L. A. Hart）把法律规则分为主要规则和次要规则，主要规则是规制行为的规则，但它面对争端往往具有不确定性、静态性和无效性，于是需要通过次要规则加以补充，其中承认规则通过授权使主要规则获得法律效力，改变规则授予公权力或私权利实行或修改新的主要规则，审判规则授权个人或机关就是否违反主要规则，应处何种制裁，作出权威性决定。[2] 实际上，哈特所说的主要规则就是实体法，而全部次要规则，承认规则、改变

---

① 戴维·M. 沃克：《牛津法律大辞典》，李双元等译，法律出版社2003年版，第21页。

② H. L. A. Hart, *The Concept of Law*, Oxford：Oxford University Press, 1961, pp. 97 – 107.

规则和审判规则都属程序法的范围。值得注意的是，只有主要规则而缺乏次要规则，法律不可能有效力。由此可见程序对于法治的意义。就实际意义而言，实体法与程序法的关系反映了一个国家的实体权利在多大程度上得到程序的确认和保护，归根结底实体法与程序法是一个国家法治的两个方面，是衡量一个国家法治化程度的重要指标。

程序和实体不分是古代法的基本特征，中西皆然。在罗马法中，执政官授予诉权将引起当事人实体请求权，表明诉权中包含着程序与实体两个因素。中世纪仍然延续实体与程序不分的传统。二者的分离是18世纪法国大革命以后出现的，1806年法国颁布世界上第一部独立的《民事诉讼法》，1808年颁布世界上第一部独立的《刑事诉讼法》，实体法与程序法分离成为一种潮流，在大陆法系流行。德国直到1900年《民法典》施行以后才结束了程序和实体的合一。中国的程序法是与实体法同时产生的。"皋陶治狱，令羊触之。有罪则触，无罪则不触。"①虽然是神明裁判，但又是定罪量刑必不可少的程序。中国虽然历朝历代统治者为准确、有效地执行司法职能，都试图制定诉讼法规，建立和健全诉讼制度，但程序法从来没有从实体法中独立出来，大部分程序法规散见于刑法典，也少有一部分程序法内容见于行政法中。中国程序法的独立是在清末改革的过程中实现的，1910年分别颁布了《大清刑事诉讼法草案》和《大清民事诉讼法草案》，但未及施行，清王朝即告覆灭。改革开放以来，人们越来越认识到程序法的重要性，程序不仅具有保障实体法实现的附属性，还具有自身的独立意义，通过程序正义实现实质正义。

但是，在区分实体法和程序法，认识程序法在实现实体权利的重要意义的同时，还应该看到二者之间的相互联系与相互渗透，以至二者的统一性。程序本身就有实体性的意义，某些程序的瑕疵或程序的违反可能导致行为本身的不成立或者无效。比如，《行政处罚法》第41条规定："行政机关及共执法人员在作出行政处罚决定之前，不依照本法第三十一条、第三十二条的规定向当事人告知给予行政处罚的事实、理由和依据，或者拒绝听取当事人的陈述、申辩，行政处罚决定不能成立；当事人放弃陈述或者申辩权利的除外。"《行政处罚法》第3条第2款规定："没有法定依据或者不遵守法定程序的，行政处罚无效。"另一方面，同一个法律规定从

① 《论衡·是应》，《丛书集成初编》，中华书局1985年版，第189页。

不同的视角可以作出不同的界定。相同的规定或原则同时为程序法和实体法所接受，这种情况在中国法律中并不罕见。司法机关依法独立行使职权的原则，人民法院、人民检察院和公安机关在刑事案件中分工负责、互相配合、互相制约的原则等就同时规定在《宪法》和《刑事诉讼法》中。独立审判原则、适用法律一律平等原则、适用本民族语言文字原则、审判公开原则、辩护原则、合议原则等也都是《人民法院组织法》和《刑事诉讼法》、《民事诉讼法》的基本原则。

程序法与实体法的关系更经常地表现在，许多法律文件往往同时包含实体性和程序性规范。这种实体与程序的混合在行政法里表现得尤其突出，《行政处罚法》、《行政监察法》、《行政许可法》等法律都表现了这一特点，如《行政许可法》中"总则"、"行政许可的设定"、"法律责任"等章节以实体性规则为主，而"行政许可的实施程序"则显然以程序性规定为主。又如《行政处罚法》包括"总则"、"行政处罚的种类和设定"、"行政处罚的实施机关"、"行政处罚的管辖和适用"、"行政处罚的决定"、"行政处罚的执行"、"法律责任"等章节，更是一个实体规则与程序规则的混合体。《行政监察法》由"总则"、"监察机关和监察人员"、"监察机关的职责"、"监察机关的权限"、"监察程序"和"法律责任"构成，体现的仍然是实体与程序的混合。

在刑事和民事法律方面，中国已经分别制定了《刑事诉讼法》和《民事诉讼法》，它们与相应的刑事实体法和民事实体法的关系虽然不如行政法那样表现在一个法律文件中，但是也呈现出你中有我，我中有你的状况。特别是在刑事法律方面，国际刑事法院《罗马规约》就被认为是实体法和程序法结合的典范，不仅规定了普遍义务原则、个人国际刑事责任原则等基本刑罚原则，规定了灭绝种族罪、危害人类罪、战争罪等犯罪构成，也规定了法院的设立、组成、职权和奖惩等组织法内容，还规定了刑事责任追究的调查、起诉、审判、执行以及国际合作和司法协助等程序性内容。值得注意的是，国际和国内刑法学界近年来都有人提出"刑事一体化"的思想或"整体刑法学"，一种代表性的观点认为"实现刑法的最佳社会效益是刑事一体化的目的，刑事一体化的内涵则是刑法和刑法运行内外协调"。[①] 所谓刑事一体化包括刑事实体法、刑事程序法、刑事证

---

① 储槐植：《再说刑事一体化》，《法学》2004 年第 3 期。

据法、刑事执行法、犯罪预防法和轻微处罚法。刑事法律体系是关涉预防犯罪、规制犯罪、追诉犯罪、执行刑罚的法律相互联系而形成的统一整体。这种构想打破了中国现行法律体系的结构，不仅将刑法与刑事诉讼法都放在刑事法律体系中，而且将目前属于行政法的禁毒法、监狱法、劳动教养制度、治安管理处罚法，属于经济法的反洗钱法，属于社会法的预防未成年人犯罪法等都包括在刑事法律体系中。实际上，刑事法律一体化的思想打破了长期以来在法律部门划分问题上以法律调整对象和调整方法为标准的"纯科学主义"倾向，而转到以问题为中心，即如何预防犯罪、规制犯罪、追诉犯罪和改造犯罪的路子上。

值得注意的是，强调程序法的重要性无论如何都离不开实体法，强调程序法的重要性也不一定就意味着采取程序法与实体法相分离的形式。马克思曾高度评价程序法对实体法的意义："诉讼和法二者之间的联系如此密切，就像植物外形和植物本身的联系，动物外形和动物血肉的联系一样。使诉讼和法律获得生命的应该是同一种精神，因为诉讼只不过是法律的生命形式，因而也是法律的内部生命的表现。"① 把实体法与程序法综合考虑，不仅在理论上更体现出体系性和协调性，在实践上，也可以避免由于实体法与程序法以及其他相关法律在制定和修改时间上的不同而造成的法律在内容上的不一致。

实际上，刑事一体化的思想同样可以适用于民事法律，包括民事实体法（民商法、经济法、社会法、环境资源法）、民事程序法、民事执行法、民事证据法、民事仲裁法和民事调解法等在内，其好处同样在于以解决民事纠纷为中心，统一协调解决民事纠纷的一揽子法律。当然民事法律有其特殊性，它不像刑事法律中实体法与程序法的——对应关系，与民事程序法对应的不仅仅包括民商法，而且包括经济法、社会法、环境资源法。②

这种以问题为中心的思路的贡献在于，不是把法律体系看作是封闭的、凝固不变的，而是把它视为开放的、与社会生活息息相关的，不断从

---

① 《马克思恩格斯全集》第 1 卷，人民出版社 2002 年版，第 287 页。
② 实际上，实体与程序一体化的思想在中国宪法中也不是没有根据的。按照《宪法》第 26 条规定，全国人民代表大会有权制定刑事、民事、国家机构和其他基本法律，这里所说的刑事的、民事的基本法律，当然既包括作为实体法的刑法、民法，也包括作为程序法的刑事诉讼法和民事诉讼法。

社会生活中吸取养分，改善自己。在法律与社会之间，法律规范与非法律规范之间，官方与民间之间，通过问题建立起良性互动的纽带，问题的关键不在于书本上的法律是怎样规定和划分的，而在于怎样解决实际问题。

应该看到，以问题为中心的思路并不是否定传统的法律部门划分，而在于以解决问题为中心把现行的规范性法律文件进行重新组合。无论是哪种思路，它们的起点都是各种各样的现行的规范性法律文件。由于编纂法律文件主要考虑方便和实用，一个法律文件经常包含着不同的法律部门的规范，究竟把它们放到哪个部门中往往是相对的，会发生一些不必要的争论。而以问题为中心的思路，可以较好地解决划分难的问题，我们可以完全不管这些文件在学理上的归属，只要能够解决所面临的问题，以解决问题的过程为中心考虑它们的安排。但是，以问题为中心的思路又会造成法律体系结构的不稳定性，一个问题有一个问题的思路，法律可以根据不同的问题作出不同的划分，因而缺乏相对稳定性。因此如何把不同的划分方法结合起来，扬长避短，仍然是一个值得探索的问题。①

五 法律规范性质的分析：国际法与国内法

通常所说的法律体系，指的是一个国家内部全部现行法的有机整体，不涉及国际法。在国际法学界长期有一种二元论的看法，国际法和国内法是两个不同的概念，构成不同的法律体系，互不隶属。德国学者特里派尔（H. Triepel）认为，国际法与国内法是两个不同的体系，第一，国际法和国内法规范的社会关系不同。国内法规范个人之间以及个人与国家之间的关系。而国际法则规范国家之间的关系。所以国际法只能约束国家，不能直接约束个人。第二，国际法与国内法的主体不同，国内法的主体主要是个人，而国际法的主体是国家。第三，国际法与国内法的法律渊源不同，国内法无疑是一个国家的意志的体现，国际法虽然也是国家的意志，但是

---

① 法国学者戴尔马斯—马蒂指出，在全球化条件下，随着国际法与国内法的相互渗透，法律体系不再像凯尔森所说的僵固、静态的金字塔式的体系，而像是一个飘散的、有聚有散的"有序的云"，随解决问题的方式（合作、和谐、统一）、处理问题的层次（国家、地区、全球）、领域和速度的不同而不同。参见 Mireill Delmas-Marty, "A Conceptual Framework for Understanding the Transnational Legal world 'in the Land of Orderly Clouds'", *Legal System in Transformation*: *China and the World*, International Forum, Beijing, 2010. 这一观点对于我们考虑国家的法律体系也是有启发性的。

与国内法不同的是，国际法是众多国家的共同意志。因此，特里派尔提出，国际法和国内法虽然有密切联系，但绝不是互相隶属。① 在国家交往较少、国际联系不紧密的条件下，国际法处理国家间的关系，而国内法处理国内关系，在主权原则的指引下二者界限清晰。但是随着全球化的发展，国家、国际组织及其相互之间的联系日益紧密，国际法与国内法的因素越来越多地交织在一起。

在国际法的不同领域，国际法与国内法之间的关系呈现出不同的状态。在国际私法和国际经济法领域，法律渊源都既包括国际法也包括国内法。国际公法是调整国家之间关系的法律，因此其法律渊源只能是国际条约和习惯。所以国际法与国内法相分离的情况在国际公法领域表现最为突出。国际法调整的是国家间的关系，不调整国家和公民、法人之间的关系，不得干涉主权国家的内政，而国内法也不得适用于国际领域，不得把一国国内法的原则强加于其他国家。② 当代国际法与国内法的相互渗透表现在两方面，一方面是国内法的国际化，另一方面是国际法的国内化。

（一）国内法的国际化

国内法的国际化，有学者称之为"全球化的地方主义"（globalized localism），③ 即在一国或一个地区范围内通行的法律制度由于某种原因而在更广泛的领域，在全球流行。国内法的国际化往往与某一国家或某些国家在世界经济或政治中的主导地位相关。而就接受国而言，或者出于依附地位，或者出于文化影响，接受这些制度和规则。国内法的国际化，实际就是法律移植。

近代以来，在世界范围内国内法的国际化曾经发生过多次：一次发生在私法领域，即19世纪中叶到20世纪从欧洲开始扩展到世界的仿照法国民法典和德国民法典的编纂法典运动；另一次发生在公法领域，即二战以来在欧美兴起、扩展到亚非拉第三世界国家的以建立宪法法院或宪法委员

---

① 转引自王铁崖《国际法引论》，北京大学出版社1997年版，第181—182页。

② 参见王铁崖主编《国际法》，法律出版社1995年版，第29页；吴慧《国际法与国内法的关系》，载余民才主编《国际法专论》，中信出版社2003年版，第1—5页。

③ Boaventura de Sousa Santos, *Towards A New Common Sense：Law，Science and Politics in the Paradigmatic Transition*，New York：Routledge，1995，pp. 250 – 378.

会和司法审查制度为标志的潮流。[1] 20 世纪 90 年代以来，与经济全球化相联系，随着争夺市场和投资的国际竞争的加剧，在世界范围内，特别是第三世界国家和苏联及东欧国家，出现了一股受新自由主义的支配、以市场导向、私有化和放松管制（deregulation）为目的的法律改革潮流，这可看作国内法国际化的"第三波"。[2]

中国改革开放以来，在各个法律领域立法过程中广泛借鉴了国外相关立法。[3] 中国借鉴外国法的形式包括三种：第一，在改革开放初期主要是在涉外领域，如涉外经济、贸易、婚姻、继承、犯罪、诉讼等，参照国际惯例和外国法，制定和修改中国相关领域的涉外立法。第二，随着改革的深入，在完全属于国内事务、没有涉外因素的领域，借鉴国外相关立法，如在宪法领域关于人权、法治、私有财产保护、社会保障的制度；刑法的两大原则，即罪刑法定原则、罪刑相一致原则，法人犯罪、危害国家安全罪、巨额财产来源不明罪等具体制度；刑事诉讼法中的无罪推定制度、对犯罪嫌疑人权利的保护、对庭审方式的改革；行政法中的行政救济制度、行政许可制度、立法听证会制度；民商法中无过错责任、公司、证券、担保等制度；婚姻法中的离婚过错赔偿、探视权、有关家庭暴力的处理等，都借鉴了国外有关立法。第三，随着全球化的进程，中国加入越来越多的国际组织，国际标准对中国立法也起到重要参考作用。

（二）国际法的国内化

国际法的国内化，有学者称之为"地方化的全球主义"（localized globalism），[4] 即国际条约、习惯为内国所接受，转变为对内国具有法律拘束力的规则。由于越来越多的国家加入到某一国际组织中，从而使该组织的规则成为全球性的规则。比如，世界贸易组织在世界经济中的作用越来越大，其目标不仅在于排除对外商的歧视措施，而且试图调节"国界背

---

① M. A. Glendon, M. Gordon and C. Osakwee, *Comparative Legal Traditions*, St. Paul: West Publishing Corp. , 1985, pp. 328 – 354.

② 参见朱景文主编《比较法社会学的框架和方法》，中国人民大学出版社 2001 年版，第 13 章。

③ 参见朱景文主编《全球化条件下的法治国家》，中国人民大学出版社 2006 年版，第 28 章。

④ Boaventura de Sousa Santos, *Towards A New Common Sense: Law, Sciencend Politicsi the Paradigmatic Transition*, pp. 250 – 378.

后"的政策内容和国内市场结构，如政府对农业的补贴政策、环境和劳工标准等。① 对内国来说，加入某一国际组织，必须承担相应的义务，往往必须对自己国家或地区原有的法律制度加以调整，以适应国际条约或习惯的要求。

国际法对国内法的影响主要通过两种方式，即采纳和转化。采纳即国际条约在内国直接适用，如欧盟法对成员国来说就可以直接适用；转化即国际条约须转化为内国的国内法，如 WTO 的规则对于成员方来说需转化为成员方的法律，制定、修改或废止与 WTO 规则不一致的国内有关法律，以履行加入世界贸易组织的承诺。从中国的实际情况看，这两种方式都存在，很难说国际条约适用中国仅仅局限于其中的一种方式。例如《民法通则》第 142 条第 2 款规定："中华人民共和国缔结或者参加的国际条约同中华人民共和国的民事法律有不同规定的，适用国际条约的规定，但中华人民共和国声明保留的条款除外。"由此可以看出，国际条约不仅可以直接适用于中国，而且还有相对于国内法律的优先权。1991 年《民事诉讼法》第 238 条、1989 年《行政诉讼法》第 72 条也有类似规定。《联合国国际货物销售合同公约》② 自 1988 年 1 月 1 日起对中国生效，自那时起，它便直接对中国的进出口合同产生效力，而中国并没有通过立法行为才使其具有法律效力，而是直接采纳。采取转化形式的公约有：中国 1997 年签署《经济、社会、文化权利国际公约》，全国人大常委会 2001 年批准了该公约；1998 年签署《公民权利与政治权利国际公约》，该公约在审议的过程中，这都属于转化的形式。中国于 1975 年和 1979 年分别加入《维也纳外交关系公约》和《维也纳领事关系公约》；为履行公约，于 1986 年和 1990 年分别制定《外交特权与豁免条例》和《领事特权与豁免条例》。《专利法》、《商标法》、《著作权法》的制定和修改也是有关知识产权国际公约转化的结果。2001 年中国加入世界贸易组织后，为使中国法律体系与世贸组织规则保持一致而进行的大规模法律清理亦是典型的国际法国内法的转化形式。

---

① 参见克里斯多夫·阿尔普《全球化与法——一个形成中的交接点》，《南京大学法律评论》1997 年第 1 期。

② 该公约是联合国国际贸易法委员会于 1980 年 4 月 11 日在维也纳召开的外交会议上通过的。公约是对国际贸易实践的总结，具有可行性，并且由于充分考虑了发达国家和发展中国家的不同利益，而具有广泛的代表性，从而被世界许多国家接受，对国际贸易产生巨大影响。

总之，在一个全球化的时代，国内法受国际法影响、受其他国家及地区法律制度的影响是一个客观事实。中国法律制度的发展不可能在封闭的环境中进行。国际法、外国法，对中国法律制度来说既是一个难得的学习机会，从国际法、外国法处理相同问题的经验中吸取经验，加快中国法律发展的进程；又会面临新的挑战，即使在别的国度运行再好的规则，由于条件不同，可能产生"南橘北枳"的效果。中国特色社会主义法律体系应该是一个具有开放性、能够吸收世界各国法律文化优秀成果、结合中国实际、具有中国风格的法律体系；而且改革开放以来中国法制建设的实践也证明，只要面对中国的现实，应对挑战，我们离这个目标就一定会越来越近。

六 当代中国法律变革的原因：什么是中国特色

中国特色社会主义法律体系在不同法律部门的变化，公法与私法、实体法与程序法、国内法与国际法之间的相互渗透和相互影响，不是中国所独有的，世界许多国家法律体系都发生了这些变化，并形成了不同的理论，如"从身份到契约"、"科层制"、"福利国家"、"正当程序"、"去国家化"等。这些法律体系变化的特点是什么？是否能用这些西方理论解释中国的法律变革？在什么程度上能，在什么程度上不能？如果不能，什么是中国的理论？

中国特色社会主义法律体系形成和发展的原因不能从体系自身理解，法律体系自身固然有是否完备和协调的问题，但是为什么法律体系会向着这个方向而不是其他方向发展，从法律体系自身找不到答案。法律体系的协调和完善毕竟是第二位的，中国立法的实践表明，不能为体系而体系，它必须服从于中国社会本身的变化。① 法律领域的这些变化不是在封闭的

---

① 比如，20 世纪 70 年代末 80 年代初，在制定了《刑法》、《刑事诉讼法》之后，曾有制订民法典的计划，组织了起草民法典的小组，并形成了四个民法草案。但是，实践证明，由于当时中国社会正处在从计划经济向市场经济的转轨初期，许多经济关系还没有摆脱计划经济的束缚，因此制订民法典的计划并不现实，后来决定"改批发为零售"，先制定民法所包含的各个法律，包括《民法通则》、《经济合同法》、《技术合同法》、《对外经济合同法》，后来三个合同法合一，制定统一的《合同法》、《婚姻法》、《继承法》、《物权法》、《侵权责任法》、《涉外民事关系法律适用法》。参见王利明《中国民法典制定的回顾与展望》，《法学论坛》2008 年第 5 期；江平《沉浮与枯荣：八十自述》，法律出版社 2010 年版，第 276—311 页。

领域中进行，不是法学家在书斋中的创造，而是发生在改革开放这样一个特殊的历史阶段，市场经济、民主政治、和谐社会、生态文明、法制建设和全球化等一系列变革是出现公法与私法、实体法与程序法、国际法与国内法之间相互影响、相互渗透的社会基础。

在公法与私法的关系上，中国法律变革明显受到市场经济和民主政治的双重影响。中国的私法公法化的发生既有与西方国家相似的原因，也有自己的特殊性。西方是在资本主义由自由竞争发展到垄断、特别是在国家垄断的背景下发生的，原有私法高度发达、私权自治的原则具有普遍性，因此需要用国家干预改变市场造成的社会不公。而中国私法公法化包括两种情况，一种是在从计划经济向市场经济过渡的情况下，私法性质的规范刚刚产生，还很不发达，调整市场关系、商品关系还带有许多国家干预的色彩，私权主体平等的原则还经常受到挑战，所谓私法公法化只不过表明向市场化的过渡不彻底，还带有许多计划经济的痕迹，公私不分；另一种情况是中国市场化的改革在一些领域确实出现了类似当代资本主义国家所出现的那种"市场失灵"，再加上腐败、寻租，"看不见的手"需要用"看得见的手"加以辅佐，需要通过国家干预加以纠正。值得注意的是，中国社会主义市场经济的改革不是单向度的，而是一方面建立市场经济，另一方面加强宏观调控。对这两种情况需要用不同的手段治理，对前者需要进一步推进市场化的改革，国家减少行政干预；对后一种情况则需要通过国家干预，防治私权自治带来的危害国家、社会和他人利益的后果。这两种情况都是事实，否定哪一方面都是片面的。曾经有一个时期，人们热衷于用梅因所说的"从身份到契约"来解释中国改革开放以来的法律变革、特别是民商法变革。其实这是不恰当的，与"从身份到契约"相适应的最多只是前一种情况。中国法律制度的变革不可能是18、19世纪西方法律制度的翻版。作为后发国家，中国立法所走过的道路相当于西方几百年的历程，我们不可能在西方的后面亦步亦趋。更何况中国1949年以来走上社会主义道路，坚持公有制的主导地位和社会主义方向对民商法的影响是极其深远的，对国家利益、社会利益和弱势群体的保护，国家的宏观调控更是"从身份到契约"根本不能概括的。中国民商法的改革今后仍然会在这两个维度上推进，最终目标应该是建立把市场经济与宏观调控有机结合起来的社会主义市场经济的新秩序。

中国的公法私法化发生的背景也不同于西方，西方的公法私法化发生在"行政国家"、"科层制"建立以后，需要通过公民的积极参与、民主化克服职业垄断、精英政治，需要通过"软"的办法、私法的手段，体现政府除了刚性的手段，还有柔性、人性的一面，增加行政亲和力，也需要通过行政机构包括监狱、劳动教养机构的民营化减轻庞大的财政负担。马克斯·韦伯认为，作为理想类型的科层制具有专门化、等级制、规则化、非人格化、职业化、技术化的特点，因而能高效率地协调成员的活动、达到其特殊目标，这也是资本主义产生于欧洲的主要原因之一。① 虽然最终的决策操纵在某些统治集团手中，但是大多数日常的政府活动基本上成为各个科学技术领域（包括社会科学和公共管理科学）的专家从事的事务。然而，西方科层制的实践表明，科层制带来的不仅仅是效率，而且带来职业垄断，排斥公众参与，职业团体不是没有自身利益的技术官僚，不食人间烟火的社会精英，为了赢得自身利益的最大化，他们往往背离良知，依托于社会的强势集团。② 而中国的公法私法化的背景却很不同，改革开放前中国虽然已经建立了庞大的行政管理系统，但是专业化、职业化、技术化水平并不高，专业化的进程是在改革开放后加快的。在这种意义上，所谓公法私法化可能表明公与私之间还处在相互交融的状态，在职业化、专业化的过程中市民社会与政治国家的分离还不发达，职业化的进程还不完全，由于政治运动的影响，始终有"脱离群众"的担心。但是，也不可否认随着职业化的进程，中国也确实出现了脱离群众，干部以权谋私等问题。正是在这种意义上，中央近年来一再强调"立党为公、执政为民"、"执法为民"。针对这两种情况所采取的策略也不同，针对前者，需要进一步加快职业化进程，增强行政管理的科学化水平，增强行政效率；针对后者，则需要促进行政管理的民主化、亲民化，防治官僚化和精英政治的弊端。中国行政体制改革的目标也不是单一的。中国公法改革应该朝着既增强行政效率、增强行政的专业化、科学化水平，又增强行政民主化的方向发展。因此在中国实行公法变革，特别是在增强行政科学化、专业化时，千万不要忽视行政的民主化，不要忘记中国共产党的立党之根、执政之本。

---

① Max Weber, *Economy and Society*, *trans. E. Fischoff et al.*, New York：Bedminster Press, 1968，Ch9，S. 2.

② Martine Shapiro, "The Globalization of Law", *Indiana Journal of Global Legal Studies*, Vol. 27，1993，pp. 37 – 64.

　　以经济法、社会法和环境资源法为代表的混合法的变革动力是和谐社会、生态文明建设。在某种程度上它们都是要解决由于经济高速发展所带来的不同经济部门之间、经济发展与社会发展之间、经济发展与环境之间的不平衡问题。在西方它们被看作"后工业社会"所面临的问题。而中国的工业化和后工业化几乎是同时出现的，不实现工业化中国就不可能摆脱贫穷，而实现工业化"后工业社会"所带来的问题就会显得更加突出，尤其是在全球范围的产业转移、中国成为"世界工厂"的情况下。当西方人提出福利国家的理论，企图医治西方后工业社会的社会病，用"从契约到身份"描述市场条件下人们身份的不平等，强调不能无视弱势群体的权益时，中国人发掘中国文化的传统智慧，提出和谐社会理论。这两种理论虽然有异曲同工之处，但它们的立足点显然是不同的。前者是为了挽救资本主义，后者是为了发展社会主义。由于中国是社会主义国家，人民当家作主，工人阶级是领导阶级，这就决定了中国经济法、社会法和环境资源法与西方在本质上的差别，国家不应该有与人民利益不同的自己的利益，必须以人民的根本利益为出发点和归宿。但是，随着中国从计划经济向市场经济的转轨，在用工制度方面铁饭碗的打破，"单位办社会"所产生的"大而全"、"小而全"的福利体制的解体，全球化所带来的企业外部竞争的压力，片面助长了以经济发展、特别是 GDP 的发展为中心，以致经济发展以牺牲劳工的权益为代价，以环境污染为代价。在这种条件下，中国经济法、社会法和环境资源法的发展就成为迫在眉睫的事，必须通过国家的强力干预使劳动者的权益得到保护，使弱势群体的基本生活条件得到保障，使广大人民群众的经济、社会、文化权利得以实现，为经济和社会的可持续发展奠定法治基础。

　　在实体法与程序法的关系上，中国法律变革明显受到法制建设、特别是司法改革的影响。中国在法治化的进程中强调程序法的作用是完全必要的，因为强调法治就意味着强调程序，无论是立法、司法还是执法，无论是取得财产、接受处罚还是打击犯罪，尤其是在发生法律争端的情况下，程序对于实体都是必不可少的前提。程序对于行使国家权力的立法机关、司法机关和行政机关来说，更具有特殊意义。没有程序，运用国家权力的行为就变得没有约束。在英美曾经用"正当程序"的理论来说明程序对法治的重要意义，在某种意义上，所谓"正当程序"就是法治的同义语。在实体法已经规定了实体权利的分配，谁应该有什么权利、义务和责任时，要取得和实现这些权利，程序的意义就显得尤为重要。按照这一原理，从某种意义上，如果说中国实体法是把经济、政治、社会、文化领域的改革成果法律化，那么程序法则是实体权利的确认和保证形式，是法治本身的改革成果。讲法治，就必须讲程序。另一方面，也必须看到严格程序可能带来的弊端，例如，程序的时间限制，可能加快或延缓审理案件的速度，从而影响实体权利的实现；不熟悉程序的当事人在"法言法语"和陌生的程序面前可能不知所措，从而使自己的利益受到损害。而且，在是否应该赋予执法者更大的自由裁量权从而避免规则的僵化，还是应该赋予较少的自由裁量权以避免执法者的个人偏好的影响，在法治改革的导向上一直存在着较大的争论。因此，近年来人们又重新反思程序法与实体法的关系，认为不能舍本逐末，片面强调程序而忽视实体公正，片面强调"只要程序公正，实体则必然公正"。程序不是可以脱离实体、价值无涉的操作流程，程序本身也有是否正当的问题，有什么样的实体法就会有什么样的程序法。对程序法与实体法关系的这些认识反复，反映了中国司法改革实践的曲折过程，也反映了对法治认识的深化。中国司法改革不是在真空中进行的，也不是单纯按照职业法律人的逻辑，它必然受到中国固有的法律传统、群众的法律意识的影响，必然受到司法为民的理念的指导，因此它的导向也是双向度的，一方面强调法治，强调程序公正，另一方面强调公平正义，强调实体公正，强调程序公正是实体公正的外部形式，是实体公正得以实现的重要途径和保证；实体公正是程序公正的内在目标，也是程序公正的价值和意义所在。

在国内法与国际法的关系方面，中国法律变革明显受到全球化的影响。中国越来越多地参加国际组织、加入国际条约。无论采取直接采纳还是间接转化，中国加入的国际条约都已经变成自己国内法的一部分。那种把国际法与国内法割裂开来，认为它们是两个不相干的独立体系的理论在全球化的时代显然过时了。中国立法过程中借鉴国外法律反映了世界各国立法的普遍潮流，在政治、经济、文化、社会等领域的一些问题具有共同性，因此可以借鉴其他国家处理同类问题的经验。但是否因此能够认为，国际法高于国内法，甚至认为国家主权已经成为全球化的障碍呢？在西方的理论中，全球化曾经被认为是"非国家化"、"去国家化"，一种常见的说法是"全球化和去国家化是一个硬币的两面"，实际上这是一种对全球化的片面理解，一种被全球化的实践不断纠正的误读。国家在全球治理中担当着任何组织或个人都不可替代的角色。尽管随着全球化的进程，国际组织的作用在日益加强，在某些领域甚至对国家主权起到限制的作用。但是，全球治理的任何一个问题，离开国家的作用是根本不可想象的。全球治理之所以要发挥国际组织的作用，只是为了弥补单纯依靠国家治理的不足，而不是取代国家治理。[①] 中国制定有关立法并不是由于国外的规定，或什么普世性的国际潮流，而是中国自己的客观需要，如果不是中国改革开放本身社会关系的新变化，仅仅是国外存在有关立法，根本不可能产生中国的立法动机。如果不借鉴国外立法，中国通过自己的实践摸索，最终也可能制定出类似的法律规定，但可能需要更长的时间，借鉴外国相关法律大大缩短了中国摸索的过程。中国借鉴其他国家立法不是照搬照抄，而是结合自己的国情，作出适合中国国情的解释。以法治入宪为例，法治确实不是中国的创造，英国早在1215年的《大宪章》中就确定了王权的有限性原则和社会的法治精神，1789年法国《人权与公民权利宣言》和美国联邦宪法正当程序条款也确定了法治原则，但西方法治是与多党制和三权分立的政治体制相联系的。1999年中国宪法修正案法治入宪，不是简单照搬西方国家的法治原则，而是作出符合中国国情、中国基本社会制度的自己的解释。中国赋予法治社会主义的内涵，是与中国共产党的领导、人民当家作主有机联系的整体。因此，在全球化的条件下，如何处理全球性的普遍潮流与中国国情之间的关系将会始终伴随着中国的法律变革。

《中国社会科学》2011年第3期

---

① 参见戴维·赫尔德等《全球大变革——全球化时代的政治、经济与文化》，杨雪东等译，社会科学文献出版社2001年版，第574—613页。

国体概念史：跨国移植与演变[*]

林来梵[**]

摘要 "国体"一词从语源学上可追溯至诸多中国古籍，但作为法政概念，则经历了从近代德国被移植到明治时期的日本、再从日本被移植到晚清中国，可谓"跨国交叉往复移植"的过程。其间，它作为一个重要的概念装置而曾发挥过建构国家形态、将特定政治权威正当化以及形成国家统合原理这三种功能，从而有力推动了其内涵在不同国家不同时期发生相应的演变，乃至从最初的一个形式性概念嬗变为一个实质性概念。我国现行宪法上的国体条款暗含着国家统合原理的特定内容，而其规范性内涵本身又蕴含着一种继续形成与自我演进的内在机理，这既潜藏着中国宪政发展的内在动力，也预示着其未来发展的应有方向。

关键词 国体 政体 国家性质 国家统合 跨国移植

"国体"是当今中国法政领域的一个重要概念，被认为是"宪法学基本范畴"之一。[①] 在新中国宪法文本中，它也被专门赋予了规范上的载体，历部宪法第一条就被认定为是关于"我国的国体"的规定。[②] 而征诸史籍，追溯源流，可以发现："国体"这个语词虽然最早出自我国古代文献，但作为具有特定法政内涵的"国体"概念，乃是清末时期从日本移植过

---

   [*] 本文为新世纪优秀人才资助计划的研究成果之一。
  [**] 林来梵，清华大学法学院教授。
   [①] 李龙、周叶中：《宪法学基本范畴简论》，《中国法学》1996 年第 6 期。
   [②] 参见彭真《关于中华人民共和国宪法修改草案的报告——1982 年 11 月 26 日在第五届全国人民代表大会第五次会议上》，载王培英《中国宪法文献通编》，中国民主法制出版社 2007 年版，第 57 页；另参见何华辉、许崇德《国体的新规定 政体的新发展——读宪法修改草案的一点体会》，《武汉大学学报》1982 年第 4 期。

来的，而其最初法政意义上的内涵，则又是明治时期的日本宪法学人从德国近代国法学中移植而来、并将其附会于日文中的"国体"（kokutai）这个原有语词之中的。质言之，"国体"这个概念，经历了从中国和德国到日本、再从日本到中国的、一个可谓"跨国、交叉、往复的移植"历程，在此过程中，国体概念的内涵多次嬗变，留下了各种具有深远意义的历史印痕，值得钩沉探析。

本文尝试运用宪法学、政治社会学和历史学等多学科交叉研究的方法，并力图贯通中日两国自近代到当代的宪法学说史，通过往返透视宏阔的时空结构，追溯"国体"这一具有标本意义的法政概念所经历的跨国交叉往复移植的历程，考辩其内涵结构的嬗变演化，探究其在中日两国各个不同时期盛衰兴亡的宪法规范基础以及社会历史背景，借此管窥立宪主义在亚洲国家得以继受和发展的曲折轨迹，以期理解中国立宪主义长期所直面的历史课题，并为展望其未来应有的发展方向提供一种理论上的视角。

一　宪法学前史上的"国体"

在语源学上，"国体"一词可追溯至诸多的中国古籍，据考最早乃见诸《管子》，① 内有"四肢六道，身之体也；四正五官，国之体也"② 一句，其中的"国之体"乃指君臣父子五行之官，具有类似于国家组成要素的含义。《春秋》中亦有"大夫，国体也"一句，③ 其中"国体"一词更直接指称国家的承担者。《汉书》中有"温故知新，通达国体"一语，④ 其中的"国体"表示国家状态；另有"建白定陶太后不宜在乘舆幄坐，以明国体"⑤ 一句，此处的"国体"则指的是国家的体面。

"国体"一词在历史上被引入日本，成为日文中的一个词汇，并直接采汉字写法，曾有クニカタ（kunikata）这一发音，后发音为 kokutai，其

---

① 参见陈玮芬《"天命"与"国体"：近代日本孔教论者的天命说》，载张宝三、杨儒宾编《日本汉学研究初探》，台北：台湾大学出版中心 2004 年版，第 75 页。

② 《管子·君臣第三十一》，上海古籍出版社 1989 年版，第 108 页。

③ 《春秋·穀梁传》昭公十五年，上海古籍出版社 1990 年版，第 174 页。

④ 《汉书》卷 10《成帝纪》，中州古籍出版社 1991 年版，第 47 页。

⑤ 《汉书》卷 99 上《王莽传》，第 660 页。

意与中国古籍中的原意极为近似。比如当其最早出现在日本古代文献《出云国造神贺词》中时，其意即为国家状态。① 此外，德川幕府年间栗山潜峰氏所撰的《保健大记》中亦有"昭示国体"一语，该出典在日本颇为著名，这里的"国体"亦有国家的体面、尊严之意。②

后来，"国体"一词在日本思想史上获得了特别重要的地位，加拿大学者 John S. Brownlee 即指出它成为"日本历史上发展出来的一个最具有原创性的政治观念"③。应该说，这种观念最初是在江户时代（1603—1867）的日本国学中孕育了胚胎，并随着整个明治时期国家观念的发达而形成的。④ 其间，德川幕府后期水户藩尊王学者会泽正志斋（又名会泽安，1781—1863）《新论》一书的问世（1825），具有里程碑的意义。当时的日本正因西方列强势力的渗入而陷入深重的国家危机，会泽在该书开篇就连续以《国体》为题专辟上、中、下三章，其中通过借助日本建国神话等素材，对"国体"一词作了伦理的、文化意义上的阐述，力图塑造日本这一国家在精神层面上的主体性与一体性。⑤ 会泽其实已经洞见到：当时的西方列强之所以具有强大的一体性，是因为基督教发挥了一种统合性的、源动性的凝聚力量，而他认为在古代日本也存在类似这样的某种"一体性"，此即天照大神所创建并被传承下来的、以"政祭一体"的形式而存在的历史传统，这就是他所诠释的"国体"。⑥ 会泽的这种国体论可谓用心良苦，旨在"以全民自发性的服从来取代当权者强制性的支配"，以期归"民志"于一，实现国家力量的统一。⑦

但会泽所阐述的"国体"还只是精神性的，并未涉及政治组织与法

---

① 长尾龙一：「法思想における『国体论』」，载野田良之、碧海纯一编『近代日本法思想史』，东京：有斐阁 1979 年版，二三三ページ。

② 参见八条隆孟『国体と国家形态』，东京：刀江书院，1941 年，八ページ以下。有关"国体"用语在古代日本古籍中的重要出处，该书的考证颇详。

③ 基于这一点，Brownlee 甚至按照该词的日文发音将其在英文上标示为 kokutai。参见 John S. Brownlee, "Four Stages of The Japanese Kokutai（National Essence）", JSAC Conference, University of British Columbia, Oct. 2000。

④ 参见滝川政次郎『日本人の国家观念と国体观念』，『日本文化研究』第 1 卷，1958 年，三十七ページ。

⑤ 会沢安：『校注新论』，冈村利平校注，东京：明治书院 1939 年版。

⑥ 参见 John S. Brownlee, "Four Stages of The Japanese Kokutai（National Essence）"。

⑦ 参见陈玮芬《"天命"与"国体"：近代日本孔教论者的天命说》，载张宝三、杨儒宾《日本汉学研究初探》，第 78 页。

律体制的建构，当代日本法学史学家、有关日本国体学说史研究的权威学者长尾龙一先生曾剀切地指出：它仅仅属于一种"伦理的、文化意义上的概念"。① 不过，会泽已经为这个概念赋予了某种超越传统语源学意义的内涵，从而形成了一种意识形态。更为重要的是，这种国体概念的内涵，已开始蕴含了国家统合原理的内容，具体而言，就是以天皇的权威塑造国家精神的"一体性"，力图让国家与臣民在被"神格化"了的天皇统治之下得到统合。这对国体概念史在此后日本乃至中国的发展，产生了持续性的重要影响。

明治维新之后，国体概念进入新的发展阶段。其间，著名启蒙学者加藤弘之甚至在1874年出版的《国体新论》一书中区分了"国体"与"政体"这两个概念，认为前者是国家的本质，后者则是政府的形式。② 而福泽谕吉虽然认为只有民族的主权才能够构成"国体"，但也承认日本天皇的世系从未断绝的历史事实在世界上是绝无仅有的，其有利于凝聚日本国民的感情，促进日本民族的主权，③ 即他所言的"国体"。

总之，在明治维新之后，国体概念开始被用于有关国家形态以及日本建国原理的探讨，尤其是被用于国家统合原理的构想。而其中有关国体与政体的区分，也使保守主义可藉此澄清他们的国体观念，即便于将一部分自己所欲的传统保守因素概括为一种绝对的、不可变动的内核，而将其他内容理解为次要的、只是属于政治权力在实践过程中的历史性安排。其实这提供了一种特殊的理论框架，使得东方传统观念与西方近代思想之间所触发的深刻矛盾有可能达成妥协，即在维持东方国家自身君主制传统（国体）的前提下，有效地吸纳并装备近代西方式的立宪制度（政体）。明治宪法就是在这种思想背景下制定的。

二 "国体"概念在日本宪法学上的建构

在日本近代史上，真正对明治宪法的制定产生过直接影响的政要人物，如岩仓具视、伊藤博文、井上毅等人，均是带有国家主义倾向的国体

---

① 长尾龙一：「穗积宪法学杂记」，『法哲学年报』1969年号（1970年）。

② 同上。

③ 参见子安宣邦《福泽谕吉〈文明论概略〉精读》，陈玮芬译，清华大学出版社2010年版，第36页。

主义者。其中，岩仓具视所秉持的"国体"实际上是一种"国学意义上的政治神学那种宗教性质的原理与天皇主权这种世俗性原理的合成物"，[①]并且这种"国体"优位于"立宪政治"。此后的伊藤博文基本上继承了岩仓的制宪纲领，只是较之于国体更倾向于重视政体问题。[②]

但作为明治宪法的主要设计者，伊藤博文首先考虑的还是确定"国家之基轴"，就此，他明智地选择了天皇皇统，并将其作为"在欧洲文化的上千年历史中起到'基轴'作用的基督教的'精神替代物'"，[③] 即作为一种"以'国体'之名而被称谓的非宗教性质的宗教"，[④] 其目的无非就是通过这一"国家之基轴"来实现"臣民的统合"。[⑤] 在明治21年（1888）6月枢密院召开宪法草案审议会之际，伊藤博文就以枢密院院长的身份披沥了制宪的根本精神，指出："宪法政治"起源于西方，其发祥已有千余年之历史，从而人民习熟此制度，此外又有宗教作为其"国家之基轴"，从而深入人心，使之归一；而反观当今日本，情状则不然，故欲制定宪法，必先确定"国家之基轴"为何，否则政治任由人民妄议之时，则纲纪俱失，国家亦将随之废亡，但如今日本宗教力量萎落，可以作为"国家之基轴"者，唯独"皇室"，故此草案亦"以君权为基轴"。[⑥]

明治宪法最终所确立的国家形态，就是"在'国体论'的框架中嵌入了普鲁士型的立宪君主制"，[⑦] 其第一章即题为"天皇"，其中第一条明确规定："大日本帝国由万世一系之天皇统治之。"该条款虽然没有直接采用"国体"概念，但其却在宪法条款的语义脉络中得到了体现。宪法颁布后，各种宪法解说书籍迭出，其中伊藤博文《日本帝国宪法义解》

---

① 长尾龙一：「法思想における『国体论』」，载野田良之、碧海纯一编『近代日本法思想史』，东京：有斐阁1979年版，二四五ページ。

② 参见吉田善明「伝統的國家主義的憲法学の再生」，载铃木安藏编『日本の憲法学』，东京：评论社1968年版，一五三ページ以下。

③ 丸山真男：『日本の思想』，东京：岩波书店1961年版，三十ページ。

④ 同上，三十一ページ。戴季陶也认为日本独特的国体观念，其实就是一种由神道教发展出来的有关国家的神权迷信。参见戴季陶《日本论》，光明日报出版社2011年版，第5页以下。

⑤ 横田耕一：「天皇の存在意义——国民主権と天皇（2）」，载樋口阳一编『讲座宪法学（2）主権と国际社全』，东京：日本评论社1994年版，二三七ページ。

⑥ 参见丸山真男『日本の思想』，东京：岩波书店1961年版，二十八—二十九ページ。

⑦ 长尾龙一：「法思想における『国体论』」，载野田良之、碧海纯一编『近代日本法思想史』，二四五ページ。在明治宪法制定过程中，伊藤博文赴欧洲考察，师从维也纳大学施坦因教授等人，形成了立宪君主制的构想。参见铃木安藏『宪法の历史の研究』，东京：丛文阁1934年版，三二七ページ以下。

一书最具权威性，该书开宗明义地指出："天皇宝祚，承之祖宗，传之孙子，国家统治权之所在也；宪法特揭大权明记于条章者，非表新设之意也，以见固有之国体，因之而亦巩尔。"①

国体观念在宪法中的实定化，是国体概念史上的一个重要事件。它不仅使得国体概念成为一个法政概念，而且发展成为日本近代法思想史上的一个思想形态，② 甚至成为整个"近代日本之基轴"。③

随着国体观念在明治宪法中的实定化，国体概念史也进入了一个新的发展阶段，即如何通过宪法学对其内涵加以严密的诠释，使之获得精致化的自洽性，从而付诸国家体制的具体运行。于是，一个在当时日本宪法学界最具代表性的国体学说便应运而生，此即穗积八束（1860—1912）的"国体宪法学"。④ 它的出现，标志着国体概念史在日本的发展从以观念史为主轴的阶段进入了以宪法解释学为坐标的历史时期。

穗积八束留学德国出身，师从德国著名宪法学权威拉班德（Paul Laband，1838—1918），⑤ 但在学术立场上，他虽然支持君主立宪主义，却比拉班德更倾向于保守主义，这可能由于他同时还受到了德国历史法学派的影响所致，⑥ 故重视"日本固有的法理"，最终形成了一种具有浓厚国家主义倾向的国体学说。

穗积八束也将国体与政体这两个概念加以区分，并最早从宪法学的角度给二者赋予了清晰的定义。他认为：国家具有主权，但因国家组织中的"主权存在之体制"不同，国体也有分别，"国体因主权之所在而异"，可

---

① 参见伊藤博文《日本帝国宪法义解》，载沈纮译、戴昌熙编《日本宪法义解》，上海：金粟斋译行，光绪辛丑年，第1页。

② 参见长尾龙一「法思想における『国体论』」，载野田良之、碧海纯一编『近代日本法思想史』，二二七ページ以下。

③ 参见丸山真男『日本の思想』，二十八ページ以下。

④ 参见古川纯「日本国宪法前史」，载樋口阳一『讲座宪法学（1）宪法と宪法学』，东京：日本评论社1995年版，八十一ページ以下。

⑤ 有关拉班德的研究在国内迄今较为鲜见，可参见林来梵《法律实证主义方法的故事——以拉班德的国法学为焦点》，《浙江学刊》2004年第3期。

⑥ 据考，穗积八束曾受到19世纪法国著名历史学家古郎士（Fustel de Coulanges，1830—1889）《古代城市》一书的影响，认为"祖先教的日本"与"基督教的西欧"构成了东西方文明的对比。可参见长尾龙一『日本宪法思想史』，东京：讲谈社1996年版，四十三ページ；长尾龙一「穗积八束（1860—1912）——国权主义の宪法学者——」，『法学教室』第163号（1994年4月）；长尾龙一「法思想における『国体论』」，载野田良之、碧海纯一编『近代日本法思想史』，二四九—二五一ページ。

分为君主国体和民主国体，而"政体由统治权行使之形式而分"，可分为专制政体和立宪政体；国体不轻易变动，其变更意味着革命与反叛，而政体则因应时势而变迁。①

关于这种国体与政体的二元论，当今不少中国学者或许会推断这是从欧美移植的理论，故可普遍适用。② 实际上，欧美法政思想并不存在类似将国体与政体两个概念予以明确区分的理论形态。穗积八束当时也曾指出："此二者之分别未加明确，又或否认此分别之倾向者，实乃欧洲宪法理论之通弊也。"③

尽管如此，穗积八束的国体概念仍可以在一定意义上追溯到西方有关政体的学说。在此方面，亚里士多德的政体分类理论具有不朽影响力，但其并没有区分所谓的"国体"和"政体"，只是按照"谁统治"这个标准区分出了君主制、贵族制和民主制这三种"政体"（πολιτεία），进而认为它们分别对应了三种堕落形态，即僭主制、寡头制和众愚制。④ 在亚里士多德之后，马基雅维利（1469—1527）也对"政体"（governo）做了具有重大影响的分类，他更为简约地将政体分为君主制和共和制两种。⑤ 此后，这个具有形式性的分类法一直被众多的政治思想家和公法学者所接受，⑥ 德国近代的国法学⑦就吸收了上述这些分类学说，但将其主要理解为是有关 Staatsform 的分类，而此概念本意为"国家形态"，即国家在形式意义上的组织形态。⑧

然而，自明治宪法初期开始，日本法政学界一般均将 Staatsform 译为"国体"，而非"国家形态"，其中作为最早留德回国的宪法学者之一，穗

---

① 有关资料，可参见穗积八束『宪法大意』，东京：八尾书店 1897 年版，一ページ以下；穗积八束『宪法提要』，东京：有斐阁，1936 年，二十九ページ。

② 参见李龙、周叶中《宪法学基本范畴简论》，《中国法学》1996 年第 6 期。

③ 穗积八束：『宪法提要』，五十五ページ。

④ 参见亚里士多德《政治学》，吴寿彭译，商务印书馆 2009 年版，第 181—182 页。但本文所采用的译词有所改变，可参见 Aristotle, Politics, *trans. Ernest Barker*, New York：Oxford University Press, 1995, pp. 135 – 136.

⑤ 参见马基雅维里《君主论》，潘汉典译，商务印书馆 1985 年版，第 19 页。

⑥ 参见田上穰治编：『体系宪法事典』，东京：青林书院新社 1968 年版，三十三ページ「国体と政体」に关する说明文。

⑦ 即研究国家法的一种学问，也可译为"国家法学"。

⑧ 德国近代国法学集大成者耶利内克的代表作《一般国家学》即如此。在此书的日译版中，Staatsform 被译为"国家形体"，即相当于"国家形态"。参见 G. イエリネク『一般国家学』，东京：学阳书房 1974 年版，五三六ページ。

积八束是最早采用"国体"这一概念移植德国近代国法学中有关国家类型理论，并建构了上述有关国体政体二元论宪法学说的。[1] 如下文所论，后来东京帝国大学法学部教授、最终成为日本立宪主义宪法学鼻祖的美浓部达吉博士曾对穗积国体学说展开了批判。其时，他之所以特意指出："近时论及国体之事者，多以国体一语作为纯然法律上之观念，普遍在相当于德语 Staatsform 的意义上使用之"，原因也在于此。[2] 值得注意的是，穗积八束并没有简单地将 Staatsform 的内涵全部注入"国体"这一概念之中，而是将前者分为两个部分，分别以"国体"与"政体"这一对概念加以表达，[3] 由此发展出当时日本独有的"国体政体二元论"宪法学说。不仅如此，穗积还不惜背离拉班德法律实证主义有关法律与伦理、宗教严格相分离的立场，建构了更具有日本特色的国体概念，[4] 其内涵主要包括两个部分：一是前述的那种法学定义，即"主权之所在"，以解释明治宪法第 1 条中有关"天皇统治之"的规范性表述；二是继承了传统日本伦理的、文化意义的国体观念，认为"国体即民族确信的结晶"，断言"以万世一系之皇位为统治主权之所在的我国体亦是存立于千古之历史的成果以及民族一致之确信的基础之上"。[5]

时至当今，穗积八束的这种"国体宪法学"因其明显的保守性而在日本学界备受针砭。[6] 然而，如果从整个国体概念史的角度来看，穗积的国体学说实际上曾经使西方此前的国家类型学在东方式的独特用语之中得到了一种更为细致化的发展，并且在严格对应了实定宪法上的规范依据与逻辑结构的前提下，提供了一个有效调和西方式宪法政治与东方国家自身

① 有关资料可参见田上穣治编『体系宪法事典』，三十三ページ「国体と政体」に关する说明文；八条隆孟『国体と国家形态』，七十五ページ；川口晓弘「宪法学と国体论——国体论者美浓部达吉——」，『史学杂志』（东京大学史学会）第 108 编第 7 号（1999 年）。

② 参见川口晓弘「宪法学と国体论——国体论者美浓部达吉——」，『史学杂志』（东京大学史学会）第 108 编第 7 号（1999 年）。

③ 根据八条隆孟的分析，穗积所说的"国体"与"政体"这一对概念，相当于德国近代国法学中的 Staatsform im engeren Sinne（狭义的国家形态）与 Regierungsform（政治形态）这两个概念。参见八条隆孟『国体と国家形态』，七十七ページ。

④ 参见山本武秀「『宪法』と『宪法典』——穗积八束の宪法学再考——」，『秀明大学纪要』第 2 号（2005 年）。

⑤ 长尾龙一即据此指出穗积八束的国体概念具有"日本性质和西欧性质的双义性"。长尾龙一：「穗积宪法学杂记」，『法哲学年报』1969 年号（1970 年）。

⑥ 有关这种总结性的、且具有权威性的评价，可参见长尾龙一「穗积八束（1860—1912）——国权主义の宪法学者——」，『法学教室』第 163 号（1994 年 4 月）。

传统之间紧张关系的理论框架，从而回应了当时日本的时代课题。

至明治末期，随着立宪主义在日本的发展，穗积的保守主义国体论受到了激烈的挑战。1911 年，美浓部达吉就对穗积的国体论提出了根本性的批判。他从德国近代国法学集大成者耶利内克等人所主张的国家法人说出发，认为国家本身在法律上具有人格，而无论在任何国家，所谓的"统治权"（主权）都归属于作为法人的国家本身，为此没有必要采用所谓"国体"这一概念再去判断"主权之所在"；但由于国家作为"法人格"乃是法观念上的一种拟制，为了使它能够进行意思决定，并可以行动，确实就需要自然人作为它的机关去承担这些行为的实施，而天皇就属于这种国家机关之一，并且也可以说是日本国家的最高机关。美浓部的这一观点，也被称为"天皇机关说"。然而，美浓部也承认在日本存在一种独特的、历史文化意义上的"国体"，但认为这种"国体"终究属于 national character（国民性）那样，是一种非法学的观念，为此反对将其直接作为法学上的概念。[1] 至于君主与共和、专制与立宪之别，美浓部则认为均属于"政体"范畴的问题。[2]

面对美浓部达吉的有力批评，穗积八束的后继者上杉慎吉与其展开了几个回合的论战，然而，由于两人的理论水平存在差距，加之立宪主义已成为那个时期日本的历史潮流，学界与言论界多倾向于支持美浓部的新说，为此上杉慎吉终究没有占得上风。[3] 然而，令人始料未及的是，穗积国体论的"坠绪"，在晚清中国却得到了承续，并一直延至当今。

三　国体概念在中国的移植及早期演变

迄 20 世纪末，"国体"一词在中国还仍然只有古典的语义，但随着外来思想的输入，尤其是在清末"预备君主立宪"过程中，作为法政含

---

① 最初的批判，可参见美浓部达吉『宪法讲话』，东京：ゆまに书房 2003 年版，四十五—四十八ページ。值得一提的是，根据当今部分日本学者最新的研究结论，美浓部本身也应被视为是一个国体论者，有关这一点下文即将论涉。川口晓弘：「宪法学と国体论——国体论者美浓部达吉——」，『史学杂志』（东京大学史学会）第 108 编第 7 号（1999 年）。

② 参见美浓部达吉『宪法讲话』，东京：ゆまに书房 2003 年版，二十三ページ以下。国内的有关研究，可参见韩大元《美浓部达吉立宪主义思想研究》，《比较法研究》2010 年第 4 期。

③ 有关这次国体争论，参见长尾龙一『日本宪法思想史』，七十五—八十三ページ。

义的国体概念从日本被移植了过来。①

据考，早在 1899 年，戊戌变法失败后刚流亡日本第二年的梁启超就曾在《清议报》上断断续续连载由他本人节选的欧洲著名公法学家伯伦知理②的译稿《国家论》，其中卷三即采"国体"一词为题。③ 但梁启超当时所用的"国体"一语其义驳杂，尚不得要领。

进入 20 世纪之后，"国体"一语随着当时一批日本公法著作中译本的印行而进入国人的视野。其中，1901 年伊藤博文《日本帝国宪法义解》一书的中译本在中国付梓，此书多次提及"国体"一词，并加以阐论。④ 接着，日本学者高田早苗的《宪法要义》与菊池学而的《宪政论》的中译本亦先后于 1902 年和 1903 年相继刊印，⑤ 此二书亦均介绍了有关国体的学说，其内容与穗积八束的国体学说几乎一致。⑥

但概念的迻译还不等于移植的完成，成功的概念移植有待于移植对象真正融入移植国家自身相应的观念或制度之中。1905 年 12 月，第一批考察宪政的载泽一行东渡日本，亲自聆听过穗积八束有关日本宪法的讲座，后者即讲到"日本国体，数千年相传为君主之国，人民爱戴甚深，观宪法第一条可知"，云云。⑦ 回朝之后，载泽曾通过密折，阐明了"君主立

---

① 有关当时日本对晚清预备立宪的影响，国内的研究可参见韩大元《论日本明治宪法对〈钦定宪法大纲〉的影响——为〈钦定宪法大纲〉颁布 100 周年而作》，《政法论坛》2009 年第 3 期。

② 伯伦知理（Johann caspar Bluntschli，1808－1881），今译布伦奇利。为了方便叙述，本文采旧译名。

③ 全卷收于《〈饮冰室合集〉集外文》下册，夏晓虹辑，北京大学出版社 2005 年版，第 1226 页以下。

④ 伊藤博文：《日本帝国宪法义解》，载沈纮译、戴昌熙编《日本宪法义解》，第 1 页以下。

⑤ 高田早苗：《宪法要义》，张肇桐译，上海：文明编译印书局，1902 年发行；菊池学而：《宪政论》，林棨译，上海：商务印书馆，光绪癸卯年（1903）初版。

⑥ 可分别参见高田早苗《宪法要义》第 4 页以下及菊池学而《宪政论》第 35 页以下。此外，据说就在 1903 年，穗积八束《宪法大意》一书的中译本也得到了刊行。参见韩大元《论日本明治宪法对〈钦定宪法大纲〉的影响——为〈钦定宪法大纲〉颁布 100 周年而作》，《政法论坛》2009 年第 3 期。但笔者在国内各大图书馆未查得此译本，只在日本国会图书馆网上资料库中查得此书的日文版第三版的扫描版，该书原出版于 1897 年，书中第一编即题为"国体"，在其第二章"君主国体"中，开宗明义便开始阐述了其国体政体二元学说。参见穗积八束『宪法大意』，一ページ以下。

⑦ 载泽：《考察政治日记》，《蔡尔康等：李鸿章历聘欧美记；戴鸿慈：出使九国日记；载泽：考察政治日记》，岳麓书社 1986 年版，第 575 页。

宪，大意在于尊崇国体，巩固君权，并无损之可言"之道理。①

但更为完整地理解"国体"之内涵、并对清末预备立宪产生重大影响者，应推第二批被派遣到日本考察学习宪政的一位清廷官员——达寿（时任学部右侍郎）。②据载，他自1907年10月到1908年7月驻留日本，其间直接得到了穗积八束、有贺长雄、太田峰三郎等学界名宿的指导，③在回国复命的上奏文书中，他忠实地、比较完整地表述了穗积八束的国体学说，其中指出："所谓国体者，指国家统治之权，或在君主之手，或在人民之手。统治权在君主之手中者，谓之君主国体，统治权在人民之手者，谓之民主国体。而所谓政体者，不过立宪与专制之分耳。国体根于历史以为断，不因政体之变革而相妨。政体视乎时势以转移，非如国体之固定而难改。"④

另外，达寿还力图在"国体"概念的法政含义之外，赋予其某种历史文化意义上的内涵。他从中国古代经典中寻章摘句，指出："我国之为君主国体，数千年于兹矣。易曰：天尊地卑，乾坤定矣。春秋曰：天生民而树之君，使司牧焉。五伦之训，首曰君臣。此皆我国为君主国体之明证也。"⑤但达寿的这种努力并不成功，中国传统的政治文化决定了他充其量只能证明一般意义上的君主制在中国历史上的根源，而无法比照穗积式的"国体"概念，建构出类似所谓"万世一系"天皇制的那种近乎政治神学的观念体系，以证立满清王朝统治的永久正当性。

然而，日本的国体概念、尤其是穗积八束所主张的国体概念作为一个"词侨"在被反向输入中国之后，就不仅成为当时清王朝上层统治集团理解君主立宪制的一把"钥匙"，而且也为他们构想清末君主立宪的政治蓝图提供了重要的框架。达寿回国不久，清廷即颁布《钦定宪法大纲》，其中第一条即模仿明治宪法第一条的国体条款，明确规定："大清皇帝统治

① 载泽：《奏请宣布立宪密折》，载夏新华、胡旭晟整理《近代中国宪政历程：史料荟萃》，中国政法大学出版社2004年版，第40页。
② 具体研究可参见林来梵『中国における主権、代表と選挙』，京都：晃洋书房1996年版，第六一八ページ。国内也已有学者认同，达寿是清廷1907年年底第二批派出的三位考察大臣（另两位是派往英国的汪大燮与派往德国的于式枚）中"对清廷的影响最大"的一位。参见柴松霞《出洋考察与清末立宪》，法律出版社2011年版，第256页。
③ 参见柴松霞《出洋考察与清末立宪》，第256页。
④ 参见夏新华、胡旭晟整理《近代中国宪政历程：史料荟萃》，第56页。
⑤ 同上。

大清帝国，万世一系，永永尊戴。"时至1911年底的《宪法重大信条十九条》，其第一条亦仍规定"大清帝国皇统万世不易"。

清末民初另一位具有代表性的国体论者，无疑应是梁启超。但由于梁启超置身于风云变幻的时代，加之其学术思想本来就"流质易变"，为此其国体观也经历了如下四个阶段的变迁。

第一阶段是梁启超在戊戌变法失败之后流亡日本的最初阶段。前述的梁启超在伯伦知理《国家论》译稿中开始采用"国体"这一用语，即属此阶段之肇端。同年，梁撰《论中国与欧洲国体异同》一文，从标题开始即频繁使用"国体"一词。[①] 但在此阶段，他所理解的国体概念具有多歧性，总体上尚不得真义。当然，在该时期，梁启超也已开始关注"政体"的概念及其分类，如在1899年的《各国宪法异同论》一文中，其第一章即题为《政体》，并认为政体"不外君主国与共和国之二大类而已"。[②]

第二阶段是梁启超国体观的初成期。以1902年3月《论政府与人民之权限》一文为标志，他文中写道："主权或在君、或在民，或君民皆同有，以其国体之所属而生差别。"[③] 至1907年10月，梁启超在《政闻社宣言书》中数次使用了"共和国体"这一概念。[④] 可见，此时的梁启超已接受了当时日本法政学界有关"国体"的主流学说。

第三阶段是梁启超国体学说的独创期。所谓的"独创"，也是在接受了他人学说的基础上实现的，只不过独具了梁氏的一些理论特色。当今史学界一般只重视梁启超在1903年第二次旅美前后由原先支持卢梭民主主义思想转向接受伯伦知理国家观的这一思想转变，[⑤] 其实从法学角度而论，在这之后梁启超的国家观又发生了一次微妙的变化，即从伯伦知理式

---

① 参见梁启超《饮冰室合集》（之一、文集之四），中华书局1989年版，第61页以下。

② 同上书，第71页以下。

③ 参见梁启超《饮冰室合集》（之二、文集之十），第3页。

④ 参见梁启超《饮冰室合集》（之三、文集之二十），第20页。

⑤ 可参见梁启超《政治学大家伯伦知理之学说》，载《饮冰室合集》（之二、文集之十三），第70—71页。有关研究不胜枚举，较新的成果可参见川尻文彦《梁启超的政治学——以明治日本的国家学和伯伦知理的受容为中心》，《洛阳师范学院学报》2011年第1期；高力克《梁启超的公民民族主义及其困境》，《政治思想史》2011年第3期；王晓范《中日摄取伯伦知理国家有机体论之比较——以加藤弘之与梁启超为例》，《华东师范大学学报》2011年第4期；郑匡民《梁启超启蒙思想的东学背景》，上海书店出版社2009年版，第228页以下。

的国家有机体学说转向了耶利内克式的国家法人说。① 这体现于他 1910 年所撰的《宪政浅说》一文中。在该文中，梁启超指出："国家者，则最高最大之团体，而具有人格者也"，② 由各个机关进行意思表达和行为，从而构成行使统治权的有机整体，其中"君主也、大统领也、国务大臣也、一切行政司法大小官吏也、国会也、行选举权之公民也，皆国家之机关也"。③ 而梁启超的国家观之所以有此转变，可能是受到了美浓部达吉学说的影响。④

但与美浓部不同，梁启超保留了"国体"这一概念，甚至吸收了穗积式的国体与政体的二元框架，并对这两个概念进行了分辨。他指出："国体之区别以最高机关所在为标准，前人大率分为君主国体、贵族国体、民主国体之三种，但今者贵族国体殆已绝迹于世界，所存者惟君主民主两种而已。"⑤ 而"政体之区别以直接机关之单复为标准，其仅有一直接机关，而行使国权绝无制限者，谓之专制政体，其有两直接机关，而行使国权互相制限者，谓之立宪政体"。⑥

梁启超的上述观点显然是为他所主张的君主立宪主义服务的，但在进入民国时期之后，为了因应共和革命已然成功这一历史转变，梁启超也对过去所持的国体观做了一些相应的修正。这就使得其国体观的变迁进入了第四阶段。

首先，梁启超在 1912 年所拟的《进步党拟中华民国宪法草案》第一条中便写道："中华民国永远定为统一共和国，其主权以本宪法所定之各机关行使之。"⑦ 在该条款下的说明中，梁坚称："无论何种国体，主权皆在国家，久成定说，无俟喋引。国体之异，则在行使国家主权之机关，有

---

① 有关耶利内克所主张的国家法人说，参见 G. イエリネク『一般国家学』，一零九ページ。国内学者王天华在《国家法人说的兴衰及其法学遗产》一文中，细致地梳理了国家法人说在德、日的兴衰发展史，其中也述及耶利内克的国家法人说。参见王天华《国家法人说的兴衰及其法学遗产》，《法学研究》2012 年第 5 期。

② 梁启超：《饮冰室合集》（之三、文集之二十三），第 34 页。

③ 同上书，第 35 页。

④ 楠瀬正明：「清末における立宪构想——梁启超を中心として—」，『史学研究』（広岛史学研究会）1979 年第 143 号。

⑤ 梁启超：《饮冰室合集》（之三、文集之二十三），第 37 页。

⑥ 同上书，第 38 页。

⑦ 参见夏新华、胡旭晟整理《近代中国宪政历程：史料荟萃》，第 251 页。

单复专共之异耳。"① 这实际上是将自己过去所秉持的那种"以最高机关所在为标准"的国体概念，巧妙地转换为以"行使国家主权之机关"的"单复专共之异"来区分国体的国体概念。

1915 年，中国政论界发生了历史上著名的"国体之争"。② 时值袁世凯称帝之前，袁氏的美籍宪法顾问古德诺（F. J. Goodnow）以及以杨度为主将的筹安会六君子等人掀起了所谓国体问题的讨论，俾为袁氏复辟称帝制造舆论。其时，杨度撰《君宪救国论》一文，③ 主张在国体上改弦更张，实行君主立宪制。同年 8 月，《亚细亚报》上刊发了古德诺的署名文章《共和与君主论》一文，④ 亦指出"中国如用君主制，较共和制为宜"。④ 杨度与古德诺的文章只是使用了当时主流意义上的国体概念而已，对此概念在中国的移植与演变则几乎没有什么影响，但其当时所提出的国体变更论，则引发了巨大的震荡。针对这类主张，梁启超公开发表了轰动一时的名作《异哉所谓国体问题者》，对古德诺、杨度等人的观点予以尖锐的批判，认为"天下重器也，可静而不可动也"，主张国体不可轻变，并指出"吾侪平昔持论只问政体，不问国体"，如今中国应在坚持"现行国体"的前提下改良政体；此外，与过去将"国体"区分为君主制与民主制略有不同的是，梁启超在此亦认同将"国体"分为君主制与共和制。⑤ 而在 1916 年的《国民浅训》一文中，梁仍维持了这一区分。⑥

梁启超国体观的多次转变，折射了国体概念在中国移植演变的复杂曲折历程。其变迁的最终结果，也标志着从日本移植而来的"国体"概念进一步在中国宪政史上打下了深刻的烙印，并促成了民初时期主流国体观的确立，而后者实际上仍然是以达寿为代表所引进的穗积式的国体学说。1912 年 8 月发布的《国民党宣言》即指出："此消长倚伏之数，固不必论

---

① 夏新华、胡旭晟整理：《近代中国宪政历程：史料荟萃》，第 251 页。
② 参见乔琪《论一九一五年"国体"之争》，《史学月刊》1992 年第 5 期。当时诸多参加该场争论论者的文章，可参见崔唲生编辑《最近国体风云录》，1915 年 9 月刊行，出版者不详，国家图书馆藏。
③ 参见杨度《君宪救国论》，载崔唲生编辑《最近国体风云录》，第 2 页以下。
④ 参见古德诺《变更国体论》，载崔唲生编辑《最近国体风云录》，第 26 页以下。
⑤ 参见梁启超《异哉所谓国体问题者》，《饮冰室合集》（之八、专集之三十三），第 85 页以下。
⑥ 梁启超：《饮冰室合集》（之八、专集之三十二），第 6 页以下。

其国体之为君主共和，政体之为专制立宪，而无往不如是也。"① 藉此，这种主流"国体"概念进入了当时中国最大政党的党纲，此后"国体"用语还两度直接进入了民国初期的宪法性文件——1913 年的《天坛宪草》以及 1923 年的《中华民国宪法》均专设了第一章，题为《国体》，其中只设第一条，同样规定"中华民国永远为统一民主国"。

值得注意的是，从达寿到梁启超，由日本引进的"国体"概念还发生了一个重要的嬗变：本来，达寿还力图像穗积八束那样在"国体"概念的内涵中将法政含义与政治神学结合起来，以期它产生某种强大的意识形态功能，但梁任公与民初其他国体论者所采用的国体概念却剥离了其政治神学的含义，只剩下法学层面上的内涵。尽管如此，自清末开始被移植以来，"国体"还是被赋予了某种较之于"政体"的绝对重要性和不可轻变性，乃至一种神圣不可侵犯性。

当然，清末民初的部分国体论者似乎也意识到了通过国体概念去建构国家统合原理的历史课题，只不过正如达寿曾经的努力并没有成功那样，在中国传统政治文化下实难塑造国体概念的政治神学内涵，为此一度只能寄望于通过制度化的立宪君主制去解决上述的历史课题。梁启超后来就曾披沥："盖君主之为何物？原赖历史习俗上一种似魔非魔之观念，以保其尊严，此尊严自能于无形中发生一种效力。"② 但由于受到历史机遇的限制，君主立宪主义在清末民初屡遭挫败，最终连梁启超也不得不放弃了这种努力。

四 国体概念的现代演变：中日之间的反差

自 1911 年与 1915 年日中两国先后各自发生了一场所谓的"国体争论"之后，"国体"概念就进入了一个更为波折的现代演变期，③ 其最终结果是在日中两国不同的历史背景下呈现出了截然不同的命运和结局。

---

① 广东省社会科学院历史研究室等编：《孙中山全集》第 2 卷（1912），中华书局 1982 年版，第 396 页。

② 梁启超：《异哉所谓国体问题者》，载《饮冰室合集》（之八、专集之三十三），第 94 页。

③ 这涉及聚讼纷纭的近现代史断代问题，但从世界宪政史而言，一般认为可将 1918 年苏俄社会主义宪法和 1919 年德国魏玛宪法的诞生视为现代宪法时期的肇始。参见《宪法学》编写组《宪法学》，高等教育出版社、人民出版社 2011 年版，第 28 页。

进入 1930 年代之后，日本政坛右翼势力快速发展，整个国家走向法西斯主义。至 1935 年，身为军人的贵族院议员菊池武夫等人抨击美浓部达吉的天皇机关说是"反国体"的叛逆学说，由此掀起了一场"机关说排击运动"，其结果是美浓部的多部著作受到禁止发行处分，其本人也迫于压力而辞去贵族院议员之职。此即著名的"天皇机关说事件"。[①]

同年，日本政府发表澄清国体的声明，并在其主导下成立了一个专家委员会，统编了一本有关"国体"的读本——《国体之本义》，作为强制性国民教育的教科书。该书开篇即指出："大日本帝国，由万世一系之天皇奉皇祖神勅永久统治之。此乃我万古不易之国体。"[②] 该书还鼓吹神国主义思想，将天皇尊崇为"现人神"。[③] 迄此，国体观念在日本进入了全盛时期，并演变成为军国主义的国家意识形态，呈现出一种极为浓厚的国家主义色彩。[④] 与此相应，这个时期的公法学界，穗积的国体学说也持续性地处于通说的地位，甚至被作为宪法学理论体系的一种框架而发挥了作用。[⑤]

世界反法西斯战争的胜利，对日本传统国体及其国体观均给予了致命重创。1946 年，在盟军司令部主导下制定的日本新宪法确立了法美式的国民主权原理，在序言第一段中明确"宣明主权存于国民"，其第 1 条规定："天皇是日本国以及日本国民统合的象征，其地位乃基于主权之所在的日本国民之公意。"但就在 1946 年年初新宪法草案发表之际，还发生了一个插曲：曾经是穗积八束国体宪法学批判者的美浓部达吉，此时在报章上公开发表文章，提出了著名的"国体护持论"，坚称"我国之国体，乃指称我万世一系的天皇统治之，且天皇作为国家之元首总揽统治权之事实"，并断言这就是"国民公意之所存"，应加以保护和维持，如果天皇

---

① 有关研究颇多，日本学者中的权威研究，参见长尾龙一「法思想における『国体论』」，载野田良之、碧海纯一编『近代日本法思想史』，二五九ページ以下。我国的有关研究，可参见董璠舆《日本明治时期的国体与天皇机关说事件》，《比较法研究》2011 年第 1 期。

② 文部省编纂：《国体の本义》，东京：内阁印刷局，1937 年印刷发行，本文部分一ページ。

③ 同上书，九ページ以下。

④ 参见 John S. Brownlee, *Japanese Historians and the National Myths*, 1600 - 1945: *The age of the Gods and Emperor Jinmu*, Vancouver: UBC Press, 1997, Introduction, pp. 4 - 5. 另外，有关日本的天皇机关说事件和国体明征运动，当年中国传媒也有介绍和分析，参见斐丹《国体明征运动的透视（东京通信）》，《申报月刊》1935 年第 4 卷第 12 期。

⑤ 参见长尾龙一「穗积宪法学杂记」，『法哲学年报』1969 年号（1970）。

制徒具空名，则可谓"对我国体的根本之变革，颠覆了我国民历史性之信念"。[①] 国体概念史上的这一事件表明：美浓部本来就是一位国体论者，只不过他所持有的"国体"与穗积式的国体概念不同而已。[②]

但由于日本新宪法确立了国民主权原理，为此，无论是穗积式的国体概念还是美浓部式的国体概念，均失去了宪法规范上的根基。加之国体概念在日本战前曾具有浓厚的负面色彩，战后的学术界对此亦不乏批判性的反思。[③] 为此，随着新时代的推移，"国体"概念基本上成为现代日本宪法学上的"死语"。[④]

尽管如此，日本现行宪法第一条中有关"天皇是日本国以及日本国民统合的象征"这一规定，其实也是日本传统国体观念及其宪法制度的一种遗蜕，并且仍然隐含了以"象征性天皇制"去实现国家统合的规范意涵。

由上述可见，国体概念的命运在日本现代史中可谓一波三折，而反观现代中国，国体概念的命运也同样如此，只不过其消长倚伏的曲线以及最终的结局恰好与日本的情状形成了鲜明的反差。

如前所述，民国初年，国体概念曾因"入宪"和"国体争论"而盛行一时，但随后则渐趋式微。这主要有两方面原因：其一，受到美国和法国历史上宪政思想的影响，我国民国时期的历部宪法典或宪法草案多在其第二条明确规定（国家的）主权之归属（国民全体），这使国体条款在宪法规范上另行继存（虽多设在第一条）的重要性受到了极大损夺。其二，由于民初国体论者均剥离了国体概念中政治神学的内涵，这也在很大程度上削弱了穗积式国体概念的独立意义，从而导致"国体"一词与传统的"政体"一词特意加以区分的必要性也大为降低。民国时期著名宪法学家张知本就曾在其 1933 年初版的《宪法论》一书中声明"只认国家有政体之分类，而不认为有国体及政体之两种分类"，在他看来，"君主国与共

---

① 有关美浓部达吉"国体护持论"事件包括美浓部达吉当年在报章上所发表的有关言论资料，可参见长尾龙一「国民主権と天皇制」，载『日本宪法思想史』，二一一ページ以下。

② 参见川口晓弘「宪法学と国体论——国体论者美浓部达吉——」，『史学杂志』（东京大学史学会）第 108 编第 7 号（1999 年）。

③ 参见吉田善明「伝统的国家主义的宪法学の再生」，载铃木安蔵编『日本の宪法学』，一五一ページ。

④ 战后早期还有一些余脉，但现在已经基本上消失了。可参见鹤见俊辅《日本精神史：1931—1945》，李永炽译，台北：台湾学生书局 1984 年版，第 31 页。

和国之区别，是由于国家最高机关组织之情形不同而生，乃系一种政治形态"，即属于"政体之差异"，"不过为各种政治形态中细分"而已。①

然而，1936年《中华民国宪法草案》沿袭了一种新的宪法体例，即宪法第一章的标题虽不采《国体》而改为《总纲》，但在其下所设置的多个条款之中，第一条即规定"中华民国为三民主义共和国"。此即所谓的"以主义冠国体"。② 对此，当时有人质疑到：主义为一党理想之所寄，国体为一国主权之所属，不应以"一党之主义"冠于"一国之国体"；③ 但居于支配地位的主张则认为：民国本为革命之产物，宪法又为保障革命之根本大法，在宪法中"冠以三民主义国名，正所以示革命的真意，正立国的起源而明建国的途径"，而且这种做法"又有国外现例可援"。④

"以主义冠国体"这一体例虽不及具有双重结构的穗积式国体概念那样具有强大的意识形态功能，但在一定程度上也收到了一种异曲同工之效，因为它使法政意义的国体内涵与某种特定的政治信条得到了结合。1946年《中华民国宪法》就正式采用了这个体例，同样设第一章《总纲》，其中第1条规定："中华民国基于三民主义，为民有、民治、民享之民主共和国。"

但在民国时期，由于国体概念在总体上趋于式微，加之宪法及其安定性本身长期尚付阙如，为此，无论是有关国体的宪法解释学还是有关国体的思想观念，在当时均不甚发达，直至1940年代初毛泽东有关国体学说的出现，才打开了国体概念史上的这一闷局。

时值1940年前后，抗日战争进入战略相持阶段，国共斗争形势亦趋于严峻，"中国向何处去"成为突出的问题。为了在理论上回应这一问题，1940年初，毛泽东发表了《新民主主义论》一文，文中特意采用"国体"这一概念，描绘了新民主主义社会的蓝图，为此首先对国体概念作了崭新的定义。他指出："这个国体问题，从前清末年起，闹了几十年还没有闹清楚。其实，它只是指的一个问题，就是社会各阶级在国家中的地位。……

① 参见张知本《宪法论》，中国方正出版社2004年版，第12页。

② 段麟郊：《评五五宪草总纲中之国体领土与民族》，《地方自治半月刊》1940年第1卷第7期。

③ 同上。

④ 如当时参与了起草工作的张知本即持此观点。可参见张知本《中国立宪故事》，香港：大中国图书公司1966年版，序部分第3—4页，正文部分第81页以下。

至于还有所谓'政体'问题，那是指的政权构成的形式问题，指的一定的社会阶级取何种形式去组织那反对敌人保护自己的政权机关。"①

　　毛泽东不仅给"国体"概念下了一个明确的定义，而且他还根据这个定义，将当代世界各国的"国家体制"分为三种类型，即：（甲）资产阶级专政的共和国；（乙）无产阶级专政的共和国；（丙）几个革命阶级联合专政的共和国。他认为，当时中国新民主主义革命的目标就是要建立"几个革命阶级联合专政的共和国"。② 也就是说，那个时期的毛泽东已经清醒地洞见了中国社会发展的滞后状况，为此提出了应在社会主义之前实行具有过渡性质的新民主主义，而与这个阶段相适应的一种特殊的国家体制，应该有别于苏联的"无产阶级专政的共和国"，是"几个革命阶级联合专政的共和国"。

　　通览整个中外国体概念史，日本的穗积八束将"国体"主要定义为"主权之所在"，美浓部达吉则将"国体"理解为一种历史文化意义上的概念，中国的达寿完全接受穗积八束的国体概念，而梁启超最具有思想个性的主张则是受美浓部有关政体学说的影响将"国体"描述为"最高机关之所在"，毛泽东则并未拘泥这些国体定义的历史纠纷，而将"国体"断定为是"社会各阶级在国家中的地位"，从而具有明显的独创性，甚至是一定的颠覆性。而这是因为他将马列主义阶级国家论的基本观点引入到了国体概念史之中。③

　　然而，在传统马列主义国家论中，实际上主要存在两个层面有关国家阶级性质的概念：第一个层面是一般意义上的"国家的本质"，这个概念是类似于政治哲学意义上的抽象概念，主要认为，国家就是一个阶级对另一个阶级施行强力的工具。毛泽东在此所接受的马列主义阶级国家论的影响主要在这一方面。第二个层面则是一种具体化的、特定国家（政权）

---

① 《毛泽东选集》第2卷，人民出版社1991年版，第676—677页。
② 参见《毛泽东选集》第2卷，第675页。
③ 众所周知，马列主义国家观主要是认为，国家就是阶级社会中的特别的公共权力，具体而言就是经济上占有统治地位的阶级为了维护和实现自己的阶级利益所实行的政治统治和管理组织。有关马列主义的阶级国家论，主要可参见恩格斯《家庭、私有制和国家的起源》，《马克思恩格斯选集》第4卷，人民出版社2012年版，第12—195页；列宁《国家与革命》，载《列宁选集》第3卷，人民出版社2012年版，第109—221页；当今中国学者有关马克思主义国家观的集中论述，可参见王沪宁《政治的逻辑——马克思主义政治学原理》，上海人民出版社1994年版，第135—166页。

的阶级性质，亦相当于毛泽东上述的"国家体制"这个概念。但在这个层面上，传统马列主义认为现代世界主要存在两种国家类型，即资产阶级专政的国家和无产阶级专政的国家，毛泽东则从中国革命的实践出发，提出了三种类型的国家体制说，即在资产阶级专政的国家和无产阶级专政的国家之间，补充进了一种符合中国国情的国家体制类型，即"几个革命阶级联合专政的共和国"。不仅如此，毛泽东提出的有关"社会各阶级在国家中的地位问题"这个意义上的"国体"，则不属于以上两个层面，而属于上述两个层面中间的一个层面上的概念，是一个全新的概念。如此看来，毛泽东的国体学说至少是在后两个层面上极大地丰富了马列主义的阶级国家论的内容，对马列主义国家类型学的发展做出了贡献。

当然，毛泽东不仅选择了将马列主义在中国加以本土化的叙述立场，而且其所提出的见解与中国以往的国体学说也保持了一定的继承性。他首先用一个"闹"字描述清末以后有关国体的纷争，即显示了梁启超在早年时期对他所产生的深刻影响。[1] 据当今学者考证，青年时期的毛泽东不仅阅读过梁启超的《异哉所谓国体问题者》一文，而且对其极为推崇。[2] 在《新民主主义论》一文中，他专门采用"国体"概念，并将其与政体概念区分开来，显然与梁启超当年所秉持的"国体政体二元论"的思考框架是一致的。而诚如当今学者所言，他有关国体概念的定义，实际上还是涉及了国家主权的归属问题，即归属于哪一个阶级的问题，[3] 为此仍然立足于中国国体概念史的历史语境。

与以往种种"国体"概念一样，毛泽东的新国体概念也具有将某种特定的政治权威加以正当化的功能。可想而知，如果秉持传统的国体概念，并将国体单纯地区分为君主制与共和制（或民主制），则不足以理解中国共产党人所领导的新民主主义革命的历史意义，而毛泽东的国体概念不仅为这场革命以及领导这场革命的中国共产党赋予了正当性，也为新民主主义革命指明了历史方向，即要建立一个由"几个革命阶级联合专政的共和国"，作为最终通往社会主义国家的过渡阶段。在这里，"国体"

---

① 可参见萧延中《论梁启超对早年毛泽东的影响》，《近代史研究》1988 年第 1 期。较新的总体性研究，可参见毛胜《毛泽东读谈梁启超》，《党的文献》2011 年第 4 期。
② 可参见萧延中《论梁启超对早年毛泽东的影响》，《近代史研究》1988 年第 1 期。
③ 参见李龙、周叶中《宪法学基本范畴简论》，《中国法学》1996 年第 6 期。

概念再一次成为"中国未来的国家建设"的基石。①

毛泽东的国体论，使得在中国民国后期以及日本战后渐趋式微的"国体"概念获得了新生，也使得国体概念史在中国得到了续写，对新中国的立宪实践以及宪法理论均影响甚巨。

新中国历部宪法的第一条虽然在规范性语句上存在着微妙差异，但都根据毛泽东有关国体的学说将"社会各阶级在国家中的地位"加以实定化。比如现行宪法第 1 条第 1 款规定："中华人民共和国是工人阶级领导的、以工农联盟为基础的人民民主专政的社会主义国家。"彭真即在现行宪法修改草案报告中针对现行宪法第 1 条明确指出："这就是关于我们国家性质的规定，是我国的国体。"②

新中国宪法规范所确立的这种"国体"，是有内部结构的，即旨在建构一种可谓"有关各阶级在国家中的政治力学关系的结构"。毛泽东有关国体的学说正集中地体现于这一点。而"国体"的这种内部结构又是有规范性秩序的，并内在地要求一种合理的规范性秩序，正因如此，这种国体条款也具有一种国家统合的功能。

毛泽东的国体学说对新中国的宪法学理论也产生了根本性影响，特别是长期居于主导地位的"政治教义宪法学"③ 主要就是依据这个学说确立其理论体系基本框架的，而其有关国体理论的阐明，亦均是对毛泽东国体学说的转述或注解，其要义无非包括三点：第一，国体即国家性质，也即国家的阶级本质，主要取决于哪个阶级在国家政权中处于统治地位；第二，政体是国家政权的组织形式；第三，国体与政体的关系是内容与形式的关系。其中，国体决定政体，政体与国体相适应，但也具有一定的独立性。④

---

① 参见胡筱秀《国体与政体之间的关系研究——兼论人民政协制度的定位》，《政治与法律》2010 年第 9 期。

② 彭真：《关于中华人民共和国宪法修改草案的报告——1982 年 11 月 26 日在第五届全国人民代表大会第五次会议上》，载王培英编《中国宪法文献通编》，第 57 页。

③ 关于新中国的"政治教义宪法学"，参见林来梵《中国宪法学的现状与展望》，《法学研究》2011 年第 6 期。

④ 有代表性的学说，可参见吴家麟编《宪法学》，群众出版社 1983 年版，第 115 页以下；张光博《宪法论》，吉林人民出版社 1984 年版，第 68 页以下；许崇德《中国宪法》，中国人民大学出版社 1989 年版，第 109 页以下；周叶中编《宪法》，高等教育出版社 2011 年版，第 186 页以下。

五　结语

国体概念不是一个单纯的概念，而是一个重要的概念装置，甚至可以被认为是国家类型学上的一个衍生概念。它本来属于近代德、日国家主义所创设的一个术语，往往暗含了伦理文化意义上的本土特色、神圣不可轻变、或曰"固有与绝对"①等意涵，为此，也曾经与保守主义的观念相联系。国体概念还可能寄寓了国家主义的宪法观，甚至强化了宪法工具主义的观念，即认为宪政不是目的，而只是手段，比宪政更为重要的是"国体"。在日本，国体概念只是存活于明治宪法之下，时至现代日本宪法时期，由于该宪法放弃了国家主义，并确立了国民主权原理，这一概念也退出了历史舞台。

但国体概念也具有重要的功能，其中主要包括建构国家形态、将特定政治权威加以正当化以及形成国家统合原理这三种功能，由此形成了这一概念相继被跨国移植的动力机制，并有力推动了其内涵在不同国家不同时期发生相应的演变，乃至它从最初的一个形式性概念最终嬗变为一个实质性概念。尤其是由于毛泽东曾经创造性地切换了"国体"概念的传统内涵，使之与宪法上的人民主权原理（如现行宪法第 2 条第 1 款）相互契合，为此该概念不仅在当今中国得以继存，而且居于特别重要的地位。

需要强调的是：国体概念之所以如此重要，最根本的原因就在于其内涵往往被赋予国家统合原理的内容，为此发挥了上述那种形成国家统合原理的功能。近代以来的日本即有意识地、并且也颇为有效地解决了国家统合问题，而在此过程中，国体概念就曾经发挥了这种功能。反观中国，清末民初君主立宪运动的反复挫败以及传统帝制的最终覆灭，使得如何重新统合国家成为悬而未决的历史课题，但除了梁启超等国体论者之外，很少人强烈意识到建构国家统合原理的重大意义。只有毛泽东才创造性地变造了国体概念，提出了一个政治社会学意义上的国体学说，而其在新中国历部宪法的实定化结构里，同样暗含了以"中国共产党（工人阶级先锋队）的领导"来实现国家统合的深层意涵。

当然，这一意涵只是我国宪法国体条款所蕴含的初始含义。而从其规

---

①　参见子安宣邦《福泽谕吉〈文明论概略〉精读》，第 36 页。

范意义的逻辑脉络上而言，中国共产党作为国家统合的主导力量，内在地要求其随着时代的发展尽力地反映最大多数人民的意志，同时也要求中国共产党在新的历史时期转变执政方式，实行依法执政，建立现代法治秩序，① 唯有如此，才有可能达致大国治理秩序的稳定，有效实现国家统合的目标，顺利完成艰巨卓绝的社会转型，最终实现"中华民族伟大复兴"的理想。质言之，我国现行宪法上的国体条款，作为隐含了国家统合原理的一个重要载体，其规范性内涵本身也蕴含了一种继续形成与自我演进的内在机理。② 而这一点恰恰潜藏了中国宪政发展的内在动力，并预示着其未来发展的应有方向。

《中国社会科学》2013 年第 3 期

---

① 有关这一点，在我国的国体概念史上也是有惨痛教训的。1975 年宪法即曾在极"左"思潮和法律虚无主义的影响下，将"坚持无产阶级专政下的继续革命"加以实定化，过度强调"阶级斗争"，为此打破了国体内部秩序应有的合理结构，导致国家统合功能出现严重障碍，整个国家陷入了动荡危机，直至现行宪法国体条款的确立，这一偏向才得到彻底的纠绳。

② 新中国政治实践的经验与教训均证明了这一点，特别是自现行宪法颁行以来，我国宪政实践的发展进程在总体上正是依循这种理路发展而来的。而新近的中共十八大进一步明确地将"民主"和"法治"这两个现代宪法原理纳入了中国特色社会主义核心价值体系，则更是验证了这一点。